## *ACCESO GRATIS a la Lectura en la Nube*

Para visualizar el libro electrónico en la nube de lectura envíe junto a su nombre y apellidos una fotografía del código de barras situado en la contraportada del libro y otra del ticket de compra a la dirección:

**ebooktirant@tirant.com**

En un máximo de 72 horas laborables le enviaremos el código de acceso con sus instrucciones.

# COLABORACIÓN CON LA JUSTICIA EN EL SISTEMA PENAL ESPAÑOL

## Principio de oportunidad, justicia premial y negociada

Procedimiento de selección de originales, ver página web:
www.tirant.net/index.php/editorial/procedimiento-de-seleccion-de-originales

# COLABORACIÓN CON LA JUSTICIA EN EL SISTEMA PENAL ESPAÑOL

## Principio de oportunidad, justicia premial y negociada

MARINA OLIVEIRA TEIXEIRA DOS SANTOS

**tirant lo blanch**
Valencia, 2024

Esta publicación es parte del proyecto de I+D+i PID2019-107743RB-I00, financiado por MCIN/ AEI/10.13039/501100011033/, "Configuración y efectos de los sistemas de gestión del riesgo legal", así como del proyecto de I+D+i PID2022-138775NB-I00, financiado por MCIN/ AEI/10.13039/501100011033/ y por FEDER Una manera de hacer Europa, "Cumplimiento normativo y protección penal de la Administración Pública" y de la 'Red de investigación en Cultura de la Legalidad y Lucha contra la Corrupción [3]'. Ayuda RED2022-134265-T financiada por MCIN/ AEI/10.13039/501100011033, los cuales se ejecutan en el "Centro de Investigación para la Gobernanza Global" de la Universidad de Salamanca y en el "Observatorio Iberoamericano de Justicia Penal". Esta publicación fue realizada en el marco del contrato de Personal Investigador en Formación de la autora, que ha sido financiada con cargo a la convocatoria de contratos predoctorales USAL 2021, cofinanciada por el Banco Santander.

Colección:
*"Corrupción, crimen organizado y delincuencia económica"*

Dirigida por:
**NICOLÁS RODRÍGUEZ-GARCÍA**
*Catedrático de Derecho Procesal - Universidad de Salamanca*


EDITA: TIRANT LO BLANCH
C/ Artes Gráficas, 14 - 46010 - Valencia
TELFS.: 96/361 00 48 - 50
FAX: 96/369 41 51
Email:tlb@tirant.com
www.tirant.com
Librería virtual: www.tirant.es
DEPÓSITO LEGAL: V-2771-2024
ISBN: 978-84-1071-055-9
MAQUETA: Tink Factoría de Color

Si tiene alguna queja o sugerencia, envíenos un mail a: *atencioncliente@tirant.com*. En caso de no ser atendida su sugerencia, por favor, lea en *www.tirant.net/index.php/empresa/politicas-de-empresa* nuestro procedimiento de quejas.

Responsabilidad Social Corporativa: http://www.tirant.net/Docs/RSCTirant.pdf

*A mi madre*
*A mis abuelas*
*A todas las mujeres que me han enseñado todo lo que somos capaces*

# ÍNDICE

*Capítulo II*

## LA COLABORACIÓN CON LA JUSTICIA EN EL ACTUAL SISTEMA PENAL ESPAÑOL

## *Capítulo III*
## LA COLABORACIÓN CON LA JUSTICIA EN LA JURISPRUDENCIA DEL TRIBUNAL SUPREMO: 2019-2022

*Capítulo IV*

**LA COLABORACIÓN PREMIADA DEL INVESTIGADO O ENCAUSADO Y EL SISTEMA PENAL ESPAÑOL**

# ABREVIATURAS

| | |
|---|---|
| ALECrim 2011 | Anteproyecto de Ley de Enjuiciamiento Criminal 2011 |
| ALECrim 2020 | Anteproyecto de Ley de Enjuiciamiento Criminal 2020 |
| apdo. | Apartado |
| BOE | Boletín Oficial del Estado |
| BCPP 2013 | Borrador de Código Procesal Penal 2013 |
| CE | Constitución Española |
| CEDH | Convenio Europeo de Derechos Humanos |
| Cfr. | Confróntese/conferir |
| Coord. | Coordinador |
| CP | Código Penal |
| DOJ | Department of Justice (EE.UU.) |
| EE.UU. | Estados Unidos |
| EOMF | Estatuto Orgánico del Ministerio Fiscal |
| FCPA | Foreign Corrupt Practices Act (EE.UU.) |
| FGE | Fiscalía General del Estado |
| FJ | Fundamento Jurídico |
| JAI | Consejo de Justicia y Asuntos de Interior |
| LEC | Ley de Enjuiciamiento Civil |
| LECrim | Ley de Enjuiciamiento Criminal |
| LO | Ley Orgánica |
| LOPJ | Ley Orgánica del Poder Judicial |
| LORPM | Ley Orgánica reguladora de la Responsabilidad Penal de los Menores |
| LOTJ | Ley Orgánica del Tribunal del Jurado |
| MF | Ministerio Fiscal |
| n.n. | negrita/destaque nuestro |
| n.º | Número |
| n.t. | nuestra traducción |
| OCDE | Organización para la Cooperación y el Desarrollo Económico |
| org. | Organizador |
| p. | Página |
| p. ej. | Por ejemplo |
| Párr. | Párrafo |
| PIDCP | Pacto Internacional de Derechos Civiles y Políticos |
| pp. | Páginas |
| PLMEP | Proyecto de Ley de Medidas de Eficiencia Procesal del Servicio Público de Justicia |
| ss. | Siguientes |
| STC | Sentencia del Tribunal Constitucional |

| | |
|---|---|
| STS | Sentencia del Tribunal Supremo |
| TC | Tribunal Constitucional |
| TFUE | Tratado de Funcionamiento de la Unión Europea |
| trad. | Traducción |
| TS | Tribunal Supremo |
| UNODC | Oficina de las Naciones Unidas contra la Droga y el Delito |
| vs. | Versus |

# PRÓLOGO

Marina Oliveira es una universitaria de pura cepa, comprometida al máximo con alcanzar su sueño de ser profesora universitaria de Derecho Procesal. Con este fin no ha escatimado esfuerzos en desarrollar una formación académica internacional: en la Universidad de São Paulo de Brasil su Grado en Derecho, en la Universidad de Coimbra su Máster en Derecho Penal con meción europea y en la Universidad de Salamanca su Doctorado.

Todos los que formamos parte del «GIR Justicia, sistema penal y criminología», del «Centro de Investigación para la Gobernanza Global» y del «Observatorio Iberoamericano de Justicia Penal» hemos sido muy afortunados con la elección de Marina de trabajar con nosotros en la Universidad de Salamanca y está siendo un buenísimo ejemplo, interno y externo, de generosidad, dedicación y trabajo en equipo sin veleidades y brotes de estrellato; *rara avis*, cada día más.

De manera muy brillante meses atrás Marina defendió su tesis doctoral, que por unanimidad obtuvo la máxima calificación de Sobresaliente *cum laude*, tanto por su trayectoria en el periodo de formación doctoral como por su exposición y defensa. Y esta monografía es, en parte, el resultado de tantos años de estudio y estancias de investigación.

El privilegio de ser el mentor de Marina estos años se ha visto además edulcorado porque ha trabajado en la misma temática que a mí me permitió doctorarme hace casi tres decenios. Claramente y con orgullo reconozco que ha culminado el «Programa de Doctorado en Estado de Derecho y Gobernanza Global» con un trabajo *más mejor*, corregido y aumentado en lo atinente al ordenamiento procesal penal español.

A nadie escapa el hecho de que el sistema penal español se encuentra en un constante proceso de evolución y adaptación frente a los desafíos que presenta la delincuencia moderna; en particular, la relacionada con hechos criminales calificados de graves, complejos y transfronterizos. Por ello, la obra que el lector tiene en sus manos, «Colaboración con la justicia en el sistema penal español. Principio de oportunidad, justicia premial y negociada», constituye una contribución fundamental para comprender y criticar las dinámicas actuales y futuras de nuestro ordenamiento jurídico-penal. A través de un análisis exhaustivo, esta monografía ofrece una perspectiva integral sobre la colaboración con la justicia, evaluando tanto sus potencialidades y atracciones para todos los operadores como sus limitaciones, siempre en clave de *sistema*, no radicándola únicamente en el campo procesal penal.

La colaboración con la justicia, y no solamente en la penal, ha emergido como una estrategia clave en la lucha contra el crimen organizado y otras formas complejas de delincuencia. Este enfoque, basado en la participación activa de los individuos en el esclarecimiento de delitos, permite a las autoridades judiciales acceder a información crucial que de otro modo podría permanecer inaccesible. No obstante, esta colaboración plantea importantes interrogantes sobre la equidad, la justicia y los derechos y garantías constitucionales de los implicados.

El principio de oportunidad, que subyace a muchas de estas prácticas actuando de acicate y herramienta dinamizadora, introduce una flexibilidad necesaria en la administración de justicia. Ls prácticas que se anclan en este principio permiten a las acusaciones públicas actuar con discrecionalidad en la persecución de delitos, optimizando recursos y priorizando casos de mayor relevancia fáctica, jurídica y mediática. Sin embargo, esta discrecionalidad también puede generar desigualdades y sensaciones de arbitrariedad, cuestionando la transparencia, la uniformidad, la igualdad y la proporcionalidad en la aplicación de la justicia.

La justicia premial, que recompensa la colaboración con alicientes jurídico-penales, es otro elemento central de esta obra. Este enfoque, que ha sido ampliamente adoptado en otros sistemas jurídicos con clara influencia anglosajona, promueve la cooperación de los acusados a cambio de reducciones en sus condenas o la retirada de cargos en el mismo o en otros procesos penales. Si bien este tipo de justicia puede acelerar la resolución de casos y ayudar en la desarticulación de redes criminales, también plantea dilemas éticos y legales significativos, entrentados además a planteamientos economicistas que debieran ser extraños al campo de la justicia penal.

En cuanto a la justicia negociada, esta modalidad introduce acuerdos formales entre la fiscalía y el investigado, basados en el reconocimiento de culpabilidad y la aceptación de penas menores. La justicia negociada puede descongestionar los tribunales y ofrecer soluciones rápidas, pero también puede erosionar el derecho a un juicio justo, completo y con todas las garantías. A consecuencia de ello la Dr.ª Oliveira examina en detalle los riesgos y beneficios de tales acuerdos, destacando la necesidad de un equilibrio cuidadoso entre eficiencia y justicia.

Abordadas con profundidad y rigurosidad todas estas instituciones, políticas y tendencias, esta obra se distingue por su enfoque crítico y multidimensional. Además, en él se invita a una reflexión profunda sobre las tensiones inherentes entre los derechos e intereses jurídicos que confluyen y con relación a los cuales, en principio, cada uno de los sujetos implicados debieran tener una posición procesal divergente.

En conclusión, «Colaboración con la justicia en el sistema penal español. Principio de oportunidad, justicia premial y negociada» es una obra imprescindible para juristas, académicos, profesionales del Derecho y todos aquellos interesados en la moderna evolución de la justicia penal, que con relación a los temas que se abordan parece que no tienen vuelta atrás y sólo cabe esperar su reconocimiento legal y las modulaciones antes los eventuales excesos que se pueden apreciar en la práxis forense. Al ofrecer un análisis detallado y crítico de la colaboración con la justicia, este libro no solo enriquece el debate académico, sino que también proporciona herramientas prácticas para mejorar nuestro sistema penal. En un mundo cada vez más complejo, donde la criminalidad se adapta y muta constantemente, la adaptabilidad y la justicia de nuestro sistema penal son más cruciales que nunca, siendo un ámbito de estudio que no debiera dejar a nadie indiferente o automáticamente subyugado a las modas foráneas en demasiadas ocasiones importadas acríticamente o a partir de *ensagaños* del legislador.

En São Paulo (Brasil), a tres de julio de dos mil veinticuatro.

**Dr. Nicolás Rodríguez-García**

*Catedrático de Derecho Procesal*

*Director del «Observatorio Iberoamericano en Justicia Penal»*

*Universidad de Salamanca*

# INTRODUCCIÓN

El Derecho penal se encuentra en crisis. La dogmática ha venido sosteniendo esta afirmación desde el siglo XX[1], posiblemente desde la concepción misma del Derecho penal tal como lo entendemos hoy en día, como lo evidencia la obra de Beccaria *De los delitos y las penas*[2].

En el marco de los sistemas que descienden del modelo europeo continental de perseguir los delitos, en el que rigen el Estado de Derecho y el principio de legalidad —en su concepción amplia: constitucional, penal y jurisdiccional—, la crisis ha llevado a la implementación del principio de oportunidad. Este principio ha dado lugar a la introducción de mecanismos alternativos de resolver el conflicto, como la *conformidad* y, en la discusión actual, la justicia restaurativa y la mediación penal. En términos generales, ha suscitado debates en torno a los conceptos de *conciliación, consenso, colaboración, negociación* y *justicia negociada*.

A pesar de su implementación paulatina en el sistema penal español, la introducción de diversas normativas y conceptos asociados a los mecanismos de oportunidad ha dado lugar a un verdadero *caos* normativo. Por ejemplo, en el caso de las conformidades, esto ha resultado en una aplicación muchas veces *encubierta,* o *extralegal,* al margen de la legalidad.

Ha ocurrido algo similar con la *colaboración* de investigados y encausados con la justicia. Aunque existieran previsiones especificas en el Código Penal que permitían la rebaja de la pena a determinados encausados que hubiesen colaborado de acuerdo con los requisitos especificados en la ley penal, ha ido expandiéndose de manera desordenada.

A la crisis del Derecho penal, que hace con que el investigado deje de ser un sujeto pasivo y pase a ser una persona cuya información y acción puede auxiliar a la justicia, se suman las organizaciones re-

---

1 *Cfr.* Schünemann, 1991; Prittwitz, 2021; Ferrajoli, 1995; Ferrajoli, 2000; Muñoz Conde, 1999; Silva Sánchez, 2001; Zaffaroni, 1998; Fairén Guillén, 1992b, pp. 133 y 134.

2 Beccaria, 2013.

gionales e internacionales que, al regular la lucha contra la corrupción y contra la delincuencia organizada transnacional, entre otras preocupaciones relacionadas a una delincuencia *grave,* recurren a la colaboración de los investigados como mecanismo para solventar una criminalidad que es tanto *grave* como *compleja.*

Los medios de comunicación también han comenzado a desempeñar un papel esencial en este movimiento. A esto se añaden ahora las redes sociales, que tienen el poder de convertir cualquier noticia en *viral* y otorgarle una importancia extrema en cuestión de minutos. De hecho, es en este contexto que la *colaboración de encausados* con la justicia ha aparecido como un elemento de relevancia en el sistema penal español —y para nuestra investigación—. Cuando, alrededor de 2018[3] —y hasta hoy[4]— se han difundido diversas noticias en las que la negociación de *pactos* y *acuerdos*[5] entre acusados por grandes casos de corrupción, en especial el caso *Gürtel,* se han convertido en una modalidad *existente* y *regular* en el marco de un *debido proceso legal.*

Así, se plantea una incompatibilidad latente entre el mundo del *law in books* y del *law in action*[6]. En el primer mundo, habría la inexistencia de acuerdos o de una negociación para más que algunas modalidades de conformidad, en las que el acuerdo estaría restringido a la calificación y a la pena, con los debidos controles judiciales que limitarían su margen de maniobra. En el segundo mundo, se realizan acuerdos y negociaciones *extrajudiciales* y al margen de la ley —y, por

---

3 Enero de 2018: "El pacto con la fiscalía en el juicio de la caja b del PP de Valencia divide a las defensas" (Jesús Pérez, 2018).

4 Enero de 2023: "Camps denuncia «pactos secretos y obscenos» de Anticorrupción con acusados en el juicio de Gürtel: el expresidente acusa a la Fiscalía de buscas «personas para intentar inculpar a otras» a cambio de rebajarles «las exorbitantes peticiones de condena que pide muchas veces»" (La Provincias, 2023).

5 Mayo de 2021: "La defensa de Bárcenas dice que el extesorero del PP colabora por arrepentimiento y tras reflexionar en prisión" (Europa Press, 2021); enero de 2023, "Anticorrupción responde a Camps y defiende los acuerdos de conformidad en Gürtel: ´No son obscenos ni clandestinos´" (RTVe Agencias, 2023).

6 Dicho por primera vez por Roscoe Pound (1910), con el objetivo de destacar el problema de crear una ciencia jurídica que considerara cómo la ley realmente funciona y es aplicada. Kelsen lo trabaja de forma similar, aunque desde una perspectiva positivista (1941). Para una visión actualizada *cfr.* Halperin, 2011, pp. 47 y ss.

lo tanto, del principio de legalidad y del marco constitucional— para obtener la colaboración de importantes encausados a cambio de determinados premios.

Específicamente, se destaca la discrepancia existente entre la realidad y los principios fundamentales del sistema penal, el marco constitucional y, específicamente, las garantías constitucionales.

Además, en lo que respecta al principio de oportunidad, a pesar de que ha sido implementado en sistemas de origen europeo continental durante más de tres décadas, todavía carece de un concepto claro y sigue dependiendo de su relación con el principio de legalidad. Tampoco es manifiesta la posición que adopta el principio de oportunidad en relación con el principio de legalidad, es decir, si se opone o complementa a este último.

Uno de los elementos centrales en esta problemática está relacionado con la falta de regulación *procesal* de todas estas nuevas categorías que, de una manera u otra, confirman una expansión exponencial del Derecho penal[7]. En realidad, se implementan formas alternativas de solucionar el proceso, como la *conformidad,* para imponer *más* penas; se requiere la colaboración de coacusados para fortalecer las acusaciones y perseguir *más* responsables.

Entre la falta de regulación procesal suficiente —y la *confusión* existente en las demás áreas[8]— se construye el *law in action.* En el caso de España, esto está determinado por la labor de construcción jurisprudencial. Carnelutti destacó la importancia del trabajo de los magistrados en cuanto a que las sentencias judiciales aportan cierto grado de *corrección* de la ley[9]. Bourdieu, desde una perspectiva sociológica, también estudió como los magistrados, a partir de una labor de *racionalización,* confieren *eficacia simbólica* a las leyes[10]. En

---

7 *Cfr.* Rodríguez-García, 2022, p. 51.

8 Por ejemplo, a través de la regulación de la conformidad. *Cfr.* Gimeno Sendra, 2020, p. 37; Rodríguez-García, 2020, p. 475.

9 Carnelutti, buscando una respuesta para la pregunta "¿qué es el juicio?", destacaba que "il legislatore ha le insegne della sovranità; ma il giudice ne possiede le chiavi" (Carnelutti, 2017, p. 62).

10 Bourdieu destacó que "O trabalho de racionalização, ao fazer aceder ao estatuto de veredicto uma decisão judicial que deve, sem dúvida, mais às atitudes éticas dos agentes do que às normas puras do direito, confere-lhe a eficácia simbólica

efecto, la *colaboración* con la justicia en España ha sido sometida a este proceso y, en la medida en que el trabajo de racionalización de los magistrados obtiene *reconocimiento*[11], desde nuestra perspectiva, merece ser analizado atentamente para que la ley escrita (el *law in books*) se adapte y pueda regular estos mecanismos que ya tienen plena *eficacia simbólica*[12].

Desde este plano, la investigación se basa en la hipótesis de la existencia de la colaboración de investigados y encausados con la justicia en el sistema penal español; una manifestación que parte del principio de oportunidad y llega a la justicia negociada[13].

---

exercida por toda a ação quando, ignorada no que têm de arbitrário, é reconhecida como legítima" (Bourdieu, 2011, p. 225). Además, el autor ha estudiado en profundidad la labor funcionalmente complementaria de los juristas y de los magistrados en el ámbito de un legítimo ejercicio de la competencia jurídica. Los primeros, en un trabajo de racionalización y formalización, sometiéndose al cuerpo de reglas con el objetivo de conseguir la coherencia y la constancia de una serie de principios y/o reglas que muchas veces son contradictorios y complejos, además de proporcionar a los segundos una manera de que sus veredictos seas sustraídos de lo arbitrario. Los magistrados, por su parte, a través de la solución de conflictos buscarían la adaptación del sistema a lo real, introduciendo los cambios y las innovaciones indispensables para la supervivencia del propio sistema (2011, p. 220).

11 Bourdieu, 2011, p. 243.

12 Carnelutti añade a la relación legislador-jueces, los ciudadanos: "entre el legislador y el Juez la diferencia, aproximadamente, la intuyen todos: el primero forma las leyes, el segundo las aplica (…) La verdad es que las aplican también los ciudadanos cuando según ellas regulan su conducta" (2021, p. 380). *Cfr.* Montero Aroca, 1998, p. 376.

13 Explicamos que durante esta investigación, además de referirnos a trabajos españoles, como sería de esperar en un estudio sobre el sistema penal español, haremos alusiones a la doctrina portuguesa y brasileña, y utilizaremos algunos ejemplos de la legislación alemana. En primer lugar, la referencia a Portugal se justifica debido a que constituye un sistema penal que, también con origen en un modelo europeo continental de persecución de delitos y construido sobre el principio de legalidad, aborda el tema de los mecanismos de oportunidad desde una perspectiva sistémica, ya que su doctrina estudia el Derecho penal y el Derecho procesal penal de forma integral. En cuanto a Brasil, mencionaremos este país en la medida en que, también basado en los principios de legalidad y oficialidad, ha implementado desde 2013 un modelo específico y procesal de colaboración premiada, diseñado para combatir la delincuencia organizada y ampliamente aplicado. Por último, nos referiremos a Alemania en algunos momentos de este trabajo, desde la perspectiva de un sistema legal que introdujo mecanismos de

Esta hipótesis —estrechamente conectada con el título del trabajo— se relaciona con la estructura de la investigación y los principales elementos estudiados. En el transcurso de esta obra, nos basaremos en una exploración del sistema penal español, desentrañando sus fundamentos a través de una lectura de sus elementos constitucionales y sistemáticos[14]. En especial, será clave la intrínseca conexión del sistema penal con el Estado de Derecho, enmarcado en un contexto social y democrático.

Asimismo, dirigiremos nuestra atención al anteriormente mencionado problema de la implementación del principio de oportunidad en el sistema penal español. La crisis del Derecho penal jugará un papel fundamental, ya que ha ido adquiriendo distintas características con el paso del tiempo y, de esta manera, justificando diversas incidencias del principio de oportunidad —a través de diferentes mecanismos—. Por tanto, podremos aclarar no sólo los problemas en torno a este principio de oportunidad, sino también cómo se aplica de manera específica a la colaboración de investigados y encausados con la justicia, desde la perspectiva de la justicia premial y negociada.

Esta fase de la investigación es esencial para comprender el papel que ejercen los organismos internacionales y regionales en la construcción de la *necesidad* de la colaboración con la justicia en los distintos ordenamientos jurídico-penales. A modo de ejemplo, se trabajarán documentos y Convenciones Internacionales de las Naciones Unidas, del Consejo de Europa; informes de la Oficina de las Naciones Unidas contra la Droga y el Delito, de la Organización para la Cooperación y el Desarrollo Económico y, desde una perspectiva regional, documentos —resoluciones, propuesta para Directivas, etc.— de la Unión Europea.

Además de esta perspectiva dogmática del principio de oportunidad, lo analizaremos desde la perspectiva del *law in books*, o, en otras palabras, del principio de legalidad. Estudiaremos las manifestaciones procesales penales y penales del principio de oportunidad que incluyen la

oportunidad en su legislación procesal penal tras una utilización pragmática, adaptándolos al principio de legalidad.

14 *Cfr.* Gimeno Sendra, sobre como "la vigente Constitución española de 1978 constituye la norma suprema, a la cual ha de adecuarse la totalidad del ordenamiento procesal penal" (Gimeno Sendra, 2015, p. 61).

colaboración con la justicia: desde las *conformidades*, hasta la colaboración premiada que se manifiesta a partir de la atenuante analógica de confesión y de la previsión específica en determinados delitos en el Código Penal a través de la concesión de atenuantes. De esta etapa surge uno de los grandes problemas señalados anteriormente. Por un lado, la falta de regulación procesal clara y coherente de muchos de los elementos de la colaboración con la justicia: tanto en el caso de la negociación en el supuesto de las conformidades negociadas, como en el caso de la colaboración en las manifestaciones penales. Por otro lado, la falta de precisión legislativa sobre la *colaboración premiada* y la necesidad de construcción jurisprudencial en torno a las atenuantes por colaboración.

A su vez, debido a la realidad del *law in action*, llevamos a cabo una investigación jurisprudencial centrada en el Tribunal Supremo, dada su posición como principal modelador de la jurisprudencia. El objetivo es analizar todas las sentencias del Tribunal Supremo de un determinado período de tiempo, el más amplio posible en razón del número de sentencias que tendríamos la capacidad material de analizar con detalle y lo más reciente posible, que tratasen sobre la *colaboración premiada*. Eso será realizado a partir de un estudio metodológicamente fundamentado[15]. En este caso, partiendo de la investigación anteriormente conducida sobre el *law in books*, la justicia premial para la negociación estaría mayoritariamente limitada a la atenuación de la pena. Así, podemos presentar resultados cuantitativos y cualitativos sobre la colaboración premiada de investigados y encausados con la justicia penal que nos permiten obtener conclusiones más fiables en torno al *law in action*, es decir, la realidad del Derecho a partir de su aplicación por los magistrados.

Para finalizar, y de manera quizás *audaz*, presentamos una propuesta de cuño propio en la que, en clave de *sistema*, aproximamos la colaboración premiada al Derecho procesal penal. Por tanto, proponemos un modelo de colaboración premiada, desde la óptica del principio de oportunidad y de la justicia negociada, que permita una mayor compatibilidad con el sistema penal español, la Constitución Española, los principios fundamentales y los derechos y garantías fundamentales.

---

15 *Cfr.* Zárate Pérez, 2013.

*Capítulo I*

# DEL PRINCIPIO DE OPORTUNIDAD A LA COLABORACIÓN CON LA JUSTICIA

## 1. CONCEPTUALIZACIÓN INICIAL

Debido a la propia opción metodológica, antes de empezar con la labor principal relacionada a los objetivos generales y especiales del trabajo, debemos establecer determinados parámetros y definiciones que serán esenciales para comprender el desarrollo de esta investigación.

Aunque la colaboración de investigados y encausados con la justicia, como posible manifestación de un principio de oportunidad, sea el objetivo central de la investigación, no se puede estudiarla sin que se contemple el sistema penal en el que se encuentran, en qué tipo de Estado están insertos y cuál es su marco constitucional. Al fin y al cabo, son esas las características que deben —y deberían— regular su aplicación. Entendemos que para que se avance realmente hacia un buen (eficaz y garantista) sistema, cualquier instituto y mecanismo debe ser introducido tomándose en consideración esa estructura sistemática que, de otra manera, también podríamos llamar «cultura» jurídica o «tradición» jurídica.

En este sentido, son dos los elementos esenciales que serán estudiados durante esta primera etapa. En primer lugar, la comprensión y definición en torno a la idea de «sistema penal», esencial en la medida que este trabajo dependerá de conceptos, mecanismos e instituciones no solamente procesales, sino también penales. En segundo lugar, a partir de la investigación del rol que ejerce el Estado social y democrático de Derecho en el sistema penal español, puesto que, partiendo de una metodología de análisis constitucional, el modelo de Estado adoptado y cada uno de sus elementos («democrático», «social» y «de Derecho») ejercerá una determinada fuerza e influencia sobre la idea de «sistema penal».

### 1.1. *La idea de «sistema penal»*

Antes de más, importante delimitar lo que para nosotros es considerado un sistema penal, dado que ese concepto es la base fundamental para toda y cualquier construcción que se venga a hacer sobre institutos penales o procesales.

El Derecho penal es un importante elemento de control social jurídico, cuyo objetivo es tutelar los "derechos y bienes" más primordiales[16], altamente formalizado y que, actualmente, se encuentra totalmente monopolizado por el Estado[17]. La concesión de dicho privilegio al Estado, sin embargo, no es realizada sin restricciones por los hombres convivientes en el ámbito de una sociedad, sino a partir de la delimitación de condiciones básicas expresadas en la existencia de las leyes. Por consiguiente, él también es controlado y limitado por los propios ciudadanos que lo concedieron según las reglas de su convivencia.

En la sociedad española, en la europea o en cualquier país donde impere la democracia, este control es ejercido tanto por medio de legisladores representantes de la sociedad, los que pueden determinar penas y delitos, como a través de la existencia de juzgadores imparciales que son responsables de decidir la verdad de los hechos[18]. Otro elemento de restricción al monopolio estatal del derecho de punir, especifico al Estado Español y a otros sistemas de tradición legalista, es el hecho de que tanto las normas primarias como las secundarias, esto es, y respectivamente, los enunciados que comunican una prohibición dirigida al ciudadano y las normas que comunican el castigo correspondiente dirigidas al juzgador[19], deben de ser entendidas como expresión de un imperativo[20] tanto al ciudadano a la hora de no de-

---

16 Gómez Colomer, 2023, p. 33.

17 Y, sobre la exclusividad estatal y por los tribunales *cfr.* Montero Aroca, 2016, pp. 15-20.

18 Beccaria (2013, pp. 30-34) nos explica las consecuencias del monopolio del Estado sobre las penas y los delitos, incluida también como desenlace esencial la imposibilidad de imposición de pena atroz o de tortura.

19 Mir Puig, 2016, p. 42.

20 La imperatividad de la norma penal tiene como consecuencia que la prevención gane importancia a la hora de aplicar el Derecho penal. Esto porque no habrá imperatividad de las normas primarias (de prohibición al ciudadano) sin prevención que las garantice.

linquir siguiendo la norma primaria como al Juez a la hora de castigar según la norma secundaria[21].

Por su parte, el Derecho procesal penal se manifiesta como un "medio o instrumento necesario"[22] para materializar y realizar el Derecho penal[23]. Además, superada una perspectiva puramente monista en la que el proceso penal sería "el instrumento que la jurisdicción tiene para la exclusiva aplicación del *ius puniendi* del Estado", en la medida en que también cumple con otras funciones esenciales como la protección del derecho a la libertad, la protección de la víctima y la rehabilitación del investigado[24], este parece ganar fuerza y estructura según su posición de realización del Derecho penal.

En nuestro entendimiento, la distinción y separación académica y teórica entre ambos campos jurídicos es impracticable —y quizás tortuosa, en la *praxis* jurídica y legislativa—. Lo ilustra la existencia de normas que "viajan" entre dos o más campos del sistema penal y que dificultan esa labor de disociación. Este es el caso, por ejemplo, de la prescripción del procedimiento y de la pena, los que tienen una doble naturaleza procesal y sustantiva. Asimismo, lo demuestra el propio hecho de que el proceso penal y los instrumentos procesales elegidos por el legislador dependen —o al menos deberían de depender— directamente de una política criminal previamente establecida, la cual, por su vez, se somete a una visión concreta del Derecho penal.

Es más, como ha estructurado y afirmado Andrade Fernandes hace más de 20 años, sin excluir la práctica separación de derecho penal sustantivo del derecho procesal penal, necesaria al permitir la complejidad del ámbito procesal como sistema *auto-referente*, la sintonía entre ambos mundos es necesaria "como forma de maximizar o ganho em coerência e consequente eficacia da Justiça Penal"[25].

---

21 Hay que recordar que las normas primarias y secundarias, como imperativos, también presuponen una valoración previa realizada por el legislador a la hora de decidir sobre los bienes jurídicos penales y demás intereses jurídicos según los principios generales del Derecho penal, lo que se incluiría como el control previo del monopolio estatal sobre el Derecho penal según las reglas democráticas (Mir Puig, 2016, p. 58).

22 Gómez Colomer, 2023, p. 33.

23 *Cfr*. Moreno Catena, 2021, p. 38; Armenta Deu, 2007, p. 25.

24 Gimeno Sendra, 2007, p. 43 y Gimeno Sendra, 2015, p. 66.

25 Andrade Fernandes, 2001, p. 37.

Por consiguiente, optamos por realizar la investigación a partir de la idea de «sistema penal», basado en un orden compuesto tanto por el ámbito sustantivo como por el procesal, buscando la "complementariedad funcional"[26], inherente a la posición autónoma y esencial del proceso penal, como clave para la realización del Derecho penal y elemento formador del modelo adoptado en una nación[27].

## *1.2. Sistema penal y Estado (democrático) de Derecho*

La formación y vigencia de determinado sistema penal se vincula estrictamente a la formación del Estado al que está unido. En definitiva, y como fue propuesto por Carnelutti, la propia idea y concepto de "Derecho" depende del "Estado"[28]. En el caso del modelo español, está directamente relacionado a la organización de España como un Estado social y democrático de Derecho que se rige por una Carta Magna, la cual, según la "teoría escalonada" de Kelsen[29], se sobrepone a las demás leyes infraconstitucionales y determina la manera cómo será estructurado un Estado. En esta línea se mueven Quintero Olivares y Jaria i Manzano: "El Derecho penal debe corresponderse

---

26 Andrade Fernandes, 2001, p. 43.

27 Señalamos, sin embargo, que las conclusiones de Andrade Fernandes siguen esta línea seguramente debido a la época de su investigación, a la necesidad del uso del proceso penal como "um instrumento eficaz na obtenção das finalidades primarias do sistema punitivo estatal" a través de la "agilidade na pestação jurisdiccional como medida de prevenção, geral ou especial". Aunque casi treinta años después reforzar la aplicación de la perspectiva de política criminal al proceso penal siga siendo relevante —en especial en España tras los varios parches realizados en la LECrim y debido a la falta de consenso sobre un nuevo código unificado procesal penal, o al recurso al Código Penal para medidas que deberían ser mejor elaboradas en el ámbito procesal, como analizaremos a lo largo del tercer capítulo—, nos parece interesante observar el cambio de perspectiva tras veinte años de incorporación de medidas de política criminal —de celeridad por medio del principio de oportunidad e instrumentos alternativos, como la conformidad en sus orígenes— a la necesidad de su discusión para la armonización del desorden normativo que actualmente existe.

28 "Il concetto del diritto, come tutti sanno, si lega strettamente al concetoo dello Stato. Probabilmente per sapere cos´è il diritto dobbiano chiederci cosa sai lo Stato. Comunque la ascensione mi riesce più comoda da questo lato" (Carnelutti, 2017, p. 11).

29 Kelsen, 1979, pp. 321-322.

con el Estado social y democrático de Derecho, que consagra el art. 1.1. CE"[30/31].

De esta premisa se pueden deducir algunas conclusiones. Mir Puig, por ejemplo, reflexiona que las propias finalidades de la pena están más vinculadas al contexto de Estado en el que son aplicadas que a una determinada opción histórica. De tal suerte que, en un Estado moderno donde rige el monopolio estatal del *ius puniendi*, la función de la pena dependerá de los cometidos que se atribuyan al Estado; mientras en un Estado absoluto la pena sería un instrumento "tendencialmente ilimitado de sometimiento de los súbditos"; en un Estado liberal, se preocuparía más en limitar jurídicamente el poder de castigar antes de prevenir el delito; y en un Estado social, se daría más atención a la prevención especial y surgirían las medidas de seguridad[32].

Por ello, es importante comprender el surgimiento del Estado social y democrático de Derecho, aunque de una manera *superficial*, en la medida en que este trabajo no tendrá la pretensión de versar sobre temas constitucionales a fondo, todos ellos que, sumados a la perspectiva criminal, merecerían profundas investigaciones por ellos mismos. En este sentido, lo estudiaremos exclusivamente como un recurso esencial a la hora de entender el sistema penal y, específicamente, el principio de oportunidad cuando esté relacionado con el premio por la colaboración de investigados y encausados en la justicia penal.

### 1.2.1. El Estado de Derecho

La configuración de un Estado como "de Derecho" es resultado de una evolución histórica moderna que deriva de la crisis de los viejos regímenes absolutos. Con la finalidad de, por un lado, "minimizar el poder del soberano" y reducir los espacios de discrecionalidad y arbitrariedad absolutista y, por otro lado, maximizar el "poder objetivo del sistema político (...), garantizando su eficacia junto a su genera-

30 Quintero Olivares, Jaria i Manzano, 2015, p. 27.

31 Art. 1.1. CE: "España se constituye en un Estado social y democrático de Derecho, que propugna como valores superiores de su ordenamiento jurídico la libertad, la justicia, la igualdad y el pluralismo político".

32 Mir Puig, 2016, p. 100.

lidad y realizando, así, al menos en el plano formal, la igualdad de expectativas"[33/34].

Es decir, la configuración actual —y a lo mejor inacabada como un proyecto garantista— de un Estado de Derecho es una lucha que gana fuerza en el Derecho moderno para limitar y minimizar la vigencia de la ley de los más fuertes y la arbitrariedad policial y judicial. Eso, según Ferrajoli, a partir "de la afirmación del principio de legalidad como fuente de legitimación de todos los poderes mediante su subordinación a la ley" y con el recurso a las constituciones rígidas que someten a los legisladores[35].

Asimismo, la calificación de Estado de Derecho, desde los orígenes del concepto en la Alemania del siglo XIX, se basa en "la sumisión del poder político a un estatuto fijo y predeterminado, a una regla impersonal e igualitaria que pretende conjurar los arrestos de la arbitrariedad"[36]. De tal manera que cualquier objetivo político de este Estado debe de ser alcanzado solamente por una legislación prestablecida. En este sentido, es el "principio de Estado de Derecho [que] impone el postulado de un sometimiento de la potestad punitiva al Derecho, lo que dará lugar a los limites derivados del principio de legalidad"[37].

Por lo tanto, podemos señalar los siguientes elementos básicos de un Estado de Derecho: *(i)* la existencia de un imperio de la ley; *(ii)* la vigencia del principio de legalidad, en mayor o menor medida[38]; *(iii)* el principio de seguridad jurídica; *(iv)* el principio de responsa-

---

33 Ferrajoli, 2000, p. 87.

34 Montero Aroca señala que "no ya el Estado de Derecho, sino la misma sociedad civilizada, puede existir sólo en tanto que en la misma se parta de la prohibición de la autotutela y, consiguientemente, de la tipificación como delito del ejercicio del propio derecho" (2019, p. 29). *Cfr.* Montero Aroca, 1998, p. 376.

35 Ferrajoli, 2000, p. 124.

36 Guzmán Dalbora, 2012, p. 195.

37 Mir Puig, 2016, p. 114.

38 Decimos en mayor o menor medida puesto que Estados como EE.UU. también son clasificados como Estado de Derecho, que tiene una Constitución magna que rige a todos los estados federados y leyes que se imponen a los ciudadanos y a los aplicadores del Derecho, pero que tienen una aplicación más limitada del principio de legalidad en comparación con el principio de oportunidad en el campo criminal.

bilidad; *(v)* el principio de jerarquía normativa[39]; *(vi)* el principio de publicidad de normas; y *(vii)* el principio de irretroactividad de las disposiciones sancionadoras desfavorables o restrictivas de derechos individuales.

Además, la configuración del Estado de Derecho (en especial cuando liberal) es articulada a través de dos vertientes: una material, a partir de la que se busca garantizar la libertad del individuo con el reconocimiento de sus derechos ante el Estado; y otra formal, consistente en el desarrollo de un sistema estatal basado en la organización y separación de poderes articulada a partir de la primacía de la ley.

Ambas vertientes son esenciales para la concreción de un Estado de Derecho, aunque en la realidad muchas veces solamente haya sido implementada la vertiente formal, como durante la mitad del siglo XIX en que regía el apogeo del positivismo. Por ello, es posible que exista un Estado de Derecho exclusivamente formal y que, por tanto, se olvida de su principal objetivo que es materialmente garantizar los derechos fundamentales y libertades públicas constitucionalmente proclamadas[40/41/42/43].

### 1.2.2. El Estado social y democrático (de Derecho)

Debido a la posible omisión de una de las vertientes del Estado de Derecho (en general, la material), se puede afirmar que un Estado de Derecho basado en un sistema de estricta legalidad no necesariamente será justo. Esto porque para que se concrete el elemento "justicia" —si lo podemos definir y delimitar— siempre habrá que haber un contenido material que le dé sustrato. Basado tanto en la garantía procedente del Estado social, que confiere legitimación en la medida en que se establece como un sistema de protección efectiva de los

---

39 Como consolidado por Hans Kelsen.

40 Así, el proceso penal "sólo tiene sentido para la tutela de los derechos de los ciudadanos" (Montero Aroca, 2019, p. 47).

41 Jaria i Manzano, 2015, pp. 136 y ss.

42 Martínez Alarcón, 2022, p. 238.

43 Sin embargo, sí tenemos que destacar que esas garantías vuelven a la pauta de la mayoría de los Estados de Derecho tras las dos Grandes Guerras Mundiales del siglo XX.

ciudadanos, como fundado en el cumplimiento de una serie de limites reforzados por la tradición liberal de un Estado de Derecho y llenos de contenido democrático[44].

Por consiguiente, la fórmula de Estado social y democrático de Derecho emerge como necesaria para reforzar la necesidad de un Estado que, "sin abandonar sus deberes para con la sociedad", tiene garantizado sus límites jurídicos en un sentido democrático. Esta fue la fórmula acogida en la Constitución alemana de la postguerra y que sirvió de inspiración a la constitución española de 1978 (art. 1.1)[45]. En ese sentido, se nos hace esencial en España la identificación de los elementos "democrático" y "social" del Estado de Derecho.

### *A) El Estado democrático y la democracia*

La democracia moderna, aunque sustancialmente permanezca similar a la griega clásica, asume contornos propios de la modernidad respecto a la manera de ampliarla o restringirla. Características derivadas en gran parte del constitucionalismo estadounidense y francés y de las Declaraciones de Derechos Humanos[46].

La democracia es una forma de gobierno representante de la igualdad en la medida en que asegura la igualdad ante la ley y de derechos entre las personas. Por tanto, la democracia posibilita la igualdad en el goce de ciertos derechos fundamentales garantizados para todos los ciudadanos, sin importar diferencias basadas en estrato social, género, creencia religiosa, y más, es decir, y en las palabras de Calamandrei, "democracia quiere decir soberanía popular"[47].

Asimismo, la democracia supone la libertad de las personas debido al hecho de que uno apenas podrá elegir voluntariamente a un representante si es verdaderamente libre. De tal manera que un poder solamente será legitimo en el ámbito de una democracia con la existencia de la libertad individual de todo un pueblo[48].

---

44 Mir Puig, 2016, pp. 100-101.
45 Mir Puig, 2016, pp. 100-101.
46 López Garrido, 2022, p. 436.
47 Calamandrei, 2020, p. 405.
48 *Cfr.* López Garrido, 2022, p. 461.

En este sentido, libertad e igualdad[49] son ambos elementos esenciales en el marco de cualquier Estado democrático y, juntamente con las vertientes formal y material del Estado de Derecho, constituyen las bases del Estado español[50].

La democracia como elemento de Estado consigna los rasgos y la actuación del sistema penal. En las palabras de Mir Puig, esa democracia pone el Derecho penal "al servicio del ciudadano, lo que puede verse como fuente de ciertos límites que hoy se asocian al respecto de principios como los de dignidad humana, igualdad y participación del ciudadano"[51].

Por consiguiente, la democracia es una forma de gobierno que se caracteriza por permitir la limitación de sus propios fundamentos democráticos siempre y cuando sea necesario garantizar el funcionamiento del sistema. Es decir, según la magnitud del peligro de la lesión que se busca prevenir o reprimir, el sistema es capaz de dar una respuesta proporcional sustantiva y procesal. Debido a la necesidad de observación de la proporcionalidad en las respuestas dadas por el sistema, se produce un conflicto entre eficacia y garantía en que "el equilibro consiste en no oponer sujeto y objeto". De tal manera que no haya elección por garantía o eficacia, sino la compaginación de ambas "como al anverso y el reverso de una misma realidad"[52]. Sobre el tema, esencial para la comprender la presente investigación, de nuevo será planteado a lo largo del trabajo.

### *B) El Estado social*

Además de un Estado democrático de Derecho, España adopta un modelo social derivado de elementos incorporados en la Constitución

---

49 *Cfr.* Calamandrei, cuando destaca que "estas libertades individuales deben ser concebidas no tanto como limitación y contrapartida de la soberanía popular, como de condiciones para que la soberanía popular pueda afirmarse de forma más profunda y más humana" (2020, p. 406).

50 No se puede olvidar que el Estado español también es constitucionalmente "social" y por esa razón se permiten una serie de acciones por parte del Estado, como parte activa del juego social, que debe de perseguir una multitud de objetivos relacionados con la igualdad material, como la necesidad de proveer seguridad económica y social, la reducción de la desigualdad de oportunidades, etc. (Agudo Zamora, 2013, p. 21).

51 Mir Puig, 2016, p. 133.

52 Contreras Alfaro, 2004, p. 45.

de 1978. Así que, mientras en los demás países europeos el Estado social fue implementado desde los años posteriores a la II Guerra Mundial y tuvo sus mejores años entre las décadas de 50 y 70 del siglo XX, en España el modelo social sólo fue constitucionalizado en la década de 70, momento en que el Estado social ya pasaba por una crisis y se veía sustituido por un modelo de neoliberalismo en el resto de los países. De manera que España, entre la tendencia del resto de Europa y la presión por el alejamiento del modelo franquista liberal, acabó por implementar una versión muy limitada del modelo social, con niveles bajos de protección[53].

Aun así, es la idea de un Estado Social que legitima la prevención y la punición "en la medida en que sea necesaria para proteger a la sociedad", lo que implica en "varios límites que giran en torno a la necesidad social de la intervención penal"[54].

En ese contexto se debe inserir el sistema penal español y debido a ello se permiten concepciones como la de Guzmán Dalbora según el cual la visión estricta del Estado de Derecho (basado en una completa legalidad) hace con que sea inconstitucional el uso político del Derecho penal, como a partir de la previsión de recurrentes excepciones que permiten la concesión de premios a los traidores y delatores[55].

### 1.2.3. La evolución en el Estado social, democrático y de Derecho

A pesar de lo previamente declarado, un Estado social, democrático y de Derecho, no es uno completamente fijo o estable según las definiciones teóricas más rígidas, sino el resultado real de evoluciones históricas, embates políticos y determinados sucesos[56]. Es más, por ser un concepto determinado por una Carta Magna, por más rígida que sea, permitirá interpretaciones de acuerdo con sus más variadas previsiones relacionadas a principios básicos y derechos fundamentales garantizados a los ciudadanos de dicho Estado democrático de Derecho.

---

53 Quintero Olivares, Noguera, 2015, p. 459.

54 Mir Puig, 2016, p. 128.

55 Gúzman Dalbora, 2012, p. 196.

56 *Cfr.*, p. ej., Calamandrei sobre la "prueba de fuego" de la constituyente italiana ante la protección de derechos sociales (2020, pp. 410 y 411)

Por consiguiente, en este proceso y evolución al que está sujeto el Estado democrático y de Derecho, él puede ser sometido a diversas presiones que vienen a generar distintas consecuencias.

Ejemplos de ello, y muy relacionados a nuestro objeto de investigación, son las excepciones cada vez más frecuentes a la legalidad y a la vigencia plena del Estado de Derecho debido al combate a la criminalidad organizada, o la propuesta hecha en Portugal por Figueiredo Días respecto a los "*acordos sobre a sentença*", basada en el uso de la oportunidad en el proceso penal como instrumento capaz de aportar eficiencia a la Administración de la Justicia, de acuerdo con el principio jurídico-constitucional del favorecimiento del proceso, determinado por el art. 20 de la *Constituição da República Portuguesa* (CRP)[57].

El eje de la cuestión está en equilibrar las distintas interpretaciones posibles y la evolución por la que pasan todos los Estados a lo largo del tiempo —y el propio sistema penal— según la base fundamental del país según sus caracteres «democrático social y de Derecho». Por tanto, la palabra clave parece ser la «proporcionalidad». De esta manera, se podrá garantizar la validez y efectividad de la Constitución en su integridad, respetando su existencia como instrumento legal semirrígido y superior y asegurando la existencia de un Estado justo y eficiente a toda la población.

Por la lógica del sistema español, por lo tanto, parece que el fundamento del proceso penal debe de ser buscado en la Carta Magna, como ley mayor en el sistema nacional. De tal manera que "el proceso penal contemporáneo únicamente se legitima en la medida en que se democratice y sea debidamente constituido a partir de la Constitución". Esto porque, en un Estado con una Constitución democrática, el Derecho penal o procesal penal no pueden alejarse de la democracia instituida. Y dentro de este contexto eminentemente democrático, "lo que necesita ser legitimado y justificado es el poder de punir, es la intervención estatal, y no la libertad individual"[58]. De hecho, la Constitución aparece como marco fundamental para cualquier estudio penal y, más específicamente tras el fenómeno de "la constitucionalización del proceso", gana especial importancia en la medida que "su-

57 Figueiredo Dias, 2011, p. 38.
58 Lopes Júnior, 2015, p. 28.

pone la aparición de una orientación metodológica que se propone profundizar en el estudio de la dependencia de la regulación procesal de los valores sociales y políticos recogidos por las constituciones"[59].

Por consiguiente, el eje que debe de ser central en el modelo español son los principios constitucionales, penales y procesales que conforman el sistema[60/61].

## 2. DEFINIENDO AL PRINCIPIO DE OPORTUNIDAD

Investigar la oportunidad —o el principio de oportunidad, como intentaremos definirlo a lo largo de este capítulo— como un elemento que ejerce influencia en los institutos penales y procesales, así como en la actuación de las partes procesales y en los pronunciamientos jurisdiccionales en sistemas penales de origen europeo continental y, por lo tanto, de base legalista, no es, en absoluto, una novedad.

Desde la década de los noventa del anterior siglo empezaron las discusiones académicas sobre la llamada "oportunidad" en el Derecho penal, sobre cómo aplicarla y sobre su eventual compatibilidad con el sistema en el que pretendían su inserción. Véase, treinta años de constante doctrina sobre el tema que han sido fundamentales a la hora de sentar las bases sobre la utilización de este recurso en determinados sistemas penales, algunos solamente en relación con un determinado tipo de criminalidad más leve, otros también de manera amplia respecto a casos de criminalidad organizada y delitos graves de naturaleza político-económica.

---

59 Montero Aroca, 2019b, p. 246.

60 *Cfr.* Rodríguez-García, sobre la necesidad de que a la hora de replantear el modelo de conformidad "se crea posible cumplir con la secuencia de las buenas ideas a las buenas acciones, con las mejores normas, siempre a partir de la Constitución y, en particular, desde el artículo 24 y el Título VI" (2022, p. 52).

61 Es fundamental advertir que se deben considerar todos los principios, no sólo los de naturaleza constitucional. En este sentido, Fairén Guillén nos ha enseñado respecto a alguna doctrina que había llegado a la falsa conclusión de que "el techo de los juristas que deseen aplicar el derecho español en los tribunales se halla en la Constitución" y que "los principios generales del derecho que en ella no aparezcan consignados, no son tales" (1998, p. 461).

Como bien señala Muinelo Cobo, hay una "omnipresencia" del principio de oportunidad frente al principio de legalidad (o a "la vieja concepción de la Ley como norma general y de la Ley procesal como una aplicación de ésta al caso concreto"). De tal manera que "la asunción de criterios puramente casuales, particulares o excepcionales (en lo que tienen de no reglados, irreductibles a toda generalidad), conlleva a la instauración de una nueva concepción del Derecho procesal [y] el proceso corre el riesgo de adoptar una práctica negocial". Sin embargo, aunque ese movimiento pueda parecer ilógico o inexplicable, esta nueva concepción de las relaciones procesales en el marco de los procesos judiciales no es más que la traslación al plano jurisdiccional de una estructura de pensamiento, caracterizada precisamente por su falta de estructura, por su equivocidad, y que embebe, a día de hoy, todas las modalidades discursivas, todas las realidades sociales, políticas, culturales, académicas y jurídicas[62/63/64].

En todo caso, parece que en toda discusión respecto a esta oportunidad —¿o deberíamos desde ya llamarla con la terminología "principio"?—, es el comienzo de una supuesta crisis del sistema penal que generaría la necesidad de imponer el principio de oportunidad ante un principio de legalidad cada vez más debilitado por las expectativas y resultados obtenidos por los sistemas penales[65]. Y, aunque vayamos a analizar de manera exhaustiva muchos de estos elementos posteriormente, desde ya podemos formular algunas consideraciones importantes basadas en la experiencia que estos treinta años de doctrina y discusión jurisprudencial y legislativa, tanto en el ámbito español, como también en el brasileño, portugués y de otros países que son marcados por un sistema penal de orden "constitucional legalista"[66].

---

62 Muinelo Cobo, 2019, p. 3.

63 Barona Vilar (2023d, p. 8) señala como "la oportunidad está incorporada" al Derecho procesal.

64 *Cfr.* López Yagües, 2021, pp. 383 y ss.; Castillejo Manzanares, 2021, pp. 11 y ss.; Luaces Gutiérrez, 2021, p. 289; Vázquez González, 2021, p. 446.

65 *Cfr.* Gómez Colomer, 2017, pp. 12 y 13.

66 *Cfr.* Figueiredo Dias, 2007, pp. 179-180; Cruz Santos, 2014, p. 409; Rotsch, Klein, 2023, p. 103; Assis Toledo, 1994, p. 22; Fabrini Mirabete, 2002, pp. 55-56. Sin embargo, esta investigación no tiene como objetivo realizar un estudio comparado con estos u otros ordenamientos jurídicos, sino utilizarlos como base para ejemplos de acuerdo con el caso concreto.

En primer lugar, las manifestaciones de oportunidad no son las mismas en los distintos modelos jurídicos, aunque todos ellos tengan la misma base constitucional en el principio de legalidad y en un origen en el modelo europeo continental. Es decir, en algunos sistemas se opta por la inclusión de los institutos de oportunidad dentro del ámbito reglamentado de la ley: a partir de modificaciones legislativas que pasan a incluir institutos de oportunidad en sus procedimientos; lo que comúnmente se refiere como "oportunidad reglada". Mientras otros países *optan*, o sería más conveniente decir, *actúan* según la oportunidad de su praxis jurídica, sin que se siga alguna norma jurídica vigente. Estas distintas prácticas, por su parte, son lo que generaría una amplia discusión, aún actual, sobre una supuesta oportunidad "reglada" o simplemente legalidad: es decir, si los mecanismos de oportunidad están constitucionalmente previstos dentro del ámbito legal, ¿serían de hecho mecanismos de oportunidad, serían mecanismos de una supuesta "oportunidad reglada" que intenta conformarse a la legalidad pero que aun así sale de la regla de la legalidad estricta en procesos criminales o, en último lugar, sería simplemente uno instituto más de legalidad debido al hecho de que se ha cumplido con la formalidad legal?

Esta misma diferencia muchas veces es apreciada en un mismo sistema penal respecto a distintas manifestaciones de la oportunidad: se legisla sobre métodos de consenso y desviación del proceso legal en el ámbito de delitos leves y se otorga a la praxis y a la jurisprudencia la concreción de la oportunidad en delitos graves. En general, esta es la realidad más vista en los últimos años y hace referencia a nuestra hipótesis de trabajo relacionada con el sistema español[67].

Asimismo, no sólo la oportunidad se refiere a instituciones para una u otra clase de delitos, como también es instrumentalizada o abordada en el ámbito del Derecho penal material o procesal según el caso en concreto, de acuerdo con los objetivos de la investigación o, muchas veces, según la propia especialidad académica de determinado autor. Por consiguiente, cobra relevancia la conceptualización inicial anteriormente realizada respecto a la relevancia de abordar el sistema penal como un todo.

---

67 *Cfr.* Capítulo II sobre la colaboración con la justicia en el sistema penal español.

Para terminar, reflexionamos que la oportunidad, debido a sus diversas manifestaciones y alcance, no se presta a una única definición específica que englobe a todos los casos. De tal manera que el único concepto que parece subsistir, con matices que tampoco le dan mucha consistencia, es el de la oportunidad como un elemento que busca la desviación al debido proceso legal tradicional y que viene plasmado en la legislación nacional. Y decimos con matices porque si excluimos las manifestaciones de oportunidad que sí tienen un espacio en la legislación, con el paso del tiempo y la normalización del principio de oportunidad tampoco lo tendríamos en cualquier sistema penal. De tal manera que sólo podríamos considerar espacios de oportunidad los que estuviesen fuera de la ley o fueran directamente contrarios a ella. Sin embargo, ya sabemos que esto no es cierto, cuando instrumentos como la conformidad, plasmados en la legislación española desde hace décadas, aún siguen siendo considerados espacios de oportunidad[68].

Por lo tanto, vemos lo difícil que es situar la oportunidad y encontrar una definición que le sirva perfectamente. De tal manera que no cabe otro camino que no el de investigar la oportunidad en una perspectiva general, que nos permite ver desde fuera sus principales matices.

En esta investigación se plantea la implementación del principio de oportunidad en el sistema penal español a partir de mecanismos de colaboración de investigados y encausados por delitos graves, en especial delitos de naturaleza político-económica como los de delincuencia organizada, malversación o contra la Hacienda Pública y la Seguridad Social.

Por consiguiente, estudiaremos, en un primer momento más amplio, la oportunidad como principio, su relación con el principio de legalidad y su posición entre el Derecho penal sustantivo y el procesal. A partir de esta base, podremos entender la evolución del principio de oportunidad en su primer movimiento, relacionado a los delitos

---

68 Nombramos este ejemplo entre varios otros del sistema internacional: véase la colaboración premiada legislada en la Ley n.º 12. 850/2013, de 02 de agosto, en Brasil o la mediación penal de adultos en Portugal, según la Ley n.º 21/2007, de 12 de junio.

más leves, así como su extensión a los delitos graves, con una naturaleza político-económica y muchas veces transnacionales. En este último escenario, entenderemos el principio de oportunidad desde una perspectiva propia de la colaboración premiada de investigados y encausados, especialmente a través de los mecanismos, convenciones e instrumentos internacionales y europeos.

## *2.1. Definiciones de la oportunidad en la doctrina*

Todavía en la última década del siglo pasado, Armenta Deu señalaba que hasta esta fecha el único autor que habría definido de manera clara un concepto de oportunidad sería Gimeno Sendra, para el que la oportunidad sería la "facultad, que al titular de la acción penal asiste, para disponer, bajo determinadas condiciones, de su ejercicio con independencia de que se haya acreditado la existencia de un hecho punible contra un autor determinado"[69/70].

Sin embargo, Gimeno Sendra por sí mismo, o al menos en una obra de carácter más general —"Derecho Procesal Penal"— no aborda el principio de oportunidad de manera específica, ni en relación con el principio de legalidad, sino como un género en sí mismo del que el instituto de la conformidad es una especie: o, en sus palabras, una "manifestación". Esto porque, "ante un hecho típico, culpable y punible" y ante la vigencia del principio de legalidad —el que aquí aparece a título de comparación, aunque sea solamente para afirmar su vigencia en este sistema[71]—, el Ministerio Fiscal pone fin a un proceso penal ya incoado "a través de la aceptación del cumplimiento de la más grave petición de pena, con todos los efectos de la cosa juzgada" sin necesidad de autorización u homologación judicial ni

---

69 Gimeno Sendra, 1988, p. 32; Armenta Deu, 1991, p. 193.

70 Montero Aroca estudia el principio de oportunidad exclusivamente a partir de la perspectiva del proceso civil (1998, p. 380). Posteriormente, analiza el "llamado principio de oportunidad" en razón de su inserción en el proceso penal (1998, pp. 388 y ss.)

71 Sin embargo, y posteriormente, Gimeno Sendra no solamente afirma la relación de complementariedad entre los principios de oportunidad y legalidad, sino también señala que es una tautología hablar en "oportunidad reglada" cuando cualquier "solución" de oportunidad "ha de estar prevista en una norma del Código Penal" (Gimeno Sendra, 2019, pp. 1-4).

la condición de cumplimiento futuro por el acusado de prestación o condición alguna que no el cumplimiento de la pena que se le imponga en el acto[72].

Esta concepción de Gimeno Sendra, aunque concebida para el ámbito del instituto de la conformidad, es la más próxima a nuestra propia percepción de la oportunidad. Una que puede ser útil no sólo para el sistema penal español, sino también para cualquier sistema penal que, constitucionalmente, provenga de una tradición europea continental en que prevalece el principio de legalidad.

Aún más recientemente, Gimeno Sendra propuso como concepto para el principio de oportunidad la facultad que el ordenamiento procesal confiere al Ministerio Fiscal para que, a pesar de la sospecha de la comisión de un delito público, pueda dejar de ejercitar la acción penal o solicitar a la autoridad judicial un sobreseimiento o una conformidad, reduciendo sustancialmente la pena a imponer al encausado en los casos expresamente previstos por la norma penal sustantiva y siempre y cuando hayan de tutelarse intereses constitucionalmente protegidos[73].

Con esta definición nos acercamos un paso más cerca a nuestros supuestos de colaboración con la justicia premiada, puesto que se pasa a incluir un beneficio relacionado a la pena como medida de "oportunidad", la que deberá ser determinada por el Ministerio Fiscal siempre y cuando haya una previsión normativa anterior. Cumpliendo, por consiguiente, con los fundamentos y principios de orden sistemática y constitucional del sistema penal español. Por otro lado, a esta definición nos gustaría subrayar la necesidad de añadir legislación *procesal* penal, fundamental para regular dichas medidas de oportunidad[74].

Armenta Deu, de manera similar a Gimeno Sendra, propone un concepto para el principio de la oportunidad mientras trata de analizar la institución de la conformidad. Así, señala que la conformidad es una manifestación de este principio de oportunidad "en tanto en cuanto supone una forma de dar fin al proceso, sin que hayan desarrollado todas aquellas fases que, conforme al principio de lega-

---

72 Gimeno Sendra, 2015, p. 773.

73 Gimeno Sendra, 2020, p. 39.

74 Sin embargo, y sobre ello, profundizaremos a lo largo de los próximos capítulos.

lidad, hubiera cabido esperar"[75]. Armenta Deu, además, señala otro elemento del principio de oportunidad por exclusión, al afirmar que la suspensión de la pena, como una clase más de pena que puede ser aplicada cuando presentes los supuestos legales, no constituye manifestación del principio de oportunidad, ya que no trata de la aplicación de "razones de oportunidad en la persecución o no de un hecho delictivo"[76]. Por lo tanto, Armenta Deu se ciñe a un concepto de oportunidad que solamente incluiría institutos relacionados a la persecución o no de un hecho delictivo, excluyendo otros posibles institutos, como la colaboración premiada del investigado, que, como veremos más adelante, desde nuestra perspectiva, también constituyen eminentes manifestaciones del principio de oportunidad.

Ortiz Pradillo, en el ámbito de la discusión respecto a la delación en el proceso penal, aborda el principio de oportunidad a través de la óptica de la delación y de la colaboración con la justicia, es decir, de manera más cercana a nuestro propio enfoque. En términos generales, el autor afirma que el principio de oportunidad se encuentra en "la ampliación del margen de discrecionalidad por parte del Ministerio Fiscal en el ejercicio del deber de acusar", hecho que demostraría la tendencia hacia la implementación del principio de oportunidad en el sistema penal español, frente a la regla general del principio de oficialidad[77]. De manera concreta, Ortiz Pradillo discurre que el principio de oportunidad sería adecuadamente implementado por medio de la introducción de pautas legales e interpretativas fijas que controlen la manera en que será concedida discrecionalidad al Ministerio Fiscal —de manera específica, que no incluye la posibilidad que cualquier titular de la acción penal disponga de los mismos poderes— a la hora de conceder incentivos, en cuya elección estaría la oportunidad, como un criterio de designación para promover la colaboración eficaz, con el objetivo de aumentar la eficacia de la persecución criminal[78]. Por tanto, el autor centra el principio de oportunidad solamente en la figura del Ministerio Fiscal y, en especial, como una posibilidad del no ejercicio de la acción penal, aunque presentes los supuestos legales, en detrimento

---

75 Armenta Deu, 1991, p. 214.
76 Armenta Deu, 1991, p. 206.
77 Ortiz Pradillo, 2018, p. 311.
78 Ortiz Pradillo, 2018, p. 349.

del principio de oficialidad de manera específica —y no del principio de legalidad de una manera más general, como veremos más adelante—.

En una perspectiva similar, Contreras Alfaro propone que la oportunidad enuncia que, "independientemente de la efectiva comisión del delito y la existencia de personas responsables del mismo, cuando la persecución penal sea inoportuna o inconveniente, político criminalmente hablando, el órgano de persecución puede disponer de ella, total o parcialmente"[79]. Es decir, el autor señala que la oportunidad gira en torno a la obligatoriedad o no del ejercicio de la acción penal y del grado de discrecionalidad concedido por el sistema al acusador público[80]. Discrecionalidad marcada esencialmente por el hecho de que la persecución penal "sea inoportuna o inconveniente" por medio de una perspectiva político-criminal, de acuerdo con la visión del órgano de persecución penal[81].

Además de Armenta Deu, Montero Aroca[82], Ortiz Pradillo y Villanueva Meza, Ruiz Vadillo[83], Roxin[84], Lamadrid Luengas[85], Vásquez y

---

79 Contreras Alfaro, 2004, p. 244.

80 Contreras Alfaro, 2004, p. 147.

81 Contreras Alfaro, 2004, p. 244.

82 Destaca que "presupone conceder amplias facultades al Ministerio Fiscal para decidir (...) sobre el ejercicio de la acción penal (...) sobre la conclusión del proceso sin sentencia" (Montero Aroca, 2016, pp. 72 y 73).

83 Ruiz Vadillo, siguiendo esa línea, concluye que debido al origen del principio de oportunidad ser la necesidad de "aligerar el número de casos que llegan hasta los tribunales", es necesario comprobar si la implementación de dicho sistema de oportunidad consigue o no "sensiblemente" el resultado pretendido. Asimismo, el autor se refiere exclusivamente al principio de oportunidad como aquél derivado de una primera crisis del sistema penal, la que usa el principio de oportunidad en el ámbito de la delincuencia leve con el objetivo de dar eficiencia a un sistema sobrecargado (Ruiz Vadillo, 1995, p. 301).

84 Roxin trae una definición de la oportunidad muy similar a las anteriores, aunque, ya que lo estudia afirmando su posición de contraposición teórica del principio de legalidad, también analizaremos su concepción en el próximo apartado, respecto a la relación del principio de oportunidad con la legalidad. Destaca que el principio de oportunidad "autoriza al fiscal a optar entre elevar la acción o abstenerse de hacer —archivando el proceso— cuando, las investigaciones llevadas a cabo conduzcan a la conclusión de que el acusado, con gran posibilidad, ha cometido un delito" (Roxin, 2000, pp. 87 y ss.).

85 Cuya definición de principio de oportunidad es "la atribución que tienen los órganos encargados de la persecución penal, como titulares de la acción penal pública, cuando la culpabilidad del investigado sea considerada mínima y no exista interés público en la persecución, de no iniciar la acción penal o de limi-

Mojica[86], Vilches Gil[87], Muñoz Company[88], Allué Fuentes[89], Miranda Rodrigues[90], Teixeira[91] y Guariglia[92], otros autores de procedencia

---

tarla en su extensión objetiva y subjetiva, aun cuando concurran las condiciones ordinarias para perseguir y castigar" (Lamadrid Luengas, 2018, p. 129). Es una definición, en nuestra perspectiva, aún más limitada que las demás en el sentido de que restringe el principio de oportunidad para los casos de escasa culpabilidad del agente y de falta de interés público.

86 Señalan, sobre el caso colombiano, que "el principio de oportunidad tiene, a la luz de la teoría general del Derecho, el carácter de principio, traducido en la discrecionalidad política y jurídica del Fiscal para disponer en la etapa de investigación, y creemos aún en la de juzgamiento, sobre su pretensión punitiva, mediante los procedimientos procesales establecidos" (Vásquez, Mojica, 2010, p. 26).

87 La autora señala también que por el principio de oportunidad "se conoce la facultad de no adelantar un proceso penal contra alguien" y muestra preocupación por la víctima en los supuestos en que el Ministerio Fiscal puede solicitar el sobreseimiento del procedimiento y el archivo de las diligencias, ya que no se pregunta a la víctima si hay disconformidad con relación a la decisión tomada de un sobreseimiento (Vilchez Gil, 2019, p. 2).

88 Señala que, en concreto, en el sistema español el principio de oportunidad puede manifestarse de tres maneras distintas: a través de la exclusión del proceso por el no ejercicio de la acción, de la terminación anticipada del proceso por razones de política criminal o de la suspensión de la ejecución de la pena impuesta o su sustitución por otras menos criminógenas (Muñoz Company, 2019, p. 3).

89 Allué Fuentes (2019, p. 3) define el principio de oportunidad como una opción política-criminal sobre el ejercicio de disposición de la acción y de la pretensión penal por parte de los acusadores.

90 Miranda Rodrigues señala que la oportunidad también aparece como espacios en un lugar de vigencia del principio de legalidad por medio de regímenes procesuales distintos, céleres y consensuales, reservándose, por otro lado, el proceso penal regular para el caso de los delitos graves, en especial la delincuencia organizada (2003, pp. 227-228).

91 Teixeira señala que la oportunidad surge cuando hay distinción del tratamiento dado al encausado, dado que él, algunas veces, merece un trato especial (art. 280, 281 y 392 CPP portugués) y otras hace con que sea necesario el desarrollo normal del proceso penal. El autor señala, además, que Alemania es un ejemplo paradigmático por cuanto conviven perfectamente los principios de legalidad y oportunidad (2006, p. 72).

92 Según Guariglia, hay principio de oportunidad en ordenamientos donde vigoran institutos marcados por una discrecionalidad, tacita o expresa, del Ministerio Fiscal. El autor señala que la oportunidad, como excepción, aparece cuando "os poderes discricionários do MP residem na possibilidade de renuncia à prossecução penal, por não promover a ação penal correspondente, ou desistir da ação penal, quando lhe é permitido; sendo que as condições para o uso da oportunidade são

diversa[93], aunque siempre respecto a modelos en los que rige el principio de legalidad, también definen el principio de oportunidad como la discrecionalidad concedida al Ministerio Fiscal de no ejercitar la acción penal.

Contreras Alfaro, aunque también, inicialmente, tiene un concepto que se alinea a los "limitados" de oportunidad, puesto que gira en torno a la capacidad de decisión que tienen los órganos de persecución penal, respecto a la conveniencia o inconveniencia político-criminal de proceder penalmente, o de solicitar una pena inferior a la que en principio correspondería aplicar (...) cuando la persecución penal sea inoportuna o inconveniente, político-criminalmente hablando[94], justo por el hecho de incluir en la oportunidad la capacidad del Ministerio Fiscal de solicitar pena inferior, por razones político-criminales, creemos que tiene una definición de principio de oportunidad que se balancea entre las más limitadas y las más amplias, porque podría incluir institutos como la colaboración premiada, en la que, por una negociación en torno a la colaboración del encausado, el Ministerio Fiscal solicita la aplicación de una pena inferior. De manera que su interpretación del principio de oportunidad no se restringe al ámbito de los delitos leves, pero tampoco permite la aplicación de penas aleatorias o más altas sin el respeto al principio de legalidad y la reserva de jurisdicción[95].

---

taxativamente enumeradas nas leis processual e substantiva penais e, via de regra, seu exercício é sujeito à aprovação do tribunal" (Guariglia, 1990, pp. 185-189).

93 Demás autores en la obra de Calaza López y Muinelo Cobo (2019b), los que se ciñen a la relación del principio de oportunidad con las manifestaciones en el ámbito de delitos leves, siempre con un objetivo despenalizador y con el fin de minimizar la persecución penal: Serrano Pérez, Veítez López, Berzosa Ríos, Fernández Salgado, Pérez Losa, Bernabéu Vergara, Días Rodríguez, Ruiz Sierra.

94 Contreras Alfaro, 2004, p. 244.

95 Contreras Alfaro, algunos años después, lo vuelve a afirmar, aunque ahora junto con Rodríguez-García: "facultan al órgano encargado de la acusación pública (...) o bien puede iniciar el procedimiento, o suspenderlo, o poner fin al ya iniciado, si no considera la persecución oportuna o conveniente, (...) o bien, dado el caso, puede no instar en toda su magnitud o extensión la medida del castigo establecida en abstracto por la ley para el hecho punible, llegando a acuerdos con el imputado en orden a la determinación consensuada de la medida y naturaleza de la pena" (Rodríguez-García, Contreras Alfaro, 2006, p. 61).

Calaza López y Muinelo Cobo[96] muestran una perspectiva bastante distinta de cualquiera de las anteriores. Señalan, en primer lugar, que la oportunidad no puede ser considerada "principio", sino sólo un criterio. Esto se debe a que su realidad nunca es "un carácter general o reglado" y, debido a la falta de generalidad, ¿cómo sería posible generalizar justamente lo "oportuno"?. De manera que "su única realidad es la del caso concreto". Señalan, además, que por su naturaleza "oportuna", la oportunidad sólo puede ser aplicada durante el proceso, nunca antes de él. De tal manera que no se podría hablar en criterio de oportunidad para justificar cualquier acción del Ministerio Fiscal respecto al no ejercicio de la acción penal cuando presentes los supuestos legales[97]. Lo justifican debido al hecho de que la disposición de la acción o de la pretensión depende del bien jurídico protegido, y

---

96 Muinelo Cobo, además, señala que la limitación del principio de oportunidad es esencial para evitar su aplicación "extensiva, indiscriminada y, acaso, arbitraria", justificando, así, su postura de concretar el criterio de oportunidad a acciones, por parte del Ministerio Fiscal o de los Magistrados y Jueces: "acometer una descriminalización ad hoc de conductas legalmente típicas por razones de utilidad, celeridad, economía, conveniencia práctica o modernización procesal", como pueden ser las soluciones complementarias —conformidad, o las soluciones alternativas— mediación (Muinelo Cobo, 2019, p. 7).

97 Calaza López y Muinelo Cobo, por lo tanto, descartan las teorías anteriores sobre oportunidad que la relacionaban a la capacidad del Ministerio Fiscal de no instar el proceso penal (hecho susodicho que se opondría más al principio de oficialidad que al de legalidad). Señalan correctamente que "los órganos de acusación tan sólo debieran dejar de promover o, en su caso, de mantener la pretensión penal cuando existiesen fundadas razones para estimar, a su juicio, tal y como acontece en la actualidad [art. 19 LORPM], la inexistencia del hecho, la ausencia de la tipicidad o la imposible autoría, pero en modo alguno para convenir que ese hecho delictivo no merece ser perseguido, en atención a su peculiaridad, particularidad o excepcionalidad, conforme a un criterio de flexibilización, relativización, moderación, humanización, racionalización o modernización de la justicia penal, que, en verdad, y sin desconocer sus ventajas, responde fundamentalmente a razones de gestión económica de los recursos judiciales, desaconsejadas, incluso por los procesalistas más favorables a la introducción de la oportunidad en nuestro proceso penal". Además de este grave problema, señalan que cualquier atribución al Ministerio Fiscal de la facultad de iniciar o no la acción penal, no estaría de acuerdo con el principio constitucional de la exclusividad jurisdiccional, dado que los "tribunales gozan, en régimen de exclusividad, del ejercicio de la potestad jurisdiccional" (2019, p. 12). Esta es una conclusión de las más importantes, la que expandiremos posteriormente respecto al principio de oficialidad.

este no puede ser sometido a un criterio de oportunidad[98]. Por otro lado, el criterio de oportunidad puede —y debe, cuando sea conveniente— ser utilizado para justificar la no manutención de la pretensión penal —tras su ejercicio y durante el proceso—, por medio de un sobreseimiento. Concluyen, por ello, que el criterio de oportunidad sería utilizado "como (uno) de ponderación, proporción o, en su caso, flexibilización, a cargo de Jueces y Fiscales, siempre en el marco de la ley" y del principio de proporcionalidad —para que se pueda pasar "de lo general (la legalidad) a lo particular (la justicia)"[99].

En este sentido, Calaza López y Muinelo Cobo llegan al siguiente concepto del criterio de oportunidad, uno que, desde ya señalamos que, según los parámetros constitucionales y de un sistema penal propio de un Estado social y democrático de Derecho, debería ser el concepto ideal de la oportunidad y que, desafortunadamente, no se ejecuta en la praxis jurídica. Su definición de oportunidad incluye los siguientes elementos: *(i)* la facultad de los órganos de acusación de solicitar y la capacidad de los órganos de enjuiciamiento de sustituir o conmutar, siempre que legalmente previsto y en general para delitos "de escasa o nula entidad", penas más severas por otras penas, igualmente eficaces y menos lesivas para los intereses de su autor; y *(ii)* la libertad de actuación de cualquier persona física o jurídica, en el marco de la ley, de manera que puedan acogerse a situaciones complementarias (conformidad) o alternativas (mediación). De tal manera que, en cualquier de esos casos, el criterio de oportunidad "constituye una manifestación moderna del principio de intervención mínima cuya realidad tan sólo puede sustentarse en el marco de la Ley"[100].

En un análisis constitucional, Alcayde Blanes propone que, aunque el principio más claramente afirmado en el texto constitucional es el principio de legalidad (véase los art. 9.3 y 25.1 CE), la vinculación del legislador al texto constitucional "se declina en términos escasamente limitativos: todo lo que no está prohibido en el bloque de la constitucionalidad, está permitido". De tal manera que el silencio constitucional respecto al principio de oportunidad rubrica que la

98 Calaza López, Muinelo Cobo, 2019, p. 10.
99 Calaza López, Muinelo Cobo, 2019, p. 11.
100 Calaza López, Muinelo Cobo, 2019, p. 18.

Constitución permite, pero no obliga, la introducción —siempre por el legislador— de cualquier manifestación de oportunidad, lo que la ubica, por lo tanto, en una posición de excepcionalidad ante el principio de legalidad[101].

Schünemann, por otro lado, investiga el principio de oportunidad desde una perspectiva más amplia y, aunque sin determinar un concepto explicito para él, lo incluye tanto en las medidas aceleratorias adoptadas en Alemania para los delitos leves, como también para los acuerdos informales allí realizados a luz de del *plea bargaining* estadounidense[102].

Montero Aroca, desde finales del siglo XX, analizó como el principio de oportunidad, un "pretendido principio" cuya introducción en el proceso penal se intentaba realizar, significaba no sólo la decisión de no ejercitar la acción penal en determinadas condiciones, aunque existiese un hecho aparentemente delictivo —en una visión más limitada, por lo tanto—, sino también la "conclusión del proceso sin sentencia"[103].

Otro autor que también tiene una visión más amplia del principio de oportunidad es Falcón, aunque también empiece por la "facultad que en determinados países tiene el Ministerio Público, como titular de la acción penal pública, de abstenerse de su ejercicio, solicitar ante el órgano jurisdiccional el sobreseimiento de la causa, bajo determinados requisitos previstos por ley". Esto porque incluye en el ámbito del principio de oportunidad un uso para "negociar con quienes han cometido determinados delitos su declaración de testigos que permitan perseguir delitos más graves". Falcón, además, propone un concepto bastante específico del principio —y de su nomenclatura— de oportunidad: "en la economía como oportunidad de costos", expresión que contendría la regla "de que frente a una cuestión cualquiera se debe

---

101 A partir de ello, la autora analiza las dos "más importantes" manifestaciones del principio de oportunidad: la disposición del ejercicio de la acción penal y la ejecución de la sentencia por medio de penas alternativas o en otras cantidades. Asimismo, señala que en ambos casos hay la posibilidad de acogerse al principio de oportunidad siempre que al mando de la ley en "el ámbito ordinario de la política legislativa del Estado" (Alcayde Blanes, 2019, pp. 3-6.)

102 Schünemann, 2002, p. 299.

103 Montero Aroca, 1998, p. 388.

considerar una segunda mejor opción disponible para alguien que ha elegido entre varias opciones mutuamente excluyentes"[104].

Bujosa Vadell señala como manifestaciones del principio de oportunidad la capacidad, más general, de finalizar el proceso de manera anticipada, aunque lo limite a las razones de utilidad pública e interés social relacionadas con las tendencias de simplificación procedimentales, "dentro de ciertos límites y con ciertos controles judiciales"[105].

Gómez Colomer, también desde una perspectiva amplia, no define el principio de oportunidad, sino que lo estudia a través de sus diferentes aplicaciones, las que tienen en común el objetivo de evitar el juicio oral: *(i)* como instrumento de alternativa a la persecución penal, *(ii)* negociaciones sobre la pena a imponer o sobre la declaración de culpabilidad y, *(iii)* como elemento de una justicia transaccional, cuyo objetivo es buscar la mejor opción para la reparación de la víctima[106].

Para terminar, volvemos a Ortiz Pradillo puesto que, de manera muy específica y paralela a nuestro muestreo del principio de oportunidad, señala que, aunque "el debate sobre la introducción de dicho principio en España se enfocaba desde la óptica de *minimis non curat praetor* como principio procesal, referido a la ausencia de un interés público en la persecución de hechos de escasa trascendencia", se refiere a un principio de oportunidad empleado como herramienta de investigación (incentivo procesal consistente tanto en la retirada como en la suspensión de la acusación) para facilitar la eficacia en la lucha contra la delincuencia más grave, en donde el criterio para fijar como motivo de oportunidad la colaboración activa del delincuente no se concentra en la ausencia de interés público en la persecución de los hechos cometidos por dicho sujeto, sino en la existencia de un interés público superior[107].

Por lo tanto, aunque inicialmente vemos una perspectiva más restricta respecto al principio de oportunidad en el abordaje de Ortiz Pradillo, advertimos una expansión en su concepto en la medida en

---

104 Falcón, 2012, p. 454.

105 Bujosa Vadell, 2022, pp. 55 y 57.

106 Gómez Colomer, 2017, pp. 13 y ss. También en Gómez Colomer, 2021, pp. 122-123.

107 Ortiz Pradillo, 2018, p. 316.

que incluye en la órbita del principio de oportunidad tanto su aplicabilidad en delitos más graves —y como veremos, eminentemente delitos de naturaleza organizada— como su concretización por medio de acuerdos y negociación en torno a la colaboración, aunque el autor lo limita para la retirada o la suspensión de la acusación.

### 2.2. *El principio de oportunidad y su relación con el principio de legalidad*

Respecto a la conceptualización de la oportunidad, distinguimos una miríada de definiciones a lo largo de las últimas tres décadas que parece confirmar una única tesis: una falta de consenso de la doctrina española —e internacional— relativa a la oportunidad. Aunque en todas las definiciones y conceptos coexista una misma línea de debate y haya la discusión sobre los mismos aspectos de la oportunidad.

En este sentido, la relación de la oportunidad con la legalidad es uno de estos elementos que, aunque abordado y analizado desde diferentes perspectivas, siempre aparece innegablemente relacionado con el concepto básico de lo que es la oportunidad en un sistema penal de tradición europea continental y legalista.

Este hecho cobra sentido puesto que el principio de oportunidad —amplio— al que en este trabajo nos referimos nada más es que un instrumento de juzgar casos penales adoptado por los sistemas anglosajones, es decir, aquellos relacionados a la formación histórica del principio acusatorio —y adversariales[108]. Unos sistemas de tradición europea insular que, por su estructuración y formación más elementar, aunque tengan leyes y una constitución formal, no se basan en un

---

[108] En el modelo adversarial, de origen anglosajón (*cfr.* Barona Vilar, 2017, p. 189), las partes tienen más capacidad a la hora de aportar hechos o informaciones de manera igualitaria, mientras el juzgador no se involucra en el proceso de formación de los hechos y puede tener una visión más objetiva de los elementos abordados por las partes. Asimismo, debido a su origen en Inglaterra, se ve sometido al principio del "Due Process of Law", a saber, el derecho a un juicio justo. Y, por su desarrollo en EE.UU., actualmente también se basa en la regla del "Fairness", por la cual no sólo se debe proceder y juzgar de forma justa, sino también el juzgador debe ser imparcial. *Cfr.* Gómez Colomer, 2023, p. 46.

principio de legalidad[109] como reconocemos en países de tradición originalmente europea continental[110/111].

Por lo tanto, en nuestros sistemas penales[112], nada más razonable que la conceptualización de la oportunidad a partir de su relación con el principio de legalidad: sea por una vía negativa, como propone la mayoría de la actual doctrina española, o aun por una vía positiva y hasta complementaria.

---

109 Respecto al principio de legalidad, *cfr.*: *(i)* como base del Estado de Derecho (Calamandrei, 2016, p. 36); *(ii)* sobre su relación con la estructura del Estado (Figueiredo Dias, 2007, pp. 179-180; Montero Aroca, 1998, p. 377; Mir Puig, 2016, pp. 76 y ss.); *(iii)* sobre las garantías del principio de legalidad, a saber, las garantías criminal, penal y jurisdiccional (Gimeno Sendra, 2021, p. 31; Silva Sánchez, 2015, pp. 2 y 3; Montero Aroca, 2019, p. 34); *(iv)* sobre los requisitos que debe tener la norma jurídica (Assis Toledo, 1994, p. 22; Mir Puig, 2016, pp. 78 y ss.; Gimeno Sendra, 2021, pp. 32 y 33; Armenta Deu, 2007, p. 333); *(v)* como norma de garantía reforzada en la Constitución Española (Gimeno Sendra, 2015, p. 83; Mir Puig, 2016, p. 77; Muñoz Conde, García Arán, 2022, pp. 95 y ss.; Quinto Olivares, Jaria i Manzano, Pigrau Solé, 2015, p. 44); y *(vi)* en el sistema penal, a saber, en el Código Penal y en la Ley de Enjuiciamiento Criminal (Armenta Deu, 2007, pp. 25-26; art. 1 CP; art. 2 CP; art. 3.1 y 3.2 CP; art. 1 LECrim).

110 *Cfr.* respecto a la evolución histórica del modelo europeo continental de juzgar el delito: Foucault, 2005, pp. 58 y ss.; Barona Vilar, 2017, pp. 19; 118; 215 y ss.

111 En contraste con el modelo adversarial, y respecto al modelo vigente en España, destacamos que desde el siglo XVI el país tiene un sistema acusatorio mixto, consolidado con la aprobación de la LECrim el 22 de junio de 1882 (*cfr.* Gómez Colomer, 2022b, pp. 68 y 69; Fairén Guillén, 1992, p. 48; Barona Vilar, 2017, p. 297). A partir de una perspectiva histórica y respecto a la dicotomía existente entre los modelos inquisitivos y acusatorios, comúnmente asociados al debate de la construcción de los sistemas europeos continentales, *cfr.* Lopes Júnior, 2015, p. 129; Reyes Alvarado, 2009, p. 199; Fairén Guillén, 1998, p. 427; Montero Aroca, 2015, pp. 86 y 87; Montero Aroca, 2015, p. 87; Calamandrei, 2006, p. 53; Nieva Fenoll, 2022, pp. 25 y 28; Langer, 2015b y 2015c; Gómez Pavajeau, 2007, p. 43; González-Cuéllar Serrano, 2014, p. 109; Morais da Rosa, 2013, p. 33.

112 *Sistemas*, en plural, dado que en esta ocasión no me restrinjo al sistema penal español, sino que incluyo al portugués y al brasileño como otros dos ejemplos de construcción histórica similar que, en la actualidad, permanecen bajo el amparo constitucional del principio de legalidad. Progresivamente, aunque a ritmos distintos, han venido incorporando soluciones relativas al principio de oportunidad.

Por ello, gran parte de la doctrina siquiera define la oportunidad —o el principio de oportunidad— sin que sea exclusivamente con relación al principio de legalidad.

Armenta Deu, por ejemplo, no precisa el principio de oportunidad por sí mismo, sino en relación —de oposición— al principio de legalidad, llegando a proponer que mientras que el principio de legalidad atendería a la ideología del Estado de Derecho, al permitir la sumisión de los poderes públicos a la ley, el principio de oportunidad se opondría a él. De acuerdo con este último el *ius puniendi* no debe ser satisfecho en todos los casos en que concurriesen los presupuestos al efecto, sino que se conceden márgenes más o menos amplios de discrecionalidad a los sujetos públicos —generalmente al Ministerio Fiscal— para desarrollar sus funciones, ya sea bajo condiciones específicamente señaladas en la ley —la calificada como "oportunidad reglada"—, ya sea de manera más amplia. La vigencia del principio de oportunidad permite así, a título de hipótesis, que se persigan —o no— conductas aparentemente delictivas, que se formule y/o sostenga la acusación o que se acuerden con las partes los diferentes elementos de la acción penal o la imposición de la pena[113]. Gómez Colomer también parte de una relación de oposición, puesto que concluye que la adopción del principio de oportunidad, a través de la privatización de la justicia y la permisión de que las partes negocien soluciones pactadas, "implica un ataque directo al principio de legalidad penal, porque, aunque se reconozca en el Derecho sustantivo, en el fondo es el procesal el que lo impide, ya que la Justicia penal pasa, en cierta manera, de ser pública a privada"[114].

En mismo sentido, Roxin define claramente el principio de oportunidad como "la contraposición teórica del principio de legalidad"[115], aunque establezca que las permisiones del principio de oportunidad se restringen a la opción del Ministerio Fiscal sobre elevar la acción o abstenerse de hacerla. Hecho que, en nuestra perspectiva, no se opondría directamente al principio de legalidad, sino al principio de oficialidad[116].

---

113 Armenta Deu, 2007, p. 33.

114 Gómez Colomer, 2023d, p. 289.

115 Roxin, 2000, p. 88.

116 Al menos en España, dónde la distinción entre principios de legalidad y oficialidad es estricta. En Portugal, por ejemplo, el principio de legalidad tiene tanto

Falcón, autor cuya definición de oportunidad hemos citado anteriormente, también parte de su relación con el principio de legalidad[117]. Según él, es la imposibilidad de perseguir todos los delitos —o el mito del *full enforcement*, como analizaremos más adelante— la que ha sido responsable de *atemperar* un sistema que originalmente tenía como base el principio de legalidad[118].

Villanueva Meza, por otro lado, entiende el principio de oportunidad no como un "excluyente" de los principios de legalidad e igualdad, sino como un complemento necesario[119/120]. Considera que la relación de complementariedad del principio de oportunidad con el principio de legalidad siempre existirá: sea cuando coincida totalmente con la legalidad o cuando sea aparte de este principio de manera negativa, para complementarlo, y deje a las partes la disposición del conflicto penal[121]. En su perspectiva, la oportunidad es resultado de

---

la acepción de *nullum crimen, nulla poena sine lege praveia, scripta, stricta et certa,* como una acepción relacionada con la obligación del Ministerio Publico de investigar y abrir un *inquérito* siempre que tenga noticia de un delito y, en un segundo momento, el deber de acusar siempre que haya indicios suficientes de autoría y materialidad (Figueiredo Dias, 1988, p. 126; Cruz Santos, 2001, p. 227; Caeiro, 2000, p. 32; Figueiredo Dias, 2004, pp. 126-127). Brasil, tal cual España, mantiene la separación a partir de la distinción entre principio de legalidad y principio de *obrigatoriedade*, este último que puede llevar al entendimiento de la falta de libertad del Ministerio Publico a la hora de investigar y ofrecer la denuncia cuando presentes los supuestos legales (Assis Toledo, 1994, p. 22; Tourinho Filho, 2007, p. 333).

117 Camino lógico puesto que el autor basa su obra en otro sistema penal de tradición y base legalista, el argentino.

118 El que, según Falcón, se desenvuelve con más énfasis en el ámbito penal y "establece una reserva absoluta y sustancial de la ley en cuanto a los delitos y las penas y que su persecución resulta inevitable en todos los casos" (Falcón, 2012, p. 454).

119 Gimeno Sendra, más recientemente, también señala una relación de complementariedad entre ambos principios (2019, pp. 1-4.)

120 También en el sentido de la complementariedad de ambos principios Ruiz Rodríguez expresa su parecer sobre la "relación 'tira y afloja' que existe entre el principio de legalidad y el principio de oportunidad (...) de su coordinación emana un equilibrio que beneficia a la Justicia alejándola de configuraciones absolutas del proceso penal". Su posición, sin embargo, es justificada dada que su concepción del principio de oportunidad sólo abarca las medidas planteadas para atemperar la persecución de delitos leves (Ruiz Rodríguez, 2019, p. 6).

121 Villanueva Meza, 2005, p. 28.

una opción político criminal por una finalidad que involucra la efectividad y la inteligencia política[122].

Por consiguiente, aunque no deje de señalar que puede haber una relación directa de oposición entre el principio de oportunidad y el de legalidad, como anteriormente se ha destacado por Armenta Deu, Villanueva Meza da más énfasis a una relación de complementariedad. Por tanto, el principio de oportunidad depende directamente de asegurar la legalidad, hasta cuanto sea posible. De tal manera que la oportunidad, como finalidad de la política criminal, aún debe de tener en cuenta que la meta final es la justicia y, por lo tanto, está de acuerdo con lo propuesto por Hassemer en el sentido de que debe de haber "tanta legalidad como sea posible; tanta oportunidad como (política y económica en la actualidad) sea necesario"[123]. Así, nos parece de gran relevancia las conclusiones del autor en el sentido de que esa mezcla del principio de oportunidad con el principio de legalidad hace con que la oportunidad dependa directamente de "la ética de las autoridades y tribunales, del control de público y de la confianza de la población en el derecho", de tal manera que para que haya oportunidad debe haber un respeto total al Estado de Derecho por parte del proceso penal, con una determinación de los casos de oportunidad con absoluta precisión, aceptación por parte del acusado y presupuestos claros[124/125]. Conclusión que acierta en el eje de lo propuesto inicialmente, relativo a la importancia del tratamiento del sistema penal no solamente en clave de sistema, sino de uno basado en un Estado constitucional de Derecho.

Caeiro llega a conclusiones similares a las de Hassemer, al partir de la premisa de que la oportunidad aparece como aperturas realizadas

---

122 Villanueva Meza, 2005, p. 16.

123 Hassemer, 1988, p. 10.

124 Hassemer, 1988, p. 11.

125 En el mismo sentido que Hassemer, Contreras Alfaro afirma que la oportunidad es una excepción al principio de legalidad y, como tal, "más allá de la necesidad de determinación por ley de los requisitos de forma y fondo para el ejercicio de las facultades de oportunidad, exigencia por lo demás de la práctica totalidad de los sistemas de derecho continental europeo, una vez reunidos esos requisitos de forma y fuente que habilitan su aplicación, este generalmente se encuentra encomendado a la iniciativa discrecional del órgano de persecución criminal el que 'puede' ejercerlas" (Contreras Alfaro, 2004, p. 229).

en un ambiente —un modelo penal— en el que reina la legalidad. Y que, aunque sean aperturas positivas en los casos en que se permite la optimización de intereses subyacentes a la "diversión", la que, según el autor, es caracterizada por una "intervención mínima, no estigmatización de la persona y economía procesal". Es decir, en los casos donde la diversión —en el sentido de alternativa— aporta soluciones para los delitos leves[126], esta oportunidad siempre debe ocurrir de tal manera que el principio de legalidad permanezca en vigor y, por consiguiente, no sean perjudicadas las exigencias de prevención y defensa de los bienes jurídicos[127], elementos expresamente previstos en la legislación portuguesa como finalidades de la pena (art. 40 CP portugués).

De esta manera Caeiro, pensando en un sistema similar al español, regido por el principio de legalidad, observa la oportunidad como aperturas en este espacio de legalidad que deben de ser concretadas de tal manera que la legalidad no sea dirimida, evidenciando una relación de semi-complementariedad que manifiesta la necesidad de seguir asegurando el principio de legalidad.

Dentro de esta perspectiva nos parece muy relevante el comentario de Figueiredo Dias, aunque realizado en la década de los setenta del siglo pasado, cuando señalaba que un principio general de oportunidad estaría completamente fuera de cuestionamiento en un modelo penal como el portugués, de tradición europea continental y pautado en un Estado de Derecho constitucional de base legalista. Aunque sí,

---

126 Caeiro, además, señala que muchos de los institutos portugueses en los que hay una limitación del principio de legalidad, como el proceso sumarísimo, la dispensa de la pena y las penas alternativas, son más relacionados a la propia legalidad que a un principio de oportunidad. Eso porque en todos esos institutos, la discrecionalidad —si es que llega a haber discrecionalidad— del Ministerio Público deriva directamente de previsiones legales (Caeiro, 2000, p. 39). En el mismo sentido, Ferreira Calado afirma que "a legalidade da oportunidade, ou seja, a oportunidade controlada, oportunidade regulada, parece somente consubstanciar-se no facto de ser a lei quem determina o caminho, apesar de esse caminho poder ocorrer por mais do que uma via, legalmente estatuídos, verificados os necessários e respectivos pressupostos"; de tal maneira que "a oportunidade é evidenciada como a faculdade concedida legalmente de possibilitar um espaço de escolha por parte do intérprete" (Ferreira Calado, 2009, pp. 46-47).

127 Así, "as exigencias de prevenção e a defesa de bens jurídicos queridas pelo povo e plasmadas nas Leis da República" (Caeiro, 2000, p. 47).

en ciertos campos y con una posibilidad de control, la existencia de límites al principio de legalidad en apertura a la oportunidad sería posible[128].

Contreras Alfaro, al destacar una relación entre los principios de oportunidad y legalidad que se aleja muchísimo de cualquier tipo de oposición, sea en el sentido de limitación puntual o excepción a la regla general, va más allá y concluye que no es ya la ley la que determina el modo de actuar, sino que es el modo de actuar de los sujetos políticos lo que va reemplazando el principio de legalidad, que aun cuando formalmente sigue siendo el principio rector del ordenamiento procesal penal, hace tiempo que ha dejado la puerta abierta para dar entrada a un nuevo principio, que ya no puede ser considerado como una simple excepción, sino que constituye un verdadero principio autónomo al lado, o incluso por encima del principio de legalidad[129].

Por esta razón, Contreras Alfaro señala que no hay contraposición entre oportunidad y legalidad, sino que una complementariedad mutua "en la caótica disfuncionalidad y complejidad del sistema de justicia criminal contemporáneo, donde se entremezclan intereses jurídicos, políticos y económicos a la vez"[130].

O, en otras palabras, pero en mismo sentido, López Barja de Quiroga afirma que en un Estado de Derecho pueden convivir el principio de legalidad y el principio de oportunidad, pues este —además de estar establecido por la legalidad— permite hacer realidad los fines a los que están asociadas las penas, lo cual recordemos, es un mandato constitucional y la base de su legitimidad[131].

Para terminar, Gimeno Sendra ratifica que, en contraposición a la arbitrariedad, el principio de oportunidad ni se opone al de legalidad, sino que viene a complementarlo en la medida en que son razones de política criminal y de interés público los que autorizan al legislador a

---

128 Figueiredo Dias (1974, p. 130), al plantear el desarrollo legislativo y jurisprudencial que ha ocurrido em Portugal tras esta afirmación, así como en otros países como España, o Brasil, afirma que es necesario evaluar la real sumisión al principio de legalidad.

129 Contreras Alfaro, 2004, p. 28.

130 Contreras Alfaro, 2004, p. 219.

131 López Barja de Quiroga, 2020, p. 66.

permitir las rebajas en la pena, siempre y cuando se cumpla el presupuesto fáctico de su norma penal habilitante[132].

Una de las conclusiones importantes de este apartado es que, debido a su posición respecto a lo que inequívocamente es un principio —el principio de legalidad— optamos por la definición de la oportunidad también como un "principio"[133]; es decir, por su contraposición y relevancia siempre directamente relacionada al principio de legalidad, debe la oportunidad también ganar el rango de principio.

En nuestra concepción, aunque las primeras manifestaciones del principio de oportunidad pudiesen aparecer como contrapuestos claros al principio de legalidad, con el paso del tiempo y el asentamiento de las medidas marcadas por esta oportunidad y diversificación del modo legal de conducir el proceso penal, normalmente caracterizadas por la posibilidad de las partes determinaren el camino y fin del proceso, pasa a ser un principio complementario al de legalidad. Por consiguiente, innegablemente relacionado directamente al principio de legalidad, entendemos que el principio de oportunidad puede manifestarse actualmente tanto como en su oposición, como también complemento según la concreta manifestación.

### 2.3. *El contraste entre los principios de legalidad y oficialidad: impacto en la aplicación del principio de oportunidad*

Como hemos analizado previamente, por el concepto del principio de oportunidad se puede comprender, además de otras medidas alternativas al proceso, que implican en penas alternativas, soluciones diversificadas, etc., la no persecución de un delito por el detentor de la acción penal, aunque presentes los supuestos legales[134].

Esta acción en especial, por sus consecuencias al desarrollo del debido proceso legal, debe ser analizada en particular porque, además de ser una desviación al principio de legalidad, es, de manera especí-

132 Gimeno Sendra, 2020, p. 39.

133 Gómez Pavajeu llega a una conclusión similar y afirma que la oportunidad, como "su contracara complementaria, también debe de tener la naturaleza de principio" (Gómez Pavajeau, 2007, p. 57).

134 *Cfr.* Montero Aroca, 1998, p. 381. *Cfr.* Lara López, 2006, pp. 90 y ss.; Armenta Deu, 2007, pp. 31-32.

fica, relacionada con el principio de oficialidad. Correlación muchas veces no puntuada a la hora de analizar importantes manifestaciones de este principio de oportunidad y que, por sus especiales caracteres, pueden generar incompatibilidades y consecuencias propias.

Determina el art. 105 de la LECrim que los funcionarios del Ministerio Fiscal tendrán la obligación de ejercitar, con arreglo a las disposiciones de la ley, todas las acciones penales que consideren procedentes, haya o no acusador particular en las causas, menos aquellas que el Código Penal reserva exclusivamente a la querella privada.

De esta manera, sí está el Ministerio Fiscal obligado a ejercitar las acciones procedentes, con excepción de los casos en que haya querella exclusivamente privada. Por lo tanto, está sometido al principio de oficialidad. Sin embargo, en lo que concierne el principio de oportunidad, esta oficialidad no es absoluta[135]. En este sentido, señalamos el comentario de López Barja de Quiroga, para quien el propio art. 105 de la LECrim señala que este principio de oficialidad se dará en "todas las acciones penales que consideren procedentes", redacción que por sí misma concede un cierto grado de discrecionalidad al funcionario del Ministerio Fiscal[136].

No obstante, afirmar la vigencia plena de ese principio de oficialidad[137] como un óbice a la realización del principio de oportunidad es un poco más complicada en España que en otros países con el mismo origen y tradición constitucional, como Brasil y Portugal. Esto porque, en España no hay un monopolio del Ministerio Fiscal ante el principio de oficialidad, debido al hecho de que la acción penal también puede ser particular y popular, además de las privadas que admiten exclusivamente la formulación de una querella[138/139].

---

135 *Cfr.* Montero Aroca, 2016, p. 56.

136 López Barja de Quiroga, 2020, p. 66.

137 Principio de oficialidad o de necesidad. *Cfr.* Gómez Colomer, 2023d, p. 287. Además, sobre el principio de necesidad como el correlativo procesal del principio de legalidad sustantivo *cfr.* Gómez Colomer, 2022b, p. 305.

138 Montero Aroca define el principio de necesidad como la "existencia de un hecho aparentemente delictivo exige la puesta en marcha de la actividad jurisdiccional" de manera que "aquél a quien la ley le atribuya la incoación del proceso ha quedar sujeto a la legalidad estricta" (2019, p. 42).

139 Montero Aroca señala que "la condición de parte acusadora al Ministerio Público y sujeta a la legalidad, no convierte éste en titular del *ius puniendi*. El derecho de castigar sigue siendo monopolio de los tribunales" (1998, p. 383).

En Portugal, por ejemplo, el principio de oficialidad también es nombrado principio de legalidad, aunque determina la competencia del Ministerio Público, al que compete exclusivamente el ejercicio de la acción penal (art. 219 *Constuição da República Portuguesa*) con respecto a dos obligaciones: la obligación de investigar y, por lo tanto, abrir *inquérito*, siempre que tenga noticia de un delito y, en segundo lugar, deducir acusación siempre que haya indicios suficientes de autoría y materialidad (arts. 262.2 y 283 del Código de Proceso Penal portugués).

En Brasil, aunque no haya texto expreso en la legislación consagrando el principio de obligatoriedad, la acción penal también compete exclusivamente al Ministerio Fiscal, quien tiene el deber de presentar acusación siempre que estén presentes los supuestos legales, en cualquier tipo de acción penal —pública, privada o subsidiaria de la pública—. Y, con respecto a los términos constitucionales y al dispuesto en el art. 24 del Código de Proceso Penal brasileño, según el que "la acción será promovida por denuncia del Ministerio Publico", la mayor parte de la doctrina nacional infiere el principio de obligatoriedad debido a los intereses del Estado y en razón de la disposición legal que determina el control de la promoción de la acción penal por parte del *Procurador-Geral da República*, que podrá ofrecer denuncia o determinar que otro miembro del Ministerio Público lo haga cuando el juez le remita el caso tras el órgano del Ministerio Público inicialmente competente haber archivado el caso sin interponer denuncia (art. 28 Código de Proceso Penal brasileño)[140]. Sin embargo, en el caso brasileño, similarmente al español, ya existe doctrina a favor de la existencia de un principio de obligatoriedad conjugado a una oportunidad reglada. De tal manera que se permitiría al titular de la acción penal no ejercer la acción en situaciones en las que haya otro interés público que lo autorice, como la inutilidad de sentencia condenatoria, la inevitabilidad de la prescripción retroactiva, exceso de demanda de la Administración de la Justicia, análisis de la necesidad y proporcionalidad del caso en virtud del principio de insignificancia, etc.[141].

140 Tourinho Filho, 2007, p. 333.
141 Peixoto Marques, 2014, pp. 49-50.

En este sentido, aunque haya autores que sigan afirmando que el principio de oportunidad no puede significar la disposición de la acción penal o de la pretensión —o de ambos en caso de delitos privados—, puesto que estos elementos estarían directamente relacionados con la relevancia del bien jurídico protegido y nunca de un criterio de oportunidad[142], en la realidad española la existencia de factores concretos de discrecionalidad ya autorizarían *per se* el incumplimiento del principio de obligatoriedad debido a criterios de oportunidad. Uno de los argumentos más utilizados para justificarlo es el de la existencia de *cifras negras* que no llegan al conocimiento de la fiscalía y de la existencia de un elevado número de casos, lo que hace con que no todos sean elevados a una acción penal. Razones, sin embargo, que no justifican la inobservancia del principio de obligatoriedad en casos de delitos graves, lo que nos lleva al razonamiento de que, siendo este el caso, hace falta una autorización legal específica para el no ejercicio de la acción penal.

Por consiguiente, quizás de aquí a algún tiempo ya no habrá discusión sobre si es una posibilidad o no porque, como vemos en el Anteproyecto de ley de enjuiciamiento criminal de 2020[143], tanto se legisla sobre la existencia de un principio de oportunidad (art. 90) que permite al "ministerio fiscal (...) abstenerse de ejercitar la acción penal por razones de oportunidad cuando así lo autorice expresamente la ley", como, además, se prevé la posibilidad de terminación del proceso por razones de oportunidad (Capítulo II). Conviniéndose, similarmente al caso brasileño, que "el procedimiento penal podrá concluir por razones de oportunidad cuando la imposición de la pena resulte innecesaria o contraproducente a los fines de prevención que constituyen su fundamento" (art. 174.1), por medio de acciones como: el archivo total o parcial de la investigación en delitos castigado con penas de prisión de hasta dos años, la suspensión del procedimiento de investigación en delitos castigados con penas de prisión de hasta cinco años y el archivo del procedimiento por colaboración activa contra una organización criminal, entre otros.

---

142 Muinelo Cobo, 2019, p. 7.

143 En adelante, ALECrim 2020.

Estudiaremos más sobre estas posibilidades y su relación con el muestreo especifico de esta investigación posteriormente, dejando claro, desde este momento inicial, la importancia de la separación entre principio de legalidad y obligatoriedad en relación al principio de oportunidad. Esto porque, mientras para casos de menor monta parece útil y justificado hablar de la no persecución de un delito por razones de oportunidad, de tal manera que siquiera haya proceso criminal y, por lo tanto, se disminuya la estigmatización generada por el Derecho penal, en casos de delitos graves —como el de organización criminal—, la oportunidad en el supuesto de vigencia del principio de obligatoriedad puede suponer un gran fallo del Estado en dar una respuesta penal. La cuestión ahí, por lo tanto, sería si la garantía de otras respuestas no penales —como medidas de prevención y *compliance*— serían mejores o más eficientes y, por lo tanto, si estaría justificada la no incoación de la acción penal.

### 2.4. *El principio de oportunidad en el sistema penal: entre el Derecho penal y el Derecho procesal penal*

Como hemos definido anteriormente, la separación estricta entre los campos "sustantivo" y "procesal penal" debe de ser resguardada para una perspectiva puramente teórica y epistemológica del conocimiento, puesto que en la realidad ambas áreas se mezclan y son interdependientes en la formación y funcionamiento de un sistema penal, que requieren su estudio en clave de "sistema". Sin embargo, el Derecho penal y el Derecho procesal penal poseen características, fundamentos y finalidades propias que les confieren una esencia particular que no puede ser obviada por el legislador y por lo juristas a la hora de elegir cuál campo —sustantivo o procesal— irá regular determinado elemento.

En este sentido, tras los tres siglos de la definición de las bases del Derecho penal contemporáneo por Beccaria[144], no hay dudas, por ejemplo, que concierne al Derecho penal la definición del tipo penal, las excluyentes de culpabilidad, las penas aplicables, etc. Cabiendo al Derecho procesal la regulación del procedimiento que llevará a cabo

144 *Cfr.* Beccaria, 2013.

la imputación penal a una persona, es decir, que determinará la tramitación de una persecución penal desde las fases pre-procesales de investigación hasta las post-procesales relacionadas al cumplimiento de la pena.

Sin embargo, entre lo que ya está bien establecido hay demasiada margen de maniobra por parte del legislador que hace con que la oportunidad, objeto de la presente investigación, pueda ser tratada por una u otra rama de la dogmática penal, lo que genera distintas consecuencias prácticas.

Esta distinción es más bien vista al contraponer todo el sistema de colaboración con la justicia en casos de criminalidad organizada en Brasil y en Portugal. En el sistema brasileño la colaboración con la justicia en investigaciones y procesos penales que involucran delincuencia organizada se da a través de la colaboración premiada, la que posibilita una negociación particular entre el investigado o encausado y el miembro del Ministerio Público que determina, en un acuerdo formal y escrito, cuál será el contenido de la colaboración y, en caso de que sea efectiva, cuáles, exactamente, serán los premios —entre los que la ley permite— que serán concedidos al colaborador si, al final de su proceso penal, es declarado culpable penalmente. Es un procedimiento penal, previsto en una ley especial y de naturaleza procedimental, por lo tanto, que permite una participación más activa por parte de sujetos como el mimbro de la fiscalía. Por otro lado, en Portugal la premiación de los colaboradores con la justicia está limitada a la posibilidad de atenuación de la pena al final del —debido— proceso penal, siempre prevista de manera sustantiva a través de este mecanismo y de forma muy similar a la colaboración premiada española, actualmente regulada en el Código Penal, que estudiaremos en el siguiente capítulo.

Actualmente en España, los mecanismos de oportunidad han sido implementados por el legislador tanto en el campo procesal, relativos mayoritariamente a la posibilidad de conformidad, como en el campo sustantivo penal, aunque limitado a la colaboración de investigados y encausados con la justicia en delitos específicos. Esta realidad endurece y vincula los supuestos de oportunidad a elementos extremadamente concretos y hace con que sea necesario recurrir a colaboraciones encubiertas o analogías que permiten la interpretación extensiva de dichas colaboraciones con la finalidad de premiarlas. Es por ello que gran parte de los avances que este trabajo se propone a realizar consiste en analizar las expresiones sustantivas y procesales del principio de oportunidad en las manifestaciones más cercanas al nuestro objeto de investigación —la colaboración de investigados y encausados—. El objetivo es encontrar una aproximación de carácter más procesal que garantice no solamente más garantías y respeto al principio de legalidad en la medida en que se tiene un procedimiento bien delimitado normativamente, sino que también promueva una mayor economía procesal y eficacia. Esto se logra al permitir la aplicabilidad de las medidas premiales en etapas previas a las sentencias definitivas en el ámbito procesal[145].

### 2.5. *Algunas ideas preliminares sobre el principio de oportunidad*

En nuestra perspectiva, la definición de un concepto único del principio de oportunidad, teniendo en cuenta todo este desarrollo doctrinal, debe considerar algunos puntos relevantes.

La doctrina usualmente se refiere al principio de oportunidad solamente en referencia a los delitos más leves, como una medida despenalizadora o estrechamente relacionada con la garantía de la subsidiariedad del Derecho penal. Un pensamiento que, como vamos a

145 En este sentido, en el último capítulo analizaremos con mayor profundidad la propuesta de Gimeno Sendra sobre el tratamiento de lo que el autor llama "arrepentidos" de la legislación antiterrorista —y a lo que nosotros nos referimos como colaboración premiada sustantiva, estudiada en el siguiente capítulo— como un nuevo "motivo de conformidad, similar al previsto en la regla 5.ª del art. 779.1 LECrim, introducido por la Ley 38/2002, de 24 de octubre, el cual debiera ampliarse también a determinados delitos graves de entre los que habría que incluir naturalmente, pero no sólo, a los de terrorismo, de tal suerte que, cuando el arrepentido confiese su participación en el hecho punible y esté dispuesto a delatar a los demás miembros de la organización criminal, debe la policía o el Ministerio Fiscal trasladar inmediatamente al detenido ante el Juzgado de guardia para que, con todos los efectos de la prueba preconstituida, se le practique la declaración de urgencia que, una vez firmada con la intervención de su Abogado, posibilitaría la suscripción de una conformidad negociada, que contribuiría, con mayor eficacia, al desmantelamiento de la organización terrorista, mafiosa o de corruptos" (Gimeno Sendra, 2020, p. 43).

investigar, está muy relacionado a una primera *ola* de crisis del Derecho penal. No obstante, el principio de oportunidad también incluye instrumentos pensados para delitos más graves, los que, sin embargo, se restringen a delitos que, en las últimas décadas, pasaron a ser de preocupación internacional (véanse las convenciones de Mérida y Palermo), entre los cuales se incluyen la delincuencia organizada, el terrorismo, la corrupción y otros de naturaleza político-económica. Nos ocuparemos de definirlos en ese mismo capítulo, al abordar la segunda *ola* de crisis del Derecho Penal.

El principio de oportunidad puede ser aplicado en un sistema penal a través de diversos "medios" o "acciones", entre el investigado o encausado y, en general, el Ministerio Fiscal, entre los cuales destacamos el consenso, la justicia restaurativa, la mediación penal —o, por lo menos, el camino hasta la mediación penal extrajudicial, la negociación, etc.—. Esta idea, asimismo, está íntimamente relacionada con la privatización de la justicia penal, conceptos que exploraremos más adelante. Cada uno de ellos tiene importantes consecuencias a la hora de evaluar cada medida de oportunidad. A saber, un instituto del principio de oportunidad que dependa del consenso entre las partes —como puede ser la conformidad— no tendrá las mismas consecuencias para el desarrollo del debido proceso penal según los términos constitucionales y los fundamentos del sistema penal en que está siendo utilizado, que una posible negociación extrajudicial y sin controles de legalidad.

Siempre hay que dejar clara la diferenciación entre principio de legalidad y principio de oficialidad con relación al principio de oportunidad. De tal manera que, si, por un lado, el principio de oportunidad siempre tendrá algún tipo de relación —si de contraposición o de complementariedad, ya veremos— con el principio de legalidad, por otro lado, sólo en situaciones específicas, habrá relación con el principio de oficialidad —en las que se permita la no incoación de la acción penal, aunque presentes los supuestos—. Establecer esta diferenciación es de inminente importancia dado que podrá significar la aplicación de un principio de oportunidad más o menos amplio. En el sentido de que se permitirá solamente la aplicación de penas más leves o alternativas o el uso de instrumentos diferenciados, pero siempre en el marco de un debido proceso legal, o se permitirá el completo desistimiento de la acción penal antes siquiera de su incoación, retirando el poder-deber del magistrado a su juicio sobre el hecho potencialmente delictivo y confiriendo un amplio margen de discrecionalidad al Ministerio Fiscal, como órgano publico detentor del poder de incoar la acción penal.

En este sentido, proponemos nuestra definición del principio de oportunidad: se refiere a un concepto fundamental que guía la interpretación y la aplicación de medidas y/o instrumentos que permiten la aplicación de penas más leves, medios alternativos o procedimientos que salen de la esfera del debido proceso legal criminal, no implicando el desvío a la ley y sometiéndose al principio de legalidad en respecto a una lectura constitucional del sistema penal[146].

## 3. LA IMPLEMENTACIÓN DEL PRINCIPIO DE OPORTUNIDAD EN SISTEMAS PENALES DE TRADICIÓN EUROPEA CONTINENTAL BASADOS EN EL PRINCIPIO DE LEGALIDAD

Hemos delineado el hilo conductor de esta investigación: la incorporación del principio de oportunidad en sistemas penales de tradición europea continental fundados en una estructura constitucional en la que predomina el principio de legalidad.

En este ámbito, y como ya adelantamos en algunas ocasiones, desde la década de los noventa del siglo pasado se discute la introducción de medidas de oportunidad en el ámbito de delitos leves y, más recientemente, aunque también desde aproximadamente la primera década del siglo XX, esta inserción se vio expandida a delitos graves de naturaleza político-económica y/o carácter transnacional.

Durante este apartado nos centraremos en estudiar ambos movimientos, así como la importancia de los instrumentos y marcos internacionales alrededor de la implementación de este principio de oportunidad.

---

146 Así, el principio de legalidad no es un simple expediente formal que debe de ser seguido, sino que constituye un contenido material que forma parte de la cultura jurídica penal europea, presupuesto para la formación de los Estados de Derecho, con independencia judicial determinada por ley y con criterios preestablecidos en ley para sus decisiones. *Cfr.* Álvarez García, 2009, p. 15.

### *3.1. Primer movimiento: la oportunidad en delitos leves*

Barona Vilar explica como en la neomodernidad, tras una etapa de globalización en constante evolución, pero no estática, el Estado pasa a actuar "del mismo *modus operandi* de la empresa privada", en la medida en que la política, como modo de actuar, pasa a tener como objetivo "la maximización y optimización de beneficios". De manera similar, el mundo jurídico también pasa a ser medido desde los "parámetros económicos de eficacia y eficiencia, los ejes del pensamiento neoliberal, que inspira todas las políticas públicas"[147]. Lopes Junior destaca que la modernidad consiste en una sociedad acostumbrada a la velocidad, a los cambios rápidos y a la facilidad de las comunicaciones y noticias[148] y que, por estas razones, demanda un Derecho penal y procesal penal similar. Según explica el autor, la sociedad, acostumbrada a la velocidad de la virtualidad, no quiere esperar por el proceso, de ahí la pasión por las prisiones cautelares y por la visibilidad de una inmediata punición. Así lo quieren el mercado —que no puede esperar, pues el tiempo es dinero— y la sociedad —que no quiere esperar, pues está acostumbrada con lo inmediato—[149].

Siguiendo este patrón, también se "acelera" el proceso penal y pasan a ganar fuerza no solamente los procedimientos sumarios y sumarísimos, sino también, como explica Lopes Junior, "los casos de *guilty plea* en los Estados Unidos; de *pattegiamento* en Italia, o de transacción penal en Brasil, porque las llamadas zonas de consenso son íconos de eficiencia (utilitarista) y celeridad (léanse: atropello de

---

147 Barona Vilar, 2017, p. 452.

148 Pensamiento que se acerca a la modernidad liquida propuesta por Bauman, según el que en la modernidad leve del software "las personas que se mueven y actúan más rápido, las que más se acercan a la instantaneidad del movimiento, son ahora las personas dominantes. Y las personas que no pueden dejar su lugar a voluntad, son las dominadas (...) La batalla contemporánea de la dominación está entablada entre fuerzas equipadas, respectivamente, con las armas de la aceleración y la demora". De manera que vivimos en una época marcada por el descompromiso y la fluidez, en la que dominan justo los más elusivos, que tienen la capacidad de adaptación hacia una huida fácil. Argumento que también es válido para el capital, ya que este también tiene una capacidad de fluidez y expansión extraterritorial. Factor que, además, dificulta su ubicación y persecución (Bauman, 2000, pp. 244 ss.).

149 Lopes Júnior, 2015, p. 43.

derechos y garantías individuales)"[150]. También, se abren las puertas hacia la incorporación del principio de oportunidad dentro del marco del principio de legalidad —en ambas dimensiones, legal y de promoción obligatoria de la acción penal—, por medio de la legalización de mecanismos de consenso, conciliación y desjudicialización[151].

Como solución a la primera ola de crisis del Derecho penal, entre las dos últimas décadas del siglo XX y relacionada a la incapacidad del sistema en manejar la gran cantidad de casos de pequeña y mediana criminalidad, el punto de referencia, por lo menos en el ámbito europeo —comunitario y nacional, como en Italia y Portugal— fue la adopción del principio de oportunidad en la ordenanza procesal penal de Alemania[152/153].

La oportunidad adoptada entonces por la legislación alemana era una aplicada a los casos de: *(i)* reprochabilidad escasa, en el que hay una culpabilidad mínima, que hace con que la persecución penal carezca de fundamento y permita archivar el proceso; *(ii)* reprochabilidad relativa, en el que se persiguen hechos accesorios no esenciales o partes no esenciales del mismo hecho; y *(iii)* existencia de un interés en la persecución que puede verse satisfecho con condiciones o mandatos en lugar de una pena[154].

---

150 Lopes Júnior, 2015, p. 44. *Cfr.* Barona Vilar: "entre las múltiples reformas procesales que se han incorporado como consecuencia de esa prolija legislación penal emergente podemos citar aquellas que (...) se han favorecido nuevos instrumentos de consenso que limitan y reducen la duración de los procesos, han aparecido nuevos procedimientos, rápidos, ágiles, incluso similares a la justicia del mazo americana" (2017, p. 538).

151 La desjudicialización, conforme es propuesto por Faria Costa, es la solución del conflicto penal fuera del proceso judicial, "de um modo desviado, divertido, fase àquele procedimento (...) que tenham lugar antes da determinação ou declaração da culpa, ou depois da determinação da culpa" (Faria Costa, 1985, p. 106).

152 Armenta Deu, 1991, p. 41.

153 *Cfr.* Gómez Colomer sobre la incapacidad de la actual LECrim, que "responde en esencia a un esquema ya superado, el proceso penal acusatorio formal o mixto, antes explicado, con muchas modernizaciones que en general han creado más confusión que claridad y no han conseguido descargar al Poder Judicial de su enorme sobrecarga, siendo intolerable hoy la insoportable duración de los procesos penales, especialmente de la instrucción" (2023, p. 48).

154 Según los casos en que el ordenamiento alemán permitió el principio de oportunidad (Armenta Deu, 1991, p. 46 ss.)

Esta es una oportunidad exclusivamente dirigida a la criminalidad de bagatela, que tiene en común la preferencia por reacciones no punitivas, que buscan minimizar el uso de las penas de encarcelamiento, y la aplicabilidad a una criminalidad menos gravosa, en la que, usualmente, hay una previsión en abstracto de una pena máxima de cinco años de prisión[155]. En este sentido, bien señala Armenta Deu que "se trata, en definitiva, de una condición fundada en el hecho de que el legislador entiende que en determinadas esferas intimas, la intervención judicial puede causar más daño que la propia renuncia al ejercicio de la acción penal"[156]. O sea, que estaría más bien dentro de la legalidad[157].

La autora explora con mayor detenimiento posteriormente, y afirma que la suspensión de la pena no constituye manifestación de oportunidad, sino se circunscribe a las clases de pena que se contemplan en nuestro Derecho penal, suponiendo igual que esta, si bien en modo diferente, una modalidad de cumplimiento y sustituyendo a la de prisión cuando se presentan determinados requisitos taxativamente enu-

155 En referencia a diversas legislaciones, como la brasileña, la portuguesa y la española. P. ej., en España sabemos que son delitos leves y "menos graves" todos aquellos que no sean clasificados como delitos sujetos a penas graves de acuerdo con el art. 33.3 CP, el que incluye el supuesto de penas de prisión superiores a cinco años. En Portugal, podemos atender a los supuestos que permiten, p. ej., la suspensión de la ejecución de la pena (art. 50 y ss. CP portugués), entre los cuáles se incluye el hecho de que la pena de prisión aplicada no supere los cinco años. En Brasil, los más "tradicionales" institutos de la transacción penal y de la suspensión condicional del proceso, regulados en la Ley 9. 099/95, de 26 de septiembre, son de exclusiva aplicación para los delitos cuya pena no supere los dos años de prisión; mientras el denominado acuerdo de no persecución penal, introducido en el Código de Proceso Penal brasileño a través de la Ley 13. 964/2019, de 24 de diciembre, cambia drásticamente el escenario al posibilitar su aplicación a delitos cuya pena mínima (y no máxima, como en los anteriores casos) no supere los cuatro años de prisión.

156 Armenta Deu, 1991, p. 205.

157 En Alemania, en el 2019, 28% de los procedimientos preliminares fueron terminados por la acción de la fiscalía en una descontinuación por oportunidad, de manera que se señala la existencia de racionalidad a la hora de permitir que la fiscalía y el acusado debatan el progreso de los procedimientos de forma bilateral en un estado inicial del proceso (Nötzel, Klauk, 2021, p. 2). En realidad, los acuerdos en los procedimientos preliminares alemanes son realizados entre la fiscalía y las "partes" del proceso en razón del §160 b (1) StPO.

merados en el CP. Por tanto, "(...) se trata, pues, no de la aplicación de razones de oportunidad en la persecución o no de un hecho delictivo, sino de otras de índole político-criminal, cuya adopción corresponde al legislador penal"[158].

Asimismo, respecto a la confirmad, Armenta Deu concluye que se puede considerar una manifestación del principio de oportunidad en tanto en cuanto supone una forma de dar fin al proceso, sin que hayan desarrollado todas aquellas fases que, conforme al principio de legalidad, hubiera cabido esperar. No se compadece, sin embargo, con un concepto estricto del mencionado principio, sobre todo, en cuanto el elemento subjetivo que se extiende a las partes acusadoras privadas y al propio acusado[159].

La conformidad, al contrario del uso que el principio de oportunidad tiene en Alemania —donde se prescinde de la persecución penal por falta de interés social en la misma, ser la culpabilidad mínima y la pena por imponer muy pequeña— no elimina la persecución penal de raíz. Sino que, fundamentándose en el acuerdo del acusado y su defensor con el escrito de acusación, prescinde de todo el procedimiento subsiguiente, dictándose sentencia con arreglo a determinados presupuestos y produciendo, como efecto fundamental, el pronunciamiento de una sentencia condenatoria con un límite máximo en la imposición de la pena[160]. Es decir, se trata de la consecución de fines aceleradores sin perdidas en términos de persecución criminal.

La visión de Armenta Deu sobre la oportunidad en la pequeña y mediana criminalidad en España, por medio de la conformidad, es congruente con lo propuesto por Caeiro sobre el modelo portugués. El autor, al analizar los institutos procesales portugueses, comúnmente asociados a la implantación del principio de oportunidad (p. ej. el "processo sumarísimo", la "suspensão provisória do processo" y el "arquivamento em dispensa de pena", concluye que son todos institutos relacionados más al principio de legalidad que al principio de oportunidad, puesto que todas las posibles situaciones de "discrecionalidad" del Ministerio Público son determinadas de manera exhaus-

158 Armenta Deu, 1991, p. 206.

159 Armenta Deu, 1991, p. 214.

160 Armenta Deu, 1991, p. 233.

tiva por el propio Código Procesal Penal portugués[161]. Además, la oportunidad manifiesta en el ámbito de los delitos leves tiene características específicas y aparece en la forma de medidas como la conciliación o la mediación que, con matices propios, buscan la implementación de una solución consensuada y, de manera general, pretenden dar mayor espacio a la víctima en el Derecho penal.

Asimismo, este principio de oportunidad también se exterioriza a través de medidas de desjudicialización. Estas hacen con que un caso inicialmente penal, en que ya se había iniciado los procedimientos judiciales, salga del ámbito penal hacia uno extrajurisdiccional en el que se pretende la solución del conflicto de manera alternativa —como por medio de la mediación penal de adultos de la Ley 21/2007, de 12 de junio, en Portugal—.

Alrededor de este movimiento, son tres los grandes argumentos que son comúnmente referenciados como pilares de la implementación de la oportunidad en los delitos leves, en estos ordenamientos jurídico penales continentales, fundados en el principio de legalidad. Aunque el objetivo específico de la investigación se encuadre en el ámbito de delitos graves, transnacionales, organizados y/o de naturaleza político-económica, estos tres argumentos son esenciales para entender la gran diferencia que supone la implementación del principio de oportunidad durante esta primera fase y en el ámbito de los delitos leves, con relación a la actual fase.

Son ellos: *(i)* el abandono de la perspectiva retribucionista, *(ii)* la imposibilidad del *full enforcement* y *(iii)* una nueva concepción alrededor del principio de igualdad.

### 3.1.1. El abandono de la perspectiva retribucionista

La cuestión del fin de la pena siempre debe de ser tratada junto a cuestiones de orden penal o procesal penal, especialmente cuando el objetivo de la investigación es tratar este Derecho criminal en clave de sistema. Al fin y al cabo, es la pena, y en especial la tradicional pena de cárcel, que viene a generar todos —o por lo menos la gran mayoría de— los problemas relacionados con la persecución penal. Es debido

---

161 Caeiro, 2000, p. 39.

a la restricción de la libertad, el bien más precioso en la escala de los derechos fundamentales[162], que la pena de prisión y, consecuentemente, el propio Derecho penal, deba de ser reservado a los casos donde otras ramas del derecho no resuelvan el conflicto. Fundamentando, de esta manera, toda la doctrina del Derecho penal de *ultima ratio*[163]. No es extraño, por lo tanto, que la cuestión del fin de la pena también tenga importantes reflejos en el ascenso de la oportunidad en un sistema penal[164/165].

En este sentido, Figueiredo Dias afirma que "a questão dos fins das penas, é no fundo toda a teoria penal que se discute e, com particular incidência, as questões da legitimação, fundamentação e função da intervenção penal estatal"[166].

---

162 Desde el artículo 1.1 CE, que constituye el país como un "Estado social y democrático de derecho, que propugna como valores superiores de su ordenamiento jurídico la libertad (…)". Además, la protección del derecho a la libertad es una de las funciones fundamentales del propio proceso penal, juntamente con la protección de la víctima y la rehabilitación del investigado (Gimeno Sendra, 2015, p. 67). Asimismo, y desde nuestra perspectiva, el derecho a la libertad depende de la concretización del art. 17 CE, que establece: que la libertad sólo puede ser privada en razón del principio de legalidad; que la detención preventiva no puede durar más que el tiempo necesario y predeterminado en la CE (72 horas); y que cualquier detenido debe de ser informado de sus derechos y de las razones de detención, no siendo obligado a declarar y teniendo garantizada la asistencia de abogado. *Cfr.* Calamandrei, 2006, p. 158.

163 Así, en España, "tomando en consideración los propios fines y objetivos que pueden alcanzarse con el Derecho penal, cabe sostener en la actualidad la vigencia del principio de intervención mínima, de forma que (dicho con trazos muy gruesos), sólo cuando resulte afectado un bien jurídico esencial para el común sentir de la sociedad (la vida, la integridad física, la libertad, la dignidad…) resultaría legitima la respuesta penal" (Moreno Catena, 2003, p. 36).

164 Estas conclusiones son respaldadas por la mayoría, si no todos, los principios que guían al sistema penal. P. ej., el propio principio de legalidad, el derecho a la libertad, los principios de necesidad y proporcionalidad, el derecho a una resolución judicial motivada y fundada y el derecho a un proceso penal con todas las garantías, desde la igualdad, la presunción de inocencia, los derechos de defensa y a una tutela efectiva, etc. Se confirma la visión de un ordenamiento que, respaldado en la Constitución Española y en los principios fundamentales del Derecho penal y procesal penal, gira en torno a la idea de un Derecho penal mínimo.

165 *Cfr.* Montero Aroca, que afirma que es más importante que el proceso penal sirva de instrumento para el derecho a la libertad antes de que sea caracterizado como "mero instrumento para la aplicación del Derecho penal" (2019, p. 46).

166 Figueiredo Dias, 2007, p. 44.

La perspectiva retribucionista se alinea con una teoría absoluta de los fines de la pena y, en una perspectiva kantiana, parte de la afirmación de que el hombre es un ser racional y libre y, por tanto, responsable de sus actos. De modo que la pena a ser aplicada debe de serlo según una mirada hacia el pasado. Igualmente, la óptica retribucionista encuentra respaldo en un punto de vista religioso cristiano, y de otras religiones, que parte del "paralelismo entre la existencia religiosa de Justicia divina y la función de la pena". Para terminar, la teoría retribucionista deriva de un enfoque jurídico en el que la pena es una rección a un acto —delito— que niega la voluntad general —el orden jurídico—[167].

En todo caso, a partir de cualquiera de las perspectivas narradas, en el ámbito de una retribución, la idea de igualdad se acerca a la de una igualdad material, pues sería, como señala Faria Costa, adepto de la teoría retribucionista, "absurdo conceberem-se situações, isto é, comportamentos, que, sendo materialmente iguais possam sobre eles recair penas manifestadamente diferentes em grau e qualidade"[168].

Una contribución innegable de la visión retribucionista del fin de las penas es el surgimiento de la noción de la culpa. Esto porque es por la visión de la pena como una respuesta retributiva a la acción del agente que se hace necesaria una medida concreta de la pena que no exceda el límite de la culpa. Es decir, el agente sólo puede ser castigado en la medida y el límite de su propria acción, como individual plenamente responsable de sus actos[169]. De manera que la concepción absoluta de la pena constituiría un límite de garantía para el ciudadano[170]. No obstante, se verifica que la noción de culpa no deja de existir con las teorías relativas (preventivas) de la función de la pena. En este sentido, como propone Figueiredo Dias[171], la pena, en un Estado social y de Derecho, sólo puede tener fines preventivos —y nunca retributivos— teniendo la culpa una función de "prohibición incondicional de los excesos". Es decir, la culpa no será la base de la pena, sino su presupuesto necesario y su límite

---

167 Mir Puig, 2016, pp. 84-85.
168 Faria Costa, 2005, pp. 227-229.
169 Faria Costa, 2005, p. 227.
170 Mir Puig, 2016, p. 86.
171 Figueiredo Dias, 1988, p. 82.

insuperable. Esta es la idea que parece estar en consonancia con el propio sistema portugués de ambos autores, en que está expresamente previsto en el art. 40 CP portugués que la aplicación de penas y medidas de seguridad tiene por objeto la protección de bienes jurídicos y la reinserción del agente en la sociedad y que en ningún caso la pena podrá ser superior a la medida de la culpa. Ésta, por tanto, constituye supuesto y límite de la pena, la que tiene como finalidades la prevención general y especial[172].

Asimismo, como propuso Mir Puig, partiendo de la inobservancia de la concepción retribucionista en sus términos estrictos ni por la ciencia penal ni por las legislaciones, que "casi siempre han atribuido a la pena fines sociales de prevención", es en la proporcionalidad que se puede encontrar el límite del ejercicio de la función punitiva[173/174/175].

---

172 Taipa Carvalho, 2003, p. 322.

173 Mir Puig, 2016, p. 86.

174 En Brasil, por otro lado, la delimitación de los fines de la pena no aparece con tal claridad. El artículo 59 CP brasileño afirma que la pena será determinada por el Juez según los criterios generales de la culpabilidad, antecedentes, conducta social, personalidad del agente, circunstancias y consecuencias del delito y comportamiento de la víctima, según sea necesario para la reprobación y la prevención del delito. Por otro lado, el art. 1 "Lei de Execução Penal" brasileña (Ley 7. 210/1984, de 11 de julio) determina que la ejecución de la pena tendrá como objetivo la integración social del condenado. Se nota que la retribución está incluida entre las finalidades del Código Penal. No obstante, esa idea parece ser incompatible con la noción pretendida del Estado democrático de Derecho brasileño.

175 En España, el abandono de la perspectiva retribucionista, si bien no es tan claro, puesto que se sigue hablando de una función retributiva o intimidatoria, puede ser observado en la jurisprudencia del Tribunal Supremo a partir de la primacía de la finalidad preventiva especial. Por otro lado, y de manera más interesante, como perspectivas para el futuro el autor señala el recurso al uso de la proporcionalidad respecto al hecho como alternativa a la hora de concretar el castigo (*Cfr.* González de León Berini, 2020, p. 591). *Cfr.* Barona Vilar, cuando afirma que "no todo es ejercicio de la función retributiva, ante el contrario, desde la propia Constitución española es posible y así se ha mantenido en los textos legales, la posible resocialización de los delincuentes, y poco a poco, de forma pausada pero sin demora, se han ido colando en nuestro ordenamiento jurídico soluciones que no son sino la aparición de lo que se ha denominado justicia restaurativa, que permite pensar en la víctima, no sólo en el Estado, en la sociedad, sino en la persona que ha sufrido los efectos del hecho delictivo, y que es el titular del bien jurídico protegido por la norma" (2011, p. 19).

Se nota, por lo tanto, la fragilidad de la teoría retribucionista, que deja de usarse, dando mayor espacio para las teorías preventivas. Se abandona, además, debido a la propia estructura del Estado que, al tener sus bases en la Democracia como forma de gobierno, se torna incompatible con la retribución como justificativa para la pena.

Roxin discurre que la teoría de la retribución, como se presenta en su forma clásica kantiana, no resulta sostenible en el Derecho penal del Estado democrático. La concepción básica de la culpa compensada a través de la imposición penal de un castigo es de orden metafísico. Empíricamente no puede hablarse de que los daños sociales causados por el autor se reparen perjudicándole a él, más bien eso aumentaría los perjuicios. Ningún Estado que esté fundado democráticamente en el querer popular —y no en la autoridad divina— está autorizado a la realización de ideas metafísicas. En un Estado democrático el Derecho penal no puede tener ninguna otra misión que la del control social y la regulación de los conflictos. En otras palabras: el Derecho penal está limitado a fines preventivos[176/177/178].

Para comprender el abandono de esta perspectiva retributiva, recurro a los modelos de política criminal a los que alude Figueiredo Días. Son, respectivamente, los modelos *azul*, *rojo* y *verde*. Es importante señalar, desde el principio, que la adopción de un modelo sucesor implica el abandono del anterior, aunque no completamente[179].

Inicialmente, habríamos tenido un modelo *azul* de política criminal, asociado al Estado liberal y a la escuela clásica de Derecho. Para este modelo, las ideas de retribución —prevención negativa especial— y de intimidación —prevención negativa general— se encontraban entre los propósitos del castigo y, para reforzar estas ideas, el principio de legalidad y la plena judicialización actuaban sin reservas.

En un segundo momento, pasamos al modelo *rojo* de política criminal, propio del Estado de bienestar y de la provisión. En este pa-

---

176 Roxin, 2009, p. 77.

177 *Cfr.* Mir Puig, 2016, p. 94.

178 La idea de Roxin parece ser confirmada cuando pensamos, por ejemplo, en los autores que siguen defendiendo la retribución como finalidad de la pena, que se vuelven a los argumentos metafísicos y de orden filosóficos, alejándose de la práctica y de la realidad penal. *Cfr.* Faria Costa, 2005, pp. 227 y ss.

179 Figueiredo Dias, 1988, pp. 15 y ss.

radigma, el delito se entiende como una enfermedad social que debe de ser enfrentada con tratamiento específico, es decir, a partir de la reasignación de la prevención positiva especial como primer fin de la pena y, para ello, admitiendo espacios de oportunidad procesal, aunque sólo sea dirigida al diálogo terapéutico.

Por último, Figueiredo Días pone en el horizonte el modelo *verde* como un rasgo vinculado al espacio postsocial o postmoderno, que parte de la ineficiencia del sistema jurídico sancionador y de la delincuencia que el propio sistema produce y postula la idea de una intervención mínima. Por tanto, para este modelo, la reacción penal estaría reservada a situaciones de violación de bienes jurídicos claramente individualizables y en un grado de intolerancia que justificaría socialmente la necesidad de castigo[180].

En este sentido, es evidente que el abandono de la perspectiva retribucionista es propio de la superación del modelo azul, asociado al Estado liberal. El abandono progresivo de esta perspectiva está relacionado con la actual falta de legitimidad, aunque parezca emanar de la comunidad, del objetivo clásico de atrapar a los culpables, reprimirlos y convertirlos en un ejemplo público[181]. Además, tiene particular importancia para este trabajo en la medida en que justifica, a partir de la ineficiencia del sistema penal y de la necesidad de garantizar una intervención mínima —reservándose la pena, como reacción penal, sólo para los más graves casos—, la implementación de los mecanismos de oportunidad de esta primera ola de reformas.

También debe rechazarse la perspectiva de la función de la pena como meramente retributiva, dado que la pena no puede ser considerada como una entidad independiente de fines. Es decir, no se puede comprender la pena como una exclusiva respuesta proporcionada al comportamiento del autor, que no tiene como objetivo nada más que esto. Porque, y, como hemos adelantado anteriormente, la consideración de la pena como una mera retribución no es compatible con un "Estado democrático, pluralista y laico", que no puede ser considerado "como una instancia destinada a la realización terrenal de la idea pura de justicia", puesto que "una pena retributiva agota su sentido

180 Figueiredo Dias, 1988, pp. 15 y ss.

181 Teixeira, 2006, p. 15.

en el mal que hace sufrir al delincuente como compensación o expiación por el mal del delito"[182].

Así, la perspectiva retribucionista parte del supuesto del libre arbitrio y de la realización de una justicia casi divina o de un ideal metafísico de justicia que, además de no poder ser probado, es incompatible con la noción de un Estado laico, democrático y plural. De tal manera que el retribucionismo debe de ser rechazado por estos motivos o, si no, por el simple hecho que no se puede, racionalmente, afirmar que es comprensible la eliminación de un mal —la práctica de un delito— con otro mal, en una verdadera ley del talión. Por consiguiente, sería necesario que la pena no fuera justificada por sí misma, sino en finalidades relativas y circunstanciales que expresaran una utilidad. Y, para las perspectivas relativas preventivas, esta utilidad sería la de prevenir nuevos crimines. Es decir, no —solamente— realizar la justicia, sino más bien proteger la sociedad[183].

Por tanto, sería posible, debido al abandono de la perspectiva retributiva, abrir el espacio penal al principio de oportunidad, a través del movimiento de despenalización "tout court" o la degradación de los delitos en faltas y la sustitución de las penas clásicas por medidas accesorias y, en el plano procesal, a través de la adopción de una ideología de desviación (despenalización) sustentada en mecanismos alternativos a la política criminal clásica y en una descentralización (privatización) del sistema[184/185].

Empero, este raciocinio es restringido en gran parte a la oportunidad derivada de las formas de conciliación que busquen la reparación del daño causado y sean compatibles con la finalidad de prevención general positiva y de integración. Es decir, a una conciliación en la que sean armonizados tanto los intereses de rehabilitación del acusado como el de la tutela de la víctima[186].

---

182 Figueiredo Dias, 1988, p. 48.

183 Godinho Vaz Patto, 2011, pp. 3 y 4.

184 Teixeira, 2006, p. 29.

185 Montero Aroca concluye que evitar los efectos criminógenos de la pena privativa de libertad se erige como uno de los argumentos utilizados para justificar la oportunidad (2016, p. 74).

186 *Cfr.* Devoto, 2008, p. 930.

Ejemplo de ello sería la *suspensão provisória do processo* como aparece estipulada en el artículo 281 del Código Procesal Penal portugués. Se permite que el Ministerio Público, con la anuencia del Juez de Instrucción y del encausado, determine la suspensión del proceso penal siempre y cuando el encausado cumpla con determinadas estipulaciones, las que, en ningún caso, podrán configurar una pena de cárcel. Así, se huye de la perspectiva retribucionista con la imposición de penas alternativas al encausado y se suspende el proceso sin que este sea efectivamente condenado en un proceso penal con contradicción, evitándose toda la estigmatización derivada del proceso penal, así como la pena de cárcel[187]. Otro buen ejemplo es la mediación penal de adultos portuguesa, prevista en la Ley 21/2007, de 12 de junio, en la que se excluye el hecho delictivo del ámbito procesal penal para que sea resuelto fuera del proceso y con la concordancia de las partes, encausado y víctima, alrededor de las medidas de reparación.

En el ámbito español, se incluyen el procedimiento por delitos leves dispuesto en el art. 963.1 LECrim, que analizaremos posteriormente y, aunque no esté ya en vigor, la sustitución de las penas privativas de libertad, suprimida del Código Penal por el art. 47 de la Ley Orgánica 1/2015, de 30 de marzo (art. 88 CP).

### 3.1.2. La imposibilidad del full enforcement

La criminología señala la incapacidad de la Administración de la Justicia en manejar todos los casos de criminalidad existentes en la realidad desde hace mucho tiempo. Es un hecho que ningún Estado, en un primer momento, ha sido capaz de captar toda la criminalidad y, en un segundo momento, juzgar la criminalidad detectada sin dejar ningún hecho criminal o criminoso sin juzgamiento formal. Es decir, es imposible obtener un *full enforcement* y reprimir con el mismo grado de eficiencia todas las manifestaciones de criminalidad conocidas[188/189].

---

187 Caeiro, 2000, p. 39.

188 Cruz Santos, 2005, p. 152; Guariglia, 1990, p. 185.

189 Fairén Guillén sobre la congestión de los tribunales (1992b, p. 158). También en Gómez Colomer, 2013, pp. 267 y ss.

La criminología enseña que, a pesar de la proclamación del principio de legalidad —y a él le añadimos el principio de oficialidad— en el mundo del deber ser —o en el plano del *law in books*—, la realidad del *law in action* demuestra los numerosos programas de selección y discrecionalidad reales. De tal manera que las manchas de no punibilidad y los mecanismos de selección penal constituyen la regularidad estructural de un Estado penal[190].

Hassemer ya en el 1988 señalaba que tanto a corto plazo, en una perspectiva económica, como a largo plazo, en una perspectiva política, no sería inteligente mantener la obligación impuesta a las autoridades instructoras de esclarecer todos los delitos de la misma manera y con la misma intensidad[191], porque "los recursos materiales y personales siempre serán insuficientes". Por tanto, sería aconsejable la otorga —formal y legalmente— a las autoridades de la posibilidad de sobreseer el proceso en delitos de hasta mediana gravedad, como manera de descargar el trabajo de los Tribunales y acortar el proceso[192].

Falcón discurre en el mismo sentido sobre la falacia del sistema de legalidad de "suponer que el Estado puede juzgar todos los delitos, por lo cual la mayoría de ellos terminan por prescripción"[193], y él señala que las estadísticas de Argentina no son queridas y, por tanto, ignoradas, porque señalan la seriedad del problema[194].

Esta realidad también es conocida a partir de la existencia de las denominadas *cifras negras*. A saber, situaciones que se encuadran en las definiciones de la ley penal y, aun así, son dejadas en los márgenes del sistema. Hulsman señala que las cifras negras son resultados directos de los casos en que las víctimas no denuncian los hechos punibles a los órganos policiales, los que, por su turno, no trasmiten todos los hechos que

---

190 Cruz Santos, 2001, p. 256.

191 Igualmente, Cruz Santos señala que no sería la imposibilidad de una total criminalización, sino la concreta inviabilidad de reprimir toda la manifestación criminal de la misma manera y peso y, por lo tanto, con el mismo grado de eficiencia (2014, p. 419).

192 Hassemer, 1988, p. 9.

193 Falcón, 2012, p. 455.

194 En el mismo sentido, Bujosa Vadell reflexiona que "a parte de la cifra negra que no puede más que permanecer oculta, el sistema jurisdiccional ha demostrado desde hace tiempo su incapacidad para el enjuiciamiento de todos los delitos y contravenciones que se cometen" (2022, p. 100).

les son comunicados al Ministerio Fiscal y este, para terminar, no inicia procesos o procedimientos para todos los hechos que le son sometidos, archivando la mayor parte[195/196]. Por consiguiente, la realidad de las cifras negras es la responsable de la creación de programas de selección y discrecionalidad reales para determinar cuáles actos discrecionales son necesarios para establecer cuáles acciones, en el presupuesto y tiempo existentes, van a ser investigadas y, posteriormente, objetos de una acusación formal, pasando a ser, entonces, parte de la regularidad estructural del Estado penal y, con ello, sometidas al principio de legalidad[197].

Es decir, debido a la realidad de las cifras negras y la imposibilidad del *full enforcement*, es posible limitar el principio de legalidad para que el Ministerio Fiscal y los Tribunales puedan huir de sus deberes de investigación y acusación, aunque presentes los supuestos legales. Se implementan mecanismos de selección formales que otorgan el poder de discrecionalidad —tácita o expresa—, generalmente, al Ministerio Fiscal. Y, con ello, se abren las puertas al principio de oportunidad por medio de la concesión de cierto grado de discrecionalidad al detentor de la acción penal, sin que, no obstante, deje de vigorar la legalidad, puesto que cualquier discrecionalidad deberá de estar enraizada en los principios generales del Derecho[198].

Por consiguiente, surgen determinados movimientos que buscan solucionar la imposibilidad del *full enforcement* o, en cierta medida, permitir su "convivencia con el Derecho penal". En términos preprocesales, germinan, en algunos países[199], medidas formales y legales

---

195 Hulsman, Celis, 1993, p. 65.

196 *Cfr.*: "ningún sistema penal puede perseguir todos los hechos criminales de que tienen noticia los órganos encargados de la investigación oficial por falta de medios, existe necesariamente una discrecionalidad sumergía o implícita, a pesar de la vigencia del principio de legalidad" (Ruiz Rodríguez, 2019, p. 2).

197 Cruz Santos, 2001, p. 256.

198 Cruz Santos, 2001, p. 256; Guariglia, 1990, p. 185.

199 En Portugal, actualmente, la Ley 51/2023, de 28 de agosto es la responsable de determinar un conjunto de orientaciones sobre cuáles son los delitos cuya investigación es prioritaria, dada la insuficiencia de medios para investigar toda la noticia recibida por el Ministerio Público. Además, el propio Ministerio Público en Portugal dispone de la prerrogativa para presentar las prioridades de la política criminal al "Conselho Superior do Ministério da Justiça", en un modelo propio de gestión de prioridades, conforme el "Estatuto do Ministério Público" (Teixeira, 2006, p. 21).

que determinan cuáles deben de ser las investigaciones priorizadas por el Ministerio Fiscal, por los órganos policiales y por los Tribunales.

Específicamente en España, la incapacidad de la Administración de Justicia de ofrecer una respuesta suficientemente rápida y adecuada a todos los conflictos penales es comúnmente señalada a lo largo de las reformas legales. En este sentido, la búsqueda por la agilización de los procesos viene señalada desde la versión original de la actual LECrim, en el Título X de la Exposición de Motivos: "(...) es preciso en primer término sustituir la marcha perezosa y lenta del actual procedimiento por un sistema que, dando amplitud a la defensa y garantía de acierto al fallo, asegure, sin embargo, la celeridad del juicio". También, podemos observarla más recientemente en los últimos proyectos de ley, como en el de Medidas de Eficiencia Procesal del Servicio Público de Justicia, cuya aprobación había sido encomendada en abril de 2022, que centra los cambios procesales en la búsqueda por agilidad en el proceso penal[200/201].

Sustantivamente, la descriminalización se manifiesta por medio de la exclusión de conductas típicas. Procesalmente, aflora una "descriminalización" secundaria, a partir de la previsión de situaciones de dispensa de pena y formas alternativas de resolución del proceso penal para la pequeña y la mediana criminalidad[202], como a través de la conformidad.

Y, si bien la imposibilidad del *full enforcement* es una razón justificada para el principio de oportunidad en delitos leves, o, por lo me-

---

200 Este proyecto se encuentra, en este momento, caducado, ya que no se encontraba en tramitación durante el momento de disolución de la legislatura. *Cfr.* Nota al pie de página núm. 362.

201 *Cfr.* Herrero Perezagua, 2022, p. 63.

202 En especial, según Cruz Santos, por medio de la "solução da conflitualidade real através de um consenso «construído», que permita uma solução daquele conflito fora do processo normal de aplicação da justiça penal" (Cruz Santos, 2001, p. 230). Aquí, Cruz Santos se posiciona en el sentido de que, mientras en el campo sustantivo del Derecho penal hay un movimiento de descriminalización —en Portugal—, con la previsión de situaciones que permiten dispensar la pena y aplicar formas alternativas de punición para la pequeña y mediana criminalidad, en el ámbito procesal viene el movimiento que busca la solución del conflicto por medio de este consenso construido.

nos, todas las veces que sea para encontrar una manera de solucionar el conflicto penal de manera más rápida que no implique en el desarrollo de todo el debido proceso regular, no lo puede ser para justificar el principio de oportunidad en la negociación de delitos graves, involucrando la imposición de penas de prisión y posibles colaboraciones por parte de investigados o encausados.

### 3.1.3. Una nueva concepción del principio de igualdad

Conforme señalado por algunos autores como Cruz Santos, debe de ser desmitificada la noción de igualdad relacionada con un pensamiento más liberal, según la cual los hombres son iguales por su razón. Por tanto, debe de haber un trato igualitario de ellos ante el Estado. Asimismo, esta máxima sólo puede alcanzarse con la existencia de leyes generales y abstractas válidas para todas las personas de manera igualitaria[203].

Esto porque el actual Estado social y constitucional no debe tener como objetivo la garantía de una igualdad de trato formal que puede empeorar la situación de hecho de las personas, sino que debe ambicionar alcanzar una igualdad material, a saber, una igualdad de condiciones efectivas[204].

En el ámbito de este concepto de igualdad material es necesario comprender el Derecho como un medio desigual necesario para garantizar la igualdad concreta y material de las personas que, inicialmente, parten de posiciones desiguales. Es decir, para alcanzar una igualdad real, el Derecho no puede obviar el hecho de que las personas no siempre —o casi nunca— parten de una situación inicial igual. Y que, para estabilizarlas, es necesario, en cierta medida, un tratamiento desigual[205].

---

203 Cruz Santos, 2001, pp. 200 y ss.

204 En este sentido: "O que se julga é que uma aplicação do princípio da igualdade tomado na sua acepção material não exige a sujeição de todos os arguidos a uma mesma solução geral e abstrata, antes admite a 'desigualação' de situações desiguais desde que o critério para essa diferenciação seja ainda suportado em valorações político-criminais que não sejam contrariadas pela letra da lei" (Cruz Santos, 2001, p. 256).

205 Hassemer, 1988, p. 8.

Por tanto, conocer y admitir que las personas parten de una situación real de desigualdad ya no justifica la aplicación exacerbada e ilimitada del principio de legalidad. Es debido a este nuevo concepto de igualdad que se justifica la limitación de la legalidad en el ejercicio de la persecución penal por parte del Ministerio Fiscal. Es fundamental que las diferentes situaciones sean tratadas de manera desigual por el Ministerio Fiscal sobre la base de un enfoque discrecional —que no arbitrario— en su actuación.

En otras palabras: es necesario limitar el principio de legalidad para asegurar que las personas en diferentes situaciones obtengan una respuesta penal que las ubique en una posición de igualdad material.

Por ejemplo, parece justo que el Ministerio Fiscal deduzca la acusación que da lugar a una causa penal grave, que implique violación al bien jurídico "vida", para una situación de homicidio en la que se prevé una pena. Cuando, por otro lado, para un caso concreto en el que la ley prevé una renuncia a la pena, el Ministerio Fiscal deje de deducir la acusación y cierre el caso, evitando una estigmatización innecesaria del autor. Otro ejemplo es la oportunidad que se da legalmente a la Fiscalía, incluso si se cumplen los requisitos procesales, de no enjuiciar y remitir una causa que puede resolverse por consenso entre la víctima y el delincuente a una mediación penal para adultos, como así está prevista en el ordenamiento penal portugués[206/207]. O, en el caso español, que el Ministerio Fiscal pueda negociar los términos de un nuevo escrito de acusación con el investigado o encausado con el objetivo de que este se conforme con una pena en concreto y así evite el desarrollo de todo el proceso penal; véase, como desarrollaremos posteriormente, la conformidad en el ámbito del procedimiento abreviado.

Por último, tampoco podemos obviar que el concepto de igualdad material, es decir, este nuevo concepto de igualdad que prevé el trato desigual de personas desiguales, no permite crear diferenciaciones jurídicas sin ningún criterio. Por tanto, para diferenciar las personas

---

206 *Cfr.* Ley 21/2007, de 12 de junio en Portugal.

207 No nos referimos a la situación de la Mediación Penal en España, debido a la falta de una regulación general técnica-jurídica. En concreto, hay una exclusiva regulación en el art. 19 Ley Orgánica 5/2000, de 12 de enero, relativa a la jurisdicción penal del menor. *Cfr.* Vázquez-Portomeñe Seijas, 2022, pp. 12-15; Blanca Carrasco, 2009, p. 142.

con el objetivo de asegurar la igualdad material, debemos hacerlo con cautela y criterios bien definidos para no crear un patrón de desigualdad aún mayor. Por consiguiente, es en la creación de criterios de selección donde se encuentra la solución para la eficacia de la igualdad material a través de los espacios de oportunidad, es decir, limitando el principio de legalidad. Son estos criterios de selección —siempre que estén bien definidos y sean jurídicamente exigibles— los que garantizan que la discreción del Ministerio Fiscal no equivale a libre albedrío. Es la legalización de estos criterios de selección y la apertura de posibilidades al órgano competente —en este caso, el Ministerio Fiscal— lo que nos permite afirmar que la discreción no se opondrá al principio de igualdad impuesto por la Constitución[208].

Esto porque sin la creación de criterios bien definidos en la oportunidad, a ella se le podría criticar el hecho de que no impediría que el poder social —político, financiero, personal— determinara la aplicación de las normas penales y con ello lesionara el mandado de la igualdad —de hecho—[209].

En resumen, con este nuevo concepto de igualdad se justifica la limitación del principio de legalidad —en función de la oportunidad— sobre la base de criterios de selección bien definidos y legalmente estipulados. De este modo, se justifica un tratamiento de los actores procesales, máxime de los acusados, que en algunas ocasiones merecería un procedimiento gracioso —como a través de la suspensión provisional del proceso, la mediación de los adultos y el cierre del proceso en caso de dispensación de la pena—, mientras que en otros casos merecería el desarrollo clásico del procedimiento penal[210].

---

208 *Cfr.* Marques Silva, 2010, p. 91.

209 Hassemer critica la oposición legalidad-oportunidad concluyendo que "el principio de legalidad asegura la igualdad de trato al ciudadano (...) desde el momento en que obliga a una aplicación igualitaria de las normas jurídicas. Estas rigen 'abstracción hecha de cada persona', su símbolo es la venda que tapa los ojos de la representación humana de la justicia". El autor, por tanto, se refiere a la igualdad de trato, no a una igualdad material de resultado; y, de esa manera, excluye un principio de oportunidad (Hassemer, 1988, p. 8). Nosotros, sin embargo, queremos enseñar que un posible enfoque en la igualdad material puede posibilitar la incidencia del principio de oportunidad, siempre y cuando sean cumplidos, mínimamente, determinados requisitos básicos que impidan una total desigualdad.

210 Teixeira, 2006, p. 72.

Así, aporta que como respuesta para garantizar la igualdad material —ya abandonado el concepto de igualdad formal que no ve la existencia concreta de diferencias *ab initio*— es necesario el establecimiento y empleo de criterios apropiados para fundamentar la distinción en situaciones desiguales. Criterios que deben ser fundamentados en los principios jurídicos generales con el fin de evitar un ejercicio de discrecionalidad sin restricciones.

### *3.2. Segundo movimiento: la oportunidad en delitos graves*

El segundo movimiento de introducción del principio de oportunidad en los ordenamientos jurídicos penales europeos continentales, fundados en el principio de legalidad, se encuentra directamente relacionado con lo que comúnmente se denomina "segunda crisis del Derecho penal". Esta permanece estrictamente conectada a la primera crisis, analizada en el apartado anterior y que da lugar a la aplicación de medidas de consenso, diversión procesal y oportunidad en el ámbito de los delitos más leves. No obstante, este segundo movimiento posee características propias.

Las palabras claves en ambos momentos, por otro lado, parecen ser las mismas: *eficiencia* y *eficacia* —con sus matices, en ambos momentos de crisis del Derecho penal—. Sin embargo, si en este primer movimiento de crisis la eficiencia buscada estaba relacionada con lidiar con la gran cantidad de delitos de leve y media gravedad, lo que significaría, por lo tanto, buscar mecanismos alternativos de solución del conflicto, acortar el proceso penal o imponer penas más leves de manera más rápida y, por tanto, pasando por soluciones muy relacionadas con la subsidiariedad de la tutela penal en casos de pequeña monta que se acumulaban, durante esta segunda crisis del Derecho penal se busca un tipo completamente distinto de eficiencia.

En este sentido, Rodríguez-García, sobre los delitos de corrupción y, en especial, aquellos de corrupción con dimensión transfronteriza, analiza un primer movimiento de "amplificación simbólica de la respuesta penal"[211], con la aplicación de penas más elevadas y la penali-

---

211 Asimismo, respecto a la expansión del Derecho penal, a través de la creación de nuevos tipos penales y bienes jurídicos y el aumento de las penas, *cfr.* Silva

zación de más conductas[212/213], seguido de un segundo movimiento de inaplicabilidad práctica de este tipo de delitos, que se quedan al margen de la justicia penal debido a la imposibilidad de la Administración de la Justicia de investigarlos, por su complejidad, y, por lo tanto, de perseguirlos penalmente[214/215].

La corrupción no es la única forma de criminalidad objeto de esta segunda crisis del Derecho penal, sino que viene acompañada de otros tipos como la delincuencia organizada, la transfronteriza[216], los delitos de blanqueo de capitales, el soborno, el terrorismo, etc. Todos

---

Sánchez, 2001. Ferrajoli también analiza este mismo movimiento señalando que dicha expansión significa escapar del garantismo penal y del Derecho penal mínimo (Ferrajoli, 1995, pp. 103-104). Hassemer destaca que este movimiento pone en jeque la subsidiariedad del Derecho penal, uno de los principios claves de la política criminal (Hassemer, 1992, p. 240).

212 En el ámbito de este primer movimiento, Rodríguez-García concluye que la corrupción y la delincuencia organizada son "sistémicas", ya que se encuentran entre la propia estructura del orden social y, por ello, no cuentan con estadísticas confiables, razón por la que se incrementaría la sensación de inseguridad y el aumento del clamor popular por su persecución penal (Rodríguez-García, 2021, p. 420).

213 Asimismo, sobre la ampliación del Derecho penal *cfr.* Benito Sánchez, 2020. O, sobre cómo hay "más Derecho penal y menos proceso" *cfr.* Barona Vilar, 2021, p. 217.

214 Rodríguez-García, 2021b, p. 97.

215 De manera similar, Susana Aires de Sousa analisa como "a colaboração processual do ente coletivo tem sido concebida como atenuante na medida da pena, como requisito da negociação de uma decisão condenatória mais favorável, abreviando o processo penal, e ainda como condição de negociação do próprio processo penal", de manera que se incluye en el ámbito de lo que la autora llama "soluções de consenso e de oportunidade" (Aires de Souza, 2019, p. 16).

216 En este sentido, el Tratado de Funcionamiento de la Unión Europea determina que se podrá adoptar normas mínimas con relación a "ámbitos delictivos que sean de especial gravedad y tengan una dimensión transfronteriza (...) terrorismo, la trata de seres humanos y la explotación sexual de mujeres y niños, el tráfico ilícito de drogas, el tráfico ilícito de armas, el blanqueo de capitales, la falsificación de medios de pago, la delincuencia informática y la delincuencia organizada" (art. 83 TFUE). Se delimita, por tanto, un segundo nivel de preocupación en el marco de la Unión Europea en relación con delitos no sólo graves, sino transfronterizos. Además, se permite que, en el caso de la delincuencia con dimensión transfronteriza, haya una cooperación judicial a través del reconocimiento mutuo de las sentencias y resoluciones judiciales y la cooperación policial y judicial (art. 82.2 TFUE). *Cfr.* Santos Varas, 2003, pp. 455 y ss.; Alonso Moreda, 2012, pp. 120 y ss.

estos generan un movimiento de reformulación del sistema penal clásico a partir del aumento de la competencia de los órganos jurisdiccionales, con la asignación de un rol especial al Ministerio Fiscal, y la introducción de herramientas que permiten la facilitación de la persecución penal, mediante instrumentos alternativos y simplificados, que promuevan la cooperación internacional e incentiven la colaboración con la justicia a partir de mecanismos de justicia premial y del principio de oportunidad[217].

Así, desde la introducción de su propuesta de uso del proceso penal como clave e instrumento de política criminal, Andrade Fernandes destaca los dos principales elementos de esta crisis. Por un lado, la inserción, en el continente europeo, de la llamada legislación de emergencia (muy similar al primer movimiento indicado por Rodríguez-García[218]), que da inicio a una nueva operación cuyo objetivo es perseguir la criminalidad organizada terrorista. Por otro lado, la influencia recibida de los países de *common law*, "representativo do máximo de pragmatismo e eficientismo na administração da questão penal"[219].

Un importante ejemplo y que nos permite comprender la extensión de este principio de oportunidad en relación con nuestro objeto de investigación, la colaboración premiada, es la rebaja sustancial de la pena al terrorista arrepentido que colabora con el desmantelamiento de la organización terrorista según el art. 579 *bis*.3 CP. Posibilidad que, de acuerdo con Gimeno Sendra, guarda relación con la idea de obtener "mejor eficacia en la aplicación del *ius puniendi*"[220/221].

En nuestra visión, esta nueva *eficiencia*[222] —que no *eficacia*— está directamente relacionada con el modelo de mundo globalizado en el que vivimos, resultado de un largo proceso que tiene su fase culminante en los años setenta del siglo XX, cuando, por una serie de cues-

217 Rodríguez-García, 2021b, p. 100.

218 Rodríguez-García, 2021b, p. 97.

219 Andrade Fernandes, 2001, p. 10.

220 *Cfr.* Gimeno Sendra, 2020, p. 41.

221 Supuesto de colaboración que será estudiado en el siguiente apartado de la obra.

222 *Cfr.* Barona Vilar sobre cómo la globalización ha influenciado la expansión de los valores de eficiencia y celeridad (2022, pp. 37-38). Asimismo, *cfr.* Quintero Olivares, 2022, pp. 217 y ss.

tiones que no nos toca analizar, se produce una gran crisis económica de los Estados democráticos, sedes de corporaciones, y una gran parte del poder público estatal pasa de los gobernantes a estas corporaciones[223], las que son las únicas capaces de sostener las economías nacionales[224/225/226].

Esta crisis puede también ser comprendida a través de la idea de *globalización*[227], puesto que el desarrollo tecnológico, la adopción de nuevas técnicas para la práctica del delito y su investigación, el surgimiento del concepto de bienes jurídicos universales —como el medio ambiente—, hacen con que la sociedad demande mayor velocidad a

---

223 Además, la siguiente reflexión ilustra muy bien esa idea: "si bien la política y el *establishment* siempre se vincularon, fue a partir del giro capitalista de los años setenta del siglo pasado que las corporaciones se apoderaron de los aparatos estatales en el hemisferio norte" (Zaffaroni, Dias Dos Santos, 2020, p. 89).

224 En ese sentido, Zaffaroni y Dias dos Santos indican que "el poder político de origen democrático se está transfiriendo a los gerentes de corporaciones, que son los actuales tomadores de decisiones, de las que tampoco pueden liberarse los gobernantes de los países sedes de estas (...) porque sus políticos no responden a la voluntad de sus votantes, sino a los límites impuestos por los organismos crediticios funcionales a las corporaciones. Incluso cuando quieren responder a la voluntad de sus votantes, lo hacen en la estrecha medida de la voluntad viciada por los medios —pertenecientes al totalitarismo financiero—" (2020, p. 53). Estos autores, además, van más allá al señalar que el combate público a la corrupción, por ejemplo, no deja de ser expresión de la voluntad de las grandes corporaciones, que no desean perder miles en inversiones manteniendo al esquema corrupto de algunos Estados y, por ello, reclaman medidas anticorrupción. Además, señalan la escala del poder de dichas corporaciones, que, juntamente con el Estado legislador, en los últimos años, vienen estimulando una serie de normativas de complimiento normativo que, en última instancia, sólo viene a perjudicar las pequeñas empresas, que no disponen del recurso necesario para implementarlas.

225 Así, Gómez Colomer destaca que, con la globalización y la supresión de las fronteras, ha aumentado de forma extraordinaria la criminalidad organizada y "nos hemos transformado de sociedad del bienestar en sociedad del riesgo" (2021, p. 124).

226 Brodowski, 2016, p. 235.

227 *Cfr.* Barona Vilar sobre como "lo propio de la sociedad del Siglo XXI es que los acontecimientos sociales se desencadenan a una velocidad inusitada, de difícil seguibilidad por los legisladores (...)" y que la globalización se presenta como "un conjunto multidimensional de procesos sociales que crea, multiplica, despliega e intensifica intercambios e interdependencias sociales en el nivel mundial" (2022, pp. 31 y 33).

la hora de resolver los conflictos. Y, además, exija la criminalización de un mayor número de conductas y una mayor interferencia del Derecho penal en los conflictos sociales[228/229].

Aliado a ello, vivemos en un mundo neoliberal que, como señalan Zaffaroni y Días dos Santos, está permeado por falsedades. Siendo la mayor de ellas, para el Derecho penal, el mito de que su objetivo es la "reducción al mínimo del Estado, pues lo que quiere es fortalecerlo como Estado de policía"[230]. En este sentido, bien vemos que a pesar del intento doctrinario de afirmar la superación de la teoría retribucionista de la pena —uno de los principales argumentos que hemos estudiado relacionados con la justificación de la aplicación del principio de oportunidad en delitos leves— en la realidad, el retribucionismo no ha sido superado. Por el contrario, lo que aspira la población —reforzado por el propio Estado político y legislador— es retribuir el supuesto «mal» causado por el victimario.

Asimismo, debido a la marcada influencia que ejercen los medios de comunicación tanto en la población como en el Estado, se observa una lucha constante contra enemigos —delitos y delincuentes— que varían con el tiempo. Este escenario de confrontación se materializa a través de la persecución de un delito específico coordinada y determi-

---

228 Es la idea de la globalización y la tecnología como elementos vinculados a una necesidad de mayor celeridad y movimiento. *Cfr.* Velásquez Velásquez, 2018, p. 13, quien destaca que la crisis del Derecho penal está estrechamente relacionada con la globalización y la integración supranacional, que requerirán un planteamiento incompatible con los esquemas teóricos y analíticos del Derecho positivo imperante. Además, añade una serie de factores que contribuyen con la crisis del principio de legalidad, como la adopción del neoliberalismo con su concepto de Estado mínimo frente a la propiedad privada y a la libertad del mercado; el expansionismo penal frente a la criminalidad organizada; la formación de un Derecho penal simbólico con una serie de normas inaplicables; la creciente decodificación generada por la creación legislativa de una gran cifra de leyes de manera ambigua, inexacta y abierta; la ausencia de una teoría general de la legislación que guie el trabajo de los legisladores y confiera coherencia al sistema; la desorden en la interpretación y aplicación de la ley; el crecimiento de la noción de justicia privada; y por último, la propia actuación de los operadores del Derecho, que se autoproclaman innovadores y aplican un "nuevo" Derecho decidiendo en favor, por ejemplo, de la aplicación de la ley penal en desfavor del acusado o decidiendo en base de precedentes judiciales cuando la ley estipula algo en contrario.

229 *Cfr.* Thomas Aires, Andrade Fernandes, 2017, p. 262.

230 Zaffaroni, Dias dos Santos, 2020, p. 85.

nada por la demanda mediática. En los últimos tiempos, por ejemplo, hemos visto cómo temas como la violencia de género, la corrupción o el terrorismo han ocupado el centro de atención. Además, cada uno de estos, junto con otras formas de delincuencia, parecen ser relegados, como si dejaran de ser relevantes, cuando dejan de ser el delito preferido por los medios de comunicación.

No obstante, aunque haya un cambio constante relacionado con la inquietud general de la población[231], la preocupación internacional se centra de forma constante en los delitos "de naturaleza político-económica", como los califica el propio Tribunal Supremo, tal y como posteriormente analizaremos[232]. En este sentido, nos parece digno mencionar la existencia de iniciativas relacionadas con una posible elaboración de un tipo internacional *sui géneris* de delito económico-político[233].

Este delito, según investigan Zaffaroni y Dias dos Santos, es reflejo de la realidad. Esto porque creen que es fundamental que la criminología pregúnteselo al Derecho penal si las conductas de los autócratas del totalitarismo financiero no son delictivas o si, al menos, "no caben en los troncos tradicionales que se desprenden de la clasificación de Justiniano"[234]. Sin embargo, la discusión sobre un nuevo delito no puede ni debe ser liviana, mucho menos en tiempos de maximización del Derecho penal. Por ello, y sumándose al hecho de que estas mismas conductas de los "autócratas del totalitarismo financiero" no escapan a la legalidad estricta de los tipos penales, así como al hecho de que hace mucho tiempo y en la sociología tradicional, se sostuvo que no es posible establecer una distinción entre delincuencia organizada, corrupción política y negocios ilícitos[235] —distinción que queda

231 Véase cómo en los últimos meses de 2021 los medios de comunicación se han centrado en la violencia de género. El Diario (2022); El País (2022).

232 También en la investigación eminentemente dogmática conducida por Naucke (2013, pp. 339-372). En este caso los delitos de naturaleza político-económica parecen asomar de la crisis de 2008 y de la revalorización de la ley que, tras pasar por una tendencia de desregulación del mercado y del retraimiento del Estado, vuelve a ganar importancia a la hora de controlar los fallos económicos de la crisis.

233 Asimismo, respecto a esa "nueva" categoría de delitos político-económicos *cfr.* Zaffaroni, 2016, p. 30.

234 Zaffaroni, Dias dos Santos, 2020, p. 101.

235 Zaffaroni, Dias dos Santos, 2020, p. 101.

cada vez más dispar con el pasar del tiempo—, apostamos no por la discusión de un nuevo delito, sino por la visión conglomerada de los diversos delitos que tengan naturaleza político-económica como delitos graves que merecen un tratamiento especial por parte del sistema penal en razón de la búsqueda por eficacia en la persecución penal y sus características particulares, que dificultan la investigación y justifican la aplicación de mecanismos diferentes del proceso tradicional de ordenamientos fundados en un principio de legalidad.

Un gran ejemplo de la interrelación entre estos tipos de delitos graves es el impulso legislativo de la Unión Europea en materia de prevención del blanqueo de capitales —y la financiación del terrorismo— a través de la regulación del uso del sistema financiero. Comenzó en 2010 con la Ley 10/2010, de 28 de abril[236], basada en las recomendaciones del Grupo de Acción Financiera (GAFI) que inspiraron la primera directiva comunitaria, la Directiva 91/308/CEE de 1991. Fue una primera ola de leyes que se vio constantemente modificada posteriormente. Inicialmente por la Directiva 2015/849, que generó el Real Decreto 11/2018, con modificaciones relativas a una mejor prevención de "actividades ilícitas [que] se caracterizan por evolucionar y adaptarse a los diferentes mecanismos de control y prevención desplegados"[237]. Aún después, modificados por la Directiva UE 2018/843, la que refleja claramente que los nuevos atentados terroristas se valen de nuevas tendencias en lo que se refiere a la manera en que se financian y que "el vínculo entre delincuencia organizada y terrorismo y los lazos entre grupos criminales y terroristas constituyen una amenaza cada vez mayor para la seguridad de la unión"[238/239].

---

236 Ley 10/2010, de 28 de abril, de prevención del blanqueo de capitales y de la financiación del terrorismo.

237 Ítem III, Real Decreto-Ley 11/2018, de 31 de agosto, de transposición de directivas de protección de los compromisos por pensiones con los trabajadores, prevención del blanqueo de capitales y requisitos de entrada y residencia de nacionales de países terceros y por el que se modifica la Ley 39/2015, de 1 de octubre, del Procedimiento Administrativo Común de las Administraciones Públicas.

238 "Considerando (3)" Directiva (UE) 2018/843, de 30 de mayo, por la que se modifica la Directiva (UE) 2015/849 relativa a la prevención de la utilización del sistema financiero para el blanqueo de capitales o la financiación del terrorismo, y por la que se modifican las Directivas 2009/138/CE y 2013/36/UE

239 Desde otra perspectiva, el principio de oportunidad también puede ser estudiado a partir del reglamento de la Fiscalía Europea. *Cfr.* González Cano, 2018, pp. 564 y ss.

Destacamos, por tanto, la existencia de una conexión muy profunda entre los tipos relacionados con una nueva tendencia de delitos de naturaleza político-económica, que abarcan delincuencia organizada, terrorismo, blanqueo de capitales y delitos afines a la corrupción en la medida en que también tienen esta "naturaleza política". Delitos cuya configuración hacen con que sean perpetrados por personas con poder, con alta capacidad de adaptación a los medios electrónicos actuales[240] y a los nuevos tipos de medidas de investigación.

En definitiva, este tipo de delitos también viene estrechamente relacionado con la denominada delincuencia económica, en la que se busca en el Derecho penal solución para los bienes jurídicos supraindividuales e instrumentos que son propios del área comercial. A lo que nos referimos eminentemente a la responsabilización penal de las personas jurídicas en el ámbito de grandes casos como Enrol, Tyco y Worldcom[241]. También, a la delincuencia económica, como muy bien definida en el trabajo de Sutherland desde la perspectiva del autor de este tipo de delitos: el *white collar criminal*[242].

Por todo ello, el principio de oportunidad acaba apareciendo como la solución para, una vez detectado un —supuesto— delito, solucionar los casos con la colaboración de los propios involucrados, investigados o encausados, muchas veces con el incentivo de esta colaboración a partir de una justicia premial y, por otro lado, sin dejar de dar importancia a la prevención, especialmente en los delitos perpetrados por personas jurídicas[243].

Estos delitos, por consiguiente, son el nuevo enemigo[244], resultado de las transformaciones de los últimos años —tanto de internacionalización como de informatización—, "que exige al Derecho penal

240 *Cfr*. Anzola, Oliveira Teixeira dos Santos, 2022.

241 *Cfr*. Tiedemann, 2010, p. 60.

242 *Cfr*. Sutherland, 1940.

243 Relacionando directamente las formas de "colaboración suficientemente relevante en la colaboración con la administración de la justicia por parte de antiguos miembros de organizaciones y grupos criminales" como "supuestos de oportunidad reglada" y de "inevitable discrecionalidad, que otorgan unas amplias facultades a la Fiscalía difíciles de controlar", *cfr*. Bujosa Vadell, 2022, p. 101.

244 *Cfr*. Zambrano Pasquel, 2011, p. 86.

demandas fundamentalmente prácticas, en el sentido de un abordaje más eficaz contra la criminalidad"[245].

Otro elemento que debe de ser analizado sobre este tipo de delito —y consecuencia del poder de los medios de comunicación[246] respecto a esta segunda crisis del Derecho penal— es el hecho de que estos delitos graves de naturaleza política económica tampoco escapan de la "selección persecutoria" que están sujetos los investigados de delitos leves, en los que normalmente se persiguen los marginalizados de la sociedad. A saber, y en Latinoamérica, la persecución mayoritaria de negros y pobres. En el caso de los delitos graves de naturaleza-político económica, por otro lado, la selección se centra en "la criminalización de opositores políticos y disidentes". Casos extremadamente mediáticos, en los que, muchas veces, el propio Poder Judicial se vale de *violaciones* al Derecho vigente, lesiones al derecho de defensa y el uso de técnicas especiales que aseguran la prueba y la condena, garantizando una persecución "efectiva", mientras se deja un rastro de impunidad ante otros delincuentes igualmente responsables de conductas similares, aunque no sean identificados como el foco de atención actual[247/248].

Además, a pesar de la gran contienda europea hacia la protección de los datos personales y de los importantes marcos normativos alcanzados en esta área por la Unión Europea y por España, también se acelera la tecnología referente al uso de datos para el control y la observación de posibles delincuentes, así como se aceleran e intensifican los mecanismos para la colaboración internacional entre los responsables de la investigación en distintos países —de manera más intensa en el ámbito europeo—. Sin embargo, parece que "siempre que surgió una nueva tecnología de control, a poco se encontró la forma no sólo de eludirla sino también de emplearla para cometer delitos"[249]. El uso de datos personales para extorsionar, coaccionar o

---

245 Blanco Cordero, Sánchez García de Paz, 2000, p. 3.

246 *Cfr.* Neira Pena, 2018b, p. 281; Rodríguez-García, 2018, pp. 203 y 204.

247 Más ejemplos sobre esta selección en Zaffaroni, Dias dos Santos, 2020, p. 101. *Cfr.* Rodríguez-García, 2021b, p. 356.

248 *Cfr.* Andrade Fernandes sobre la importancia de la comunicación en delitos de corrupción (2018, pp. 580 y ss.)

249 Zaffaroni, Dias dos Santos, 2020, p. 173.

encubrir lo demuestra. Asimismo, el progreso de la tecnología parece siempre beneficiar a los más ricos, más poderosos o más grandes empresarios y empresas, que tienen la capacidad de ir un paso por delante de las normativas y perjudicar a los pequeños y menos informados, que carecen de información sobre la protección de sus propios datos personales y acaban siendo victimizados por un control, muchas veces indebido, de autoridades investigadoras.

Para terminar, se tratan de delitos que, en el ámbito del proceso penal, son tramitados como "macroprocesos". Nieva Fenoll los estudia a partir de los delitos de corrupción, e informa cómo el *espectáculo* convive con la lentitud y la ineficacia con las que son procesados por la Administración de la Justicia. En efecto, los macroprocesos son caracterizados por una enorme cantidad de diligencias que deben de ser practicadas, aunque esté encargado solamente un Juez Instructor o un Fiscal. Las investigaciones no son finalizadas en su totalidad y la gran atención de los medios de comunicación respecto a estos procesos agravan la incapacidad de la Administración de la Justicia de lidiar con ellos[250/251].

Delimitado el ámbito delictivo, en este análisis contextual de la nueva crisis del sistema penal, se suscita la discusión acerca de la aplicabilidad del principio de oportunidad en relación con los delitos graves de naturaleza político-económica. Se plantea la posibilidad de adoptar medidas de oportunidad[252], tales como el acortamiento del

---

250 Y, aunque el autor se centre en medidas relacionadas con el aumento de la planta de Jueces y Fiscales, la mejoría en la coordinación interinstitucional, la regulación de la práctica de medidas de instrucción como verdaderas pruebas anticipadas, la necesidad de aumentar la formación contable de Jueces y Fiscales y de controlar el acceso a la información de manera a impedir la distribución en masa de imágenes y videos, desde nuestra perspectiva, es aún la apertura del principio de legalidad en favor de la oportunidad que parece ganar fuerza (Nieva Fenoll, 2021, pp. 3 y ss.). Desde la perspectiva del principio de oportunidad *cfr.* Aliste Santos, 2018, pp. 50 y ss.

251 Desde la perspectiva de los "juicios paralelos" *cfr.* Aliste Santos, 2018, p. 53.

252 En este sentido, Zambrano Pasquel propone la implementación (expansión, en el caso ecuatoriano) del principio de oportunidad a la delincuencia organizada. El autor realiza esta propuesta sin hacer ninguna mención a las diferencias y especificidades del principio de oportunidad en el ámbito de la delincuencia organizada en relación con ese mismo principio, ya en vigor en su país, para delitos leves, cuya pena máxima de prisión no debe superar los cinco años (Zambrano Pasquel, 2011, p. 141).

proceso, imposición de penas menores o alternativas e incluso la no persecución de delitos mediante el archivo o el sobreseimiento, siempre y cuando exista colaboración con la justicia. Estas herramientas y medidas de oportunidad persiguen, no obstante, el objetivo último de impactar en una sanción de carácter penal, facilitando así la persecución penal en virtud de la naturaleza *grave* de estos delitos[253].

En este contexto, a diferencia de los delitos leves, la eficiencia y eficacia perseguidas con el principio de oportunidad —cuya aplicación no puede ser llevada a cabo de manera ligera en ordenamientos jurídicos cuya base todavía es el principio de legalidad— radica en la facilitación de la obtención de pruebas, ya sean relacionadas con el mismo delito investigado u otros delitos y/o sospechosos. Esto se logra mediante la negociación con los investigados y su colaboración directa en el proceso. De manera que para incentivar dicha colaboración se recurre a la existencia de instrumentos premiales.

Una de las principales razones que respaldan la aplicación del principio de oportunidad en estos delitos es la complejidad de su investigación. Ya sea debido a su internacionalización o digitalización, o porque en la mayoría de los casos implican a grandes y complejas organizaciones criminales que a menudo adoptan formas transnacionales. Este hecho implica que descubrir y penetrar la red de delincuentes y participantes en la estructura organizada sea un proceso laborioso y complejo[254].

Por consiguiente, aunque en este análisis nos enfoquemos en la colaboración premiada de los investigados, existen diversas formas de justicia colaborativa que surgen como solución a los problemas anteriormente estudiados. Entre ellas, se destaca la colaboración interestatal. Otra se presenta en el ámbito nacional mediante la colabo-

---

253 Además, sobre cómo este nuevo proceso facilita la irrupción de delitos en el "ciber-espacio" *cfr.* Quintero Olivares, 2022, pp. 211 y ss.

254 En ese sentido, Klerks analiza la importancia del análisis de la red social *(social network analysis)* para investigar los miembros y roles de una organización criminal, en comparación con un método simplista de mirar hacia los lideres, explicando que en la mayoría de las organizaciones criminosas muchas veces son personas que uno no espera, relacionadas de maneras distintas con los miembros, que acaban siendo observadas en el momento y lugar adecuados (Klerks, 2006, p. 109).

ración interinstitucional[255]. Y, por último, la colaboración a través de terceros alertadores, comúnmente denominados *whistleblowers*[256/257].

### 3.2.1. El porqué de este segundo movimiento: el rol de la comunidad internacional

Para entender con más profundidad las razones detrás del uso de la oportunidad en el ámbito de estos delitos graves, de naturaleza política-económica, muchas veces transnacional y organizados, pensando ya de manera específica en la colaboración con la justicia, hay que recurrir a dos principales argumentos.

El primer de ellos es más general y relacionado con la presión internacional sobre los ordenamientos jurídico-penales de base legalista que, bajo una coerción informal, pasan a implementar mecanismos de oportunidad. Para explicarlo, recurriremos a los modelos de ofertas ideacionales de Weyland[258], los trasplantes legales de Langer[259] y al concepto de macdonalización de la sociedad de Ritzer[260], terminando con un breve análisis sobre el papel del reclamo social y de los medios de comunicación en torno a este proceso.

---

255 Sobre la colaboración interinstitucional *cfr.* Fridriczewski, 2019, pp. 280 y ss.

256 Todas estas reformas confirman la asociación del Derecho penal al ámbito político, relacionadas con el uso del Derecho penal sin más vinculaciones estrechas con la conminación penal y de la pena, sino como un instrumento político criminal "técnicamente eficaz". Desde esta perspectiva, Hassemer en 1999, reflexiona en el ámbito de su investigación sobre el uso del Derecho penal en ámbitos económicos, financieros, de medio ambiente, salud pública y seguridad con el objetivo de combatir con seguridad y afrontar con mayor urgencia los problemas tratados con mayor difusión en los medios de comunicación, usándose las penas "con evidentes finalidades preventivo-generales intimidatorias" (Hassemer, 1999, pp. 33-35).

257 Sobre los denunciantes o alertadores, además, destacamos la reciente Directiva (UE) 2017/1937, de 23 de octubre, en la que la existencia de una elevada cifra negra respecto a infracciones del Derecho de la Unión ha determinado la redacción de un cuerpo legislativo con el objetivo de proteger a los denunciantes. Su transposición al Derecho nacional se efectuó solamente el 20 de febrero de 2023 mediante la Ley 2/2023, de 20 de febrero.

258 Weyland, 2011, p. 118.

259 Langer, 2004, p. 3.

260 Ritzer, 1996, pp. 15 y ss.

El segundo argumento es todavía más concreto en el sentido de que deriva de la obligación que la mayoría de los Estados post-modernos tienen en relación con la adopción de tratados y convenios internacionales de los que son parte, por un lado. Y, por otro lado, en el ámbito de la Unión Europea, el deber de los Estados-Miembro de transponer las Directivas penales, siguiendo los valores de este espacio europeo de libertad, seguridad y justicia bajo el actual concepto de espacio judicial europeo[261/262].

### 3.2.2. Modelos de ofertas ideacionales, la macdonalización de la sociedad y el reclamo social

Weyland reflexiona sobre el cambio institucional en América Latina relacionado con la maximización de la tutela penal. Afirma que los actores políticos no siempre son capaces de producir una elección racional que refleje sus demandas en concreto, por mucho que tengan sus metas definidas. Esto porque estos actores políticos "tienen mucha incertidumbre respecto a los mejores medios para conseguirlas" y, por ello, saben lo que quieren, sin saber cómo mejor alcanzarlo[263].

---

261 Respecto al desarrollo de un modelo penal europeo en el ámbito de la Unión Europea, los conceptos de armonización, principio de reconocimiento mutuo y la importancia del principio de proporcionalidad y de la idea de Derecho penal mínimo ante la política criminal adoptada por la UE *cfr.* Miranda Rodrigues, 2008, pp. 38 y ss.; Barona Vilar, 2017, pp. 542 y ss.; López Castillo, 2015, p. 22; Schünemann, 2006, p. 21; Caeiro, 2012, pp. 181 y ss.; Lukácsi, 2022, pp. 371 y ss.; Prittwitz, 2021, p. 141; Schünemann, 2007, pp. 19 y ss.; Quinteiro Olivares, González, Fallada, 2015, p. 131.

262 En este sentido, Fridriczewski y Rodríguez-García destacan, en el ámbito de la importancia de los mecanismos internacionales de prevención de la corrupción, como "la cuestión propuesta es justamente como damos formato o establecemos mínima y adecuadamente mecanismos de naturaleza predominantemente preventiva que, integrados con mecanismos de naturaleza predominantemente represiva, consigan otorgar eficacia a una política de Estado anticorrupción" (2023, p. 295). De esta manera, no solamente destacan la importancia de estos mecanismos internacionales, sino de los esfuerzos de "grupos de ciudadanos, incluidos el de Transparencia Internacional, grupos religiosos, grupos empresariales conscientes de que la corrupción tiene un costo para el sector privado, y organismos internacionales, ya que lo ideal es que participen todos estos actores con el fin de desmantelar la corrupción sistémica" (p. 323).

263 Weyland, 2011, p. 121.

Debido a este hecho, las reformas y los diseños institucionales en el ámbito de un sistema penal no dependen exclusivamente de unos factores de demanda, sino también de los modelos que son ofertados. Por consiguiente, los agentes políticos y legislativos de una nación buscan en las "ideas ofertadas" soluciones para sus demandas específicas, configurándose un contexto de importación de ideas ofertadas[264].

Uno de los principales problemas de esta trama es que, la mayoría de las veces, los agentes políticos y legislativos responsables de este trabajo realizan una búsqueda extremadamente limitada a las noticias más dramáticas y a lo que más les llama la atención. De tal forma que no conducen evaluaciones detalladas sobre beneficios, costes y limitaciones. Por tanto, como señala Weyland, "tienden a sobrestimar los signos tempranos de éxito o fracaso, llegando a conclusiones precipitadas acerca de la calidad inherente de una innovación a partir de una modesta fuente de datos que potencialmente no es representativa"[265].

En el ámbito de nuestra investigación, los modelos e ideas ofertadas están relacionados con el principio de oportunidad, la justicia negociada y consensual, la maximización del Derecho penal[266] y el modelo angloamericano de disputa criminal.

El marco del trasplante de un modelo angloamericano de disputa (caracterizado, por lo tanto, como un sistema acusatorio) y oportunidad en Europa continental y Latinoamérica es el fin de la Segunda Guerra Mundial. Esto, porque tras las experiencias con los Estados totalitarios abusivos, los países de Europa continental dejan de fiarse ciegamente de las fuertes instituciones estatales. La preocupación con los derechos humanos y la justicia también aumenta y trae consigo reformas que buscan aumentar y fortalecer las garantías procesales.

De tal manera que las nuevas garantías procesales y la intención global de usarlas, a lo que añadimos un aumento en el número de demandas, hace con que sea atractiva la existencia de concesiones en

264 Desde otra perspectiva, Barona Vilar advierte que "la globalización ha arrastrado todo, lo bueno y lo malo, las identidades, las barreras, los muros (...) se han sucedido a un ritmo descontrolado las normas, nuevos protagonistas, algunos supranacionales e internacionales" (2022, pp. 48-49).

265 Weyland, 2011, p. 123.

266 *Cfr.* primer movimiento de expansión estudiado previamente.

cambio de los derechos del encausado. Así, la línea entre el público y el privado se vuelve más tenue, haciendo más fácil la realización de acuerdos [*arrangements*] en el estilo del Derecho civil en la justicia criminal[267/268].

Junto con la búsqueda por un refuerzo punitivo penal, comúnmente se importan modelos y mecanismos ajenos al ordenamiento interno, que se ajustan de manera algo imperfecta, pudiendo tener consecuencias graves de acuerdo con la situación o el sistema vigente en el país de recepción. En estos casos derivan dos posibles escenarios: *(i)* en primer lugar, los modelos e instituciones importados pueden actuar como mera fachada, sin aplicación práctica debido a una gran incompatibilidad inicial casi insuperable; y *(ii)* en un segundo lugar, el uso forzado de la institución o modelo puede ser contraproducente al debilitar el sistema inicial del país[269].

En este último caso Weyland concluye que "los esfuerzos por poner en marcha una institución importada (...) [hacen con que] el desarrollo institucional pueda incluso sufrir un revés, porque la innovación termina siendo desacreditada mientras que los actores internos son tentados o se sienten obligados a regresar a mecanismos más viejos y menos avanzados"[270].

No obstante, tenemos que añadir a su conclusión la posible situación en la que el uso forzado de una institución, aunque en principio incompatible con el sistema vigente, empiece a normalizarla a tal pun-

---

267 Damaska, 2018, p. 87.

268 El proceso de privatización del Derecho penal está íntimamente relacionado con la incorporación del principio de oportunidad y de las medidas de consenso. Y, de forma más concreta, con la negociación. Sanjurjo Ríos explica esta privatización, aunque desde la óptica de la demasiada carga de los procesos penales, que conduce a una desjudicialización. La autora señala que cada vez son más evidentes "los tintes privatistas que está adoptando dicho proceso, a costa de reconocer un continuo y paulatino debilitamiento de la figura del Juez y de sus potestades de actuación de oficio, incrementando las atribuciones del Ministerio Fiscal, favoreciendo su intervención procesal de manera mucho más activa" (Sanjurjo Ríos, 2021, pp. 247-260). Armenta Deu también analiza cómo la negociación se viene consolidando en el proceso penal en el ámbito de la privatización del proceso, en la que se observa la debilitación del modelo de control estatal y judicial sobre el delito ante una "mercantilización" (Armenta Deu, 2017, p. 27).

269 Weyland, 2011, p. 124.

270 Weyland, 2011, p. 124.

to que llegue a ser considerada parte esencial de un sistema con el cual permanece en choque.

Y esto porque según lo investigado por Langer con relación a los "trasplantes legales", muchos fueron los cambios realizados en el Derecho europeo continental y en Latinoamérica hacia un modelo de disputa (adversarial), que hace con que no haya habido un simple "trasplante" de la norma, sino una "traducción" a partir de la creación de una nueva versión. Por ejemplo, a partir de la separación entre la fase pre-procesal investigativa sin la participación de un Juez, el que apenas detiene funciones de decidir sobre fianzas, prisiones temporales, etc.; el cambio del papel de la acusación y de la defensa durante el proceso, permitiendo, por ejemplo, como en Italia, en llamamiento de testigos por ambas partes durante el juicio; la eliminación de la persecución penal obligatoria (Guatemala, Costa Rica y Chile); la implementación de una serie de mecanismos de consenso (Alemania, Italia, Argentina, Costa Rica y Francia); y los pasos hacia el *coordinate model* como por medio de la introducción de la figura del jurado en Rusia (1993) y España (1995)[271]. El autor vuelve a señalar, sin embargo, que estos ejemplos no se tratan de copias exactas de un modelo norteamericano, sino que son transposiciones concretadas a partir de una reflexión crítica y adaptaciones, de tal modo que no habría una *americanización* o *macdonalización per se*[272].

Específicamente, el proceso de incorporación de la justicia consensuada en el continente empezó con la proliferación de ofertas unilaterales de beneficios a encausados cooperantes y pronto pasó por la incorporación de institutos ya más bien similares a la *guilty plea*[273]. Este proceso de inclusión, según Damaska, fue facilitado por la hegemonía de la cultura estadounidense, publicitada por los medios de

271 Langer, 2004, p. 28.

272 Y, de ahí, la idea de cambio de "legal transplants" a "legal translations" (Langer, 2004, p. 1). Nosotros nos referimos a la idea de "transposición" relacionada con el concepto de Langer de traducción de las ideas ofertadas.

273 *Cfr.* Del Moral García, sobre la extensión de "las formas negociadas de finalización del proceso penal". El autor afirma que, "a partir de 1989, con la introducción del procedimiento abreviado (...) se produjo el punto de arranque de toda una filosofía del proceso penal que, importada de los Estados Unidos de América, vino a presentarse como una de las grandes soluciones a los problemas de la justicia criminal" (2008, p. 2).

comunicación y la televisión. En ese sentido, el autor afirma que en la mayoría de los Estados europeos continentales orientales —con la excepción de Alemania, que empezó el proceso de incorporación del consenso por la práctica jurídica— se incorporaron estas mudanzas por medio del cuerpo legislativo[274/275].

No obstante, en ese trabajo, Damaska aun afirmaba que en los países europeos continentales —y al contrario de lo que pasa en Brasil y otros países latinoamericanos, por lo tanto— la incorporación del consenso se da de una manera muy regulada, muchas veces sin que se permita la negociación con los encausados en los delitos más graves. De tal manera que hasta en países como Italia, que se arriesgaron más en la incorporación de la *plea bargaining*, los mecanismos de consenso fueron integrados de manera a mantener la importancia del desarrollo de la prueba en el juicio y con la participación del Juez. Por tanto, su *plea bargain* "stands apart from them as a *corpus alienum*. Taken out of its natural habitat, disoriented in the new institucional milieu, the plea remains detached from its surroundings like a consequence suddenly without cause"[276]. Reafirmándose, por consiguiente, la teoría de Langer en el sentido de una trasposición de estos mecanismos según la tradición jurídica local (así, como una *traducción*).

Además, Damaska señala que la incorporación del consenso en el modelo europeo continental usualmente solamente permite la disminución del tiempo procesal, sin impedir el proceso, como de hecho pasa en EE.UU., donde la *guilty plea* impide la realización de un Juicio formal y completo. Es más, posibilitan, con exclusividad, la reducción de la pena, sin llegar a autorizar las *charge bargainings* —o acuerdos sobre la calificación de los hechos—. Para terminar, Damaska afirma que la integración del consenso en los Estados europeos continentales sucede de una manera por la cual el Juez ve el acuerdo como un pacto informal entre *caballeros* y no como un contrato formal como en EE.UU.[277/278].

---

274 Damaska, 2018, p. 87.

275 Del Moral García lo atribuye al "espíritu pragmático y utilitarista del Pueblo americano" (2008, p. 4).

276 Damaska, 2018, p. 89.

277 Damaska, 2018, p. 91.

278 Damaska estudia la posible incorporación de la justicia negociada en procedimientos internacionales y afirma que la evolución del *International Criminal*

En el mismo sentido, Schünemann señala que hace algunos años el modelo europeo continental era considerado el más adecuado y moderno para combatir la criminalidad, mientras se veía el procedimiento estadounidense como poco adecuado e incapaz de asegurar una ejecución material justa del Derecho penal, dado que no podría garantizar el tratamiento igualitario de los autores penales con culpabilidad similar. Sin embargo, hubo un cambio responsable de desvalorizar el sistema europeo continental. Por ello, su "salvación" sólo sería posible con la incorporación de aspectos relevantes del ordenamiento norteamericano en el europeo continental[279]. El autor afirma que, desde la década de los sesenta del siglo XX, se incorporan mecanismos de justicia negociada en países como Alemania, Italia y España. Por ejemplo, como en la Ley de 28 de diciembre de 1988[280] que prevé "la posibilidad, siempre que el fiscal no solicite en su escrito de acusación una petición de pena que supere los seis años de pena privativa

---

*Tribunal for Former Yugoslavia* puede enseñarnos mucho. En un primer lugar, que, a pesar de la existencia de instrumentos procesales consensuales, no hubo la necesidad de usarlos con la excepción de algunos casos en los que el propio encausado, debido a un arrepentimiento genuino o a la espera de una condena más leve, declaró su culpa en una *guilty plea*. Esto porque prevaleció la idea de que los delitos eran muy graves como para negociar las condenas. Sin embargo, el gran coste en procesos largos y complicados hizo con que se reconsiderara y se aceptaran más las *guilty pleas*. Esta experiencia en concreto, no obstante, no nos enseña que se deba aceptar la justicia negociada en general en los procedimientos internacionales, sino que depende de una adaptación al caso y al Tribunal en concreto. El autor analiza la posibilidad —casi no existente— de la aplicación de la justicia negociada en la Corte Penal Internacional (International Criminal Court). Advierte que su jurisdicción, dependente exclusivamente de las jurisdicciones nacionales y no prioritaria, y el hecho de que no haya límite temporal para sus juicios, hace con que sea muy difícil la incorporación de la justicia negociada —sin que sean en casos particulares en los cuales el Juez de la nación afectada lo vea necesario y compatible—. No obstante, el uso de la oportunidad en una justicia internacional es posible en el sentido de que los mismos hechos, aunque por personas distintas —física y jurídica, por ejemplo— puedan ser juzgados con recurso a la oportunidad y a la negociación en una cooperación internacional o de manera concurrente—siempre con respeto al *ni bis in idem*— en dos o más países competentes (2018, pp. 101-102).

279 Schünemann, 2002b, p. 290.

280 Ley Orgánica 7/1988, de 28 de diciembre de los Juzgados de lo Penal, y por la que se modifican diversos preceptos de las Leyes Orgánica del Poder Judicial y de Enjuiciamiento Criminal. BOE n.º 313, de 30 de diciembre de 1988.

de libertad, acuerdos del abogado y el acusado con la acusación que pueden tener lugar de distintas formas"[281].

Si bien, por un lado, Damaska sostiene que la importación de los mecanismos estadounidenses fue realizada de forma a adaptarlas al sistema europeo continental —también según lo propuesto por Languer— Schüneman atribuye a la incorporación de los mecanismos de *plea bargaining* en el sistema europeo continental, la actual crisis del Derecho penal. Él argumenta que estos mecanismos son incompatibilidades en relación con la estructura procesal penal, que en el caso europeo continental sigue confiriendo a la instrucción funciones meramente preparatorias, por ejemplo, lo que, con los acuerdos, permitiría el uso de la confesión en fase de instrucción para la sentencia final; y la falta de concordancia de los acuerdos con los fines penales[282].

A pesar de esta divergencia de opiniones, hay consenso que las *ideas ofertadas* pertenecen de manera hegemónica al sistema penal estadounidense, lo que confiere a este proceso un componente político derivado del "control hegemónico del planeta por parte de los Estados Unidos"[283].

De ahí la importancia del concepto de macdonalización de la sociedad propuesto por Ritzer[284] en el final del siglo pasado. El autor, aunque analice este proceso basado en la gran cadena de comida rápida McDonald's, expone, desde un principio, que esta empresa nada más es que un símbolo arraigado de EE.UU. —y que se ha impuesto cada vez más con el paso del tiempo, aunque Ritzer haya señalado que McDonald's podría ver su propio fin— y, por tanto, su expansión representa muy bien el poderío estos elementos muy estadounidenses no solamente en la cultura norteamericana, sino conforme fueron expandiéndose a América Latina y Europa.

En este sentido, son varias las características de este proceso de macdonalización estudiadas por Ritzer. Sin embargo, son dos las que también son aplicables a nuestro objeto de estudio: *(i)* la eficacia ofrecida por este sistema, el que "propone los mejores medios disponibles

---

281 Schüneman, 2002b, p. 292.
282 Schüneman, 2002b, p. 300.
283 Velásquez Velásquez, 2018, p. 31.
284 Ritzer, 1996, pp. 15 y ss.

para pasar de un estado de apetito a otro de satisfacción" y *(ii)* la preferencia por la cantidad como medida para la calidad[285].

Sumando estas ideas, tenemos un escenario de importación de las «ideas ofertadas» estadounidenses de eficacia y buena gestión a través de la cantidad. Consubstanciadas, en nuestro análisis, en un principio de oportunidad a través del que se aplican medidas de negociación, consenso y privatización en el sistema penal.

Vinculado a la expansión del Derecho penal, lo que sí parece claro es que el más nuevo e importante catalizador de esta crisis —que ha hecho con que la persecución penal tomara nuevos contornos— son los medios de comunicación modernos. Esto porque la primera crisis que podemos observar, al final de la década de los ochenta del siglo XX hasta la primera década del siglo XXI, tuvo una repercusión mucho más limitada a los miembros de los gobiernos, las instituciones internacionales y las grandes cadenas de televisión abiertas que podían tener acceso a este tipo de información. En este sentido, durante esta primera crisis parece que la respuesta no fue una exclusiva expansión del Derecho penal y de la manera de punir, sino una búsqueda por la insuficiencia del sistema con relación a la gran cantidad de delitos leves —en especial en países no desarrollados o en desarrollo como los latinoamericanos—.

No obstante, en el momento en que fuimos adentrándonos en el siglo XXI, el fortalecimiento de las redes sociales y de los medios de comunicación instantáneos, la normalización de la internet y su expansión por todo el mundo —considerando, claro, que aún muchas personas son excluidas del acceso a la red de internet debido a la marginación financiera y social— ha hecho con que la participación ciudadana aumentara en temas de la crisis del sistema penal y de su expansión. Así, por un lado, muy favorable, la expansión de la tecnología ha posibilitado un aumento notable de la participación ciudadana en el ambiente político-legislativo, reforzando de manera muy positiva la democracia. Por otro lado, este aumento notable de la participación ciudadana también acaba por influenciar: el poder político y legislativo, haciendo con que trasplanten las estudiadas "ideas ofertadas"; y el poder judicial, en la medida en que, a pesar de la independencia de los Jue-

285 Ritzer, 1996, pp. 24 y ss.

ces y Tribunales, estos se ven constantemente reflejados en los medios de comunicación y en las redes sociales, que siguen juicios específicos —retratados con opiniones ya formadas por las personas que dominan las redes sociales y los medios de comunicación— y afectan de manera negativa no apenas a los investigados y encausados, produciendo una estigmatización negativa, sino también a las posibles víctimas y, en una manera más amplia, a los propios Tribunales, una vez que ya habrá una opinión publica formada sobre el *outcome* del caso en cuestión.

Asimismo, la presión social —otra vez, especialmente en razón de la actuación de los medios de comunicación—, se presta a denunciar ante un determinado problema social el tópico de moda, ya sea el retraso de tramitación de un proyecto de ley, la falta de seguridad, la falta de castigo a determinados individuos supuestamente responsables por algunos delitos, etc. De esta manera, estamos de acuerdo con lo señalado por Lippmann sobre el hecho de que el gran problema de las democracias reside en que las decisiones políticas dejan de ser tomadas con base en discusiones entre los poderes legislativo y político y pasan a depender de las relaciones discursivas que ambos poderes tienen con la opinión pública en el seno de los medios de comunicación en masa —*mass media*—[286].

Algunos de los efectos más importantes de esta relación son enunciados por López Aguilar y pasan, sin exclusión de otros también señalados por el autor, por la producción de un cambio en la prioridad y en la orientación legislativa, que deja de responder a las necesidades o expectativas sociales reales y pasa a basarse en dar respuestas inmediatas que aseguran la apariencia de que a través del Derecho se están resolviendo todas las necesidades reales y la alteración en la agenda política y legislativa, que prioriza los temas considerados urgentes en la *mass media*, que no necesariamente coinciden con los temas verdaderamente importantes. Por fin, y relacionado con lo señalado por Lippmann, López Aguilar señala que "se han roto los cauces propios o institucionalizados de comunicación entre los políticos y la sociedad", puesto que ahora son los medios de comunicación los que tienen el control de esta relación discursiva[287].

---

[286] Lippmann, 1997, pp. 253 y ss.
[287] López Aguilar, 2004, p. 591.

Ahora bien, ¿cómo actuarían los medios de comunicación mediando esta relación? Nos parece que una de las posibles respuestas está en la visión de García Arán y Pérez Neto, que se basan en la teoría sociológica de la *agenda-setting funtion* para afirmar que los medios de comunicación, en primer lugar, presentan un hecho como un problema social, para luego generar "la afección del auditorio hacia algunos grupos en detrimento de otros, a partir de una determinada conflictividad social". De esta manera, pueden empezar a demandar o legitimar respuestas para determinados temas que destacan como "digno de la acción de las autoridades políticas"[288].

Este proceso acaba por generar la producción de normas penales muchas veces denominadas *simbólicas*, en las que lo que predomina son los efectos meramente simbólicos, de "producción de mensajes y reproducciones valorativas o desvalorativas", sobre el contenido material, que sería su capacidad real de prevenir hechos y comportamientos delictivos[289]. Es más, estas normas, como señala García Arán, tendrán "incorreciones técnicas, incongruencias respecto de los fines que declara la reforma o inaplicabilidad de la nueva norma o que llevan a su nueva e inmediata reforma posteriormente"[290].

Sin centrarse en la taxonomía y caracterización de las normas penales simbólicas, usamos la clasificación de García Arán para su conceptualización. La autora las cataloga como las normas "relativamente innecesarias o ineficaces para la protección del bien jurídico en cuestión" en las que el principal objetivo es dar atención al desvalor social sobre la conducta y recurrir a la intervención penal para reforzar la postura ante dicho desvalor. Para ello, muchas veces, el Estado "renuncia a su función mediadora y racionalizadora, optando por la punición como principal instrumento de resolución de conflictos". Y, por tanto, a menudo ignorando "los limites propios de una política criminal proporcionada y limitadora de la intervención penal".

Ahora bien, aunque parezca que la aparición de normas penales simbólicas se da únicamente en el ámbito de los tipos penales, creemos que ellas son más amplias que eso. En este sentido, sí puede haber

---

288 García Arán, Pérez-Neto, 2009, pp. 154-155.
289 Rodríguez Ferrández, 2016, p. 60.
290 García Arán, 2009, p. 193.

normas alrededor del tipo, que estipulen figuras e institutos penales, procedimientos penales, etc., que pueden ser clasificados como simbólicos en la medida en que ejercen una función meramente alegórica que entran dentro de este esquema de punitivismo y se encuentran en el ámbito de lo que denomina "populismo penal"[291/292].

Por consiguiente[293], este "nuevo populismo" consistiría en un "giro punitivo, con origen a mediados de los años ochenta del siglo XX, orientado a luchar contra la sensación de inseguridad (...) mediante una represión carcelaria pura y dura"[294/295]. Por su parte, el denominado "populismo penal o punitivo", acuñado en mediados de la década de los noventa del siglo XX por Bottoms[296], reflejaría el ímpetu de los políticos y legisladores de aprovechar, para sus propios fines, lo que creen que refleja la postura punitiva del público, apoyándose, para eso, en una supuesta opinión pública —a lo que volvemos a que esta es, cada vez más, moldeada y definida por los medios de comunicación—.

### 3.2.3. Tratados, convenciones y documentos internacionales

En el ámbito de la comunidad internacional, son varios los instrumentos que mencionan de manera más o menos directa la posibilidad de que los Estados signatarios incluyan en su sistema penal medidas de colaboración con la justicia por parte de investigados y encausados.

---

291 Rodríguez Ferrández, 2016, p. 64.

292 Asimismo, respecto al punitivismo, Hassemer, en el final del siglo XX, señalaba que "nunca como hoy ha habido oportunidad de percibir la violencia y el ejercicio de ella. Una sociedad que dispone, por un lado, de poderosos medios de comunicación y, por otro, está vivamente interesada, en tanto valora estos medios, en la comunicación del fenómeno de la violencia, no necesita ya experimentar la violencia en su propio seno, para poderla percibir en toda su omnipresencia; basta sólo con contemplar el ejercicio de la violencia en el mundo que nos rodea". Por tanto, es mucho más sencillo y común que se dramatice y politice la violencia, usándola como argumento para que se lleve a cabo una determinada política criminal, eminentemente punitivista (Hassemer, 1992).

293 Basándose en las conclusiones de Del Rosal Blasco (2009, pp. 62 y ss.).

294 Rodríguez Ferrández, 2016, p. 68.

295 *Cfr*. Garland (2005, p. 240) cuando afirma que la necesidad de reducir un sufrimiento presente o futuro de las victimas justifica actualmente cualquier medida de control o reprensión penal, reforzando los sentimientos retributivos que cada vez más influyen en la legislación penal.

296 Bottoms, 1995, p. 40.

Con relación a todos estos instrumentos internacionales, hay dos elementos en común: *(i)* Reflejan y confirman lo estudiado anteriormente en el sentido de que las propuestas relacionadas a una "colaboración premiada" o a las soluciones de oportunidad que permiten al Ministerio Fiscal disponer de la acción penal, están basadas en el sistema estadounidense de *plea bargainings*. *(ii)* Se someten a la idea propuesta por Langer de *legal translation* en el lugar de un simple *legal trasplant*; es decir, en contra de la idea de una parte de la doctrina de una total "americanización"[297], o macdonalización como hemos señalado, del Derecho penal, a partir de una importación de soluciones procesales sin límites o adaptaciones. En la realidad —a partir de su análisis de los ordenamientos italiano, argentino y francés, y como confirmaremos por medio de las estipulaciones de la recomendación 18 ya de 1987 del Consejo de Europa— hay un procedimiento de importación que es hecho con cierta cautela y adaptación por parte de los Estados[298]. Esto o debido a decisiones de los legisladores o debido a diferencias estructurales, como la de que "the structural differences between the American adversarial conception of criminal procedure and the continental European and Latin american inquisitorial con-

297 Como señala, por ejemplo, Rodríguez-García en el sentido de que, antes de adoptar el *plea bargaining*, debemos de estar atentos a los peligros que ello conlleva. Asimismo, que la doctrina debe de permanecer vigilante a la importación de mecanismos que muchas veces ya son fuertemente criticados en sus propios países de origen. De tal manera que se resultan en trasplantes "contra natura difícilmente aceptables y en los muchas que veces parece que hay interés en ocultar u oscurecer sus efectos negativos". El autor concluye que deberíamos huir de "la atracción irrefrenable por las modas extranjeras que muchas veces consigue ser más fuerte que una equilibrada y realista ponderación de lo que nos conviene y es justo, de lo que se adecua más correctamente a nuestro ordenamiento jurídico, a nuestra tradición y a nuestra realidad social" (Rodríguez-García, 1997b, p. 44). Resaltamos, no obstante, que, posiblemente, la actual realidad de la segunda década del siglo XXI no comporta ese orden de reflexión. Es decir, el modelo de oportunidad angloamericano ya estaría tan difundido por el mundo, tanto en las legislaciones y practicas jurídicas nacionales de países anteriormente de tradición puramente legalista, como debido a los procesos de cooperación internacionales que se fundamentan en el uso de institutos de negociación, como mediante la incidencia del FCPA estadounidense, que ya no basta plantear institutos propios para cada país y rechazar un modelo de oportunidad cuyo proceso de importación se encuentra en fases avanzadas.

298 Langer, 2004, pp. 4 y ss.

ception of criminal procedure are so deep" que acaban por impedir una importación ilimitada[299].

Por tanto, en el lugar de un simple "trasplante" legal, hay una "traducción" legal de los procedimientos de origen angloamericanos basados en la oportunidad y en la simplificación de los procedimientos penales derivado del hecho de que las ideas legales no pueden ser simplemente copiadas y coladas entre distintos sistemas legales, ya que dependen de una transformación y adaptación según qué sistema[300].

De esta manera, analizaremos algunos de los más importantes documentos internacionales en el ámbito de las Naciones Unidas, inclui-

---

299 Se señala, sin embargo, que el autor, en trabajos posteriores datados de 2015, desarrolla nuevas investigaciones sobre la dualidad acusatorio-inquisitivo, en el sentido de que son categorías frágiles que, aunque necesarias, pueden ser usadas para una o más finalidades. En concreto, en el trabajo de 2015, Langer estudia los modelos inquisitivos y acusatorios como *tipos ideales*. *Cfr.* Langer, 2004; Langer, 2015, pp. 17-24. Respecto a la dualidad inquisitivo-acusatorio *cfr.* Barona Vilar, 2017, pp. 189 y 315; Gómez Colomer, 2023, p. 46; Gómez Colomer, 2012, p. 17; Montero Aroca, 2016, p. 27; Armenta Deu, 2007, p. 27. Desde nuestra perspectiva, se debe avanzar más allá de las categorías inquisitivo-acusatorio-adversarial a la hora de estudiar la implantación de un principio de oportunidad. Estamos de acuerdo con Langer cuando destaca que "instead of starting by asking which system, adversarial or inquisitorial, is normatively superior, we should start by asking which principles and goals we value in the criminal process and that we should discuss the best ways to implement those principles and goals" (Langer, 2015c, p. 29). En este sentido, Lopes Júnior reflexiona que, tras un periodo de dicotomía inquisitivo-acusatorio y de otro marcado por la mezcla entre ambos sistemas, necesitamos "avanzar hacia una tercera fase, con el abandono, incluso, de los términos acusatorio e inquisitivo, por ser excesivamente rotulados, vinculados a visiones tradicionales y a eternas disputas conceptuales". Lopes Júnior, por tanto, afirma que, más que acusatorio, el sistema debe ser democrático, a saber, un instrumento de garantía de la democracia (Lopes Júnior, 2015, pp. 144-145). Asimismo, confirman nuestra perspectiva, respecto al abandono de los sistemas o categorías acusatorio-inquisitivo en favor del modelo constitucional existente, de los principios del Estado democrático y social de Derecho y de los principios que guían al sistema penal: Barona Vilar, 2017, p. 530; Montero Aroca, 2015, p. 87; Bujosa Vadell, 2022, p. 54. Asimismo, no se puede confundir el abandono del *modelo* acusatorio con el *principio* acusatorio. Éste último sigue vigente en España como principio en la medida en que incide sobre la conformación orgánica y garantiza la imparcialidad del juzgador (Montero Aroca, 2016, p. 29; Gómez Colomer, 2022b, pp. 171-172). *Cfr.*, de manera complementaria, la nota al pie de página núm. 110.

300 *Cfr.* Langer, 2004, p. 5.

das las Reglas de Tokio de las Naciones Unidas de 1990, la Guía de las Naciones Unidas sobre la función de los fiscales del mismo año, la Convención de las Naciones Unidas contra la delincuencia organizada transnacional de 2000 y la Convención de las Naciones Unidas contra la Corrupción de 2003.

En el Consejo de Europa, serán importantes la Recomendación (87) 18 del Comité de Ministros del Consejo de Europa de 1987 y el Convenio Penal sobre la Corrupción del Consejo de Europa de 1999.

Además, en el ámbito de la Oficina de las Naciones Unidas contra la Droga y el Delito, examinaremos las Disposiciones Legislativas: Modelos sobre la Delincuencia Organizada, de 2014 y el informe "Left out of the bargain", también de 2014.

En el marco de la Organización para la Cooperación y el Desarrollo Económico estudiaremos la Recomendación del Consejo de la OCDE para seguir el combate contra el cohecho de servidores públicos extranjeros en las transacciones comerciales internacionales de 2021 y el informe "Resolving foreign bribery cases with non-trial resolutions" de 2019.

Para terminar, de manera específica en el ámbito de la Unión Europea, serán analizados diversos instrumentos y documentos, desde la Resolución del Consejo relativa a las personas que colaboran con el proceso judicial en la lucha contra la delincuencia internacional organizada de 1996 hasta la más reciente propuesta del Parlamento y del Consejo para una Directiva sobre la lucha contra la corrupción de 2023.

### *A) Las Naciones Unidas*

#### *(a.a) Las Reglas de Tokio de las Naciones Unidas. Reglas mínimas de las Naciones Unidas sobre las medidas no privativas de libertad (1990)*

Estas Reglas fueran adoptadas por medio de la Resolución 45/110, de 14 de diciembre de 1990, por la Asamblea General de las Naciones Unidas.

En el art. 5.1 se dispone, con relación a la fase anterior al juicio criminal, que cuando así proceda y sea compatible con el ordenamiento jurídico, la Policía, la Fiscalía u otros organismos que se ocupen de casos penales deberán estar facultados para retirar los cargos contra el delincuente si consideran que la protección de la sociedad, la prevención del delito o la promoción del respeto a la ley y los derechos de las víctimas no exigen llevar adelante el caso. A efectos de decidir si corresponde la retirada de los cargos o la institución de actuaciones, en cada sistema se formulará una serie de criterios bien definidos. En cuestiones de poca importancia el Fiscal podrá imponer las medidas adecuadas no privativas de la libertad, según corresponda.

Este instrumento internacional, si bien concede la posibilidad de disposición del principio de oportunidad a la Fiscalía, incluyendo también las figuras de la Policía y de otros organismos que se ocupen de casos penales como capaces para retirar los cargos contra un delincuente, lo hace sólo en razón de tres específicas finalidades: protección de la sociedad, prevención del delito o promoción del respeto a la ley y de los derechos de las víctimas.

Está acotado, no obstante, a un principio de oportunidad como pensado para la delincuencia menos grave, incluyendo no solamente la posibilidad de retirada de cargos, sino también la aplicación de otras medidas que no sean la pena de prisión para los casos de menor importancia.

*(a.b) La Guía de las Naciones Unidas sobre la función de los fiscales (1990)*

Esta Guía[301] fue adoptada en el ámbito del VIII Congreso de las Naciones Unidas sobre la Prevención del delito y el tratamiento de los delincuentes, celebrado en La Habana, Cuba, en agosto y septiembre de 1990.

Tiene como objetivo auxiliar los Estados Miembros en sus tareas de asegurar y promover la eficacia, imparcialidad y justicia de su Fiscalía en los procesos penales, debiendo de ser respetada y llevada en consideración por los gobiernos y legisladores nacionales a la hora de definir la práctica jurídica.

Permite la concesión de facultades de disposición al Ministerio Fiscal, en los Estados donde la Fiscalía ya detiene este poder de disposición, especificando que cualquier función discrecional del Fiscal debe

301 Guidelines on the Role of Prosecutor, 1990.

ser regulada por ley para aumentar las garantías de igualdad a la hora de la toma de decisiones (art. 17).

Además, y así como en las Reglas de Tokio, prevé de manera específica que, de acuerdo con la legislación nacional, puede haber la concesión a la Fiscalía de poderes para disponer de la acción penal, de manera que se descontinúen los procedimientos penales o les retiren del procedimiento penal regular, siempre y cuando haya respeto por los derechos de la víctima y del acusado (art. 18). Haciendo referencia, por consiguiente, no solamente a la oportunidad pensada para los delitos leves, sino de manera específica a las medidas alternativas al proceso.

*(a.c) Convención de las Naciones Unidas contra la Delincuencia Organizada Transnacional y sus Protocolos (2000) —Convención de Palermo—*

La Convención de las Naciones Unidas contra la Delincuencia Organizada Transnacional fue adoptada en Palermo en el año 2000, habiendo entrado en vigor en septiembre de 2003. Actualmente cuenta con 190 Estados partes, siendo 147 de ellos signatarios de la convención[302], entre los que se incluye España, cuya ratificación tuvo lugar el 1 de marzo de 2002.

Fue pactada debido a la preocupación, estrechamente relacionada con el segundo movimiento de ascensión del principio de oportunidad que hemos analizado anteriormente, respecto a las repercusiones económicas y sociales derivadas de la delincuencia organizada, los crecientes vínculos entre la delincuencia organizada y los delitos de terrorismo y la necesidad de entablarse medidas de cooperación a nivel internacional para garantizar la persecución criminal de las personas involucradas en la delincuencia organizada transnacional, de manera que no puedan hallar refugio y se las enjuicie dondequiera que cometan los delitos.

Además de la delincuencia organizada por sí misma y relacionada con los delitos de terrorismo, la convención tiene el objetivo de ser un instrumento eficaz "para combatir actividades delictivas como el blanqueo de dinero, la corrupción, el tráfico ilícito de especies de flora

---

302 Convención de las Naciones Unidas contra la Delincuencia Organizada Transnacional. Nueva York: 15 de noviembre de 2000. *Estatus de los Tratados.*

y fauna silvestres en peligro de extinción, los delitos contra el patrimonio cultural y los crecientes vínculos entre la delincuencia organizada transnacional y los delitos de terrorismo"[303].

En este sentido, se reafirman los razonamientos anteriormente trazados entre la interrelación de todos estos delitos, la mayoría en el ámbito político-económico, especialmente con carácter transnacional.

Esta convención, de manera muy cercana al objeto de la presente investigación, tiene un artículo especifico relacionado con la previsión de "medidas para intensificar la cooperación con las autoridades encargadas de hacer cumplir la ley" (art. 26).

Establece la obligación a los Estados parte que adopten medidas apropiadas para alentar a las personas que participen o hayan participado en grupos electivos organizados a: 1) Proporcionar información útil a las autoridades con fines investigativos y probatorios sobre cuestiones como la identidad, la naturaleza, la composición, la estructura, la ubicación o las actividades de los grupos delictivos organizados; los vínculos, incluidos los vínculos internacionales, con otros grupos delictivos organizados; los delitos que los grupos delictivos organizados hayan cometido o puedan cometer. 2) Prestar ayuda efectiva y concreta a las autoridades competentes que pueda contribuir a privar a los grupos delictivos organizados de sus recursos o del producto del delito (art. 26. 2)

La preocupación en torno a la colaboración, por tanto, gira en torno a cualquier persona que haya participado en organizaciones o grupos delictivos organizados, de manera que puedan proporcionar información útil ya sea para fines investigativos o probatorios que permitan identificar las actividades del grupo organizado en concreto y, además, las relaciones que este grupo pueda tener con otros grupos delictivos organizados, especialmente a través de vínculos internacionales.

Por lo tanto, la Convención de Palermo, como un instrumento internacional, no limita la colaboración que debe de alentar los Estados Partes. No dispone sobre su forma o contenido, como podría hacerlo al limitar la colaboración como objeto de prueba, por ejemplo. Deja

[303] Convención de las Naciones Unidas contra la Delincuencia Organizada y sus Protocolos, 2004, p. 2.

en abierto la posibilidad de que dicha colaboración, a través de informaciones útiles, tenga fines probatorios o investigativos para las autoridades competentes.

Además, la Convención de Palermo añade la posibilidad de que la colaboración no contenga solamente elementos propios respecto al grupo organizado en que participa o participó el colaborador, sino que pretende alentar *toda* la colaboración capaz de señalar los vínculos entre dos más grupos organizados delictivos.

El art. 26 de la Convención no sólo pretende que los Estados estimulen la colaboración, sino que prevé dos posibles mecanismos para ello, en este caso sí de acuerdo con la posibilidad legal y constitucional de cada Estado Parte: *(i)* la mitigación de la pena y *(ii)* la concesión de inmunidad judicial.

En este sentido, por un lado, se estipula que los Estados partes deberán considerar "la posibilidad de prever, en los casos apropiados, la mitigación de la pena de las personas acusadas que presten una cooperación sustancial en la investigación o el enjuiciamiento respecto de los delitos comprendidos en la presente Convención". Y, por otro lado, de manera más cautelosa, se dispone que los Estados Partes "de conformidad con los principios fundamentales de su derecho interno" considerarán prever "la concesión de inmunidad judicial" en estos mismos supuestos de "cooperación sustancial", sea para la investigación o para el enjuiciamiento de los delitos tutelados en la Convención.

La Convención, además, añade la previsión del art. 26.4, con referencia al art. 24. De tal manera que, aunque sin definir los colaboradores como testigos *per se*, les confiere los mismos derechos de protección que los previstos a los testigos. Incluyendo el reglamento de medidas contra actos de represalia o intimidación a ellos, sus familiares y personas cercanas. Asimismo, añade, de manera específica, el derecho a garantías procesales como a través de "procedimientos para la protección física de estas personas, incluida, en la medida de lo necesario y lo posible, su reubicación, y permitir, cuando proceса, la prohibición total o parcial de revelar información relativa a su identidad y paradero"; "normas probatorias que permitan que el testimonio de los testigos de preste de modo que no se ponga en peligro su seguridad, por ejemplo, aceptando el testimonio por conducto de tecnologías de comunicación como videoconferencias u otros medios adecuados" y, por último, la posibilidad de que los Estados partes celebren "acuerdos o arreglos con otros Estados para la reubicación" de estas personas protegidas.

Para terminar, la colaboración en el ámbito de la Convención también es estimulada a nivel internacional. De manera que en el art. 26.5 se prevé la posibilidad de que los colaboradores que se encuentren en un Estado Parte puedan "prestar una cooperación sustancial a las autoridades competentes de otro Estado Parte". Y, para ello, los Estados Partes podrán celebrar arreglos o acuerdos específicos de acuerdo con su derecho interno relacionados con la eventual concesión de premios —mitigación de la pena o inmunidad— por el otro Estado Parte.

Sin embargo, sin referirse expresamente a la posibilidad de la colaboración efectuada por personas jurídicas, traemos a colación a Machado de Souza y Rodríguez-García en el sentido de que, sumándose la mención general a las "personas involucradas en los delitos" y a la preocupación de la propia Convención a la hora de señalar la obligación de prever la responsabilidad de personas jurídicas, "se puede inferir la finalidad de establecer un sistema de colaboración que incluya también a las personas jurídicas"[304].

Por consiguiente, y aunque esta convención haya cumplido más de dos décadas, contiene previsiones muy importantes a la hora de definir el ámbito, medio y elementos de la colaboración premiada.

*(a.d) Convención de las Naciones Unidas contra la Corrupción (2003) —Convención de Mérida—*

Tres años después de la adopción de la Convención contra la Delincuencia Organizada Transnacional, las Naciones Unidas adoptaron la Convención contra la Corrupción en Mérida, que entró en vigor en el 2005 y, actualmente, cuenta con 189 Estados partes, de los que, 140 son signatarios de la Convención. España es Estado parte de la convención de Mérida desde septiembre de 2005, siendo signataria desde junio de 2006.

En este caso, prevalece la preocupación por la corrupción y sus efectos para la "estabilidad y seguridad de las sociedades a las socavas

---

304 Machado de Souza, Rodríguez-García, 2022, p. 77.

las instituciones y los valores de la democracia, la ética y la justicia y al comprometer el desarrollo sostenible el imperio de la ley". Una vez más se alude a la interrelación delictiva, trayendo, por ejemplo, el problema de la prevención y combate de la transferencia de fondos de origen ilícito derivados de la corrupción, incluyendo el blanqueo de capitales. El carácter internacional de estos delitos, incluida la corrupción, también es elemento esencial en el ámbito de la Convención de Mérida, que busca tratar mecanismos de cooperación internacional relevantes no sólo para su prevención como también con fines a su persecución penal.

Entre los delitos de corrupción incluidos en el ámbito de la Convención se incluyen, además del blanqueo del producto del delito (art. 23) y la responsabilización de las personas jurídicas (art. 26): el soborno de funcionarios públicos nacionales (art. 15), el soborno de funcionarios públicos extranjeros y de funcionarios de organizaciones internacionales públicas (art. 16), la malversación, peculado (malversación de causales públicos) y otras formas de desviación de bienes (art. 17 y 22), el tráfico de influencias (art. 18), el abuso de funciones (art. 19), el enriquecimiento ilícito (art. 20), el soborno en el sector privado (art. 21), el encubrimiento (art. 24) y la obstrucción de la justicia (art. 25)[305].

En el art. 37, prevé específicamente la "cooperación con las autoridades encargadas de hacer cumplir la ley"[306]. Determina que los Estados partes deberán de adoptar medidas apropiadas para alentar a las personas que participen o hayan participado en la comisión de delitos tipificados con arreglo a la presente Convención a que proporcionen a las autoridades competentes información útil con fines investigativos y probatorios y a que les presten ayuda efectiva y concreta que pueda contribuir a privar los delincuentes del producto del delito, así como a recuperar ese producto.

305 Este listado es importante a la hora de evaluar la colaboración premiada regulada en España en los delitos de corrupción, según estudiaremos en el siguiente capítulo.

306 En este caso, además de alentar la colaboración de investigado siguiendo el objeto específico de esta tesis, la Convención contra la Corrupción también incluye medidas de oportunidad relativas a los terceros denunciantes *(whistleblowers)* y su protección en el art. 33.

La Convención contra la Corrupción sigue, por consiguiente, la formula básica adoptada por la Convención contra la Delincuencia Organizada Transnacional. Alentando a la colaboración prestada en la forma de "información útil" que sirva para la investigación y/o actividad probatoria de manera efectiva y concreta. Sin embargo, el ámbito de la finalidad de la colaboración parece, aunque en principio, bastante más taxativo, puesto que los objetivos de la colaboración son "contribuir a privar los delincuentes del producto del delito" y "recuperar ese producto".

En principio, por lo menos, porque a la hora de disponer sobre los posibles premios que los Estados partes pueden conceder a los colaboradores, la Convención de Mérida se vale de la misma fórmula anteriormente aplicada en la Convención de Palermo. Por tanto, dispone en el art. 37.2 que cada Estado Parte considerará la posibilidad de prever, en casos apropiados, la mitigación de la pena de toda persona acusada que preste cooperación sustancial en la investigación o el enjuiciamiento de los delitos tipificados con arreglo a la presente Convención. Y, en el art. 37.3. determina que cada Estado Parte considerará la posibilidad de prever, de conformidad con los principios fundamentales de su derecho interno, la concesión de inmunidad judicial a toda persona que preste cooperación sustancial en la investigación o el enjuiciamiento de los delitos tipificados con arreglo a la presente Convención.

De esta manera, sea para la previsión de la mitigación de la pena, sea para la concesión de inmunidad a los que presten colaboración, se premia el hecho de que dicha colaboración sea esencial de una manera global para la investigación o persecución penal de los delitos tipificados en la Convención, sin restringir dichos premios a la colaboración que tenga como objetivo recuperar el producto del delito o privar a los delincuentes de este producto como lo hace el enunciado del artículo.

Además, y de manera similar a la Convención de Palermo, se regula sobre la protección de los colaboradores, con los cambios necesarios, según la protección de los testigos, peritos y victimas previstas en el art. 32 de la Convención contra la Corrupción[307].

---

307 Así como en la Convención de Palermo, la Convención de las Naciones Unidas contra la Corrupción prevé en el art. 32 medidas de protección eficaz contra

Para terminar, y también con arreglo a lo estipulado tres años antes en Palermo en el ámbito de la Convención contra la Delincuencia Organizada Transnacional, la Convención de Mérida prevé la posibilidad de que los Estados partes celebren acuerdos o arreglos, de "conformidad con su derecho interno", con respecto a la concesión de los beneficios a colaboradores por otro Estado parte cuando el colaborador se encuentre en su territorio y pueda prestar una cooperación sustancial a sus autoridades(art. 37.5).

### *B) El Consejo de Europa*

#### *(b.a) La Recomendación (87) 18 del Comité de Ministros del Consejo de Europa (1987)*

En el ámbito del Consejo de Europa, por medio de la Recomendación (87) 18 del Comité de Ministros del Consejo de Europa, de 17 de septiembre de 1987, se determinó la simplificación de la justicia penal en razón del elevado número de casos criminales en las cortes de Europa, en especial los que tenían penas menos severas, y debido a los problemas relacionados a la Administración de la Justicia. Fue acordada la necesidad del establecimiento de prioridades político-criminales respecto al principio de la persecución penal discrecional, el uso de procedimientos sumarios, la realización de acuerdos extraprocesales por las autoridades competentes como medio alternativo a la persecución penal y la simplificación de los procedimientos judiciales ordinarios.

A partir de esta Recomendación se delineó un concepto para un principio de persecución discrecional (*principle of discrecionary prosecution*), siempre y cuando autorizado por un desarrollo histórico o una permisión constitucional del Estado-miembro, fundado en la ley. Tal principio, ejercido por la autoridad competente de cada país, debe de ser guiado por la ley y por el principio de igualdad entre todos los ciudadanos, llevándose en consideración la seriedad y gravedad de las circunstancias, la personalidad del infractor, la probabilidad de que

---

actos de represalia o intimidación a los colaboradores, familiares y personas cercanas, además de procedimientos para su protección física, incluida la reubicación, y el establecimiento de normas probatorias que garanticen la realización de declaraciones sin que se les pongan en peligro.

haya una sentencia similar tras un procedimiento regular, los efectos de la pena en el ofensor y la posición de la víctima —siempre en respecto al interés público—. Además, dependerá del consentimiento del infractor cuando implique en la suspensión o término anticipado del proceso penal, de tal manera que, sin este acuerdo, el Fiscal es obligado a seguir con la persecución penal o, en caso de que sea posible, abandone la denuncia.

La Recomendación también preveía la posibilidad de instauración de procedimientos sumarios, simplificados y la realización de acuerdos extraprocesales. Esto según el ítem II de la Recomendación, basado en la necesidad de la distinción entre las ofensas administrativas y criminales como medios para la descriminalización y en el recurso a procedimientos sumarios, sin la presencia del Juez, en las ofensas menos gravosas —como las relacionadas a las infracciones de tráfico—. Casos en los cuales se debe dar preferencia a las reacciones no punitivas, como por medio de la imposición de multas pecuniarias y restricciones de derecho. Además, se dispone que, según la constitución nacional, los Estados deben de revisar su legislación respecto a la posibilidad de realización de acuerdos fuera del Tribunal, en especial en las ofensas leves, para posibilitar el pago de un valor determinado al Estado o a una institución de caridad, la restitución de los valores y productos del crimen y la compensación debida a la víctima. Acuerdo que dependerá de previsión legal que determine la autoridad competente, las categorías de delitos con las que se pueda negociar y, siempre, del consentimiento del ofensor. Por último, en el ítem II, "c", se determinaba la previsión de procedimientos simplificados para casos menos gravosos, con la dispensa de un juicio formal y la limitación a las penalidades pecuniarias y restricciones de derechos —o sea, con la exclusión de la pena de cárcel—, también dependiente del consentimiento del encausado.

En el ítem III de la Recomendación están dispuestos mecanismos de simplificación del procedimiento judicial ordinario, como a través de la no realización de investigaciones a nivel procesal (con un Juez y en el marco del proceso penal) y por medio de las *guilty pleas,* siempre y cuando sean compatibles con el sistema nacional y su tradición. Sobre las *guilty pleas,* la resolución determina que se recomienda su utilización en un procedimiento previo al juicio en el que el investigado puede aceptar o negar las acusaciones hechas en su contra, supuesto en el que el Tribunal puede proceder inmediatamente a la imposición de una sentencia y, cuando apropiado, de una compensación —siempre en una audiencia pública, con la aceptación formal de los cargos por el supuesto ofensor y la posibilidad dada al Juez de "escuchar" a ambos lados del caso. Respetando, por ende, los principios de igualdad de partes[308] y de inmediación[309].

En este sentido, fue responsable de la idealización de un modelo de justicia penal con un fuerte principio de oportunidad, aunque vuelto a la delincuencia leve y en los moldes que hemos analizado a lo largo del apartado 3.1. de este capítulo.

*(b.b) El Convenio Penal sobre la Corrupción del Consejo de Europa (1999)*

El Convenio Penal sobre la Corrupción del Consejo de Europa, suscrito en el ámbito del Consejo de Europa en Estrasburgo el 27 de enero de 1999 y firmado por España en mayo de 2005[310], pone de relieve, en el ámbito de la "protección de la sociedad contra la corrupción", inclusive a partir de medidas legislativas y preventivas, la necesidad de que los Estados Partes adopten medidas legislativas y de otras indoles necesarias a la hora de garantizar la protección efectiva y apropiada de los que "proporciones información relativa a los delitos tipificados de conformidad con los artículos 2 a 14 o que colaboren de otro modo con las autoridades encargadas de la investigación o de la persecución" (art. 22).

En este sentido, aunque sin señalar la necesidad de inclusión de medidas de colaboración con la justicia, las aborda a la hora de mencionar la necesidad de protección de estos colaboradores en el ámbito de delitos de corrupción activa o pasiva de agentes públicos nacionales, corrupción de miembros de asambleas públicas nacionales, de agentes públicos extranjeros, de miembros de asambleas públicas extranjeras, corrupción activa o pasiva en el sector privado, de funcionarios internacionales, etc.

---

308 *Cfr.* Gimeno Sendra, 2015, pp. 118; 164; Gimero Sendra, 2021, p. 38; Armenta Deu, 2007, p. 38; Montero Aroca, 2015, p. 137.

309 En España, vigora durante toda la fase oral del proceso penal. *Cfr.* Gimeno Sendra, 2015, pp. 146 y ss.; Montero Aroca, 1998, p. 386; Montero Aroca, 2016, pp. 67 y ss.

310 Instrumento de Ratificación del Convenio penal sobre la Corrupción, 1999.

### *C) Modelos e informes de la Oficina de las Naciones Unidas contra la Droga y el Delito (UNODC)*

#### *(c.a) Modelos sobre la Delincuencia Organizada (2014)*

Con el objetivo de auxiliar los Estados a implementar las herramientas necesarias para prevenir y perseguir criminalmente los delitos, inclusive a través de la creación y desarrollo de las instituciones necesarias, la Oficina de las Naciones Unidas contra la Droga y el Delito contiene una serie de documentos e informes relacionados con el tema.

Entre ellos, y de manera más cercana al nuestro trabajo, se encuentran las Disposiciones Legislativas: Modelos sobre la Delincuencia Organizada, de 2014, en las que se refiere directamente al Manual de Buenas Prácticas para la Protección de Testigos en las Actuaciones Penales que Guarden Relación con la Delincuencia Organizada de 2008. Ahí, además de la referencia al modelo de colaboración premiada utilizado por las Convenciones de Palermo y Mérida, se discurre sobre los colaboradores con la justicia que hayan participado en los actos delictivos —juntamente con los terceros informantes— como una de las tres principales categorías de testigo.

En efecto, disociase la figura del colaborador de la justicia, el que "haya participado en un delito relacionado con una organización delictiva (y) posee conocimientos importantes sobre la estructura de la organización, sus métodos de funcionamiento, sus actividades y sus vínculos con otros grupos locales o extranjeros"[311], de los testigos-víctimas y de los demás tipos de testigos ("transeúntes inocentes", "testigos-expertos", peritos, etc.).

En este sentido, nos deparamos con uno de los primeros instrumentos que nos guía hacia una posición procesal del colaborador encausado que tiene como objetivo la concesión de un beneficio penal y/o procesal. Sin embargo, sobre su posición en el sistema penal español, más será estudiado a lo largo del siguiente capítulo respecto a las figuras existentes y, durante el último capítulo, donde este trabajo se esforzará a la hora de señalar un modelo de colaboración premiada español.

---

311 Disposiciones Legislativas Modelos contra la Delincuencia Organizada, 2014, p. 23.

Asimismo, se refiere a una serie de medidas que pueden ser tomadas con el objetivo de proteger a este colaborador, específicamente relacionados con su eventual detención, como su separación de la población general de la prisión, la utilización de otro nombre en el ámbito de sus declaraciones si se encuentra privado de la libertad, disposiciones especiales de transporte y el aislamiento en dependencias de detención. Así como medidas para después de su puesta en libertad, como su reubicación y concesión de nueva identidad cuando se persista la amenaza contra su vida y, para los que vuelvan a delinquir y por ello sean expulsos del programa de protección, la admisión en un programa de vigilancia de reclusos[312].

*(c.b) Informe Left out of the bargain: settlements in Foreign Bribery Cases and Implications for Asset Recovery (2014)*

Asimismo, UNODC también tiene el Informe *Left out of the bargain: Settlements in Foreign Bribery Cases and Implications for Asset Recovery*, del mismo año 2014. Este Informe tiene como base el propio modelo impuesto por la Convención de las Naciones Unidas Contra la Corrupción y, a partir de un estudio empírico en países de *civil law* (Suiza, Noruega, Italia y Alemania) y países de *common law* (Reino Unido, Canadá, Nigeria y EE.UU), señalan un uso creciente de negociaciones a la hora de garantizar el *enforcement* de las legislaciones penales anticorrupción: "In fact, very few cases of foreign bribery (whether against natural or legal persons) have ever gone to trial anywhere. In other words, shortened procedures are becoming the norm rather than the exception"[313].

Se basa en el análisis de 395 negociaciones entre los años de 1999 y 2012, de los que un total de 6,9 mil millones de dólares fueron sancionados financieramente, aunque de este total solamente un 3,3% (197 millones de dólares) fueron activamente recuperados por los Estados. La poca recuperación de activos es vista como resultado no del fracaso de las negociaciones, sino como consecuencia de la poca participación de los Estados cuyos servidores públicos han estado supuestamente involucrados en los esquemas de corrupción en las investigaciones y persecución penal.

---

312 Disposiciones Legislativas Modelos contra la Delincuencia Organizada, 2014, p. 24.

313 Left out of the Bargain, 2014, p. 17.

Además, señalan como propuestas el desarrollo de una legislación específica que regule las condiciones y el procedimiento de los acuerdos, la cooperación a la hora de compartir información obtenida con otros Estados afectados, incluida la información sobre los acuerdos alcanzados, y para permitir que esos puedan tomar parte activa de la investigación o puedan reclamar los daños sufridos como resultado de la corrupción.

Las propuestas realizadas por la UNODC, con 170 Estados-Partes, asume una relevancia extrema para este trabajo en la medida en que no sólo reafirma la importancia de aplicar el art. 37 de la Convención de las Naciones Unidas contra la Corrupción, sino también alerta sobre el necesario avance respecto a la creación de marcos legislativos específicos en torno a los acuerdos y negociaciones realizados con el objetivo de recuperar activos y perseguir criminalmente los delitos de corrupción[314].

En este sentido, señalan que las legislaciones nacionales, además de garantizar trámites legales transparentes en torno a las negociaciones realizadas, deben de pensar en cómo compaginarlas con la cooperación internacional, compartiendo informaciones sobre los términos exactos del acuerdo, los hechos bases del caso, su contenido y cualquier evidencia obtenida a través de la investigación. De manera que otros Estados involucrados en los casos transnacionales de corrupción puedan iniciar sus trámites de investigación y persecución criminal; buscar auxilio legal de otras formas de cooperación internacional; buscar la recuperación de activos; cambiar, anular o rescindir cualquier tipo de contrato, permiso o concesión que tengan o hayan tenido en el contexto del caso de corrupción; y monitorear el cumplimiento de medidas impuestas a personas jurídicas en el ámbito de cualquier negociación, obligando a que respeten y refuercen sus medidas anticorrupción[315].

Y, debido al análisis de sistemas penales de *civil law*, definen el término "negociaciones" de una manera amplia. El objetivo es que

---

314 "Delitos" de corrupción en la forma de plural puesto que, como hemos analizado en el ámbito de la Convención de las Naciones Unidas contra la Corrupción, no solamente se incluyen como objeto de investigación y persecución criminal las formas básicas de cohecho, sino también los delitos relacionados como el blanqueo de capitales, etc.

315 Left out of the Bargain, 2014, pp. 4 y 5.

también sea capaz de incluir las medidas de propuestas realizadas por la acusación al acusado para que admita la culpa, pague determinada cuantidad de dinero o cumpla ciertas condiciones con el propósito de evitar un largo y duro proceso criminal.

Asimismo, a pesar del hecho de que no analizan institutos de negociación específicos previstos en países como Brasil, a través de la Ley n. 12.850/2013, mecanismos de pura colaboración penal —como vamos a ver a lo largo del siguiente capítulo en el ámbito español— o la realización de acuerdos y negociaciones encubiertas —aunque hagan un uso amplio del término negociación— destacamos la relevancia de estos acuerdos, independientemente del origen histórico y de los fundamentos de un sistema penal.

Entre las características analizadas de las negociaciones se encuentran: *(i)* El ámbito de la negociación en el Derecho nacional: civil, administrativo o penal[316]. *(ii)* El papel de los Jueces y Tribunales a la hora de supervisar los procesos, concediendo más legitimidad a las negociaciones. *(iii)* La transparencia de las negociaciones y procedimientos acortados, incluida la realización de juicios públicos a la hora de evaluar acuerdos (como los de *guilty pleas* en EE.UU.) o la publicación de los términos de los acuerdos. *(iv)* Las condiciones usualmente incluidas en las negociaciones: la admisión de culpa; la admisión de otros hechos criminales distintos de los actos de corrupción; el pago de sanciones pecuniarias; la implementación de programas de *compliance*; la declaración del acusado en torno al alcance de su conducta y la cooperación con la investigación realizada por la autoridad nacional; la cooperación del acusado con las autoridades de acusación, bajo la dirección de la jurisdicción penal; el acuerdo del acusado para cooperar con autoridades internacionales; la vinculación de los términos de este acuerdo a otras autoridades y agencias nacionales o internacionales; y la firma del acusado y de la autoridad responsable de la acusación[317].

---

316 Aquí nos referimos al último capítulo de este trabajo, en que analizaremos la posibilidad del tratamiento de estas negociaciones en otras áreas que no sean el Derecho penal.

317 Hemos cambiado el orden de las condiciones normalmente incluidas en las negociaciones para dar más visibilidad a la colaboración, puesto que ella, según el informe de la UNODC, está incluida en el ámbito de "términos más específicos" tras la firma del acuerdo.

Por consiguiente, nos encontramos con un posible modelo de acuerdo en torno a la colaboración que, organizado en el ámbito de la UNODC y de la Convención de las Naciones Unidas contra la Corrupción, puede y debe de ser utilizado como modelo a la hora de guiar la colaboración premiada nacional.

Incluyen, para terminar, las ventajas advenidas de la celebración de estas negociaciones, tanto para los Estados, la comunidad internacional y los propios acusados. En primer lugar, y del lado de los Estados y de la cooperación internacional, se encuentra el aumento en la persecución penal de casos de corrupción, la conveniencia de las negociaciones a la hora de facilitar la obtención de evidencias y admisiones de culpabilidad en casos complejos y el auxilio a la cooperación internacional en la medida en que se solucionan más casos de corrupción transnacionales. Para los encausados, las ventajas vienen en la no imposición de penas o el cumplimiento de penas reducidas, la negociación de mecanismos para el pago de las multas, la minimización de la estigmatización advenida debido al proceso penal y, por ello, menos publicidad negativa ("*less bad publicity*"), la posibilidad de evitar las sanciones de inhabilitación para contratar con entes públicos[318] y, para terminar, el reducido riesgo a cambio de un resultado esperable, especialmente en los casos de las personas jurídicas que, una vez conociendo las penas que les podrán ser aplicadas, son capaces de planear y gestionar sus negocios con una estrategia específica.

En realidad, este informe es esencial a la hora de guiar nuestro trabajo y, por consiguiente, haremos referencia a sus resultados a lo largo del último capítulo, específicamente en relación con algunos términos específicos de los acuerdos, a ser, la recuperación de activos, el *ne bis in idem* con relación a otras jurisdicciones, la necesidad de inclusión de términos específicos de cooperación internacional, etc.

---

318 Por ejemplo, debido a la aplicación de la Directiva Europea sobre Contratación Pública de 2004, que, en su considerando 43 señala que "debe evitarse la adjudicación de contratos públicos a operadores económicos que hayan participado en una organización delictiva o que hayan sido declarados culpables por corrupción o fraude contra los intereses financieros de las Comunidades Europeas o por blanqueos de capitales".

### *D) La Organización para la Cooperación y el Desarrollo Económico (OCDE)*

*(d.a) La Convención para Combatir el Cohecho de Servidores Públicos Extranjeros en Transacciones Comerciales Internacionales (1997) y la Recomendación del Consejo de la OCDE para seguir el combate contra el cohecho de servidores públicos de 2021*

La Convención para Combatir el Cohecho de Servidores Públicos Extranjeros en Transacciones Comerciales Internacionales de 1997 es uno de los más importantes mecanismos de la OCDE respecto a nuestro objeto de trabajo. Aprobada antes siquiera de los dos instrumentos que son referencia en la materia —las Convenciones de Mérida y Palermo— esta Convención de la OCDE de 1997 no contenía ninguna disposición específica sobre el aliento a la colaboración con la justicia.

Sin embargo, y como discurren Machado de Souza y Rodríguez-García, esta ausencia parece estar más relacionada al momento de su adopción[319], dado que posteriormente le fueron añadidas recomendaciones y otros documentos que han suplido esta falta de disposición. Y, de forma muy concreta, han buscado regular los términos en torno a los acuerdos y negociaciones de no persecución penal que involucran la colaboración de acusados y la determinación de las penas que les van a ser aplicadas.

La Recomendación del Consejo de la OCDE para seguir el combate contra el cohecho de servidores públicos extranjeros en las transacciones comerciales internacionales, en la revisión de 2021, tiene como uno de sus objetivos específicos, al actualizar las Recomendaciones anticorrupción de 2009, incluir buenas prácticas, nuevos desafíos y, en especial, estrategias de resolución no judiciales *(non-trial resolutions)*, *compliance* y cooperación internacional, entre otros temas de interés.

Recomiendan, en el apartado XVII, que los Estados Miembros consideren utilizar una serie de mecanismos de solución del conflicto, inclusive a través de las *non-trial resolutions,* definidas como mecanismos desarrollados para solucionar casos sin un juicio completo

319 Machado de Souza, Rodríguez-García, 2022, p. 83.

o en el ámbito de un procedimiento administrativo, fundado en un acuerdo negociado con una persona física o jurídica y el Ministerio Fiscal u otra autoridad[320].

Por ello, la OCDE demuestra una perspectiva bastante concreta respecto a las *non-trial resolutions* que, en principio, podrían referirse a una variedad de soluciones de oportunidad, como, por ejemplo, la mediación penal. Sin embargo, optan por definirla específicamente a partir de la realización de una negociación, de un acuerdo entre el acusado, sea este persona física o jurídica, y el Ministerio Fiscal, como responsable de la acusación, u otra autoridad nacional.

En este sentido, y de manera bastante similar al informe de la UNODC "Left out of the bargain", analizado anteriormente, recomiendan que los Estados Miembros desarrollen una legislación transparente —y, en este sentido, conforme a un principio de legalidad, en torno a estos acuerdos—, que incluya: *(i)* la(s) autoridad(es) capaces de realizar dichos acuerdos; si los acuerdos están disponibles para una o ambas personas físicas y jurídicas; *(ii)* los requisitos relacionados con la admisión de los hechos o la confesión del acusado; *(iii)* los criterios respecto a la declaración voluntaria del acusado sobre su conducta y otras informaciones; *(iv)* la cooperación con otras autoridades; *(v)* las medidas compensatorias; *(vi)* el deber de información clara a los acusados en torno a las ventajas —y a ellas, añadimos, también, las desventajas— que puede obtener debido a un acuerdo de *non-trial resolution*; *(vii)* la determinación del nivel de publicidad de los acuerdos, incluidos los hechos principales y la identidad de las personas involucradas, la naturaleza de las sanciones impuestas y las medidas compensatorias y programas anticorrupción y de control interno impuestas; *(viii)* los controles que aseguren la transparencia, efectividad —que sean disuasivas— y proporcionalidad de las san-

320 "XVIII. RECOMMENDS that member countries consider using a variety of resolutions when resolving criminal, administrative and civil cases with both legal and natural persons, including non-trial resolutions. Non-trial resolutions refer to mechanisms developed and used to resolve matters without a full court or administrative proceeding, based on a negotiated agreement with a natural or legal persona and a prosecuting or other authority" (OCDE, Recommendation of the Council for Further Combating Bribery of Foreign Public Officials in International Business Transactions, 2021).

ciones impuestas; *(ix)* las reglas que garanticen que los acuerdos no sean un obstáculo a la investigación y persecución penal de personas físicas y jurídicas en otros Estados, regulando los medios necesarios para una cooperación internacional efectiva; *(x)* mecanismos que garanticen que la *non-trial resolution* realizada con una persona física o jurídica no impida la persecución penal de otra persona física o jurídica; y *(xi)* los mecanismos que garanticen un control judicial independiente y público de los acuerdos alcanzados.

Por consiguiente, la Recomendación del Consejo reitera lo anteriormente destacado por la UNODC en torno a la necesidad de crear una legislación clara sobre los acuerdos de *non-trial resolutions* que busquen dar soluciones a los casos de corrupción —y, específicamente aquí, cohecho—, incluyendo una serie de requisitos relevantes que la legislación nacional debe de tener en cuenta: incluyendo una serie de disposiciones que caracterizan a este acuerdo como uno de "colaboración premiada", aspectos sobre la declaración de los acusados conteniendo información sobre los hechos y los delitos, su aquiescencia para la cooperación internacional, etc.

*(d.b) El informe Resolving foreign bribery cases with non-trial resolutions: settlements and non-trial agreements by parties to the Anti-Bribery Convention (2019)*

En el mismo ámbito de la OCDE destacamos el trabajo *Resolving foreign bribery cases with non-trial resolutions: settlements and non-trial agreements by parties to the Anti-Bribery Convention*, realizado por el Grupo de Trabajo sobre la Corrupción en el 2019.

Este Informe contiene datos obtenidos de los propios Estados, organizaciones privadas y de la sociedad civil, abogados, académicos y de la propia OCDE. Busca proveer información estadística y cualitativa sobre cómo los casos de corrupción internacional han sido solucionados a través de las medidas de *non-trial resolutions*[321].

Entre estas medidas incluyen, y siguiendo la recomendación del Consejo de Europa que hemos analizado, soluciones mixtas o exclusivas de: *(i)* terminación de la investigación sin la persecución penal, pero con la imposición de pena o del decomiso (*declination/NPA-like*

---

321 OCDE, Resolving foreign bribery cases with non-trial resolutions, 2019, p. 4.

*resolution)*; *(ii)* suspensión o revocación de la persecución con la imposición de determinadas condiciones *(DPA—like agreements)*; *(iii)* la imposición de sanciones civiles y/o administrativas sin la persecución criminal; *(iv)* la persecución criminal a través de una sentencia condenatoria, pero sin la admisión de culpa; y *(v)* un acuerdo o negociación criminal que requiera la admisión de culpa y conlleva a la condena.

Se incluyen una serie de medidas cuyo denominador común es la aplicación del principio de oportunidad. Y comprenden la celebración de negociaciones o acuerdos para la admisión de culpa, imposición de determinadas sanciones y el cumplimiento de medidas, como la colaboración.

Sus estudios cuantitativos son relevantes y enseñan que los quince países miembros de la Convención que han resuelto por lo menos un caso de cohecho de servidores públicos extranjeros por medio de *non-trial resolutions* tienen la tendencia de usar este mecanismo frecuentemente. Y, sobre esto, informan que siete países, incluida España, se han basado exclusivamente en el uso de estos mecanismos para aplicar sus legislaciones anti-cohecho (junto con Australia, Brasil, Chile, Israel, Países Bajos y Suiza)[322]. Sin embargo, traeremos un análisis específico sobre estos datos cuantitativos y cualitativos en el último capítulo de esta investigación, a la hora de evaluar los elementos específicos de una colaboración con la justicia.

### *E) La Unión Europea*

España no solamente está sujeta a las obligaciones internacionales a causa de ser Estado Parte o signataria de convenciones internacionales, sino que también está vinculada, de manera más específica y con más peso, a los reglamentos y directivas de la Unión Europea en materia penal[323].

---

322 OCDE, Resolving foreign bribery cases with non-trial resolutions, 2019, p. 20.

323 Hasta porque, como constata Damián Moreno, "cuando un juez nacional tiene que tomar una decisión sobre una pretensión objeto de especial protección por la normativa europea, no sólo tiene que plantearse si el demandante tiene derecho a obtener lo que pretende. También viene obligado a comprobar si el derecho nacional es compatible con el derecho europeo y, en caso de duda, debe preguntar al Tribunal de Justicia acerca de este extremo" (2023, p. 53).

Por ello, es necesario analizar qué instrumentos y normativas europeas han venido influenciado —y siguen haciéndolo hasta la fecha— respecto la implementación del principio de oportunidad.

*(e.a) La Resolución del Consejo relativa a las personas que colaboran con el proceso judicial en la lucha contra la delincuencia organizada (1996)*

Desde antes de las dos grandes Convenciones de las Naciones Unidas sobre el tema, las de 2001 y 2003, el Consejo de la Unión Europea ya había resuelto la necesidad de que se alentara la cooperación de las personas con el proceso judicial, especialmente en el marco de la lucha contra la delincuencia organizada internacional.

En este contexto, por medio de una Resolución el Consejo invitaba a los Estados Miembros a que adoptasen las medidas adecuadas para fomentar la "cooperación con el proceso judicial de las personas que participen o hayan participado en asociaciones para delinquir o en cualquier otro tipo de organización delictiva, o en delitos tipificados como delincuencia organizada".

El Consejo, además, desde este momento concretaba lo que entendía por cooperación: *(i)* "facilitar información útil a las autoridades competentes para fines de investigación y obtención de pruebas acerca de (...) la composición, estructura o actividades de las organizaciones delictivas, sus vinculaciones, incluidas las internacionales, con otros grupos delictivos, o los delitos cometidos o que pudiesen cometer"; o *(ii)* "brindar a las autoridades competentes una ayuda eficaz y práctica que pueda contribuir a privar a las organizaciones delictivas de recursos ilícitos o del producto de un delito". Señalando que, para los que colaborasen de acuerdo con la letra "(i)", los Estados miembros podrían conceder unos beneficios específicos a los colaboradores, especialmente si rompiesen los vínculos con una organización, se esforzasen en evitar la continuación de las actividades delictivas o ayudasen "de forma concreta a las autoridades policiales o judiciales a reunir elementos de prueba decisivos para la reconstrucción de los hechos y para la identificación o la detención de los autores de los delitos". Fórmula que, de manera particular, veremos cómo se refleja en el Derecho penal material español en el ámbito de los tipos privilegiados.

Para terminar, el Consejo ya mostraba su preocupación por dos frentes esenciales: la protección adecuada a estos colaboradores, así como, si procede, a sus padres, hijos u otras personas allegadas que puedan estar "expuestas a peligro grave e inmediato o pudieran estarlo" y la facilitación por los Estados Miembros de la debida asistencia judicial en los casos que necesiten cooperación.

*(e.b) La Recomendación n.º 25 del Memorando Prevención y Control de la Delincuencia Organizada: estrategia de la Unión Europea para el comienzo del nuevo milenio (2000)*

En la Recomendación n.º 25 del Memorando Prevención y control de la delincuencia organizada: Estrategia de la Unión Europea para el comienzo del nuevo milenio, de 3 de mayo de 2000, se indicaba que el Consejo, los Estados Miembros y la Comisión, como responsables, deberían "considerar la posibilidad, en los casos adecuados, de reducir la pena del acusado que facilite una cooperación sustancial" en los supuestos que puedan "cooperar en el proceso judicial mediante el suministro de información útil para fines de investigación y de recogida de pruebas o mediante el suministro de información que pueda contribuir a privar a las organizaciones delictivas de sus recursos o de las ganancias de origen delictivo".

Además, en esta recomendación se señalaban dos puntos esenciales que abordaremos en el último capítulo de esta investigación. Por un lado, la previsión de elaboración de un instrumento jurídico europeo "sobre la posición y la protección", no sólo de testigos, sino de los colaboradores en el proceso penal. Por otro lado, la necesidad de elaboración de un "modelo de acuerdo de la Unión Europea, aprovechando la experiencia de Europol" que pudiese ser utilizado sobre una base bilateral[324].

*(e.c) La Comunicación de la Comisión al Consejo, al Parlamento Europeo y al Comité Económico y Social Europeo sobre una política global de la UE contra la corrupción (2003)*

En la Comunicación de la Comisión al Consejo, al Parlamento Europeo y al Comité Económico y Social Europeo sobre una polí-

---

324 En el 2021 tenemos la Recomendación de Decisión del consejo por la que se autoriza el inicio de negociaciones para un acuerdo de cooperación entre la Unión Europea y la Organización Internacional de Policía Criminal (OIPC-INTERPOL), de 14 de abril de 2021.

tica global de la UE contra la corrupción, de 28 de mayo de 2003, tenemos de manera expresa la indicación respecto a las autoridades y funcionarios especializados en la lucha contra la corrupción y otros delitos económicos relacionados (fraude, blanqueo de dinero, delitos fiscales y contables, etc., de una manera bastante similar a la Convención de las Naciones Unidas contra la Corrupción).

Se afirma que deben de, entre otros elementos como independencia y autonomía, "contar con medios eficaces para recoger pruebas y proteger a las personas que ayuden a las autoridades en la lucha contra la corrupción".

*(e.d) La Decisión Marco 2004/757/JAI del Consejo relativa al establecimiento de disposiciones mínimas de los elementos constitutivos de delitos y las penas aplicables en el ámbito del tráfico ilícito de drogas (2004)*

La Decisión Marco 2004/757/JAI del Consejo relativa al establecimiento de disposiciones mínimas de los elementos constitutivos de delitos y las penas aplicables en el ámbito del tráfico ilícito de drogas, 25 de octubre de 2004, contaba con una previsión expresa en su art. 5 para que los Estados miembros adoptasen "las medidas necesarias para que las penas contempladas puedan reducirse cuando el autor del delito" colabore proporcionando "a las autoridades administrativas o judiciales información que éstas no habrían podido obtener de otra manera" ayudándolas de manera alternativa a: *(i)* prevenir o atenuar los efectos del delito; *(ii)* descubrir o procesar a los otros autores del delito; *(iii)* encontrar pruebas; o *(iv)* impedir que se cometan otros delitos que los indicados en la propia Decisión Marco.

*(e.e) El Documento de Trabajo de la Comisión sobre la viabilidad de la legislación de la Unión Europea en el ámbito de la protección de testigos y colaboradores con la justicia (2007)*

En el Documento de Trabajo de la Comisión sobre la viabilidad de la legislación de la Unión Europea en el ámbito de la protección de testigos y colaboradores con la justicia, de 13 de noviembre de 2007, la Comisión se estipuló como mayor objetivo estudiar la protección de los testigos.

Además, definió al colaborador con la justicia como "una persona que posee información valiosa por estar implicada en la actividad delictiva (de naturaleza organizada) y que, por tanto, puede ser procesada y castigada", destacando que a ella también debe de haber el desarrollo de una normativa europea[325] que permita su debida protección y la de las personas cercanas.

*(e.f) La Decisión Marco 2008/841/JAI del Consejo, relativa a la lucha contra la delincuencia organizada (2008)*

Con una formula bastante parecida a la de la Decisión Cuadro de 2004, pero centrada en los delitos relativos a la participación en una organización delictiva[326] y más permisiva con la colaboración premiada, la Decisión Marco 2008/841/JAI del Consejo, relativa a la lucha contra la delincuencia organizada, de 24 de octubre de 2008, instaba a los Estados miembros no sólo a reducir las sanciones, sino a no aplicarlas cuando el autor del delito, como ejemplos no excluyentes de otras conductas, abandonase las actividades delictivas y, concomitantemente, proporcionara "a las autoridades administrativas o judiciales información que estas no habrían podido obtener de otra forma, y que les ayuda a: *(i)* impedir, acabar o atenuar los efectos del delito, *(ii)* identificar o procesar a los otros autores del delito, *(iii)* encontrar pruebas, *(iv)* privar a la organización delictiva de recursos lícitos o beneficios obtenidos de sus actividades delictivas o *(v)* impedir que se comentan otros delitos mencionados (en la Decisión Cuadro)".

De esta manera, se añade a la fórmula de la colaboración la posibilidad de que se reduzca o no se aplique la pena, tanto por las conductas descritas como por otras, dado que se redacta "por ejemplo"[327] y se incluye entre las conductas útiles al proceso el hecho de privar a

325 En la posterior Resolución del Parlamento Europeo de 23 de octubre de 2013 sobre la delincuencia organizada, la corrupción y el blanqueo de capitales se desarrolla de forma expresa que se aplique mediante un plan de acción la "introducción de normas homogéneas para la protección de testigos, informantes y colaboradores con la justicia a escala europea".

326 Redactado de una forma amplia en el art. 2 a y b de la Decisión Cuadro: "conducta de toda persona que, de manera intencionada y a sabiendas de la finalidad y actividad general de la organización delictiva o de su intención de cometer los delitos, participe activamente en las actividades ilícitas de la organización" (Decisión Marco 2008/841/JAI).

327 "Todos los Estados miembros podrán adoptar las medidas necesarias para que las sanciones previstas en el artículo 3 puedan reducirse o no aplicarse si, por ejemplo, el autor del delito" (art. 4 Decisión Marco 2008/841/JAI).

la organización de recursos ilícitos o beneficios obtenidos de las actividades delictivas.

*(e.g) La propuesta del Parlamento y del Consejo para una nueva Directiva relativa a la lucha contra la corrupción (2023)*

Muy recientemente, aunque exclusivamente en el ámbito de la lucha contra la corrupción y con el objetivo de enmendar la Directiva (UE) 2017/1371 y sustituir los Reglamentos hasta entonces existentes, la Decisión Marco del Consejo relativa a la lucha contra la corrupción en el sector privado 2003/568/JHA y la Convención de 1997 relativa a la lucha contra los actos de corrupción en los que estén implicados funcionarios de las Comunidades Europeas o de los Estados miembros de la Unión Europea, se ha redactado la propuesta del Parlamento y del Consejo para una nueva Directiva relativa a la lucha contra la corrupción, de 3 de mayo de 2023.

Se dispone en el art. 18 la necesidad de que los Estados Miembros, que todavía no las tengan, tomen las medidas necesarias para garantizar que las siguientes circunstancias sean consideradas factores de mitigación de la pena en los delitos mencionados anteriormente (soborno en el sector público y privado, malversación, tráfico de influencias, abuso de funciones, obstrucción de justicia, enriquecimiento a través de la corrupción), incluyendo *(i)* la colaboración con la justicia a partir de informaciones que las autoridades no podrían obtener de otra manera, auxiliando con la identificación o captura de otros responsables o con la construcción de evidencias y, *(ii)* por parte de personas jurídicas, la implementación de mecanismos internos de control efectivos, de *compliance* y ética que permitan prevenir la corrupción antes o después del hecho delictivo o la comunicación a las autoridades, de manera rápida tras la comisión del delito y su descubrimiento, junto con el establecimiento de medidas de prevención.

Todos ellos son elementos que, si bien pueden auxiliar en la perspectiva comunitaria de la lucha contra la corrupción en el ámbito de los Estados Miembros que ya no tengan previsiones en este sentido, no tendrán grandes efectos en España, según vamos a estudiar a lo largo del siguiente capítulo. Esto porque, aunque se dé la debida importancia a la colaboración con la justicia, a través de la facilitación de información, no se prevé en la propuesta de Directiva la posibilidad de que la colaboración también sea abordada desde una perspectiva procesal y que el incentivo sea dado por otras formas que no solamente la mitigación de la pena. Y, si bien es verdad que una Directiva, debido a su propia normativa[328], vincula en cuanto al resultado, pero no respecto a la forma y los medios, en realidad también podría centrarse en el incentivo de la colaboración con la justicia a partir de una perspectiva más amplia que la mitigación de la pena[329].

## 4. DEL PRINCIPIO DE OPORTUNIDAD A LA COLABORACIÓN DE INVESTIGADOS Y ENCAUSADOS CON LA JUSTICIA

A lo largo de este capítulo hemos podido sentar las bases para la implementación exponencial del principio de oportunidad en sistemas penales fundados en el principio de legalidad, en una Constitución delimitadora de las garantías y derechos de los acusados y de los principios fundamentales del proceso penal.

Evolucionamos desde las medidas de oportunidad pensadas para el combate a la creciente criminalidad leve con el objetivo principal de descriminalizar, no perseguir penalmente o buscar soluciones alternativas menos gravosas, a las medidas que actualmente nos preocupan[330], relacionadas con una categoría de delitos graves de difícil definición[331]. Pero que, y de manera general, pueden ser entendidos como de naturaleza política-económica, de compleja formación e investigación, con carácter transnacional y organizado, como pueden ser la corrupción, el blanqueo de capitales, la delincuencia organizada, el terrorismo, etc.

---

328 *Cfr*. art. 288 TFUE.

329 Más sobre ello en el Capítulo IV.

330 Y que tampoco reflejan la realidad dado que hay poca descriminalización respecto a la real maximización del Derecho penal. *Cfr*. Barona Vilar, 2021, p. 222.

331 A partir de lo estudiado anteriormente vemos que el movimiento responsable de la incorporación del principio de oportunidad en el ámbito de la criminalidad leve tiene algunas características en común. La primera de ellas es que este principio de oportunidad siempre viene reglado, con delimitaciones bien definidas en torno a los criterios de oportunidad que son trazados. El segundo de ellos es que tienen como fin la no persecución penal o, en el caso de la existencia de una sentencia de condena, la imposición de penas alternativas a la de prisión, siempre más beneficiosas para el investigado.

En este sentido, se ha estudiado el ascenso de la hegemonía estadounidense en lo que concierne las formas de *non-trial resolutions,* tanto por razones de orden social y cultural, de los medios de comunicación, del reclamo social y de la existencia de las "ofertas de ideas", incluso, de manera muy incisiva, las convenciones, resoluciones y recomendaciones internacionales en el tema.

En este ámbito, nos acercamos cada vez más al objeto de investigación de este trabajo, relacionado con el uso de la oportunidad como principio a la hora de fundamentar acuerdos y/o negociaciones de colaboración premiada de investigados y encausados con la justicia penal. Hemos estudiado su ascenso en la legislación internacional respecto a la delincuencia organizada, la corrupción y el cohecho de funcionarios públicos extranjeros (OCDE) y cómo se delinean las principales recomendaciones en torno a su futuro desarrollo en las legislaciones nacionales. Sin embargo, y sobre el tema, una vez más destacamos la necesidad de adaptación al sistema nacional, de que quedemos con la idea del "traducción" y no de la mera "importación" (o trasplante) de mecanismos legales[332/333].

A partir de este análisis podremos centrarnos en el estudio pormenorizado de los mecanismos existentes en el sistema penal español, relacionados con un principio de oportunidad, y que permiten la aplicación de medidas de desvío al proceso regular[334], incluyendo

---

332 Langer, 2004, pp. 3 y ss.

333 En este sentido, los principales convenios internacionales, de 2000 y 2003 contra la delincuencia organizada transnacional y la corrupción, pugnan por que los países implementen, según las "facultades legales discrecionales de que disponga, conforme a su legalidad interna" y para el ámbito delictivo de estas convenciones, medidas "eficaces, operativas y prácticas". Esto no significa implementar cualquier medida que sea eficaz, operativa y practica sin cuestionar la conveniencia y utilidad de dichas instituciones con relación al sistema interno (Rodríguez-García, 2021, p. 418).

334 Sobre el uso de la colaboración con la justicia como forma de diversión a la resolución "regular del proceso penal", específicamente en el ámbito de los programas de cumplimiento de la persona jurídica: "Aos programas de cumprimento reconhece-se assim um novo efeito no contexto penal, agora num momento posterior à prática de facto, que pode ultrapassar a própria punição. Verifica-se deste modo uma mutação da natureza e finalidades reconhecidas aos programas de cumprimento. Se "*compliance ex ante*" significava exclusão ou diminuição da responsabilidade, ao cumprimento *ex*

medidas de colaboración, aunque en su mayoría relacionadas a la confesión y reconocimiento de hechos del acusado, y, en algunos casos, negociación y colaboración a partir de la aportación de informaciones específicas relacionadas a los hechos cometidos, sus coautores u otros elementos relevantes para la investigación.

*post* —posterior à realização do facto— reconhece-se um efeito premial e de diversão enquanto condição de resolução do conflito fora do sistema penal" (Aires de Souza, 2019, p. 15).

*Capítulo II*

# LA COLABORACIÓN CON LA JUSTICIA EN EL ACTUAL SISTEMA PENAL ESPAÑOL

## 1. INTRODUCCIÓN

Al adentrarnos en el análisis de la colaboración con la justicia, tal como lo exploramos en el capítulo precedente referente al principio de oportunidad, a menudo percibimos una confluencia de conceptos.

La justicia negociada puede estar referida al simple hecho de que haya un acuerdo, aunque realizado ante la más estricta legalidad de un procedimiento previsto legalmente, que acorte el proceso penal y permita su resolución anticipada, sea o no con la concreción de sanciones específicas. Es posible, además, llamar justicia negociada a las técnicas empleadas en el sistema estadounidense del *plea bargaining*, fundadas en un modelo completamente distinto al español y con unas características muy particulares, en el que el simple hecho de declararse culpable y aceptar la sanción propuesta lleva al fin anticipado del proceso penal. Otra alternativa, inclusive, como lo hace Del Moral García en el prólogo a la monografía de Machado de Souza y Rodríguez-García, es analizar "la justicia negociada-rebautizada como 'justicia colaborativa' en nomenclatura más idónea para generar buena prensa" en referencia a las técnicas de ahorrarse el juicio[335/336].

Por tanto, si bien la justicia colaborativa puede implicar justicia negociada, lo que pretende este trabajo no es tratar de este tipo de justicia negociada *latu sensu* —aunque pueda ser llamada justicia colaborativa— sino investigar específicamente las formas de colaboración

---

335 Del Moral García, 2022, p. 14.

336 Fairén Fuillén, desde la perspectiva de la Ley de Reforma Procesal de 28 de diciembre de 1988 analiza el tema de la penetración del *plea bargain* "sin dársele nombre ni regularlo claramente". Destaca que "diríase que los legisladores (que lo sabían; posiblemente los hubo que no se dieron cuenta, pues el proyecto de ley se tramitó como "urgente") tenían vergüenza de privatizar de tal manera *la pena, que de legal, pasa a ser contractual*" (1998, p. 432).

de investigados y encausados con la justicia. Estas son frecuentemente alentadas debido a razones de política-criminal, la mayoría de las veces relacionada con la necesidad de auxilio de un sistema de justicia en *ruina* que necesita apoyo para perseguir penalmente delitos de relevancia y de una particular dificultad investigativa.

Asimismo, en este capítulo se pretende analizar y verificar cuáles son las hipótesis legales que permiten esta colaboración con la justicia. Aunque en un principio nos centraremos de manera general en las aperturas del proceso penal español hacia un principio de oportunidad ya conocido, principalmente relacionadas con las conformidades, es importante destacar que esta etapa investigativa es crucial. Uno de los objetivos de este trabajo es determinar si la práctica jurisprudencial advierte otras necesidades y aperturas hacia hipótesis de colaboración. Esto porque, si bien también es necesario señalar los problemas referentes a la justicia negociada y colaborativa en sí, que muchas veces están relacionados con los ámbitos más centrales del propio sistema penal —sus principios y tradiciones— más importante es que no se aplique "clandestinamente", como muy bien ha señalado Antonio del Moral García: "si mantengo algunas cautelas hacia la justicia negociada —hay que ser prudente para lograr un equilibrio adecuado—, mis reticencias son totales frente a una justicia negociada implantada clandestinamente, de espaldas a la ley (...) El premio para la colaboración (la limitada de reconocer la propia culpa o la más intensa de propiciar el castigo de otros responsables) ha de estar previsto en la ley con claridad y visualizarse con transparencia"[337].

De tal manera que sigue el autor señalando justamente lo que nos preocupa en esta investigación: "algo de eso se ha colado desde el principio en la forma en que la justicia negociada se desenvuelve en nuestro país abriéndose paso a una discrecionalidad que, por no estar prevista en la ley, puede degenerar en arbitrariedad. En pocas ocasiones y de forma nada generosa la ley prevé premios punitivos para colaboradores con la justicia (terrorismo, cohecho, trata de seres humanos...). Sin embargo, en la práctica se estiran las instituciones para suplir las carencias legales con lo que se entra en un sistema hipócrita. Por ejemplo, se ha investido la atenuante de la así llamada confesión

337 Del Moral García, 2022, p. 16.

tardía que consiste en la atenuante de confesión, pero ¡sin uno de sus requisitos legales! O, pese a que oficialmente no se rebajan las penas más que el margen previsto en el Código Penal, por vía penitenciaria el colaborador es recompensado con concesiones que le llevan a gozar de un régimen abierto apenas transcurridos dos años desde el ingreso para cumplir penas de prisión que refundidas superan los quince años. Esas realidades hacen pensar no ya en justicia negociada, sino en justicia regateada, en justicia de chilabas (...). Justicia negociada y colaborativa: no podemos prescindir de esas fórmulas. Pero, al menos, que se hagan con transparencia y con una regulación legal clara, no de forma clandestina y vergonzante".

Siguiendo las ideas iniciales de este trabajo en las que se pugna por un modelo de sistema penal, el que conformaría una configuración basada en la relación "mutua de complementariedad funcional" entre Derecho penal y Derecho procesal penal, estamos de acuerdo con lo propuesto por Andrade Fernandes en la idea de apertura del propio proceso penal a las proposiciones de política criminal[338]. Por consiguiente, la idea de inclusión de mecanismos legales de beneficios a colaboradores con la justicia, basada en necesidades expresas y motivadas de política criminal puede ser motivada, siempre y cuando bien justificada y aplicada con base a buenas reformas legislativas.

Si esa idea todavía parece difusa en el comienzo de este capítulo, vale señalar que ganará cuerpo e importancia en la medida en que se avance con los estudios sobre las actuales manifestaciones de colaboración con la justicia en España y la realidad jurisprudencial de su aplicación.

Además, y específicamente, respecto a la colaboración con la justicia, debemos destacar que, si bien es cierto que desde una perspectiva puramente estadounidense —del *plea bargaining*— la colaboración eficaz premiada de un procesado parece estar relacionada con el principio de oportunidad, como hemos analizado en el capítulo anterior, esa no es la realidad del sistema penal español.

En este sentido, el principio de oportunidad, por lo menos hasta la actualidad, parece estar condicionado a la "facultad que al titular de la acción penal de asiste para disponer de su ejercicio incoando el

338 Andrade Fernandes, 2001, p. 829.

procedimiento o provocando su sobreseimiento", siempre y cuando se cumplan los requisitos estipulados legalmente y, por lo tanto, dentro de lo que es llamada una "oportunidad *reglada*"[339].

Por consiguiente, parece ser que no se puede escapar, aunque al hablar de colaboración, de tratar las actuales manifestaciones del principio de oportunidad en España, analizar sus implicaciones, vínculos con ese principio y posibles consecuencias para una eventual colaboración "eficaz premiada", que, quizás, podrá manifestarse también a través del mismo principio de oportunidad.

En España, además de algunos supuestos de oportunidad que se alejan todavía más del actual objeto de estudio, como pueden ser, en el Código Penal, los supuestos de denuncia en delitos semipúblicos, la querella en privados, el perdón del ofendido, la licencia del Juez en las injurias o calumnias vertidas en juicio y análogos, la remisión condicional y la amnistía o indulto, los casos de la suspensión del procedimiento en la Ley de Extranjería (art. 25) o la necesidad de denuncia o querella del Fiscal para juzgar hechos cometidos fuera de España y que sean previstos como delito (art. 23.2 LOPJ), aún las más relevantes hipótesis de principio de oportunidad subsisten en la conformidad en el reconocimiento de los hechos según el artículo 779.1.ª LECrim[340] o en las demás conformidades que permiten el acortamiento del proceso penal y, de manera todavía más cercana a nuestro objeto de estudio, autorizan la negociación entre las partes acusadoras y acusadas. Por consiguiente, empezaremos con una mirada hacia institutos que, si no al principio no conforman hipótesis de colaboración por parte de investigados o encausados, sino más bien constituyen formas "puras" de desjudicialización[341], a través del acortamiento del proceso penal basado en conformidades con las penas propuestas, exponen la problemática de la negociación a través de

---

339 Pérez-Cruz Martin, 2020, p. 36.

340 *Cfr*. Pérez-Cruz Martín, 2020, p. 35.

341 Así, sobre la desjudicialización "tem de ser entendida como a tentativa de solução do conflito jurídico-penal fora do processo normal da justiça penal: isto é, de um modo desviado, divertido, face àquele procedimento (.) que tenham lugar antes da determinação ou declaração da culpa, ou antes da determinação da culpa" (Faria Costa, 1985, pp. 106-108).

algunas variantes y otras prácticas encubiertas. Trataremos así, de la conformidad del acusado, en el ámbito del proceso penal.

Por otro lado, aunque según gran parte de la doctrina no se puede denominar principio de oportunidad, nos corresponde el análisis de uno de los institutos más difusos en materia criminal: la colaboración premiada de investigados y encausados que viene prevista materialmente en el ámbito del Código Penal. Comienza a partir de la atenuación de las penas a los que confiesan, pasa por su interpretación analógica que permite el premio a los que confiesen tras haber pasado el requisito temporal y, además, colaboren, y termina en las modalidades específicas de colaboración premiada, previstas para delitos en específico, cuyo denominador en común es de difícil definición[342]. En este sentido, analizaremos el ámbito puramente sustantivo a partir del Código Penal, en el que se premia a través de eximentes, atenuantes y la suspensión de la pena a los colaboradores a través de distintas previsiones. Y que, de manera general, comparten el haber sido planteados todos exclusivamente desde una perspectiva de Derecho penal sustantivo. Hecho que, como veremos más adelante, podrá generar problemas específicos a la hora de evaluar no solamente la necesidad de colaborar con la justicia, sino elementos importantes relacionados con su tratamiento procesal, su evaluación como colaboración "eficaz", resultados esperados, premios posiblemente concedidos etc.

## 2. MANIFESTACIONES DEL PRINCIPIO DE OPORTUNIDAD EN EL ÁMBITO PROCESAL PENAL

Optamos por analizar, en un primer momento, la institución de la conformidad, tanto como una manifestación general del principio de oportunidad como, en su versión en el procedimiento

342 Intentaremos definir los elementos en común entre todos los delitos a los que se les prevé una modalidad especifica de colaboración premiada. Sin embargo, al pasar de delitos cometidos en el seno de una persona jurídica a los delitos contra la Hacienda Pública y la Seguridad Social, así como a los delitos de malversación y terrorismo, es difícil encontrar elementos en común que justifiquen la necesidad de esta colaboración premiada sin, por otro lado, justificar también su aplicación en otros delitos que se ven excluidos de esta lista, como pueden ser los demás delitos de corrupción distintos de la malversación o del cohecho.

abreviado, ejemplo de manifestación de un acuerdo o negociación directo entre las partes en torno al escrito de calificación que debe ser presentado.

En concreto, la conformidad supone la aplicación del principio de oportunidad[343] en la medida en que posibilita el termino anticipado del proceso penal sin, en muchos casos, la realización de Juicio Oral o la producción probatoria. Por tanto, es una manera de acelerar la "resolución del proceso penal"[344], al menos siempre y cuando supongamos que la imposición de una pena significa una completa solución de este proceso[345].

Esta postura se adopta no sólo debido a la existencia previa de estos mecanismos en comparación con los posteriores que analizaremos, los cuales tienen su origen en la reforma del Código Penal de 2015, sino también porque podrían considerarse instrumentos procesales "puros", ya que están directamente regulados en la Ley de Enjuiciamiento Criminal. Sin embargo, como analizaremos, esto no significa que dispongan de una normativa procesal detallada.

En términos generales, la conformidad se define como una declaración de voluntad en la que el acusado reconoce y acepta cumplir la pena más grave de las solicitadas por las partes acusadoras[346]. No obstante, tal como estudiaremos, el propio mecanismo de la conformidad, en diferentes momentos del proceso y en variados procedimientos, implica reconocimientos y aceptaciones distintos, pudiendo o no incluir el reconocimiento de los hechos, por ejemplo. Este aspecto adquiere importancia en el ámbito penal, aunque signifique el mismo cumplimiento de la pena, ya que no es lo mismo cumplir una pena habiéndose declarado culpable y reconocido los hechos que cumplir la misma pena, o incluso una pena más alta, sin reconocer los hechos o declararse culpable. En nuestra opinión, aunque profundizaremos

---

343 *Cfr.* Vecina Fuentes, Vicente Ballesteros, 2018, pp. 318 y ss.

344 "[L]a conformidad es una forma de resolver los asuntos penales en la que prima la celeridad a costa de los derechos y garantías de los acusados" (Varona Gómez, Kemp, Benítez, 2022, p. 309).

345 Sobre la importancia de la conformidad en el "cargado sistema de justicia penal" español *cfr.* García Durán, Hernández Oliveros, 2021, p. 13. Además, respecto a la normalización de la conformidad *cfr.* Caro Herrero, 2020, pp. 29 y 30.

346 Rodríguez-García, 1997b, p. 89.

en este tema, consideramos mucho más grave la segunda situación en el ámbito de un Derecho penal de *ultima ratio* y una Constitución que valora la libertad y el derecho a un debido proceso con todas las garantías.

Sobre la naturaleza jurídica de la conformidad, aunque ya hemos adelantado que también podrá variar según el procedimiento en el que viene regulada actualmente, señalamos la discusión propuesta por Rodríguez-García: no asume naturaleza de confesión, por cuanto la confesión no tiene como consecuencia "la finalización del procedimiento" y es un acto de investigación (art. 406 LECrim), "cuya concurrencia no evita la ulterior actividad del Juez en la búsqueda de la verdad material"[347]. Consideraba que tampoco tendría la naturaleza de transacción o convenio, aunque en el período ya se incluía la modalidad negociada de conformidad[348]. No obstante, más recientemente, vuelve a clasificar la conformidad del procedimiento abreviado. Esta vez como "negociación"[349]. El autor también descarta la naturaleza jurídica de allanamiento del proceso civil, ya que la conformidad está limitada a determinados momentos procesales —aunque se hayan abierto con el paso de las reformas—, y porque la conformidad tiene que ser seguida o precedida por la "voluntad concurrente de su defensor" y, más importante[350] porque "en el proceso penal esta posibilidad de allanarse está limitada por la pena solicitada, que no puede exceder de los seis años"[351]. Así, propone que la conformidad es un "acto dispositivo de parte", "una excepción a la regla general de la in-

---

347 Rodríguez-García, 1997b, p. 106.

348 *Cfr.* "nosotros somos partidarios de descartar la transacción o convenio como naturaleza jurídica de la conformidad, y ello porque a pesar de las reformas, la conformidad sigue siendo un acto unilateral de la defensa del acusado, asistido por su defensor" (Rodríguez-García, 1997b, pp. 107-108).

349 De Diego Díez también señala que, tras la reforma operada por la Ley Orgánica 1/1988, no se puede prescindir de la connotación transaccional de la naturaleza jurídica de la conformidad (De Diego Díez, 1992, p. 274). *Cfr.* Aguilera Morales, 2017, p. 5.

350 Aunque eso está ante amenaza de cambio, debido al Proyecto de Ley de Medidas de Eficiencia Procesal del Servicio Público de Justicia, el que suprime el límite penológico de seis años en las conformidades de los procedimientos abreviado y ordinario. Estudiaremos de manera específica el PLMEP más adelante.

351 Rodríguez-García, 1997b, pp. 107-108.

disponibilidad del proceso" en la que se dispone del derecho de defensa[352/353/354].

Desde nuestra perspectiva, esta última definición es la más acertada, dado que tiene la capacidad de amparar todas las conformidades, incluyendo los supuestos más recientes, los que implican negociación, los que conllevan la aplicación de un premio, etc. No obstante, a la definición de la conformidad como un "acto dispositivo de parte", añadiríamos su estrecha vinculación con el principio de oportunidad. Esto se debe a que supone la aplicación de una solución alternativa al proceso penal regular, en la medida en que, entre otras razones, se autoriza la no realización del Juicio Oral.

La conformidad puede ser prestada en el ámbito de los siguientes procedimientos: el procedimiento ordinario, el procedimiento abreviado, del que también es posible la conformidad por juicio rápido, en el Tribunal del Jurado, en el ámbito de la responsabilidad penal de los menores y en la jurisdicción militar. Así como, de forma especial, puede ser prestada por la persona jurídica[355/356].

En este sentido, analizaremos cada una de estas conformidades, dando especial importancia a las modalidades que permiten la negociación entre las partes procesales, a los mecanismos procesales involucrados en la apertura del proceso penal a esta modalidad de

352 Más recientemente, Rodríguez-García define la conformidad como "la declaración de voluntad que efectúan el acusado y su Abogado (...)" (2020, p. 474).

353 De manera similar, Gómez Colomer destaca que la conformidad es "un acto dispositivo material y procesal consecuencia del principio de oportunidad" (Gómez Colomer, 2012, p. 24).

354 Moreno Catena señala que "la conformidad tradicionalmente se ha configurado (...) como una institución procesal basada en el principio de adhesión" (2021e, p. 245).

355 Rodríguez-García destaca que, en virtud de una "utilización cuasi espontánea por el acusado y su defensor, que no esperaban nada a cambio por su actitud colaborativa con la justicia penal, la institución ha sido sometida severamente a diversas, orquestadas y sistemáticas reformulaciones durante los últimos treinta años" (2022, p. 14).

356 Sobre la "caótica regulación de la conformidad" *cfr.* Gimeno Sendra, 2020, p. 37. También, Rodríguez-García destaca que "a día de hoy podemos encontrarnos tantas *conformidades* como procedimientos, e incluso dentro de alguno de ellos se van a dar distintas *modalidades*" (2020, p. 475). *Cfr.* Ordoñez Ponz, 2021, pp. 320 y ss.

principio de oportunidad[357] y, en general, a los indicios que puedan ser relevantes a la hora de vislumbrar una colaboración, "premiada" o no, con la justicia, por un lado —y más relevante—, y, por otro lado, la oportunidad.

Además, aunque pongamos especial énfasis en la conformidad, también analizaremos el mecanismo del proceso por aceptación de decreto y el sobreseimiento en el caso del procedimiento por delitos leves, manifestaciones también del principio de oportunidad que, de una manera u otra, generan discusiones relevantes a la hora de entender, por un lado, este principio de oportunidad y, por otro, las ramificaciones de la colaboración del investigado o encausado con la justicia y su futuro en la legislación española.

## 2.1. *La conformidad en el procedimiento ordinario*

La conformidad en el ámbito del procedimiento ordinario se encuentra actualmente en desuso puesto que para que un delito sea procesado ante este procedimiento debe de ser penado con una pena de prisión superior a nueve años —límite dispuesto en el art. 757 LECrim—. Y, si bien el procedimiento ordinario corresponde a la instrucción y enjuiciamiento de todos los hechos que constituyan infracción penal cuya pena en abstracto sean superiores a los nueve años de prisión, según la actual redacción del art. 655 LECrim y del art. 699 LECrim, responsables, respectivamente, de dictar la conformidad en la fase de calificación y en la fase de juicio oral, la conformidad en el juicio oral está limitada a los casos que la pena solicitada por las partes acusadoras tenga carácter correccional.

Tras la modificación que excluye las penas de carácter correccional y su identificación con las penas menos graves del art. 33.3 CP, así como la indicación del Tribunal Supremo en el sentido de que las penas correccionales deberían ser entendidas como aquellas de prisión de seis meses a tres años[358], parece haber subsistido la interpretación dada anteriormente por la Circular de la Fiscalía General del Estado

---

357 *Cfr.* Barona Vilar sobre la conformidad como "manifestación del principio de oportunidad y del valor del consentimiento" (2023b, p. 284).

358 STS 2386/2001, de 7 de diciembre.

2/1996, de 22 de mayo, y la mayoría de la doctrina[359], según la que cabría la conformidad en cualquier proceso en que se pida la pena de prisión hasta los seis años, es decir, haciendo referencia a la *pena en concreto*[360].

Por tanto, con el límite de conformidades prestada a penas solicitadas no superiores a 6 años, en la realidad esta conformidad "carece de virtualidad", puesto que en la mayoría de los casos el procedimiento a ser seguido debe de ser el abreviado. Aun así, la conformidad en el procedimiento ordinario, desde las primeras reformas con la Ley Orgánica 7/1988, de 30 de diciembre, relacionadas con la "potencialización de la conformidad en el procedimiento abreviado", debe de ser aplicada "como derecho supletorio en la interpretación de las lagunas y de los problemas que plantee la nueva normativa sobre la conformidad en el procedimiento abreviado"[361]. De ahí la importancia de su tratamiento en este trabajo. No solamente como manifestación de un principio de oportunidad, sino también como un instituto supletorio a la hora de regular la verdadera conformidad "negociada" del procedimiento abreviado.

Además, la tendencia actual, consagrada desde el Anteproyecto de Ley de Enjuiciamiento Criminal de 2011, en el Borrador de Código Procesal Penal de 2013, en el Anteproyecto de Ley de Enjuiciamiento Criminal de 2020 y en el Proyecto de Ley de Medidas de Eficiencia Procesal del Servicio Público de Justicia (cuya aprobación había sido encomendada en abril de 2022, en el marco del Plan Justicia 2030[362]),

---

359 Cfr. López Barja de Quiroga, 2004, p. 1288; Pérez-Cruz Martín, 2009, p. 442.

360 En ese sentido también la Circular de la Fiscalía General del Estado 2/2001, de 28 de junio.

361 Rodríguez-García, 1997b, p. 88.

362 El PLMEP se encuentra en el ámbito del plan de trabajo relacionado con la eficiencia procesal del servicio público de justicia, cuyo núcleo es la inclusión de Medios Adecuados de Solución de Controversias (MASC), entendidos por el plan de trabajo como "cualquier tipo de actividad negocial a la que las partes de un conflicto acuden de buena fe con el objetivo de encontrar una solución extrajudicial al mismo, ya sea por sí mismas o con la intervención de un tercero natural" (Ministerio de Justicia, Plan Justicia 2030). No obstante, incluye, entre otros cambios en la LECrim, el que está relacionado con la conformidad en el procedimiento ordinario (y no negociada) y en el procedimiento abreviado. De manera que, aunque pugne como objetivo y "núcleo del programa" la inclusión de medidas de MASC conforme el entendimiento citado, la verdad es que tam-

es la apertura de la conformidad en el ámbito del procedimiento ordinario sin que haya un límite penológico con el que uno pueda conformarse.

Más allá de eso, en algunas de esas propuestas se ha visto también la apertura de la conformidad en el procedimiento ordinario a la conformidad negociada, como en el entonces Borrador de Código Procesal Penal de 2013, que, en los art. 102 y siguientes, regulaba un procedimiento general de conformidad por el que la acusación y la defensa podrían llegar a un acuerdo de conformidad sobre los hechos punibles, la calificación jurídica y las penas[363], "cualquiera sea el tipo de delito y con independencia de la pena que le corresponda" (art. 103.2). Además, y de manera específica con relación al procedimiento ordinario, el art. 270 disponía la posibilidad del Ministerio Fiscal, las acusaciones y el encausado de llegar a un "acuerdo de conformidad", presentado por medio de un escrito de acusación y en el que no sólo no habría la proposición de pruebas, sino también se podría redactar con la solicitud, al Tribunal, de reducir en un tercio las penas con las que hubo conformidad.

El más reciente Anteproyecto de Ley de Enjuiciamiento Criminal de 2020[364] también proponía un modelo similar, en el que la persona encausada y su defensa podrían aceptar los hechos punibles, la calificación jurídica y las penas, solicitadas o acordadas con las acusaciones, que daría lugar a una sentencia de conformidad condenatoria. En este caso, el control judicial estaría limitado a la legalidad de la calificación jurídica y de la pena solicitada, juntamente con la evaluación sobre la salvaguarda de la reparación de la víctima y, en los casos con penas superiores a cinco años, la existencia de indicios racionales de criminalidad.

---

bién se preocupa por otras formas de resolver el conflicto que no sean extrajurisdiccionales, como es el caso de la propia conformidad. *Cfr.* Nota al pie de página núm. 200; Oliveira Teixeira dos Santos, 2023.

363 Acuerdo este que sería posteriormente sometido a control judicial relacionado con la existencia de cuerpo del delito, la libertad con la que se ha prestado la conformidad y si la calificación es correcta y la pena solicitada es procedente (art. 108 BCPP 2013).

364 Sobre la regulación "concentrada" de la conformidad por el ALECrim 2020 *cfr.* Rodríguez-García, 2022, pp. 22 y ss.

Por otro lado, el Proyecto de Ley de Medidas de Eficiencia del Servicio Público de Justicia, dentro del Plan Justicia 2030, se basa en una propuesta más moderada, fundamentada en la supresión del límite penológico para la conformidad en el procedimiento ordinario, manteniéndose la conformidad con la pena más grave solicitada sin la realización de un acuerdo entre las partes; el reconocimiento de los hechos cuando en fase de juicio oral; y, en cualquier fase, la realización del control jurisdiccional respecto a la calificación de los hechos y la pena solicitada. Incluyendo, por otro lado, y en fase de calificación, la necesidad de que el Letrado o Letrada informe a quien defienda del acuerdo alcanzado de manera escrita[365].

Por tanto, la tendencia es la apertura de la conformidad a cualquier delito y pena, sin distinción de su gravedad. En perspectiva futura, deberá ser analizado si también es aconsejable incluir una modalidad legal de negociación en el ámbito del procedimiento ordinario. En este sentido, como haremos hincapié a lo largo de esta investigación, y como no se ha legislado todavía, será fundamental el debate respecto a la necesidad de regulación de este posible acuerdo entre las partes procesales, en vista a los principios fundamentales del sistema penal[366].

Aparte de la importancia de esta discusión, nos centramos en el actual tratamiento de la conformidad en el procedimiento ordinario de acuerdo con la Ley de Enjuiciamiento Criminal, la que permite su concreción en dos momentos procesales: en fase de calificación, según el art. 655 de la LECrim, y durante el juicio oral, conforme a los art. 688 y siguientes.

### 2.1.1. Conformidad en la fase de calificación: art. 655 LECrim

Tras el sumario y cuando se ordene abrir el juicio oral, el Fiscal será comunicado por el Letrado de la Administración de Justicia para presentar escrito de calificación en el plazo de cinco días, en el que deberá concluir sobre los hechos punibles que resulten del sumario,

---

365 *Cfr.* Magro Servet, 2021, pp. 1 y ss.; Luaces Gutiérrez, 2021, pp. 290 y ss.; Oliveira Teixeira dos Santos, 2023.

366 Respecto a la regulación de la conformidad negociada *cfr.* Rodríguez-García, Oliveira Teixeira dos Santos, 2024.

la calificación legal del mismo con el delito que se constituye, la participación que ha tenido cada procesado, los hechos que constituyen circunstancias atenuantes o agravantes del delito o eximentes de responsabilidad criminal y las penas en que hayan incurrido el procesado o procesados, además de lo que tenga que sostener en términos de la acción civil (art. 650 LECrim). Devuelta la causa por el Fiscal, se le comunicará al acusador particular, cuando lo haya, para que, mediante su Abogado y Procurador, también presente escrito de calificación (art. 651 LECrim).

En este supuesto, cuando la pena solicitada en el escrito de acusación, o en ambos casos cuando también sea presentado uno por el acusador particular, sea de carácter correccional, puede el procesado, en un primer lugar, manifestar conformidad absoluta con la pena más grave solicitada, siempre y cuando no supere los seis años de privación de libertad, por medio del escrito de defensa. En esa hipótesis, también será requisito la aprobación del Letrado defensor. Dado que, si este no está de acuerdo, será dada continuidad al Juicio.

Por tanto, siempre y cuando, habiendo otros procesados, disintiesen solamente respecto de la responsabilidad civil, y todos prestasen su conformidad, el Tribunal dictará sin más trámites, previa ratificación del procesado, la sentencia que proceda según la calificación mutuamente aceptada. Siendo que, habiendo otros procesados que no quieran manifestar conformidad de la misma manera o si no es procedente la pena solicitada, sino otra mayor, el Tribunal deberá acordar la continuación del juicio (art. 655 LECrim). Con excepción del caso de la persona jurídica que, por la disposición especifica a su respecto, permite que exprese conformidad aisladamente, siguiéndose el proceso penal en relación con los demás acusados personas físicas. Otra cosa es que, habiendo conformidad sobre el delito y la pena solicitada, no haya conformidad sobre la responsabilidad civil, caso en el que será procedente la conformidad y se dará continuidad al Juicio sólo en lo que se limita a la responsabilidad civil.

En ese sentido, el Tribunal sigue manteniendo una amplia función de control respecto a la conformidad prestada. Y, como reflexiona Fraga Mandián, el Tribunal no se limita a una mera función *notarial*, sino que le atañe una tarea de control de lo decidido por la acusación y la defensa, ordenando la continuación del Juicio si la infracción penal se hace acreedora de un castigo diferente[367].

Además, esta es una conformidad que, atendiendo exclusivamente a lo dispuesto en la LECrim, implica exclusivamente conformidad con la pena más grave solicitada. Sin incluir, necesariamente, el reconocimiento de los hechos. Genera, por consiguiente, una situación en la que la economía procesal y la búsqueda por la agilización de los procedimientos a través del principio de oportunidad, véase el capítulo anterior, significa el cumplimiento de una pena —en principio, no grave— sin el debido proceso legal. Y de ahí la importancia de tomarse con calma cualquier alteración legislativa que suponga la posibilidad de conformarse en el caso de delitos graves, dónde está en juego, con mayores consecuencias, el interés de la víctima o perjudicado, la defensa de los bienes jurídicos gravemente ofendidos y, por otro lado, el cumplimiento de pena con la violación de la libertad, bien fundamental constitucionalmente garantizado, sin el debido proceso y garantías[368].

### 2.1.2. Conformidad en la fase de juicio oral: arts. 688 y siguientes LECrim

Asimismo, en el ámbito del mismo procedimiento ordinario, cuando no haya sido prestada la conformidad en el escrito de defensa, el procesado podrá prestarla en el día de inicio de sesiones del Juicio Oral, siempre y cuando al inicio de la sesión y oralmente. En ese caso, será posible la conformidad cuando el procesado, o todos los procesados, se confiesa reo del delito, o de todos los delitos si procede, que le ha sido acusado en el escrito de calificación y se declara responsable civilmente a la restitución de la cosa o al pago de la cantidad fijada de acuerdo con el escrito de calificación.

En esta hipótesis, se encargará el Presidente del Tribunal de hacer todas las preguntas debidas al procesado o procesados, cuando haya más que uno, siempre con claridad y precisión, exigiendo contestación categórica. Como en el caso anterior, estimando necesaria la continuación del Juicio Oral el defensor, se dará continuidad al juicio.

---

367 Fraga Mandián, 2018, p. 132.

368 *Cfr.* Nieva Fenoll, 2012, p. 218.

Además, si el procesado no confiesa su responsabilidad civil o, confesándola, no se conforme con la cantidad fijada en la calificación, seguirá el Juicio Oral únicamente para la discusión y producción de pruebas relativas a la responsabilidad civil que el procesado no haya admitido de conformidad. Para terminar, aun habiendo plena conformidad, si en el sumario no hubiese sido posible constar la existencia de cuerpo del delito, se continuará también el Juicio.

La clave de esta conformidad está, por tanto, en la necesidad de la confesión, juntamente con la aceptación de la pena más grave solicitada. Parece ser, como tiene lógica en un ordenamiento dónde la conformidad es medio de término anticipado del proceso penal, con objetivos políticos-criminales relacionados con la eficiencia, que se castiga al encausado que, no habiendo aceptado anteriormente la pena solicitada en fase de calificación, opta por hacerlo cuando ya ha comenzado el Juicio oral.

Y, si bien es cierto esta confesión trae menos dilemas penales en el sentido de que se impondrá una pena habiendo mínimamente una confesión voluntaria; por otro lado, el reconocimiento de los hechos sin la comprobación mínima de "indicios racionales de criminalidad", como propuesto en el Anteproyecto de Ley de Enjuiciamiento Criminal de 2020, o sin el requisito del art. 406 LECrim, relacionado con la "practica de diligencias necesarias a fin de adquirir el conocimiento de la verdad de la confesión y de la existencia del delito", trae mayores problemas debido al simple hecho de que la conformidad implicará renuncia de la practica probatoria y se convertirá en una sentencia firme a la que las partes no podrán recurrir por temas sustanciales.

## 2.2. *La conformidad en el procedimiento abreviado*

De una manera general, el procedimiento abreviado se establece para los delitos que conlleven una pena privativa de libertad en abstracto no superior a nueve años, sucesos que suponen más del 90% de los casos en el país[369/370]. Información que, aunque no de forma completa y exhaustiva, puede corroborarse mediante el análisis de los

---

369 Pérez-Cruz Martin, 2020, p. 621.

370 *Cfr.* Gómez Colomer, 2023, p. 49.

informes por territorios sobre la actividad de los órganos judiciales, disponibles en la web del Poder Judicial de España. A partir de estos informes, por ejemplo, al observar el año 2022, se evidencia una prevalencia de alrededor del 374% de los asuntos en trámite al final del periodo solamente en los Juzgados de lo Penal en comparación con cada Audiencia Provincial[371], sin tener en cuenta, por tanto, la hipótesis de competencia del Juzgado Central de lo Penal o de los Juzgados de los Menores o de la Violencia sobre la Mujer, los cuales también tienen competencia sobre delitos con penas inferiores a cinco años de privación de la libertad[372]. La Memoria Anual de la Fiscalía General del Estado de 2022 confirma esos datos, aunque al referirse al año 2021. Muestra un total de 177.739 procedimientos abreviados incoados frente a los 2.905 sumarios incoados en el mismo período. Además, en el compendio por especialidad correspondiente al año de 2022, actividad del Ministerio Fiscal pero disponible en el portal del Poder Judicial, se señalan 208.297 procedimientos abreviados incoados en comparación con un total de 4.151 sumarios incoados.

Con relación a la conformidad en el procedimiento abreviado, las opciones también son dos, y distintas una de la otra, aunque ambas estén previstas en los artículos 784.3 y 787 de la LECrim y suponen que *(i)* tras las diligencias previas y ya durante la última fase de lo que conforma la fase intermedia antes del juicio oral, por medio de la conformidad manifestada en el escrito de defensa o en un nuevo escrito de calificación firmado por las partes acusadoras, el acusado y su letrado o *(ii)* una vez abierto el juicio oral, siempre que antes de iniciada la práctica de la prueba, la defensa solicite al Juez o Tribunal que dicte sentencia de conformidad con el escrito de acusación que

371 Considerando el informe de n.º de asuntos, que indica un total de 149.673 asuntos en trámite al final del período en los Juzgados de lo Penal y un total de alrededor de 40.000 asuntos en trámite al final del periodo en las Audiencias Provinciales, sumando las secciones penales y mixtas.

372 Los últimos datos consultados se refieren al primer trimestre de 2023, en cuyo caso la prevalencia de asuntos en trámite al final del período de los Juzgados de lo Penal en comparación con las Audiencias Provinciales asciende a 402%. Los datos de este período informan un total de 151.964 asuntos en trámite al final del período en los Juzgados de lo Penal y 37.700 en las Audiencias Provinciales (Poder Judicial España. Informes por territorios sobre la actividad de los órganos judiciales).

contenga pena de mayor gravedad o con otro escrito de calificación, que, en ese caso, no puede referirse a hechos distintos, ni contener calificación más grave que el escrito de acusación anterior.

En este sentido, se premia la conformidad prestada antes de la apertura del Juicio Oral. Se entiende que, durante este período de tiempo, el acuerdo realizado llevará a más posibilidades. Esto se debe a que, de haber sido acordado en sede de Juicio Oral, no podría referirse a un hecho distinto o contener una calificación más grave. Asimismo, este "premio" puede interpretarse como una garantía para el encausado que, no habiendo prestado conformidad anteriormente, no podrá hacerlo respecto a una situación —calificación jurídica— más gravosa en relación con la se encuentra sujeto durante el propio Juicio.

De todas formas, en ambos momentos procesales el aspecto distintivo de la conformidad del procedimiento abreviado es el hecho de que se puede prestar conformidad, bien *(i)* con la pena de mayor gravedad solicitada en el escrito de calificación original, bien *(ii)* con un nuevo escrito de calificación firmado por las partes acusadoras y por el acusado junto con su Letrado.

La primera modalidad de conformidad es, por consiguiente, la más regular, ya que supone una conformidad plena con el escrito de acusación, incluida la calificación y la pena de mayor gravedad solicitada. Aunque, por otro lado, no implique el reconocimiento de los hechos o una confesión[373].

La segunda opción para manifestar conformidad requiere la formulación de un nuevo escrito de calificación de manera conjunta por las partes acusadoras y por el acusado junto con su Letrado, siempre que antes de la celebración de las sesiones del Juicio oral. Por tanto, en esta hipótesis se presupone una determinada negociación entre las partes acusadoras y el acusado alrededor del escrito de calificación. Nos encontramos ante una apertura al proceso negociado que nos acerca más a nuestro objeto de investigación y podría significar un paso hacia esa misma negociación en supuestos de colaboración con la justicia[374].

---

373 *Cfr.* Gómez Colomer, 2023c, pp. 393 y 394.

374 En este sentido: "con lo que parece evidente que presupone una previa negociación en la que las partes habrán tenido que 'dialogar, unificar y redactar conjuntamente el escrito de calificación'" (López Barja de Quiroga, 2004, p. 662).

No obstante, sí es cierto que, aunque el procedimiento abreviado está limitado a todos los delitos cuya pena privativa de libertad no supere los nueve años, para que el Juez pueda dictar sentencia de conformidad en estos casos, la pena solicitada y con la cual el acusado se ha conformado no puede exceder los seis años de prisión, de acuerdo con el art. 787 LECrim[375].

Además, en la segunda hipótesis anteriormente expuesta, el nuevo escrito de calificación y cualquier negociación en torno a él estarían limitados a referirse a los mismos hechos presentados en el escrito anterior y no podrían contener calificación más grave. Por consiguiente, los únicos elementos que podrán ser debatidos serán la calificación de los hechos y la pena solicitada, siempre y cuando la calificación sea igual o menos gravosa que la anteriormente solicitada en escrito de acusación anterior.

Habiendo sido prestada conformidad de acuerdo con el escrito de calificación original o siendo prestada en un nuevo escrito de calificación, el Tribunal o Juez competente dictará la sentencia de conformidad en los términos del artículo 787 LECrim. De tal manera que, para que sea dictada la sentencia de conformidad, el Juez o Tribunal debe de *(i)* entender que la calificación formulada es correcta y que la pena solicitada procede según dicha calificación y *(ii)* oír al acusado acerca de si su conformidad fue prestada libremente y con conocimiento de sus consecuencias.

Por tanto, siempre y cuando el Juez o Tribunal estime incorrecta la calificación formulada o entienda que la pena solicitada no procede legalmente, requerirá a la parte que prestó el escrito de acusación más grave para que se manifieste y pueda, si está de acuerdo, modificar el escrito de acusación en términos que la calificación sea correcta y la pena solicitada sea procedente. Para que, en seguida, el acusado pueda prestar nuevamente su conformidad (art. 787.3 LECrim). Por otro lado, cuando el Juez o Tribunal albergue dudas sobre si el acusado ha prestado su conformidad, aún tras haberle informado de sus conse-

---

375 Elemento que, si llega a ser aprobado el PLMEP, sería suprimido. De manera que se permitiría la realización de la conformidad negociada en el procedimiento abreviado para cualquier delito y pena que no superara los nueve años de prisión. *Cfr.* Oliveira Teixeira dos Santos, 2022, pp. 169-188; Oliveira Teixeira dos Santos, 2023.

cuencias, o si el defensor del acusado considere necesario la continuación del juicio y el Juez o Tribunal estime fundada su petición, se dará continuidad al Juicio oral.

Por ello, se nota lo limitada que es la única modalidad de negociación y diálogo respecto a la conformidad que, pudiendo defensa y acusación juntarse en torno a un nuevo escrito de calificación, este deberá, además de mantener el hecho descrito anteriormente y no disponer sobre calificación más grave, no podrá tratar de calificación incorrecta ni determinar una pena que no proceda según la calificación debida. Elementos que, sí por un lado restringen la probable negociación, por otro lado, permiten la manutención de los principios más básicos del sistema penal español en lo que concierne la igualdad y la congruencia de la pena con los hechos realizados, especialmente en lo que se relaciona al art. 24.2 CE, sobre los derechos a no declararse contra sí mismo y a no confesarse culpable[376].

Para terminar, habiendo el Juez o Tribunal informado al acusado de las consecuencias de la conformidad y habiendo este último manifestado otra vez si presta su conformidad, se dictará oralmente la sentencia de conformidad, la que, expresando el Fiscal y las partes la decisión de no recurrir, generará al Juez, en el mismo acto, el deber de declarar oralmente la firmeza de la sentencia y sobre la suspensión o sustitución de la pena impuesta. De tal manera que la sentencia de conformidad firme sólo será recurrible cuando no se hayan respetado los requisitos o términos de la conformidad, estando prohibida la impugnación que tenga por razones de fondo la conformidad libremente prestada (787.7 LECrim).

Debido a este delineado en sus procedimientos, la conformidad en el ámbito del procedimiento abreviado es la que más se acerca a una modalidad de termino anticipado del proceso penal a través de la negociación entre las partes acusadoras y la defensa. Y, en ese sentido, más similar a la *plea bargaining*, aunque no suponga el reconocimiento de los hechos o la confesión del encausado.

Asimismo, y como nos referimos en líneas anteriores, genera muchas sombras al procedimiento de la conformidad, debido a la falta de regularización legislativa en torno a la celebración y formalización del

---

376 *Cfr.* Rodríguez-García, 1997b, p. 90.

acuerdo sobre un nuevo escrito de calificación, elementos que garantizarían más seguridades a todas partes. Y, en determinada medida, también permitirían garantizar mayor defensa a los intereses de las víctimas y perjudicados.

### 2.3. *La conformidad en los juicios rápidos y reconocimiento de los hechos del art. 779.5ª LECrim*

El procedimiento para el enjuiciamiento rápido de determinados delitos, incluido con la reforma parcial de la LECrim realizada en el 2002 a partir de la Ley 38/2002, de 24 de octubre, y por la LO 8/2002, de 24 de octubre, con el objetivo de garantizar la celeridad[377] del proceso penal, incluye todavía otra forma de conformidad[378]. Y, como proyectaba Moreno Catena en el 2015 respecto a "una habitual utilización de esta forma de terminación del proceso penal en los de enjuiciamiento rápido"[379], la conformidad constituye un 90%[380] de los casos de terminación anticipada en este procedimiento. No obstante, la verdad es

---

377 En la Exposición de Motivos de la LO 8/2002, de 24 de octubre, se señala expresamente la celeridad "como requisito de eficacia de la propia justicia". En ese sentido, Garro Carrera y Asúa Batarrita (2008, p. 135), cuando analizan que "la implicación y colaboración del infractor en una rápida resolución del caso hacen más próximo el objetivo de una justicia sin dilaciones" y, en ese sentido, acercan la conformidad del acusado con la pena solicitada por el Ministerio Fiscal —aunque, eso sí, las autoras solamente analizan el supuesto de conformidad en los juicios rápidos— a la confesión como atenuante del art. 21.4 CP. Por lo tanto, al no analizar todas las formas de conformidad, se permite llegar a la conclusión de que "la operatividad de la atenuante de confesión se proyecta sobre toda clase de delitos, independientemente de su gravedad, mientras que la conformidad premiada con reducción de pena queda restringida a supuestos de menor entidad" (2008, p. 137). Conclusión no del todo precisa cuando incluimos los demás tipos de conformidad en la comparación, los que, aunque no permitan la aplicación reducida de la pena como en el caso de los juicios rápidos, sí autorizan hasta la renegociación del escrito de calificación como en el caso de la conformidad en el procedimiento abreviado.

378 Aun así, se señala la escasez regulatoria de los tramites de juicio rápido, se remite de manera global a las normas del procedimiento abreviado, de tal manera que se "concibe este enjuiciamiento rápido como especialidades aceleradas del procedimiento abreviado, que se pueden aplicar en determinados supuestos" (Moreno Catena, 2021f, pp. 577 y ss.).

379 Moreno Catena, Cortés Domínguez, 2015, p. 538.

380 García Magna, 2019, p. 109; González Guarda, 2021, p. 2077.

que, según la Memoria anual de la Fiscalía General del Estado de 2022 (ejercicio de 2021), no se aprovecha el procedimiento de los juicios rápidos tanto como proyectaba Moreno Catena en el 2015, dado que ha habido el mantenimiento de una proporción alrededor del 20% del uso de los juicios rápidos en los últimos años en relación con el total de los procedimientos, una proporción que descendió durante los anos de 2019 y 2020 a los 16% y no ha vuelvo a subir con la vuelta a la normalidad de la actividad procesal tras la pandemia[381].

Llevando en consideración estos datos, estudiaremos la conformidad que puede ser prestada a partir del reconocimiento de los hechos según el art. 779.1 LECrim y el procedimiento *per se* de la conformidad en el juicio rápido, regulada en los arts. 800 y 801 LECrim.

### 2.3.1. A través del reconocimiento de hechos: art. 779.5ª LECrim

Esta modalidad de conformidad también será aplicada a los casos de reconocimiento de los hechos del artículo 779.5.ª LECrim, por delitos que inicialmente estén siendo tramitados por medio del procedimiento abreviado —con pena privativa de libertad no superior a nueve años—.

Esta hipótesis es limitada a cualquier momento anterior a la decisión judicial tras la práctica de las pertinentes diligencias previas, respecto al sobreseimiento, a la remisión a la jurisdicción militar o de menores, etc. Y dependerá de que el acusado reconozca los hechos en presencia judicial y estos hechos constituyan delito con pena de hasta tres años de prisión, de multa de cualquier cantidad o pena de otra naturaleza que no supere los diez años[382].

---

381 Aun así, más recientemente, Moreno Catena destaca que "la conformidad (...) ha tenido lugar en la mitad de los procesos penales iniciados mediante Diligencias previas que desembocaban en un procedimiento abreviado —en los tres últimos años ha sido ligeramente superior al 50%; en los años anteriores superaba este porcentaje—. Así pues, en buena lógica puede presumirse una habitual utilización de esta forma de terminación del proceso penal en los de enjuiciamiento rápido, ya que tienen como presupuesto no sólo la presencia del investigado ante la autoridad judicial (...)" (2021f, p. 578).

382 *Cfr.* Gómez Colomer, 2023b, pp. 392 y 393.

En este supuesto, el Juez deberá convocar al Ministerio Fiscal y a las partes personadas para que, formulando un escrito de acusación con el que se conforme el acusado, sean incoadas diligencias urgentes y la conformidad[383] pueda ser tramitada por medio del procedimiento descrito de antemano para la transformación de un procedimiento ordinario en una conformidad de juicios rápidos. Por tanto, es necesario tanto un reconocimiento de los hechos por parte del acusado como un acto anterior a la solicitud del Ministerio Fiscal y de las partes personadas de apertura del juicio oral a través de la formulación de escrito de acusación (según el art. 780.1 LECrim). Sin embargo, debido al momento procesal en que está situada, esta conformidad implica el reconocimiento de los hechos, pero no la aceptación de la pena. Esto se debe a que, como todavía se encuentra en fase de instrucción, esta no ha sido solicitada por la acusación[384].

Por esa razón, también es una modalidad de conformidad similar a la permitida en el ámbito del procedimiento abreviado, en la que las partes acusadoras junto con la defensa deberán negociar la conformidad anteriormente; puesto que el «escrito» de acusación deberá desde un primer momento ser presentado en su forma escrita y con la conformidad del acusado y su reconocimiento de los hechos[385].

Se premia el acusado que —de otra manera, estaría limitado a la conformidad del procedimiento abreviado— opta por reconocer los hechos, acto al que no estaría obligado si optara por conformarse con la pena más grave solicitada en el escrito de acusación o con un nuevo escrito de acusación negociado en el ámbito del propio procedimiento abreviado. Y se recompensa porque, siendo el trámite remitido a la conformidad en el enjuiciamiento rápido, se le aplicará una reducción de un tercio a la pena inicialmente conformada, como vamos a ver.

---

383 De esta manera, no se puede confundir el reconocimiento de los hechos con la conformidad. Moreno Catena destaca esa diferenciación y señala que, tras el reconocimiento de los hechos, "que no tiene por qué referirse a la pena, como el concepto de la conformidad (...) se queda a la espera de que se preste la conformidad propiamente dicha, que como es lógico debe formularse expresamente" (2021d, p. 256).

384 En ese sentido plantean la duda sobre si el Juez de Instrucción está vinculado por la pena que interese la acusación o si podrá imponer menor pena o absolver (Asencio Mellado, Fuentes Soriano, 2019, p. 371).

385 *Cfr*. Gimeno Sendra, 2015, p. 840.

Por consiguiente, es una modalidad importante a la hora de considerar la posición del legislador respecto al reconocimiento de los hechos y la actitud claramente colaboradora del acusado, que opta por reconocer el hecho por él perpetrado antes siquiera de la existencia de un escrito de acusación.

### 2.3.2. Conformidad en los juicios rápidos: arts. 800 y 801 LECrim

Excepcionando esta hipótesis de procedimiento abreviado que puede ser redireccionado a la conformidad en juicios rápidos debido a la escasez de la pena en abstracto del delito al que se han reconocido los hechos —acordándose que la conformidad en el ámbito del procedimiento abreviado no implica el reconocimiento de los hechos—, el procedimiento para el enjuiciamiento rápido de determinados delitos es exclusivo para delitos castigados con pena privativa de libertad que no exceda cinco años, o diez años con cualesquiera otras penas, y para el procedimiento que haya sido incoado con un atestado policial y que esta haya detenido a una persona y le haya puesto a disposición del Juzgado de Guardia o, sin detenerla, le haya citado para comparecer ante el juzgado de Guardia en la calidad de denunciado en atestado policial[386]. Por esa razón, los delitos que pueden ser tramitados por vía del enjuiciamiento rápido son los que pueden ser caracterizados de flagrantes, como de lesiones, hurto, robo, contra la salud pública, entre otros. Y que se trate de un hecho "cuya instrucción sea presumible que será sencilla"[387].

En este tipo de procedimiento, tras las diligencias y resoluciones necesarias y con la petición de la apertura del juicio oral, el Ministerio Fiscal deberá presentar inmediatamente el escrito de acusación en la ausencia de acusación particular constituida, a partir del cual el acusado podrá prestar conformidad en el mismo acto según la acusación formulada y lo dispuesto en el art. 801 LECrim.

Así, ante el propio Juzgado de Guardia, al final de las diligencias urgentes y la calificación de los hechos realizada por el Ministerio Fiscal, podrá el acusado conformarse en la propia guardia con el escrito de

---

386 *Cfr.* Gimeno Sendra, 2021b, p. 593.
387 *Cfr.* Pérez-Cruz Martin, 2020, p. 684.

calificación presentado. No obstante, esta conformidad sólo será posible cuando los hechos cualificados, alternativamente, constituyan delito castigado con hasta tres años de prisión, con multa cualquiera sea su cuantía o con pena de distinta naturaleza cuya duración no supere los diez años. Además, en el caso de constituir delito castigado con pena de prisión, esta o la suma de las penas de prisión, no podrá superar los dos años de privación de libertad tras ser reducida en un tercio[388].

Señalamos que, en el caso de que haya acusaciones particulares personadas, no se impide por completo la conformidad que respete los mismos requisitos. No obstante, en ese supuesto, la conformidad no será prestada en la propia guardia, sino en el escrito de defensa presentado por el acusado (art. 801.5 LECrim). Así, el Juez de Guardia deberá determinar la apertura y la citación para el juicio oral ante el Juez de lo Penal, que deberá examinar los supuestos de la conformidad y dictar la sentencia[389].

En ese sentido, una vez prestada la conformidad del acusado, deberá el Juez de Guardia —en el caso de la conformidad prestada ante escrito de acusación del Ministerio Fiscal— o el Juez de lo Penal —en la conformidad prestada en escrito de defensa—, examinar los supuestos de la conformidad: verificando si la calificación es correcta, si la pena es procedente y si la conformidad fue libremente prestada por el acusado, siguiendo el trámite del art. 787 LECrim debido a lo dispuesto en el art. 801.2 LECrim[390].

A partir del análisis positivo de estos requisitos, el Juez dictará sentencia oralmente con arreglo a lo previsto en el art. 789.2 LECrim, es decir, "documentándose en el acta con expresión del fallo y una sucinta motivación" y "si el Fiscal y las partes, conocido el fallo, expresasen su decisión de no recurrir, el Juez, en el mismo acto, declarará la firmeza de la sentencia, y se pronunciará, previa audiencia de las partes sobre la suspensión o la sustitución de la pena impuesta". Asimismo, debido al procedimiento por juicios rápidos, el Juzgado de Guardia tiene el deber de imponer la pena solicitada reducida en un

---

388 *Cfr.* Gómez Colomer, 2023c, p. 396; Moreno Catena, 2021f, p. 579.

389 *Cfr.* Moreno Catena, 2021f, p. 579.

390 Pérez-Cruz Martin (2020, p. 694) señala que, si el juez rechaza la conformidad, cabe recurso de reforma y apelación (art. 766 LECrim).

tercio, aunque suponga la imposición de una pena inferior al límite previsto en el Código Penal[391].

Además, para facilitar la suspensión de la pena privativa de libertad y garantizar que esa sea suspensa en el acto, el art. 801.3 LECrim determina que, en determinados casos, basta con el compromiso del acusado de satisfacer las responsabilidades civiles o su compromiso de obtener certificación de que se encuentra deshabituado o sometido a tratamiento por centro o servicio público o privado debidamente acreditado u homologado.

Dictada la sentencia de conformidad, firme en la medida en que las partes ya hayan declarado su decisión de no recurrir, y determinada la suspensión o sustitución[392] de la pena privativa de libertad, el Juez de Guardia deberá acordar lo que proceda sobre la puesta en libertad o ingreso en prisión del condenado, realizando los requerimientos necesarios. Acto seguido, el secretario judicial remitirá las actuaciones junto con la sentencia al Juzgado de lo Penal competente para su ejecución (art. 801.4 LECrim).

Véase que, aun no impidiendo la conformidad en el enjuiciamiento rápido cuando haya acusaciones particulares personadas, su existencia supone una menor agilidad del trámite, que dependerá de la citación, apertura del juicio oral y remisión al Juez de lo Penal.

Por otro lado, la mayor relevancia de esta conformidad reside en la posibilidad de reducción en un tercio de la pena con la que el acusado se conforma. Asimismo, es relevante que, cuando la pena es privativa de la libertad, nunca podrá superar los dos años en su versión reducida, requisito esencial a la hora de valorar la posibilidad de suspensión de la pena. Esta reducción de la pena es la característica que confiere a esta conformidad la catalogación de "conformidad premiada"[393/394].

---

391 *Cfr.* Gimeno Sendra, 2021b, pp. 604 y ss.

392 En realidad, no se puede más aplicar la sustitución de la pena privativa de libertad en la mayoría de los casos, exceptuando al supuesto de ciudadanos extranjeros, debido a la modificación legislativa que suprimió el art. 88 CP y alteró el art. 80 CP respecto a la suspensión de la pena.

393 Así, "[a] fin de incentivar estas conformidades en la guardia y evitar la realización de juicios orales innecesarios, el legislador obliga, si las partes acusadoras decidieran posibilitar esta conformidad, a que, reducida la pena en un tercio, no exceda de dos años de prisión" (Gimeno Sendra, 2015, p. 842).

Para concluir, la conformidad prestada inicialmente en el ámbito del procedimiento abreviado, a través del reconocimiento de los hechos del art. 779.5.ª LECrim, claramente resulta inadecuada respecto a la regulación existente. Esto se debe a que, al exigir el reconocimiento de los hechos por parte del encausado, no está sometida a ningún requisito en cuanto a la verificación de este reconocimiento. Entendemos que la escasa gravedad de la pena impuesta —sujeta a la reducción de un tercio e inferior a dos años— adquiere especial relevancia frente a la disolución efectuada en el derecho a la presunción de inocencia. No obstante, como argumentamos en líneas anteriores, la exigibilidad de reconocimiento de los hechos para la imposición de una pena sin que se lleve a cabo el Juicio Oral —y, por tanto, en la ausencia de un debido proceso legal, con una resolución judicial fundamentada en pruebas practicadas con arreglo al principio de contradicción— debería estar también vinculada a un mínimo control judicial sobre su veracidad.

## 2.4. *La conformidad ante el Tribunal del Jurado: art. 50 LOTJ*

El proceso ante jurado es especial en la medida en que está regulado por separado mediante la Ley Orgánica 5/1995, de 22 de mayo, del Tribunal del Jurado, con la aplicación supletoria de las reglas de la LECrim. Asimismo, su competencia está definida por la materia establecida en el art. 1.2 LOTJ.

En términos generales, según la distinción realizada por Gimeno Sendra, la competencia del Tribunal del Jurado abarca los delitos muy graves —que, específicamente, incluye los homicidios—, los delitos contra el libre ejercicio de los derechos fundamentales —como los delitos de allanamiento de morada y amenazas—, los delitos contra el patrimonio social y el incumplimiento de deberes cívicos —como la omisión del deber de socorro y los medioambientales de incendios forestales— y, para terminar, los delitos cometidos por funcionarios,

---

394 Sobre cómo la pena debe ser determinada a partir de la calificación que hicieron las partes y, por lo tanto, se incluye la consideración respecto a los eventuales subtipos atenuados o privilegiados *cfr.* Rodríguez-García, Contreras Alfaro, 2006, p. 81.

entre los cuales se incluye el cohecho y la malversación de caudales públicos[395/396].

En este ámbito, durante la fase de conclusiones definitivas y tras la práctica de la prueba, el acusado podrá manifestar la conformidad con el escrito de calificación que solicite pena de mayor gravedad o con un escrito de acusación presentado en el acto, suscrito por todas las partes y que no implique otros hechos que los objetos de juicio, ni calificación más grave que la incluida en las conclusiones provisionales[397]. De esta manera, la conformidad depende de la constitución del Jurado y de la apertura del Juicio Oral. Una opción quizás no tan eficiente como sería la posibilidad de que el investigado se conformara ante el Juez de Instrucción[398].

Esta conformidad se encuentra limitada a penas no superiores a los seis años de prisión, sola o juntamente con las penas de multa y privación de derechos. Además, el magistrado-presidente no puede dictar sentencia de conformidad y disolver el Jurado cuando entienda existir "motivos bastantes para estimar que el hecho justiciable no ha sido perpetrado o no lo fue por el acusado" o que los hechos aceptados no constituyan delito (art. 50.2 y 3 LOTJ)[399].

De esta manera, la conformidad en el procedimiento ante Jurado es similar a la del procedimiento abreviado, admitiendo la negociación del escrito de acusación entre la defensa y las partes acusadoras en torno a la calificación del hecho —desde que con relación al mismo hecho descrito en conclusiones provisionales y que la calificación sea igual o menos gravosa que la anteriormente señalada—.

No obstante, al ser una conformidad prestada exclusivamente tras la práctica de la prueba, inviabilizaría cualquier consideración relacionada con la colaboración del acusado con la justicia cuyo objetivo fuera acortar o agilizar el proceso. Es más, de manera general también implica menos agilidad y aporta menor eficiencia al proceso, ya que

---

395 Gimeno Sendra, 2015, p. 797; Gimeno Sendra, 2021b, p. 611; Gómez Colomer, 2003, p. 57.

396 *Cfr.* Gómez Colomer, 2023b, p. 65; Barona Vilar, 2023c, pp. 653-655; Gómez Colomer, 2022b, pp. 70 y 71.

397 *Cfr.* Gómez Colomer, 2023c, p. 402; Moreno Catena, 2021g, p. 565.

398 *Cfr.* Tomé García, 1999, p. 494.

399 *Cfr.* Tomé García, 1999, pp. 495-499.

se habrá pasado toda la etapa procesal de investigación y producción probatoria[400/401].

Asimismo, debido a la competencia del procedimiento ante el Tribunal de Jurado, destacamos que los delitos de cohecho y malversación pueden estar sometidos a este tipo especial de conformidad. Al mismo tiempo, estos delitos también posibilitan la realización de formas especiales de colaboración del acusado, derivadas de la regulación penal sustantiva, como analizaremos en el siguiente apartado de este capítulo.

### *2.5. La conformidad en el ámbito de la responsabilidad penal de los menores*

Con la Ley Orgánica 5/2000, de 12 de enero, se regula la responsabilidad penal de los menores. En esta ley están recogidas dos modalidades de conformidad, una limitada, de acuerdo con el art. 21 LORPM, y otra ilimitada, por medio del art. 36 LORPM[402].

En un primer momento, el art. 32 LORPM permite que, cando la sanción solicitada por el Ministerio Fiscal o por el acusador particular no conlleve restricción de la libertad, el menor, junto con su Letrado, manifieste la conformidad con ese escrito de acusación. De manera que el Juez podrá dictar sentencia sin más trámites. Esta es una modalidad "vinculante" de conformidad, una vez que la medida

400 *Cfr.* Gómez Colomer: "el problema es que la LJ sólo ha regulado la conformidad en el juicio oral, cuando podría haber hecho una remisión específica al menos a las normas del proceso abreviado (...). Pero su admisión debe favorecer que el juicio ante el Jurado no tenga lugar, por tanto, estamos también ante un instrumento de rapidez y eficacia, finalidades claras de la reforma" (2012, p. 36).

401 Rodríguez-García destaca que la eventual promulgación del ALECrim 2020 haría con que las disposiciones de la Ley de Enjuiciamiento Criminal debiesen ser seguidas sólo como "derecho supletorio" en las conformidades reguladas para el Tribunal del Jurado, por la LORP y por la ley penal militar, diferentemente de lo que pasaba en los escenarios propuestos por el ALECrim 2011 o por el BCPP 2013, en los que se incluían expresamente disposiciones sobre estos procesos especiales (2022, p. 26).

402 Respecto a la distinción entre conformidad limitada e ilimitada *cfr.* Díaz Martínez, 2021, pp. 584-585.

solicitada y aceptada por la defensa deberá ser impuesta por el Juez sin posibilidad de su sustitución.

En segundo lugar, la conformidad "ilimitada" permite la conformidad del menor con las medidas solicitadas y la responsabilidad civil cuando se declare autor de los hechos[403/404].

En esta hipótesis se establece una serie de garantías adicionales al encausado que opta por conformarse, debido a su especial condición como menor. En ese sentido, deberá ser informado por el Secretario Judicial a través de un lenguaje "comprensible y adaptado a su edad" de las medidas, responsabilidad civil, hechos y la causa en que se funden que son solicitadas por el Ministerio Fiscal o por la acusación particular o actor civil[405].

Así como las demás conformidades, el Letrado del menor será oído sobre su declaración como autor de los hechos y conformidad con las medidas solicitadas y la responsabilidad civil. No obstante, será el Juez que deberá determinar la continuación o no de la audiencia si el Letrado no está de acuerdo con la conformidad prestada (art. 36.2).

Para terminar, distinto de lo que ocurre para la conformidad de personas mayores de edad, si hay la conformidad con el hecho, pero no con la medida solicitada, se permite el trámite de la audiencia sólo respecto a la medida, "practicándose la prueba propuesta a fin de determinar la aplicación de dicha medida o su sustitución por otra más adecuada al interés del menor y que haya sido propuesta por alguna de las partes" (art. 36.3).

---

403 Hacemos nota que el principio de oportunidad también es reflejado en la ley responsable de determinar la responsabilidad penal del menor por medio del desistimiento de la incoación del expediente por corrección en el ámbito educativo y familiar (art. 18 LORPM) o del sobreseimiento del expediente por conciliación o reparación entre el menor y la victima (art. 19 LORPM) o a propuesta del equipo técnico (art. 27.4). Sin embargo, y como son juicios de oportunidad relacionados con la particularidad de procesos de menores, y no a un juicio general como en el caso del sobreseimiento en los delitos leves, optamos por no reflejarlo en esta investigación. *Cfr.* Bernabéu Vergara, 2019, pp. 3 y ss.; Díaz Rodríguez, 2019, p. 2; Granado Pachón, 2019, p. 2.

404 Esparza Leibar, 2023, p. 668.

405 *Cfr.* Cueto Santa Eugenia, 2021.

De manera similar, si no hay conformidad respecto a la responsabilidad civil solicitada, también se sustanciará la audiencia sólo en relación con este elemento, practicándose la prueba propuesta con el fin de determinar el alcance de esta responsabilidad (art. 36.4).

Lo importante en el ámbito de esta conformidad es entender la apertura que ofrece el sistema penal a la conformidad del menor, sobre su voluntariedad y capacidad de decisión al declararse autor de los hechos y conformarse con la medida solicitada. Este elemento, de manera transversal, también puede extenderse a una eventual colaboración por parte de los menores. No obstante, las características propias del proceso de menores hacen con que sea fundamental realizar un estudio particular y concreto sobre el tema. Esto permitirá, siempre y cuando sea considerado necesario, conciliar los intereses de la política criminal respecto a la colaboración con la justicia con la especial protección debida al menor.

## *2.6. La conformidad en el ámbito militar*

La Jurisdicción Militar configura excepción a la jurisdicción ordinaria, regulada en el art. 10 LECrim. Viene, de esta manera, dispuesta en el art. 3.2 LOPJ[406], los arts. 11 a 28 de la Ley Orgánica 2/1989, de 13 de abril, Procesal Militar, y en la Ley Orgánica 13/1985, de 9 de diciembre de Código Penal Militar[407].

La conformidad en la Jurisdicción Militar puede ser prestada en tres momentos: en los escritos de conclusión provisionales de las partes, tras el auto de conclusión del sumario; durante la vista del Juicio Oral; y durante el desarrollo del Juicio Oral, pero siempre antes de la práctica de la prueba.

---

406 Determina que "los órganos de la jurisdicción militar, integrante del Poder Judicial del Estado, basan su organización y funcionamiento en el principio de unidad jurisdiccional y administran Justicia en el ámbito estrictamente castrense y, en su caso, en las materias que establezca la declaración del estado de sitio, de acuerdo con la Constitución y lo dispuesto en las leyes penales, procesales y disciplinarias militares".

407 *Cfr.* Montero Aroca, Gómez Colomer, 2023, p. 42; Esparza Leibar, 2023, pp. 670 y ss.

El auto de conclusión del sumario, dictado por el Juez togado Militar tras la práctica de las diligencias decretadas de oficio, será notificado a las partes personadas y al Fiscal Jurídico Militar. En el plazo de cinco días, las partes podrán formular escritos en los que pueden o no mostrar su conformidad con el auto dictado (art. 240 LO2/1989, de 13 de abril). Habiendo conformidad con los escritos de acusación, esta deberá ser prestada en los escritos de conclusiones provisionales de las partes acusadas, los que deberán llevar la firma del defensor, del Procurador y del procesado o responsable civil (art. 279 LO2/1989, de 13 de abril). Esta conformidad sólo será posible respecto a la calificación más grave de las partes acusadoras y, siempre y cuando fueran varios los encausados, la conformidad sea manifestada igualmente por todos ellos (art. 283 LO2/1989, de 13 de abril). Por tanto, estamos ante una conformidad regular, en la medida en que no es negociada y se prohíbe la conformidad parcial de los coacusados.

No obstante, la conformidad también es posible durante el desarrollo de la vista del Juicio Oral. En este caso, dependerá de que la pena de prisión solicitada no supere los tres años, ni suponga la pena de pérdida de empleo. El Auditor Presidente preguntará al acusado si se confiesa reo del delito más grave que se le haya acusado en los escritos de calificación, así como si se confiesa reo de cada delito en el supuesto de varios delitos acusados y varios procesados, así como la participación en cada uno de ellos. Habiendo confesión como reo, el defensor deberá informar si considera necesaria la continuación de la vista, en cuyo caso no será posible al Tribunal dictar sentencia de conformidad (art. 307 LO2/1989, de 13 de abril).

Para terminar, durante el Juicio Oral hay una tercera oportunidad para la conformidad: antes de iniciada la práctica de la prueba y tras la lectura de los escritos de acusación y defensa. Durante este momento, el acusado podrá solicitar al Tribunal que proceda a dictar sentencia de conformidad con el escrito de acusación que contenga pena de mayor gravedad o con un escrito de acusación presentado en el acto, que deberá referirse al mismo hecho y no podrá contener calificación más grave que la del escrito de acusación. Además, el Tribunal deberá verificar que el hecho aceptado por todas las partes no carece de tipicidad penal ni manifiesta la concurrencia de circunstancia determinante de la exención o atenuación de la pena, en cuyo caso deberá dictar sentencia en los términos que proceda (art. 395 LO2/1989, de 13 de abril).

Por consiguiente, se determina tanto una conformidad "simple", con la pena más grave solicitada, en los primeros dos momentos procesales descritos, como la conformidad negociada, dependiente de la formulación de un nuevo escrito de acusación que debe de ser presentado durante la fase inicial del Juicio Oral.

## 2.7. *Proceso por aceptación de decreto: art. 803 bis LECrim*

El proceso por aceptación de decreto, como también en el caso del procedimiento por delitos leves, como veremos con posterioridad, se limita a los delitos de escasa gravedad, castigados con pena de multa, trabajos en beneficio de la comunidad o pena de prisión que no exceda de un año y pueda ser suspendida en los términos del art. 80 CP.

Este tipo de procedimiento podrá ser incoado a cualquier momento tras el inicio de las diligencias previas o la incoación de un procedimiento judicial, desde que hasta el final de la fase de instrucción y siempre y cuando no esté personada acusación popular o particular en la causa (art. 803 *bis*.a LECrim)[408].

Además, depende exclusivamente de la actuación del Ministerio Fiscal, que deberá, tras el inicio de las diligencias previas o de que se haya incoado el procedimiento judicial, elaborar el decreto con la identificación del investigado, la descripción del hecho punible, la identificación del delito cometido junto con una sucinta mención de la prueba existente, las penas propuestas y la exposición de motivos por los que entiende que es debida la sustitución de la pena de prisión, si aplicable, además de las peticiones de restitución e indemnización (art. 803 *bis*.d LECrim)[409].

Enviará este decreto al Juzgado de Instrucción, que será responsable de autorizarlo y notificar al investigado con una citación de comparecencia, señalando el motivo para su realización y la necesidad de asistencia de Letrado[410].

---

408 Sobre los requisitos formales, subjetivos y objetivos *cfr.* Gimeno Sendra, 2021b, pp. 623-625.

409 Respecto a algunas reflexiones sobre la falta de garantía del derecho de defensa en el proceso por aceptación de decreto *cfr.* Ruíz Rodríguez, 2019.

410 O, en su caso, la necesidad de designar Letrado de oficio, cuya solicitud debe de ser realizada en los cinco días hábiles anteriores a la comparecencia.

El encausado podrá no comparecer o rechazar la propuesta de decreto total o parcialmente, aunque rechace sólo la restitución o indemnización, en cuyo caso la propuesta quedará sin efecto (art. 803 *bis*.h.2 LECrim).

Por otro lado, el encausado podrá comparecer sin letrado, de tal manera que el Juez deberá determinar la suspensión del proceso por aceptación de decreto y señalar otra fecha para su celebración (art. 803 *bis*.h.1 y 3 LECrim).

Para terminar, podrá el encausado comparecer y aceptar la propuesta del decreto junto con la asistencia de Letrado y, si el Juez entiende que el encausado comprende el significado del decreto y sus efectos, deberá atribuir a la aceptación de la propuesta de pena carácter de resolución judicial firme, documentada como sentencia condenatoria (art. 803 *bis*.i LECrim)[411].

En este procedimiento, por tanto, no existe cualquier posibilidad de acuerdo, negociación o hasta proactividad por parte del encausado, que podrá solamente aceptar por completo o rechazar la propuesta de decreto realizada por el Ministerio Fiscal[412].

Además, el propio Ministerio Fiscal está obligado a ceñirse a la propuesta de sanciones que sean acordes con la defensa del interés público y de los derechos del ciudadano, ya que cabrá un examen por parte del Juzgado de Instrucción, antes de notificar el acusado y citar su comparecencia, de la eficacia de la propuesta de pena.

Por otro lado, en el caso de no aceptación del decreto y cuando el Ministerio Fiscal deba de formular nuevo escrito de acusación, este estará obligatoriamente limitado al relato fatico presentado en el decreto (art. 803 *bis*.c LECrim)[413], impidiéndose cualquier situación de obligación encubierta al acusado por medio de estrategias del Minis-

---

411 Sobre la aceptación del decreto *cfr.* Gimeno Sendra, 2021b, p. 628.

412 Asimismo, "parece que la ley considera que la resolución del Fiscal se presente sin un diálogo o negociación previa con el encausado; que en todos los procedimientos que tengan por objeto hechos susceptibles de ser sancionados con multa, trabajos en beneficio de la comunidad o prisión de menos de un año que pueda ser suspendida, o privación del derecho a conducir vehículos, el Fiscal asuma la carga de dictar un decreto solicitando una pena que sea asumible para el acusado (...). Eso significa la unilateralidad del decreto" (Moreno Catena, 2021g, p. 533).

413 Moreno Catena, 2021g, pp. 625 y ss.

terio Fiscal relacionadas a un *overrecomending*[414] como en el ámbito de la *plea bargaining* estadounidense.

Desde esa perspectiva, observase un procedimiento que, aunque sea una manifestación del principio de oportunidad en el sentido de acortar el procedimiento penal regular y permitir una resolución anticipada, a partir de una propuesta del Ministerio Fiscal y de la aceptación del encausado, se ve limitado no solamente por el ámbito de aplicación a delitos de escasa gravedad sino también por la rigidez del propio procedimiento, que impide cualquier tipo de solución acordada. Eso claro, por lo menos en el ámbito jurídico legalmente regulado, puesto que la práctica, en la que posiblemente el Ministerio Fiscal opte por acordar un decreto con el encausado, puede significar otra evolución en el ámbito de este procedimiento.

### *2.8. El procedimiento por delitos leves: art. 963.1 LECrim*

Anteriormente conocido como juicio de faltas, el actual procedimiento por delitos leves también es resultado de la reforma operada por la LO 1/2015, de 30 de marzo, la que también cobrará relevancia cuando analicemos las manifestaciones de colaboración premiada en España.

A pesar de que la reforma del procedimiento por delitos leves era necesaria para sustituir el régimen de las faltas, aún existen muchos puntos que requieren la atención tanto de la doctrina como de los legisladores[415], entre los cuáles queremos destacar la dificultad de este procedimiento para determinar qué delitos se consideran delitos leves[416]. Esto se debe a que, para su definición, es necesario consultar la segunda parte del art. 13.4 CP, que establece que "cuando la pena, por su extensión, pueda considerarse como leve y como menos grave, el delito se considerará en todo caso, como leve".

---

414 Rodríguez-García, 1997a, p. 67; Soares de Albergaria, 2007, p. 68.

415 Ferreiro Baamonde, 2020, p. 766.

416 Según Viéitez López, "resulta difícil distinguir, en ocasiones, entre delitos menos graves y leves, ya que puede resultar que determinados delitos leves pueden constituir una atenuación de los menos graves y en otras ocasiones la modificación de la clasificación ha supuesto la transformación de delitos anteriormente considerados menos graves como leves habida cuenta de los límites de penas establecidos en el artículo 33" (2019, p. 2).

De tal manera que, estando las penas leves previstas en el art. 33.4 CP —entre las cuales se encuentran, por ejemplo, la privación del derecho a conducir vehículos a motor, la multa de hasta tres meses, los trabajos en beneficio de la comunidad de uno a treinta días, etc. —, para saber qué son delitos leves debemos observar los tipos específicos. Sin embargo, para nuestro objetivo e investigación lo importante de mencionar es que en el procedimiento por delitos leves no se incluye la posibilidad de pena privativa de libertad y que, por ello, justificaría su trato especial en lo que concierne el principio de oportunidad, como explicamos en seguida.

A saber, se permite una situación en la que, aunque el Juez de Instrucción estime procedente la incoación del juicio, deberá decretar el sobreseimiento de la causa cuando lo solicite el Ministerio Fiscal debido a las siguientes circunstancias: *(i)* un delito leve denunciado de muy escasa gravedad según la naturaleza del hecho, sus circunstancias y las personales del autor; y *(ii)* la ausencia de interés público relevante en la persecución del hecho[417] (art. 963 LECrim). En estas hipótesis el Ministerio Fiscal remitirá al juzgador un escrito comunicando su decisión, de manera que este último pueda decretar la suspensión del juicio y comunicárselo a todos los que hubiesen sido citados, de tal manera que se dé el sobreseimiento del procedimiento y el archivo de las diligencias (art. 964.2.a LECrim)[418].

Se señala que, dada la amplitud de la determinación legal para la solicitación de sobreseimiento por el Ministerio Fiscal, se ha redactado la Circular 1/2015, de 19 de junio[419], por la que se determinan pautas para el ejercicio de la acción penal por delitos leves, además de establecer mejores y más claros requisitos en relación con cuáles delitos están incluidos en el procedimiento por delitos leves. Se destaca que, en el caso de que coincidan tramos de penas leves y menos graves, debe de ser considerado siempre por su tramo más gravoso, conclusión con la que estamos de acuerdo, especialmente cuando consideramos cuál es el alcance de la renuncia al ejercicio de la acción

---

417 En delitos patrimoniales, por ejemplo, no habrá interés público cuando ya se haya reparado el daño e no haya denuncia del perjudicado (López Barja de Quiroga, 2004, p. 768).

418 *Cfr.* Moreno Catena, 2021f, p. 542.

419 Fiscalía General del Estado. Circular 1/2015, de 19 de junio.

penal por razones de conformidad. Y debido al hecho de que esa renuncia, cuando solicitada por el Ministerio Fiscal, debe de ser concedida por el Juez competente sin que pueda hacer un análisis sobre sus razones y cabimiento, factor que minimiza, hasta determinado nivel, el derecho al juez legal[420] y la reserva de jurisdicción.

Por otro lado, sí es verdad que, estando la renuncia al ejercicio de la acción penal por razones de oportunidad restricta al proceso por delitos leves, siendo que los delitos leves ya, por su "su propia naturaleza" constituyen los delitos "menos relevantes", de manera que, como señalado en la Circular 1/2015, "exigir del Fiscal que discrimine dentro de la categoría las categorías de menos transcendencia reduce el ruego del principio de oportunidad a mínimos"[421].

En ese sentido, aunque el Ministerio Fiscal, según la propia Circular de la Fiscalía, debe analizar en profundidad elementos como la lesión al bien jurídico[422], las circunstancias personales del autor, el arrepentimiento activo, los antecedentes, la opinión de la víctima ante la reparación del daño y el interés público existente, entre otras cuestiones, parece ser que, al menos para el Ministerio Fiscal, podría haber sido dada mayor amplitud al sobreseimiento por razones de oportunidad.

Por otro lado, sí vale decir que esta hipótesis de aplicación del principio de oportunidad —si estuviéramos de acuerdo con la doctrina mayoritaria respecto a lo que se considera principio de opor-

---

420 *Cfr.* Fairén Guilén, 1998, p. 423; Gimeno Sendra, 2015, p. 91. Respecto al rango de derecho fundamental y sus consecuencias *cfr.* Gimeno Sendra, 2020b, pp. 107 y ss.; Gimeno Sendra, 2021, pp. 26 y ss. Respecto a su relación con la independencia e imparcialidad de los Jueces, incluso según el tipo de delito encausado o el tipo de la persona encausada, *cfr.* Díaz Martínez, 2020b, pp. 276 y 277; Montero Aroca, 1998, p. 377; Calamandrei, 2006, pp. 52-53.

421 Ítem 6.2.1, FGE, Circular 1/2015.

422 Por otro lado, entiende Berzosa Ríos que "no puede concluirse que a la hora de solicitar el archivo del procedimiento lo relevante sea el bien jurídico protegido, dado el art. 963.1 LECrim, habla de delitos leves de muy escasa gravedad, y sin interés público, por tanto, vinculándolo a la gravedad del hecho, no al bien jurídico protegido, de tal forma que ante la asignación de igual pena en unos delitos leves que en otros, de todos los considerados como tales diseminados a lo largo del Código Penal, lo ponderable debe ser esa mayor, menor, o ínfima gravedad, y a partir de ahí vincularla a las circunstancias personales" (2019, p. 2).

tunidad— constituye la única manifestación real del principio de oportunidad, ya que realmente permite un término anticipado del procedimiento, sin que se juzguen los hechos. Asimismo, puede ser caracterizada como una manifestación pura del principio de oportunidad en la medida en que dejará al encausado completamente libre de responsabilidad penal y de pena[423].

Por tanto, aunque la decisión del Ministerio Fiscal relativa al sobreseimiento sea totalmente de su competencia, una vez que el Juez no puede tomar acción en contrario cuando el Ministerio Fiscal solicite el sobreseimiento, la verdad es que, debido al art. 963.1. 1.ª LECrim, está totalmente limitado a la "muy escasa gravedad a la vista de la naturaleza del hecho (...) y además que no exista un interés público relevante en la persecución del hecho"[424].

De esta manera, por un lado, tampoco podríamos hablar de falta de respeto a los fines de prevención de la pena, por ejemplo, puesto que la oportunidad es una reglada a los casos de falta de interés público y escasa gravedad[425].Y, por otro lado, no habiendo interés público siquiera para la persecución del hecho, no habrá, tampoco, inclinación para incentivar cualquier especie de negociación o acuerdo entre las partes y, mucho menos, para proponer una forma de colaboración del investigado o encausado con la justicia[426].

Respecto a este supuesto, destacamos la regulación propuesta en el ALECrim 2020 respecto al archivo o suspensión del proceso por razones de oportunidad. A pesar de que fuera una idea similar al procedimiento por delitos leves, era más amplio en la medida en que incidía, respectivamente en el caso de archivo o suspensión, a

---

423 Y que, por consiguiente, viene intrínsecamente relacionada con el uso del principio de oportunidad en favor de un Derecho penal mínimo en casos con mínimo ataque al bien jurídico y "en la necesidad de descargar de trabajo a los distintos juzgados y tribunales, ya que, al haberse destipificado conductas por su escasa relevancia e interés para el mantenimiento del orden público, colapsaban los órganos judiciales impidiendo que estos se centren en la investigación y enjuiciamiento de los más graves ataques a los bienes jurídicos" (Viéitez López, 2019, p. 2).

424 Moreno Catena,2021f, p. 543.

425 Viéitez López, 2019, p. 3.

426 Esto porque esta manifestación del principio de oportunidad "se ciñe claramente a los denominados delitos bagatela" (Fernández Salgado, 2019, p. 3).

delitos castigados con pena de hasta dos o cinco años de prisión. Asimismo, porque la terminación por razones de oportunidad no es fundada en la falta de interés público en su persecución, sino en que la "imposición de la pena resulte innecesaria o contraproducente a los fines de prevención que constituyen su fundamento"[427] (art. 173 ALECrim 2020).

Por consiguiente, y en el sentido de las demás reformas propuestas en el ámbito de este ALECrim 2020, y como analizaremos en seguida respecto a los supuestos de colaboración, parece que la ampliación de la oportunidad y una mayor permisión ante la terminación del proceso por razones de oportunidad será una de las apuestas hacia el futuro procesal.

## *2.9. La conformidad de la persona jurídica*

La persona jurídica no se encuentra prohibida de llegar a sentencias de conformidad. Y, en ese sentido, la propia norma procesal parece beneficiarla en la medida en que el art. 787.8 LECrim permite que la persona jurídica, a través de "su representante especialmente designado" con poder especial[428], podrá prestar conformidad en los términos del art. 787 LECrim independientemente de la posición adoptada por los demás acusados, de tal manera que el contenido de la conformidad tampoco vinculará el juicio celebrado en relación con estos otros acusados[429].

Así como para las personas físicas que se conformen, aunque con las adaptaciones necesarias a una persona ficticia, la conformidad prestada por persona jurídica también es sometida a un control judicial en relación con la calificación jurídica de los hechos, la proce-

---

427 Aunque en el caso específico de la suspensión también se añade el requisito de que el ofendido haya reconocido su responsabilidad en la comisión de los hechos punibles (art. 176.1 j ALECrim 2020).

428 "El motivo que esta actuación se reserve al representante radica en que la conformidad constituye un acto personalísimo que, de ordinario, sólo puede realizar el acusado (...) y es que (...) al estudiar las funciones del representante defensivo, a este se reservan los actos personalísimos, es decir, aquellos que, de ordinario, sólo puede realizar el inculpado, sin mediar representante o apoderado" (Neira Pena, 2018, p. 154).

429 *Cfr.* Moreno Catena, 2021e, pp. 427 y 428; Gómez Colomer, 2022, pp. 208 y ss.

dencia de la pena según dicha calificación y, más discutible respecto a si se debe proceder un control meramente formal o no[430], sobre si la conformidad ha sido prestada libremente y con conocimiento de sus consecuencias.

Esta conformidad para la persona jurídica, originaria del art. 784.3 LECrim en el ámbito del procedimiento abreviado, es la misma que permite a las personas físicas prestar conformidad con la acusación o con un nuevo escrito de calificación acordado y firmado en conjunto por las partes acusadoras y la persona jurídica junto con su Letrado[431].

Esta conformidad, a pesar de provechosa, en la medida en que permite la negociación en torno al escrito de calificación, no deja de estar limitada a la conformidad con el escrito de acusación que indique pena de mayor gravedad, que se refiera al mismo hecho y no contenga calificación más grave que la del escrito de acusación anteriormente presentado, siempre y cuando la pena no exceda los seis años de prisión[432].

---

430 Discusión a favor de un control meramente formal, "señalando que en el proceso sólo interesa constatar que quien otorga su consentimiento en nombre de la persona jurídica, está facultado para ello" y, en sentido contrario, que el Juez o Tribunal debe verificar un alcance superior en la conformidad prestada, "preguntándole al representante de la persona jurídica, y a su abogado, acerca de cómo se ha adoptado la decisión de conformarse y si, a su juicio, se ha procedido de forma válida" y "si el representante del ente no manifiesta de forma clara e incondicionada su voluntad al respecto, o si no cuenta, en su decisión de conformarse, con la aquiescencia del abogado" (Neira Pena, 2018, p. 163).

431 Y, aunque la actual LECrim no contenga previsión de conformidad específica de la persona jurídica en el procedimiento ordinario, como tampoco lo hacen los intentos de reforma de la conformidad como el PLMEP, señalamos alguna doctrina que afirma que "parece sensato pensar que la voluntad del legislador también se mantendrá en este ámbito, pero no habría estado de más una modificación expresa que evite la discordancia de soluciones según el tipo procedimental" (Gascón Inchausti, 2012, p. 176).

432 Otro elemento importante es que al no requerir el reconocimiento de los hechos, sino solamente la conformidad con la pena más grave solicitada, se permite la exteriorización de la conformidad por "el representante especialmente designado, aun cuando no haya tenido una intervención o un conocimiento directo y personal sobre los hechos", conformándose, pero "sin necesidad de indagar sobre su intervención personal y/o su conocimiento, más o menos directo, en relación con los hechos, ni sobre la asunción real, por parte de la entidad, de su

Por esta razón, en los casos en que no se discutan las penas de prohibición temporal de actividad o inhabilitación para obtener subvenciones, ayudas, beneficios o incentivos de la Administración superiores a diez años[433], solamente viables para personas jurídicas reincidentes o instrumentales (arts. 33.7.e y f y 66 *bis* CP), será siempre más favorable a la persona jurídica el recurso a la conformidad del art. 779.1.5.º, con remisión a los arts. 800 y 801 LECrim —conformidad en los juicios rápidos y reconocimiento de los hechos—[434]. Siempre y cuando, claro, la persona jurídica esté dispuesta a reconocer los hechos.

Esto se debe a que en este tipo de procedimiento la conformidad podrá ser prestada en cualquier momento durante la instrucción, en cuyo caso se convocará inmediatamente el Fiscal y una vez formulado el escrito de acusación según el reconocimiento de los hechos realizado, se incoarán las diligencias urgentes con la continuación de las actuaciones según los tramites de los arts. 800 y 801 LECrim. De lo que, como ya hemos analizado arriba, viene como consecuencia la rebaja de la pena conformada de un tercio, aunque suponga la imposición de una pena inferior al límite mínimo señalado por el CP.

Por tanto, a la persona jurídica, debido a su especial condición que le sujeta a unas penas "alternativas", respecto a la tradicional pena privativa de la libertad, se le permite un mayor margen en relación con la conformidad, pudiendo prestarla en el ámbito de los juicios rápidos durante la fase de instrucción, con rebajas importantes sobre la pena final (un tercio de la pena).

Tratándose de conformidades que pueden alcanzar las penas más graves en el ámbito empresarial, la de disolución o de prohibición de

---

responsabilidad en los mismo" (Neira Pena, 2018, p. 157). Eso, no obstante, será un problema más adelante al constatar que la forma más beneficiosa de conformarse para la persona jurídica es justamente la que implica el reconocimiento de los hechos del art. 779.1.5 LECrim.

433 Esto porque para la conformidad del art. 779.1.5.ª LECrim deberá ser cumplido el requisito del reconocimiento de los hechos que constituyan un delito con pena recogida en el art. 801 LECrim, a saber, penas de multa e interdictivas que no superen los 10 años, siendo "indiferente que la pena privativa de libertad a la persona física pueda ser superior a los 3 años de prisión" (Velasco Núñez, 2020, p. 187).

434 En ese sentido también "a la más beneficiosa para la PJ que es la 3) conformidad premiada del art. 779.1.5.ª LECrim" (Velasco Núñez, 2020, p. 187).

realizar ciertas actividades, hay alguna doctrina que señala que en estos casos debería ser prohibida la conformidad[435]. Por otro lado, se discute la posibilidad de conformidad con dichas penas, pero con la inclusión de "garantías adicionales", como un "acuerdo del máximo órgano decisorio de la entidad" y con "audiencia a los terceros interesados que puedan resultar afectados por la disolución"[436]. Se intenta, de esa manera, proteger a los intereses de los *shareholders* y *stakeholders* más cercanos a la entidad.

Otro problema propio de la conformidad de la persona jurídica, señalado por Neira Pena y que nos importará de manera más específica en este trabajo, es que el Juez, al hacer el control de legitimidad de la pena en relación con la calificación de los hechos, "no puede modificar el acuerdo alcanzado entre las partes bajo el perfil sancionador". Por tanto, aunque se haya acordado una pena interdictiva, no podrá hacer un valor de oportunidad relacionado con la necesidad de prevención especial conforme los requisitos del art. 66 CP, estando limitado a "valorar la concordancia entre la pena aceptada y la ley". Asimismo, "tampoco puede, el órgano enjuiciador, apreciar agravantes, atenuantes ni eximentes que no hayan sido objeto de conformidad"[437].

En ese sentido, aunque la persona jurídica haya colaborado de manera específica o haya comprobado la existencia de programas de cumplimiento efectivos, implementados antes o después del hecho delictivo, significando una eximente o una atenuante según cada caso, el Juez o Tribunal no podrá aplicarle dichos beneficios. Y, si al plan tear esa cuestión en el ámbito de grandes empresas con una robusta estructura y defensa no parece haber mayores problemas, dado que el propio representante especialmente designado ya estaría en condiciones de incluir estos premios en acuerdo inicial de conformidad (acordémonos que estamos en el ámbito de la conformidad negociada del procedimiento abreviado) sí podría haber situaciones de desigualdad e indefensión en el ámbito de entidades pequeñas y medianas.

---

435 Rodríguez-García, 2017, p. 207; Rodríguez-García, 2015, pp. 3 y ss.; Gascón Inchausti, 2012, p. 175.

436 Neira Pena, 2018, p. 166.

437 Neira Pena, 2018, p. 164.

Además, se señala que la conformidad no puede ser utilizada por la persona jurídica como instrumento para cerrar la instrucción judicial "en falso" o "en fase embrionaria" "sin que se agoten las posibilidades de descubrir la verdad y de identificar a todos los sujetos involucrados en el hecho punible". A saber, se prohíbe el uso de la conformidad como mecanismo para escapar y esconder otras conductas delictivas y sujetos responsables[438], como alertado por la Fiscalía General del Estado a los fiscales por la Circular 1/2011, de 1 de junio. Desde nuestra perspectiva, a pesar de la importancia de esta restricción, esta práctica pueda ser de difícil percepción en la realidad judicial.

El hecho de que se permita la conformidad parcial de la persona jurídica respecto a los demás coacusados personas físicas —cuando no se permite lo mismo en situaciones donde solamente existan personas físicas— tiene algunas explicaciones posibles, todas relacionadas con promover la realización de acuerdos entre la persona física y jurídica, los que, por un lado, permitirían a la persona jurídica menos publicidad y estigmatización de un proceso penal, el que podría interferir negativamente en sus actividades regulares. Y, por otro lado, contribuirían con la Administración de Justicia en la difícil tarea que es recabar medios de prueba y asignar responsabilidades individuales en "entornos organizacionales"[439/440].

La relación entre la responsabilidad penal de la persona jurídica y la realización de acuerdos con la justicia, o, más simplemente, la justicia negociada, por lo tanto, es vislumbrada desde la conformidad hasta los institutos de carácter penal sustantivos que analizaremos en seguida, como la atenuación de la pena o la eximente de responsabilidad por colaboración.

---

438 Alertado por la Fiscalía General del Estado a sus Fiscales por la Circular 1/2011, de 1 de junio, p. 86. *Cfr.* Neira Pena, 2018, p. 167.

439 A pesar de que se destaque el trato desigual y no justificado razonablemente, que no permite a la persona física conformarse en el supuesto de que la persona jurídica no quiera expresar conformidad, debido a una interpretación restrictiva de la LECrim, subsiste la interpretación de que sólo puede conformarse sin que la otra parte tampoco lo haga, la persona jurídica (Neira Pena, 2018, pp. 168 y 170).

440 *Cfr.* Villegas García, Encinar del Pozo, 2021, pp. 479 y ss.

Relación y regulación que, como reflexiona Neira Pena, pueden deberse, en parte, a la influencia del sistema americano de responsabilidad penal de las personas jurídicas, que podría reflejarse en un incremento de las soluciones negociadas. Asimismo, también podemos atribuir dichas características al interés de las personas jurídicas en evitar la celebración del juicio oral, con el objetivo de minimizar la publicidad de los hechos delictivos que se les imputan y, con ello, el eventual daño reputacional que podría derivar de su enjuiciamiento[441], siendo el mal menor pagar multas acordadas con la Fiscalía. En el ámbito de esta perspectiva, aludimos a algunas propuestas que, yendo más allá de la conformidad o de la colaboración con la justicia actualmente existentes, sugieren la inclusión de la consideración del compliance penal "como elemento de juicio a tener en cuenta en los acuerdos de conformidad. Aspecto inexplorado hasta el momento en el sistema procesal español"[442].

## 2.10. *Revisión de las manifestaciones procesales del principio de oportunidad: conceptos de interés*

En común, todos los institutos analizados anteriormente presentan, en menor o mayor medida, una permeabilidad al principio de oportunidad, así como son procesales. Es decir, siguen un procedimiento específico y, en ese sentido, están regulados en el ámbito de la Ley de Enjuiciamiento Criminal, aunque esto no implique una legislación completa que permita su aplicación de forma igualitaria y transversal en todos los casos concretos.

Desde las distintas modalidades de conformidad, con o sin el reconocimiento de los hechos o la confesión del acusado[443], al supuesto del proceso por aceptación de decreto o el sobreseimiento en el procedimiento de los delitos leves, se nota un objetivo general de desju-

---

441 Neira Pena, 2018, p. 179.

442 Leo-Castela, 2021, p. 169.

443 La complejidad en torno a la actual regulación de la conformidad es por sí misma uno de los grandes problemas del instituto. Calamandrei se refiere ampliamente sobre el problema de la inflación legislativa: "el ordenamiento jurídico, cuyo mayor mérito debiera ser la simplicidad, ha venido a ser por desgracia un complicadísimo laberinto en el cual, a menudo, ni aquellos que debieran ser los guías, consiguen orientarse" (2020, p. 392).

dicialización, de quitar procedimientos judiciales a Jueces y Magistrados y solucionarlos anticipadamente, con o no la aplicación de una pena de prisión, dependiendo tanto de la gravedad del hecho como de la necesidad preventiva de la pena de privativa de la libertad.

La conformidad, así, e independientemente de sus particularidades de acuerdo con las distintas modalidades, supone el fin anticipado del proceso penal, con una renuncia de la defensa —completa— y, por consiguiente, justificando el requisito de voluntariedad a la actividad probatoria[444]. Por tanto, la firmeza e irrecurribilidad de las sentencias de conformidad señalan hacia el objetivo político-criminal de esta manifestación del principio de oportunidad: la disminución del número de supuestos penales ante juicio con el respectivo aumento de número de casos en los que se da el cumplimiento de una pena de carácter criminal.

Por otro lado, la necesidad en torno a una política criminal que incentive la actitud colaborativa en el ámbito de la conformidad puede provenir tanto de las desviaciones de estos procedimientos como de sus futuras modificaciones. Por ejemplo, a partir del ALECrim de 2020 respecto a la terminación del proceso por razones de oportunidad o la conformidad amplia, negociada o no. Asimismo, a través del modelo propuesto en el Proyecto de Ley de Medidas de Eficiencia Procesal del Servicio Público de Justicia, en relación con la conformidad sin límite penológico en los procedimientos abreviado y ordinario. Desde nuestra perspectiva, esos supuestos podrán conllevar el uso práctico de esos institutos procesales con más elementos que los legalmente previstos. En concreto, permitiendo la inclusión de una posible colaboración del investigado o encausado en la conformidad en los casos en que, lógicamente, la gravedad del delito justifique una política-criminal de incentivo a la colaboración. Por tanto, es fundamental excluir el procedimiento por delitos leves o el proceso por aceptación de decreto del recurso a medidas más *profundas* de oportunidad a través de la colaboración, debido a la ausencia de interés en la persecución penal.

---

444 De esta manera, *cfr.* "Lo que sí vincula al Juez es el relato fático aceptado por las partes y no necesitado de actividad probatoria, ya que la conformidad excluye toda tarea para llegar a la libre convicción sobre los hechos" (Moreno Catena, Cortés Domínguez, 2015, p. 397).

Otro elemento digno de interés en relación con los institutos estudiados se refiere al incremento de las facultades del Ministerio Fiscal[445], tanto respecto a las diversas conformidades, aunque con especial atención en la conformidad negociada, como respecto al proceso por aceptación de decreto o mismo el sobreseimiento en el caso del procedimiento por delitos leves.

En concreto, existen dos conclusiones que requieren un espacio especial de reflexión. La primera de ellas está relacionada con el uso del reconocimiento de los hechos y de la confesión en el ámbito de la conformidad y sus implicaciones respecto al proceso, los derechos y garantías procesales y, especialmente, la colaboración con la justicia. Esto se debe a que, como estudiaremos en seguida en relación con la atenuante de confesión, esta tiene un especial carácter de colaboración del investigado o encausado con la justicia, de manera tal que acerca a estas modalidades de conformidad al ámbito de nuestra investigación.

La segunda conclusión está relacionada con la realización de conformidades encubiertas y su conexión con un posible avance —inesperado y no deseado por el legislador— hacia la completa negociación en el proceso penal.

### 2.10.1. El reconocimiento de los hechos y la confesión en la conformidad: cómo se traducen en colaboración

De todas las modalidades de conformidad estudiadas[446], son cuatro las que conllevan un reconocimiento de los hechos o la confesión por el acusado que se conforma: *(i)* en la conformidad prestada en procedimiento ordinario en fase de calificación se requiere que el acu-

---

445 Armenta Deu, 2021, p. 165.

446 Distinguido los tipos de conformidad posibles, nos parece interesante la diferenciación realizada por Gimeno Sendra entre las conformidades plenas que tienen proyección sobre la pena y los hechos delictivos —que constituirían un "allanamiento-confesión"— y las conformidades condicionadas a la aceptación de la pena solicitada por la parte acusadora —un "mero allanamiento"— (Gimeno Sendra, 2004, p. 620). Además, respecto a las amplias diferencias en cada caso, como en el necesario reconocimiento de los hechos *vs.* la simple conformidad con la pena más grave solicitada o con la pena acordada en nuevo escrito de acusación, Fraga Mandián las clasifica como otro indicio de las "distorsiones que produce el continuo parcheo de nuestra Ley procesal" (2018, p. 115).

sado se confiese reo de los delitos que le hubiesen acusado en el escrito de acusación (art. 688 LECrim); *(ii)* en el ámbito del procedimiento abreviado, se permite la conformidad tramitada a partir del enjuiciamiento rápido de los arts. 800 y 801 LECrim, siempre y cuando el acusado reconozca los hechos a presencia judicial tras la práctica de las diligencias previas y antes de la preparación del juicio oral (art. 779.5.ª LECrim); *(iii)* para que haya conformidad en el ámbito de la responsabilidad penal del menor es necesario que se declare autor de los hechos; y *(iv)* en la conformidad prestada durante la vista del juicio oral en el ámbito de la Jurisdicción Militar.

En este sentido, son hipótesis más limitadas de conformidad que o hacen con que sea más penoso al acusado beneficiarse de una sentencia de conformidad o premian la conformidad *colaborativa* y anticipada. Por un lado, constituye ejemplo de esta idea la diferencia existente entre la exclusiva conformidad con la pena —en fase de calificación en el procedimiento ordinario— y la necesidad de confesión para los investigados que prefieran esperar el comienzo de los trámites del juicio oral. Por otro lado, el premio dado a los acusados que reconozcan los hechos en fase inicial del procedimiento abreviado, permitiendo su tramitación más favorable a partir de las disposiciones de los arts. 800 y 801 LECrim.

Es verdad que el hecho de que al menos algunas de las modalidades de conformidad requieran el reconocimiento de los hechos o la confesión hace que, en términos penales, se disminuyan las dudas relativas a la aplicación de una pena —con la privación de la libertad como el bien fundamental más importante[447]—, puesto que mínimamente hay un reconocimiento de los hechos por parte del condenado[448]. No obstante, el uso del reconocimiento de los hechos y de la confesión

---

447 *Cfr.* art. 17 CE.

448 Ahí se encuentra uno de los grandes dilemas derivados de la aplicación del principio de oportunidad y de institutos como la conformidad: la posibilidad de aplicación de la pena, con la privación de libertad e imposición de otras medidas de naturaleza criminal, sin que haya una condenación basada en evidencias de materialidad y autoría o, sin, siquiera, la confesión o reconocimiento de los hechos, por no decir la falta de producción probatoria y respeto al principio de contradicción y debido proceso legal. *Cfr*: Rodríguez-García, 1997b; Calaza López, Muinelo Cobo, 2019; García Magna, 2019, p. 109, González Guarda, 2021, p. 2077; Rodríguez-García, Oliveira Teixeira dos Santos, 2024.

causa dos importantes problemas en el ámbito de la conformidad, concernientes a los objetivos de este trabajo.

El primer de ellos está vinculado a que, si bien jurídicamente el reconocimiento de los hechos y la confesión no tienen similar peso procesal penal como carga de la prueba, ambos institutos sí vienen siendo usados también como medio de colaboración procesal, de la forma en la que lo vamos a estudiar más a fondo. En ese sentido, en la conformidad, ni el reconocimiento de los hechos ni la confesión actúan como harían en el paso de un debido proceso legal, en el que, para la confesión se le aplicaría el art. 406 LECrim, según el que "la confesión del procesado no dispensará al Juez de instrucción de practicar todas las diligencias necesarias a fin de adquirir el conocimiento de la verdad de la confesión y de la existencia del delito". Por tanto, en el instituto de la conformidad, la confesión o el reconocimiento de los hechos no están sometidos a los años de evolución en el sistema penal español, y que le ha hecho pasar de medio de prueba a medio de confirmación y hasta a medio de defensa[449].

De esta manera, actualmente, por más que la confesión sea una manifestación de su derecho de defensa y a pesar de las garantías que ello conlleva, ella tiene determinado valor probatorio a la hora de dictar una sentencia condenatoria. En ese sentido, se puede considerar que es la propia disposición del art. 406 LECrim la que justifica el valor probatorio de la confesión, ya que "si la confesión no tuviera valor carecería de lógica rodearla de tantas garantías", siendo la más inicial de ellas que la confesión sea libre y espontanea[450].

En consecuencia, nos encontramos ante un conflicto en el que, por un lado, la conformidad con confesión —especialmente durante el juicio oral en el ámbito del procedimiento ordinario— que no pueda ser dictada por la ausencia de conformidad por parte de todos los acusados y que resulte en el seguimiento del juicio oral, aun así, podrá generar efectos en la medida que se confiere determinada efica-

449 Alvarado Velloso, 2006, p. 65. *Cfr.* respecto al derecho de defensa, en el sentido de permitir la participación activa en el juicio, de contradecir la acusación, de ser informado, entre otras cuestiones: art. 24.2 CE; arts. 118 y 520 LECrim; arts. 652 y 784.1 LECrim; Barona Vilar, 2023, p. 104; Montero Aroca, 2019b, p. 251; Montero Aroca, 2016, p. 140; Moreno Catena, 2021c, p. 165.

450 Asencio Mellado, Fuentes Soriano, 2019, p. 83.

cia probatoria a la confesión realizada[451].Asimismo, y por otro lado, el reconocimiento de los hechos o la confesión, en cualquier modalidad de conformidad, no pueden llegar a tener efectos probatorios que puedan respaldar una sentencia condenatoria. Esto se debe a que, como hemos analizado previamente, el resultado es una sentencia de conformidad, que sólo puede ser dictada después de asegurarse de que *(i)* el acusado conoce las consecuencias de la conformidad y la presta libremente, *(ii)* los hechos están correctamente cualificados y *(iii)* la pena procede legalmente según la calificación[452/453].

Aun en el caso de algunos autores[454] que afirman que en ninguna hipótesis de conformidad se evita que los hechos estén suficientemente acreditados, ya que "en todos los casos de conformidad, el órgano judicial tiene que plasmar en su sentencia el resultado de ese juicio (...) para legar a conclusión de que efectivamente se han producido

---

451 Respecto a la conformidad impropia —o parcial— prestada por uno y no todos los acusados: "sin perjuicio de la eficacia que, a efectos probatorios, pueda recibir el eventual reconocimiento de los hechos efectuada en el acto del juicio por el acusado que hubiera manifestado su voluntad de conformarse" (Asencio Mellado, Fuentes Soriano, 2019, p. 369).

452 Por tanto no se señala más que la comprobación de la existencia del cuerpo del delito en fase instructora (art. 699 LECrim), además de las verificaciones respecto a la calificación del hecho punible y la procedencia de la pena entre los requisitos subjetivos de que el órgano jurisdiccional debe verificar (Gimeno Sendra, 2015, p. 621).

453 En ese sentido, la SAP de Barcelona 10887/2022, de 8 de noviembre, señala que "habiendo conformidad libremente manifestada por el acusado en el acto de la vista oral, con plena asunción de su responsabilidad (reconocimiento de los hechos) y con pleno conocimiento de las consecuencias jurídicas de la misma, tras haber sido convenientemente instruidos de sus derechos, asistido de su letrada, no procede continuar el juico y, por ende, resulta innecesario entrar a examinar y valorar la prueba" (FD1). Por otro lado, esto no significa la completa innocuidad de verificación de la existencia de cuerpo del delito. Así, el propio Tribunal Supremo, analizando el art. 699 LECrim, concluye por la necesidad de reproducir las previsiones establecidas para la fase sumarial y continuar la vista si en el sumario no ha sido posible constatar la existencia de cuerpo del delito, especialmente cuando el procesado o procesados hayan prestado su conformidad. *Cfr.* STS 1328/2011, de 28 de diciembre.

454 En sentido contrario Fraga Mandián señala que "una sentencia respetuosa con el principio de presunción de inocencia" necesita de la constatación del cuerpo del delito por medios ajenos a la propia manifestación del acusado, bajo pena de no poder considerarla prueba legalmente valorable y, así, impidiendo que se dicte una sentencia de conformidad" (2018, p. 120).

unos hechos que merecen una determinada calificación y, posteriormente una pena"[455], en la sentencia de conformidad basta con un "juicio lógico" referente a la acreditación suficiente del hecho punible, sea porque el hecho fuera flagrante, sea porque se ha realizado una confesión "espontánea de la que no se puede dudar", sea porque "en fase de investigación se haya llegado al convencimiento de que se han producido unos hechos que son constitutivos de delito"[456].

Por consiguiente, concluimos que la confesión y el reconocimiento de los hechos, en el ámbito de la conformidad, tienen un carácter "colaborativo" con el proceso. En la medida en que favorecen el entendimiento de que la punición es debida —aunque no haya producción probatoria o una sentencia condenatoria *per se*— y se manifiestan, como hemos adelantado, como un elemento "punitivo" a los que no se conformaron antes con la pena solicitada, o un elemento que, cuando en momento muy anticipado en el proceso abreviado[457], permite la aplicación de penas más beneficiosas al que se conforma.

Como vamos a ver, en el ámbito penal, la confesión también puede expresarse como prerrequisito para algunas hipótesis de colaboración. Aunque ahí, al no suponer un fin anticipado del proceso, sus características y consecuencias procesales también cambian, en la medida en que podrán ser verdaderamente valoradas de forma positiva a la hora del dictado de una sentencia condenatoria.

### 2.10.2. Las conformidades encubiertas: un paso hacia la completa negociación en el proceso penal

Hemos analizado que, tal como está regulada la conformidad en el proceso penal, las únicas posibilidades de negociación y acuerdo entre

---

455 Cortés Domínguez, 2021b, p. 515.

456 Cortés Domínguez, 2021b, p. 515.

457 Sobre el reconocimiento de los hechos, hay que diferenciarlo de la conformidad "regular" con la pena más grave solicitada en el escrito de acusación, ya que en ello "el acusado provoca una rápida sucesión en las etapas procesales, con su actitud ha proporcionado la convicción necesaria para abrir y continuar el proceso hasta la fase del debate, lo cual no es suficiente para que el juez logre la convicción para dictar sentencia de absolución o condena, debiendo para ello esperar al resultado de las pruebas que se practiquen en juicio, a las cuales no ha renunciado" (Rodríguez-García, 1997b, p. 223).

las partes acusadoras y acusadas en torno a la conformidad viene dispuesta en el ámbito del procedimiento abreviado, en el proceso ante Jurado y durante el juicio oral en la Jurisdicción Militar.

Y, si bien es cierto al procedimiento abreviado por sí mismo se deben la mayoría de las sentencias de conformidades dictadas en España, haciendo con que sea la generalidad de los casos en el que es posible la negociación en torno a la calificación de los hechos y la pena aceptada —dentro de los límites legales que presupone el control jurisdiccional respecto a esta misma calificación y la pena—, todavía no hay una completa negociación de conformidad en el sistema penal español. En ese sentido, el propio principio de correlación entre acusación y sentencia, plasmado en el art. 789.3 LECrim[458], restringe la aplicación de pena más grave que la solicitada en el escrito de acusación y con la que el acusado se mostró conforme. De la misma manera, y como hemos estudiado, la conformidad, aún negociada, está limitada a referirse a los mismos hechos y no puede contener calificación más grave que el escrito de acusación anterior (art. 785 LECrim). Además de ello, estará sometida a los mismos controles judiciales que los previstos para las demás formas de conformidad, es decir, que sea libremente prestada, con conocimiento de sus consecuencias y, de forma más importante, que la calificación sea correcta y la pena procedente según dicha calificación, control que deberá realizar el Juez o Tribunal antes de dictar una sentencia de conformidad[459].

No se posibilita, por tanto, la inclusión de otras cláusulas en el acuerdo de conformidad, como podría ser una eventual colaboración

---

458 Art. 789.3 LECrim: La sentencia no podrá imponer pena más grave de la solicitada por las acusaciones, ni condenar por delito distinto cuando éste conlleve una diversidad de bien jurídico protegido o mutación sustancial del hecho enjuiciado, salvo que alguna de las acusaciones haya asumido el planteamiento previamente expuesto por el Juez o Tribunal dentro del trámite previsto en el párrafo segundo del art. 788.3 LECrim.

459 Incluso desde el 2004 y antes de muchas de las reformas que generarían la segunda “fase” de oportunidad en el Derecho español, en la que analizaremos las medidas específicas de atenuación de pena para los casos de colaboración con la justicia, se señalaba la rigidez y la escasa validez de la conformidad para realizar transacciones, con excepción, claramente, de la hipótesis de conformidad en los juicios rápidos, la que, no obstante sigue clasificada como un sistema “excesivamente rígido”. *Cfr.* López Barja de Quiroga, 2004, p. 1287.

con la justicia, especialmente en los casos de conformidad en fases iniciales del proceso penal, sea cual fuere el procedimiento, en la que interesa a la Administración de Justicia la colaboración del investigado.

Por consiguiente, la única colaboración posible es basada en el reconocimiento de los hechos o la colaboración, tanto en procedimiento ordinario durante el juicio oral (art. 688 LECrim), como en procedimiento abreviado por medio del art. 779,5.ª LECrim. Los que, como hemos concluido anteriormente, son colaboraciones sin mayores efectos procesales (de los que, a lo mejor, puedan significar para la víctima del delito), puesto que no serán base para una sentencia condenatoria, siempre y cuando se tramite la conformidad y no se determine el seguimiento del proceso tras esta colaboración.

No obstante, según nos viene advirtiendo la doctrina, existen conformidades *encubiertas* que se fundamentan en una extensión considerablemente mayor del principio de oportunidad de la que permite el actual sistema penal. Por ejemplo, una investigación empírica basada en un análisis estadístico de regresión, con base en procesos aleatorios ante el Juzgado de Guardia y el Juzgado de lo Penal en las ciudades de Barcelona y Girona de los primeros semestres de 2015 y 2016, señala que "cuando el acusado se conforma, la probabilidad de que la pena de prisión en sentencia no vaya a ejecutarse por concederse una medida penal alternativa a la misma es aproximadamente tres veces mayor". De tal manera que es la conformidad un verdadero premio, sirviendo las "medidas penales alternativas como anzuelo para la conformidad del acusado"[460/461/462].

Asimismo, la defensa es uno de los principales pilares a la hora de sostener una conformidad negociada o, más ampliamente, cualquier medida de negociación o acuerdo entre acusación y defensa en

---

460 Varona Gómez, Kemp, Benítez, 2022, p. 330.

461 *Cfr.* Barona Vilar sobre la conformidad que "se presenta como un premio negociado, un premio que el Estado otorga al acusado consistente en la disminución de la pena y otras ventajas de carácter secundario" que, debido a esas "bondades de la conformidad para todos (...) han venido favoreciendo el uso de la conformidad allende los límites legales" (2023b, p. 285).

462 Respecto a la práctica jurisprudencial de agravar la pena a quien no se conforma *cfr.* Gisbert Pomata, 2021, p. 223; Del Moral García, 2008, pp. 19 y ss.

el proceso penal. Por ello, Del Moral García[463], en relación con las prácticas vislumbradas en EE.UU., y más específicamente sobre España, Armenta Deu[464], señalan el peligro de una "rebaja del empeño asistencial del Letrado" que recomienda acceder a una conformidad poco recomendable, en especial cuando ya en fase de juicio oral, en la que se ha practicado la prueba anticipada y la conformidad significa la "renuncia a un juicio justo". De esta manera, defensas frágiles, que no puedan o no quieran prestar la debida atención al caso, pueden ser responsables de la renuncia a un juicio justo o de la aceptación de penas no tan favorables.

Las desviaciones, además, están relacionadas con la propia existencia de la conformidad como instituto que, al permitir el abandono de la búsqueda por la verdad material, a través de la desjudicialización, permite condenas por delitos *diferentes*, o con penas distintas, en atención a hechos y evidencias semejantes[465].

Por otra parte, son desviaciones menos visibles y denominadas por la doctrina como conformidades encubiertas, realizadas a partir de la solicitud de penas más elevadas en el escrito de acusación que posibilitan la concreción de posteriores acuerdos con penas más leves, de la penalización de los acusados que no hubiesen conformado anteriormente con la ausencia de motivación objetiva o subjetiva distinta que la no conformidad[466/467].

En ese sentido, el propio Tribunal Supremo, aunque de forma velada, destaca que la no conformidad de un coacusado, frente a la conformidad de los demás, puede fundamentar la imposición de penas

---

463 Del Moral García (2015, p. 481) señala el reconocimiento de las malas defensas en EE.UU., donde la carencia de recursos financieros o el poco tiempo de preparación disponible hacen con que sea más sencillo preparar una *plea bargain* que una defensa propia de un Juicio Oral.

464 Armenta Deu, 2021, p. 159.

465 Armenta Deu, 2021, p. 166.

466 Rodríguez-García destaca que "si se toma la decisión de identificar y retratar (...) a los culpables de las extralimitaciones de muchas conformidades, habría que incluir a otros muchos, entre ellos a los fiscales y abogados", refiriéndose al anteriormente citado Protocolo de conformidades de 2009, en el que se generan "grandes espacios de diálogos para que proliferen las conformidades, de las que todos resultan beneficiados" (2022, pp. 27 y 28).

467 Armenta Deu, 2021, p. 174; Del Moral García, 2015, p. 48.

distintas como manera de recompensar la conformidad de los que hubiesen aceptado la responsabilidad[468]. Sin embargo, ahí entendemos que, de manera distinta, podría incidir la atenuante de confesión, como vamos a estudiar y, en ese sentido, la propia colaboración en los casos en que la confesión es realizada de forma extemporánea.

Para terminar, otros tipos de desviaciones en la conformidad, en nuestra opinión todavía más gravosas, son las estudiadas por Aguilera Morales, con fundamento en la jurisprudencia nacional: desde las conformidades con elevadas penas junto con la práctica de agravar la situación del acusado en sentencia como consecuencia del rechazo de la oferta realizada por el Ministerio Fiscal o la actitud de algún Tribunal español de tomar la iniciativa y ofrecer una solución negociada del proceso al encausado[469].

De esta manera, estrategias muy comunes en el ámbito del sistema penal estadounidense, como las de *overcharging, buffing* o *overrecommending*[470], no solamente son vislumbradas en la práctica actual de la conformidad como, a pensar en los anteriores intentos de reforma[471], podrán ser más fácilmente concretados por el Ministerio Fiscal en el ámbito de las conformidades generalizadas.

Por consiguiente, en términos de nuestro análisis final será esencial pensar un modelo de control ante los acuerdos negociados que pueden surgir de la conformidad y la propia figura del Ministerio Fiscal y del Juez o Tribunal a la hora de controlar la legalidad de estos

---

468 STS 487/2007, de 29 de mayo y STS 457/2013, de 30 de abril.

469 Aguilera Morales, 2021, p. 196. Las SSTC 75/2007 y 76/2007, de 16 de abril, son ejemplo de ello en la medida en que estiman las demandas de los acusados en sede de recurso de amparo, declarando que no se puede sancionar la ausencia de colaboración del acusado con la justicia y no se le puede someter a la obligación jurídica de decir la verdad, elementos que habrían motivado el recurso de amparo. *Cfr.* STS 767/2013, de 25 de septiembre.

470 A partir de las que el Ministerio Fiscal puede *juzgar* con los escritos de calificación, acusando de un delito más grave o por más de un delito, ocultando la verdadera cantidad de indicios de criminalidad que existen en contra del investigado o señalando que, posiblemente, se recomendaría una pena más severa que la con que se podría conformar inicialmente (Rodríguez-García, 1997, p. 67; Soares de Albergaria, 2007, p. 68).

471 Como nos hemos referido, más recientemente, el Proyecto de Ley de Medidas de Eficiencia Procesal del Servicio Público de Justicia o el Anteproyecto de LECrim de 2020.

mecanismos de desjudicialización, para que sea mantenido el orden jurídico vigente: penal, procesal y, ante todo, constitucional.

## 3. MANIFESTACIONES DE COLABORACIÓN CON LA JUSTICIA PREMIADA EN EL CÓDIGO PENAL

A partir de lo anteriormente estudiado, reflexionamos que, excluyendo la hipótesis de conformidad en el procedimiento abreviado —donde se prevé la posibilidad de un acuerdo entre el Ministerio Fiscal y el acusado respecto a la presentación de un escrito de calificación— y las conformidades en que se exige el reconocimiento de los hechos, las demás manifestaciones del principio de oportunidad en el ámbito procesal del sistema español no se acercan a hipótesis de colaboración con la justicia *real* por parte de investigados o encausados.

Asimismo, aunque prevalezca la regla general del art. 17 LOPJ, según el que "todas las personas y entidades públicas y privadas están obligadas a prestar, en la forma que la ley establezca, la colaboración requerida por los Jueces y Tribunales en el curso del proceso y en la ejecución de lo resuelto, con las excepciones que establezcan la Constitución y las leyes", ese deber de colaboración, en el caso de investigados y encausados, es claramente minimizado debido a la existencia de otras garantías y derechos fundamentales relacionados con el derecho de presunción de inocencia y el derecho de defensa, que incluye el derecho a "guardar silencio y a no prestar declaración si no desea hacerlo, y a no contestar a alguna o algunas de las preguntas que se le formulen" así como el "derecho a no declarar contra sí mismo y a no confesarse culpable" (art. 118 g y h LECrim)[472].

En este contexto, al considerar que nos encontramos claramente inmersos en un escenario, tal como se abordó en el segundo capítulo, caracterizado por una segunda crisis del Derecho penal, no inminente sino latente y en pleno apogeo, que se respalda en la adopción de "herramientas de cooperación, colaboración, confesión, reconocimiento de los investigados por su participación en supuestos hechos ilícitos, en particular en relevantes casos de blanqueo de capitales, fraude y

---

472 *Cfr.* Nota al pie de página núm. 449.

corrupción"[473], se evidencia la deficiencia del sistema procesal para abordar esta preocupación de política-criminal.

A pesar de esta falta de mecanismos procesales de colaboración, y de la escasa regulación existente cuando involucran la celebración de acuerdos pactados entre las partes, cuando observamos el sistema penal sustantivo sí se vislumbran algunas instituciones que premian al colaborador con la justicia. En los apartados siguientes nos centraremos en su análisis.

### 3.1. *Contextualización*

Previo al análisis de los institutos penales que premian a la colaboración, es necesario hacer una revisión, respecto a las modalidades de premios «penales» que son previstos para estas colaboraciones.

De manera general, cuando hablamos de colaboración de investigados y encausados con la justicia penal, discutir el premio que se le podrá conceder es esencial. Un acusado no va a colaborar con la justicia penal, en especial cuando esto implique también su propia persecución penal y eventual penalización, sin que se le concedan beneficios.

Como hemos observado, no existen incentivos para una auténtica colaboración por parte del investigado o encausado en el ámbito procesal —más allá de la simple necesidad del reconocimiento de los hechos o su confesión, o del acortamiento del proceso—, elementos que no resultarán en una sentencia de condena, sino que fundamentarán la sentencia de conformidad. No obstante, en el ámbito penal sustantivo, la situación para el colaborador es diferente y, sea a partir de su confesión aisladamente, de su colaboración o de su colaboración específica en el ámbito de determinados delitos, existe previsión legal de otorgar premios o beneficios penales al final del proceso. Estos serán determinados por el Juez o Tribunal competente al momento de dictar la sentencia y establecer la pena que deberá ser cumplida.

---

473 Machado de Souza, Rodríguez-García, 2022, p. 17. *Cfr.* Rodríguez-García, 2021, p. 418.

Estos premios o beneficios, todavía limitados al ámbito penal sustantivo, actualmente se distribuyen entre atenuaciones de la pena, suspensiones de la pena o la aplicación de eximentes de responsabilidad. Por esta razón, antes de abordar el funcionamiento de la colaboración en el ámbito penal y conocer los premios aplicables, realizaremos un recorrido sobre las consecuencias de cada uno de ellos.

### 3.1.1. Introducción a las eximentes de responsabilidad

Empezamos por lo que serían las hipótesis más beneficiosas para los supuestos colaboradores en el ámbito penal: las eximentes de responsabilidad[474], que permiten la eliminación de la responsabilidad penal, aunque subsistan la culpabilidad y la autoría.

Es un premio, y como estudiaremos respecto a los demás previstos en el ámbito sustantivo del Derecho penal, que depende del regular desarrollo del proceso penal, del juicio motivado por parte del Juez o Tribunal competente y la culminación en una sentencia que declare la existencia de una eximente de responsabilidad que, sin eliminar la existencia del delito, provoca la no aplicación de la pena[475].

Sin embargo, esta parece ser una definición muy simplista de las eximentes de responsabilidad que, aunque nos valga de una manera global al analizar comportamientos muy específicos de colaboración, no parece ser suficiente para analizar la extensión de sus efectos. Por tanto, nos detenemos un momento en analizar qué son las eximentes de responsabilidad y sus resultados en un juicio penal.

En un primer lugar, destacamos que la categorización "eximente de responsabilidad" no adviene directamente de la legislación criminal. Por tanto, ha sido objeto de discusión de la doctrina española con el paso de los años[476]. De esa manera, la definición del propio Código

---

474 También denominadas, por parte de la doctrina, como vamos a estudiar a lo largo del trabajo "excusas absolutorias". Emplean el término "eximente" *cfr.* Muñoz Conde, 2022; Serrano Gómez, Serrano Maíllo, 2021. Utilizan la denominación "excusa absolutoria" *cfr.* Antonio Terragni, 2013; Figueras Coll, 1996; Landera Luri, 2018; Manjón-Cabeza Olmeda, 2014.

475 Muñoz Conde, García Arán, 2022, pp. 288-289 y 371; Manjón-Cabeza Olmeda, 2014, p. 13.

476 Manjón-Cabeza Olmeda, 2014, p. 13; Antonio Terragni, 2013, p. 42.

Penal —"están exentos de responsabilidad criminal" (art. 20 CP)— es la que da paso a la determinación de que esas eximentes de responsabilidad conducen a la exención de la pena, aunque perdurando la conduta típica, antijurídica y culpable. Eso se da en casos en los que, habiendo culpabilidad, no procede la aplicación de una pena por razones de conveniencia o debido a una actitud concreta del culpable[477].

A pesar de que esta definición podría sugerir que es necesario seguir el proceso penal regular para establecer la condena y aplicar una eximente de responsabilidad capaz de eximir el culpable de la pena, esa no es la ruta indicada por la doctrina. En realidad, la eximente afecta a la punibilidad. Y el tratamiento dado a las causas de exención de responsabilidad anteriores al hecho u originarias difiere del otorgado a las eximentes posteriores o sobrevenidas.

Por ello, nos centraremos en estas últimas al orientar el trabajo en hipótesis de eximentes de responsabilidad que resultan de un comportamiento colaborativo del investigado o encausado en favor de la investigación o del proceso penal. Así, estaremos siempre ante lo categorizado como "excusa absolutoria sobrevenida", dado que la actitud facilitadora de la eximente de responsabilidad es concretada tras la ejecución del hecho criminal[478].

En un primer lugar, es importante señalar que las eximentes de responsabilidad sólo se aplicarán a los autores que hayan actuado en la situación descrita en la eximente. Por tanto, solamente será comunicable a los demás coautores de un delito si todos ellos han concretado una actitud postdelictiva que rellene todos los requisitos de la excusa en cuestión. Eso puede llevar con que la actuación valiosa de un autor, no concertada previamente con los demás, impida la actuación de otros con todos los elementos de la eximente y haga con que a los demás sólo sea posible valorar una atenuante. Esto se debe a que se excluye la posibilidad de "apreciarse excusas incompletas, o situaciones análogas a la excusa" puesto que "las excusas absolutorias han de

---

477 Hecho, que, por otro lado, también justifica el razonamiento de que no hay función retributiva de la pena dado que, hubiera esa función, habría que haber una pena retributiva al hecho criminal independientemente de cualquier tipo de comportamiento posterior (Manjón-Cabeza Olmeda, 2014, p. 18).

478 Landera Luri, 2018, p. 25.

aplicarse de forma estricta y no pueden ser objeto de ensanchamiento acudiendo a prohibidas analogías"[479/480].

Esta misma rigidez en la aplicación de las eximentes de responsabilidad debe de ser llevada en consideración a la hora de analizar su suceso en delitos conexos, de manera que estos no podrán verse amparados de la eximente simplemente por el hecho de que sean conexos[481].

Debido a su carácter especial, todas las hipótesis de eliminación de la responsabilidad penal debido a una determinada conducta colaborativa del encausado se encuentran delimitadas a tipos penales concretos, de manera que sean justificables ante una perspectiva de política-criminal[482].

En cuanto al momento de aplicar la eximente de responsabilidad, es crucial tener en cuenta algunas consideraciones, ya que este abarca un período más extenso que el de otras posibilidades. A saber, puede aplicarse tanto desde el inicio de la instrucción como hasta la sentencia, dependiendo de la claridad con la que se puedan apreciar los requisitos de cada eximente[483].

En definitiva, ya sea antes o durante la fase de sentencia, cuando se cumplen los presupuestos para una eximente de responsabilidad,

---

479 Manjón-Cabeza Olmeda, 2014, p. 30; Figueras Coll, 1996, p. 1475.

480 *Cfr.* Muñoz Conde, García Arán (2022, p. 289). Los autores analizan la aplicación de las eximentes incompletas (según falte un elemento objetivo esencial o no esencial o un elemento subjetivo) y la consecuente rebaja de la pena prevista en uno o dos grados.

481 Manjón-Cabeza Olmeda, 2014, p. 34: "no cabe ampliar los delitos abarcados por la excusa ni acudiendo a la analogía *in bonam parten*, pues la misma está impedida en el CP, ni interpretando que los delitos conexos no expresamente contemplados en el ámbito de la exención quedan cubiertos por el hecho de ser conexos".

482 Conferir también "Las excusas absolutorias pueden definirse como circunstancias propias del sujeto (el parentesco) o que le circundan (la situación derivada de la trata) o como comportamientos personales valiosos posteriores al delito (evitar la propagación del incendio) que el Legislador toma en consideración para optar por la no punición, por así aconsejarlo razones de política criminal" (Manjón-Cabeza Olmeda, 2014, p. 17).

483 *Cfr.* STS 618/2010, de 23 de junio. Aunque existen sentencias en sentido contrario (STS 719/1992, de 9 de julio) en casos en los que se ve necesario practicar la prueba en el juicio oral para determinar los presupuestos de la excusa, aunque conlleve a una sentencia absolutoria.

el resultado debe ser una sentencia absolutoria o un auto de sobreseimiento (si es en fase anterior).

Asimismo, aunque la eximente no elimina el delito, sino que simplemente excluye la condena, sí es elemento esencial para evitar que el delito en el que se ha apreciado la eximente de responsabilidad no cuente a título de reincidencia[484]. No obstante, a pesar de prevenir la reincidencia, al afectar solamente a la pena[485], no impide la aplicación de alguna medida de seguridad.

Claro está, en el contexto de colaboraciones con la justicia, si se considera necesario llevar a cabo el proceso completo a través de un juicio oral y la emisión de una sentencia condenatoria que reconozca la colaboración, la eximente de responsabilidad no se limitaría únicamente a la fase final procesal, sino también a una sentencia condenatoria en la que no se aplique la pena, que, de lo contrario, sería debida.

### 3.1.2. Introducción a las atenuantes

A pesar de que se trate de un tema que, dogmáticamente, compete a la esfera sustantiva del Derecho, no podemos debatir la concesión de beneficios a la confesión o a la colaboración mediante atenuantes sin analizar los efectos que éstas pueden conllevar. A saber, es de lo más importante conocer cuáles serán las consecuencias advenidas de la opción realizada por el legislador de utilizar una atenuante penal a la hora de beneficiar o premiar quienes confiesen y/o colaboren con la justicia.

En ese sentido, se refuerza una vez más el argumento y la opción metodológica manifestada previamente en lo que se refiere al tratamiento del sistema penal como un todo; fundada, asimismo, en una lectura constitucional.

En el caso de las atenuantes, lo que definirá su relevancia en términos prácticos para la persona que confiese (o colabore) será su reflejo penológico calculado por el Juez o Tribunal competente según las reglas del art. 66 CP.

---

[484] Debido al propio concepto de reincidencia, basado no en un delito previo, sino en una condena previa. *Cfr.* Manjón-Cabeza Olmeda, 2014, p. 48.

[485] *Cfr.* Martínez-Buján Pérez, 2023, p. 65; Molina Fernández, Lascuraín Sánchez, 2021, pp. 4801 y ss.

El efecto de la atenuante dependerá no solamente de ella misma, sino también de su concurrencia con otras atenuantes, agravantes o de su apreciación como "muy calificada"[486]. En el caso de haber solamente una circunstancia atenuante, el cálculo del beneficio penal es más fácil y previsible, debiendo ser aplicada "la pena en la mitad inferior de la que fije la ley para el delito" (art. 66.1.1.ª CP)[487].

Siempre y cuando haya dos o más circunstancias atenuantes, o una o más que sean definidas como "muy cualificadas", también sin la concurrencia de circunstancias agravantes, el beneficio ya dependerá del análisis y decisión motivada del Juez o Tribunal competente, según el "número y la entidad" de las atenuantes, para la aplicación de la pena inferior en uno o dos grados a la establecida por ley[488]. No obstante, concurriendo además una agravante —o más de una—, le corresponderá al Juez o Tribunal realizar una decisión motivada sobre qué peso dará a la atenuante en cuestión y proceder a la rebaja que sea pertinente, en los términos del art. 66.1.7.ª CP: "cuando concurran atenuantes y agravantes, las valorarán y compensarán racionalmente para la individualización de la pena. En el caso de persistir un fundamento cualificado de atenuación aplicarán la pena inferior en grado. Si se mantiene un fundamento cualificado de agravación, aplicarán la pena en su mitad superior".

Asimismo, las reglas del art. 66 CP demandan que toda aplicación de la pena inferior en más de un grado debe ser aplicada en toda su extensión. Y, en el caso de delitos leves o imprudentes, "los jueces o tribunales aplicarán las penas a su prudente arbitrio, sin sujetarse a las reglas prescritas en el apartado anterior" (art. 66.2 CP)[489].

En ese sentido, tenemos reglas de rebajas penológicas no solamente muy abiertas a la interpretación y juicio de cada Juez o Tribunal, sino también en el caso de delitos leves o imprudentes, totalmente dependientes de su arbitrio. En la medida en que estas pautas son comprendidas como premio directo a una confesión —o para una colaboración de la que se espera algún retorno, en el caso de que se

---

486 Garro Carrera, Asúa Batarrita, 2008, p. 178.

487 *Cfr.* Gutiérrez Aranza, 2023, p. 551; Faraldo Cabana, 2019, pp. 171 y 172.

488 *Cfr.* Gutiérrez Aranza, 2023, p. 552.

489 Sobre la determinación de la pena *cfr.* Berdugo Gomes de la Torre, 2013, pp. 347 y ss.

quiera hablar de una colaboración premiada en España—, generan un único resultado: inseguridad jurídica y ausencia de motivación para ambas conductas de confesión y/o colaboración.

Para ejemplificar, en un delito de robo con violencia o intimidación a las personas (art. 242 CP), castigado con pena de prisión de dos a cinco años, en el que el encausado confiese o colabore, siéndole aplicada la atenuante genérica del art. 21.4 o la atenuante de confesión analógica (art. 21.7CP), son varias las posibilidades: *(i)* que no concurran circunstancias agravantes ni otras atenuantes, en cuyo caso se aplicaría la pena en la mitad inferior del marco en abstracto, resultando en una pena de dos años a tres años y seis meses menos un día; *(ii)* que concurran dos o más atenuantes o una o más "muy cualificadas", en cuyo caso se aplicaría la pena inferior en uno o dos grados —que puede ser aplicada en toda su extensión—, significando que la pena podría ser entre un año a dos años menos un día o entre seis meses a un año menos un día; y *(iii)* que concurran circunstancias agravantes, en cuyo caso podría haber dos escenarios: uno en el que se valore más la(s) atenuante(s) y se aplique la pena inferior en grado —en este caso, entre dos años a tres años y seis meses menos un día— o se aplique la pena en su mitad superior —una pena entre tres años y seis meses y un día a cinco años—.

Por tanto, para una confesión o colaboración varios escenarios podrán ocurrir dependiendo del caso concreto, lo que también implicará que la actitud colaborativa podrá significar una rebaja significante de la pena —o no—, y hasta incluso permitir la suspensión de la ejecución de la pena en el caso de que la pena impuesta no sea superior a dos años y no sea considerada necesaria para evitar la comisión futura de otros delitos (prevención especial), según el art. 80.1 CP —además del cumplimiento de otros requisitos como que sea el primer delito y se hayan satisfecho las responsabilidades civiles— o cuando la pena no sea superior a cinco años en el caso de penado que hayan cometido el delito a causa de su dependencia de las sustancias señaladas en el art. 20.2.º CP.

Asimismo, respecto a las atenuantes que vamos a analizar a lo largo de este capítulo, destacamos que todas hacen referencia a comportamientos posteriores a la comisión del delito, de manera que en estas atenuantes "no se puede verse (en ellas) casos de disminución de la culpabilidad, sino meras razones político-criminales por las que se pretende favorecer el comportamiento posterior del responsable"[490].

Y, en el supuesto de las atenuantes por analogía, previsión excepcionalmente dispuesta en el art. 21.7 CP[491], se permite la atenuación en situaciones distintas a las anteriormente señaladas en el Código Penal, "pero que tengan similar significación, esto es, respondan al mismo fundamento", así como a las situaciones que "propiamente, no son diversos de los contenidos en las anteriores circunstancias, sino que, coincidiendo con ellas, no reúnen todos sus requisitos o éstos no se dan con la intensidad exigida"[492]. Tal como estudiaremos en el ámbito de la jurisprudencia del Tribunal Supremo, dicha exigencia respecto a la atenuante analógica se repetirá en la medida en que se justifica o no la aplicación de una atenuante analógica de confesión por colaboración con la justicia.

### 3.1.3. Introducción a la suspensión de la pena

La suspensión de la pena puede figurar como una consecuencia indirecta de la rebaja de la pena debido a la aplicación de una atenuante de confesión o de colaboración en la lectura analógica del art. 21.4 CP, o también, como vamos a estudiar, como premio directo previsto en algunos delitos para los que el legislador vio la necesidad de premiar la conducta específica de colaboración.

De acuerdo con la previsión general del Código Penal, la suspensión de la pena podrá ser resuelta por el Juez o Tribunal competente siempre y cuando *(i)* haya una pena privativa de la libertad no superior a dos años; *(ii)* se considere que la pena no es necesaria para la prevención de nuevos delitos por el penado —prevención especial—[493]; *(iii)* el penado haya delinquido por primera vez, debiendo

---

490 Muñoz Conde, García Arán, 2022, p. 452.

491 *Cfr.* Castro Moreno, Otero González, 2006, pp. 23 y ss.

492 Muñoz Conde, García Arán, 2022, p. 454.

493 La modificación operada por la reforma de 2015 ha intentado "aclarar" el anterior "criterio orientador" de la peligrosidad criminal del investigado, cambiándolo por la valoración de la suspensión de la pena a través del criterio de prevención especial, con el objetivo de evitar la reincidencia y correspondiendo "con la tradicional concepción de la condena condicional como advertencia del reo a quien se proporciona una segunda oportunidad,

ser desconsideradas las condenas anteriores por delitos imprudentes o leves, así como los antecedentes penales que hayan sido o deban de ser cancelados de acuerdo con el art. 136 CP y los antecedentes penales que "por su naturaleza o circunstancias, carezcan de relevancia para valorar la probabilidad de comisión de delitos futuros"; *(iv)* la suma de las penas o la pena no sea superior a dos años, sin contar la pena derivada del impago de la multa; y *(v)* el penado haya satisfecho las responsabilidades civiles y que el decomiso acordado en sentencia según el art. 127 CP haya sido hecho efectivo[494].

Asimismo, la previsión legal de la suspensión de la pena puede ser clasificada como poco acotada en la medida en que autoriza la suspensión aun cuando el apenado tenga antecedentes penales en los casos en que el Juez o Tribunal lo decidan, excepcionalmente, cuando las penas individualmente no superen los dos años y "las circunstancias personales del reo, la naturaleza del hecho, su conducta y, en particular, el esfuerzo para reparar el daño causado, así lo aconsejan"[495] (art. 80.3 CP).

En la medida en que no concurran los requisitos relativos al límite de la pena y a la ausencia de antecedentes, se permite la suspensión a apenados con pena privativa de libertad no superiores a cinco años cuando hayan cometido el delito a causa de una dependencia a las sustancias señaladas en el art. 20.2.° CP (bebidas alcohólicas, drogas toxicas, estupefacientes, sustancias psicotrópicas u otras que produzcan efectos análogos), en cuyo caso se condicionará a que se compruebe la deshabituación del individuo al consumo de esta sustancia o a la sumisión del individuo a un tratamiento de deshabituación, tratamiento este cuyo seguimiento también será requisito para el seguimiento de la suspensión de la pena (art. 80.5 CP).

---

evitando el ingreso en prisión y la previsible desocialización" (Muñoz Conde, García Arán, 2015, p. 615). *Cfr.* Muñoz Conde, García Arán, 2022, p. 537.

494 Aunque para ese último requisito la propia ley ya permite su desconsideración al pie de la letra en los casos que el penado asuma el compromiso de satisfacer sus responsabilidades civiles según su situación económica y de facilitar el decomiso acordado (art. 80, 2, 3.ª CP)

495 En cuyo caso se condiciona la suspensión a una reparación efectiva del daño o la indemnización del perjuicio causado o. la imposición de la medida del art. 83.1.ª CP y a la imposición de una de las medidas del art. 83.2.ª o 3.ª CP.

Para terminar, la suspensión siempre podrá ser concedida, independiente de la pena impuesta y de la sujeción del sujeto a condiciones, cuando "el penado esté aquejado de una enfermedad muy grave con padecimientos incurables", siempre y cuando este mismo penado no haya tenido otra pena suspendida por el mismo motivo (art. 80.4 CP).

En cualquier caso, en delitos que dependan exclusivamente de denuncia o querella del ofendido, el Juez o Tribunal competente siempre le deberá oír, o a su representante, antes de decidir sobre la concesión de la suspensión de la ejecución de la pena.

Para cualquiera de estos casos, la suspensión de la ejecución de la pena será: *(i)* de dos a cinco años para las penas privativas de libertad no superiores a dos años y *(ii)* de tres meses a un ano para las penas leves, siendo fijada por el Tribunal según su valoración de las "circunstancias del delito, las circunstancias personales del penado, sus antecedentes, su conducta posterior al hecho, en particular su esfuerzo para reparar el daño causado sus circunstancias familiares y sociales, y los efectos que quepa esperar de la propia suspensión de la ejecución y del cumplimiento de las medidas que fueren impuestas" (art. 81 CP juntamente con el art. 80.1 CP). Por otro lado, será de tres a cinco años la suspensión de la pena para penados que hayan cometido el hecho delictivo a causa de su dependencia de sustancias psicotrópicas o similares.

La suspensión de la pena, siguiendo el procedimiento debido, debe de ser resuelta en sentencia por el Juez o Tribunal competente o, cuando imposible, una vez declarada la firmeza de la sentencia con la mayor urgencia posible, previa audiencia a las partes. Su plazo contará siempre desde la fecha de la resolución que la acuerda o, cuando haya sido resuelta en sentencia, desde la fecha en que esta haya devenido firme. Asimismo, no se computará el tiempo en que el penado se haya mantenido en situación de rebeldía (art. 82 CP). De tal manera que la suspensión de la pena no significa la no condenación del investigado en sentencia ni la exclusión de sus efectos, como la responsabilidad civil derivada del delito o las penas accesorias[496].

Además de la pura suspensión de la pena, en los casos en que el Juez o Tribunal competente estime necesario para evitar la comisión

496 *Cfr.* Muñoz Conde, García Arán, 2022, p. 537.

de nuevos delitos, podrá imponer la obligación de cumplimiento de determinados deberes y prohibiciones, los que condicionarán la suspensión de la ejecución de la pena. Algunas de las prohibiciones y obligaciones pasibles son las de: no aproximarse a la víctima o familiares, no establecer contacto con personas determinadas, mantener su lugar de residencia en lugar determinado, entre otras estipuladas en el art. 83.1 CP. Asimismo, se puede condicionar la suspensión del cumplimiento de la pena a la obligación del pago de una multa, del cumplimiento de acuerdo alcanzado por las partes en virtud de mediación o la realización de trabajos en beneficio de la comunidad (art. 84 CP). Estas condiciones podrán ser modificadas y acordadas a lo largo de toda la suspensión de la pena (art. 85), elemento que contribuye en favor de un proceso negociado.

Por otro lado, la suspensión siempre podrá ser revocada, con la debida orden de ejecución de la pena, cuando el penado *(i)* sea condenado por delito cometido durante el periodo de suspensión, *(ii)* incumpla grave o reiteradamente las prohibiciones o deberes que le hayan sido impuestos, *(iii)* facilite información inexacta o insuficiente sobre su patrimonio o bienes cuyo decomiso haya sido acordado o no cumpla el compromiso de pago de las responsabilidades civiles (art. 86.1 CP). A pesar de ello, el Código Penal dispone que en caso de incumplimiento no reiterado o sin carácter grave, el Juez o Tribunal podrá mantener la suspensión, en cuyo caso tendrá la facultad de imponer nuevas condiciones o prorrogar el plazo de la suspensión, que no podrá exceder la mitad de la duración del plazo inicialmente fijado.

Será dada como terminada la suspensión de la ejecución de la pena y le corresponderá al Tribunal acordar su remisión cuando transcurra el plazo fijado sin que el sujeto cometa delito que "ponga en manifiesto que la expectativa en la que se fundaba la decisión de suspensión adoptada ya no puede ser mantenida" (de o cometer nuevo delito) y siempre y cuando el sujeto haya cumplido las reglas de conducta anteriormente determinadas. En el supuesto de apenado habituado a sustancia toxica o similares, no obstante, la remisión de la pena estará sujeta a la acreditación de su deshabituación o de la continuación del tratamiento (art. 87).

### 3.2. *La previsión genérica del Código Penal: de la confesión a la atenuante analógica de colaboración*

#### 3.2.1. La atenuante de confesión: art. 21.4.º CP

En términos generales, el Código Penal permite la atenuación de la pena al culpable que, "antes de conocer que el procedimiento judicial se dirige contra él" confiese la infracción a las autoridades, según lo dispuesto en el art. 21.4.º CP, complementado por el número 7.º al permitir "cualquier otra circunstancia de análoga significación que las anteriores"[497].

En concreto, al analizar la confesión como fundamentación para la aplicación de una atenuante de la pena, se identifican diversos argumentos. En primer lugar, se destaca uno de índole utilitarista y de economía procesal, dado que la confesión "puede llegar a actuar como elemento clave en la rápida aclaración de los hechos y en la correspondiente imputación de responsabilidad al culpable"[498].

Este aspecto parece acentuarse aún más en el actual sistema penal, especialmente al señalar que no toda confesión será apreciada positivamente, sino aquella que, además de ser completa, se realice antes de que el individuo tenga conocimiento de que el procedimiento se dirige en su contra[499]. Por lo tanto, se requiere una elevada *espontaneidad* en dicha confesión, la cual, asimismo, debe ser integral en lo que respecta al propio investigado y su situación particular. Esta espontaneidad, por otro lado, mitiga la explicación *utilitarista*[500] en relación con la confesión, en la medida en que una confesión realizada después de que el investigado tuviera conocimiento de que el proceso penal se dirigía contra él, al menos en nuestra perspectiva, podría ser igualmente útil en términos de persecución penal[501].

Por ende, la confesión, incluso cuando se contempla desde esa perspectiva pragmática, es considerada por determinada doctrina como aplicable exclusivamente a hechos propios del autor. En este

---

497 *Cfr.* Vázquez González, 2021, pp. 454 y ss.

498 Garro Carrera, Asúa Batarrita, 2008, p. 84.

499 *Cfr.* Muñoz Conde, García Arán, 2022, p. 453.

500 Que adviene de la valoración exagerada de la utilidad. *Cfr.* Real Academia Española, *utilitarismo*.

501 *Cfr.* Faraldo Cabana, 2023, p. 291.

sentido, cualquier información relacionada con la participación de terceros debería ser analizada bajo la categoría de una "declaración de testigo", con todas las implicaciones que ello conlleva, como la obligación del testigo de decir la verdad[502]. Este aspecto será objeto de especial atención a lo largo del último capítulo, ya que el uso de la declaración sobre otros sujetos investigados en calidad de "testigo"[503] —si esto es posible y aconsejable— debería lógicamente conllevar mayores garantías para el colaborador.

A pesar del evidente carácter pragmático de la confesión, es pertinente señalar que, al menos en una apreciación inicial, esta no debería ser empleada como única prueba decisiva al momento de dictar una condena. Por tanto, existen límites claros al utilitarismo, los cuales derivan del propio sistema penal, sus principios más fundamentales y los mandatos constitucionales. De esta manera, el derecho a un proceso penal con todas las garantías (art. 24 CE), que incluye el derecho de defensa[504], una tutela efectiva[505], acceso

---

502 "Exigir que la confesión abarque la información sobre hechos ajenos contradice el propio concepto de lo que es una ´confesión´, y elimina la necesaria distinción de la posición procesal del acusado y del testigo en uno peligroso retroceso hacia las prácticas inquisitivas" (Garro Carrera, Asúa Batarrita, 2008, p. 91).

503 Estudiaremos, más adelante, la declaración del colaborador y su clasificación en el ámbito del proceso penal. Especialmente, sobre como la declaración de un investigado o encausado colaborador no puede ser evaluada como si fuera la de un testigo.

504 Respecto al derecho de defensa, que debe incluir la prohibición de indefensión, el derecho a ser informado de la acusación, la posibilidad de contradecir a la acusación a través de una participación activa en el Juicio *cfr.* Montero Aroca, 2015, pp. 81 y ss.; Montero Aroca, 2016, p. 140; Montero Aroca, 2019b, p. 104; Moreno Catena, 2021c, p. 165. En concreto, Barona Vilar (2023, p. 104) clasifica a estos derechos como "consecuencias" que van "más allá de la consideración del derecho de defensa como derecho a la asistencia letrada desde la detención policial". Asimismo, sobre su relación con el derecho a la autodefensa y a la asistencia de Letrado e intérprete *cfr.* Díaz Martínez, 2020b, p. 286; Fairén Guillén, 1998, p. 433; Moreno Catena, 2010, p. 18; Moreno Catena, 2021c, pp. 172 y ss.; Calamandrei, 2006, pp. 158-166.

505 *Cfr.* Gómez Colomer, 2023d, pp. 281 y 282. Asimismo, Damián Moreno cuestiona la suficiencia del art. 24 CE a la hora de "cubrir los mismos estándares de protección que exige el Tribunal de Justicia" de la Unión Europea, especialmente en relación con el principio de efectividad (2023, pp. 66 y ss.). Por otro lado, podemos observar un movimiento hacia la limitación individual de estos derechos

a medios de prueba[506], así como el principio de audiencia o contradicción[507] en el marco de un sistema acusatorio, hace imperativo el desarrollo del debido proceso legal de manera regular, aunque *mínima*, con el fin de asegurar la existencia de otros indicios que respalden la confesión en este sistema penal basado en el principio de legalidad y la presunción de inocencia.

Es determinación directa del art. 406.1 LECrim que la confesión del procesado no dispensará al Juez de Instrucción de practicar todas las diligencias necesarias a fin de adquirir el convencimiento de la verdad de la confesión y de la existencia del delito. Con este objeto, el instructor interrogará al procesado confeso para que explique todas las circunstancias de los delitos y cuando pueda contribuir a comprobar su confesión, si fue autor o cómplice y se conoce a algunas personas que fueren testigos o tuvieren conocimiento del hecho.

Y, aunque esta previsión esté restringida a la fase de instrucción, en realidad, sus repercusiones se extienden a las demás fases procesales. Por consiguiente, si durante la fase de instrucción es responsabilidad del Juez de Instrucción practicar *todas* las diligencias necesarias para verificar la veracidad de la confesión y la existencia del delito, en fase del juicio oral esta confesión ya habrá sido mínimamente corroborada y lo que quedará pendiente será su confrontación con respecto al principio contradictorio.

De este modo, la confesión no exime la necesidad de formar la convicción indispensable para fundamentar la condena o asegurar su irrevocabilidad. Desde otra perspectiva, Paz Rubio destaca que sólo

---

en la política jurisprudencial del Tribunal Constitucional (*cfr.* Gimeno Sendra, 2015, p. 164; o, más recientemente, *cfr.* Gimeno Sendra, 2021, p. 37).

506 En relación con el derecho a la tutela judicial efectiva, derecho cuyo contenido "se concreta y determina definitivamente por la normativa legal que lo desarrolla" *cfr.* Ruiz-Rico, Carazo, 2013, pp. 22-50; Armenta Deu, 2007, p. 36; Gimeno Sendra, 2015, p. 280.

507 Respecto al principio de audiencia o contradicción, relacionados con el principio acusatorio *cfr.* Gimeno Sendra, 2021, pp. 40 y ss.; Armenta Deu, 2007, p. 38; Armenta Deu, 2016, pp. 48 y ss.; Montero Aroca, 2015, pp. 82 y 83; Montero Aroca, 1998, pp. 402-403; Calamandrei, 2006, p. 129; Fairén Guillén, 1998, p. 424. En concreto, Gómez Colomer destaca que, a pesar de que no necesitamos clasificar el sistema penal español como un sistema acusatorio, el *principio* acusatorio sigue cobrando relevancia para la organización judicial en el país (2022b, p. 171).

cuando los elementos indiciarios suficientes resultantes de la investigación sumarial conformen la convicción de la inexistencia de autoría, se podrá prescindir de la confesión y proceder contra aquel que, a través de otros medios de prueba, sea considerado como el autor real[508].

En la misma línea, el Tribunal Supremo, en una sentencia de 20 de enero de 1989, señalaba que la confesión constituye un indicio relevante o principio de prueba que debe de ser corroborada por otros medios probatorios, dada la posibilidad de confesiones falsas[509]. Esto adquiere especial importancia cuando la confesión podría conducir a un escenario más favorable que el que probablemente surgiría tras un extenso proceso penal.

Asimismo, la confesión del encausado realizada sin el cumplimiento del límite temporal sí podrá convertirse en prueba incriminatoria ulterior, siempre y cuando se produzca con todas las garantías —ausencia de presiones y libertad al prestarla—, pero no podría ser evaluada para la apreciación de la atenuante «pura» en el molde del art. 21.4.° CP. Es decir, la confesión podrá seguir cumpliendo su criterio utilitarista sin que se le conceda al investigado un beneficio por su actuación. Por otro lado, se podrá conceder un beneficio a la persona que confiese, aun cuando su confesión no resulte útil para el proceso, porque, por ejemplo, ya se contaban con pruebas de cargo suficientes y este dato era desconocido para el sujeto que confiesa, si la confesión fue realizada en tiempo oportuno de acuerdo con el criterio cronológico del art. 21.4.° CP.

Debido a estas incongruencias, Garro Carrera y Asúa Batarrita señalan que es difícil comprender los argumentos utilitarios que normalmente se emplean de manera exclusiva para justificar la atenuante de confesión. En este sentido, destacan que simplemente puede tratarse “del efecto de utilidad para la administración de la justi-

---

508 Paz Rubio, 2001, p. 267.

509 Más recientemente, también por la SAN 5296/2022, de 10 de noviembre, en la que se contempla que la procesada ha reconocido expresamente los hechos contenidos en el relato factico presentado por el Ministerio Fiscal durante el acto del juicio oral y “tal aceptación de los hechos, al no celebrarse el acto del juicio oral en trámite de estricta conformidad, no dispensa el Tribunal de comprobar la existencia de pruebas de la realidad de los hechos investigados”.

cia, o del efecto comunicativo integrador de asunción de la propia responsabilidad"[510]. Y concluyen que la confesión puede ser mejor justificada desde la perspectiva del valor de la acción que conlleva una menor necesidad de la pena. Desde otra perspectiva, Faraldo Cabana propone que la "facilitación de la investigación e instrucción de la causa criminal" son los elementos que favorecen la mitigación de la pena en razón de una confesión, más que el "sometimiento del delincuente a las consecuencias legales o jurídicas de su hecho injusto"[511].

No obstante, ya sea con mucha o ya sea con poca inseguridad respecto a la justificativa utilitarista en torno a la confesión, el utilitarismo sigue constituyendo uno de los elementos fundamentales para explicar la colaboración con la justicia penal en España, y así lo vamos a ver a lo largo de este capítulo.

En el ámbito de las personas jurídicas la confesión realizada pude llegar a beneficiar no solamente el investigado o encausado "persona física" que confiesa, sino también la propia persona jurídica que se encuentre ante un proceso penal. Por ello, esta confesión debe ser estudiada con especial consideración. Esto se debe a que los mecanismos de cumplimiento —o *compliance*— en el seno empresarial pueden involucrar canales de denuncia e instrumentos investigativos[512] que incentiven a los empleados a realizar una confesión no completamente voluntaria. Esto porque, sometido al poder empresarial, un empleado puede verse forzado a confesarse culpable penalmente de un acto cometido en el ámbito de la persona jurídica empleadora ante, por ejemplo, un posible despido[513]. En este caso, la problemática viene con la realización de una confesión extrajurisdiccional en documento privado y, aunque haya decisiones que le concedan validez[514], otras sentencias matizan las condiciones de su obtención y la forma con la que deberá ser consubstanciada en el proceso penal, con un debate contradictorio en juicio oral y el interrogatorio de las personas[515].

---

510 Garro Carrera, Asúa Batarrita, 2008, p. 102.

511 Faraldo Cabana, 2023, p. 291.

512 Sobre las investigaciones internas corporativas, *cfr.* Rodríguez-García, 2023, pp. 203 y ss.

513 *Cfr.* Pouchain, 2022.

514 STS de 6 de junio de 1980.

515 STS de 17 de octubre de 1992.

Dicho eso, desglosaremos los elementos de la confesión que justifican la apreciación de la atenuante genérica del art. 21.4 CP, a saber, el criterio cronológico, la voluntariedad y el contenido de la confesión. Así como las protecciones y garantías en torno al instituto de la confesión y las medidas existentes en el sistema penal español. Esto claro, teniendo como punto de partida la confesión utilizada en el ámbito de la atenuante del art. 21.4 CP.

Los elementos de la confesión podrían ser estructurados y organizados bajo distintas estructuras. Una de las posibilidades se da a partir de la división entre elementos objetivos y subjetivos. Desde esta perspectiva, se consideraría como elemento objetivo la conducta en sí de presentarse ante las autoridades con todos los datos oportunos, juntamente con el criterio cronológico. Por otro lado, serían elementos subjetivos: la voluntariedad como ausencia de coacción y el ánimo de autoinculpación[516].

Desde nuestra perspectiva, nos parece más acertado —o quizás más pragmático— delimitar los elementos de la confesión ordenándolos entre los elementos cronológico, de voluntariedad y de contenido, entendiendo que un contenido objetivo de la confesión que incluya "la conducta consistente en la presentación ante las autoridades competentes explicando lo sucedido con aportación de todos los datos oportunos"[517], nada más es que una repetición del acto en sí de la confesión como un todo.

Por tanto, el primer elemento para que la confesión sea apreciada como una atenuante genérica del art. 21.4 CP es que sea producida en tiempo. Esta afirmación gana fuerza cuando nos detenemos a analizar el requisito cronológico de la confesión del art. 21.4.°. Esto porque el legislador no ha determinado que la confesión será merecedora de atenuante si realizada antes de que se comenzara el procedimiento, sino antes de que el sospechoso, aun cuando ya exista un procedimiento iniciado y dirigido contra él, "no ha llegado a conocer tal inicio y dirección contra su persona"[518].

---

516 Como estructuran Garro Carrera, Asúa Batarrita, 2008, pp. 133 ss.

517 Garro Carrera, Asúa Batarrita, 2008, p. 138.

518 Garro Carrera, Asúa Batarrita, 2008, p. 107.

En términos prácticos, a la hora de valorar el elemento cronológico seguirá siendo fundamental determinar cuál es el momento de inicio del procedimiento judicial: desde las diligencias policiales, como señalado por la jurisprudencia y por parte de la doctrina[519], o a partir de la intervención del Juez[520]. A pesar de ello —de la relevancia practica de determinarse el comienzo del procedimiento judicial—, para que sea posible apreciar la atenuante de confesión lo que parece persistir es la importancia de evaluar el conocimiento o desconocimiento de quien confiesa respecto a la existencia de este procedimiento judicial dirigido contra su persona.

Por consiguiente, no importa la relevancia de la aportación realizada por medio de la confesión, es decir, si esta llega a fornecer datos relevantes y desconocidos por la autoridad que investiga. Es más transcendente que, "intersubjetivamente, desde la posición del autor, se trate de una aportación idónea *ex-ante*"[521].

Asimismo, muchos otros factores tienen que ser llevados en consideración a la hora de valorar la confesión, que merecen estudio más profundo y también escapan de nuestros objetivos de investigación, como la diferencia entre la confesión de un culpable que ha asesinado a una persona delante de varios testigos, o entre el culpable que ha confesado su delito muchos años después de su comisión y sin la existencia de un proceso dirigido contra él, pero que aun así ha disfrutado durante un largo periodo de tiempo del producto del delito[522].

Por ello, la solución más adecuada a estas situaciones límites, desde nuestra perspectiva, será la apreciada por el Tribunal o Juez competente en una decisión motivada, según los parámetros de cada caso. Decidiéndose, por ejemplo, si la atenuante de confesión debe de ser estimada o no, cuando hay una confesión poco tiempo tras el delito, pero después de este ser descubierto, con el fin último de evaluar la espontaneidad de esta confesión, de acuerdo con la redacción del art. 21.4 CP. Sin embargo, nos parece relevante la conclusión de Garro Carrera y Asúa Batarrita en el sentido de que "la falta de prueba sobre

---

519 SSTS 3985/2006, de 28 de junio; Alonso Fernández, 1999, p. 51.

520 Mir Puig, 2016, p. 640.

521 Garro Carrera, Asúa Batarrita, 2008, p. 138.

522 *Cfr*. Garro Carrera, Asúa Batarrita, 2008, pp. 119 ss.

este extremo «la espontaneidad», procede estimar la atenuante"[523] debido al principio fundamental del *in dubio pro reo*. Aunque, verdaderamente, será la posición tomada por la mayoría de la jurisprudencia, la que pretendemos analizar a lo largo del siguiente capítulo, que nos dará una respuesta concreta sobre cómo evaluar el criterio cronológico de la confesión a la hora de justificar la atenuante.

El segundo elemento de una confesión que deberá ser evaluado para apreciar la incidencia de la atenuante analógica del art. 21.4 CP es la voluntariedad con la que se presenta. Por un lado, todavía se debate en alguna literatura[524] si la confesión debe incluir elementos subjetivos de arrepentimiento, espontáneo o no, principalmente debido a la previa redacción del art. 9.9 CP de 1973, que no está más vigente, pero exigía que la autoinculpación se produjese con estos impulsos de arrepentimiento espontaneo. Por otro lado, y desde nuestra parte, no nos parece relevante señalar la consideración de ningún criterio subjetivo de arrepentimiento debido a consideraciones pragmáticas en el sentido de que cualquier evaluación de un elemento tan subjetivo puede ser contraproducente.

Es decir, el arrepentimiento tanto puede ser falso, pretendido, como variable y cambiante. Un sujeto puede sentirse arrepentido tanto del hecho delictivo como del hecho de poder ser condenado por su delito, sin que el Juez o Tribunal pueda nunca revelar el verdadero sentimiento del sujeto o sin que influya en criterios más evaluables como pueden ser los de cumplimiento de finalidades preventivas de la pena.

---

523 Garro Carrera, Asúa Batarrita, 2008, p. 122. Además, las autoras analizan el improbable hecho de que la confesión respete el requisito cronológico, siendo realizada en tiempo oportuno, pero que no sea espontánea dado que el autor de los hechos crea haber diligencias abiertas en contra de él. Sin embargo, las propias autoras consideran la improbabilidad de esta situación puesto que "el sujeto no puede conocer lo que no es cierto, sino que sólo en su imaginación" (p. 124).

524 *Cfr.* Rodríguez, que, aun considerando que el arrepentimiento no es raro en el ser humano, en términos menos dogmáticos, no puede ser comprendido como elemento despenalizador ya que "*a* sistemática da pena, como já discutimos, tradicionalmente crê pouco que a promessa de amizade (futura) com o Direito seja motivo de diminuição da repreensão pelo ato passado" (Rodríguez, 2018, p. 209).

En este sentido, el criterio subjetivo que prevalecería en la atenuante de confesión sería el de la voluntariedad, como un "requisito mínimo y neutral" que busca garantizar la ausencia de coacción[525].

Por ende, la voluntariedad no puede ser confundida como sinónimo de decisión única y explícitamente autónoma, puesto que una confesión realizada debido a consejos de terceras personas podrá ser llevada en consideración por el Juez o Tribunal siempre y cuando no haya coacción. Por lo tanto, solamente será nula[526] la confesión realizada bajo presión coactiva realizada indebidamente por una autoridad judicial, policial o cualquier otra autoridad con poder superior en el ámbito del proceso penal o de la investigación policial, es decir, la confesión realizada debido a incumplimientos directos de derechos fundamentales y básicos de los arts. 10, 15 y 24 CE.

Bajo la voluntariedad de la confesión hay quienes entienden que se debe incluir como elemento positivo —juntamente con el elemento negativo de la ausencia de coacción— la intención de declarar espontáneamente, es decir, con la intención de aportar informaciones nuevas a la autoridad competente[527]. Sin embargo, ante nuestra perspectiva, este elemento nada más es que una tautología del primer elemento que hemos analizado, el cronológico y que, además, puede traer problemas a la hora de confundir la confesión con la confesión útil, colaborativa, que no necesariamente tiene que ser realizada temporalmente con el fin de generar una atenuante analógica, cuando acompañada de una colaboración.

---

525 Faraldo Cabana, 2023, p. 293; Garro Carrera, Asúa Batarrita, 2008, p. 137; Cobo Del Rosal, 2000, p. 753; Pozuelo Pérez, 1998, p. 420.

526 Estamos de acuerdo con Garro Carrera y Asúa Batarrita, porque la existencia de coacción, en su caso, sería un acto insanable desde la esfera de la autonomía de la voluntad, ya que el autor del hecho delictivo no puede eliminar la coacción realizada sobre él con una confesión posterior. Otra cuestión es la reconsideración de una confesión que fue realizada inicialmente en situación de tortura y maltrato, en cuyo caso se considera viable la evaluación de la confesión con los fines de la atenuante del art. 21,4, puesto que negarle a una víctima de maltrato o tortura la valoración de su confesión, realizada en momentos posteriores con contrastada libertad autoinculpatoria, seria cometer una injusticia con esta víctima de abuso (2008, p. 141).

527 Garro Carrera, Asúa Batarrita, 2008, p. 142. *Cfr.* Faraldo Cabana, 2023, p. 293.

### 3.2.2. La atenuante analógica de confesión: art. 21.7 CP

En materia penal la analogía está prohibida en España debido a la determinación del art. 4 CP y del art. 4 CE, independientemente del hecho de que la analogía sea favorable —*in bonam parte*— o desfavorable. Asimismo, solamente es posible la aplicación del método analógico de interpretación siempre y cuando esté expresamente previsto en el CP[528], como es el caso de la atenuante analógica que nos tocará analizar.

Esto porque es determinación expresa del art. 21.7 CP la permisión a "cualquier otra circunstancia de análoga significación de las anteriores", incluida, por consiguiente, la posibilidad de atenuación en los supuestos de confesión análogos al original del art. 21.4 CP.

Para la aplicación de la atenuante de confesión por su vía analógica[529], sin embargo, dos elementos deben ser cumplidos: *(i)* en primer lugar, que se satisfagan los requisitos para la interpretación como analógica, a saber, los requisitos básicos para ser estimada como determinada atenuante sin guardar exacta similitud o correspondencia absoluta[530] y *(ii)*, en segundo lugar, sea aplicada como medio subsidiario en el caso de existir atenuante específicamente descrita en los tipos penales[531].

---

528 *Cfr.* Manjón-Cabeza Olmeda, 2014, p. 35: "descartada la posibilidad de analogía, incluso la que favorece, lo que si resulta posible es acudir al método analógico, con resultado favorable o desfavorable, cuando está expresamente previsto en el CP (...) se rechaza la posibilidad de construir atenuantes por analogía, fuera del ámbito de la circunstancia analógica del art. 21 —o eximentes por analogía, también debe rechazarse la ampliación por analogía del ámbito de una excusa absolutoria".

529 Faraldo Cabana señala que "con la previsión de la atenuante analógica se flexibiliza al máximo el catálogo de circunstancias atenuantes. Constituye una cláusula general de individualización general de la pena que persigue la mejor adecuación de esta a la concreta culpabilidad del autor" (2023b, p. 304).

530 Como ya definido por los tribunales españoles, como mejor analizaremos en el próximo capítulo. *Cfr.* SSTS 1137/2005, de 6 de octubre, y 575/2008, de 7 de octubre.

531 En ese sentido, Garro Carrera y Asúa Batarrita, al estudiar el supuesto del autor que colabora con las autoridades inmediatamente tras ser sorprendido y especialmente en el delito de tráfico de drogas, señalan que, no concurriendo "los requisitos para la exención parcial de la pena prevista en el art. 376 CP", la única opción para el juzgador calificar esa colaboración será acudiendo al catálogo

En el caso concreto de la atenuante analógica de confesión —o de colaboración— la propia limitación en torno a la atenuante genérica de confesión del art. 21.4 CP, extremadamente circunscrita al criterio cronológico, aparece como una de las más importantes motivaciones para su constante uso jurisprudencial[532]. Aun así, también vamos a entender que su extensivo uso en la jurisprudencia española está relacionado con la dificultad de aplicación de los beneficios concedidos específicamente a las colaboraciones respecto a determinados delitos, cuyos criterios y modalidades de colaboración, muy delimitados a determinadas circunstancias, hace con que sean de difícil aplicabilidad práctica.

Por consiguiente, debido a esta necesidad político-criminal de premiar a los investigadores colaboradores con la justicia penal, surge esta línea interpretativa jurisprudencial en torno a la atenuante de confesión analógica, basada en el apartado 7.º del art. 21 CP, en relación con el art. 21.4.º CP. El propio Tribunal Supremo, consolidando esta línea jurisprudencial, la motiva a partir de la conclusión en torno a la inoperatividad de la atenuante genérica de confesión, puesto que en la realidad la colaboración del culpable, hasta a través de una confesión, suele ocurrir tras su detención por la Policía o cuando ya se encuentra investigado. De manera que, por razones de política criminal, se permite la aplicación por vía analógica de la atenuante de confesión siempre y cuando la confesión se produce después de que el acusado sepa que hay un proceso penal dirigido contra él —por ejem-

genérico de las atenuantes del art. 21 CP (Garro Carrera, Asúa Batarrita, 2008, p. 127). Señalamos que las autoras, sin embargo, al analizar el supuesto de confesión no sólo extemporánea, sino también alejada en el tiempo de la comisión del delito, no prevén o debaten la posibilidad de valorar la atenuante de confesión por su vía analógica, sino solamente analizan la determinación de la pena (más alta o baja) en razón del comportamiento postdelictivo del sujeto (2008, p. 129).

532 En ese sentido, también "debido al limitado ámbito objetivo de aplicación de los tipos penales atenuados de los arts. 376, 570 quater y 579 bis 3.º CP, y a las dificultades que supone la apreciación de la concurrencia de los distintos requisitos exigibles —sobre todo, el cronológico— para la aplicación de la atenuante genérica de confesión del art. 21,4CP, los tribunales han ido consolidando una interesante línea jurisprudencial basada en ese principio utilitarista de aumentar en la medida de lo posible la efectividad de la investigación judicial a costa de promover al máximo la aplicabilidad de la atenuante penal por colaboración" (Ortiz Pradillo, 2018, p. 230).

plo, tras su detención policial— pero que, además de la confesión, aporte datos e información que resulten "útiles a la investigación y la clarificación de los hechos"[533].

En este sentido, si la atenuante genérica de confesión no puede ser justificada exclusivamente con base a un criterio de utilidad, su aplicación por medio de la vía analógica fundada en una colaboración, sí. Por ello, más que cualquier colaboración, lo que se requiere es una colaboración útil para la investigación, que no será suficiente con la aportación de datos o informaciones que la Policía o el Tribunal ya puedan haber obtenido a partir de otros medios[534].

Como hemos estudiado previamente, la fundamentación de índole político-criminal en relación con la colaboración de investigados y encausados en España parece vincularse con delitos de naturaleza político-económica, de compleja persecución criminal, de considerable interés para la persecución debido a razones de orden internacional y en virtud de las cuantiosas sumas monetarias que pueden resultar tras la recuperación de activos derivada de su persecución criminal. Desde esta perspectiva, Ortiz Pradillo señala que la atenuante analógica de colaboración tiene como "cauce escogido" el "incentivo para la cooperación del arrepentido con las autoridades en causas criminales distintas a las que prevén los mencionados tipos atenuados (terrorismo, etc.) pero en donde el elemento plurisubjetivo es un factor esencial, como sucede por ejemplo en las causas de corrupción"[535].

No obstante, y en nuestra perspectiva, la novedad de esta atenuante analógica es su aplicabilidad a *cualquier* investigado o encausado colaborador —independientemente del delito a que se refiera— que, habiendo confesado extratemporalmente —de manera que no le sea

533 STS 1672/2002, de 3 de octubre.

534 En este sentido, muchas sentencias analizadas en el próximo capítulo confirman la necesidad de aportación de elementos nuevos y útiles al proceso para que pueda ser estimada la atenuante de colaboración: STS 82/2019, de 16 de enero (motivada por el tribunal como una colaboración mínima); STS 110/2019, de 23 de enero (declaración que aportó sólo elementos de prueba ya descubiertos, junto con vaivenes en la postura y una declaración no lineal ni persistente); o la ATS 2911/2019, de 26 de febrero (el encausado manifestó que llevaba un cuchillo, facilitó datos de teléfono y prestó consentimiento para la prueba de ADN y el Tribunal apreció su colaboración como "no relevante").

535 Ortiz Pradillo, 2018, p. 231.

aplicable la atenuante genérica de confesión del art. 21.4 CP—, haya colaborado de forma esencial para la investigación en torno al delito y los demás responsables. Por tanto, no solamente tendrá efectos para los delitos originalmente pensados por la jurisprudencia y la doctrina a la hora de justificar la colaboración premiada del investigado: de naturaleza político-económica, de corrupción, grupos y organizaciones criminales, entre otros.

Este hecho nos hace preguntar[536]: ¿cuál el real ámbito de aplicación de la atenuante analógica de confesión? ¿A qué delitos se premia la colaboración con la justicia penal? Y cuáles las consecuencias de estas respuestas, es decir, ¿cuál la mejor vía para que, de acuerdo con el modelo procesal penal español fundado en la legalidad y en la supremacía de la Constitución, se promueva esta colaboración premiada?

Otra cuestión relevante que carece de respuesta, especialmente si lo que se busca es un modelo de legalidad —o mejor, "oportunidad reglada"— para la colaboración de investigados o encausados, se relaciona con establecer los requisitos básicos y deseables para la colaboración que se premie a través de la atenuante analógica de confesión. En este sentido, si bien ya hemos definido que, a la hora de justificar la aplicación de cualquier atenuante por su vía analógica, deben de ser guardados los requisitos básicos de la atenuante principal, hay alguna jurisprudencia del Tribunal Supremo, como señalado por Ortiz Pradillo, que estima la atenuante analógica por colaboración aun en la ausencia de algún requisito básico[537]. Además, en el caso de mantenerse la colaboración a partir de la vía analógica, habrá que definir cuáles elementos básicos de la atenuante de confesión realmente se estiman necesarios por la jurisprudencia reciente o, bien como propuso Ortiz Pradillo, habrá que pugnar por la inclusión de la colaboración como atenuante genérica en el catálogo del art. 21 CP[538].

---

536 Y que buscaremos contestar a lo largo de los próximos capítulos.

537 STS 204/2012, de 26 de marzo.

538 "Proponemos *lege ferenda* su incorporación como una causa expresa de atenuación de la responsabilidad penal en el art. 21 CP, tal y como sucedió con la formulación expresa de las dilaciones indebidas y extraordinarias en virtud de la L.O. 5/2010, de 22 de junio, de Reforma del Código Penal, que vino a incorporar a nuestro sistema penal una práctica jurisprudencial asentada por el Tribunal Supremo" (Ortiz Pradillo, 2018, p. 235).

En medio a tantas preguntas, hay un elemento que no nos deja dudas en relación con su superación: el arrepentimiento. Y, si bien se puede señalar alguna jurisprudencia —ya con más de 25 años— que "niega la aplicación de la atenuante analógica de colaboración por falta del requisito temporal, por entender el Tribunal Supremo que el móvil del sujeto en tales casos ya no es el arrepentimiento, sino la idea de beneficiarse de la atenuante, además de que la conducta no puede ser reputada espontánea y libre, sino coaccionada por la noticia de que la Justicia está investigando"[539], la verdad es que el propio Tribunal Supremo ha sobrepasado la necesidad de arrepentimiento y ha evolucionado hacia una posición "más pragmática y objetiva"[540]. Por ello, cualquier análisis en torno al arrepentimiento del colaborador o a los móviles internos para su colaboración no deben de ser considerados —y esto también pretendemos analizar respecto a la jurisprudencia más reciente—. De manera que, y cómo propusimos anteriormente, la problemática parece ser usar beneficios para favorecer la colaboración, no en saber si la colaboración ha sido espontánea y resultado de un arrepentimiento interno de este colaborador[541].

Dicho esto, llegamos a la conclusión de que, a pesar de la consolidada jurisprudencia del Tribunal Supremo sobre la aplicabilidad de la atenuante de colaboración mediante la vía analógica basada en la confesión, persisten más incertidumbres que claridades en cuanto a su aplicación práctica. Por tanto, una investigación jurisprudencial resultará esencial para comprender qué modelo de colaboración premiada España requiere —en caso de que efectivamente lo necesite—.

---

539 Ortiz Pradillo, 2018, p. 232.

540 *Cfr.* Ortiz Pradillo, 2018, p. 233.

541 En una perspectiva ética-filosófica y sistemática, Rodriguez estudia el arrepentimiento como una de las antinomias de la delación premiada, constante en que "em termos menos dogmáticos, sabe-se que o arrependimento não é raro no ser humano, até por significar o confronto da personalidade com aquilo que o individuo esperava dela. Portanto, ele não despenaliza, em regra. Ademais, a sistemática da pena, como já discutimos, tradicionalmente crê pouco que a promessa de amizade (futura) com o Direito seja motivo de diminuição da repreensão pelo ato passado" (Rodriguez, 2018, p. 209). Por ello, ni si fuera posible la delimitación del arrepentimiento, no significaría la disminución de la culpabilidad y la justificativa en torno a la atenuación de la pena debido a este exclusivo arrepentimiento del autor, mientras, por otro lado, su colaboración útil junto con la confesión sí pueden aportar elementos que motiven dicha premiación.

### 3.3. *Las previsiones especiales del Código Penal. Beneficios a actitudes colaborativas con la justicia: manifestaciones en especie en tipos privilegiados*

Nos hemos adelantado al referir a la atenuante analógica de confesión, señalando las modalidades específicas de colaboración que el Código Penal español premia. Estas serán nuestro objeto de estudio a partir de ahora.

A pesar de que no sean desconocidas por la doctrina[542], estas manifestaciones de colaboración premiada se encuentran con escasa aplicabilidad práctica y, desde esta perspectiva pragmática, son muy poco conocidas. Esto se debe a que, aunque la doctrina aborda los avances en la colaboración con la justicia de forma genérica, todavía falta un estudio sistemático que las analice en su conjunto y permita identificar sus puntos de coincidencia, discrepancia y los resultados que hayan podido alcanzar y los que pueden llegar a tener.

En este sentido, Lamarca Pérez[543] nos enseña que la colaboración premiada, a través de los tipos privilegiados, no es nueva al sistema penal español. Para ejemplificar, el art. 204 CP de 1848 reconocía una figura que eximia de la pena a los que se presentasen espontáneamente a las autoridades informando sobre el objeto y los planes de la asociación en el delito de sociedades secretas.

Desde el inicio del actual Código Penal de 1995, el art. 579 también preceptúa, para los delitos de terrorismo, la atenuación de la pena inferior en uno o dos grados cuando el sujeto haya abandonado voluntariamente sus actividades delictivas y se presente a las autoridades confesando los hechos en que haya participado y, además, colabore activamente con estas para impedir la producción del delito o coadyuve eficazmente a la obtención de pruebas decisivas para la identificación o captura de otros responsables o para impedir la actuación o el desarrollo de bandas armadas, organizaciones o grupos terroristas a los que haya pertenecido o con los que haya colaborado.

---

542 *Cfr.* Ortiz Pradillo, 2018, p. 230, respecto a los tipos penales atenuados de los arts. 376, 570 *quater*. 4.º y 579 *bis*.3.º CP. *Cfr.* Cuerda Arnau, 1995; Quintanar Díez, 1997.

543 Lamarca Pérez, 2009, p. 280.

Esta fórmula, también aplicada en el art. 376 CP originario para los delitos de cultivo, elaboración o tráfico de drogas toxicas, estupefacientes o sustancias psicotrópicas (arts. 368 a 372 del texto original), como vamos a ver en los delitos en específico, se repite a lo largo de las reformas penales responsable de la inclusión de la colaboración en otros delitos, de acuerdo con los cambios de la política-criminal vigente[544]. Además de eliminar o añadir requisitos, como en el caso del entonces art. 376 CP, que, actualmente, no sólo abarca todos los delitos contra la salud pública, sino también ha dejado de depender de la confesión de los hechos a las autoridades, podemos observar que este mismo requisito de confesión subsiste en la actual legislación antiterrorista[545].

Como en el caso de los anteriores institutos estudiados, ninguna justificativa basada en el arrepentimiento o desistimiento voluntario del autor parece subsistir por sí misma, ni siquiera la perspectiva penal de menor necesidad de la pena[546]. Por tanto, la razón que cobra importancia está relacionada con la visión de una necesidad político-criminal utilitarista de la justicia, que busca premiar mediante la aplicación de una pena reducida a los que, por un lado, faciliten "la desarticulación de organizaciones que se consideran especialmente peligrosas y de difícil acceso, como es el caso de las que realizan actividades terroristas o de narcotráfico"[547], y, por otro lado —desde nuestra perspectiva, más recientemente—, favorezcan la persecución penal de delitos de corrupción y de grupos y organizaciones criminales.

Son innumerables las preguntas que nos genera la existencia de estos institutos específicos de colaboración premiada frente a la atenuación genérica de la pena del art. 21.4 CP —o mismamente ante la atenuante de confesión analógica debido a la colaboración—, cómo: ¿por qué la redacción de criterios específicos de colaboración a deter-

---

544 En sentido contrario, Lamarca Pérez señala que la actual redacción del Código Penal "ha endurecido notablemente la concesión de beneficios (...), pues, de un lado, se exige ahora la concurrencia acumulativa y no disyuntiva de una serie de conductas y, de otro, ya no cabe la remisión total de la pena" (2009, p. 281).

545 *Cfr.* Lamarca Pérez, 2009, pp. 280-290.

546 Cuerda Arnau, 1995, p. 324.

547 Lamarca Pérez, 2009, p. 281.

minados delitos cuando hay una previsión genérica?, ¿a qué delitos se aplican unas y otras?, ¿por qué se requiere siempre la confesión en el ámbito de la atenuante analógica del art. 21.4 y del art. 21.7 CP cuando la confesión no es un requisito en todas las modalidades de tipos privilegiados por colaboración?, entre muchas otras. No obstante, hay un dato en concreto sobre el que tenemos algunas luces: la imposibilidad de apreciación conjunta de la atenuante del art. 21.4 y del art. 21.7 7 CP junto con las circunstancias específicas de atenuación de la pena. Esto debido a la imposibilidad legal de concurso de leyes.

En ese sentido, nos señala Lamarca Pérez[548] que, "en caso de duda, (se) debe ceder a favor de la norma especial por razón de la materia cuando concurran sus presupuestos". Si bien es verdad que Lamarca Pérez afirme que esta solución no es de difícil aplicación, su análisis se centra en la atenuante del art. 21.4 CP (confesión que respeta el requisito cronológico) y del art. 21.5 (reparación del daño), de manera que, habiendo confesión extratemporal, recaería la aplicación de la atenuante específica del delito (en el caso de su análisis, el delito de tráfico de drogas). Por tanto, en la medida en que la autora no considera la aplicación genérica del art. 21.7 CP —que, jurisprudencialmente, viene admitiendo la atenuación de la pena a los que confiesen tras saber que el proceso se dirige contra ellos y colaboren de forma efectiva con la justicia—, ella tampoco llega a abordar el problema de la escasa aplicabilidad de las colaboraciones premiadas en específico del código penal.

En concreto, Ortiz Pradillo destaca que la escasa aplicación de "estas figuras ideadas para el delincuente arrepentido que se presta a colaborar con las autoridades", pude ser resultado de la ausencia de la previsión de una total remisión de la pena, debido a "la exigencia de que los requisitos debían concurrir conjuntamente, unida a una interpretación jurisprudencial restrictiva sobre los mismos", por "su carácter potestativo para el tribunal sentenciador" o en razón de "los problemas de valoración del testimonio del arrepentido y su virtualidad para servir de prueba condenatoria"[549].

Con esta breve introducción, pasamos a analizar las previsiones en específico, puesto que cada una tiene sus particularidades, con el

548 Lamarca Pérez, 2009, p. 282.
549 Ortiz Pradillo, 2018, p. 224.

fin de acercarnos un poco más a nuestro objetivo de entender los objetivos relacionados con los premios concedidos actualmente a los investigados o encausados que colaboren con la justicia, las conductas esperadas y los premios otorgados, esta vez respecto a los tipos privilegiados del Código Penal que se basan en una colaboración del investigado o encausado con la justicia.

### 3.3.1. Delitos de alteración de precios en concursos y subastas públicas y los delitos de los arts. 281 y 284 CP

Debido a la reciente Ley Orgánica 4/2022, de 22 de diciembre, de transposición de directivas europeas y otras disposiciones para la adaptación de la legislación penal al ordenamiento de la Unión Europea, y reforma de los delitos contra la integridad moral, desórdenes públicos y contrabando de armas de doble uso, se añade un apartado 3 al art. 262 CP que regula el delito de la alteración de precios en concursos y subastas públicas, así como un artículo 288 *bis* CP, con la misma redacción del mencionado apartado 3, pero en relación con los delitos de los art. 281 CP (el que detraiga del mercado materia prima o producto de primera necesidad con la intención de desabastecer un sector del mismo, de forzar una alteración de precios, o de perjudicar gravemente a los consumidores) y 284 CP (los que emplean violencia, amenaza, engaño o cualquier otro artificio para alterar precios de la libre concurrencia o los que difunden noticias engañosas o falsas sobre personas o empresas con el fin de alterar o preservar el precio de cotización de un instrumento financiero o un contrato de contado, etc.).

El objetivo es utilizar la "política de clemencia" como un "mecanismo efectivo y esencial en la lucha contra conductas anticompetitivas"[550] en el ámbito de la transposición de la Directiva (UE) 2019/1, de 11 de diciembre, también nombrada Directiva ECN+, en la que se busca conferir medidas a las autoridades para proteger la competencia y, de esta manera, tener más eficacia en la aplicación de las normas sobre competencia[551].

---

550 LO 14/2022, de 22 de diciembre, exposición de motivos III, b.

551 *Cfr.* Martínez-Buján Pérez, 2023, p. 62.

A partir de estas nuevas disposiciones se permite la exención de la responsabilidad criminal a un determinado grupo de personas (directores, administradores de hecho o de Derecho, gerentes y otros miembros del personal actuales y anteriores de cualquier sociedad, constituida o en formación) que, en estas condiciones, hayan cometido estos delitos y, una vez hayan puesto fin a su participación en el delito, cooperen con las autoridades competentes, "de manera plena, continua y diligente"; y "aportando informaciones y elementos de prueba de los que estas carecieran, que sean útiles para la investigación, detención y sanción de las demás personas implicadas; y, concomitantemente, cumplan los requisitos específicos determinados en las letras "a)" hasta "d)": *(i)* cooperen activamente con la autoridad competente que lleva el caso; *(ii)* las sociedades o personas físicas hayan presentado solicitud de exención del pago de la multa según lo establecido en la Ley de Defensa de la Competencia; *(iii)* que la solicitud se haya presentado antes de que los colaboradores fuesen informados de que están siendo investigados respecto a estos hechos; y *(iv)* que sea una colaboración activa con la autoridad judicial o el Ministerio Fiscal, aportando indicios útiles o concretos a la hora de asegurar la prueba del delito e identificar otros autores.

Tenemos, por consiguiente, un modelo que permite la concesión de uno de los mejores premios (la exención de la responsabilidad[552]) justificado por el legislador debido a la existencia de un interés superior en la detección e investigación de carteles secretos a través de los cuales se materializan conductas consideradas anticompetitivas y en razón de la consideración de la "política de clemencia" como un mecanismo efectivo en la medida en que permite un "enjuiciamiento eficiente" con la imposición de penas a las infracciones más graves[553].

El legislador demuestra voluntad por avanzar en el sistema premial, ofreciendo mayores premios que la atenuación de la pena, existente en la mayoría de los siguientes casos, con el argumento de que la atenuante es "simplista" e insuficiente. No obstante, la exención

---

552 Martínez-Buján Pérez aclara que "se trata de una causa de anulación (o de levantamiento) de la pena, y no de una causa de exclusión de la culpabilidad, dado que es una exención que no concurre en el instante de la ejecución del delito, sino en un momento posterior a la consumación del delito" (2023, p. 65).

553 LO 14/2022, de 22 de diciembre, exposición de motivos III.

de la responsabilidad implica en diversos desafíos a los principios fundamentales del sistema penal que deben de ser mejor planteados, como en relación con el principio de proporcionalidad, de igualdad y los propios fines preventivos del Derecho penal[554]. Además, y quizás de manera más pragmática, la exigencia confusa en torno a la cooperación exigida[555], que se repetirá a lo largo de los demás tipos privilegiados, tendrá como probable consecuencia la no aplicación del precepto.

### 3.3.2. Delitos contra la Hacienda Pública y contra la Seguridad Social: arts. 305.4, 305 bis.2, 307.3, 307 bis.2 y 307 ter.3 CP

En lo que respecta a nuestra investigación, la clave no radica en sumergirse en la discusión sustantiva penal acerca del bien jurídico protegido, los tipos objetivo y subjetivo o la penalidad asignada a cada uno de los delitos a los que nos disponemos a abordar. No obstante, resulta fundamental tener un conocimiento, aunque sea de manera general —y, en concreto, desde una perspectiva procesal—, del acto delictivo y de lo que se pretende salvaguardar, con el fin de comprender, en última instancia, el objetivo político-criminal perseguido por la figura de la colaboración premiada.

En este supuesto, se trata de los delitos contra la Hacienda Pública y la Seguridad Social, regulados en los arts. 305 y siguientes CP. Y, para ese estudio, los vamos a analizar de acuerdo con las distintas categorías de colaboración y sus respectivos premios, los que serán aplicables a unos u otros hechos delictivos según lo determine su propio artículo.

---

554 *Cfr.* Jericó Ojer, 2023, pp. 120 y ss.

555 La cooperación exigida es "reiterativa y un tanto confusa" (Martínez-Buján Pérez, 2023, p. 79). Por ejemplo: "de una interpretación literal se deduce que todas las exigencias relatadas deben concurrir cumulativamente en el caso concreto para que el sujeto pueda obtener la exención de pena (...) cabe sostener que si el sujeto no propicia la posibilidad de sancionar a otros implicados no cabría ya la exención" (Martínez-Buján Pérez, 2023, p. 81).

### *A) Delitos contra la Hacienda Pública (arts. 305 y 305 bis CP)*

En el ámbito de los delitos contra la Hacienda Pública, regulados en los arts. 305 y 305 *bis* CP, son previstos dos posibles premios a los encausados que colaboren con la justicia. El primero, uno de los más ventajosos entre todos los existentes a lo largo del Código Penal, depende de la regularización fiscal por el obligado tributario. El segundo, relativo a la aplicación de una pena inferior en uno o dos grados, que podrá ser aplicable tanto al obligado tributario como a otros participes en el delito de acuerdo con sus actitudes colaborativas.

La regularización fiscal era una conducta prevista anteriormente a la reforma operada en el 2002, para la intensificación de las actuaciones en la prevención y lucha contra el fraude en lo que concierne la normativa tributaria y presupuestaria[556]. Anteriormente era considerada una eximente de responsabilidad en su integridad y, tras la reforma, permaneció siendo una eximente de responsabilidad a pesar de la intención original del legislador, manifestada en el Anteproyecto y en el Proyecto, de convertir la regularización en un elemento negativo del tipo. Eso porque, aún tras la reforma, la regularización permaneció como "un comportamiento valioso posterior a la consumación del delito"[557].

A pesar de estas contradicciones, la reforma operada fue de relevancia al ser responsable de solucionar dudas respecto al alcance de la conducta exigida. Por ejemplo, sobre si la regularización necesitaba solamente la declaración veraz o también exigía el pago, aunque anteriormente la propia jurisprudencia hubiese solucionado parcialmente esas dudas al exigir el pago para apreciar la excusa[558].

En este sentido, el actual art. 305.4 CP, que regula los delitos contra la Hacienda Pública y también es aplicable al tipo cualificado del art. 305 *bis*[559], considera como *regularizada* la situación tributaria, como

---

556 Ley 7/2012, de 29 de octubre, de modificación de la normativa tributaria y presupuestaria y adecuación de la normativa financiera para la intensificación de las actuaciones en la prevención y lucha contra el fraude.

557 Más sobre las contradicciones entre lo pretendido con la reforma, lo sentenciado por el Preámbulo del artículo y lo realmente logrado en: Manjón-Cabeza Olmeda, 2014, p. 153.

558 Manjón-Cabeza Olmeda, 2014, p. 163.

559 Conductas más gravosas en razón de la cuota defraudada, defraudación en el seno de una organización o grupo criminal o debido al uso de personas físicas o

efecto de la eximente de responsabilidad, al obligado tributario que tanto haya reconocido completamente la deuda y haya procedido a su pago, siempre y cuando antes de que "por la Administración Tributaria se le haya notificado el inicio de actuaciones de comprobación o investigación tendentes a la determinación de las deudas tributarias" o, cuando esas notificaciones no se produzcan, siempre que antes de que el Ministerio Fiscal, el Abogado del Estado o el representante procesal de la Administración autonómica, foral o local de que se trate, interponga querella o denuncia contra aquél dirigida, o antes de que el Ministerio Fiscal o el Juez de Instrucción realicen actuaciones que le permitan tener conocimiento formal de la iniciación de diligencias[560].

Ese supuesto, que resulta en la imposibilidad de que se le persiga criminalmente por estos hechos delictivos, también podrá ser aplicable cuando las deudas tributarias sean satisfechas después de que el derecho de la Administración a su determinación en vía administrativa se agote. Asimismo, es extensible a los demás hechos de irregularidades contables o falsedades instrumentales que el obligado tributario pueda haber cometido en razón de la deuda tributaria objeto de regularización y previamente a la regularización de ella[561].

Por tanto, estamos ante una hipótesis en que la completa colaboración —exclusivamente por parte del investigado o encausado—, llevada a cabo a partir de un comportamiento amplio que incluye no solamente el reconocimiento de la deuda, sino también su pago integral[562] antes de determinado requisito cronológico, genera la no persecución penal antes siquiera de que se dé comienzo al proceso

jurídicas o entes sin personalidad jurídica interpuestos, negocios o instrumentos fiduciarios o paraísos fiscales o territorios de nula tributación que oculte o dificulte la determinación de la identidad del obligado tributario o del responsable del delito, la determinación de la cuantía defraudada o del patrimonio del obligado tributario o del responsable del delito.

560 *Cfr.* Serrano Gómez, Serrano Maíllo, 2021, p. 494.

561 *Cfr.* Dopico Gómez-Aller, 2023, p. 1982; Serrano Gómez, Serrano Maíllo, 2021, p. 495.

562 Destacamos algunas situaciones de especial controversia en las que, a través una Circular de la Fiscalía General del Estado (Circular 2/2009), se permite la aplicación de la excusa absolutoria únicamente con la autodenuncia antes del recibimiento de la devolución, aunque la doctrina señala la problemática del momento en que se produce la lesión (¿con la declaración o con la devolución indebida?). *Cfr.* Manjón-Cabeza Olmeda, 2014, p. 165.

penal. No obstante, una vez sea incoado el proceso penal, el autor del delito podrá ser premiado con la imposición de una pena inferior en uno o dos grados siempre que reconozca judicialmente los hechos y satisfaga la deuda tributaria, desde que antes de que transcurran dos meses de la citación judicial, según el art. 305.6 CP.

En este contexto, se favorece "el acuerdo y la negociación entre la Inspección y el contribuyente, quien, en última instancia, prefiere pagar a verse expuesto a una condena penal, o que, bien asesorado e informado de que va a ser requerido por la Administración Tributaria, puede preparar la regularización en los términos que le sean más favorables"[563]. A esta situación se suma la obligación no solo de efectuar el pago, sino también de reconocer la deuda. Además, el contribuyente estará sujeto a una condena penal, pudiendo optar de manera exclusiva a la imposición de una pena menor en uno o dos grados, en caso de que ya se haya realizado la citación.

Con ello, deseamos resaltar la relevancia del requisito cronológico en el sistema penal, que, de manera similar a la atenuación general de la pena del art. 21 CP, desempeña un papel crucial al determinar el beneficio que puede otorgarse a un colaborado. En el caso específico de la regularización fiscal ante la Hacienda Pública, cobra aún mayor importancia el plazo en el cual se lleva a cabo dicha colaboración. Esto se debe a que ni el reconocimiento de los hechos ni la completa regularización de la deuda podrán redundar en una reducción de la pena si no se realizan dentro del plazo de dos meses desde la citación judicial en calidad de acusado.

Además de lo anteriormente indicado, para cualquier otro partícipe en el delito que no ostente la calidad de obligado tributario, y, por ende, no pueda llevar a cabo la regularización de la deuda ante la autoridad fiscal, el legislador ha contemplado una posibilidad especial de colaboración con la administración de justicia.

A saber, para cualquier persona que sea participe en el delito y no pueda ser responsabilizado como autor del delito u obligado tributario, se le podrá imponer una pena inferior en uno o dos grados (en el mismo nivel al obligado tributario que reconozca los hechos y regularice de la deuda tras el comienzo del proceso y antes de transcurridos

563 Muñoz Conde, 2022, p. 1027.

dos meses de la citación como acusado) cuando colabore activamente para: *(i)* la obtención de pruebas decisivas para la identificación o captura de otros responsables; o *(ii)* el completo esclarecimiento de los hechos delictivos; o *(iii)* la averiguación del patrimonio del obligado tributario o de otros responsables del delito (art. 305.6 CP).

Este supuesto, como afirma Muñoz Conde, está pensado principalmente para los asesores fiscales, permitiendo e incentivando la delación a partir de la atenuación como "especie de premio"[564]. Y diferentemente del obligado tributario, los demás partícipes que colaboren no deberán reconocer los hechos o realizar una confesión a la hora de actuar, sino solamente colaborar de una forma activa con la justicia.

Sin embargo, con la excepción de la colaboración activa para la identificación o captura de otros responsables, fórmula que se repite a lo largo de las demás colaboraciones esperadas por la justicia penal española y que es de más sencilla concreción, las últimas dos hipótesis de colaboración nos parecen, al mismo tiempo, más irrealistas y provechosas para la Administración de la Justicia en la medida en que se relacionan con uno de los mayores objetivos del sistema penal moderno: recuperar el producto y los activos del delito de naturaleza económica.

Esto porque, sea a través del completo esclarecimiento de los hechos o de la averiguación del patrimonio del obligado tributario o de otros responsables, la aportación de esta información mediante una colaboración —que se consustancia en una verdadera delación— auxiliará en el decomiso[565] de estos valores defraudados de la Hacienda Pública.

Hay que poner énfasis también en que en el mismo Título del Código Penal, junto con los demás delitos contra la Hacienda Pública y la Seguridad, el delito del art. 306 CP, responsable de regular la pena a los que defrauden a los presupuestos generales de la Unión Europea, no contiene, por un lado, ni la previsión de premio debido al reintegro y al reconocimiento de los hechos ni, por otro lado, la imposición de

564 Muñoz Conde, 2022, p. 1027.

565 Contribuyendo, por tanto, para la primera etapa de la recuperación de activos, el rastreo de los activos y la recopilación de pruebas (Carrillo del Teso, 2018, p. 32).

pena inferior en grado a los que lo hagan tras el comienzo del proceso penal o para los demás participes en el delito que colaboren activamente.

Como hemos analizado en el Primer Capítulo, el incentivo de la colaboración con la justicia a partir de la concesión de premios y beneficios penales es parte de la propia política criminal de la Unión Europea. En ese sentido, la falta de su previsión en el delito del art. 306 CP parece o puede ser una omisión del legislador español. Desde otra perspectiva, también puede ser una previsión determinante a la hora de no conceder beneficios penales que tengan que ver con delitos a nivel europeo, elemento que ha perdido su razón de ser al considerar la puesta en marcha de los trabajos de la Fiscalía Europea y sus objetivos generales de recuperación de activos y persecución penal. Estas afirmaciones cobran especial relevancia en el ámbito de estos supuestos de colaboración previstos para los delitos contra la Seguridad Social y la Hacienda Pública, que tienen como objetivo general el reintegro de las cantidades defraudadas o la obtención de pruebas sobre el patrimonio del obligado.

### *B) Delitos contra la Seguridad Social (arts. 307, 307 bis y 307 ter CP)*

En los hechos delictivos del art. 307.3 CP, respecto a la defraudación a la Seguridad Social, la regularización se dará exactamente en los mismos supuestos anteriormente referidos, siguiendo las disposiciones del art. 305.4 CP. Asimismo, podrá ser apreciada la pena inferior en grado, conforme a lo establecido en el art. 305.6 CP, al obligado frente a la Seguridad Social que reconozca judicialmente los hechos y satisfaga su deuda antes de que transcurran dos meses desde la citación judicial y a los demás participes en el delito que colaboren activamente. De la misma manera, se aplica la eximente de responsabilidad y la aplicación de pena inferior en grado a los tipos cualificados del art. 307 *bis*[566].

---

[566] Delitos contra la seguridad social que, debido a razones similares relacionadas con el tipo agravado de delitos contra la Hacienda Pública (*cfr.* nota al pie de página núm. 559), son considerados más gravosos.

No obstante, en el tipo de fraude de prestaciones del Sistema de la Seguridad Social, del art. 307 *ter*, la eximente de responsabilidad por reintegro es introducida de distinta forma. No más "se considera 'regulada' la situación", sino que se señala expresamente que "quedará exento de responsabilidad criminal". A pesar de la diferencia manifiesta entre ambas redacciones, no se suprime el carácter de la eximente de responsabilidad. Además, se le suma a la exigencia del reintegro equivalente al valor de la prestación recibida, un interés anual equivalente al legal del dinero incrementado en dos puntos porcentuales, contado desde el momento en que se percibió la prestación.

Por otro lado, el requisito cronológico de esta eximente de responsabilidad es muy similar a la anterior, ya que determina el reintegro antes de que "se le haya notificado la iniciación de actuaciones de inspección y control en relación con las mismas" o, cuando no las haya, antes de que se interponga querella o denuncia o antes de que el Ministerio Fiscal o el Juez de Instrucción realicen actuaciones que les permitan tener conocimiento formal de la iniciación de diligencias.

De manera similar a la primera eximente de responsabilidad analizada, la prevista para los delitos de fraude de prestaciones del Sistema de la Seguridad Social (art. 307 *ter*) también expande la exención de responsabilidad al sujeto responsable de posibles falsedades instrumentales que sean relacionadas exclusivamente con las prestaciones defraudades que son objeto de reintegro y que puedan haber sido cometidas antes de la regularización de la situación.

Asimismo, a través del apartado 6 del art. 307 ter *CP* se le extiende a los delitos de fraude de prestaciones de la Seguridad Social, en la misma medida y con los mismos requisitos, el supuesto de aplicación de pena inferior en uno o dos grados: tanto al obligado ante la Seguridad Social que reconozca judicialmente los hechos y reintegre la deuda antes de transcurridos dos meses desde la citación judicial, como a los partícipes que colaboren activamente con la justicia en los mismos supuestos que hemos analizado anteriormente para los delitos contra la Hacienda Pública.

Por consiguiente, las previsiones de colaboración premiada para el delito contra la Seguridad Social vienen como un instrumento *copiado* de los delitos contra la Hacienda Pública, con dos excepciones concentradas en la modalidad de colaboración prevista para el delito de fraude en el disfrute de prestaciones del Sistema de Seguridad Social (art. 307 *ter* CP): *(i)* que se declara expresamente la exención de la responsabilidad penal, aunque no afecte al *core* del instituto, en la medida en que, para los delitos contra la Hacienda Pública y contra la Seguridad Social, también será producido el mismo efecto de eximente de responsabilidad; y *(ii)* que se añade un extra de dificultad al obligado frente a la Seguridad Social que quiera reintegrar el valor defraudado, y hubiese defraudado el sistema de prestaciones de la Seguridad Social, puesto que deberá reintegrar la cantidad "equivalente al valor de la prestación recibida incrementada en un interés anual equivalente al interés legal del dinero aumentado en dos puntos porcentuales, desde el momento en que las recibió". Con ello, se pretende garantizar el acopio de la Seguridad Social de prestaciones sociales que, habiendo sido defraudado, no ha sido utilizado de manera adecuada a tiempo.

### 3.3.3. El delito de fraude de subvenciones: art. 308 CP

En el delito de fraude de subvenciones[567] no se premia el reintegro o el reconocimiento de la deuda con la aplicación de una eximente de responsabilidad. En este supuesto el reintegro, siempre y cuando es realizado siguiendo las indicaciones del apartado 8 del art. 308 CP, solamente autoriza la atenuación de la pena[568].

En este sentido, debe de haber el reintegro por parte del perceptor de la subvención o ayuda de las administraciones públicas, indebidamente percibidas o aplicadas "incrementadas en el interés de demora aplicable en materia de subvenciones desde el momento en que las percibió" y siempre con arreglo al requisito cronológico. De manera similar a los anteriores casos se determina un criterio cronológico: "antes de que se haya notificado la iniciación de actuaciones de com-

567 Dopico Gómez-Aller, 2023b, pp. 2017 y ss.

568 Aunque el reintegro por sí mismo no justifique la no persecución penal por el delito de fraude de subvenciones, como en los delitos contra la Hacienda Pública y la Seguridad Social, sí justifica la no persecución debido a las posibles falsedades instrumentales que, exclusivamente en relación con la deuda objeto de regularización, la misma persona pudiera haber cometido con carácter previo a la regularización de su situación.

probación o control en relación con dichas subvenciones o ayudas" o, cuando estas no se producen, con anterioridad a que se interponga querella o denuncia contra aquél dirigida o antes de que "el Ministerio Fiscal o el Juez de Instrucción realicen actuaciones que le permitan tener conocimiento formal de la iniciación de diligencias".

De esta manera, en la medida en que el reintegro sea realizado antes de que transcurran dos meses desde la citación judicial como investigado y junto con el reconocimiento judicial de los hechos, conllevará al premio de la aplicación de pena inferior en uno o dos grados.

Esta misma atenuación de la pena, en uno o dos grados, se le aplicará a los demás partícipes en el delito que no sean el obligado al reintegro o el autor del delito, siempre y cuando colaboren activamente para la identificación o captura de otros responsables, el completo esclarecimiento de los hechos delictivos o para la averiguación del patrimonio del obligado o del responsable del delito.

Para terminar, además de estas hipótesis específicas de eximente de responsabilidad —exclusivamente para las falsedades instrumentales— o de atenuante, el art. 308 *bis* CP autoriza la suspensión de la ejecución de la pena impuesta por los delitos regulados en este título siempre y cuando, además de las disposiciones generales contenidas en el art. 80 CP, el penado haya "abonado la deuda tributaria o con la Seguridad Social" o "haya procedido al reintegro de las subvenciones o ayudas indebidamente recibidas o utilizadas".

Asimismo, este requisito también se considera suficientemente cumplido cuando el penado asume el compromiso de satisfacer la deuda tributaria, frente a la Seguridad Social, o de proceder al reintegro de las subvenciones o ayudas recibidas o utilizadas indebidamente, así como el compromiso frente a las responsabilidades civiles de acuerdo con su capacidad económica y de facilitar el decomiso acordado, cuando sea razonable esperar su cumplimiento y sea facilitada información exacta y suficiente sobre el patrimonio del penado.

En este sentido, la disposición relativa a la colaboración del condenado, a partir del abono de la deuda o del reintegro, no viene acompañada de un premio como en las alternativas anteriores, sino que figura como una obligación *añadida* al condenado que desee obtener la suspensión de la pena de prisión.

Este supuesto de suspensión de la pena, asimismo, se ve reducido a la escala de las atenuantes en la medida en que tanto hay condena, como también pena impuesta. Por tanto, y desde nuestra perspectiva, este tipo de modalidad premial no está planteado a partir de un principio de oportunidad puro —que tendría el objetivo de desviar el proceso penal o impedir la condenación del colaborador—, ya que solamente produce efectos después del debido proceso y tras la decisión motivada del Juez o Tribunal de acuerdo con la valoración realzada respecto a la actitud de colaboración.

### 3.3.4. Delitos contra la Salud Pública: Capítulo III Código Penal, artículos 361-378 CP

En los supuestos de delitos contra la salud pública, previstos en el Capítulo II del Código Penal, la única posibilidad de premio a actitudes colaborativas de investigados y encausados es la de la atenuante prevista en el artículo 376 CP.

Aun así, la misma se limita a los delitos de los arts. 361 a 372 CP, excluyendo, por tanto, las conductas de los arts. 359 y 360 CP, respectivamente sobre la elaboración sin autorización de "sustancias nocivas para la salud o productos químicos que puedan causar estragos" o su despacho, suministro o comercialización y sobre el despacho o suministro de las circunstancias referidas anteriormente que incumplan con "las formalidades previstas en las Leyes y Reglamentos respectivos", aunque haya la debida autorización. Excluye, además, el delito del art. 373 CP, relacionado con la conspiración y la proposición para cometer los delitos anteriormente previstos de los art. 368 al 372 CP.

Por consiguiente, se aplica a todas las demás modalidades delictivas contra la salud pública, inclusive cuando realizado por empresario, intermedio en el sector financiero, etc. (art. 372 CP), por quienes pertenezcan a una organización delictiva (art. 369 *bis* CP), por "los que ejecuten acto de cultivo, elaboración o tráfico, o de otro modo promuevan, favorezcan o faciliten el consumo ilegal de drogas tóxicas, estupefacientes o sustancias psicotrópicas, o las posean con aquellos fines" (art. 368 CP), además de todas las conductas específicas de los arts. 361 al 367 CP.

En este ámbito, el Juez o Tribunal podrá, a través de sentencia razonada, imponer pena inferior en uno o dos grados al sujeto que sume los siguientes requisitos: *(i)* haber abandonado voluntariamente sus actividades delictivas; y *(ii)* haber colaborado activamente con las autoridades o sus agentes bien para impedir la producción del delito, bien para obtener pruebas decisivas para la identificación o captura de otros responsables o bien para impedir la actuación o el desarrollo de las organizaciones o asociaciones a las que haya pertenecido o con las que haya colaborado.

En ese delito, por tanto, y similarmente al caso de los delitos contra la Hacienda Pública y la Seguridad Social —en los que se requiere el reintegro de las deudas—, la exclusiva colaboración con la justicia no es elemento suficiente para justificar la concesión de un premio al colaborador, ya que también es necesario el abandono voluntario de las actividades delictivas. Desde otra perspectiva, en el supuesto de los delitos contra la salud pública, el premio a los colaboradores será más fácilmente concedido, puesto que no está restricto a la figura de los demás participes, incluyendo, por consiguiente, al autor del delito.

Por su parte, el abandono voluntario de las actividades delictivas es un componente independiente de cualquier criterio de arrepentimiento o desistimiento[569/570]. Por tanto, el abandono puede ser comprendido a partir de dos perspectivas. La primera, más amplia y de más difícil verificación en la práctica, incluiría aquellos pocos casos en que el delincuente no se encuentra en una estructura organizada y abandona sus actividades delictivas simplemente por el hecho de dejar de hacerlas. La segunda posibilidad, por otro lado, adquiere más coherencia en la medida en que el abandono de las actividades está previsto para las dos figuras delictivas[571] que, como afirma Lamarca Pérez, "casi con carácter de exclusividad, se llevan a cabo desde es-

---

569 Así: "no se trata propiamente de un caso de arrepentimiento por cuanto no es posible abandonar la actividad delictiva que ya ha sido consumada, pero, a su vez, tampoco estamos en presencia de un desistimiento pues no se excluye de entrada su aplicación en supuesto de delito consumado" (Lamarca Pérez, 2009, p. 283).

570 *Cfr.* Silvia Castanho, 2023, p. 2420.

571 En efecto, el abandono voluntario de las actividades delictivas es requisito para los delitos contra la salud pública y, por otro lado, para los delitos de grupos u organizaciones criminales y terrorismo.

tructuras organizadas", y debido al hecho de que las organizaciones son estructuras predominantes en el mundo del tráfico de drogas[572]. Por consiguiente, a partir de este segundo punto de vista, el abandono voluntario de las actividades delictivas se referiría a la separación de la organización o grupo criminal o asociación de narcotraficantes.

Debido a ello, alguna doctrina afirma que el beneficio de atenuación no podrá ser concedido al delincuente no organizado y que actúa por cuenta propia, puesto que no podrá probar el abandono de la actividad delictiva a través de la "disociación"[573]. Lo justifican en razón de los propios objetivos de la colaboración activa con la justicia, que incluiría la identificación o captura de otros responsables e impedir la actuación o el desarrollo de las organizaciones o grupos.

No obstante, en nuestra opinión, aunque la mayoría de los casos sean efectivamente de delitos cometidos en el ámbito de grupos y organizaciones criminales —y el propio concepto de *delación* premiada requiere otros coautores a quien delatar—, sin que exista una exclusión definitiva por parte del legislador, esta especie de colaboración premiada no puede dejar de ser aplicada para los encausados que hayan cometido el delito por cuenta propia. Hasta porque, en la mayoría de los casos concretos, ni siquiera se aplica la especie de colaboración premiada específica para los delitos contra la salud pública, sino la atenuante genérica analógica a la de confesión del art. 21.4 y 7 CP, la que, aunque requiera como un elemento extra la confesión del investigado, tiene un supuesto de colaboración mucho más amplio, ya que no se encuentra descrito en la ley penal, y que permite la colaboración a través de otros supuestos distintos de la delación o de la aportación de pruebas respecto a la criminalidad organizada.

Otra cosa es que dicho abandono debe de ser voluntario, "sin haber sido previamente sometido a ningún tipo de presión o coacción, pero debiendo resultar en todo caso irrelevantes los motivos o las causas por las que se accede a abandonar la actividad delictiva"[574]. La voluntariedad también será analizada a lo largo de los demás tipos penales y, si bien es de extrema importancia para que no haya

572 Lamarca Pérez, 2009, p. 283.

573 Lamarca Pérez, 2009, p. 283; Valle Muñiz, Fernández Palma, 2005, p. 1941.

574 Lamarca Pérez, 2009, p. 283.

coacción o presión ilegales, por otro lado es irrelevante a la hora de evaluar si el abandono fue efectuado debido a intereses particulares. Esto porque, en primer lugar, el abandono siempre se justificará, en mayor o menor medida, debido a un interés en percibir determinado premio o beneficio. Y, en segundo lugar, y como hemos analizado previamente, los premios y beneficios figuran como un incentivo externo claro para el encausado que, sometido a un proceso penal, o en situación de busca y captura por la autoridad policial, decide abandonar sus actividades delictivas y colaborar con la justicia con el objetivo de obtener una condena menos gravosa.

De manera concomitante al abandono voluntario de la actividad delictiva, el investigado o encausado deberá colaborar activamente con las autoridades para uno de los tres fines descritos. La fórmula de colaboración "activa" es la misma utilizada para todos los delitos que se prevé alguna modalidad de colaboración premiada[575]. Asimismo, la expresión —"activa"— cobra relevancia en la medida en que excluye cualquier tipo de comportamiento omisivo[576] del colaborador, que debe de aportar informaciones y datos o realizar actos que esclarezcan los hechos delictivos o faciliten la labor investigadora de la autoridad.

Respecto a la necesidad de que la colaboración sea activa, destacamos el raciocinio de una parte de la doctrina que afirma que el requisito "activa" no implica que de la colaboración se "rinda sus frutos". A saber, que "conduzca efectivamente a lograr las finalidades perseguidas". Esto porque concluyen que obtener el resultado pretendido es parte de la labor de las autoridades responsables de desarrollar la operación. Desde esta perspectiva, podríamos llegar a la conclusión precitada de que cualquier colaboración conlleva a un premio, en la medida en que no tiene que rendir sus frutos. No obstante, esta misma doctrina sigue su argumento y afirma que, a pesar de ello, sólo la colaboración que tenga *éxito* podrá influir en la graduación de la pena[577]. De manera que, aunque señalan que el acto en sí no tiene que ser frutífero —ya que puede depender de acciones posteriores de la

---

575 Una construcción a la que se añade el "eficazmente" a partir de la reforma operada por la LO 14/2022, de 22 de diciembre.

576 Valle Muñiz, Fernández Palma, 2005, p. 1943.

577 *Cfr.* Valle Muñiz, Fernández Palma, 2005, p. 1941; Lamarca Pérez, 2009, p. 285.

autoridad investigativa— dependerá de la generación de frutos a la hora de motivar la atenuación de la pena. Esta conclusión es similar a la de la jurisprudencia a la hora de valorar la atenuante analógica a la de confesión, tal como justificaremos a partir de la investigación jurisprudencial conducida.

Además, en el caso de los delitos contra la salud pública, no se premia la colaboración realizada para el completo esclarecimiento de los hechos —como en el anterior caso de los delitos contra la Hacienda Pública y la Seguridad Social—, sino que solamente aquella que, previamente, impida la persecución del delito. Por otro lado, como no tendría sentido beneficiar a la persona que colabore para la averiguación de un obligado tributario o de otros responsables en los delitos contra la salud pública —aunque, desde nuestra perspectiva, podría ser un elemento fundamental a la hora de facilitar y aumentar la capacidad de decomiso—, el énfasis de colaboración es dado al sujeto que impida la actuación o el desarrollo de las actividades de organizaciones o asociaciones a las que haya pertenecido o colaborado[578].

Asimismo, se puede colaborar para obtener pruebas decisivas para la identificación o captura de otros responsables. Para ello, es necesaria la obtención de pruebas *decisivas*, que pueden ser consideradas como aquellas que permitan sostener una acusación, aunque no necesariamente sean pruebas en el sentido estricto procesal, ya que pueden ser comprendidas como cualquier medio o instrumento que viabilicen esta identificación o captura[579]. Por consiguiente, es necesario, durante el desarrollo del Juicio Oral, evaluar estos elementos. Asimismo, a la hora de sostener una acusación y el juicio contra un tercero, estas pruebas deberán ser analizadas ante la perspectiva de prueba válida, un concepto de lo más relevante en la medida en que sólo la cola-

---

578 "La infracción que se trata de impedir es cualquiera de las del ´ámbito de aplicación de este precepto, es decir cualquiera de las relativas al tráfico de drogas que, como sabemos, incluye no sólo los supuestos de venta o tráfico sino también los de elaboración o cultivo, así como su fabricación, transporte o distribución. Asimismo, creo que también cabe referir este supuesto al delito de asociación cuando lo que se evita es la constitución o reorganización de estas agrupaciones" (Lamarca Pérez, 2009, p. 286).

579 Lamarca Pérez, 2009, p. 287.

boración que produzca resultados eficaces podrá justificar la menor graduación de la pena al colaborador[580].

Por otro lado, el elemento "identificación o captura de otros responsables" debe ser evaluado desde una perspectiva amplia, para que puedan caber siempre que se facilita la detención de miembros, aunque ya conocidos o acusados, pese o no sobre los mismos una orden de detención[581].

Para terminar, se puede colaborar para impedir la actuación o el desarrollo de las organizaciones o asociaciones a las que haya pertenecido y/o colaborado. Como propone Lamarca Pérez respecto a la LO 9/1984[582], en el ámbito de este supuesto de colaboración podrían ser encuadrados todos los actos "que consisten en suministrar informes sobre la estructura, medios, planes, etc., de la organización que resulten suficientes o idóneas para afectar a su actuación o desarrollo como requiere el precepto"[583]. De hecho, la colaboración, de por sí delimitada por el legislador a estos tres supuestos, debe de ser interpretada lo más ampliamente posible siempre y cuando ayuden de manera efectiva con el objetivo general que, en este caso, es el de impedir la actuación o desarrollo de estas asociaciones u organizaciones.

Señalamos que en esta previsión se distingue claramente que el beneficio al colaborador deberá ser aplicado por el Juez o Tribunal en una sentencia razonada, elemento no anteriormente observado en los delitos contra la Hacienda Pública y la Seguridad Social, y que se repetirá en algunos de los siguientes casos. Si bien el razonamiento en sentencia por el Juez o Tribunal puede parecer un requisito *vacío*, en la medida en que todos los elementos relacionados con la deter-

580 De tal manera que, desde nuestra perspectiva, para que se amplíen los incentivos a la colaboración, la concesión de los premios no debe de estar estrictamente atada a la utilidad y eficacia que puede generar su colaboración, como lo viene siendo. Por tanto, la colaboración y los elementos aportados deben ser evaluados según las posibilidades que puedan generar. Y los hechos que puedan afectar su utilidad para la acusación o para el proceso no influenciarán en el premio que el colaborador deberá recibir.

581 Cuerda Arnau, 1995, p. 461; Lamarca Pérez, 2009, p. 283.

582 Ley Orgánica 9/1984, de 26 de diciembre, contra la actuación de bandas armadas y elementos terroristas.

583 Lamarca Pérez, 2009, p. 287.

minación de la pena ya deben de ser fundamentados en sentencia[584], es importante en la medida en que garantiza que sea especificada la colaboración que ha sido llevada a cabo y las actitudes involucradas en la sentencia. Desde otra perspectiva, Serrano Gómez y Serrano Maíllo[585] reflexionan que la exigencia de que se razone en la sentencia los motivos para la rebaja en uno o dos grados "puede tener efectos criminógenos". Los autores explican que "el arrepentido" —desde nuestra perspectiva, simplemente colaborador— puede "inculpar a personas que no han participado; que simplemente sospecha que participaron en los hechos; agravar la participación real; aprovecha para acusar a sus enemigos o acusarles de más de lo que hicieron, o ratificar las sugerencias que le pueda hacer el investigador que le interroga", lo que puede conllevar a que se convierta en "víctima de aquellos a quienes acusó, incluso aunque dijera toda la verdad en sus manifestaciones". Tal como lo explicaremos en el último Capítulo, este riesgo no significa que el premio a un colaborador no deba depender de sentencia motivada y del desarrollo de las sesiones del juicio oral, sino que se le debe proteger a partir de una previsión normativa en concreto.

Como en los supuestos de colaboraciones por otros participes en el delito que no sean el obligado tributario en los delitos contra la Hacienda Pública y la Seguridad Social, la atenuación de la pena a los que colaboren en supuesto de delitos contra la salud pública no les obliga a reconocer los hechos o confesar. Este hecho genera, en cierta medida, un determinado problema procesal, dado que la colaboración puede conllevar a la acusación contra otros responsables y, por otro lado, no ayudar en la persecución penal del propio colaborador. Además, la posición del encausado que colabora sin confesar podrá generar más discusiones en torno al valor de su declaración, ya que su posición no está claramente definida y no es la propia de un testigo[586]. En nuestra perspectiva, ambos proble-

---

584 *Cfr.* Serrano Gómez, Serrano Maíllo, 2021b, p. 656, al analizar lo que denominan "arrepentidos", confirman que, "en todo caso, las sentencias han de ser razonadas. Asimismo, el art. 120.3 de la Constitución establece que las sentencias serán siempre motivadas.

585 Serrano Gómez, Serrano Maíllo, 2021b, pp. 656-657.

586 Lo pone en cuestión Lamarca Pérez (2009, p. 288).

mas se relacionan, pero pueden —y deben— de ser arreglados con la definición de la posición procesal del colaborador, del alcance y validad de sus declaraciones y del establecimiento —más claro que a partir de posiciones jurisprudenciales— sobre la necesidad de elementos y pruebas que corroboren la aportación hecha por el colaborador, la que, por sí sola, no podrá valer como prueba de cargo suficiente.

### 3.3.5. Delito de cohecho

El delito de cohecho, así como los demás delitos del título XIX del Código Penal, y, en especial, como el delito de malversación que también estudiaremos, está relacionado con el problema de la corrupción en la Administración Pública. Esta corrupción es definida por Muñoz Conde como un abuso de un poder "delegado, un poder que no le corresponde a la autoridad o funcionario público que se corrompe, sino a un sistema institucional (la Administración pública en sus diversos ámbitos) que representa los intereses de la generalidad de los ciudadanos"[587]. Sin dar más paso a todo lo que conlleva el estudio profundo de la corrupción, nos atenemos a los detalles más pragmáticos necesarios a la hora de entender el tipo delictivo, su comisión y la necesidad de su inclusión como uno de los delitos especiales para los que se dispone la colaboración premiada del investigado o encausado.

De manera específica, el cohecho incluye la tipificación de las conductas de cohecho activo y pasivo. Es pasivo el cohecho desde el punto de vista de la autoridad o funcionario que solicita o acepta promesa o dádiva, sea simplemente debido a su cargo o con vistas a hacer u omitir determinado acto, que puede o no ser contrario o propio de su cargo[588].Por otro lado, es activo el cohecho en que el particular es responsable de interferir, a partir de su soborno, en la actuación de la autoridad o funcionario público, sea mediante la acción de corromper el funcionario o por la de atender a la solicitud de la autoridad o funcionario. Por ambos, tras la modificación hecha por la LO 1/2019,

---

587 Muñoz Conde, 2022, p. 985.

588 *Cfr.* con más detalles sobre el cohecho pasivo: Muñoz Conde, 2022, pp. 988 y ss.

de 20 de febrero[589], se comprenden todos los sujetos determinados en los arts. 24[590] y 427[591]del CP[592].

En el delito de cohecho, de acuerdo con estas características, la colaboración que se premia no es la del funcionario público o autoridad, sino la del particular en las situaciones de cohecho activo o pasivo que haya "accedido ocasionalmente a la solicitud de dádiva u otra retribución realizada por autoridad o funcionario público". Por tanto, solamente será premiado el particular que denuncie el hecho delictivo a la autoridad competente —la que tenga el deber de proceder a su averiguación— a condición de que se respeten dos requisitos cronológicos: antes de la apertura de los procedimientos y siempre antes de transcurridos dos meses desde la fecha de los hechos. En efecto, se establece un modelo de *doble requisito* para la colaboración que, todavía más exigente que la atenuante genérica de confesión —en la medida en que requiere la denuncia no solamente antes de la apertura del procedimiento,

---

589 Ha transpuesto la Directiva UE 2017/1371, de 5 de julio.

590 Art. 24 CP: "1. A los efectos penales de reputará autoridad al que por sí sólo o como miembro de alguna corporación, tribunal u órgano colegiado tenga mando o ejerza jurisdicción propia. En todo caso, tendrán la consideración de autoridad los miembros del Congreso de los Diputados, del Senado, de las Asambleas Legislativas de las Comunidades Autónomas y del Parlamento Europeo. También tendrán la consideración de autoridad los funcionarios del Ministerio Fiscal y los Fiscales de la Fiscalía Europea. 2. Se considerará funcionario público el que por disposición inmediata de la Ley o por elección o por nombramiento de autoridad competente participe en el ejercicio de las funciones públicas".

591 Art. 427 CP: "(.) a) Cualquier persona que ostente un cargo o empleo legislativo, administrativo o judicial de un país de la Unión Europea o de cualquier otro país extranjero, tanto por nombramiento como por elección. b) Cualquier persona que ejerza una función pública para un país de la Unión Europea o cualquier otro país extranjero, incluido un organismo público o una empresa pública, para la Unión Europea o para otra organización internacional pública. c) Cualquier funcionario o agente de la Unión Europea o de una organización internacional pública. d) Cualquier persona a la que se haya asignado y que esté ejerciendo una función de servicio público que consista en la gestión, en los Estados miembros o en terceros países, de intereses financieros de la Unión Europea o en tomar decisiones sobre esos intereses".

592 Recientemente modificados por la Ley Orgánica 9/2021, de 1 de julio, de adaptación del ordenamiento vigente para la conexión de normas con la figura del Fiscal Europeo y del Fiscal europeo delegado.

sino antes de transcurridos dos meses desde los hechos— conlleva a que sea inaplicable[593/594].

Bajo estas condiciones, el Código Penal recompensa a ese particular, autor de un delito de cohecho, por medio de la exención de pena, prevista en el art. 426 CP.

Asimismo, en el ámbito del delito de cohecho, se regula la posibilidad de que una persona jurídica sea responsable de los delitos recogidos en el capítulo —en nuestro entendimiento, como particular—. En ese sentido, la persona jurídica podría obtener una exención de la pena al denunciar el hecho delictivo en el plazo indicado, sin que también tenga que cumplir con los requisitos específicos para la exención de la pena respecto a la estructura de *compliance*, como vamos a estudiar más adelante. Sin embargo, señalamos que ambas actitudes, el denunciar el hecho a la autoridad competente tan prontamente tras su comisión —antes de pasados dos meses— y antes de la apertura del procedimiento, así como la implementación de un programa de *compliance* efectivo, están directamente relacionadas. Esto se debe a que será mucho más sencilla la denuncia espontanea en el seno de una persona jurídica que tenga implementada en su estructura una verdadera organización de cumplimiento.

También cobra importancia el debate expuesto por Muñoz Conde, quien sugiere que la expresión *ocasionalmente* —"el particular que, habiendo accedido ocasionalmente a la solicitud...", art. 426 CP— indica la posibilidad de tratarse de más de un caso y, por tanto, "del perdón de una cadena de cohechos". En este sentido, si bien es posible atrapar a algún funcionario corrupto, al final se deja impune al gran corrupto —empresario importante, intermediarios profesionales, etc.—, en la medida en que el particular puede acogerse a la exención de pena del

593 Olaizola Nogales señala que "si de revisa la Jurisprudencia del TS se comprueba que el art. 426, anteriormente art. 427 CP, no se ha aplicado en ninguna ocasión por el TS" (2023, p. 2659).

594 Vázquez-Portomeñe Seijas destaca que en las situaciones en que el funcionario busca enriquecerse "aprovechándose de los temores, del error o de la ignorancia (...) lo razonable será vincularlos a las exacciones ilegales y aplicarle al pagador, con propiedad, el estatuto de las víctimas del delito" (2018, p. 15). De esta manera, se cuestiona hasta qué punto la premiación que se da al colaborador con la justicia en el delito de cohecho no considera debidamente que pueda haber una "doble situación de autor-víctima".

art. 426 y denunciar el hecho a conveniencia, como venganza contra el funcionario que le solicita demasiado o cuyo respaldo ya no le interesa o como una manera de evadir su responsabilidad solamente cuando perciba que el hecho está a punto de ser descubierto[595/596]. A nuestro parecer, la impunidad en relación con otros responsables o, en este caso, el gran corrupto, contrastada con la denuncia realizada respecto a un funcionario público o autoridad en concreto, es una realidad que deriva de la justicia colaborativa en general. Por tanto, no se da con exclusividad en el ámbito de la exención de pena del art. 426 CP, a pesar de la expresión "ocasionalmente". A saber, siempre y cuando recurrimos a modelos de justicia colaborativa —y premial—, dependeremos de la voluntariedad por parte del colaborador, requisito *sine qua non* en la medida en que los instrumentos de justicia premial no pueden permitir la coacción de un sujeto investigado o encausado, bajo pena de incumplir los derechos procesales del art. 24 CE. No obstante, el interés de naturaleza político criminal de incentivar a la delación y perseguir criminalmente a la mayoría de los casos posibles de cohecho —en este caso, derivados de la solicitud de dádiva u otra retribución realizada por funcionario o autoridad— justifica la redacción de la medida premial del art. 426 CP, aunque suponga la no delación de todos los supuestos de cohecho existentes.

Desde otra perspectiva, destacamos dos problemáticas respecto a esta colaboración premiada regulada en el ámbito del cohecho. En primer lugar, que se opta por la concesión de un premio muy provechoso para el delator, quizás derivado del doble requisito cronológico que deberá cumplir, consistente en la exención de pena. En efecto, es más conveniente en comparación con la rebaja en grado de la pena derivada de la aplicación de una atenuante. No obstante, no llega a constituir una eximente de responsabilidad, en la medida en que el colaborador deberá ser sujeto a un juicio oral, con todas las garantías, para que entonces sea condenado y, posteriormente, pueda beneficiarse de la exención de la pena en razón de su colaboración inicial. Es decir, quedará exento de pena, pero sufrirá todas las consecuencias de una condena penal. En segundo lugar, que la modalidad de colabo-

595 Muñoz Conde, 2022, p. 995.

596 *Cfr.* Olaizola Nogales, 2023, p. 2659.

ración premiada del art. 426 CP adopta una redacción que permite una colaboración mucho más sencilla. A saber, se requiere, exclusivamente, la denuncia del hecho a la autoridad que deba proceder a su averiguación. Por tanto, no se acoge a las fórmulas utilizadas en otros delitos —como en el supuesto de malversación—, las que exigen la aportación de pruebas y la colaboración especifica, por ejemplo, con el completo esclarecimiento de los hechos.

Nos preguntamos las razones por detrás de estas diferencias, tanto en relación con la colaboración exigida, como respecto a los beneficios ofrecidos. A nuestro parecer, este hecho sólo puede conllevar a una mayor inseguridad jurídica y, por ende, disuadir a posibles colaboradores. Asimismo, y respecto a exigir una delación simple o a requerir la aportación de pruebas y una colaboración más extensa, nos posicionamos a favor de un término medio. Por un lado, la exclusiva delación, sin que sea *eficaz*, no puede justificar la concesión de un beneficio, ni mucho menos la completa exención de la pena. Por otro lado, exigir comportamientos muy específicos —y complejos— de colaboración puede ser contraproducente en la medida en que cada caso concreto exigirá una medida de *eficacia*.

Respecto a la colaboración premiada del delito de cohecho, si bien la delación puede parecer una fórmula demasiado asequible —¿bastará delatar en tiempo para obtener una exención de pena?—, un análisis más detenido nos demuestra que no es bien así. Para que el sujeto pueda beneficiarse de la exención de pena, aplicable con exclusividad al delito de cohecho ("quedará exento de pena *por el delito de cohecho*"), debe de haber sido condenado en el marco de un proceso penal. Por ende, se evidenciará que la denuncia que realizó anteriormente era fundada y que, por tanto, su colaboración fue *eficaz*.

### 3.3.6. Delito de malversación

La malversación versa sobre una corrupción con un carácter patrimonial evidente, que incide sobre el patrimonio público, y es cometida activamente por una autoridad o funcionario público[597]. Además,

[597] Se aplican las mismas ampliaciones de definición en el concepto de autoridad y funcionario público que las estudiadas en el delito de cohecho.

el Código Penal también clasifica como hecho delictivo la "malversación impropia", cometida por "particulares encargados del depósito o administración de bienes de titularidad pública o asimilados", los administradores o depositarios de dinero o bienes embargados, secuestrados o depositados por autoridad pública (aunque sean propiedad de un particular), a los administradores particulares y a las personas jurídicas (art. 435 CP).

En el caso de la malversación propia, esto es, ejecutada por funcionado o autoridad pública, se incluye una conducta relacionada, aunque no idéntica, por medio del art. 433 *bis* CP, que regula el falseamiento de la contabilidad o la facilitación mendaz relativa a la situación económica del ente público "de forma idónea para causar perjuicio económico a la entidad pública de la que dependa".

A todos esos sujetos y conductas, incluidas las del art. 433 *bis* CP, se les aplicará lo dispuesto en el art. 434 CP, que se aplica generalizadamente a todos los hechos tipificados en el capítulo VII del título XIX del Código Penal.

Por esa razón, se permite la imposición, por el Juez o Tribunal competente, de pena inferior en uno o dos grados al culpable de cualquiera de esos hechos que, alternativamente, *(i)* repare efectiva e íntegramente el perjuicio causado al patrimonio público antes del juicio oral[598]; o *(ii)* colabore activa y eficazmente[599] con las autoridades o sus agentes, bien para obtener pruebas decisivas para la identificación o captura de otros responsables, o bien para el completo esclarecimiento de los hechos delictivos.

Por consiguiente, se equipara a la reparación del perjuicio causado al patrimonio público a la colaboración del investigado o encausado, que puede ser tanto para la obtención de pruebas que identifiquen o capturen otros responsables, como para más acciones que, aunque no se limitan a la producción probatoria, deben siempre conllevar al completo esclarecimiento de los hechos.

---

598 "Antes del juicio oral" es un requisito añadido por la reforma operada por la LO 14/2022, de 22 de diciembre.

599 "Eficazmente" añadida por la reforma operada por la LO 14/2022, de 22 de diciembre.

Respecto a la reparación del perjuicio causado al patrimonio público, la reforma operada por la LO 14/2022, de 22 de diciembre, ha añadido como requisito que sea realizada antes del inicio del juicio oral, sin, por otro lado, cambiar los posibles premios. De esta manera, si bien la LO 14/2022, de 22 de diciembre, permite la exención de responsabilidad al colaborador en el ámbito de las conductas delictivas que afectan a la libre competencia, por otro lado, añade requisitos a la colaboración en el delito de malversación —que la reparación del daño sea efectuada antes del inicio del juicio oral y la colaboración no solamente sea "activa", sino también "eficaz"— sin incluir un mejor premio.

En el ámbito de la malversación nos encontramos con uno de los primeros elementos de colaboración que puede clasificarse como una auténtica prueba diabólica: la "colaboración para el completo esclarecimiento de los hechos delictivos". Aunque el legislador no especifica que deba llevarse a cabo mediante la aportación de pruebas, se comprende su necesidad para lograr un esclarecimiento de los hechos *completo*.

Además, se vislumbra cierto grado de incoherencia en el sistema penal ya que, si por un lado, para la confesión se exige la realización de "todas las diligencias necesarias a fin de adquirir el convencimiento de la verdad de la confesión y de la existencia del delito" (art. 406 LECrim), por otro lado, se premia la colaboración de un encausado que esclarece completamente el hecho delictivo. Esto sugiere que su propia condena podría basarse en los elementos colaborativos proporcionados por él, quien, al fin y al cabo, ha aclarado por completo el hecho delictivo. De esta manera, se posibilita la condena del propio sujeto fundamentada en su propia colaboración, sin respetar el art. 406 LECrim o seguir los pasos de una confesión *per se*.

Muñoz Conde cataloga tres propuestas para el problema de la corrupción: *(i)* en el ámbito político y administrativo, consistente en la implementación de "formas eficaces de inspección y de control, externo e interno, de la gestión pública que la hagan más transparente y eficiente"; *(ii)* otra en el ámbito penal, relacionada con la clara identificación de los comportamientos delictivos "con pruebas suficientes para conseguir una condena"; y *(iii)* una en el ámbito legislativo, a partir de la simplificación de "la redacción de los tipos delictivos describiendo de la forma más clara posible los comportamientos penalmente relevantes, sin recurrir a una casuística abrumadora que deja algún resquicio o 'laguna de punibilidad'"[600]. Desde nuestra perspectiva, la colaboración premiada estudiada en el ámbito de la malversación podría ser incluida en este catálogo de soluciones a la corrupción, en la medida en que beneficia la persecución penal a partir de la colaboración activa con las autoridades —o el reintegro absoluto— a cambio de una penalidad atenuada para el condenado.

Para terminar, juntamente con el cohecho y la malversación, tenemos una serie de hechos delictivos relacionados con la corrupción desde una visión global. En primer lugar, el Título XIX del Código Penal versa sobre varias conductas delictivas de corrupción en el ámbito de la Administración Pública, como el tráfico de influencias[601], los fraudes y exacciones ilegales y las negociaciones prohibidas a funcionarios[602]. Asimismo, en el ámbito de lo que se puede denominar "corrupción entre particulares"[603], tenemos delitos como la estafa o la maquinación para alterar el precio de las cosas. Y, más específicamente y, quizás de manera más reconocida, existen los delitos de corrupción privada, estipulados en el Capítulo XI del Título XIII del Código Penal, y clasificados como delitos de corrupción en los negocios[604], cuya principal conducta es el pago de sobornos para la obtención de ventajas competitivas.

Respecto a estos supuestos, nos preguntamos respecto a la argumentación del legislador para extender formas particulares de colaboración a los delitos de malversación, que conllevan a la pena inferior en uno o dos grados, sin tener prevista una modalidad específica de colaboración premiada para las demás formas de corrupción *latu sensu*. De manera que a estos hechos delictivos la única posibilidad de premiar a un colaborador adviene de la atenuante genérica de confe-

---

600 Muñoz Conde, 2022, p. 986.

601 Vázquez-Portomeñe Seijas, 2022, pp. 7-11; Vázquez-Portomeñe Seijas, 2017, pp. 20-22.

602 *Cfr.* Planchadell Gargallo, 2018, pp. 22 y ss.

603 En ese sentido, Muñoz Conde se refiere en sentido amplio a delitos de corrupción en el mundo de las relaciones privadas o en el mercado, así como a los delitos de apropiación indebida, administración desleal y los delitos relativos al mercado y a los consumidores (2022, p. 985).

604 *Cfr.* Otero González, 2019, pp. 3 y ss.; Vázquez González, 2021b, pp. 440 y ss.

sión, con respeto al requisito cronológico, o de la atenuante analógica de confesión[605].

A nuestro parecer, a pesar de la escasa aplicabilidad de las modalidades específicas de colaboración —de los tipos privilegiados, como en el actual supuesto de malversación—, la preocupación con la investigación y la persecución penal de delitos graves, internacionalmente reconocidas en instrumentos y convenciones internacionales, se aplica no solamente a los delitos cometidos en el ámbito de grupos organizados, sino también a la corrupción *latu sensu*. En este sentido[606], la Convención de las Naciones Unidas contra la Corrupción alienta la colaboración premiada no sólo en torno a varios delitos de corrupción, incluida sus modalidades cometidas en el ámbito privado, sino también el propio delito de blanqueo de capitales, como consecuencia de los delitos de corrupción.

Asimismo, y más recientemente, la citada propuesta para una Directiva del Parlamento Europeo del Consejo de 3 de mayo de 2023[607], también destaca la importancia de que se fortalezca la normativa de combate al soborno y otras formas de corrupción en el sector privado, que tienen como victimas inmediatas las personas jurídicas que son injustamente afectadas, además del efecto que tiene en la disminución de la libre competencia[608].

---

605 En una propuesta en torno al cohecho, Vázquez-Portomeñe Seijas señala que sería aconsejable también la inclusión de la figura del particular colaborador en delitos como los fraudes, las exacciones ilegales o el tráfico de influencias (2020, p. 60).

606 *Cfr.* Capítulo I, 3.2.3.

607 *Cfr.* Capítulo I, 3.2.

608 En el art. 8 de la Propuesta para una nueva Directiva de 8 de mayo de 2023, se determina que los Estados Miembros tomen las acciones necesarias para que las siguientes conductas cometidas intencionalmente en el ámbito de actividades económicas, financieras, empresariales o comerciales sean punibles como una infracción penal: "a) la promesa, el ofrecimiento o la concesión, directamente o a través de un intermediario, de una ventaja indebida de cualquier tipo a una persona que, en cualquier calidad, dirija una entidad del sector privado o trabaje para ella, que redunde en beneficio de dicha persona o de un tercero, a fin de que dicha persona actúe, o se abstenga de actuar, incumpliendo sus deberes (soborno activo); b) la petición o recepción, directamente o a través de un intermediario, de una ventaja indebida de cualquier tipo, o la aceptación de la promesa de una ventaja, por parte de una persona que, en cualquier calidad, dirija una entidad

Por consiguiente, y en nuestra perspectiva, los delitos de corrupción privada, esencialmente, así como las demás infracciones criminales que están relacionadas con la corrupción —y a la delincuencia organizada, como el anteriormente mencionado blanqueo de capitales[609]—, deben de ser incluidos en el listado de delitos prioritarios a la hora de incentivar la colaboración con la justicia.

### 3.3.7. Delitos de organizaciones y grupos criminales

El delito de organizaciones y grupos criminales fue incluido en la regulación penal española a través de la LO 5/2010, de 22 de junio[610], debido a una notable incapacidad del delito de asociación ilícita, regulado en el art. 515 CP, de responder de manera adecuada a las necesidades políticas-criminales. En efecto, la Exposición de Motivos de la LO 5/2010 afirma que "la escasa aplicación" del delito de asociación ilícita está relacionada con el hecho de que las organizaciones y grupos criminales son generalmente "agrupaciones de naturaleza originaria e intrínsicamente delictiva, carentes en muchos casos de forma o apariencia jurídica alguna, o dotadas de tal apariencia con el exclusivo propósito de ocultar su actividad y buscar la impunidad".

Asimismo, el legislador enfatiza, en la exposición de motivos, la necesidad de conferir un tratamiento especial al delito de organización y grupo criminal. Esto se debe a a la problemática relacionada con la tipificación del delito de organización terrorista el que, si fuera regulado de forma asociada al delito de asociación ilícita, hubiera generado problemas de cooperación internacional. Para terminar, el legislador justifica la imprescindible inclusión y separación entre organizaciones y grupos criminales ante la anterior definición de asociación ilícita exclusiva en razón de una "estructura con vocación de permanencia". En este sentido, a pesar de que nuestro objetivo no sea analizar el delito de asociaciones ilícitas en sí mismo y la problemáti-

del sector privado o trabaje para ella, que redunde en beneficio de dicha persona o de un tercero, a fin de que dicha persona actué o se abstenga de actuar incumpliendo sus deberes (soborno pasivo)".

609 *Cfr.* Campbell, 2021.

610 Ley Orgánica núm. 5, de 22 de junio de 2010, por la que se modifica la Ley Orgánica 10/1995, de 23 de noviembre, del Código Penal.

ca generada con su manutención en el ámbito penal, en la medida en que no se le prevé una modalidad de colaboración premiada, recalcamos la existencia de esta relación. Dicho esto, podemos comenzar el análisis respecto a los delitos de organizaciones y grupos criminales, regulados en el Capítulo VI del Código Penal.

En un primer momento, definiremos los elementos más relevantes relacionados con la comprensión de la colaboración concreta que se requiere para premiar penalmente los investigados o encausados por estos delitos.

Primeramente, debemos atentarnos a la distinción entre los conceptos de organización y grupo. Por organización podemos comprender una agrupación concertada y coordinada, con carácter estable o por tiempo definido, que tiene el objetivo de cometer delitos a partir de la separación y reparto de tareas. Por su parte, el concepto de grupo puede incluir cualquier unión de dos o más personas que, aunque tenga la finalidad u objeto de perpetrar concertadamente delitos, no reúna todos los requisitos de una organización, razón por la que se le aplica penalidades más leves.

En segundo lugar, destacamos la diferencia penológica existente para los distintos objetivos de las organizaciones o grupos criminales, sean ellos relacionados a la realización de delitos graves o no. Así como las distinciones entre las personas, miembros de las organizaciones o grupos, que: participen activamente, formen parte o cooperen o, por otro lado, promuevan, constituyan, organicen, coordinen o dirijan organizaciones y grupos criminales. En concreto, cuando pensamos en colaboración con la justicia, esta diversidad de roles en el ámbito de organizaciones o grupos criminales importará en la medida en que las personas podrán colaborar de formas distintas.

Además, son importantes las disposiciones relacionadas con la posible determinación de disolución de la organización o grupo y la aplicación de las penas graves legisladas para la persona jurídica que comete un delito y para los que carecen de personalidad jurídica, debido a lo dispuesto en el art. 570 *quater*.1 CP, que determina la aplicación de las consecuencias de los art. 33.7 y 129 CP. En concreto, esta regulación podrá afectar directamente la persona jurídica que opte por colaborar a través de la vía del tipo privilegiado. No obstante, y como iremos analizar con mayor profundidad, tendrá menor transcendencia práctica en la medida en que existe una variedad de mecanismos de colaboración y cooperación propios de la persona jurídica más fácilmente aplicables en comparación con la formula exigida por este tipo privilegiado.

Para terminar, debemos aclarar que los delitos de organización y grupo criminal se aplican para cualquier acto penalmente relevante que haya sido cometido en España, aunque su organización o grupo estén "asentados o desarrollen su actividad en el extranjero" (art. 570 *quater*.4 CP). En efecto, esta extensión de la jurisdicción confirma una de nuestras conclusiones respecto a la necesidad de mayor desarrollo de la legislación en torno a la cooperación en el ámbito de la colaboración de investigados y encausados.

Llevando en consideración todos estos elementos, en cualquiera de los delitos de organización o grupo criminales, independientemente de la posición del colaborador en el seno de dicha organización o grupo, se aplica el art. 570 quáter.4 CP.

Por tanto, se permite al Juez o Tribunal, siempre y cuando lo razone en sentencia, aplicar pena inferior en uno o dos grados al responsable del delito que, concomitantemente, *(i)* haya abandonado voluntariamente sus actividades delictivas y *(ii)* haya colaborado activamente con las autoridades o sus agentes para obtener pruebas decisivas para la identificación o captura de otros responsables, o para impedir la actuación o el desarrollo de las organizaciones o grupos a que haya pertenecido, o para evitar la perpetración de un delito que se tratara de cometer en el seno o a través de dichas organizaciones o grupos.

### *A) El abandono voluntario de las actividades delictivas.*

En esta circunstancia, y de manera distinta a las demás colaboraciones estudiadas anteriormente, no es necesario solamente la colaboración con las autoridades o sus agentes, sino también, y de forma concomitante, el abandono voluntario de las actividades delictivas.

No obstante, no siempre el requisito de abandono voluntario de las actividades —especialmente en el marco de una organización o grupo criminal que tenga especial interés para las autoridades competentes para su investigación— puede ser de interés de la Administración de Justicia. Esto se debe a que un sujeto que hubiese abandonado sus actividades delictivas de forma espontánea, al dejar su posición dentro de la organización y del grupo criminal, solamente podría colaborar con elementos probatorios que hubiese recogido previamente a su salida[611]. Por tanto, sería inasequible una colaboración más continua o seguida entre el investigado y las autoridades en el caso de organizaciones y grupos criminosos de gran valor, en los que el abandono de voluntario de las actividades delictivas por un único miembro no tuviera tanto interés político-criminal como la ganancia de más elementos probatorios sobre la actividad global de la organización o del grupo.

Por otro lado, desde una perspectiva pragmática, el abandono de las actividades delictivas —como requisito adicional para que se recompense la colaboración— parece justificar su premiación. Esto porque se relaciona con el objetivo de la ley penal de premiar al sujeto que *retorne a la legalidad* de manera voluntaria[612]. Y que, por ello, repercute en la necesidad de la pena a partir del análisis de la función de prevención especial.

Asimismo, el requisito de abandono voluntario de las actividades delictivas también genera problemas dogmáticos en sí mismo en relación con dos elementos: el primer, menos discutible, sobre si ese abandono debe ser acompañado de un arrepentimiento; el segundo, respecto a la voluntariedad de este abandono.

Sobre el primero, no nos parece merecer mayor discusión el carácter del desistimiento tras la comisión del delito. No solamente nos parece irrelevante conocer las intenciones interiores al sujeto y si ese abandono de las actividades delictivas ha surgido juntamente con un posible arrepentimiento[613], como también la propia ley nos parece aclarar que la clave está en la voluntariedad de este abandono, no en su "espontaneidad". Así ya lo ha expuesto la propia jurisprudencia al

---

611 Cuerda Arnau, 1995; Cuerda Arnau, 2004.

612 Cuerda Arnau, 1995, p. 324.

613 Aunque pueden ser interesantes en el ámbito penal sustantivo a la hora de fundamentar importantes argumentos con relación a la aplicación de un fundamento puramente retributivo de la pena en relación con el desistimiento espontaneo, que podría fundamentar la no aplicación de la pena por razones puramente preventivas.

señalar que "los motivos que llevan al sujeto al abandono no tienen por qué ser éticamente valiosos"[614].

Por lo tanto, es suficiente la comprobación de una "ruptura definitiva de cualquier clase de vinculo" con el delito en cuestión[615] y que sea voluntario en el sentido de que no se presente coacción por parte de autoridad o funcionario público que conlleve a este abandono.

No obstante, desde nuestra perspectiva será muy difícil observar una completa voluntariedad en el abandono de las actividades delictivas. En la mayoría de los contextos, estaremos ante un investigado, quizás ya encausado, que es consciente de que hay un proceso dirigido contra él —hasta porque no se aplica un requisito cronológico como a la atenuante de confesión del art. 21.4 CP— y que, conociendo la posibilidad de un premio, opta por abandonar sus actividades. Además, también nos parece un requisito difícil de exigir para la premiación de un colaborador en el ámbito de organizaciones y grupos criminales en la medida en que el abandono de sus actividades delictivas podría significar graves riesgos a su seguridad y a la de los suyos, reflejo de una estructura criminosa que, en general, tendrá como objetivo mantener a los sujetos dentro de la organización o grupo e impedir que dejen sus actividades.

Por consiguiente, aunque el requisito de abandono voluntario de las actividades delictivas sea coherente con el sistema penal y con el objetivo de impedir la perpetración de más hechos delictivos, no se adecua completamente a la realidad de las organizaciones y grupos criminosos. Por tanto, que la atenuación de la pena se encuentre condicionada al abandono de las actividades delictivos podría ser una de las razones por las que, como vamos a argumentar posteriormente, la atenuante genérica de colaboración —a partir de la interpretación analógica de la atenuante de confesión del art. 21.4 y 7CP— es más aplicada.

---

614 SAN 58/1984, de 28 de septiembre, la que especifica "con independencia de la mayor o menor estabilidad de los móviles éticos".

615 Cuerda Arnau, 1995, p. 410.

*B) La específica colaboración que se requiere*

Asimismo, en el caso de los delitos de organización y grupo criminal, el legislador ha determinado la necesidad de un tipo de colaboración no solamente muy específica, como las que hemos analizado anteriormente para los delitos contra la salud pública o de cohecho, por ejemplo, sino también, a nuestro parecer, materialmente inasequibles.

De hecho, de las tres especies de colaboración que pueden justificar la imposición de pena inferior en uno o dos grados, la primera es la que puede ser más fácilmente ejecutada. En concreto, consistiría en la obtención de pruebas decisivas para la identificación o captura de otros responsables. Sin embargo, aunque sea una fórmula que se repite en las colaboraciones anteriormente estudiadas en los delitos contra la Hacienda Pública y la Seguridad Social, contra la salud pública y de malversación, en los que también se señala el carácter *decisivo* de la prueba aportada, nos parece de más difícil concreción en el ámbito de un delito de organización y grupo criminoso en la medida en que el investigado ha abandonado sus actividades delictivas y, posiblemente, no detiene poderes de dirección o mando en el ámbito de la organización o grupo.

Por otro lado, la atenuación de la pena puede advenir de la colaboración que se manifiesta en el acto de impedir el desarrollo de las actividades de la organización o del grupo o de evitar la perpetración de un delito. A nuestro parecer, estas dos especies de colaboración son enrevesadas, como mínimo, y de arduo cumplimiento. Esto se debe a que, concomitantemente, se requiere de este colaborador que haya previamente abandonado sus actividades delictivas en el seno de dicha organización o grupo criminal. Por tanto, nos preguntamos: ¿Cómo pretende el legislador que un exmiembro de una organización o grupo criminal impida el desarrollo de las actividades de la organización o grupo o la perpetración de un delito? Estaríamos limitándonos a las situaciones excepcionales de arrepentimiento durante la comisión del delito, en los que el sujeto, en vías de cometer el hecho delictivo, impide su consecución y, al hacerlo, también abandona la organización o grupo.

Asimismo, sea cual fuere el tipo de colaboración, ya que se exige el abandono voluntario de las actividades delictivas, entendemos que es ineludible la futura regulación de un procedimiento que incluya figuras de protección a los colaboradores, garantizando el bien estar suyo —y, siempre y cuando necesario, de sus familiares y personas cercanas— en la medida en que hayan salido de la estructura del grupo u organización criminal y colaboren con las autoridades.

En cualquier caso, lo que resulta incomprensible es la permanencia de esta figura de colaboración tal como está establecida en el art. 570 *quater* 4 CP. Por un lado, inutiliza la atenuación de la pena a través de una conducta específica de colaboración que debería concebirse desde una perspectiva de *eficacia* en el contexto de organizaciones y grupos criminales. Por otro lado, terminará facilitando la aplicación de la interpretación analógica de la atenuante de confesión. Permitiendo, como observaremos a lo largo de la investigación jurisprudencial, la extensión de la atenuante a todos los delitos por los cuales un colaborador sea condenado, no sólo para el delito especifico contemplado por el legislador al prever una figura de "colaboración premiada".

### *C) El delito de asociaciones ilícitas*

Este delito regulado en el art. 515 CP, existente en España desde antes de la preocupación por los delitos de organización y grupos criminales, tiene como objetivo tutelar los derechos fundamentales y las libertades constitucionales, y se encuentra directamente relacionado con la declaración y limitación del derecho de asociación prevista en el art. 22 CE[616/617].

Su finalidad es perseguir penalmente las asociaciones ilícitas que "tengan por objeto cometer algún delito o, después de constituidas, promuevan su comisión", las que "aun teniendo por objeto un fin licito, empleen medios violentos o de alteración o control de la personalidad para su consecución", las que tengan carácter paramilitar y las que fomenten, promuevan o inciten directa o indirectamente al odio, hostilidad, discriminación o violencia contra personas, grupos o asociaciones por razón de su ideología, religión o creencias, la per-

---

616 Quintero Olivares, Jaria i Manzano, 2015b, p. 571.

617 Asimismo, sobre la naturaleza "constitucional" del delito de asociaciones ilícitas, en contraste con la de "delito contra el orden público", se puede diferenciarlos en razón de la ubicación sistemática de cada uno de estos delitos en el ámbito del Código Penal.

tenencia de sus miembros o de alguno de ellos a una etnia, raza o nación, su origen nacional, su sexo, edad, orientación o identidad sexual o de género, razones de género, de aporofobia o de exclusión social, situación familiar, enfermedad o discapacidad.

Específicamente, y como alertado anteriormente, el delito de asociaciones ilícitas ha dependido de una larga evolución jurisprudencial para que alcanzara la actual definición. Y, aunque este delito no dependa de la definición de asociación contemplada en la LO 1/2002, de 22 de marzo, que regula el derecho de asociación, o cualquier otro concepto civil o comercial, acoge una definición más estricta que la vigente para el delito de organización o grupo criminal[618].

Aun así, la diferenciación entre ambos delitos es tenue y pasible de debates. Por ejemplo, respecto a si se distinguen por el carácter de estabilidad o permanencia de la asociación[619], su supuesta forma jurídica institucionalizada, o, como hemos analizado anteriormente, el carácter eminentemente delictivo de las organizaciones y grupos criminosos, señalado en la exposición de motivos de la LO 5/2010.

Por tanto, hay una problemática concursal[620] entre ambos delitos que, aunque escapa del objetivo general de nuestra investigación, merece un determinado análisis para que se pueda entender de qué manera podrá influir la calificación como uno u otro delito en la posible colaboración del investigado o encausado. Esto se debe a que, si por un lado es factible la aplicación de pena inferior en uno o dos grados al sujeto que haya abandonado voluntariamente sus actividades y colaborado de forma específica en el delito de organización o grupo criminal, por otro lado, siempre y cuando el hecho delictivo sea clasificado como asociación ilícita, su conducta de colaboración no sería pasible de premiación por medio de una previsión especifica, siendo necesario aplicarle la previsión genérica de atenuante de confesión por su vía analógica[621]. Por consiguiente, la existencia del premio a

618 *Cfr.* Faraldo Cabana, 2012, p. 96.

619 *Cfr.* Faraldo Cabana, 2012, p. 97.

620 Sobre la problemática concursal y la aplicación de la cláusula del art. 570 quater.2 CP, *cfr.* Faraldo Cabana, 2012, pp. 355 y ss.; Muñoz Conde, 2022, p. 884; Zaragoza Aguado, 2023, pp. 3244 y 3245

621 Opción esta que, debido a uno de los problemas que vamos a estudiar más a fondo en el último capítulo de este trabajo, no conllevaría a perjuicios al posible

la colaboración en el delito de grupos y organización criminales, en el que se supone una mayor formalidad asociativa de la agrupación, puede conllevar a la concesión de un beneficio a una conducta con mayor desvalor criminal[622].

### 3.3.8. Delitos de terrorismo

Tanto para los delitos de organizaciones y grupos terroristas, cuya distinción se da de acuerdo con lo dispuesto para las organizaciones y grupos criminales en los art. 570 bis y 570 ter, analizados previamente, como para los delitos de terrorismo en todas sus formas, se permite una colaboración premiada específica prevista en el art. 579 *bis*.3 CP.

Se incluyen comportamientos que, independientemente de la necesidad política-criminal de tipificar conductas terroristas, no necesariamente se acercan a una puesta en peligro de bienes jurídicos concretos, ni, por otro lado, sostienen una regulación justa para con todos los actores, como por ejemplo a partir de la equiparación entre los que participan activamente y los que simplemente forman parte de la organización o grupo terrorista en el art. 572.2 CP, permitiéndose la penalización de una "mera actitud ideológica"[623].

Sin entrar en las especificidades de los delitos regulados en el Capítulo VII sobre organizaciones y grupos terroristas y delitos de terrorismo, nos parece importante mencionar que, a parte de todos los delitos graves listados en el apartado 1 del art. 573[624] si cometidos para cualquieras de las finalidades enumeradas de la 1.ª a la 4.ª del art.

---

colaborador puesto que su colaboración seria valorada de forma más amplia por el Tribunal y la atenuación de la pena podría ser aplicada a todos los tipos por el que fuera condenado.

622 *Cfr.* Zaragoza Aguado, 2023, p. 3243.

623 Muñoz Conde, 2022, p. 889; Lamarca Pérez, 2008, pp. 2 y ss.

624 "Delito grave contra la vida o la integridad física, la libertad, la integridad moral, la libertad e indemnidad sexuales, el patrimonio, los recursos naturales o el medio ambiente, la salud pública, de riesgo catastrófico, incendio, de falsedad documental, contra la Corona, de atentado y tenencia, tráfico y depósito de armas, municiones o explosivos, previstos en el presente Código, y el apoderamiento de aeronaves, buques u otros medios de transporte colectivo o de mercancías".

573.1 CP[625], incluye, entre otras, la conducta de depósito de armas o municiones con finalidad terrorista, la recepción de adiestramiento o de autocapacitación para actos terroristas y el blanqueo de capitales y la financiación de actividades terrorista.

Para todos ellos, el Juez o Tribunal podrá, si lo razona en sentencia, imponer la pena inferior en uno o dos grados cuando el sujeto: *(i)* concomitantemente, haya abandonado voluntariamente sus actividades delictivas y se presente a las autoridades confesando los hechos en que haya participado; *y (ii)* alternativamente, colabore activamente con las autoridades para impedir la producción del delito o coadyuve eficazmente a la obtención de pruebas decisivas para la identificación o captura de otros responsables o para impedir la actuación o el desarrollo de organizaciones, grupos u otros elementos terroristas a los que haya pertenecido o con los que haya colaborado[626] (art. 679 bis 3 CP).

En primer lugar, debemos destacar que esta es la primera y única hipótesis en que la premiación de la colaboración está condicionada a la confesión de los hechos en que la persona haya participado. Más que eso: se solicita que el acusado se haya "presentado a las autoridades", indicando que esta confesión debe de tener determinado grado de voluntariedad sin, no obstante, solicitarlo explícitamente. En este sentido, entendemos que una interpretación más ventajosa para el investigado debe de ser realizada. Por tanto, debe ser considerada —y dada por buena, respecto a la colaboración— la confesión ante las autoridades incluso en los casos en que, ya estando ante la autoridad competente, o incluso durante el proceso penal, el encausado opte por confesar los hechos delictivos. Esta interpretación también es justificada ante una perspectiva puramente lógica-estructural, en la medida en que el supuesto de la atenuante analógica de confesión premia la

625 Para las finalidades de "subvertir el orden constitucional, o suprimir y desestabilizar gravemente el funcionamiento de las instituciones políticas o de las estructuras económicas o sociales del Estado, u obligar a los poderes públicos a realizar un acto o abstenerse de hacerlo" o de "alterar gravemente la paz pública" o "desestabilizar gravemente el funcionamiento de una organización internacional" o "provocar un estado de terror en la población o en una parte de ella".

626 *Cfr.* Lamarca Pérez, 2008, p. 213.

colaboración que viene acompañada de una confesión extemporánea, tras el sujeto saber que el proceso se dirige contra él.

Además de la exigencia en cuanto al reconocimiento de los hechos, se requiere el abandono voluntario de las actividades. Este elemento, ya planteado anteriormente respecto a los delitos de organización y grupo criminales, vuelve a suscitar los mismos problemas, relacionados con la voluntariedad de este abandono y su posible agravio en el ámbito de una colaboración posterior —al abandono— con la justicia.

Para terminar, se demanda una colaboración muy similar a la solicitada para los delitos de organizaciones y grupos criminales. No obstante, un análisis más detallado permite la observación de importantes diferencias. En primer lugar, se requiere, alternativamente, una de las tres colaboraciones juntamente con la confesión y el abandono de las actividades. En segundo lugar, se posibilitan dos vías alternativas de colaboración, estructuradas alrededor de las fórmulas de "impedir la producción del delito" o coadyuvar eficazmente, ya sea para la "obtención de pruebas decisivas para la identificación de otros responsables" o para "impedir la actuación o el desarrollo de los grupos y otros elementos terroristas".

La primera posibilidad, por tanto, se refiere a la colaboración activa con las autoridades para impedir la producción del delito. Se diferencia de la colaboración en el caso de las organizaciones y grupos criminales en la medida en que no se premia la persona que impide la producción de cualquier delito realizado en el seno de la organización o grupo, sino del mismo delito por el que se le está investigando, de ahí "del delito". Por consiguiente, y al menos en el ámbito de esta interpretación literal, tenemos regulada una colaboración todavía menos factible en la medida en que hay un investigado o encausado que previamente ya se ha presentado ante las autoridades para confesar los hechos —¿los mismos hechos que luego tendrá que impedir su realización?— y abandonado voluntariamente las actividades.

Alternativamente, la colaboración de este sujeto puede focalizarse en la identificación o captura de otros responsables por medio de la aportación de pruebas decisivas, ya anteriormente observada en otros delitos. Comportamiento que exige la cooperación a través de la aportación de elementos probatorios. Asimismo, y alternadamente, la persona puede colaborar para impedir la actuación o el desarrollo de organizaciones, grupos u otros elementos terroristas a los que haya pertenecido o con los que haya colaborado. Esta última forma de colaboración, a nuestro entender, es la versión más factible de colaboración por cuanto es más abierta: impedir la actuación o desarrollo de la estructura terrorista sin que haya una limitación en cuanto al objetivo o nivel de impedimento, ni la exigencia en cuanto a la aportación de pruebas.

Además, en el caso de la identificación o captura de otros responsables o impedir el desarrollo de organizaciones, grupos u otros elementos terroristas, a diferencia de la colaboración activa para impedir la producción del delito y de otras fórmulas contempladas para otros delitos, como en el caso de los delitos contra la salud pública, se opta por la expresión "coadyuvar eficazmente" en lugar de "colaborar activamente". Este aspecto puede interpretarse como una mera diferencia de estilo lingüístico o como una verdadera disparidad en el grado de la colaboración. Desde nuestra perspectiva, en línea con la opinión de Lamarca Pérez, coadyuvar eficazmente no implica más que llevar a cabo una contribución eficiente o colaborar de forma activa. Por tanto, no cabe entender que exista una diferencia significativa en cuanto al contenido y profundidad al evaluar la colaboración eficaz de este investigado o encausado[627].

### 3.3.9. La colaboración específica en el caso de personas jurídicas

El sistema penal regula la responsabilidad penal de la persona jurídica en los arts. 31 *bis* y siguientes del Código Penal. Si bien esta modalidad de imputación penal fue añadida solamente en el año de 2010, hay que señalar que, con anterioridad al 2010, el régimen existente también impondría responsabilidad a la persona jurídica por un hecho delictivo, a partir de la persecución penal de las personas físicas responsables de los hechos delictivos (jefe, directivo, etc.), la que permitiría no solamente la imposición de medidas o consecuencias accesorias en el seno del proceso (art. 129 CP), sino también

[627] Del Moral García, 2021, p. 50

la aplicación de una sanción gubernativa, normalmente traducida en forma de multa e impuesta con arreglo a la norma administrativa. De tal manera que, si bien materialmente —por medio de la multa— la sanción a la persona jurídica sería la misma, la *reetiquetación* o *distinto envoltorio*, como lo denomina Del Moral García, es muy relevante debido a la diferencia que supone a la persona jurídica el ser objeto de un proceso penal y, eventualmente, de una pena criminal. Por tanto, aun siendo la multa penal más baja que las anteriormente impuestas multas gubernativas, "a esa dimensión pecuniaria se añade ahora una vertiente estigmatizante y de publicidad negativa que se quiere evitar a toda costa y, por eso, es muy disuasoria"[628/629/630].

El simbolismo de la responsabilidad penal de la persona jurídica cobra relevancia en la medida en que observamos las modalidades de exención de responsabilidad y de atenuantes, o incluso la aplicabilidad de los modelos de conformidad a las personas jurídicas —como ya hemos estudiado anteriormente—. Esto se debe a que la colaboración de esta persona jurídica con la investigación y con el proceso penal parece ser uno de los principales objetivos del legislador al señalar su punibilidad, juntamente con una posible estigmatización que serviría de prevención general positiva, disminuyendo el número de personas jurídicas tendentes a la comisión de un hecho delictivo e incentivando

628 Lamarca Pérez destaca que "a mi entender lo que ocurrió fue, sencillamente, que, en el supuesto de la normativa antiterrorista, artículo 579 CP, el Legislador se limitó a utilizar la expresión que ya existía en la normativa precedente" (2009, p. 283).

629 Desde otra perspectiva, Feijoo Sánchez (2023, p. 3) reflexiona que el fundamento de "efecto intimidatorio" no es válido en la medida en que sólo incide en el comportamiento de las personas jurídicas, de manera que "incluso aunque se asuma que tal pena pueda representar un incentivo para decisiones de gestores y socios de las empresas, se trataría de una pena impuesta a la corporación por decisiones estrictamente individuales".

630 Asimismo, tenemos detractores del sistema de responsabilidad penal de la persona jurídica. P. ej., Silva Sánchez (2023, p. 21) reflexiona que "está claro que el recurso a la responsabilidad penal y a la pena a propósito de las personas jurídicas constituye un error conceptual (...) por eso, las sanciones a las personas jurídicas deberían quedar preferiblemente fuera del sistema del Derecho penal". Concluye, además, que una vez tenemos regulada la responsabilidad penal de la persona jurídica, lo mejor sería "comprender el subsistema de responsabilidad penal de la persona jurídica como algo radicalmente separado del subsistema propio de las personas físicas".

que la mayor parte de ellas establezca medidas preventivas y colaborativas con la justicia[631/632].

En el contexto español, se establece un enfoque particular para la responsabilidad penal de la persona jurídica. Fue inicialmente definido en el Código Penal mediante la Ley Orgánica 5/2010, de 22 de julio, y posteriormente detallado con la Ley Orgánica 1/2015, de 30 de marzo. Esta regulación presenta características distintivas que no se alinean completamente ni con un modelo de autorresponsabilidad ni con uno de heterorresponsabilidad, sino que está sujeta a una serie de variables. La conexión entre la persona física y la jurídica resulta fundamental, si bien la responsabilidad de esta última puede ser establecida de manera independiente a la primera[633].

Desde esta perspectiva serán responsables las personas jurídicas en dos situaciones, y siempre respecto a un listado *numerus clausus* de delitos[634/635]. La primera, en delitos "cometidos en nombre o por cuenta de las mismas, y en su beneficio directo o indirecto, por sus representantes

---

631 También lo podemos comprender desde un enfoque preventivo (consecuencialista) o sistemático. Para el primero, las personas jurídicas serían entes racionales y el coste penal es necesario para reforzar el respeto a la norma. Para el segundo, la vía penal no es compatible en la medida en que supone vulnerar principios fundamentales del Derecho penal, como el de culpabilidad (Fuentes Osorio, 2023, pp. 20 y 21). Asimismo, la responsabilidad penal de la persona jurídica puede ser necesaria a partir de una perspectiva pragmática, en la que necesitamos responsabilizarla siempre y cuando no sea posible perseguir penalmente a la persona física y con la finalidad de alcanzar una prevención general. A saber, punimos la persona jurídica para que la sociedad no piense que los delitos cometidos por ellas son conductas irrelevantes o no tan reprochables. *Cfr.* Fuentes Osorio, 2023, p. 23.

632 Asimismo, se puede entender como una herramienta que puede dar respuesta al descontento de la sociedad ante numerosos escándalos corporativos, ya que se "exige mayor firmeza y control de las actividades y del comportamiento empresarial, así como mayores dosis de integridad de sus lideres y directivos" (Sánchez-Macías, Rodríguez-López, 2021, p. 28).

633 *Cfr.* Fuentes Osorio, 2023, p. 30; Galán Muñoz, 2023, pp. 8-10; Díaz y García Conlledo, 2023, pp. 6 y ss.; Cuevas Oltra, 2023, p. 43; Gómez-Jara Díez, 2023, p. 39; Sánchez-Macías, Rodríguez-López, 2021, p. 35; Clemente, Álvarez, 2011, p. 12; Oliveira Teixeira dos Santos, en prensa.

634 Fuentes Osorio (2023, p. 65) reflexiona sobre el problema de haber establecido un sistema en que la persona jurídica es responsable exclusivamente de determinados delitos y sugiere la adopción de un modelo prohibitivo en el que se pueden excluir determinados delitos como los de fauna y flora. Este debate se relaciona directamente con la opción del legislador de facilitar la premiación a la colabo-

legales o por aquellos que actuando individualmente o como integrantes de un órgano de la persona jurídica están autorizados para tomar decisiones (...) u ostentan facultades de organización y control dentro de la misma" (art. 31 *bis*.1.a CP). La segunda, en delitos cometidos "en el ejercicio de actividades sociales y por cuenta y en beneficio directo o indirecto de las mismas, por quienes, estando sometidos a la autoridad de las personas físicas (...) que detienen el control, han podido realizar los hechos por haberse incumplido gravemente por aquéllos los deberes de supervisión, vigilancia y control de su actividad atendidas las concretas circunstancias del caso".

Es decir, las personas jurídicas serán responsables, por un lado, de delitos cometidos por directivos y representantes de la persona jurídica y, por otro lado, de delitos cometidos por sus empleados, desde que en violación de los deberes de supervisión, vigilancia y control que deben ser llevados a cabo por los superiores.

En ambos casos, la responsabilización penal de la persona jurídica no dependerá de la condena en sentencia criminal de la persona física responsable, o hasta incluso de la individualización o comienzo de los procedimientos penales contra ella. No obstante, siempre y cuando concurran la condenación de ambas personas —física y jurídica—, se determina la modulación de la cuantía de multa aplicada ante los mismos hechos, "de modo que la suma resultante no sea desproporcionada en relación con la gravedad de aquéllos" (art. 31 *ter*.1 CP)[636].

Asimismo, se aclara que las circunstancias que afecten a la culpabilidad del acusado o agraven su responsabilidad, o mismo el fallecimiento de la persona física o su sustracción a la acción de la justicia, no importarán para la responsabilidad penal de la persona jurídica (art. 31 *ter*. 2 CP). En ese sentido, entendemos que la colaboración de

ración de manera exclusiva para determinados delitos, y excluyendo a otros relacionados y que también tienen naturaleza político-económica, en el ámbito de los tipos privilegiados. Como iremos investigando a lo largo del trabajo, el modelo *numerus clausus* no nos parece ser el más adecuado ante las características del actual mundo globalizado, en el que debemos adaptarnos muy rápidamente a unos cambios constantes considerando nuestro objetivo de perseguir penalmente a los delitos más graves.

635 *Cfr.* Cuevas Oltra, 2023, pp. 33 y 34.

636 *Cfr.* Fuentes Osorio, 2023, p. 68.

la persona jurídica con la justicia, o hasta mismo su confesión, para fines de exención de responsabilidad o atenuación de la pena, serán independientes de cualquier circunstancia modificativa de la culpabilidad de la persona física. Este concepto es fundamental en la medida en que coincidan colaboraciones, confesiones, o cuando la persona física que ha materialmente cometido el hecho en nombre o en el seno de la empresa confiese y/o colabore con la justicia y la persona jurídica, a través de sus representantes, prefiera no colaborar.

Efectivamente, tal como se indicó previamente, la aplicación del Derecho penal a las personas jurídicas está impregnada de un carácter simbólico. Además de las razones anteriormente analizadas, esto se debe a que la principal pena de naturaleza criminal —que estigmatiza dicha rama del Derecho y hace con que sea un recurso que emplear en *ultima ratio*— es la pena privativa de la libertad, la cual no puede ser aplicada a un ente ficticio y no físico.

Por tanto, el actual sistema penal determina que la persona jurídica puede ser sometida, en general, a dos tipos de penas[637/638]: la primera, la multa, y la segunda, compuesta de seis categorías "interdictivas"[639]. Asimismo, debemos destacar que las penas que pueden ser impuestas a las personas jurídicas, además de llevar la consideración y todo el estigma que puede significar el hecho de que sean *penales*, son también consideradas graves debido a la redacción del art. 32.7 CP.

En consecuencia, la gravedad de la pena de multa influye directamente en su período de prescripción. Asimismo, en el caso de su impago, debido a la imposibilidad de sustituirla por privación de la libertad, la persona jurídica únicamente podrá ser sujeta a una inter-

---

637 De la Cuesta Arzamendi (2019, p. 74), respecto a las penas de las personas jurídicas, concluye que "la alta coloración preventivo-especial (...) no obliga a rechazar su naturaleza punitiva".

638 Asimismo, respecto a su naturaleza de pena, *cfr.* STS 221/2016, de 16 de marzo y Velasco Núñez, 2020, p. 104.

639 *Cfr.* Fuentes Osorio (2023, p. 73) respecto a cómo el actual sistema es una mejora en relación con el anterior, fundado exclusivamente en la aplicación de las consecuencias accesorias del art. 129 CP, aunque siga basándose en el modelo planteado para las personas físicas en la medida en que introduce un catálogo de penas (art. 33.7 CP) que recoge las consecuencias accesorias anteriores y añade la multa.

vención hasta el pago total de la multa pendiente o, de manera alternativa, a realizar trabajos en beneficio de la comunidad[640/641].

Dentro de las penas "interdictivas" aplicables a la persona jurídica, se destaca la disolución como la más grave en la medida en que conlleva la pérdida definitiva de la personalidad jurídica y la capacidad de actuar jurídicamente o de llevar a cabo cualquier tipo de actividad. Aunque su disolución es obviamente necesaria en casos extremos[642], no se debe pasar por alto el papel social que desempeña la persona jurídica frente a sus *shareholders* y *stakeholders*, incluyendo, por lo tanto, sus empleados, proveedores, consumidores y todas las partes que dependen de la entidad en sus relaciones diarias.

Otras penas "interdictivas" que pueden imponerse a la persona jurídica condenada incluyen: *(i)* la suspensión o prohibición de actividad, cuya duración no puede superar los cinco años, reducida a dos años según las reglas del art. 66 *bis* CP en casos de no reincidentes o personas jurídicas instrumentales para la suspensión de actividades, aplicable incluso durante la fase de instrucción (art. 337 CP) y cuya duración máxima no puede superar los 15 años, en el caso de la prohibición de actividad, debiendo esperar su imposición en sentencia firme; *(ii)* la clausura del local, también por un plazo que no puede exceder nos cinco años, incluyendo la clausura de sitios informáticos y web desde dónde se desarrollen las actividades empresariales; *(iii)* la inhabilitación para obtener subvenciones y ayudas públicas, contratar con sector público o disfrutar de beneficios o incentivos fiscales o de

---

640 Velasco Núñez (2020, p. 107) concluye que "cierto que el trabajo en beneficio de la comunidad es una pena no observada como propia de las PJS (art. 33.7 CP), pero al tener la corporación que retribuir el trabajo de sus empleados y poner los medios para hacerlo en tiempo no computable como jornada laboral normal, esta condena subsidiaria, impropia de la PJ, parece posible en este sólo supuesto".

641 Feijoo Sánchez (2023, p. 6) señala que el gran cambio de la LO 5/2010 fue introducir la pena de multa, en la media en que no sólo tiene una finalidad preventiva-especial (como las consecuencias accesorias), sino también preventiva general o "finalidad coactiva diferente a la prevención especial".

642 Velasco Núñez (2020, p. 114 y ss.) señala que esta sanción drástica, "que retira una empresa y su actividad del mercado, afectando a puestos de trabajo", sólo debería aplicarse en casos en los que "la actividad ilícita sea, o muy elevada, o prácticamente la única existente", como puede ser el supuesto de empresas instrumentales.

la seguridad social, que no puede exceder los 15 años; y *(iv)* la intervención judicial[643].

### *A) La colaboración por medio de programas de compliance eficaces: la exención de responsabilidad del art. 31 bis.2 y 4 CP y la atenuación de la pena*

El objetivo general de esta previsión es "garantizar que la entidad que ha establecido medidas de organización adecuadas para prevenir conductas delictivas en el desarrollo de su actividad no responda de forma automática de los delitos cometidos por sus miembros"[644/645].

La regulación existente lleva en consideración la estructura organizacional de una persona jurídica y la jerarquía normalmente asumida entre los directivos y trabajadores, separando una persona con un poder real de mando de una que tiene que actuar bajo las reglas de la empresa y de los superiores. Por tanto, la disposición del Código Penal separa la eximente de responsabilidad en dos categorías. En primer lugar, se regula un supuesto para los delitos cometidos por personas que están autorizadas "para tomar decisiones en nombre de la persona jurídica u ostentan facultades de organización y control dentro de la misma" (art. 31 *bis*.1.a CP). En segundo lugar, se plantea la situación desde la perspectiva de las personas que se encuentran sometidas a las autoridades anteriormente mencionadas y "han podido realizar los hechos por haberse incumplido gravemente por aquellos los deberes de supervisión, vigilancia y control de su actividad" (art. 31 *bis*.1.b CP).

---

643 Asimismo, destacamos la ausencia de remisión al sistema de suspensión de la pena. En efecto, la suspensión fue planteada inicialmente para la pena privativa de libertad. De esta manera, a partir de una perspectiva estricta no podríamos aplicarla a la persona jurídica. No obstante, desde una interpretación amplia se podría aplicar la suspensión de la pena a la persona jurídica en la medida en que soportan penas "que afectan a su patrimonio y/o suponen limitaciones en su libertad de actuación". En este ámbito, Fuentes Osorio (2023, p. 119) concluye que, a pesar de la ausencia de remisión al sistema de suspensión, existe determinada lógica por detrás de las penas alternativas, p. ej., a partir del art. 53.5 CP.

644 Neira Pena, 2018, p. 207.

645 *Cfr.* Vázquez González, 2021, pp. 468 y ss.; Goena Vives, 2017, pp. 269 y ss.

La primera circunstancia, también conocida como delitos de directivos, —o "delito cometido por un sujeto apical"[646]— requiere, para la eximente de responsabilidad penal de la persona jurídica, que se cumplan condiciones más específicas y, en determinada medida, superiores que los requisitos necesarios en delitos cometidos por inferiores.

Determina el art. 31 *bis*.2 CP que, "quedará exenta de responsabilidad[647] si se cumplen las siguientes condiciones": *(i)* haya sido adoptado e implementado un modelo de organización y gestión por el órgano de administración de la persona jurídica, antes de la comisión del delito, que incluya medidas "de vigilancia y control idóneas para prevenir delitos de la misma naturaleza o para reducir de forma significativa el riesgo de su comisión"; *(ii)* haya un órgano autónomo en el seno de la persona jurídica con poderes de supervisión del funcionamiento y de cumplimiento del modelo de prevención implementado[648]; *(iii)* los autores individuales del delito hayan eludido "fraudulentamente los modelos de organización y prevención"; y *(iv)* se compruebe la ausencia de una omisión o ejercicio insuficiente de las funciones de supervisión, vigilancia y control por parte del órgano responsable[649].

Este supuesto, por lo tanto, requiere un control por parte de la persona jurídica que "puede equipararse a la culpa in vigilando" y que puede ser identificado "como culpabilidad por defecto de organización"[650/651/652]. Asimismo, la exención de responsabilidad de-

---

646 Neira Pena, 2018, p. 208.

647 Sobre como la exención de responsabilidad penal ya se podía interpretar desde la versión originaria de 2010 *cfr.* Fernández Teruelo, 2019, p. 186.

648 El propio art. 31 *bis*.3 CP permite que, para las personas jurídicas de "pequeñas dimensiones" estas funciones sean asumidas por el propio órgano de administración.

649 *Cfr.* Faraldo Cabana, 2019, pp. 160 y ss.

650 Muñoz Conde, García Arán, 2022, p. 596.

651 Cuevas Oltra (2023, p. 66) afirma que los deberes de supervisión y control "deberán estar contemplados en los modelos" de *compliance*. Asimismo, confirma que en el supuesto de delito cometido por representantes legales se introduce la idea de debido control. El autor propone que el debido control implica el cumplimiento de las siguientes circunstancias: la adopción y ejecución con eficacia del programa de cumplimiento, que se relaciona con los deberes de supervisión y control sobre la actividad de los sujetos de mando y que se relacionan con los deberes de supervisión sobre el funcionamiento y cumplimiento del propio modelo (2023, p. 74).

bido a la manutención de un programa de cumplimiento *eficaz* está relacionada con la idea de que la responsabilidad de supervisión de la persona jurídica implica una respuesta reactiva ante la conducta delictiva identificada. A saber, se demuestra la eficacia de la medida preventiva implementada y se justifica la ausencia de tipicidad[653].

Por otro lado, siempre y cuando el delito sea cometido por personas subordinadas a los directivos o a personas con facultades de organización y control de la persona jurídica, será posible eximir la responsabilidad penal de la persona jurídica simplemente con la comprobación de la adopción y ejecución eficaz, previa a la comisión del delito, de un "modelo de organización y gestión que resulte adecuado para prevenir delitos de la naturaleza del que fue cometido o para reducir de forma significativa el riesgo de su comisión" (art. 31 *bis*.4 CP).

En ambos casos, el sistema de gestión y organización, comúnmente ya referido[654] a un programa de *compliance*[655], debe de atender mínimamente a los requisitos señalados en el propio Código Penal, que, en el art. 31 *bis*.5, determina los siguientes requisitos: 1.° Identificarán las actividades en cuyo ámbito puedan ser cometidos los delitos que deben ser prevenidos. 2.° Establecerán los protocolos o procedimien-

---

652 Desde otra perspectiva, Feijoo Sánchez (2023, p. 63) destaca que el modelo actual de responsabilidad penal de la persona jurídica está más relacionado con la falta de cultura de cumplimiento de la legalidad que con una culpabilidad de la entidad por no haber establecido esta cultura de cumplimiento.

653 *Cfr.* Fuentes Osorio, 2023, p. 111.

654 *Cfr.* Nota al pie de página núm. 651.

655 Aquí señalados como programas de cumplimiento o *compliance programs*, "son sistemas organizativos que incluyen principios, reglas, procedimientos e instrumentos orientados a asegurar el cumplimiento de la legalidad en el desarrollo de las actividades de una organización", siendo específicamente categorizados como "penales" cuando ganan como objetivo "la observancia de la normativa jurídico-penal por parte de la empresa" (Neira Pena, 2018, p. 263). Asimismo, respecto a la definición global de los programas de cumplimiento, como el "compromiso de una organización de cumplir con la normativa general o sectorial que le sea de aplicación, con las directrices o políticas internas fijadas por sus órganos de gobierno y por su alta referencia y con los estándares éticos decididos por los propietarios o accionistas en sus relaciones con los empleados, clientes, proveedores…", en contraste con el *compliance* penal como sólo una parte *cfr.* Sánchez-Macías, Rodríguez-López, 2021, pp. 32 y 33.

tos que concreten el proceso de formación de la voluntad de la persona jurídica, de adopción de decisiones y de ejecución de las mismas con relación a aquéllos. 3.º Dispondrán de modelos de gestión de los recursos financieros adecuados para impedir la comisión de los delitos que deben ser prevenidos. 4.º Impondrán la obligación de informar de posibles riesgos e incumplimientos al organismo encargado de vigilar el funcionamiento y observancia del modelo de prevención. 5.º Establecerán un sistema disciplinario que sancione adecuadamente el incumplimiento de las medidas que establezca el modelo. 6.º Realizarán una verificación periódica del modelo y de su eventual modificación cuando se pongan de manifiesto infracciones relevantes de sus disposiciones, o cuando se produzcan cambios en la organización, en la estructura de control o en la actividad desarrollada que los hagan necesarios[656/657/658].

En concreto, estamos de acuerdo con Neira Pena[659] cuando afirma que el nivel de detalle de las características que debe de tener el programa de cumplimiento no es compatible con la existencia de una variedad de personas jurídicas imputables. Dificulta la valoración ca-

---

656 *Cfr.* Rodríguez-García sobre la transdisciplinariedad en el diseño e implementación de los programas de *compliance,* que requiere un trabajo previo por parte de la empresa en el ámbito del que se incluyen las investigaciones internas corporativas (2023, pp. 204 y ss.)

657 También señalamos que, para algunas personas jurídicas en específico, como puede ser el caso de las que están sometidas a la Ley 10/2010, las normas españolas también determinan de manera más concreta, requisitos que debe de cumplir la persona jurídica que están estrechamente relacionados con la implementación de programas de cumplimiento. *Cfr.* Anzola, Oliveira Teixeira dos Santos, 2022.

658 *Cfr.* Fernández Teruelo, 2019, pp. 190-193.

659 La autora concluye, respecto a los requisitos del programa de *compliance* en el ámbito de la exención o atenuación de la responsabilidad penal de la persona jurídica, que son restrictivos en relación con la variedad de entes organizacionales existentes y limitantes en la medida en que, regulados en un código penal, tienen una naturaleza más mercantil. Por tanto, una posible respuesta a estos problemas estaría en la regulación de la responsabilidad penal de las personas jurídicas en una ley especial o en “diseñar el debido control como una norma penal en blanco, cuyo contenido se complementase con las correspondientes regulaciones mercantiles o administrativas en la materia, según el tipo de persona jurídica, de actividad social, de riesgo delictivo a prevenir, etc.” (Neira Pena, 2018, p. 267).

suística del Juez[660/661/662] y le induce a valorar sólo los aspectos formales de los requisitos legales del programa[663]. Estos hechos, por un lado, conllevan al riesgo de la existencia de programas de cumplimiento puramente formales[664] —o cosméticos—, los que materialmente "no resultan en un compromiso de la organización con las funciones de prevención delictiva"[665]. Por otro lado, benefician demasiado a las organizaciones las que, si cumplen, aunque parcialmente, los requisitos del programa de cumplimiento ya serán beneficiadas por medio de la atenuación de responsabilidad, según el art. 31 *bis*.2 CP y 31 *bis*.4

---

660 *Cfr.* González Cussac (2023, p. 322) afirma que "la ley obliga al Juez a practicar una valoración de carácter normativa, en la que tendrá que decidir si las medidas son idóneas, es decir, adecuadas, aptas o capaces de prevenir delitos de la misma naturaleza o reducir significativamente el riesgo de su comisión".

661 Respecto a las diferencias existentes entre las valoraciones realizadas por el Juez, a saber, las prospectivas sobre acontecimientos futuros y las retrosprectivas, comprobando si el modelo de organización con que contaba la persona jurídica se corresponde con el defecto de organización *cfr.* Nieto Martín, 2023, p. 9. Asimismo, el autor evalúa los distintos modelos de valoración y propone un test retrospectivo de eficacia factible en el ámbito del proceso penal que proporciona a los Jueces y Fiscales "un procedimiento para llevarlo a cabo con diversas fases y señalando la actividad que han de desarrollar en cada una de ellas", que lleve en consideración "la singularidad que representa la autorregulación basada en la evaluación del riesgo como forma de establecer estándares de cuidado" y que se adecue al art. 31 bis CP (Nieto Martín, 2023, pp. 27 y ss.)

662 Asimismo, Nieto Martín (2023, p. 5) afirma que no se ha aclarado "en qué consiste un programa de cumplimiento eficaz o, desde el reverso de la monera, cuál es exactamente la relación entre el defecto de organización y la infracción cometida por la persona física".

663 Asimismo, Cuevas Oltra (2023, p. 74) propone *de lege ferenda* la creación de un registro de programas con el objetivo de auxiliar la labor de evaluación de su eficacia. Por otro lado, Gómez-Jara Díez (2019, p. 313) afirma que no sólo se requiere la existencia de una cultura de cumplimiento, sino también que se pueda "proporcionar indicadores válidos que permiten su verificación". *Cfr.* Larriba Hinojar, Navarro Valencia (2023, p. 1659) en la medida en que afirman que "no hay modelos tipo y lo que le puede servir a una empresa puede no ser válido para otra".

664 La autora vuelve a referirse con más detalles a este problema: "las entidades imputables tiendan a estandarizar sus medidas de control, cumpliendo formalmente con los requisitos legales mínimos establecidos en el CP, pero sin preocuparse, realmente, de instaurar entre sus miembros y en el desarrollo de su actividad una cultura corporativa de cumplimiento de legalidad" (Neira Pena, 2018, p. 268).

665 *Cfr.* Neira Pena, 2018, p. 211.

CP conforme el tipo de persona que haya cometido el hecho delictivo dentro de la estructura organizacional.

No obstante, aunque sea de difícil valoración, siempre debe ser garantizada la comprobación de que el programa de cumplimiento haya sido adoptado y ejecutado de acuerdo con el parámetro de eficacia exigido legalmente[666]. Por tanto, no es suficiente que se pruebe[667] la mera existencia o presentación de este programa de *compliance*[668/669]. En efecto, no sólo el programa de cumplimiento deberá cumplir con los requisitos del art. 31 bis 5 CP, sino también contener el modelo

---

666 El objetivo, por tanto, debe ser la existencia de programas de cumplimiento que promuevan un verdadero cambio en la cultura organizacional. Sánchez-Macías y Rodríguez-López (2021, p. 48) destacan que "es imprescindible que se traslade a toda la organización, que todos los miembros de la entidad conozcan los objetivos y la política de *compliance,* los instrumentos de que disponen, los riesgos que están bajo su área de actuación y que deban gestionar, y también que sean conscientes de las consecuencias negativas que habrían de afrontar en caso de contravención".

667 En términos criminales, más importante que la comprobación de la implementación de un programa de *compliance* eficaz es la admisión de "cualesquiera medios de prueba tendentes a determinar que, en el caso concreto, se cumplieron debidamente los deberes de dirección y supervisión". Es decir, el Juez deberá valorar, junto con el resto de pruebas y atendiendo al principio de libre valoración de las mismas, si la persona jurídica actuó de forma diligente en el control de los riesgos delictivos derivados de su actividad, para lo cual la determinación de si existía un programa de cumplimiento eficaz puede resultar muy útil. En concreto, el *compliance* penal se aportará al proceso como una prueba documental, que deberá ser verificada a través de pruebas periciales y testificales. En concreto, "en el soporte documental, figurarán, de ordinario, el código ético de la entidad, su mapa de riesgos delictivos, el diseño de su modelo de organización y gestión preordenado a evitar delitos, los protocolos de actuación orientados a prevenir y detectar la comisión de ilícitos, los procedimientos que concreten el proceso de formación de la voluntad de la persona jurídica (...), el sistema disciplinario, el diseño del canal de denuncias", entre otros elementos (Neira Pena, 2018, pp. 295-300).

668 González Cussac, 2023, p. 325.

669 No obstante, aunque hablemos de la acreditación de un programa de compliance, ni siempre podremos exigir la existencia de un modelo completo. A saber, habrá circunstancias que permitan tan solo la configuración de un *sistema de cumplimiento*, como en el caso de las "organizaciones pequeñas que no dispongan de un sistema estandarizado de cumplimiento, pero que quede acreditada su cultura o vocación permanente y constante de la legalidad, disponiendo, por ejemplo, de un liderazgo muy fuerte e intolerante con ilegalidades" (Feijoo Sánchez, 2023, p. 76).

de organización o gestión que, debido a la redacción del propio articulado, debe ser capaz de prevenir delitos de la misma naturaleza o reducir el riesgo de su comisión[670/671].

---

[670] De acuerdo con la tesis de la diversidad de fórmulas, según la cual prevenir delitos de misma naturaleza estaría relacionado con el hecho delictivo en concreto cometido por la persona física y, por otro lado, reducir significativamente el riesgo de su comisión, se entendería a partir de una experiencia global y del "conjunto de antecedentes existentes, tanto de carácter amplio como los referidos al sector, actividad, estructura, tamaño y precedentes de la sociedad enjuiciada". González Cussac, además, destaca que este último supuesto es impredecible, por lo que "parece demandar del Juez penal un cálculo meramente cuantitativo, o si se prefiere estadístico, de reducción del riesgo" (González Cussac, 2023, pp. 324-345). Asimismo, Galán Muñoz (2023, pp. 22-26) investiga sobre las dos doctrinas respecto a la cultura corporativa (prácticas compartidas versus serie de principios y valores) ante las preguntas de: si debemos constatar la presencia de valores o sesgos preventivos, cómo de extendida debe estar la práctica del *compliance*, si es suficiente que se contemplen medidas estrictas y adecuadas para prevenir prácticas generalizadas aunque no sea posible prevenir el delito específico que fue practicado, entre otras cuestiones. Galán Muñoz llega a dos conclusiones: (i) que programas genéricos que fomentan "atmosfera o cultura general de cumplimiento (...) sin establecer ninguna especifica y objetivamente destinada a controlar los riesgos concretos detectados en el mapa de riesgo que se hubiese realizado, no garantizarán la irresponsabilidad penal"; y (ii) "la no implantación de las medidas adecuadas y específicamente destinadas a controlar los riesgos de delitos de la misma naturaleza que el finalmente cometido que se hubieran detectado o debido detectar al hacer el mapa de riesgo de la entidad puede abrir, por sí sola, las puertas a que se pueda tener a la entidad en la que se dé por penalmente responsable (...) incluso aunque tuviese un *compliance* que todas y cada una de los instrumentos genéricos o transversales que el art. 31 bis 5 CP exige, que fomentase una cultura general de cumplimiento normativo entre sus empleados y que tuviese, además, un perfecto abanico de medidas preventivas referidas al resto de delitos detectados en su mapa de riesgo" (2023, pp. 40-41). Asimismo, deberá "contar con personal con conocimientos y experiencia; disponer de medios técnicos adecuados; recursos financieros suficientes; tener acceso procesos internos; capacidad de formación y comunicación a todos los empleados y directivos; un canal de denuncia de incidentes; y desde luego, independencia del consejo de administración, contando con mecanismos para la gestión de los conflictos de intereses" (González Cussac, 2023, p. 326). Para terminar, sobre la metodología que deben seguir los programas de cumplimiento respecto a las fases de identificación, control y comunicación de los riesgos *Cfr.* González Cussac, 2023, pp. 339 y ss. Asimismo, *Cfr.* Feijoo Sánchez (2023, p. 71) en la medida en que destaca que no interesa solamente la ausencia de prevención o de control, sino que esta ausencia sea la manifestación "de una falta de cultura de cumplimiento". Por tanto, es necesario llevar a cabo una identificación de los riesgos inherentes a los procesos propios de la organización, su análisis y valoración.

Además de la exención de responsabilidad, —y como hemos referido brevemente— el Código Penal posibilita la concesión de una atenuante para los supuestos de implementación de la estructura de cumplimiento antes de la perpetración del hecho delictivo, pero de manera incompleta[672].

Tanto respecto a esta atenuante, como las demás reguladas en concreto en el ámbito de la responsabilidad penal de la persona jurídica, se puede observar la ausencia de permisión en relación con la analogía. En este sentido, determinada doctrina[673] critica la omisión del legislador respecto a recoger expresamente la posibilidad de analogía —como excepción a la prohibición general de analogía del art. 4.1 CP—. No obstante, son estas críticas las responsables de permitir que se defienda la aplicabilidad no sólo de las atenuantes analógicas, sino también del modelo general de atenuantes del art. 21 CP, en razón de la incoherencia de la normativa, en la medida en que si no aplicamos las atenuantes genéricas no cobra sentido la remisión al art. 66 CP[674].

---

671 En sentido contrario, Galán Muñoz (2023, p. 11) reflexiona sobre cómo algunos afirmaban que el modelo de cumplimiento del art. 31 bis CP sería un mecanismo preventivo y, por tanto, "no tanto de control o vigilancia para evitar o prevenir que puedan cometer determinados delitos, como de estabilización y organización orientada a garantizar que su actividad de realice generalmente de conformidad con lo prescrito en el Derecho" por lo que el *compliance* debería ser valorado de forma "global, dinámico o diacrónico, y no atendiendo a cada medida preventiva que tuviesen, con lo que bastaría con que la persona jurídica tuviese un *compliance* que acreditase que había existido un esfuerzo preventivo general y continuado en su seno destinado a hacer que quienes actuasen en ella respetasen generalmente la legalidad".

672 Fuentes Osorio (2023, p. 110-11), respecto a las atenuantes de responsabilidad penal de la persona jurídica, afirma que "todas son circunstancias que valoran hechos *ex post factum*". Por tanto, no afectan "al merecimiento de la pena, sino a su necesidad, en sede de punibilidad. Operan como excusas absolutorias sobrevenidas y con un efecto parcial: es útil, según el criterio de racionalidad pragmática, imponer una pena menor cuando las decisiones de la persona jurídica aceleran el proceso penal, reparan los daños o minoran el riesgo de continuidad delictiva".

673 Fuentes Osorio, 2023, p. 115; Gómez-Jara Díez, 2016, p. 223.

674 Díez Ripollés, 2020, p. 283; Cuevas Oltra, 2023, p. 72. Fuentes Osorio (2023, p. 116) aclara que "la existencia de un grupo de circunstancias atenuantes propias de las personas jurídicas ya permite poner en marcha todas sus reglas".

Asimismo, es importante reconocer que este supuesto de atenuante del art. 31 bis 4 CP no se debe a un menor injusto de la conducta, sino a la existencia de razones políticas-criminales respecto a favorecer la adopción de programas de cumplimiento[675/676/677].

En todo caso, debe ser explicita la actitud por parte de la persona jurídica respecto a la estructura de organización y cumplimiento. Para ello, normalmente recurriremos a la actuación de un representante legal, en la medida en que, por ejemplo, confiese los hechos. No obstante, la atenuante —así como la eximente de responsabilidad— podrá ser imputada a través de la intervención de otras personas, como socios, accionistas o trabajadores, en la medida en que manifiesten obedecer a las indicaciones de la propia persona jurídica y/o de sus representantes legales[678].

---

675 *Cfr.* Fuentes Osorio, 2023, p. 113; Cuevas Oltra, 2023, p. 68.

676 Desde otra perspectiva, Gómez Colomer (2019, p. 62) afirma que "esta norma, en combinación con las normas mercantiles y fiscales que resulten adecuadas para su complementación, pretende instaurar una verdadera cultura ética empresarial, que no sólo evite la sanción penal, sino que además pruebe indubitadamente que la sociedad de capital (la persona jurídica) ha cumplido con la legalidad vigente en todas sus actuaciones, no sólo en lo que podría afectar al Derecho penal".

677 La finalidad de fomentar la implementación de programas de *compliance* no es exclusiva de la atenuante, ni de la exención anteriormente estudiada. En efecto, la utilización del propio modelo de responsabilidad penal de la persona jurídica con esta finalidad no es ni nuevo ni malo. Lo podemos observar, p. ej., en el ámbito del sistema estadounidense en el que, desde 1977, a través del *Foreign Corruption Practices Act*, se establece la responsabilidad penal de la persona jurídica en EE.UU, se prohíbe el soborno a funcionarios públicos extranjeros, se aplica extraterritorialmente en cualquier situación en la que "se aprecie una conexión mínima con los Estados Unidos" (Ferré Olivé, 2022, pp. 91-93) o en el supuesto de personas jurídicas que realicen operaciones en o a través de EE.UU y se concreta a partir de la realización de acuerdos que garantizan la penalización en forma del pago de multas y de la imposición de obligaciones relacionadas a la instauración de modelos de *compliance* eficaces. *Cfr.* Oliveira Teixeira dos Santos, 2021, p. 781. Asimismo, debemos señalar que el sistema estadounidense se aparta completamente del modelo español en la medida que los programas de cumplimiento no tienen relevancia en relación con la imputación de la persona jurídica, sino que cobran importancia en otros tres momentos. Como reflexiona Nieto Martín (2023, pp. 2-3) "los fiscales lo utilizan en el inicio del proceso penal como criterio para acusar a la persona jurídica conforme al principio de oportunidad"; "para llegar a algún tipo de acuerdo procesal en el marco de un sistema de *probatio*" y "tras el juicio, en la fase de determinación de la pena, a través de las *Sentencing Guidelines*".

678 Fuentes Osorio, 2023, p. 118.

Esta afirmación se relaciona directamente con la problemática respecto a la carga de la prueba. Por un lado, tenemos la perspectiva de la Fiscalía General del Estado[679] en la que se propone la inversión de la carga de la prueba. Por otro lado, tenemos el planteamiento de Neira Pena[680], la que distingue la carga de la prueba respecto a la persona que haya perpetrado el delito. En delitos cometidos por altos cargos o directivos, y eso también vale para la comprobación de una estructura de *compliance* implementada tras el hecho delictivo, "la acreditación de la efectiva implementación de un modelo de prevención delictiva funciona como una circunstancia excluyente de responsabilidad que, como regla general, al igual que las atenuantes, debe de ser probada por la defensa". En el supuesto de delito cometido por subalterno, por otro lado, es la acusación que debe de practicar prueba de cargo lo suficiente, ya que en este caso la prueba que debe de ser practicada es relacionada con el incumplimiento grave de los deberes de supervisión, vigilancia y control de los superiores sobre sus subordinados. Asimismo, tenemos la posición del Tribunal Supremo, que señala que la acreditación de la real existencia de un modelo de cumplimiento no puede pesar como obligación a la propia persona jurídica, bajo pena de quebrar "los principios básicos de nuestro sistema de enjuiciamiento penal". Por tanto, la acusación es la que debe acreditar, por medio de pruebas directas, la ineficacia o la inexistencia de las medidas de cumplimiento[681/682].

A nuestro parecer, pese a que debemos garantizar los derechos fundamentales propios del proceso penal también a la persona jurídica[683]

679 Circular 1/2016, de 22 de enero.

680 Neira Pena, 2018, pp. 325, 323

681 SSTS 154/2016, de 29 de febrero, y 221/2016, de 16 de marzo. *Cfr.* Auto de la Audiencia Nacional, sección 4, de 1 de julio de 2021 o el Auto del Juzgado Central de Instrucción 6/2023, de 23 de marzo; Gómez Colomer, 2019, p. 51

682 *Cfr.* Cuevas Oltra (2023, p. 68). El autor afirma que resulta inadmisible la inversión de la carga de la prueba. Asimismo, el autor admite que el problema de la carga de la prueba está relacionado con una serie de factores, a saber, la posición que la ausencia de debido control ocupe en la teoría jurídica del delito y del régimen de responsabilidad existente y de culpabilidad, si las personas jurídicas pueden actuar autónomamente y si tienen culpabilidad, si la exención actúa sobre la culpabilidad, si es causa de justificación supresora de la ilicitud o una excusa absolutoria que actúa sobre la punibilidad, etc. (2023, p. 75).

683 *Cfr.* Gómez Colomer, 2019, pp. 36; 42-43; STS 514/2015, de 2 de septiembre. En concreto, Echari Casi (2023, pp. 3 y 20-22) investiga los derechos de la persona

—y, quizás más concretamente, el derecho a no autoincriminarse, a no declarar contra sí misma, a guardar silencio y a no confesarse culpable[684]— tratándose de una estructura organizacional, es más ágil, sencillo y hasta eficaz que sea la propia persona jurídica que compruebe la existencia y eficacia de su programa de cumplimiento, debido al acceso que tendrá sobre su propia documentación. Por tanto, será la persona jurídica la que mejor podrá decidir sobre hasta dónde quiere llegar y facilitar información a la Administración de Justicia a la hora de acreditar este programa de *compliance*[685/686/687].

---

jurídica y señala que el derecho a la no autoincriminación se extenderá a unos u otros sujetos vinculados con la entidad (además de al representante especialmente designado) en función de la valoración de la propia defensa "según el grado de conocimiento de que la conducta delictiva tenga el sujeto llamado a declarar en nombre de la persona jurídica".

684 *Cfr.* Echarri Casi, 2023, pp. 16 y ss. El autor hace un análisis del derecho a no autoincriminarse de la persona jurídica e informa que no sólo es reconocido expresamente en la legislación procesal (arts. 409 bis y 786 bis LECrim), sino también deriva del hecho de que como declarará a través de la persona física, no tiene sentido negarle a la persona jurídica el derecho a la no autoincriminación. Por tanto, el autor concluye que "no pueda hacerse recaer en la investigada la obligación de aportar elementos probatorios directos, en contra de su voluntad, como puede ser, por ejemplo, una documentación de contenido incriminatorio". No obstante, destaca que puede ser una estrategia de la propia persona jurídica no acogerse al derecho a la no autoincriminación en la medida en que desea "acreditar la eficacia jurídico-económica de su modelo de organización y gestión de riesgos penales". Esto se debe a que ha invertido en este modelo y desea beneficiarse del sistema de exención de responsabilidad y de atenuantes.

685 Cuevas Oltra, a pesar de no estar de acuerdo con la inversión de la carga de la prueba, destaca que comprende el argumento de la Fiscalía y el voto particular de la STS 154/2016, de 29 de febrero, en el sentido de que acreditar la ausencia de debido control puede convertirse en una prueba diabólica para la acusación, que solamente sería factible cuando la ausencia de control fuera muy evidente (2023, p. 75). Asimismo, Galán Muñoz (2023, p. 20) afirma que "cuando una entidad no presente, en sede judicial, uno de estos programas, solo pueda ser traída al procedimiento como investigada si quien la acusase lo hiciese aportando indicios de que no tenía ninguno o de que el que tenía era inadecuado", aunque luego esclarece que en su entendimiento esto es una prueba diabólica.

686 *Cfr.* Planchadell Gargallo, 2022b, pp. 181 y ss.; Faraldo Cabana, 2019, p. 165. Asimismo, Feijoo Sánchez (2023, p. 69) se posiciona con la Sala Segunda del Tribunal supremo (STS 710/2021, de 20 de septiembre) al afirmar que las personas jurídicas pueden alegar respecto a su cultura de cumplimiento de la legalidad y su sistema de compliance debido al amparo del principio de presunción de inocencia.

### B) *La colaboración a través de la implementación posterior del compliance: la atenuante del art. 31 quater.d CP*

Al contrario de la atenuación de la pena como medida subsidiaria en el caso de la comprobación parcial de los requisitos de *compliance* implementado previamente a la comisión del delito, el art. 31 *quater*.d CP establece una atenuante específica para las personas jurídicas que, ante la ausencia de cualquier tipo de modelo de organización y gestión antes de la comisión del delito, lo implementen a posteriori y antes del comienzo del juicio oral.

Así, también es circunstancia atenuante de la responsabilidad penal de la persona jurídica el hecho de "haber establecido, antes del comienzo del juicio oral, medidas eficaces para prevenir y descubrir los delitos que en el futuro pudieran cometerse con los medios o bajo la cobertura de la persona jurídica".

Se premia, por lo tanto, la actuación postdelictiva de la entidad que despliegue "una estructura de gestión y organización altamente resistente al delito (...). Es como si el legislador pensara que la reducción económica y el ahorro de parte de la multa[688], compensase los costes que conlleva desplegar ese *compliance* a futuro"[689]. Aunque el raciocinio de Velasco Núñez merezca su debida atención, no nos parece cierto que la atenuación de la pena de multa debido a la implementación de programas de *compliance* tenga una exclusiva motivación económica, hasta porque, para ello, haría falta una profunda investigación que concluyera por la similitud de valores entre la implementación de *compliance programs* efectivos y la rebaja en la pena

---

687 En posición contraria, Pillado González afirma que le concierne a la acusación probar la inexistencia o inadecuación del *compliance program* para que haya cumplimiento con la presunción de inocencia (2019, p. 1111). Asimismo, Neira Pena reflexiona de otra manera, señalando que debe de ser aplicado el principio de *in dubio pro reo* en relación con la presunción de inocencia, de manera que "bastaría con que el ente acusado hiciese surgir una duda razonable en el juzgador sobre la existencia y la vigencia de un modelo de prevención de delitos eficaz, mientras que la absoluta falta de prueba al respecto o la existencia de prueba en contrario comportaría la condena del ente, en su caso, con la correspondiente atenuación de responsabilidad" (2018, p. 331).

688 Como atenuante solitaria implicaría imponerla en la mitad inferior y, si apreciada como muy cualificada, rebajaría la multa a su mitad (art. 66.1.1.º y 2.º CP).

689 Velasco Núñez, 2020, p. 120.

de multa. Además, aún evaluándolo superficialmente, parece sencillo pensar que la real implementación postdelictiva de un programa de cumplimiento, especialmente en estructuras complejas empresariales, será siempre más cara que la eventual rebaja de la pena de multa. Por consiguiente, la ejecución del programa de cumplimiento, a la empresa, no le compensará solamente respecto a la atenuación de su pena, sino más bien debido al conjunto de beneficios que la propia estructura de *compliance* le podrá brindar: una posible exención de responsabilidad para hechos delictivos cometidos posteriormente, la apariencia de una entidad comprometida con las exigencias actuales de gobernanza y los beneficios económicos que esto le pueda proporcionar, entre otros elementos.

Además, para la atenuación de su responsabilidad debido a la implementación a posteriori de un programa de cumplimiento, la entidad deberá hacerlo a través de un *compliance* cuyo "contenido debe ser completo, integro", diferenciándolo del modelo incompleto inicialmente exigido para la atenuante que deriva del régimen de eximente de responsabilidad.

Entre los elementos más importantes a la hora de configurar la *completitud* de la atenuante se encuentran la "identificación de riesgos y el establecimiento de controles" y, en el caso de hecho delictivo cometido por directivos, se incluirá la necesidad de "designación —interna o externa— del órgano supervisor y algún grado positivo de actuación posterior"[690]. No obstante, si bien puede parecer de difícil concreción la valoración muy positiva del programa de cumplimiento, nos referimos a la conclusión de Velasco Núñez según la que "la jurisprudencia ha sido parca en justificar la completitud o no de los modelos y medidas de compliance a que el CP se refiere" refiriéndose, incluso, a alguna práctica de "valorar los pocos llevados a juicio como muy cualificados, para reducir significativamente la sanción"[691].

690 Velasco Núñez, 2020, p. 121.

691 Velasco Núñez sobre la SAN 14/02/2017 y la SAP de Barcelona 694/2016, de 14 de diciembre: como excepción: "JCI 6 Audiencia Nacional de 24/10/2016 (Velasco Núñez) que acuerda (…) aprecia la concurrencia de ´medidas de vigilancia y control oportunas que aseguren en la medida de lo posible que, en el futuro, no se incurrirá nuevamente en estas —fallos y negligencias cometidas hasta la fecha (…)— ni otras actividades contrarias a la ley" (2020, p. 121).

Para terminar, en el supuesto de existir una comprobación parcial de los requisitos *ex ante*, necesarios para la verificación de la atenuante del art. 31 bis 2 CP, y cuando la persona jurídica instaure a posteriori un programa de cumplimiento efectivo y completo, no se le podrá aplicar ambas atenuantes a la vez. Es decir, sólo se le podrá apreciar a la persona jurídica una de las atenuantes —ya sea la derivada del modelo de cumplimiento incompleto implementado antes de la comisión del delito o de la justificada por el establecimiento de un *compliance* completo y eficaz tras la perpetración del hecho delictivo y antes del juicio oral— "a los efectos de aumentar el beneficio minorante, pues inciden sobre idéntica justificación (establecimiento de mecanismos preventivos que premiar), y difieren en el momento de su implementación (una antes y otra tras el delito)"[692].

### *C) La colaboración a través de la confesión: atenuante específica del art. 31 quater.a CP*

Así como para las personas físicas, según hemos analizado respecto al art. 21.4 CP, la confesión a las autoridades, "antes de conocer que el procedimiento judicial se dirige contra ella", es circunstancia atenuante de la responsabilidad penal de las personas jurídicas, cuando lo hagan a través de sus representantes legales.

Esta confesión[693] podrá ser realizada en el ámbito de las declaraciones del "representante especialmente designado por ella, asistido de su Abogado". Asimismo, a la declaración se le deberá aplicar todo lo dispuesto en el Capítulo IV de la LECrim (De las declaraciones de los procesados), desde que sea compatible con su especial naturaleza, "incluidos los derechos a guardar silencio, a no declarar contra sí misma y a no confesarse culpable", con la reserva de que "la incomparecencia de la persona especialmente designada por la persona jurídica

---

692 Velasco Núñez, 2020, p. 121.

693 Gómez Colomer (2019, p. 48) aclara que "la ley se refiere erróneamente a confesión, pero ésta no existe en el proceso penal, y en ningún caso se trata de la confesión del proceso civil, ni tiene sus efectos. La clave reside en que si se tratara de confesión de los hechos cubiertos por ella que perjudiquen a su autor estarían exentos de prueba, que es lo que ocurre en el proceso civil, mientras que el artículo 406, I de la Ley de enjuiciamiento Criminal ordena que se investiguen pese a ello. En el proceso penal lo correcto es hablar por tanto de admisión de hechos".

para su representación determinará que se tenga por celebrado este acto, entendiéndose que se acoge a su derecho a no declarar" (art. 409 *bis* LECrim).

En relación a eso, cabe destacar la contradicción que reside en el hecho de que el representante de la persona jurídica que confiese en nombre de esta, en realidad, estará declarando "sobre hechos ajenos y no sobre hechos propios"[694]. Esto se debe a que el hecho delictivo ha sido cometido por una persona física en el seno de la persona jurídica, sea o no la figura de un directivo. Por ello, Neira Pena clasifica este acto no como una confesión, sino como una denuncia —en una acepción *latu sensu*—, a saber, "una declaración de conocimiento tendente a comunicar a la Policía, al Ministerio Fiscal o al Juez de Instrucción, una *noticia criminis*, más o menos completa en cuanto a su contenido y más o menos veraz en función de la razón o fuente de conocimiento que se alegue, así como de los indicios objetivos que se aporten para corroborarla"[695].

No obstante, y a nuestro parecer, ya sea una confesión o una declaración de conocimiento del hecho delictivo, la consideración autónoma de esta atenuante cobra sentido cuando la situamos en el ámbito de los programas de *compliance*, los cuales, de manera específica, tienen como uno de sus principales objetivos descubrir la comisión de hechos delictivos en el seno de la persona jurídica.

Por otro lado, al contemplar esta atenuante junto con la previsión de atenuante del art. 31 *bis*.2 y 4 CP, que recompensa la existencia de programas de cumplimiento antes de la comisión del delito pero que no cumplen todas las condiciones para una eximente, la situación se enrevesa. Esto se debe a que si la persona jurídica tiene conocimiento suficiente del hecho delictivo para *confesar*, en la mayoría de los casos, probablemente también habrá contado con un programa de gestión y organización de los riesgos capaz de detectar el delito. De esta manera, se podrán otorgar ambas atenuantes a la persona jurídica: reconociendo la existencia previa de un modelo de cumplimiento normativo, aunque sea incompleto, y la actitud postdelictiva de la persona jurídica que, teniendo información sobre el delito cometido en su seno, opta por confesar.

---

694 Neira Pena, 2018, p. 213.

695 Neira Pena, 2018, p. 214.

Además, y aunque vayamos a estudiar que también se atenúa la específica colaboración de la persona jurídica debido al apartado b del art. 31 *quater* CP, "también se suele valorar como analógica la confesión tardía"[696]. Por consiguiente, hay una superposición básica de la norma en la medida en que no sólo podemos aplicar la atenuante analógica de confesión regulada en el art. 31 *quater*.a CP —debido a una confesión que no cumpla con el requisito cronológico pero que viene acompañada de una colaboración eficaz—, como también la atenuante de colaboración del art. 31 *quater*.b CP. A lo que nos preguntamos ¿Cuál la diferencia, en términos prácticos, a la hora de atenuar la responsabilidad penal de la persona jurídica? ¿Habría alguna diferencia?

Asimismo, concurren, en determinada medida, la atenuante de confesión propia de la persona jurídica con la conformidad prestada en Juicio Oral del art. 787.8 LECrim. Esto se debe a que, aunque el Código Penal requiera una confesión realizada a través de los representantes legales de la persona jurídica, "no siempre comprueban los tribunales de enjuiciamiento"[697]. Por tanto, podrá solapar con la conformidad, en la que sólo se requiere su realización a través del representante especialmente designado por la persona jurídica. En sentido contrario, Neira Pena aclara que ambos institutos no se superpondrían, ya que para la conformidad no es necesaria una autodeclaración, sino solamente la aceptación de la pena más grave solicitada[698/699].

---

696 Velasco Núñez, 2020, p. 126.

697 Velasco Núñez, 2020, p. 126.

698 "También podría ocurrir que esta suerte de autodenuncia fuese la antesala de una conformidad. Si bien, para ello, no es necesario ni suficiente que el representante legal haya confesado la infracción ante las autoridades. No es necesaria la confesión porque la conformidad implica aceptar la pena máxima solicitada por la acusación" (Neira Pena, 2018, p. 216). Aunque sí señalamos que en el reconocimiento de los hechos del art. 779 LECrim podrían coincidir los institutos.

699 En este sentido, la SAP de Zaragoza 337/2014, de 25 de noviembre, extiende la atenuante analógica de confesión inicialmente concedida a la persona física a la persona jurídica, como muy cualificada, aunque reconozca que sólo ha confesado el administrador y no se comprueba la confesión de la persona jurídica ante el instructor.

Desde nuestra perspectiva, aunque haya esta carga adicional para la confesión —a saber, la exigencia de un representante legal idóneo para confesar—, y a pesar de que los tribunales raramente comprobarán este requisito, la voluntad de la persona jurídica de confesarse culpable con el objetivo de obtener una atenuación de la pena en contraste con su intención de conformarse en el ámbito de un procedimiento abreviado siempre serán distinguibles. Esto se debe a que, en la conformidad, no sólo deberá expresar la aceptación de la pena, sino también deberá aceptar el término anticipado del Juicio Oral.

Para terminar, y en todo caso respecto a la confesión de la persona jurídica, es claro que el art. 406 LECrim deberá ser aplicado. Por tanto, le corresponderá al Juez o Tribunal la obligación de practicar las diligencias necesarias para comprobar la veracidad de la confesión realizada.

### D) *La colaboración en la investigación: atenuante específica (art. 31 quater.b CP)*

Además de la simple confesión con respeto al criterio cronológico, en el caso específico de las personas jurídicas el legislador no ha entendido como suficiente utilizar la atenuante analógica de confesión con la finalidad de premiar la colaboración con la justicia.

En este sentido, en el propio art. 31 *quater* CP, sobre las atenuantes de la responsabilidad penal de las personas jurídicas, se incluye en la letra b) la atenuación para las personas jurídicas que, a través de sus representantes legales, hayan "colaborado en la investigación del hecho aportando pruebas, en cualquier momento del proceso, que fueran nuevas y decisivas para esclarecer las responsabilidades penales dimanantes del hecho".

Por lo tanto, y como también hemos podido observar en algunas de las modalidades de colaboración para tipos específicos, la asistencia que se le requiere de la persona jurídica es una bastante especifica. No basta la aportación de pruebas y documentos que no sean ni nuevas ni decisivas en el esclarecimiento de las responsabilidades penales del hecho por el que se le investiga. Es decir, para la atenuación de la responsabilidad penal de personas jurídicas que colaboren, se requiere que la colaboración sea útil y determinante para la política-criminal existente, contribuyendo realmente para la persecución penal del hecho delictivo por medio de pruebas no solamente nuevas, sino decisivas[700/701]. Además, se permite de manera clara la colaboración realizada en cualquier momento del proceso, incluyendo, por consiguiente, la denominada *colaboración tardía* por la jurisprudencia[702] del Tribunal Supremo[703].

El momento procesal en el que la persona jurídica opta por colaborar puede ser valorado positiva o negativamente por el Juez o Tribunal a la hora de decidir sobre el mayor o menor valor atenuante de su conducta[704]. Por tanto, no será igualmente valorada la actitud de una persona jurídica que colabora ampliamente desde el inicio del procedimiento en comparación con la de una entidad que espera el momento oportuno para colaborar, al final del proceso penal, en el que ve la posibilidad de que se le apliquen las penas más graves. Esta diferencia, no obstante, no significa que se pueda o que se deba valorar el arrepentimiento en esta colaboración[705].

Esta atenuante, así como en el caso de la confesión realizada por la persona jurídica, también viene directamente relacionada con la existencia de alguna estructura de *compliance* en el seno organizacional, a través de la que la entidad puede permitirse realizar investigaciones internas que lleven, realmente, "al acopio de materiales, elementos de convicción o fuentes de prueba que, debidamente documentados, puedan posteriormente ser entregados a la autoridad competente"[706].

---

700 En ese sentido: SJPe de Bilbao 134/2015, de 4 de mayo, en la que se le aplica la atenuante de colaboración del art. 31 quater CP por haber aportado "pruebas nuevas y decisivas para esclarecer las responsabilidades penales dimanantes de los hechos".

701 *Cfr.* Neira Pena (2018, p. 224): "será el propio juzgador el que se encuentre en la situación idónea para esclarecer las responsabilidades derivadas de los hechos".

702 *Cfr.* STS 1224/2016, de 17 de marzo.

703 Sin embargo, la colaboración prestada en fase de recurso de apelación se limitaría a la aportación de "pruebas nuevas o que sólo tras la primera instancia fueron conocidas por los representantes legales de la entidad, o bien de pruebas que se aportaron en primera instancia pero que no sirvieron para esclarecer la responsabilidad de la persona jurídica" (Neira Pena, 2018, p. 222).

704 *Cfr.* Neira Pena, 2018, p. 222.

705 Neira Pena, 2018, p. 223; STS 43/2000, de 25 de enero.

706 Neira Pena, 2018, p. 221; Rodríguez-García, 2023, pp. 202 y ss.

Además, para que la colaboración de la persona jurídica tenga efectos de atenuante, debe ser formalizada por un representante legal designado para este fin. De manera que "no tendría efecto atenuante la aportación de fuentes de pruebas por terceros", sean o no trabajadores, accionistas o clientes[707]. En la medida en que esta afirmación sea correcta y no se permitiese la atenuación en el caso de pruebas aportadas por empleados de la persona jurídica, parece que el legislador no valora exclusivamente la agilidad procesal y la eficiencia relacionada con la obtención de fuentes de pruebas, sino el actuar de la persona jurídica, la que, a través de un representante especialmente designado, opta por colaborar con la justicia tras una evaluación y decisión de la entidad.

### E) *Las colaboraciones específicamente dispuestas en delitos que expresamente señalan a la responsabilidad penal de la persona jurídica*

Con la regulación inicial de la responsabilidad penal de la persona jurídica, juntamente con las posteriores reformas de 2015, hay un ordenamiento compuesto de las disposiciones generales del art. 31 *bis* a *quinquies* CP, de los arts. 33.7, 52, 53 y 66 *bis* CP sobre las penas aplicables, del art. 130.2 CP sobre las modificaciones en la persona jurídica, además de las previsiones en los distintos delitos que también prevén la posibilidad de su aplicación a las personas jurídicas.

En el ámbito de estos delitos, nos interesan los que ya fueron previamente analizados y que también contienen modalidades específicas de colaboración con la justicia, cada una con su propio premio o beneficio, así como disposición en relación con la actitud colaboradora.

Por consiguiente, para la persona jurídica, nos encontramos con un universo muchísimo más amplio respecto a sus conductas de confesión o colaboración, especialmente previstas en los arts. 31 *bis* y siguientes, pero también en las atenuantes genéricas del art. 21 CP —cuya aplicación tampoco se excluye—, y en las modalidades específicas de colaboración en función del delito —siempre y cuando se encuentre en el ámbito material de la responsabilidad penal de la persona jurídica—.

---

707 Neira Pena, 2018, p. 221.

Por ello, su colaboración especifica también podrá ser concretada en el ámbito de *(i)* los delitos contra la Hacienda Pública y la Seguridad Social y los demás delitos del título XIV del CP (por estipulación del art. 310 *bis* CP); *(ii)* los delitos contra la salud pública regulados del art. 359 al 365 CP, conforme al art. 366 CP, o en los delitos contra la salud pública de los arts. 367 a 369 *bis* (cultivo, elaboración o tráfico), prevista su responsabilidad en el art. 369 bis CP; *(iii)* el delito de malversación, según el art. 435.5.º CP; *(iv)* los delitos de cohecho, aunque de manera distinta a los demás, también le será aplicable la disposición que permite la exención de pena a la persona jurídica que, como particular, acceda a solicitud de dadiva u otra retribución de autoridad o funcionario público y opte por denunciar el hecho ante la autoridad competente, conforme al art. 426 CP, ya que son extensibles los delitos de cohecho a la persona jurídica debido al art. 42 *bis* CP; *(v)* los delitos de malversación, según el art. 435.5.º CP; y *(vi)* los delitos de organización o grupo terrorista y los delitos de terrorismo, en razón del art. 580 *bis* CP.

No obstante, lo que seguirá prevaleciendo con estas disposiciones legales será todavía la atenuante genérica de confesión en su vía analógica, que permitirá cualquier tipo de colaboración de manera amplia e ilimitada, o las colaboraciones específicamente previstas en los arts. 31 y ss. CP, pensadas para recompensar la estructura de *compliance*, la confesión con arreglo al criterio cronológico o la colaboración a través de la aportación de pruebas. Esto se debe a que, así como para las personas físicas, las colaboraciones premiadas previstas en los tipos privilegiados tienen una escasa aplicabilidad.

### 3.4. Notas sobre la colaboración con la justicia premiada en el Derecho penal material

La dificultad de concreción de cualquieras de las colaboraciones mencionadas en este apartado, muy específicas y correlacionadas con conductas de confesión y/o abandono voluntario de actividades, es una de las primeras conclusiones que debe de ser señalada[708].

---

708 *Cfr.* Zaragoza Aguado, sobre la colaboración en los delitos de organizaciones y grupos terroristas y terrorismo: “nos hallamos, pues, ante una modalidad de arrepentido-colaborador que tiene una escasa, por no decir nula, aplicación en

Además, en todos los delitos que se premia la colaboración activa con la justicia, una de sus modalidades suele concretarse con la aportación de pruebas decisivas para la captura o identificación de otros responsables. El elemento "decisiva", aunque pueda pasar desapercebido, es muy relevante y, como también vamos a concluir basando en la investigación jurisprudencial del siguiente capítulo, es también solicitado por la jurisprudencia a la hora de conceder una atenuante por colaboración. En este sentido, no basta la aportación de cualquier prueba, sino una decisiva que realmente contribuya con la captura o identificación de otros responsables y, por lo tanto, sea nueva para los responsables de la investigación. De esta manera, la colaboración que parece importar al legislador español es aquella que le sea útil en el objetivo político-criminal de perseguir más hechos delictivos y castigarlos.

A pesar de la claridad sobre el factor "utilidad" de la colaboración aportada, mucho falta a la hora de determinar su naturaleza procesal, el procedimiento por el que se llevará a cabo la colaboración, quiénes gestionarán la colaboración y el momento procesal adecuado, la naturaleza de las declaraciones que realice el investigado o encausado en la calidad de colaborador y las garantías que el sistema penal le ofrecerá, especialmente cuando su aportación consiste en la delación de otros miembros de un grupo u organización criminal.

Por otro lado, independientemente de la colaboración o de la reparación efectuada, la imposición de pena inferior en grado sería ejecutada, como en los casos anteriores analizados, solamente en sentencia y para el "culpable de cualquiera de los hechos". En este sentido, la colaboración no impide la persecución penal a través del debido proceso y, de ninguna manera, disminuye los requisitos legales para la imposición de una condena. Por tanto, cualquier sujeto, aunque haya colaborado o aportado pruebas que cumplan, por ejemplo, con los requisitos del art. 434 CP, deberá ser absuelto en sentencia final si las pruebas producidas durante el juicio oral no son suficientes para contrarrestar el principio *in dubio pro reo*.

---

la práctica judicial por la dificultad de que concurran todos los requisitos que el precepto exige y lo infrecuente de tales comportamientos reparadores" (2023b, p. 3323).

Finalmente, así como nos ocurrió en la reflexión sobre las modalidades de conformidad, hay una escasa consistencia en la técnica legislativa[709/710], resultado de numerosas reformas realizadas a lo largo de lo tiempo que traen problemas de compatibilidad entre unas conductas y otras, especialmente cuando se trata de la investigación por más de uno de los delitos estudiados o, en el caso particular de la persona jurídica, que le permite solicitar beneficios penales por distintos mecanismos.

En el marco de una comparación entre los tipos de colaboraciones necesarias y las conductas asociadas podemos extraer algunas importantes reflexiones de conjunto: *(i)* la necesidad de confesión/reconocimiento de los hechos restringida para la modalidad de colaboración de los delitos de terrorismo y en los delitos contra la Hacienda Pública y la Seguridad Social cuando es perpretada por el obligado tributario al regularizar la situación tributaria; *(ii)* la inconsistencia a la hora de señalar que la atenuante será concedida en sentencia motivada por el Juez o Tribunal, en la medida en que figura solamente en algunos de los tipos delictivos, aunque sea una obligación en cualesquiera de los casos; y *(iii)* el uso reiterado de las mismas expresiones relacionadas con la colaboración activa, el auxilio a través de pruebas decisivas, el abandono voluntario y los distintos objetivos de colaboración pretendidos por el legislador según el delito.

## 4. ELEMENTOS CLAVES Y EL FUTURO DE LA COLABORACIÓN ANTE LAS DIVERSAS REFORMAS PROPUESTAS

A partir de este capítulo, se puede distinguir el denominador común del sistema penal español en torno a la colaboración de investigados y encausados con la justicia: su persistencia y existencia, aún

---

709 Por ejemplo, a partir de la previsión de una eximente de responsabilidad a los colaboradores en supuestos de cohecho en comparación con la atenuación en uno o dos grados prevista para los delitos contra la salud pública o terrorismo.

710 *Cfr.* Sobre la eximente de responsabilidad en el delito de cohecho, "en otros supuestos similares el legislador no es tan generoso" (Serrano Gómez, Serrano Maíllo, 2021c, p. 733).

más a partir de mecanismos procesales y penales que permiten la concesión de beneficios a estos colaboradores para incentivar dicha conducta. En términos estrictamente procesales, tenemos la conformidad, que, aunque exclusivamente en determinados procedimientos permita la negociación entre las partes, refleja una colaboración con la justicia limitada al reconocimiento de los hechos y confesión, o a la simple actitud de aceptar una pena y acelerar los trámites procesales. De esta manera, la colaboración con la justicia, en realidad, queda reflejada solamente en el ámbito sustantivo y de una manera que, por un lado, impide que se extraigan todos los beneficios de esta colaboración, y, por otro lado, genera graves problemas de seguridad jurídica para el investigado o encausado que desea aportar elementos a la investigación o al proceso penal.

En este sentido, la dificultad de aplicación de las modalidades específicas de colaboración genera el efecto de uso generalizado de la modalidad analógica de la atenuante de confesión, movimiento jurisprudencial respaldado doctrinalmente. Hecho que, junto con la inseguridad alrededor de la valoración de la colaboración, posición del colaborador, etc., vuelve todavía más relevante el análisis jurisprudencial del siguiente capítulo: con el objetivo de analizar estadísticamente esta valoración de la doctrina y, de manera cualitativa, valorar los elementos que la jurisprudencia motiva para señalar la necesidad de concesión de premios o no a eventuales colaboradores.

Además, concluimos por la eventual posibilidad de construcción de un marco legal que conceda más seguridad no sólo para la negociación, permitida o encubierta, en las conformidades, sino también para la negociación en torno a la colaboración. Esto se debe a que, aunque existan beneficios que puedan ser concedidos al final del proceso, la posibilidad de negociación explícita de premios y condiciones para investigados o encausados que deseen y puedan colaborar es una de las posibles maneras de no sólo incentivar más la colaboración, sino también garantizar el cumplimiento de todos los derechos fundamentales del colaborador y los principios básicos del sistema penal, a través de un procedimiento ante el principio de legalidad, que será aplicado a todos de forma igualitaria y pública.

Si bien es cierto que no se discute actualmente la revisión de las modalidades puramente materiales de colaboración premiadas —otra razón por la que el estudio jurisprudencial realizado en el próximo capítulo es esencial —, varios anteproyectos y proyectos de ley vienen siendo redactados con el objetivo de incluir, en mayor o menor grado, la colaboración con la justicia en el ámbito procesal penal[711].

Señalamos, además, la Propuesta Alternativa de regulación de los delitos contra las instituciones del Estado, elaborada en el 2022 por el Grupo de Estudios de Política Criminal[712], en la que, específicamente en torno a los delitos[713] de rebelión y sedición, se justifica la aplicación de una eximente de responsabilidad debido a "conductas de colaboración con las autoridades en los estadios previos del delito que permitan activar los mecanismos de defensa del orden democrático constitucional"[714]. Por tanto, se propone una nueva redacción para el art. 476 CP y quedaría exento de pena el que, implicado en alguno de los delitos anteriores, se sometiere a las autoridades legitimas o los revelare a tiempo de poder evitar sus consecuencias, sin perjuicio de la responsabilidad criminal en que se hubiera incurrido por la comisión de otros delitos[715]. Es decir, y en el caso de su consideración por el legislador, tendríamos otra modalidad de tipo privilegiado que añadir a las anteriormente estudiadas.

De nuestra parte, cuando se verifica la necesidad y realidad de la regulación de esta colaboración premiada, señalamos la incongruencia sistemática de la no regulación de una colaboración específicamente planteada para el delito de blanqueo de capitales, debido a la dificultad en torno a su investigación y producción probatoria, especialmente cuando perpetrado a partir de recursos de *blockchain* u otras nuevas tecnologías[716].

---

711 Anteriormente mencionados, como el Proyecto de Ley de Medidas de Eficiencia Procesal del Servicio Público de Justicia, el Anteproyecto de Ley de Enjuiciamiento Criminal de 2020, el Borrador de Código Procesal Penal de 2013 o el Anteproyecto de Ley de Enjuiciamiento Criminal de 2011.

712 Grupo de Estudios de Política Criminal, 2022.

713 García Rivas, 2022, pp. 183-210.

714 Grupo de Estudios de Política Criminal, 2022.

715 Grupo de Estudios de Política Criminal, 2022.

716 *Cfr.* Anzola; Santos, 2022.

Para terminar, y debido a las modificaciones operadas en relación con la figura del Ministerio Público Europeo, señalamos que en todas las colaboraciones prestadas respecto a delitos que involucran la figura de la Unión Europea, como pueden ser el cohecho debido al art. 427 CP o la malversación, especialmente tras la modificación operada por la LO 1/2019 que cambió la definición de autoridad y funcionario público de los arts. 24 y 427 CP, tales colaboraciones deberán ser efectuadas a partir de los ritos y procedimientos específicos de esta nueva figura.

*Capítulo III*

# LA COLABORACIÓN CON LA JUSTICIA EN LA JURISPRUDENCIA DEL TRIBUNAL SUPREMO: 2019-2022

## 1. JUSTIFICACIÓN METODOLÓGICA

La necesidad de la investigación empírica surge del análisis de lo que forma la primera fase del caso Gürtel en España y a partir de la que se concluyó por el uso de una atenuante analógica de confesión como medio para conceder beneficios penales, consistentes en la rebaja de la pena, a los que hubiesen colaborado eficazmente con la justicia, además de referenciar supuestos acuerdos alcanzados con el Ministerio Fiscal respecto a la colaboración a cambio de beneficios penales[717/718]. Por tanto, se justifica la interpretación analógica de la atenuante genérica de confesión del art. 21 CP, que, como ya hemos expuesto, permite atenuar la pena a los que confiesen plenamente siempre y cuando esa confesión se dé antes de que el culpado supiera que existe un procedimiento dirigido contra él, para no solamente ampliar el requisito cronológico, comprendiendo todo el momento posterior procesal, sino también incluyendo, además de la confesión, la colaboración con la justicia como elemento esencial, necesario en términos de política-criminal a la hora de perseguir penalmente delitos de relevancia político económica.

En este sentido, y en razón de la vigencia del principio de legalidad, mientras en España no debería valer la máxima de otros Estados en los que no basta con la lectura de las leyes y reglas escritas para

---

717 Caso analizado con mayor profundidad en Oliveira Teixeira dos Santos, 2022b y en Oliveira Teixeira dos Santos, 2023b.

718 La introducción de este capítulo tiene el objetivo de explicar, tras los estudios preliminares realizados a lo largo de los dos anteriores capítulos, la delimitación del tema de investigación y la realización de las preguntas de investigación, conformando, de esta manera, las primeras fases del proceso de investigación jurisprudencial. *Cfr.*, sobre la metodología de análisis jurisprudencial y su uso en el estudio del Derecho: Bonacorsi de Palma, Feferbaum, Marcel Pinheiro, 2019, p. 109.

entender su Derecho —*v. gr.*, el *common law* del Reino Unido o de EE.UU., en los que impera el modelo "adversarial", la realidad es que para comprender la manifestación de la colaboración con la justicia no basta con la lectura de la ley como la realizada a lo largo del Capítulo II.

De esta manera, lo que se nota es que en España la colaboración penal sustantiva en casos de delitos "graves", considerados por la propia jurisprudencia como de naturaleza "político-económica", está limitada a dos situaciones: *(i)* por un lado, relativa a la interpretación analógica del art. 21 CP, que permite la atenuación de la pena a los que no solamente confiesen ampliamente sino también colaboren de manera "eficaz" con la justicia; y *(ii)* por otro lado, fundada en colaboraciones específicas, cuyo contenido se ve limitado a lo narrado en el propio Código Penal y que muchas veces depende de la concurrencia de otras circunstancias, ya analizadas, como el abandono voluntario de las actividades, legislada exclusivamente para los delitos contra la Hacienda Pública y la Seguridad Social (arts. 305 y 307 CP), de obtención de subvención o ayuda por medio de falseamiento de condiciones y ocultación de impedimento (art. 308.8 CP), contra la salud pública (art. 376 CP), de malversación (art. 434 CP), de organizaciones y grupos criminales (art. 570 *quater*.4 CP), de terrorismo (art. 579 *bis*.3 CP) y de cohecho (art. 426 CP).

En consecuencia, las posibilidades para premiar la colaboración en España se limitan al ámbito del Derecho penal sustantivo, sin existir un procedimiento penal específico para evaluar dicha colaboración. Además, no se permite la celebración de acuerdos o negociaciones en torno a esta colaboración, ya que las circunstancias que permiten la reducción de la pena o la exención de la responsabilidad sólo pueden concederse como parte de la sentencia final dictada por el Juez o Tribunal competente después de la celebración del juicio oral y de conformidad con el debido proceso legal.

### *1.1. La ubicación de las conformidades en esta investigación*

Antes de seguir con la investigación jurisprudencial, debemos ubicar las distintas conformidades estudiadas a lo largo del capítulo anterior respecto a esta etapa investigadora con la finalidad de entender por qué no se investiga también la jurisprudencia en torno a estos institutos.

La finalidad del Capítulo II era entender la aplicación práctica del principio de oportunidad en el sistema penal español. Para ello, hemos contemplado tanto la separación del uso penal y procesal de este principio de oportunidad como las consecuencias de la "colaboración" con la justicia, la posibilidad de "negociación" y la relación con el ámbito de los delitos graves de naturaleza político-económica.

En este sentido, tenemos manifestaciones del principio de oportunidad que involucran al reconocimiento de los hechos y/o la confesión —uno de los elementos característicos de la colaboración más básica con la justicia penal— o la realización de acuerdos y negociaciones entre el Ministerio Fiscal —y/o las acusaciones particulares— y el encausado en torno a los escritos de calificación, como es factible en la conformidad del procedimiento abreviado, en el proceso por aceptación de decreto y en el caso del procedimiento por delitos leves.

Siendo así, en ninguna de estas manifestaciones del principio de oportunidad es posible visualizar elementos de colaboración y/o negociación que vayan más allá de la confesión, del reconocimiento de los hechos o incluso de la negociación exclusiva en torno al escrito de calificación. Tampoco es posible observar su relación —directa o indirecta— con el ámbito de los delitos definidos en el primer capítulo de la investigación, graves y de naturaleza política-económica, aunque se pueda aplicar algunos tipos de conformidad según la pena que se solicite para delitos de, por ejemplo, cohecho, en el que el marco de la pena se sitúa entre los tres y los seis años de prisión, malversación —de dos a seis años de prisión— o hasta la promoción, constitución, organización, coordinación o dirección de una organización criminal con el objetivo de cometer delitos graves, cuando la pena solicitada puede estar entre los cuatro y los 8 años de privación de libertad.

Por otro lado, al tratar de la negociación o realización de acuerdos para la colaboración, junto con la necesidad práctica de incentivarla en razón de la eficiencia que puede aportar la colaboración tanto para la investigación como para la persecución criminal, deviene la exigencia de regular mecanismos de premios e incentivos a esta colaboración.

Por ello, si bien en el ámbito procesal de las conformidades se puede vislumbrar el premio al evitar un largo proceso o la imposición de una sentencia propiamente dicha, la verdad es que la imposición de una pena de prisión sin el debido proceso no debería caracterizar la concesión de un verdadero beneficio. De esta manera, nos volvemos al ámbito sustantivo, en el que la imposición de penas rebajadas por medio de atenuantes es más fácilmente vislumbrada como un beneficio o premio de naturaleza penal que se puede conceder al colaborador.

Más específicamente: nos centraremos en el ámbito penal en el que la colaboración que supera la simple confesión o reconocimiento de los hechos y puede ser más fácilmente visualizada, no solamente a través de la lectura analógica del art. 21.4 CP, sino también de manera especial a partir de la aplicación de los mecanismos específicos de colaboración para los tipos penales, en los que se especifica qué se pretende con la colaboración y se vuelve a una colaboración relacionada con la aportación de informaciones y datos a la investigación y/o proceso penales[719].

## 1.2. *Las preguntas clave de la investigación jurisprudencial*

Conforme a lo indicado, justificamos la necesidad de realizar un examen de la jurisprudencia española con el objetivo de responder a algunas preguntas resultantes del segundo capítulo de este trabajo y que serán fundamentales a la hora de construir un modelo de colaboración premiada de investigados y encausados pensado en conformidad con y para el sistema penal español:

*(a)* Considerando la atenuación de la pena como el "premio" base más recurrente para cualquiera de las modalidades de colaboración premiada, sea a través de la lectura analógica del art. 21.4 CP o de la aplicación de las modalidades específicas de colaboración en razón del hecho delictivo, ¿cuál la más comúnmente mencionada en la jurisprudencia?

*(b)* ¿Cuál es el papel y la importancia dada a la confesión y/o reconocimiento de los hechos como elemento de la colaboración?

[719] Por otra parte, no podemos dejar de señalar que la conformidad aun así se manifiesta en el ámbito de la investigación jurisprudencial, como se puede inferir a partir del apartado 3.2.1. de este Capítulo.

*(c)* ¿Para qué tipos de delitos se solicita la aplicación de un premio en razón de la colaboración con la justicia? ¿Estos se ciñen al escenario de delitos graves de naturaleza política-económica delimitados en el primer capítulo y/o a los delitos con modalidades especiales de colaboración como estudiado a lo largo del segundo capítulo?

*(d)* ¿Cuál el objetivo de la colaboración y qué tiene que alcanzar para que sea considerada merecedora de un premio? En este sentido, ¿hay definición específica en torno a la efectividad/eficacia de la colaboración?

*(e)* ¿Hay menciones sobre el papel del Ministerio Fiscal, de la Policía u otras autoridades en relación con la colaboración?

*(f)* ¿Cuál es el efecto de la colaboración aportada en el ámbito del proceso? ¿Se utiliza como prueba, medio de prueba, informaciones, declaraciones, etc.?

*(g)* ¿Cómo se trata al colaborador en el proceso? ¿Hay alguna mención sobre la necesidad de su protección o tratamiento bajo alguna figura específica?

*(h)* ¿Cuáles son los premios concedidos? ¿Para condenados por qué delitos?

## 2. DEFINICIÓN DEL MARCO JURISPRUDENCIAL

Es un hecho que el estudio de resoluciones judiciales, como medio de solución de casos concretos por los Jueces y Tribunales y resultado de la interpretación de las leyes vigentes, es uno de los mejores medios para saber cómo se aplica el Derecho[720]. Sin embargo, para que las respuestas obtenidas tras una investigación de jurisprudencia sean compatibles con la realidad y puedan tener transcendencia a la hora de pensar un modelo de colaboración premiada compatible con el sistema penal español y sobre el marco normativo existente, necesitamos partir de una investigación de jurisprudencia académica metodológicamente estructurada[721].

---

720 Alonso Pérez, 2011, p. 2.

721 Es decir, sin partir del análisis de sentencias aleatorias que coincidan o rechacen un punto de vista específico.

Las preguntas realizadas anteriormente, en el marco de la *colaboración* con la justicia penal a través de la concesión de *atenuantes*[722], involucra una investigación jurisprudencial de dos tipos: cuantitativa y cualitativa.

Por ello, no optamos por el análisis de la jurisprudencia basado en los casos más recientes y/o más importantes sobre el asunto, sino que por la realización de una investigación a través de una metodología específica para la selección, lectura e interpretación de todas las sentencias que se encuentren en el marco de la jurisprudencia investigada[723].

## 2.1. Metodología aplicada

Para la concreción de la investigación empírica fue elegida una metodología de revisión de sentencias, basada en la elección de una base de datos, la definición del objeto de estudio y la elaboración de una estrategia de búsqueda a partir de una delimitación temporal y conceptual[724], acto realizado a partir de varios filtrados de sentencias, con el uso de distintos términos y conceptos de búsqueda que fueron generando distintas sentencias como resultado y que han resultado en la delimitación final.

La metodología, por consiguiente, es una de revisión de sentencias a través del recurso a los repositorios de jurisprudencia. Es una metodología más fácilmente aplicable, puesto que no depende de la obtención de permisos a la hora de acceder a los expedientes y no tiene una larga duración como en el caso de la revisión de expedientes judiciales —sobre "decisiones que adoptan los jueces en distintos momentos del procedimiento penal"—, así como no se limita a los microentornos como en el caso de la observación no participante estructurada[725].

---

722 En cursiva, las dos palabras claves para nuestra investigación.

723 En este sentido, y sobre la metodología de investigación de jurisprudencia, Bonacorsi de Palma, Feferbaum y Marcel Pinheiro señalan que "[d]e modo geral, as pesquisas de jurisprudência compartilham as seguintes características: trata-se de uma investigação científica, orientada por metodologia especialmente construída para endereçar perguntas que possam ser respondidas por meio de análise de julgados" (2019, p. 101).

724 Fernández-Molina *et al.*, 2021, p. 171.

725 Fernández-Molina *et al.*, 2021, p. 167.

La revisión de sentencias, aunque se centre en el análisis de datos "secundarios", nos permitirá realizar un acercamiento cuantitativo sobre las preguntas de investigación, llegando a nuestro objetivo, que es el de extenderse "más allá de la descripción de los cambios jurídicos y pudiendo observar tendencias jurisprudenciales"[726].

Por consiguiente, la metodología elegida es una que permite describir el posicionamiento de un determinado órgano jurisdiccional —en nuestro caso, el Tribunal Supremo, como será justificado en el ámbito del marco jurisprudencial elegido—. Y, siendo el objetivo inicial describir este posicionamiento, para luego interpretarlo y aplicarlo, es imposible considerar su realización a partir de uno o pocos casos que puedan reflejar una opinión parcial, de un caso muy concreto o de una situación excepcional, como podría haber ocurrido con la sentencia del Tribunal Supremo respecto a la segunda fase del caso Gürtel.

Para la revisión de sentencias, hay consenso sobre un procedimiento que debe de ser seguido. El primer paso sería definir el objeto de estudio y elaborar una estrategia de búsqueda haciendo una delimitación temporal y conceptual. Para la obtención de las sentencias se deben introducir en la base de datos elegida los descriptores "booleanos"[727] y las palabras-clave más idóneas según el objetivo de la búsqueda. Normalmente, se precisa la realización de un primer filtrado de las sentencias obtenidas para comprobar que cumplen ciertos criterios de inclusión previamente definidos. Posteriormente, se procede a realizar una segunda criba mediante la lectura de las resoluciones elegidas. A partir de ello, será posible realizar un listado con sentencias finalmente escogidas para el estudio. Finalmente, se suele diseñar un cuestionario *ad hoc* para la recogida de las sentencias seleccionadas de la muestra para poder hallar los datos requeridos[728].

Se hace necesario, así, determinar:

---

726 Fernández-Molina *et al.*, 2021, p. 171.

727 Son los componentes que permiten combinar las palabras-clave con la mínima ambigüedad posible, como "Y", "O", etc.

728 Fernández-Molina et al., 2021, p. 171.

*(a)* un marco jurisprudencial que determine el ámbito del poder judicial que será analizado, es decir, cuál Tribunal, y las razones por detrás de esta elección (el "corte institucional"[729]);

*(b)* los medios elegidos para la búsqueda de estas sentencias, esto es, las palabras-claves y otros elementos insertados en los motores de búsqueda y el porqué de su elección (el "corte temático"[730]);

*(c)* el número de años y el período de tiempo en el que se sitúan las sentencias elegidas, de acuerdo con el objetivo de investigación, sea para descubrir el posicionamiento reciente o histórico, relacionado con una nueva norma o con la derogación de determinada ley, por ejemplo (el "corte temporal"[731]);

*(d)* el número de sentencias y/o decisiones que serán incluidas en la investigación, para justificar la caracterización de un entendimiento uniforme en el ámbito de este Tribunal[732];

*(e)* los motores de búsqueda que permitirán encontrar las sentencias analizadas;

*(f)* la manera cómo las sentencias serán leídas e interpretadas uniformemente a lo largo de investigación, garantizando que todas ellas sean tratadas igualmente independientemente de cuándo han sido leídas, por medio de la determinación de una ficha de lectura; y

*(g)* el método de interpretación y análisis de los resultados.

Teniéndolo en consideración, en el siguiente apartado construiremos el marco jurisprudencial a partir de las delimitaciones explicadas.

---

729 "Pelo recorte institucional, define-se qual é a instituição decisória cujos julgados serão analisados. Normalmente, as pesquisas se voltam à análise de uma instituição específica" (Bonacorsi de Palma, Feferbaum, Marcel Pinheiro, 2019, p. 109).

730 "Por meio do recorte temático, o pesquisador escolhe um tema específico dentre vários possíveis para ser objeto de análise em seu trabalho. É importante que essa decisão esteja sempre orientada pela pergunta de pesquisa, à qual se deve adaptar" (Bonacorsi de Palma, Feferbaum, Marcel Pinheiro, 2019, p. 110).

731 O "recorte temporal (.) ou seja, o período no qual as decisões que serão analisadas foram proferidas" (Bonacorsi de Palma, Feferbaum, Marcel Pinheiro, 2019, p. 110).

732 Nos referimos también al "teste fôlego-suficiência (...) deve buscar combinar em sua pesquisa um número de decisões que ele efetivamente consiga trabalhar (folêgo), mas que também seja adequado para responder à pergunta lançada" (Bonacorsi de Palma, Feferbaum, Marcel Pinheiro, 2019, p. 111).

## 2.2. *Marco jurisprudencial: selección del Tribunal, de las bases de datos utilizadas, palabras-clave y período temporal de la investigación*

Respecto al marco institucional, la investigación empírica fue delimitada a las decisiones de la Sala de lo Penal del Tribunal Supremo, una decisión tomada con base en el estudio del caso específico Gürtel, en su segunda fase, conforme hemos definido durante la introducción.

La opción por analizar las sentencias del Tribunal Supremo también es explicada debido a la posición[733] que ocupa este órgano jurisdiccional en el orden penal español. Esto se debe a que es "el órgano jurisdiccional superior en todos los órdenes jurisdiccionales", en la medida en que no existe otro órgano judicial que tenga la competencia de "revisar los actos emanados del Tribunal Supremo", confiriéndole el estatus de "ultimo grado ordinario o extraordinario de la jurisdicción"[734]. En este sentido, el Tribunal Supremo es el que está "constitucionalmente legitimado para garantizar y obtener la aplicación de las Leyes ordinarias y asegurar, mediante la creación de su doctrina legal, la interpretación uniforme del Derecho"[735/736].

Por tanto, optamos por centrar la investigación de jurisprudencia en el Tribunal Supremo como órgano jurisdiccional capaz de emanar una doctrina legal aplicable en todo el territorio, interpretando uniformemente, en el caso, el Derecho penal y el Derecho procesal penal

---

733 Determinada en el art. 123 CE: "El Tribunal Supremo, con jurisdicción en toda España, es el órgano jurisdiccional superior en todos las órdenes, salvo lo dispuesto en materia de garantías constitucionales". Además, determina el art. 5 de la LOPJ la competencia del Tribunal Supremo para decidir el recurso de casación y vuelve a defenir la categoría superior del Tribunal Supremo en el art. 53 ("El Tribunal Supremo, con sede en la villa de Madrid, es el órgano jurisdiccional superior en todos los órdenes, salvo lo dispuesto en materia de garantías constitucionales. Tendrá jurisdicción en toda España y ningún otro podrá tener el título de supremo").

734 Cortés Domínguez, 2021, p. 96.

735 Díaz Martínez, 2020, p. 137.

736 Por otro lado, señalamos la diferenciación entre el recurso de casación aquí estudiado, que tiene el objetivo de asegurar la decisión igual de casos iguales y el recurso de casación civil, conforme al art. 477.3 LEC, el que sí podría justificar el establecimiento de una doctrina cuya infracción por los tribunales de instancia constituya motivo de recurso.

respecto a la concesión de beneficios —atenuantes— a los colaboradores con la justicia.

Por otro lado, la opción por el análisis de las decisiones del Tribunal Supremo hace con que la presente investigación esté limitada a sentencias dictadas en el ámbito de recursos de casación[737], en su amplia mayoría, con algunas sentencias derivadas de solicitudes de aclaración. De esta manera, señalamos la restricción respecto al contenido material de lo que será investigado en el ámbito de la jurisprudencia en la medida en que el recurso de casación y su respectiva sentencia deben de estar enmarcados dentro de lo que fue objeto en el recurso de apelación[738]. Asimismo, siempre y cuando el recurso es interpuesto por error en la apreciación de la atenuante —analógica— de confesión —que presumen un error en la apreciación de la prueba— supondrá la limitación del Tribunal Supremo a la evaluación de la prueba practicada con inmediación ante el órgano jurisdiccional de estancia, debiéndose de cumplir una serie de requisitos en relación con dichas pruebas[739/740].

Por otro lado, se optó por el uso de dos bases de datos, debido a la consideración de la variable fiabilidad[741]. El objetivo es garantizar que, con los mismos términos de búsqueda, fuese posible encontrar el número de sentencias más acorde con la realidad. Por tanto,

---

737 *Cfr.* Etxeberría Guridi, 2023, pp. 518 y ss.

738 Recordando que las sentencias recurribles en casación, sea por infracción de ley o quebrantamiento de forma, son las dictadas en única instancia por la Sala de lo Civil y Penal de los Tribunales Superiores de Justicia, las dictadas en apelación por estas Salas o, en último caso, las dictadas en apelación por la Sala de Apelación de la Audiencia Nacional. *Cfr.* Etxeberría Guridi, 2021, p. 539.

739 Por ejemplo, que deben de tratarse de documentos en sentido estricto, incluyéndose cualquier material que "exprese o incorpore datos, hechos o narraciones" conforme a lo indicado en el art. 26 CP.

740 *Cfr.* Etxeberría Guridi, 2021, pp. 543 y ss.

741 Esto porque, como discurren Fernández Molina *et al.*, "en España, aunque contamos con diversas bases de datos jurisprudenciales, ninguna de ellas recoge la totalidad de sentencias dictadas". Asimismo, "una dificultad añadida es que ninguna base de datos detalle de manera clara cuál es el proceso de selección seguido para publicar sus sentencias, en todo caso, afirman que se publican la mayoría de ellas, por lo que es difícil controlar este seso de acceso a la información y el alcance que esa limitación puede tener en los resultados obtenidos" (Fernández-Molina *et al.*, 2021, p. 172).

fueron elegidos los sistemas del Centro de Documentación Judicial (CENDOJ) y la plataforma Aranzadi Instituciones. La plataforma del CENDOJ fue elegida en la medida en que tiene acceso público, cuyas "resoluciones (...) se difunden a efectos de conocimiento y consulta de criterios de decisión de los Tribunales"[742]. Por su parte, decidimos trabajar con Aranzadi Instituciones como un servicio jurídico *online* del Editorial Aranzadi, una plataforma privada que cuenta con el reconocimiento de la comunidad legal —científica y no—, y que está incluida en el ámbito de los recursos electrónicos suscritos de la Biblioteca de la Universidad de Salamanca[743].

Además, tras una primera fase de testeo y primer filtrado[744], hemos podido delimitar los tres parámetros principales a la hora de encontrar las sentencias que serían posteriormente leídas e interpretadas: *(i)* las palabras-clave más idóneas según el objetivo de la búsqueda[745]: que fueron los términos libres "colaboración Y atenuante"; *(ii)* el Tribunal: para todas las decisiones de la Sala de lo Penal del Tribunal Supremo; y *(iii)* el espacio temporal: lo más reciente posible, que fuera capaz de ilustrar las tendencias en relación con el tema de investigación, que, por tanto, engloba los años 2019 hasta el 2022, considerando que la fecha previsible para defensa del trabajo es el año de 2023.

Siguiendo estos parámetros, fueron encontradas, hasta diciembre de 2022, 502 sentencias en el buscador CENDOJ y 536 sentencias en la plataforma Aranzadi, números tanto significativos en términos

742 CENDOJ, mensaje de "aviso legal" disponible al abrir la página web.

743 Bibliotecas Universidad de Salamanca. Recursos electrónicos: búsqueda de bases de datos disponibles en la USAL.

744 Necesaria para determinar qué tipos de sentencias serían encontradas con determinado descriptor booleano. En este sentido, un primer filtrado y testo es esencial en cualquier investigación con metodología de revisión de sentencias para asegurar que el muestreo obtenido es compatible con el objetivo material de la investigación. Es decir, si las sentencias encontradas son capaces de responder a las preguntas de investigación y, en relación con el Tribunal elegido y el periodo de tiempo seleccionado, garantizará seguridad a la hora de obtener un numero de sentencias que sea suficientemente grande para dar fiabilidad a los resultados cuantitativos obtenidos sin imposibilitar la realización de la investigación en el tiempo disponible, especialmente en consideración de que esta investigación se hace en el marco exclusivo de uno de los capítulos de lo que fue la tesis doctoral de la autora.

745 Fernández-Molina *et al.*, 2021, p. 171.

de una jurisprudencia, como pasibles de una investigación detallada considerando el tiempo disponible.

Las sentencias se reparten entre los años de la siguiente manera:

*(a)* en el año 2019, 138 sentencias del CENDOJ y 153 sentencias en Aranzadi, de las cuales 15 sentencias fueron encontradas exclusivamente en Aranzadi, totalizando 153 sentencias;

*(b)* en el año de 2020, 151 sentencias del CENDOJ y 137 de Aranzadi, de las cuales 10 sentencias fueron encontradas exclusivamente en Aranzadi y 27, exclusivamente en la plataforma CENDOJ, totalizando 161 sentencias;

*(c)* en el año de 2021, 193 sentencias del CENDOJ y 144 sentencias en Aranzadi, de las cuales 7 sentencias fueron encontradas exclusivamente en Aranzadi y 56, exclusivamente en la plataforma CENDOJ, totalizando 200 sentencias; y

*(d)* en el año de 2022, 149 sentencias en CENDOJ y 119 en Aranzadi de las cuales 10 sentencias fueron encontradas exclusivamente en Aranzadi y 40, exclusivamente en la plataforma CENDOJ, totalizando 159 sentencias.

Por tanto, a lo largo de los años objeto de esta investigación, fueron leídas e interpretadas un total de seiscientos setenta y tres (673) sentencias del Tribunal Supremo.

Para terminar, y ya a partir de la lectura de las sentencias encontradas, fue elaborado un cuestionario *ad hoc* que permitiese la recogida sistemática de información para la investigación en concreto[746] e impidiese que la lectura y la interpretación de las sentencias variara durante el tiempo necesario para su análisis, garantizando resultados cualitativos y cuantitativos más fiables. Este cuestionario, convertido en una ficha de lectura del Excel, fue sujeto a varios cambios durante la lectura inicial de las sentencias que corresponden al año de 2019. Asimismo, a cada cambio, se hizo necesario el volver y garantizar que las sentencias leídas anteriormente incluyesen cualquier modificación realizada. Por lo tanto, el año de 2019 fue utilizado como un segundo filtrado y testeo a la hora de diseñar y realizar la investigación final en relación con los años de 2019-2022.

---

[746] Fernández-Molina *et al.*, 2021, p. 172.

## 2.3. *Ficha de lectura*

En el cuestionario *ad hoc* fueron incluidos los datos formales de las sentencias, como el número de la resolución judicial —auto o sentencia— y su fecha, además de dos preguntas claves capaces de excluir las sentencias que pasasen el primer filtrado de las palabras clave "atenuante" y "colaboración" y no tratasen de nuestro objeto de investigación.

La primera pregunta fue realizada con el objetivo de excluir las sentencias que, aunque debatiesen otros tipos de atenuantes, incluyen el vocablo colaboración en razón de la existencia de colaboración del investigado o encausado en el delito.

La segunda de ellas tiene el objetivo de garantizar un segundo filtrado de exclusión/inclusión respecto a la primera pregunta. Cuestionamos, por tanto, si hubo colaboración con la justicia. En la medida en que esta pregunta sea contestada de forma positiva, conllevaría el análisis cualitativo en profundidad.

En tercer lugar, el cuestionario *ad hoc* incluye un apartado en que definimos los tipos delictivos analizados en cada sentencia, elemento importante al realizar el análisis cualitativo y cuantitativo respecto a la cuantidad-existencia de colaboración con la justicia respecto a cuáles delitos.

En cuarto lugar, se incluyen en el cuestionario las preguntas necesarias para la especificación del término "atenuante". Por consiguiente, se pregunta si se discute atenuante y, en el caso de una respuesta positiva, se añade un campo para especificar cuál atenuante es tratada.

A partir de estos elementos, el cuestionario *ad hoc* se transforma para permitir un análisis cualitativo de todas las sentencias que hayan tenido una respuesta positiva para la pregunta "¿hubo colaboración con la justicia?[747]. De esta manera, son incluidos los apartados: argumentos a favor de la concesión de atenuante en razón de la colaboración y argumentos en contra de ésta.

---

[747] Todas las sentencias en las que hubo una respuesta positiva fueron analizadas más a fondo respecto a su contenido material. No obstante, aquellas que también tenían debate respecto a una atenuante fueron leídas en la medida en que debíamos confirmar si no se relacionaban con el tema de la investigación.

Además, se pregunta si la atenuante fue concedida tras la fundamentación realizada por el Tribunal Supremo y se incluye un campo en el que se pregunta si la atenuante de colaboración había sido concedida en instancias anteriores[748].

Para terminar, incluimos un campo en el cuestionario *ad hoc* que permitiera la lectura e interpretación de las sentencias que presentasen problemáticas específicas e interesantes para el trabajo, muchas veces relacionadas con las preguntas de investigación propuestas anteriormente, añadiendo aportaciones cualitativas[749].

## 3. ANÁLISIS DE LA JURISPRUDENCIA

Durante este apartado iremos a abordar los resultados del análisis de toda la jurisprudencia seleccionada. Para ello, empezaremos por los resultados cuantitativos, a través de los cuatro años y de una posterior comparación de los datos entre ellos. Después, realizaremos el análisis cualitativo de la jurisprudencia, basado en los argumentos presentados en cada una de las sentencias y de las observaciones y problemas que han sido destacados durante la fase de lectura.

### *3.1. Resultados parciales por año: datos cuantitativos*

#### 3.1.1. El año de 2019

A partir de la metodología descrita, fueron leídas e interpretadas todas las 153 sentencias del año 2019, resultantes de ambas bases de datos y que permitieron los resultados parciales de investigación que son descritos a seguir.

De las 153 sentencias, 93 no trataban de la colaboración con el proceso o la justicia, dejándonos 60 sentencias del Tribunal Supremo

---

748 La consideración sobre la concesión de atenuante en instancias anteriores fue añadida al cuestionario *ad hoc* durante la primera lectura y filtrado de sentencias realizado para el año de 2019. Esto se debe a que, en algunas sentencias, el Tribunal Supremo no señalaba argumentos a favor o en contra de la premiación de la colaboración con la justicia, limitándose a informar que dicha atenuante ya habría sido concedida anteriormente.

749 Campo "problemática con declaraciones de los colaboradores".

en las que se debatía la colaboración con la justicia, un 39% de la muestra[750].

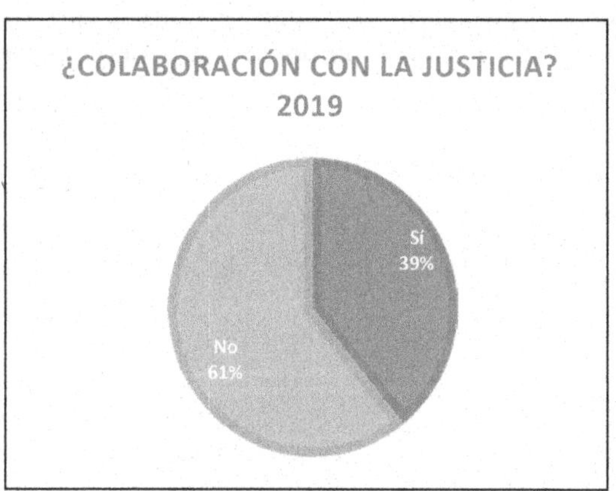


Además, del total de sentencias, 91 sí trataban de la colaboración en el delito. De esta manera, contrastando con el dato anterior, este año de 2019 nos permite concluir por una razonable fiabilidad de los descriptores booleanos utilizados y de las preguntas incluidas en la ficha de lectura, puesto que de las 93 sentencias que no trataban de colaboración con la justicia, 91 presentaban el término "colaboración" en referencia a la colaboración en el delito[751], siendo, por lo

---

750 Equivale a una frecuencia relativa de 0,39. Cálculo de frecuencia relativo basado en variables cuantitativas discretas (el número de veces que ocurre el suceso en determinado período de tiempo): frecuencia relativa de A= número de veces que se observa A/número total de datos (Peña, 2001, p. 48).

751 Estos resultados serán similares para los siguientes años y, respecto a las sentencias que tenían el término "colaboración" sin hacer referencia a la colaboración con la justicia o en el delito, destacamos dos fórmulas comúnmente repetidas en el Tribunal Supremo: "(...) y en cuarto lugar, habrá que tener en cuenta la mayor o menor gravedad del mal causado y la conducta del sujeto posterior a la realización del delito, en orden a su colaboración procesal y su actitud hacia la víctima y hacia la reparación del daño, que no afectan a la culpabilidad, por ser posteriores al hecho, sino a la punibilidad" o "ante esta situación, el legislador debe proceder a dictar normas que resulten eficaces en la salvaguarda de quienes, como testigos o peritos, deben cumplir con el deber constitucional de colaboración con la Justicia", normalmente redactadas en el contexto de la expresión de los elementos necesarios para la individualización de la pena y respecto a la actitud procesal del encausado al solicitar una atenuante de dilaciones indebidas.

tanto, excluidas del análisis cualitativo dedicado a las que sí presentan interés al objetivo de investigación. Señalamos, por otro lado, la imposibilidad de hacer una correlación negativa entre las sentencias que presentan colaboración en el delito y las con colaboración con la justicia, puesto que muchas de las que presentaron colaboración con la justicia también han tenido una respuesta positiva a la pregunta: "¿colaboración en el delito?".

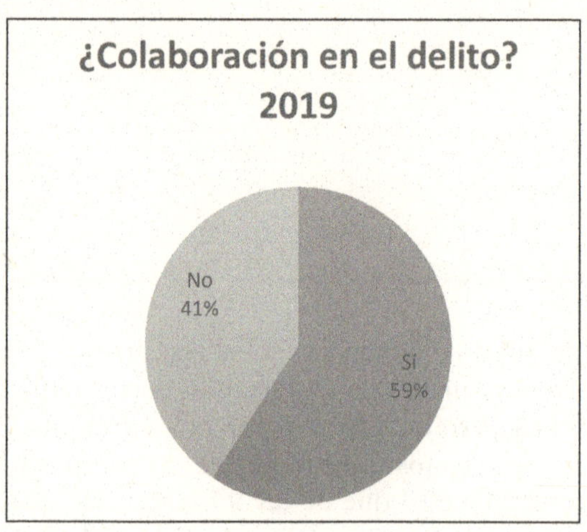


Siguiendo con el análisis de datos inicial, presentamos el gráfico con la frecuencia (por el número de veces) de cada uno de los delitos encontrados en las 153 sentencias. Un total de 48 delitos, considerando que en la mayoría de los casos había uno o más delitos por sentencia. Los delitos más recurrentes, en orden decreciente, son los delitos contra la salud pública, estafa, asesinato, robo, homicidio, falsedad en documento oficial y mercantil, tenencia ilícita de armas, malversación de caudales públicos y otros delitos que, aisladamente, no representan más de 1% cada uno.

Además, de la totalidad de sentencias, 124, un 81% tenían la discusión en torno a algún tipo de atenuante. En este sentido, el siguiente gráfico representa todas las atenuantes debatidas a lo largo de estas 124 sentencias, considerando también que en la mayor parte de las sentencias se debatía más que una atenuante a la vez.

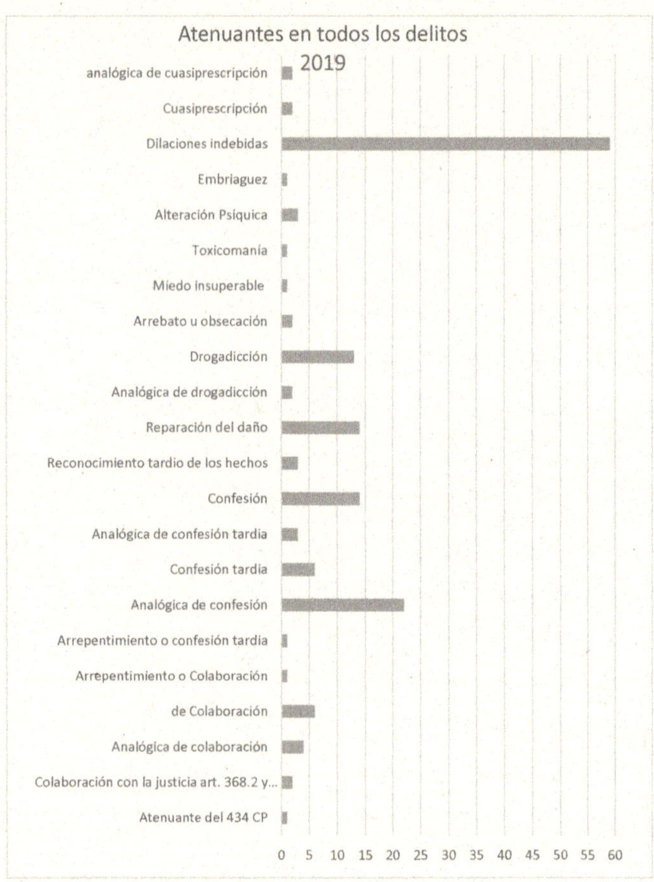


A partir de estos datos genéricos, pasamos a los específicos relacionados con nuestro objeto de investigación. Del total de 153 sentencias de 2019, como hemos señalado anteriormente, sólo un 39,2% han tratado efectivamente la colaboración del investigado con la justicia (un total de 60 sentencias). De esta manera, la gran mayoría, un 60,8% no tienen resultados prácticos respecto a esta investigación, aunque nos quedemos con un número considerable (60) para el análisis cualitativo en torno a la colaboración con la justicia.

Y, de todas estas 60 sentencias, dos son excepciones en las que, aunque se debate la colaboración con la justicia, se hace sin la necesaria discusión en torno a la aplicación o inaplicación de una atenuante. El primer caso es la STS 94/2019, de 15 de enero, en la que se debate la falta de circunstancias personales para la incidencia de una atenuante previa al delito, sin que se especifique qué tipo de atenuante y, además, el Tribunal Supremo señala la falta de alegación de atenuante específica que requiere la colaboración post-delictual. Por otro lado, tenemos la STS 1007/2019, de 26 de marzo, en la que no se discute atenuante por colaboración con la justicia, sino la valoración de la colaboración procesal y actitud hacia la víctima y hacia la reparación del daño como elementos post-delictuales que afectan a la punibilidad y deben de ser valorados como circunstancias personales cuando no inciden atenuantes (art. 66 CP). Hechas estas necesarias exclusiones, pasamos a las siguientes etapas de este análisis, partiendo, por lo tanto, de un total de 58 sentencias del año de 2019 que tratan de una colaboración con la justicia en los términos estudiados en este trabajo.

A partir del gráfico representado podemos inferir que, en realidad, un 96,55% de estas 58 sentencias, que de hecho tienen el debate en torno a la aplicación de una atenuante como beneficio por la colaboración con la justicia, aplican la interpretación analógica respecto a la atenuante genérica de confesión del art. 21.4 CP. Sin embargo, y como se puede apreciar en este gráfico, no existe un patrón o modelo, ya sea de los recurrentes en sede de casación, o del Tribunal Supremo a la hora de pronunciarse, respecto a un nombre único para este tipo de atenuante, puesto que vemos como se denomina de distintas maneras no sólo en cada una de estas 58 sentencias, sino también en el ámbito de una misma sentencia. Por ejemplo, en la STS 3110/2019, de 12 de septiembre, se debate sobre la posibilidad de aplicación de una atenuante analógica o no de colaboración con la justicia, sin que se pueda comprender qué implicaría una atenuante no analógica de colaboración con la justicia, a lo que intuimos que podría ser la aplicación de la atenuante simple de confesión a partir del análisis contextual.

Por otro lado, señalamos que solamente un 5,17%, que, en realidad, son 3 sentencias, tienen el tratamiento de las atenuantes previstas para los delitos específicos, también descritas por el Tribunal Supremo como tipos privilegiados. La primera, respecto a la colaboración en los delitos de malversación, según el art. 434 CP, y las otras dos en relación con la colaboración en los delitos contra la salud pública conforme al art. 376 CP. En la atenuante del art. 434 CP, el Tribunal Supremo no estima su aplicación señalando que sería necesario probar, de forma alternativa, la reparación efectiva e integra del perjuicio causado o la colaboración para el esclarecimiento de los hechos y que, en este caso, un reconocimiento parcial junto con la mera imputación del delito a otras personas sin otras pruebas que la propia declaración del colaborador son insuficientes para su concesión (STS 3704/2019, de 21 de noviembre). Respecto a la atenuante del art. 376, debatida en la STS 1856/2019, de 7 de junio, no es posible concluir mucho puesto que el Tribunal Supremo solamente la trae para señalar que el recurrente, un coacusado, ha motivado su recurso en defensa a un proceso con todas las garantías y a su derecho de defensa ante otra acusada, a la que le habría sido aplicado el tipo privilegiado, porque ésta ha colaborado de forma voluntaria. Para terminar, tenemos el ATS 7625/2019, de 20 de junio, en un delito de tráfico de drogas respecto a la atenuante del art. 376 CP, en que el Tribunal Supremo destaca la ausencia de abandono voluntario de la actividad delictiva a la hora de negar su aplicación.

Además, de estas 58 sentencias, presentamos en el siguiente gráfico los delitos que son nombrados. Este es uno de los datos interesantes en este trabajo que nos permitirá, además, llegar a importantes conclusiones respecto a qué tipos de delitos ya se vienen aplicando beneficios a los colaboradores con la justicia, en contraste con lo inicialmente investigado a lo largo de los primeros capítulos. Especialmente porque, analizando a los datos, podemos observar que hay el tratamiento de la colaboración con la justicia mayoritariamente en delitos contra la salud pública y delitos de asesinato (ambos en 11 sentencias distintas), seguidos de los delitos de falsedad en documento mercantil, estafa, lesiones, robo con violencia y tenencia ilícita de armas, acordándonos de que en la mayoría de las sentencias se debatía más de un delito a la vez.

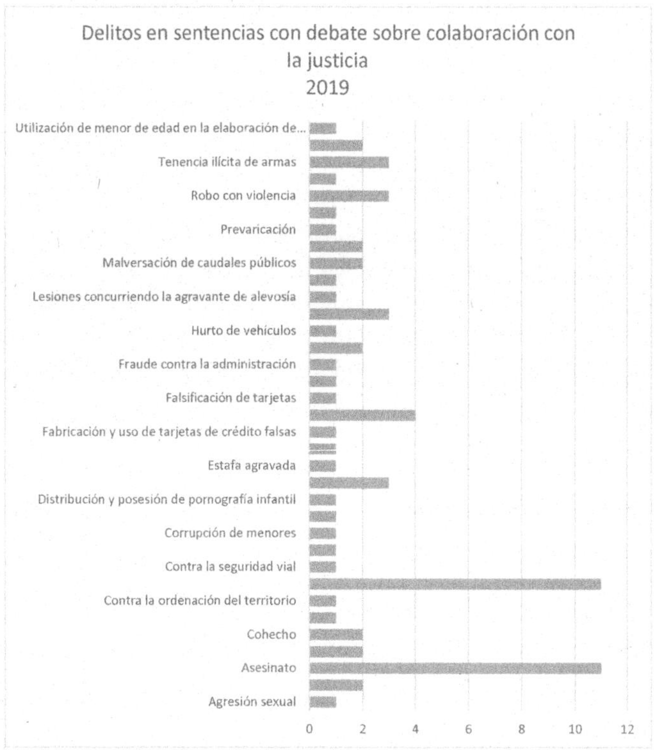


Por último, señalamos los dos últimos datos de naturaleza cuantitativa, sobre la frecuencia con la que el Tribunal Supremo, el Juez o Tribunal responsable de las instancias anteriores han concedido dichos beneficios debido a una colaboración con la justicia. Para ello, debemos recordar que lo hacemos respecto a las 58 sentencias que de hecho versan sobre la colaboración con la justicia, no más partiendo del total de las 153 del año de 2019, y que no todas las sentencias que debaten la colaboración con la justicia traen una decisión expresa del Tribunal Supremo o de los tribunales de instancia respecto a la aplicación o no de dichas atenuantes.

De estas 58 sentencias, el Tribunal Supremo ha inaplicado los beneficios penales a los colaboradores en un total de 52 sentencias, en contraste con sólo 2 en las que el Tribunal Supremo ha considerado apropiado aplicar este tipo de beneficio: la STS 1358/2019, de 2 de abril, en la que a varios coacusados, incluso al recurrente, se les había concedido la atenuante de confesión tardía y, en el caso, el Tribunal Supremo estima el recurso motivado en la violación del principio de proporcionalidad para bajarle la pena proporcionalmente a los demás coacusados a los que también les habían concedido la atenuante de confesión tardía, pero con penas menores y por la comisión de delitos más graves. Y la STS 3787/2019, de 26 de noviembre, en la que el Tribunal Supremo estima el recurso respecto a la aplicación de la atenuante de confesión o analógica de confesión justificando que fue su confesión y la identificación que efectuó sobre dónde se guardaba la mercancía ilícita lo que sirvió de noticia inicial del hecho delictivo.

Por otro lado, en un total de 21 sentencias tenemos la información explícita sobre la posición del Juez o del Tribunal de instancia en relación con la concesión de beneficios a los colaboradores, sea porque el recurso de casación se fundamenta en la indebida inaplicación de una atenuante (o del tipo privilegiado en los dos casos mencionados) o por la indebida aplicación de una atenuante como simple. De ellas, en 19 se menciona las instancias anteriores para señalar que hubo la aplicación de atenuantes de confesión o de colaboración por analogía en estas etapas procesales preliminares, en contraste con dos casos en los que en instancias anteriores dicho beneficio no había sido estimado. En uno de ellos, la mencionada STS 3787/2019, de 26 de noviembre, el Tribunal admite el recurso y aplica la atenuante. En el segundo, la STS 67/2019, de 15 de enero, el Tribunal Supremo mantiene las decisiones anteriores respecto a la inaplicación de la atenuante analógica de colaboración justificando que la declaración no cumpliría con el requisito cronológico de la atenuante de confesión, ya que había sido realizada después que los policiales hubiesen presenciado a la víctima (delito de asesinato), y carecería de una colaboración que justificase su aplicación como analógica.

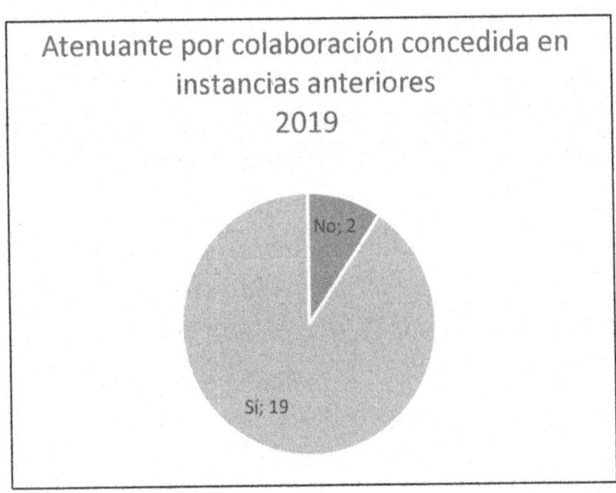


Para terminar, contrastando los anteriores datos, listamos de las sentencias en que se ha concedido atenuante por la colaboración en instancia anterior o por el Tribunal Supremo, la relación de los delitos involucrados y la atenuante solicitada:

En instancia previa tenemos:

*(a)* Atenuante de confesión: en un caso de delito contra la salud pública y de pertenencia a grupo criminal; en un caso de asesinato y tenencia ilícita de armas; en un caso de falsificación de tarjetas y estafa; y un caso de revelación de secretos y estafa.

*(b)* Atenuante muy calificada de reconocimiento tardío de los hechos en 1 caso de colaboración con organización terrorista.

*(c)* Atenuante analógica de confesión en: 1 caso de estafa agravada, falsedad en documentos mercantiles, blanqueo de capitales y pertenencia a un grupo criminal; 1 caso de colaboración con organización terrorista; 1 caso de estafa y delito contra la salud pública; 1 caso de blanqueo de capitales, contra la salud pública y tenencia ilícita de armas; 1 caso de robo, lesiones y grupo criminal; 1 caso de lesiones; y 1 caso de pertenencia a grupo criminal, robo con violencia con uso de armas y leve de lesiones.

*(d)* Atenuante analógica muy calificada de confesión en 1 caso de estafa, delito contra la ordenación del territorio y falsedad documental.

*(e)* Atenuante analógica de confesión tardía en un caso de delito contra la salud pública.

*(f)* Tipo privilegiado del art. 376 CP: un delito contra la salud pública.

*(g)* Atenuante de la responsabilidad criminal de reconocimiento tardío y confesión analógica en un caso de tráfico de drogas.

*(h)* Atenuante de confesión tardía en un caso de estafa y fabricación y uso de tarjetas de crédito falsas.

*(i)* Atenuante analógica de confesión tardía y reconocimiento tardío de los hechos en un caso de delito contra la salud pública.

*(j)* Atenuante analógica de colaboración con la justicia en un caso de falsificación en documento oficial y mercantil, prevaricación, cohecho, malversación de caudales públicos y fraude contra la Administración.

Por el Tribunal Supremo, nos encontramos con el siguiente escenario:

*(a)* Atenuante de confesión tardía en un caso de estafa, fabricación y uso de tarjetas de crédito falsas[752].

*(b)* Atenuante de confesión o analógica de confesión a un caso de delito de contrabando.

### 3.1.2. El año de 2020

A partir de la metodología descrita, fueron leídas e interpretadas todas las 161 sentencias del año 2020, resultantes de ambas bases de datos y que permitieron los resultados parciales de investigación que son descritos a continuación.

De las 161 sentencias, 91 no trataban de la colaboración con el proceso o la justicia, dejándonos 70 sentencias del Tribunal Supremo en las que se debatía la colaboración con la justicia, un 43,5% de la muestra[753].

---

752 Misma sentencia en la que se menciona su concesión en instancia anterior, STS 1358/2019, de 2 de abril.

753 Equivale a una frecuencia relativa de 0,434. Cálculo de frecuencia relativo basado en variables cuantitativas discretas (el número de veces que ocurre el suceso en determinado período de tiempo): frecuencia relativa de A = número de veces que se observa A/número total de datos (Peña, 2001, p. 48).

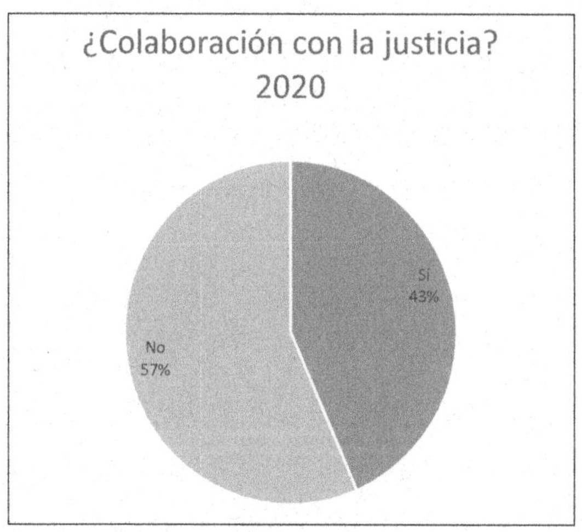


Además, del total de sentencias, 121 sí trataban de la colaboración en el delito. De esta manera, contrastando con el dato anterior, este año de 2020, al contrario del año anterior de 2019, no nos permite concluir por una razonable fiabilidad de las palabras-clave utilizadas y de las preguntas incluidas en la ficha de lectura, puesto que de las 91 sentencias que no trataban de colaboración con la justicia, 121 presentaban el término "colaboración" en referencia a la colaboración en el delito, siendo, por lo tanto, excluidas del análisis cualitativo dedicado a las que sí presentan interés al objetivo de investigación. De esta manera, este dato respecto al año de 2020 reafirma una de las hipótesis presentadas anteriormente relacionadas con la imposibilidad de hacer una correlación negativa entre las sentencias que presentan colaboración en el delito y las con colaboración con la justicia, puesto que muchas de las que presentaron colaboración con la justicia también han tenido una respuesta positiva a la pregunta ¿colaboración en el delito?

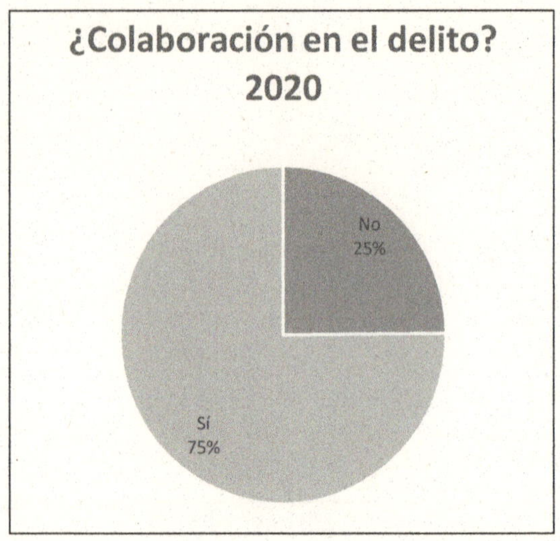


Siguiendo con el análisis de datos inicial, presentamos el gráfico con la frecuencia (por el número de veces) de cada uno de los delitos encontrados en las 161 sentencias. Un total de 51 delitos, considerando que en la mayoría de los casos había uno o más delitos por sentencia. Los delitos más recurrentes, en orden decreciente, son contra la salud pública, estafa, asesinato, apropiación indebida, falsedad en documento mercantil, blanqueo, robo con violencia e intimidación, abuso sexual, contra la Hacienda Pública, falsedad en documento oficial, homicidio, pertenencia a grupo criminal, prevaricación y otros delitos que, aisladamente, no representan más de 1% cada uno.

Delitos en todas las sentencias
2020
Violación
Suposición de parto
Simulación de delito
Secuestro
Realización arbitraria del propio derecho
Quebrantamiento de condena
Prevaricación urbanística
Leve de lesiones
Lesiones con instrumento peligroso
Intrusismo
Introducción de moneda falsa
Homicidio intentado
Homicidio imprudente
Falsificación de moneda
Falsedad en documento público
Expendición de moneda falsa
Distribución de moneda falsa
Deslealtad profesional
Descubrimiento y revelación de secretos
Depósito de armas de guerra
Corrupción de menores
Contra los derechos de los ciudadanos extranjeros
Contra la ordenación del territorio
Contra la libertad sexual
Allanamiento de morada
Actividades prohibidas a los funcionarios
Violación de secretos
Trata de seres humanos con fines de explotación...
Tráfico de drogas
Tenencia ilícita de armas prohibidas
Robo con violencia
Mercantil
Malversación
Maltrato habitual cometido en domicilio
Detención ilegal
Asociación ilícita
Prevaricación
Pertenencia a grupo criminal
Homicidio
Falsedad en documento oficial
Contra la Hacienda Pública
Abuso sexual
Robo con violencia e intimidación
Blanqueo
Falsedad en documento mercantil
Apropiación indebida
Asesinato
Estafa
Contra la salud pública
0
5
10
15
20
25
30

Además, de la totalidad de sentencias, 145, un 89,4% tenían la discusión en torno a algún tipo de atenuante. En este sentido, el siguiente gráfico representa todas las atenuantes debatidas a lo largo de estas 161 sentencias, considerando también que en la mayor parte de las sentencias se debatía más que una atenuante a la vez.

A partir de estos datos genéricos, pasamos a los específicos relacionados con nuestro objeto de investigación. Del total de 161 sentencias de 2020, como señalado anteriormente, un 43,47% ha tratado efectivamente la colaboración de investigados o encausados con la justicia (un total de 70 sentencias). De esta manera, la gran mayoría, aunque se siga con más de un 50% de sentencias que no tienen interés pragmático para nuestra investigación, hay un aumento respecto al año anterior en torno a un 3 por ciento.

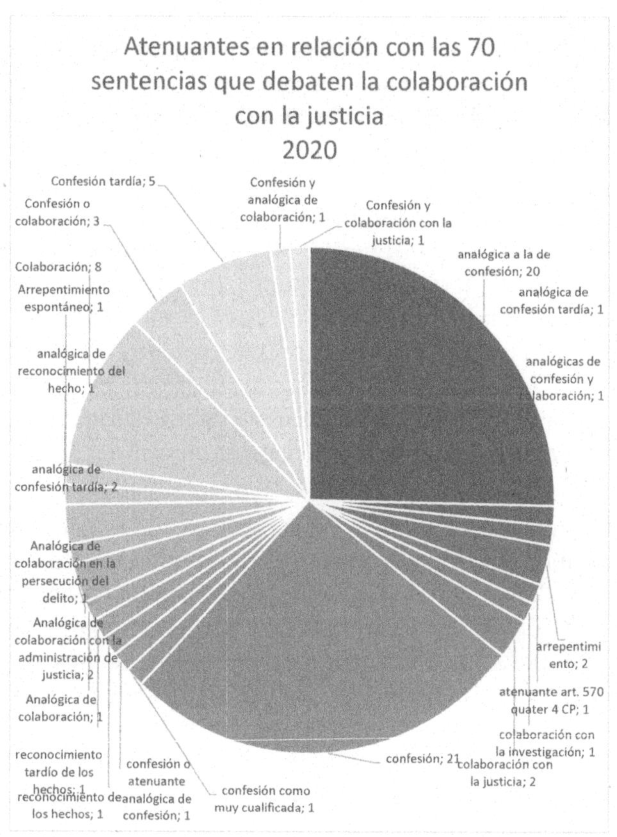


Respecto al observado en el año anterior, 2020 representa una situación todavía más flagrante en relación con la cantidad de términos utilizados para la atenuante analógica de confesión del art. 21.4 CP, aunque siga la prevalencia del uso del término general "atenuante analógica a la de confesión" seguido de la atenuante de confesión, la que muchas veces es solicitada aunque materialmente los argumentos sean la confesión tras el investigado conocer que el proceso penal se dirigía contra él y en razón de su colaboración con la justicia[754]. Por

[754] *Cfr.* apartado 3.2.1. de este Capítulo sobre la relación de la atenuante analógica de confesión con la atenuante de confesión.

otro lado, también notamos lo mismo que en el año anterior sobre la prevalencia de este tipo de atenuante genérica en relación con el uso de las atenuantes previstas en los tipos privilegiados. En efecto, en el 2020 hay sólo una sentencia en la que se debate uno de los tipos privilegiados, a partir de la atenuante del art. 570 *quater*.4 CP, la STS 2017/2020, de 17 de febrero, en la que el recurrente solicita concomitantemente la aplicación de la atenuante de colaboración, que le había sido concedida en instancia como muy cualificada, junto con la atenuante del art. 570 *quater*.4 CP puesto que su colaboración habría sido "esencial en la investigación" y para el esclarecimiento de los hechos. Caso en que el Tribunal Supremo evalúa que la colaboración del recurrente fue realmente útil para la investigación, pero no cumple con el abandono voluntario necesario para la atenuante del tipo privilegiado, manteniéndose la apreciación inicial de la atenuante de colaboración como muy cualificada.

En este sentido, del total de 70 sentencias en las que se debate la colaboración de investigados o encausados con la justicia, un 98,6% (69 sentencias) siquiera alegan o debaten el uso de las atenuantes específicas del Código Penal, previstas en los denominados tipos privilegiados, aunque como podemos percibir de los delitos tratados en ellas, muchos podrían justificar la aplicación de dichas atenuantes específicas, como los delitos contra la salud pública, contra la Hacienda Pública, de pertenencia a grupo criminal, de malversación, etc.

Además, de estas 70 sentencias, presentamos en el siguiente gráfico los delitos que son aludidos. Así como en el año anterior, es un dato importante en la medida en que permite entender para cuáles tipos de delitos los beneficios para posibles colaboradores con la justifica vienen siendo aplicados. En este año de 2020, vemos la prevalencia de delitos contra la salud pública, seguidos de delitos de cohecho y blanqueo de capitales, falsedad en documento mercantil, y, con la misma cantidad: delitos de prevaricación, tráfico de influencias, malversación, contra la Hacienda Pública y asesinato.

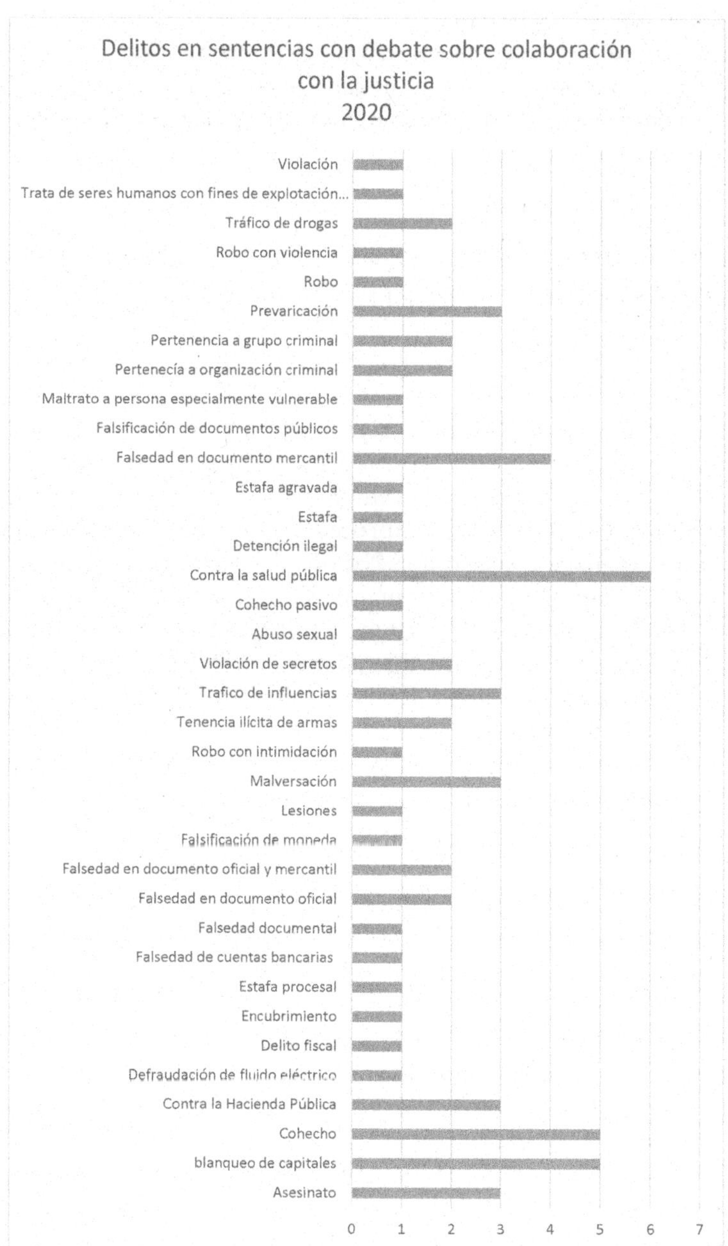
Delitos en sentencias con debate sobre colaboración con la justicia
2020
Violación
Trata de seres humanos con fines de explotación...
Tráfico de drogas
Robo con violencia
Robo
Prevaricación
Pertenencia a grupo criminal
Pertenecía a organización criminal
Maltrato a persona especialmente vulnerable
Falsificación de documentos públicos
Falsedad en documento mercantil
Estafa agravada
Estafa
Detención ilegal
Contra la salud pública
Cohecho pasivo
Abuso sexual
Violación de secretos
Trafico de influencias
Tenencia ilícita de armas
Robo con intimidación
Malversación
Lesiones
Falsificación de moneda
Falsedad en documento oficial y mercantil
Falsedad en documento oficial
Falsedad documental
Falsedad de cuentas bancarias
Estafa procesal
Encubrimiento
Delito fiscal
Defraudación de fluido eléctrico
Contra la Hacienda Pública
Cohecho
blanqueo de capitales
Asesinato
0
1
2
3
4
5
6
7

Por último, señalamos los dos últimos datos de naturaleza cuantitativa, sobre la frecuencia con la que el Tribunal Supremo o el Juez o Tribunal responsable de las instancias anteriores han concedido dichos beneficios por una colaboración con la justicia. Para ello, debemos recordar que lo hacemos respecto a las 70 sentencias que de hecho tratan sobre la colaboración con la justicia, no más partiendo del total de las 161 del año de 2020. Y que, como en 2019, no todas las sentencias que debaten la colaboración con la justicia traen una decisión expresa del Tribunal Supremo o de los Tribunales de instancia en relación con la aplicación o no de dichas atenuantes.

En este sentido, el Tribunal Supremo se manifiesta claramente de manera negativa en 53 sentencias, considerando que lo hace de manera a declarar improcedente el recurso para la aplicación de la atenuante por colaboración como muy cualificada y, así, manteniendo una atenuante previamente concedida como simple o, por otro lado, simplemente para considerar improcedente la concesión de un beneficio a un potencial colaborador. Por otro lado, tenemos sólo un caso en que el Tribunal Supremo se manifiesta a favor de la concesión de dicho beneficio, junto a un segundo en el que lo hace parcialmente. No obstante, a estos tenemos que añadir la STS 918/2020, de 12 de marzo, como una excepción. En esta sentencia, sobre los delitos de tráfico de drogas, blanqueo, cohecho y violación de secretos, el Tribunal Supremo se manifiesta respecto a las atenuantes de confesión y de colaboración con la justicia, señalando que la lógica de la concesión de la atenuante de confesión —aunque también incluye una "actitud procesal de colaboración" al facilitar el desarrollo del juicio, renunciar a las causas de nulidades alegadas previamente, etc.— no supone un trato discriminatorio en relación con la situación de otros acusados que no hayan confesado, ni actuado de manera positiva en el desarrollo del proceso.

El único caso en que el Tribunal Supremo considera el recurso del recurrente para la concesión de un beneficio es la STS 2013/2020, de 19 de junio, en la que estima procedente que la atenuante analógica de confesión, apreciada en instancia anterior respecto al delito de cohecho, también tenga efectos en relación con el delito de detención ilegal. En la sentencia, además, se destaca que el Ministerio Fiscal presta apoyo al motivo de recurso y que es el relato de los hechos realizado por el acusado durante el juicio oral que ha arrojado luz sobre "toda la investigación" y se ha erigido "en prueba corroboradora importante a la Sala".

En último lugar, tenemos la decisión parcialmente favorable del Tribunal Supremo en la STS 3191/2020, de 14 de octubre, ya referida en esta tesis como el caso Gürtel, razón por la que no entraremos en detalles sino para decir que el Tribunal Supremo, además de lo específicamente analizado[755], estima que la atenuante analógica de colaboración también debe de producir efecto en la extensión de la multa.

Por otro lado, y respecto a los datos que son informados en el ámbito de estas 70 sentencias relacionados con la aplicación o no de este tipo de beneficio en instancias anteriores, tenemos un dato más significativo en comparación con el del año anterior, ya que de las 70 sentencias que discuten la colaboración con la justicia, 68 contemplan cuál fue la decisión del Juez o del Tribunal de instancia en relación con dicha actitud procesal, siendo que hay un porcentaje exacto de 50% (34 sentencias) en las que previamente se ha concedido algún tipo de premio y un 50% (otras 34 sentencias) en las que el Juez o Tribunal de instancia había declarado improcedente la concesión de atenuante por colaboración y/o confesión.

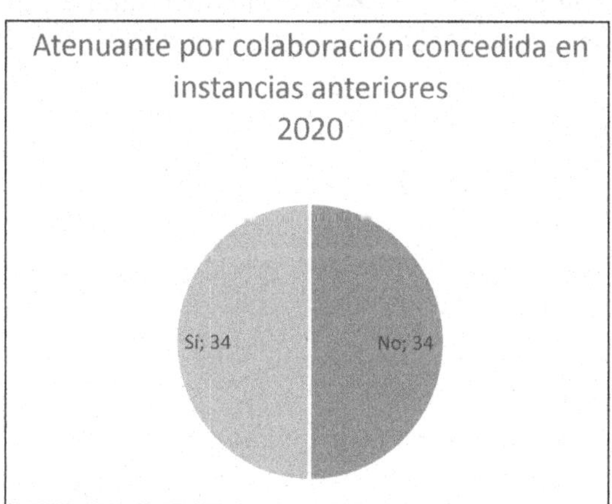


[755] Caso analizado con mayor profundidad en Oliveira Teixeira dos Santos, 2022b, pp. 187-208 y en Oliveira Teixeira dos Santos, 2023b.

Para terminar, contrastando los anteriores datos, listamos, de las sentencias en que se ha concedido atenuante por la colaboración en instancia anterior o por el Tribunal Supremo, la relación de los delitos involucrados y la atenuante solicitada.

En instancia previa tenemos:

*(a)* Atenuante de colaboración con la justicia analógica a la confesión en un caso de asesinato, delito contra la salud pública, robo con intimidación, tenencia ilícita de armas prohibidas y falsificación de moneda.

*(b)* Atenuante de colaboración en un caso de pertenencia a organización criminal, estafa y falsedad en documento oficial y mercantil; en un caso de prevaricación, fraude, falsedad documental, malversación, blanqueo, cohecho, tráfico de influencias, delito fiscal, estafa procesal, contra la Hacienda Pública; en un caso de cohecho pasivo; en un caso de robo.

*(c)* Atenuante de colaboración y de arrepentimiento en dos casos de pertenencia a grupo criminal.

*(d)* Atenuante de colaboración en la persecución del delito y atenuante de confesión en un caso de estafa agravada, insolvencia punible, falsedad de cuentas bancarias y blanqueo de capitales.

*(e)* Atenuante de colaboración con la investigación en un caso de delito contra la Hacienda Pública.

*(f)* Atenuante de colaboración con la administración de la justicia en un caso de falsedad en documento mercantil y estafa.

*(g)* Atenuante de colaboración con la justicia y de confesión en un caso de tráfico de drogas, blanqueo, cohecho y violación de secretos.

*(h)* Atenuante de colaboración y analógica de confesión en un caso de delito contra la salud pública.

*(i)* Atenuante de confesión o colaboración en un caso de abuso sexual; en un caso de falsedad en documento mercantil, prevaricación administrativa, malversación de caudales públicos y cohecho.

*(j)* Atenuante analógica de colaboración y confesión en un caso de pertenencia a organización criminal, delito contra la salud pública, tenencia ilícita de armas, defraudación de fluido eléctrico y encubrimiento.

*(k)* Atenuante analógica de confesión en un caso de prevaricación y falsedad; en tres casos de delito contra la salud pública; en un caso de falsificación de documentos; en un caso de asesinato; en un caso de violación, agresión sexual y lesiones; en un caso de robo con violencia y lesiones; en un caso de detención ilegal y agresión sexual; en un caso de prevaricación administrativa, cohecho, tráfico de influencias, falsedad en documento oficial y blanqueo de capitales; en un caso de estafa.

*(l)* Atenuante analógica de confesión tardía en un caso de delito contra la salud pública.

*(ll)* Atenuante analógica de confesión y analógica de confesión tardía en un caso de cohecho, detención ilegal y falsedad en documento oficial.

*(m)* Atenuante analógica de confesión y colaboración en un caso de falsedad en documento público y mercantil, asociación ilícita y delito contra la Hacienda Pública.

*(n)* Atenuante analógica de reconocimiento del hecho en un caso de delito de tráfico de drogas, blanqueo, cohecho y violación de secretos.

*(ñ)* Atenuante de confesión tardía en un caso de trata de seres humanos con fines de explotación sexual.

*(o)* Atenuante de confesión en un caso de falsedad en documento mercantil, contra la Hacienda Pública, blanqueo de capitales, tráfico de influencias y malversación; en un caso de falsedad en documento mercantil.

*(p)* Atenuante de reconocimiento tardío de los hechos en un caso de delito contra la salud pública, falsedad de moneda y blanqueo de capitales.

Por el Tribunal Supremo, nos encontramos con el siguiente escenario:

*(a)* Atenuante de colaboración con la justicia y de confesión en 1 caso de tráfico de drogas, blanqueo, cohecho y violación de secretos.

*(b)* Atenuante analógica de confesión tardía y atenuante analógica de confesión en 1 caso de cohecho, detención ilegal y falsedad en documento oficial.

*(c)* Atenuante de colaboración en 1 caso de prevaricación, fraude, falsedad documental, malversación, blanqueo, cohecho, tráfico de influencias, delito fiscal, estafa procesal y delito contra la Hacienda Pública.

### 3.1.3. El año de 2021

A partir de la metodología descrita, fueron leídas e interpretadas todas las 200 sentencias del año 2021, resultantes de ambas bases de datos y que permitieron los resultados parciales de investigación que son descritos a seguir.

De las 200 sentencias, 125 no trataban de la colaboración con el proceso, dejándonos 75 sentencias del Tribunal Supremo en las que se debatía la colaboración con la justicia, un 37,5% de la muestra[756]. En este sentido, si bien hay un valor relativo menor en comparación con los años anteriores, en realidad el muestreo de 2021 también ha permitido el análisis de un número mayor de sentencias (75) que debatían la colaboración de investigados con la justicia.

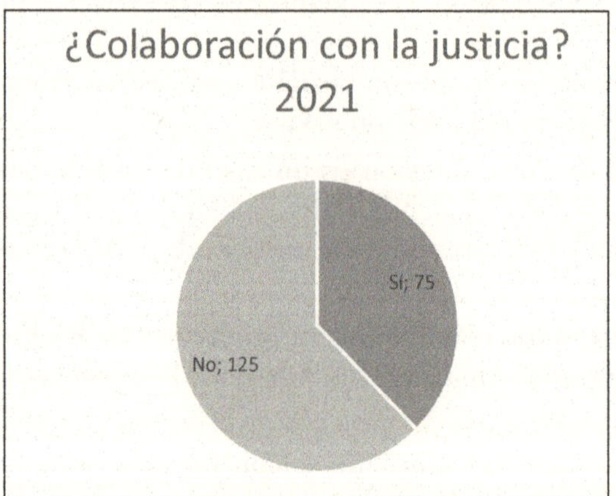


[756] Que equivale a una frecuencia relativa de 0,375. Cálculo de frecuencia relativo basado en variables cuantitativas discretas (el número de veces que ocurre el suceso en determinado período de tiempo): frecuencia relativa de A = número de veces que se observa A/número total de datos (Peña, 2001, p. 48).

Además, del total de sentencias, 116 trataban de la colaboración en el delito. Este dato, contrastado con el anterior, reafirma el análisis realizado para el año de 2019 respecto a la fiabilidad de las palabras-clave utilizadas en el sentido de que la mayoría de las sentencias que no tenían el término "colaboración" debido a la colaboración de coacusados con la justicia, lo utilizaban debido a algún tipo de colaboración en el delito. Al contrario, por lo tanto, de lo ocurrido en el año de 2020.

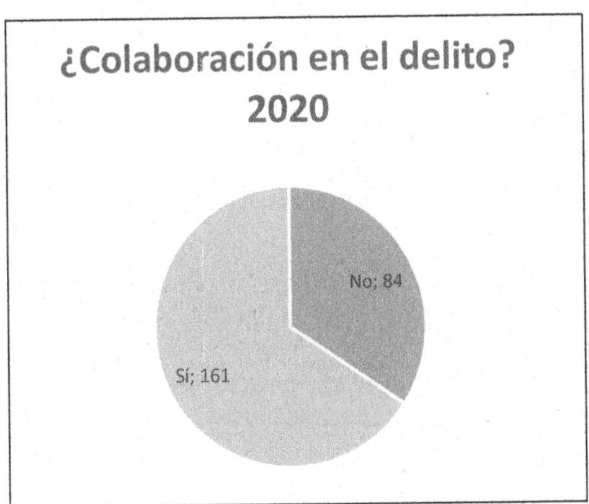


Siguiendo con el análisis de datos inicial, presentamos el gráfico con la frecuencia —por el número de veces— de cada uno de los delitos encontrados en las 200 sentencias. Un total de 75 delitos, considerando que en la mayoría de los casos había uno o más delitos por sentencia. Los delitos más recurrentes, en orden decreciente, son delitos contra la salud pública, estafa, asesinato, abuso sexual, lesiones, blanqueo de capitales, apropiación indebida, tráfico de drogas, prevaricación, homicidio, falsedad en documento mercantil, delitos contra la Hacienda Pública, etc.

Además, de la totalidad de sentencias —200—, un 89,5% tenían la discusión en torno a algún tipo de atenuante, un porcentaje muy similar al encontrado en el año de 2020. En este sentido, el siguiente gráfico representa todas las atenuantes debatidas a lo largo de estas 200 sentencias, considerando también que en la mayor parte de las sentencias se debatía más que una atenuante a la vez.

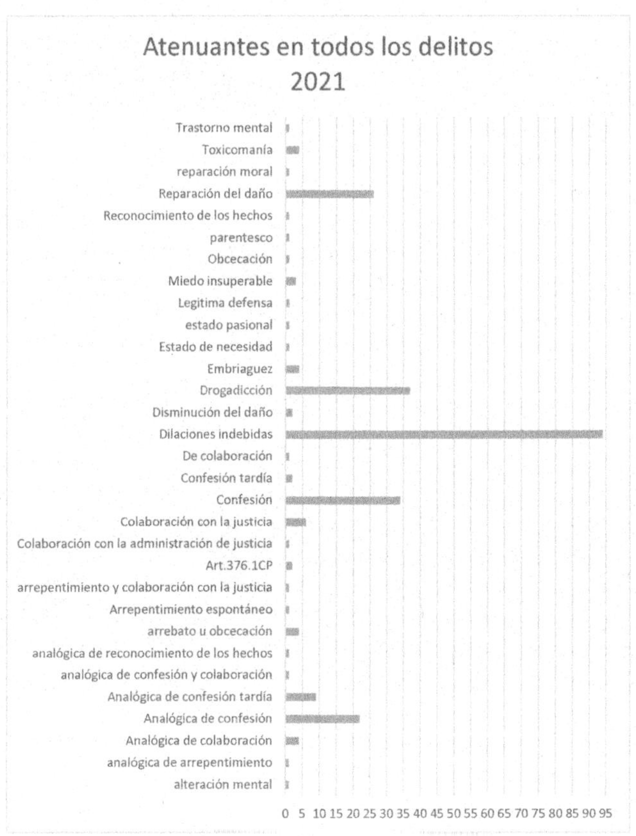


A partir de estos datos genéricos, pasamos a los específicos relacionados con nuestro objeto de investigación. Del total de 200 sentencias de 2021, como señalado anteriormente, un 37,5% han tratado efectivamente la colaboración de coacusados con la justicia (un total de 75 sentencias). Un valor que, proporcionalmente, no significa aumento respecto a los años anteriores, pero que demuestra una leve ampliación de sentencias válidas para nuestro análisis —de 60 a 70 a 75 sentencias que tratan la colaboración de investigados con la justicia—.

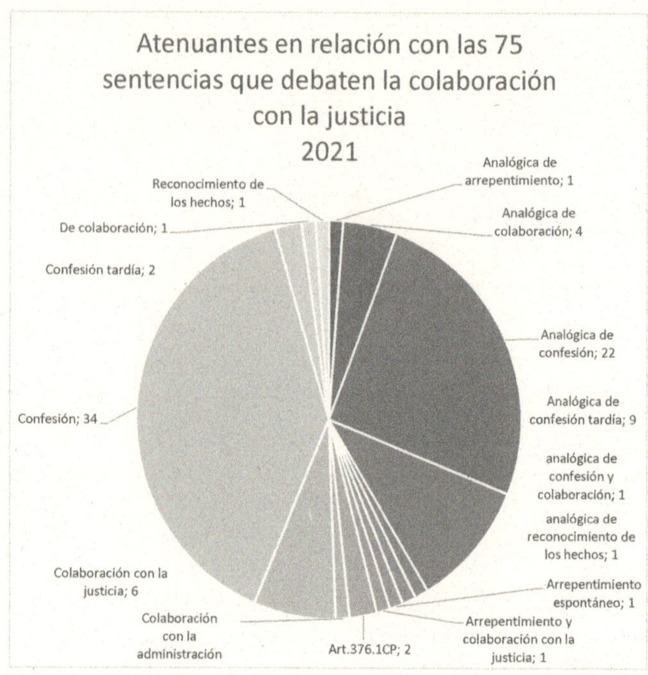


El 2021, en comparación con el año anterior, tiene un menor número de términos similares con el mismo significado: la atenuante analógica a la de confesión. Sin embargo, se mantiene la tendencia a utilizar la atenuante analógica de confesión, aunque se añade a este término el uso bastante recurrente de "analógica de confesión tardía". Además, en este año podemos observar un elevado número de sentencias que tratan de la atenuante simple de confesión. No obstante, y como será analizado cualitativamente, muchas de las sentencias tienen la atenuante de confesión como complemento a la atenuante analógica de confesión. Es decir, en casos en los que se requiere la aplicación de la atenuante de confesión además de la atenuante analógica de confesión y, en otras situaciones, se requiere simplemente la atenuante de confesión, pero en realidad los hechos descritos hacen referencia a una real colaboración con la justicia (un ejemplo, la STS 235/2021, de 28 de enero). Para terminar, se mantiene el contraste entre el uso preferente de las atenuantes genéricas a las atenuantes previstas en los tipos privilegiados y, en el 2021, son dos las sentencias que tratan de ellos, ambas respecto a la atenuante del art. 376 CP con referencia a los delitos contra la salud pública.

El primer caso es el ATS 12480/2021, de 23 de septiembre, en el que, exclusivamente respecto a delitos contra la salud pública, el recurrente alega haber "colaborado activamente con las autoridades para capturar al fugado, indicando en qué lugar se encuentra o podría encontrarse" y que debido a su declaración se ha podido poner en marcha el mecanismo de extradición respecto al fugado. En esta sentencia, el Tribunal Supremo señala que el Tribunal de instancia también había considerado no caber la concesión de la atenuante a partir del tipo privilegiado y afirma que este posicionamiento era correcto puesto que "la información proporcionada por el acusado no fue prueba decisiva para la identificación de la persona fugada, porque ya constaba su identificación; ni tampoco lo fue para su captura" dado que su ubicación había sido comunicada por la Interpol. Además de la poca transcendencia de su colaboración, el Tribunal Supremo señala que el condenado no abandonó de manera voluntaria sus actividades ilícitas, de manera que no cumpliría con los requisitos del tipo privilegiado[757].

El segundo caso es la STS 2248/2021, de 03 de junio, en la que, respecto a delitos contra la salud pública, juntamente con delitos de atentado contra agentes de la autoridad y conducción temeraria, dos recurrentes motivan su casación en torno tanto a la atenuante del art. 376 CP como a la atenuante analógica de colaboración. El primer recurrente señala haber propuesto la declaración de tres testigos que serían esenciales para una posterior incriminación. El segundo recurrente entiende que ha declarado cuando fue detenido, aportando pruebas que habrían permitido la detención de otras personas por el delito de tráfico de drogas. El Tribunal Supremo estima, en relación con el primer recurrente, que la declaración no realizada de los tes-

757 En este recurso de casación no se requiere la aplicación alternativa de la atenuante analógica de confesión, así que no tenemos como saber la interpretación de la utilidad de la colaboración aportada por el condenado para esta atenuante genérica. Sin embargo, a partir de otros casos se puede entender que dicha atenuante analógica de confesión no sería estimada debido a la poca utilidad de la colaboración efectivamente prestada.

tigos no puede ser considerada en favor de una colaboración suya porque implicaría el haber compelido a unos testigos que reconociesen delitos propios. Para el segundo recurrente, el Tribunal Supremo señala que, a pesar de la alegación de confesión en sede de casación, no hay elementos que describan una confesión relevante en el relato histórico. Se destaca que, por el contrario, como se destaca en la impugnación de recurso del Ministerio Fiscal, el recurrente habría optado por guardar silencio en sede de instrucción y habría negado su participación en el delito de tráfico de drogas durante el juicio oral, siendo que sus declaraciones no habrían aportado ninguna información útil para la investigación porque la supuesta detención realizada no alberga relación con los hechos enjuiciados en el caso concreto. Por otro lado, y de manera general, el Tribunal Supremo señala la imposibilidad de aplicarse el tipo privilegiado del art. 376 CP en la medida en que no hay en los relatos fácticos ni en el recurso del condenado elementos que prueben que de sus declaraciones se han obtenido pruebas para las capturas de otros responsables de un delito contra la salud pública.

En este sentido, del total de 75 sentencias en las que se debate la colaboración con la justicia, un 97,3% (73 sentencias) siquiera alegan o debaten el uso de las atenuantes específicas del Código Penal, aunque como podemos percibir de los delitos tratados en ellas, muchos podrían justificar la aplicación de dichas atenuantes específicas, como los delitos contra la salud pública, contra la Hacienda Pública, cohecho, de malversación, entre otros.

Además, de estas 75 sentencias en las que se debate la colaboración con la justicia en específico, ocurre una situación similar a la de los anteriores años en la que hay una prevalencia de los delitos contra la salud pública. No obstante, en este año, vienen seguidos de los delitos de asesinato (en 13 sentencias), lesiones y homicidio.

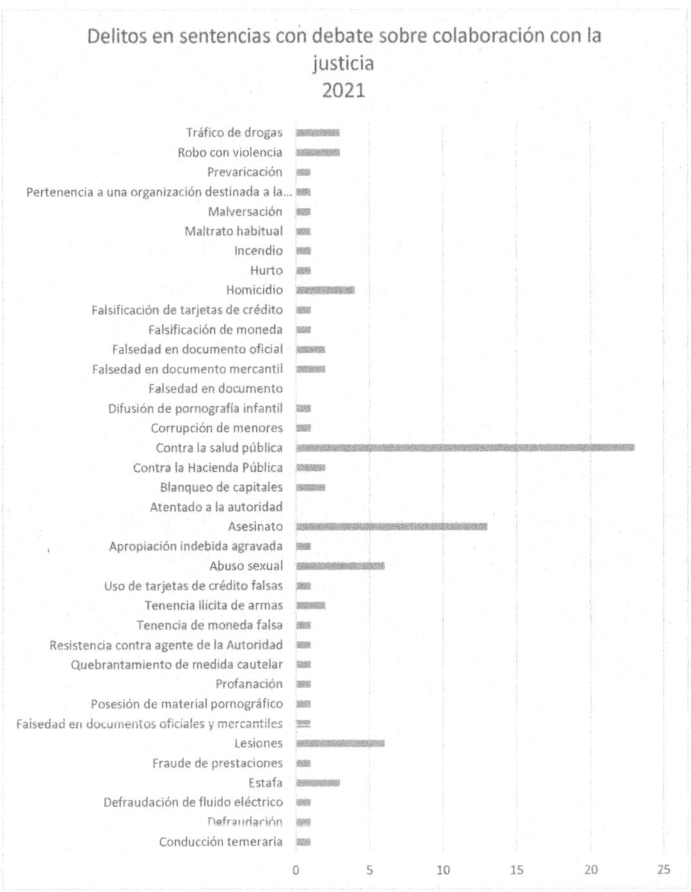


Por último, señalamos los dos últimos datos de naturaleza cuantitativa, sobre la frecuencia con la que el Tribunal Supremo o el Juez o Tribunal responsable de las instancias anteriores han concedido dichos beneficios de una colaboración con la justicia. Para ello, debemos recordar que lo hacemos respecto a las 75 sentencias que de hecho tratan sobre la colaboración con la justicia, no más partiendo del total de las 200 del año de 2021. Y que, como en años anteriores, no todas las sentencias que debaten la colaboración con la justicia traen una decisión expresa del Tribunal Supremo o de los Tribunales de instancia en relación con la aplicación o no de dichas atenuantes.

Respecto al Tribunal Supremo, tenemos información expresa en 60 de las 75 sentencias, siendo que en las otras 15 la aplicación o no aplicación de los beneficios a los colaboradores no llega a ser debatida en sede de casación. De estas, tenemos 59 sentencias en las que el Tribunal Supremo señala ser inaplicable la concesión de la atenuante o su conversión en una atenuante muy calificada, habiendo un único caso en que, no llegando a debatir si sería posible la aplicación de una atenuante por la colaboración, el Tribunal Supremo entiende haber habido error en las diligencias practicadas y, por ello, da lugar al recurso de casación y absuelve el acusado sin entrar en el mérito de su colaboración (la STS 11/2021, de 12 de enero).

Tenemos información sobre el posicionamiento favorable o no de los Jueces y Tribunales de instancia en 69 de estas 75 sentencias que tratan la colaboración con la justicia. De estas 69 sentencias, en un 60,86% los Jueces y Tribunales de instancia habían negado la aplicación de atenuantes por la colaboración de los condenados (un total de 42 sentencias). Asimismo, en un total de 27 sentencias, un 39,13%, ya se había concedido la atenuante y, o no se debate en sede de casación o el recurso venía fundamentado en el error de inaplicación de su versión como muy cualificada.

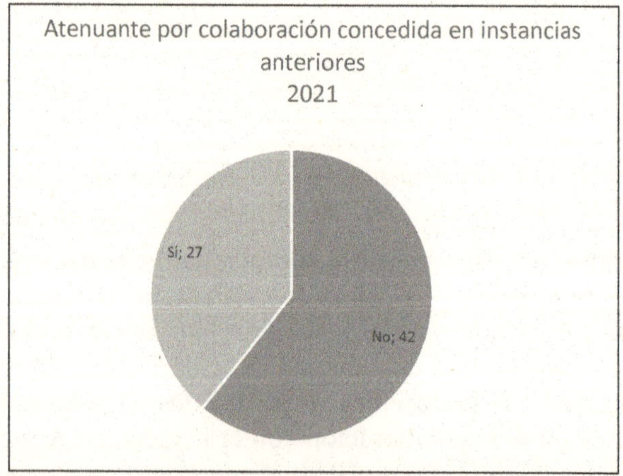


Para terminar, contrastando los anteriores datos, listamos, de las sentencias en que se ha concedido atenuante por la colaboración en

instancia anterior, la relación de los delitos involucrados y la atenuante solicitada[758].

En instancia previa tenemos:

*(a)* Atenuante analógica de confesión en un caso de delito contra la salud pública; en un caso de falsificación de tarjetas de crédito, estafa y uso de tarjetas de crédito falsas; en un caso de estafa; en un caso de delito contra la salud pública, blanqueo de capitales y tráfico de drogas; en un caso de delito contra la salud pública, defraudación y tenencia ilícita de armas; en un caso de tráfico de drogas; en un caso de falsedad en documentos oficiales y delito contra los derechos de los ciudadanos extranjeros; en un caso de malversación.

*(b)* Atenuante analógica de confesión tardía en un caso de delito contra la salud pública; en un caso de blanqueo de capitales; en un caso de delito contra la Hacienda Pública; blanqueo de capitales y defraudación.

*(c)* Atenuante analógica de confesión tardía y atenuante de confesión en un caso de asesinato, agresión sexual y profanación; en un caso de delito contra la salud pública.

*(d)* Atenuante analógica de colaboración en un caso de robo con violencia y detención ilegal; en un caso de prevaricación, malversación de caudales públicos y falsedad en documento mercantil.

*(e)* Atenuante de confesión y analógica de colaboración en un caso de abuso sexual, pornografía infantil y posesión de material pornográfico.

*(f)* Atenuante de confesión en un caso de apropiación indebida agravada; en un caso de asesinato; en un caso de delito contra la salud pública.

*(g)* Atenuante de confesión y atenuante analógica de confesión en un caso de falsedad en documento mercantil y estafa.

*(h)* Atenuante de colaboración en un caso de asesinato, robo con violencia y lesiones.

*(i)* Atenuante de colaboración con la justicia en un caso de tráfico de drogas; en un caso de delito contra la salud pública, integración en

---

758 No tenemos datos referentes al Tribunal Supremo puesto que en las sentencias de 2021 el Tribunal Supremo no ha concedido ninguna atenuante por colaboración.

grupo criminal y defraudación de fluido eléctrico; en dos casos de delito contra la salud pública; en un caso de abuso sexual y detención ilegal.

*(j)* Atenuante de reconocimiento de los hechos y analógica de reconocimiento de los hechos en un caso de pertenencia a una organización destinada a la comisión de delitos graves, falsificación de documentos públicos, oficiales y mercantiles, estafa y blanqueo de capitales.

### 3.1.4. El año de 2022

A partir de la metodología descrita, fueron leídas e interpretadas todas las 159 sentencias del año 2022, resultantes de ambas bases de datos y que permitieron los resultados parciales de investigación que son descritos a seguir.

De las 159 sentencias, 91 no trataban de la colaboración con el proceso, dejándonos 68 sentencias del Tribunal Supremo en las que se debatía la colaboración con la justicia, un 42,8% de la muestra[759]. En este sentido, si bien hay un valor relativo mayor que en año anterior de 2021, en realidad tenemos un menor número de sentencias con las que trabajar a la hora de basar nuestro análisis.

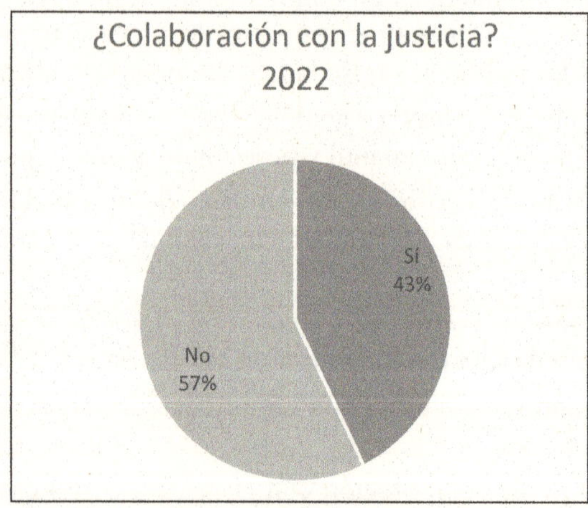


[759] Que equivale a una frecuencia relativa de 0,375. Cálculo de frecuencia relativo basado en variables cuantitativas discretas (el número de veces que ocurre el suceso en determinado período de tiempo): frecuencia relativa de A = número de veces que se observa A/número total de datos (Peña, 2001, p. 48).

Además, del total de sentencias, 102 trataban de la colaboración en el delito. Tenemos, por lo tanto, la confirmación de que, si bien este dato puede llegar a corroborar los términos elegidos, la realidad es que la colaboración en el delito puede convivir perfectamente con la colaboración con la justicia en las mismas sentencias, hecho también visible en el año de 2020.

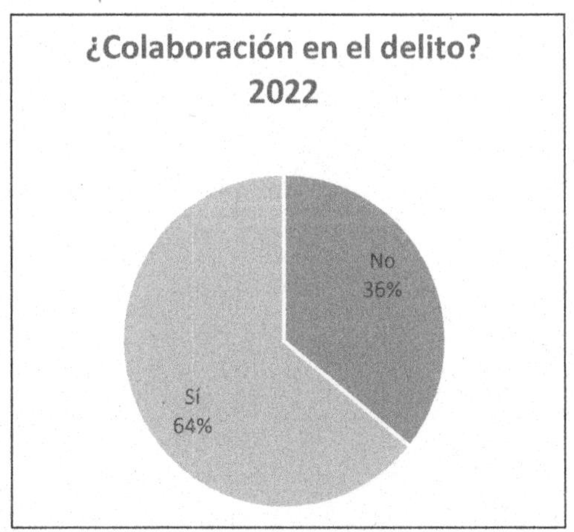


Siguiendo con el análisis de datos inicial, presentamos el gráfico con la frecuencia —por el número de veces— de cada uno de los delitos encontrados en las 159 sentencias. Un total de 75 delitos, considerando que en la mayoría de los casos había uno o más delitos por sentencia. Los delitos más recurrentes, en orden decreciente, son delitos contra la salud pública, estafa, asesinato y falsedad en documento mercantil, lesiones, etc.

Además, de la totalidad de sentencias, 142, un 89,3%, tenían la discusión en torno a algún tipo de atenuante. En este sentido, el siguiente gráfico representa todas las atenuantes debatidas a lo largo de estas 159 sentencias, considerando también que en la mayor parte de las sentencias se debatía más que una atenuante a la vez.

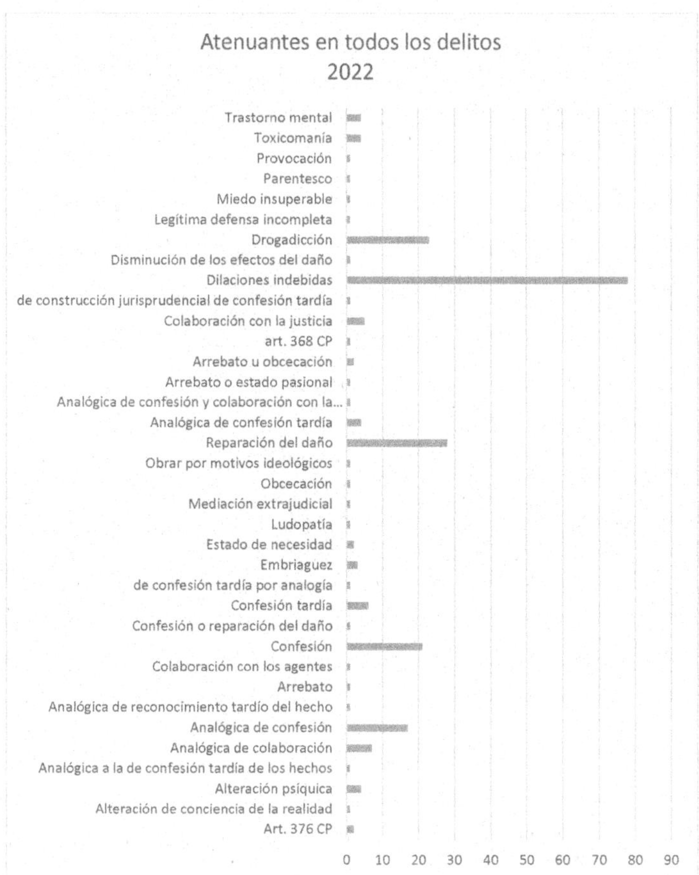


A partir de estos datos genéricos, pasamos a los específicos relacionados con nuestro objeto de investigación. Del total de 159 sentencias de 2022, como señalado anteriormente, un 42,8% han tratado efectivamente la colaboración de investigados o encausados con la justicia (un total de 68 sentencias). Un valor que cambia la tendencia observada a lo largo de los tres últimos años en el aumento del número de sentencias válidas para nuestra investigación, aunque se mantenga el valor proporcional —de 60 a 70 a 75 y, para terminar, 68 sentencias que tratan la colaboración con la justicia—.

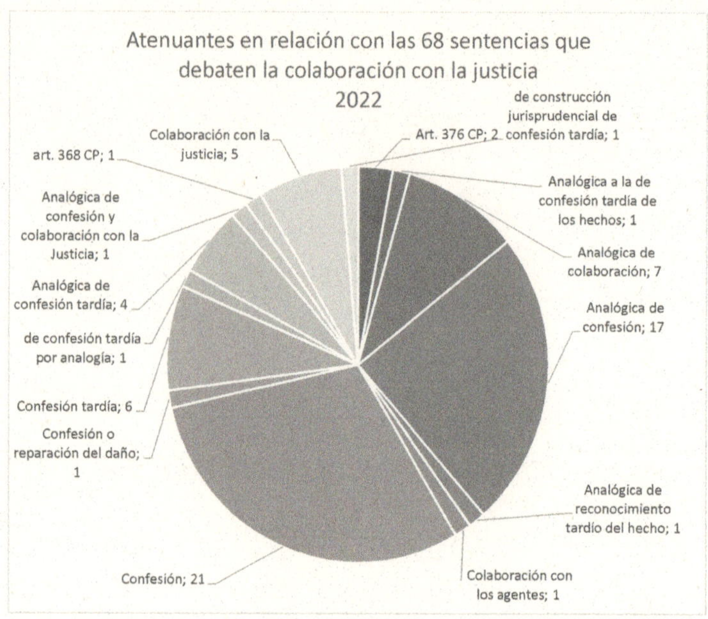


Durante el año de 2022 se nota una vez más la tendencia de utilizar las atenuantes genéricas, en un 95% de los casos[760], ante las tres veces en las que se ha debatido una atenuante derivada de un tipo privilegiado. Asimismo, observamos como se emplean variados términos que se refieren a la misma atenuante analógica de confesión (confesión tardía, colaboración con la justicia, colaboración con los agentes, etc.).

Así, tenemos dos sentencias en las que se debate la atenuante del art. 376 CP, tipo privilegiado de los delitos contra la salud pública. La primera es la STS 3990/2022, de 27 de octubre, en la que, ante delitos contra la salud pública y de pertenencia a grupo criminal, no sólo se denuncia la apreciación de la atenuante de confesión como muy cualificada como, al mismo tiempo, la inaplicación de la rebaja del art. 376 CP —por los delitos contra la salud pública—. En este caso el

760 Con relación a la cantidad total de veces que se ha debatido determinada atenuante.

Tribunal Supremo señala que se ha apreciado una atenuante de confesión, aunque debido a una confesión tardía debido a la declaración realizada en plenario, es decir, por una colaboración con la justicia, que, no obstante, no autoriza su apreciación como muy cualificada en la medida en que no es una colaboración especialmente eficaz para el total esclarecimiento de los hechos al no ofrecer detalles relacionados con otras personas. Por otro lado, el Tribunal Supremo concluye que, en un primer lugar, "no es posible la aplicación simultanea de ambos" —respecto al tipo privilegiado y la atenuante de confesión—. Asimismo, que, desde los hechos probados, no se alude a ninguna evidencia relacionada con los requisitos del tipo privilegiado, sea el abandono de las actividades delictivas, sea la intervención a través de la aportación de pruebas. En el segundo caso, el ATS 18126/2022, de 24 de noviembre, se recurre en el ámbito de un delito contra la salud pública solicitando la apreciación de una atenuante analógica de confesión, no apreciada en instancia, como muy cualificada, "con base en la interpretación conjunta de los arts. 21.4, 21.5 y 376 CP". El Tribunal Supremo respecto a este motivo señala la ausencia de reconocimiento de los hechos, por un lado, y la inaplicación del tipo privilegiado en la medida en que tampoco ha habido abandono voluntario de las actividades delictivas.

Para terminar, tenemos el ATS 3181/2022, de 10 de febrero, un caso especial por cuanto se recurre en relación con la inaplicación de la atenuante del art. 368 CP debido a la escasa entidad del hecho junto con una voluntad de colaboración. En este supuesto, el Tribunal Supremo destaca la correcta inaplicación, por la Audiencia Provincial, de la atenuante de confesión. Es decir, aunque en el recurso de casación haya una fundamentación para la aplicación de la rebaja del art. 368 CP, que en principio no tiene correlación con la colaboración con la justicia, lo que se pretende es la apreciación de una rebaja de la pena por dicha colaboración. Señalamos que el Tribunal Supremo repite los argumentos de la Audiencia Provincial en el sentido de que las respuestas de la recurrente no llegan a configurar una confesión y, por lo tanto, la colaboración que ha habido simplemente ha sido considerada a la hora de determinar la pena.

Además, de estas 68 sentencias en las que se debate la colaboración con la justicia, los delitos más comúnmente tratados son los delitos contra la salud pública —en un primer lugar y reforzando la tendencia de años anteriores—, seguidos de delitos de asesinato, estafa, falsedad en documento mercantil, pertenencia a grupo criminal, abuso sexual, etc.

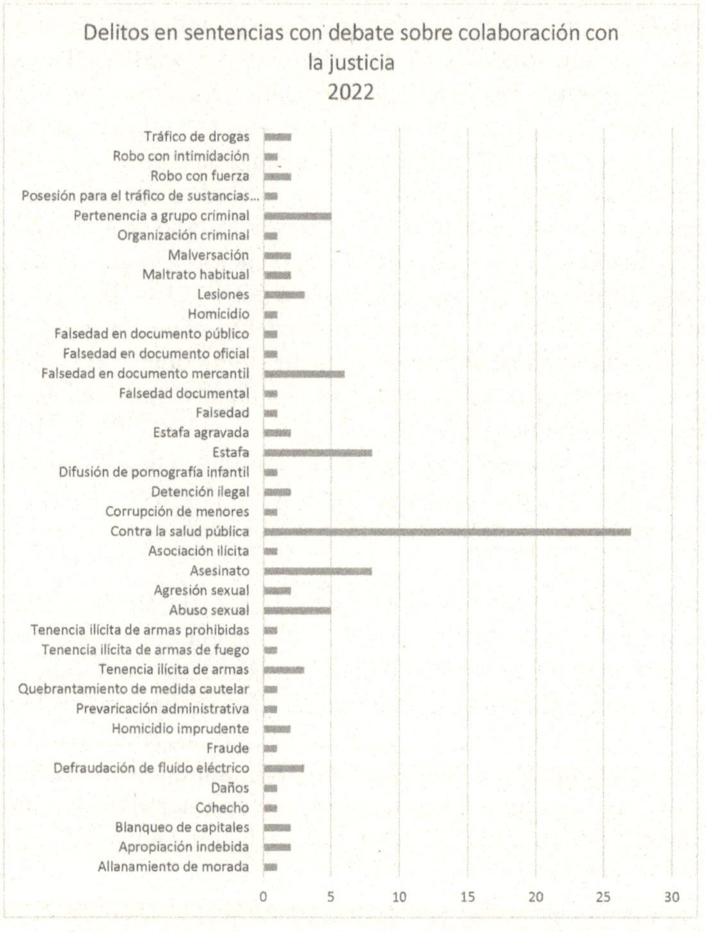


Por último, señalamos los dos últimos datos de naturaleza cuantitativa, sobre la frecuencia con la que el Tribunal Supremo o el Juez o Tribunal responsable de las instancias anteriores han concedido dichos beneficios por una colaboración con la justicia. Para ello, debemos recordar que lo hacemos respecto a las 68 sentencias que de hecho tratan sobre la colaboración con la justicia, no más partiendo del total de 159 del año de 2022. Asimismo, como en años anteriores, no todas las sentencias que debaten la colaboración con la justicia traen una decisión expresa del Tribunal Supremo o de los Tribunales de instancia respecto a la aplicación o no de dichas atenuantes.

En relación con el Tribunal Supremo, tenemos información expresa en 50 de las 68 sentencias, siendo que en las otras 18 la aplicación o no aplicación de los beneficios a los colaboradores no llega a ser debatida en sede de casación. De estas 50, sólo en 2 casos, es decir, 4%, el Tribunal Supremo ha decidido conceder el beneficio. En primer lugar, la STS 511/2022, de 10 de febrero, en la que el Tribunal Supremo mantiene la decisión anterior en fase del recurso de la acusación particular en contra de una atenuante de confesión como muy cualificada puesto que el Jurado habría declarado no probado la cronología en la confesión del acusado. El Tribunal Supremo opta por mantener la atenuante de confesión como muy cualificada, en el ámbito de los delitos de detención ilegal y tenencia ilícita de armas, al margen de la confesión no cumplir con el requisito cronológico, debido a una colaboración especialmente eficaz que ha permitido que los cadáveres fuesen hallados en el ámbito de la declaración en la que el condenado reconoció participar en el secuestro y facilitó la localización de los cuerpos de las víctimas creyendo que seguían con vida. En segundo lugar, en la STS 4500/2022, de 13 de diciembre, en la que el Tribunal Supremo estima el recurso de dos recurrentes en el ámbito de delitos de malversación, prevaricación administrativa y falsedad en documento mercantil al reconocer una vulneración en el principio de igualdad consagrado en el art. 14 CE, puesto que se había aplicado a otros acusados la atenuante de confesión al margen de que se hubiesen acogido a su derecho a no declarar en el juicio oral y simplemente hubiesen firmado acuerdo de conformidad con un reconocimiento del hecho plasmado en ello, cuando los recurrentes también habrían firmado una conformidad hasta con antelación a los demás condenados.

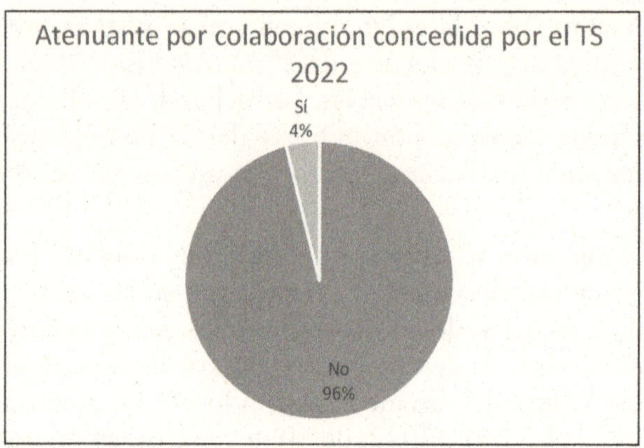


Respecto a las instancias anteriores, tenemos información en 62 de las 68 sentencias, siendo que en un 43% de las veces —en relación con las sentencias en que se debate la aplicación o no del beneficio por instancias anteriores, es decir, las 62 sentencias— se ha determinado la aplicación de un beneficio por la colaboración del investigado o encausado.

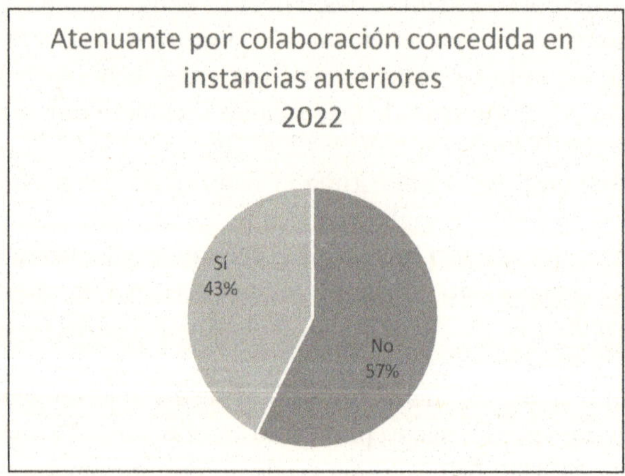


Para terminar, contrastando los anteriores datos, listamos, de las sentencias en que se ha concedido atenuante por la colaboración en instancia anterior o por el Tribunal Supremo, la relación de los delitos involucrados y la atenuante solicitada:

En instancia previa tenemos:

*(a)* Atenuante analógica de colaboración con la justicia en un caso de asesinato; en tres casos de delito contra la salud pública; en un caso de estafa agravada.

*(b)* Atenuante analógica de confesión en un caso de lesiones y homicidio imprudente; en un caso de delito contra la salud pública y pertenencia a grupo criminal; en un caso de asesinato, robo con fuerza y delito contra la salud pública; en un caso de abuso sexual; en un caso de falsedad documental y estafa; en un caso de asociación ilícita, malversación, cohecho y fraude; en un caso de falsedad y estafa; en un caso de delito contra la salud pública y pertenencia a grupo criminal; en un caso de organización criminal y estafa;

*(c)* Atenuante analógica de confesión tardía (de los hechos) en un caso de falsificación de moneda; en un caso de malversación, prevaricación administrativa y falsedad en documento mercantil.

*(d)* Atenuante analógica de confesión y colaboración con la justicia en un caso de falsedad en documento oficial.

*(e)* Atenuante analógica de confesión y atenuante analógica de colaboración en un caso de delito contra la salud pública.

*(f)* Atenuante de confesión en un caso de detención ilegal y tenencia ilícita de armas; en un caso de asesinato; en un caso de pertenencia a grupo criminal y delito contra la salud pública; en un caso de falsedad en documento mercantil y estafa; en un caso de falsedad en documento mercantil y estafa agravada; en un caso de delito contra la salud pública.

*(g)* Atenuante de confesión tardía en un caso de delito contra la salud pública.

*(h)* Atenuante de colaboración con la justicia en un caso de tráfico de drogas.

Por el Tribunal Supremo tenemos:

*(a)* Atenuante de confesión en 1 caso de detención ilegal y tenencia ilícita de armas.

*(b)* Atenuante analógica de confesión tardía de los hechos en 1 caso de malversación, prevaricación administrativa y falsedad en documento mercantil.

### 3.1.5. Los resultados cuantitativos durante los cuatro años investigados

El primer dato que debemos comparar se relaciona con el número de sentencias que debaten la colaboración con la justicia:

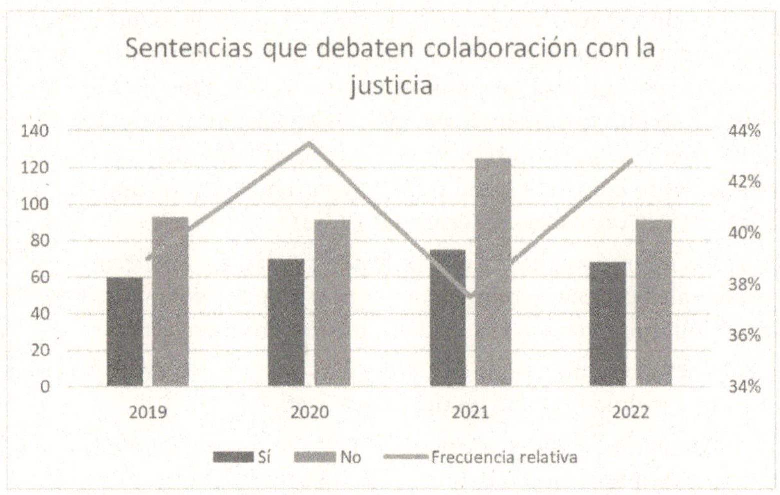


Notamos una proporción más o menos recurrente a lo largo de los años respecto a un mayor número de sentencias que no trataban de la colaboración con la justicia. Además, el año con el mayor número de sentencias analizadas también ha sido el año con el mayor número de sentencias útiles para nuestra investigación —que debatían la colaboración de coacusados—, aunque con la menor frecuencia relativa debido a un mayor número de casos que no trataban dicha colaboración.

Señalamos, por otro lado, la imposibilidad de llegar a conclusiones ciertas en relación con estos datos debido a la insignificancia de la muestra en una perspectiva puramente estadística. No obstante, para nuestro objetivo de investigación, permite llegar a la conclusión de que, si bien con los términos investigados las sentencias que realmente tratan la colaboración con la justicia no llegan a constituir 50% de la totalidad, también es verdad que resulta en un número considerable de sentencias a la hora de justificar los resultados cualitativos.

Respecto a la colaboración en el delito, como explicado anteriormente, si bien los datos permiten una confirmación de la hipótesis inicialmente realizada en algunos de los años, la realidad es que es un dato muy oscilante y que no permite una conclusión estable. En este sentido, la realidad es que muchas de las sentencias debatían a la vez colaboración en el delito y con la justicia.

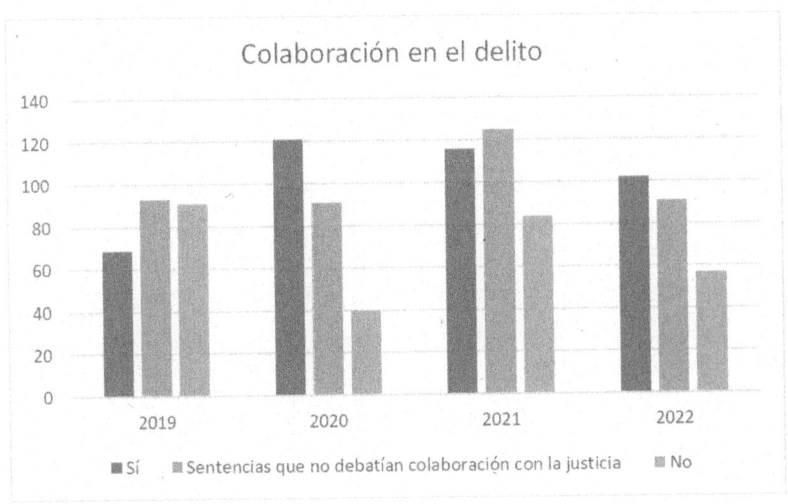


Aunque hayamos analizado individualmente los datos en relación con todas las sentencias sobre los delitos y las atenuantes, nos centraremos en hacer la comparación a partir de los datos sobre las atenuantes por actos de colaboración con la justicia.

| 2019 | | 2020 | | 2021 | | 2022 | |
|---|---|---|---|---|---|---|---|
| Analógica de confesión | 22 | Analógica de confesión | 20 | Analógica de confesión | 22 | Analógica de confesión | 17 |
| Confesión | 14 | Confesión | 21 | Confesión | 34 | Confesión | 21 |
| | | Confesión como muy cualificada | 1 | | | | |
| Analógica de colaboración | 4 | Analógica de colaboración (con la justicia) | 3 | Analógica de colaboración | 4 | Analógica de colaboración | 7 |
| | | Analógica de colaboración en la persecución del delito | 1 | | | | |
| de Colaboración | 6 | Colaboración con la justicia | 11 | Colaboración con la justicia | 8 | Colaboración con la justicia | 5 |
| | | | | | | Colaboración con los agentes | 1 |
| Confesión tardia | 6 | Confesión tardía | 5 | Confesión tardía | 2 | Confesión tardía | 6 |
| | | | | | | de construcción jurisprudencial de confesión tardía | 1 |
| Analógica de confesión tardia | 3 | Analógica de confesión tardía | 3 | Analógica de confesión tardía | 9 | Analógica a la de confesión tardía de los hechos | 6 |
| | | Reconocimiento de los hechos | 1 | Reconocimiento de los hechos | 1 | | |
| Reconocimiento tardio de los hechos | 3 | Reconocimiento tardío de los hechos | 1 | | | | |
| | | Analógica de reconocimiento del hecho | 1 | analógica de reconocimiento de los hechos | 1 | Analógica de reconocimiento tardío del hecho | 1 |
| | | Arrepentimiento | 3 | Arrepentimiento espontáneo | 1 | | |
| | | | | Analógica de arrepentimiento | 1 | | |
| Colaboración con la justicia art. 368.2 y 376CP | 1 | | | Art.376.1CP | 2 | Art. 376 CP | 2 |
| | | Atenuante art. 570 quater 4 CP | 1 | | | art. 368 CP | 1 |
| Arrepentimiento o Colaboración | 1 | | | Arrepentimiento y colaboración con la justicia | 1 | | |
| Arrepentimiento o confesión tardia | 1 | | | | | | |
| | | Analógicas de confesión y colaboración | 1 | analógica de confesión y colaboración | 1 | Analógica de confesión y colaboración con la Justicia | 1 |
| | | Confesión o colaboración | 3 | | | Confesión o reparación del daño | 1 |
| | | Confesión o atenuante analógica de confesión | 1 | | | | |
| | | Confesión y analógica de colaboración | 1 | | | | |
| | | Confesión y colaboración con la justicia | 1 | | | | |

A partir de esta tabla es posible darse cuenta de que los términos más utilizados a lo largo de los cuatro años son los de atenuante analógica de confesión, atenuante analógica de colaboración, atenuante de colaboración —con la justicia, con los agentes—, atenuante de confesión tardía y atenuante analógica de confesión tardía. Todos ellos figuran a lo largo de los 04 años investigados.

También, se puede observar la prevalencia, en números en relación con todas las sentencias, de las atenuantes de confesión y analógica de confesión, seguidas, en general, por la atenuante de colaboración con la justicia o de confesión tardía o analógica de confesión tardía.

Además, en todos los años hay sentencias que debaten de manera alternativa o concomitante algunas atenuantes aparentemente similares, como en el 2019 a partir de las atenuantes de arrepentimiento o colaboración, en 2020, con las atenuantes de confesión o colaboración, etc.

Y, a lo mejor con más importancia como vamos a estudiar en el apartado del análisis cualitativo, concluimos que falta un estándar a la hora de utilizar dichas atenuantes cuando la conducta objeto de análisis es la misma, inclusive en la mayoría de los casos en los que se incide la atenuante de confesión. Es decir, supuestos en los que se debate no sólo la confesión sin el cumplimiento del requisito cronológico, sino también la colaboración con la justicia.

Para terminar, destacamos la poca incidencia de los tipos privilegiados a lo largo de los años. No obstante, se nota una preferencia por el tipo privilegiado del art. 376 CP, a saber, respecto de los delitos contra la salud pública. Un dato que cobra sentido cuando vemos también la prevalencia de estos tipos delictivos a lo largo de los años.

| 2019 | | 2020 | | 2021 | | 2012 | |
|---|---|---|---|---|---|---|---|
| | | Abuso sexual | 1 | Abuso sexual | 6 | Abuso sexual | 5 |
| Agresión sexual | 1 | | | | | Agresión sexual | 2 |
| Asesinato | 11 | Asesinato | 3 | Asesinato | 13 | Asesinato | 8 |
| | | | | | | Allanamiento de morada | 1 |
| Apropiación indebida | 2 | | | Apropiación indebida agravada | 1 | Apropiación indebida | 2 |
| | | | | | | Asociación ilícita | 1 |
| | | | | Atentado a la autoridad | 1 | | |
| Blanqueo de capitales | 2 | Blanqueo de capitales | 5 | Blanqueo de capitales | 2 | Blanqueo de capitales | 2 |
| Cohecho | 2 | Cohecho | 5 | | | Cohecho | 1 |
| | | Cohecho pasivo | 1 | | | | |
| Contra la salud pública | 11 | Contra la salud pública | 6 | Contra la salud pública | 23 | Contra la salud pública | 27 |
| Contra la seguridad vial | 1 | | | Conducción temeraria | 1 | | |
| | | Contra la Hacienda Pública | 3 | Contra la Hacienda Pública | 2 | | |
| Corrupción de menores | 1 | | | Corrupción de menores | 1 | Corrupción de menores | 1 |
| Contra la ordenación del territorio | 1 | | | | | | |
| Colaboración con organización terroris | 1 | | | | | | |
| Contra los derechos de los trabajadores | 1 | | | | | | |
| Delito intentado de abuso sexual | 1 | | | | | | |
| Distribución y posesión de pornografía | 1 | | | Difusión de pornografía infantil | 1 | Difusión de pornografía infantil | 1 |
| | | | | | | | |
| | | | | Defraudación | 1 | | |
| | | Defraudación de fluido eléctrico | 1 | Defraudación de fluido eléctrico | 1 | Defraudación de fluido eléctrico | 3 |
| | | Detención ilegal | 1 | | | Detención ilegal | 2 |
| | | | | | | Daños | 1 |
| | | Delito fiscal | 1 | | | | |
| | | Encubrimiento | 1 | | | | |
| | | Estafa procesal | 1 | | | | |
| Estafa | 3 | Estafa | 1 | Estafa | 3 | Estafa | 8 |
| Estafa agravada | 1 | Estafa agravada | 1 | | | Estafa agravada | 2 |
| Exhibicionismo | 1 | | | | | | |
| Falsedad en documento mercantil | 4 | Falsedad en documento mercantil | 4 | Falsedad en documento mercantil | 2 | Falsedad en documento mercantil | 6 |
| Falsificación en documento oficial y me | 1 | Falsedad en documento oficial y merca | 2 | Falsedad en documentos oficiales y me | 1 | | |
| | | | | | | Falsedad | 1 |
| | | Falsedad documental | 2 | Falsedad en documento | 1 | Falsedad documental | 1 |
| | | Falsedad en documento oficial | 2 | Falsedad en documento oficial | 2 | Falsedad en documento oficial | 2 |
| Fabricación y uso de tarjetas de crédito | 1 | | | Falsificación de tarjetas de crédito | 1 | | |
| Falsificación de tarjetas | 1 | | | | | | |
| | | Falsificación de moneda | 1 | Falsificación de moneda | 1 | | |
| | | | | | | Fraude | 1 |
| | | Falsedad de cuentas bancarias | 1 | | | | |
| Fraude contra la administración | 1 | | | | | | |
| | | | | Fraude de prestaciones | 1 | | |
| | | | | | | Homicidio imprudente | 2 |
| Homicidio | 2 | | | Homicidio | 4 | Homicidio | 1 |
| | | | | Hurto | 1 | | |
| Hurto de vehículos | 1 | | | | | | |
| Lesiones | 3 | Lesiones | 1 | Lesiones | 6 | Lesiones | 3 |
| Lesiones concurriendo la agravante de e | 1 | | | | | | |
| Malversación de caudales públicos | 2 | Malversación | 3 | Malversación | 1 | Malversación | 2 |
| | | Maltrato a persona especialmente vulne | 1 | Maltrato habitual | 1 | Maltrato habitual | 2 |
| | | Pertenecia a organización criminal | 2 | Pertenencia a una organización destina | 1 | Organización criminal | 1 |
| Pertenencia a grupo criminal | 2 | Pertenencia a grupo criminal | 2 | | | Pertenencia a grupo criminal | 5 |
| | | | | Posesión de material pornográfico | 1 | | |
| | | | | Profanación | 1 | | |
| | | | | | | Posesión para el tráfico de sustancias es | 1 |
| Prevaricación | 1 | Prevaricación | 3 | Prevaricación | 1 | Prevaricación administrativa | 1 |
| | | | | Quebrantamiento de medida cautelar | 1 | Quebrantamiento de medida cautelar | 1 |
| Revelación de secretos | 1 | | | | | | |
| Robo con violencia | 3 | Robo con violencia | 1 | Robo con violencia | 3 | Robo con fuerza | 2 |
| Robo con violencia con uso de armas | 1 | | | | | | |
| | | Robo con intimidación | 1 | | | Robo con intimidación | 1 |
| | | Robo | 1 | | | | |
| | | | | Resistencia contra agente de la Autorid | 1 | | |
| Tenencia ilícita de armas | 3 | Tenencia ilícita de armas | 2 | Tenencia ilícita de armas | 2 | Tenencia ilícita de armas | 3 |
| | | | | | | Tenencia ilícita de armas de fuego | 1 |
| | | | | | | Tenencia ilícita de armas prohibidas | 1 |
| Trafico de drogas | 2 | Tráfico de drogas | 2 | Tráfico de drogas | 3 | Tráfico de drogas | 2 |
| | | | | Tenencia de moneda falsa | 1 | | |
| | | Trafico de influencias | 3 | | | | |
| | | Trata de seres humanos con fines de exp | 1 | | | | |
| | | Violación de secretos | 2 | | | | |
| | | Violación | 1 | | | | |
| Utilización de menor de edad en la elab | 1 | | | | | | |
| | | | | Uso de tarjetas de crédito falsas | 1 | | |
| | | | | Incendio | 1 | | |

Respecto a los delitos encontrados en las sentencias en las que se debatía la colaboración de coacusados con la justicia, observamos que existe una variedad de ellos, aunque con algunos elementos en común a lo largo de los cuatro años.

En este sentido, señalamos en un primer momento la prevalencia de los delitos contra la salud pública, seguidos de los delitos de asesinato, presentes con menor proporción en el 2020 en solamente 3 sentencias, aunque en los demás años estuviese, respectivamente, en 8, 8 y 13 sentencias.

Además, señalamos la existencia de delitos que tanto tienen prevista una atenuación especial por colaboración en el ámbito del llamado tipo privilegiado, como también otros delitos que podrían incluirse en el marco de los estudiados delitos de naturaleza político-económica para los que se busca la colaboración de investigados. Y, en último lugar, de delitos de naturaleza distinta, como el homicidio, asesinato, agresión sexual, entre otros, en los que, en un primer momento, no podríamos suponer la prevalencia de la atenuación de la pena por la colaboración con la justicia según lo estudiado durante el primer capítulo de este trabajo.

En efecto, a lo largo de los cuatro años, los delitos de cohecho, contra la salud pública, contra la Hacienda Pública, malversación y participación en grupo u organización criminal han sido debatidos. También, encontramos en los cuatro años el debate de la colaboración con la justicia en delitos de prevaricación, fraude contra la Administración, fraude de prestaciones, falsificación de documentos, estafa, apropiación indebida y blanqueo de capitales, los que también tienen esta naturaleza político-económica. Por otro lado, señalamos las varias sentencias que debaten (y conceden) la atenuante por colaboración con la justicia en el ámbito de delitos contra la persona y/o contra la libertad sexual y con violencia, como el delito de asesinato, agresión o abuso sexuales, homicidio, corrupción de menores, lesiones, robo, entre otros.

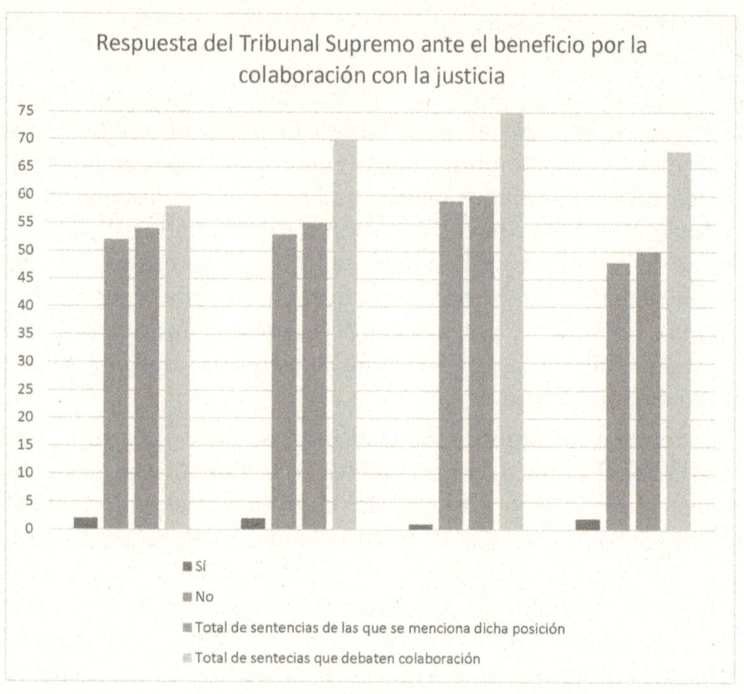


Este gráfico nos permite comparar a lo largo de los años las respuestas del Tribunal Supremo ante la concesión de beneficios a través de atenuantes a los colaboradores con la justicia, incluyendo tanto su concesión como su apreciación como muy analógica según los motivos de la casación. Se destaca, a lo largo de los cuatro años analizados, una estabilidad, entre la cantidad de sentencias totales que debaten la colaboración con la justicia y las que de hecho traen una apreciación de este comportamiento post-delictivo por el Tribunal Supremo, y las sentencias en que el Tribunal Supremo tiene una respuesta negativa en relación con los pocos casos (7 en total) en los que el Tribunal Supremo ha dado razón al recurso respecto a la aplicación de este beneficio —incluyendo la sentencia de 2021 en que el Tribunal Supremo da lugar al recurso de casación y absuelve el acusado sin entrar en el mérito de su colaboración, la STS 11/2021, de 12 de enero—.

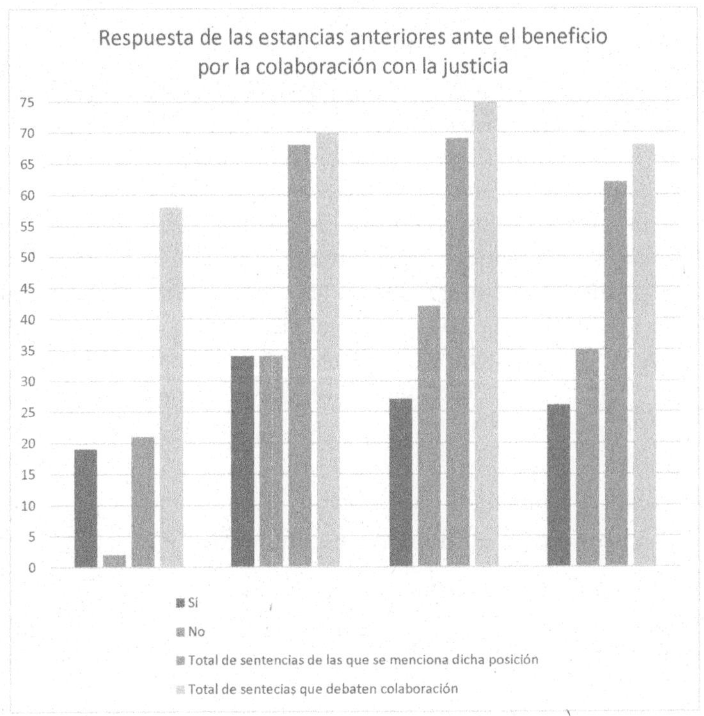


Por otro lado, presentamos el gráfico con la relación entre las sentencias que debaten la colaboración con la justicia, el número de sentencias en que se menciona dicha posición y la respuesta, favorable o no, del Juez o de los Tribunales de instancia. Observamos un gran contraste entre lo observado en el 2019 y los demás años, en los que ha habido mayor información sobre las estancias anteriores, y un numero bastante similar, aunque levemente superior en 2021 y 2021 entre las concesiones de atenuación por colaboración con la justicia y las denegaciones.

### *3.2. Los resultados cualitativos de la investigación*

Para este apartado de la investigación, no realizaremos una separación estricta entre los años investigados. Por tanto, dividiremos el análisis en función de los temas más relevantes a la hora de definir la interpretación jurisprudencial en relación con la concesión de beneficios a los colaboradores.

Destacamos que el análisis cualitativo deriva directamente de las observaciones y argumentos presentados en los recursos y por el Tribunal en relación con cada una de las sentencias mencionadas. Además, señalamos que, aunque se haya realizado un esfuerzo para incluir todas las sentencias relacionadas con los temas que trataremos en las secciones siguientes, con la intención de construir un auténtico cuerpo jurisprudencial que respalde las conclusiones presentadas, algunas de las sentencias no llegan a mencionarse o debatirse porque carecen de transcendencia, ya sea porque ya existen muchas otras que permiten verificar una determinada hipótesis, o porque de su lectura no se permite la observación de datos concretos, específicos e interesantes para los objetivos del trabajo.

### 3.2.1. La atenuante analógica de confesión

Considerando lo anteriormente estudiado, aunque haya habido el uso de distintos términos a la hora de referirse a la atenuante analógica de confesión, optamos por realizar el análisis cualitativo superando esta información y a partir de la inferencia de que en la mayoría de las sentencias el debate es en torno a la interpretación analógica de la atenuante básica de confesión del art. 21.4 CP.

Estructuramos este análisis cualitativo de acuerdo con los distintos temas que fueron debatidos a lo largo de todas las resoluciones y, aunque lo hayamos realizado siguiendo el orden cronológico de la fecha de cada una de ellas, a la hora de retratarlos en este análisis cualitativo también se ha dado preferencia por plasmar sentencias similares conjuntamente. Por otro lado, también será posible observar que una única sentencia aborda más de un problema y, por consiguiente, será estudiada en más de una de las siguientes secciones.

#### *A) La necesidad del reconocimiento de los hechos y/o de la confesión*

A lo largo de los años analizados hemos destacado varias sentencias en las que el Tribunal Supremo señala la imposibilidad de concesión de la atenuante analógica de confesión cuando no haya confesión y/o reconocimiento de los hechos como elemento esencial de la atenuante, confirmando lo estudiado a lo largo del capítulo anterior.

Por tanto, el mero reconocimiento de una agresión inicial, sin confesión o colaboración con el enjuiciamiento, hace con que sea negada la atenuante de colaboración en el ámbito de un delito de asesinato en grado de tentativa y acoso en la STS 738/2019, de 6 de marzo. De manera similar, reconocer la *posibilidad* de haber cometido los hechos en el acto del juicio no sostiene una atenuante analógica de confesión en el ATS 1858/2022, de 13 de enero.

Por otro lado, manifestaciones en plenario por las que no se reconocen el hecho central del delito, junto con la falta de colaboración relevante, también conllevan la no concesión de la atenuante de confesión en un delito de homicidio en el ATS 4358/2019, de 28 de marzo.

También, se señala que una declaración no plena ni completa en plenario, junto con una "contribución no decisiva para facilitar el desarrollo y resultado del proceso" motiva la inaplicación de una atenuante de confesión tardía (STS 1358/2019, de 2 de abril).

Desde otra perspectiva, en el ATS 8515/2019, de 22 de julio, no se concede la atenuante de confesión en un delito de robo en casa habitada porque la entrega de los objetos sustraídos no fue acompañada de un reconocimiento o auxilio al esclarecimiento de los hechos. Además, el hecho de negarse a declarar alguna vez o hacerlo de manera engañosa justifica la no apreciación de una "atenuante analógica o no de colaboración con la justicia" —sin explicaciones sobre qué puede venir a significar el término— en la STS 3110/2019, de 12 de septiembre. También, sobre una confesión no veraz, el ATS 13757/2019, de 24 de octubre; o, con un reconocimiento parcial y tardío sin colaboración, la STS 3314/2019, de 24 de octubre. Asimismo, respecto a la existencia de testigos directos en el ámbito de una confesión ni completa ni veraz: la STS 3543/2019, de 5 de noviembre. Y, sobre la falta de una confesión "en los términos legal y jurisprudencialmente exigidos", aunque con una colaboración (no sustancial), el ATS 13756/2019, de 24 de octubre. De la misma manera, la STS 619/2020, de 16 de enero, en la que el recurrente alega haber declarado respecto de una persona en situación de busca y captura, pero el Tribunal Supremo señala el hecho de que no sólo no ha reconocido los hechos como sigue negándolos. También, aludir a sus responsabilidades y realizar una declaración que no se ajusta a la prueba practicada, en una versión engañosa de los hechos, hace con que el hecho de acudir a la Policía Local manifestando saber que le estaban buscando no sea suficiente para la apreciación de una atenuante de confesión —aunque claramente sin el requisito cronológico al saber que había un procedimiento dirigido contra él— en el ATS 3130/2020, de 27 de febrero[761]. Así, en la STS 3348/2020, de 16 de octubre, una admisión parcial de los hechos, aunque incluya el reconocimiento de unas firmas y del talonario por cuya falsedad fue condenado, no aporta ninguna novedad ni eficacia al enjuiciamiento.

*(a.a) El reconocimiento de los hechos y la confesión completa, veraz y espontanea versus el mantenimiento de versiones exculpatorias*

De una manera bastante concluyente, en la STS 809/2020, de 4 de marzo, el Tribunal Supremo afirma que el no reconocimiento de los hechos y el seguir negándolos en casación hace con que las aportaciones no puedan ser valoradas como "actos contrarios a su acción delictiva". En este sentido, el Tribunal Supremo señala que "lo que se valora en la configuración de la atenuante es, de un lado, la colaboración del autor a la investigación de los hechos, facilitando que se alcance la Justicia y, de otro, al mismo tiempo, su regreso al ámbito del ordenamiento, mediante el reconocimiento de los hechos y la consiguiente aceptación de sus consecuencias". Así, justifica la importancia del reconocimiento de los hechos para la posible valoración de una colaboración con la justicia, aunque efectiva y produciente.

La STS 1755/2019, de 28 de mayo, en que se requiere una atenuante analógica de confesión en un delito de asesinato, por haber instado "al hermano que entregara el arma" y haber informado a

761 De manera similar, en la STS 1330/2020, de 26 de mayo; en la STS 2265/2020, de 29 de junio; en la STS 2283/2020, de 8 de julio; en el ATS 9300/2020, de 15 de octubre; en el ATS 12333/2020, de 26 de noviembre; en la STS 4452/2020, de 9 de diciembre; en el ATS 3357/2021, de 28 de enero; en el ATS 4318/2021, de 18 de febrero; en el ATS 5074/2021, de 15 de marzo; en la STS 2249/2021, de 2 de junio; en el ATS 1778/2022, de 13 de enero; en el ATS 15626/2022, de 13 de diciembre; en el ATS 16313/2022, de 27 de octubre; en el ATS 18126/2022, de 24 de noviembre; y en la STS 4785/2022, de 21 de diciembre.

los agentes donde estaba el arma, el Tribunal Supremo declara que no existe confesión cuando no se dice la verdad y se mantienen versiones falaces, máxime cuando compaginado con una colaboración exclusiva tras la descubierta del sujeto activo. Es decir, aunque se refiera a una falta de colaboración espontánea, no se da razón al recurso debido a la falsedad de la confesión como elemento esencial de la atenuante.

De forma parecida, en la STS 3541/2020, de 19 de mayo, el Tribunal Supremo analiza que, más que un reconocimiento de los hechos, ha habido una admisión de los hechos en la medida en que se produce tras la persecución policial y con la presencia de una denunciante, de manera que su actitud no puede ser comprendida como una colaboración. En este sentido, verificamos en alguna jurisprudencia la necesidad de un reconocimiento de los hechos no sólo completo, sino espontaneo, como en la STS 2798/2019, de 7 de febrero, en un delito contra la salud pública en relación con la atenuante de confesión tardía.

También, la STS 4138/2019, de 12 de diciembre, sobre delitos de falsedad de tarjetas de crédito y falsedad documental, se requiere la apreciación de la atenuante de confesión, por haber aportado unas informaciones suficientes al abrir líneas de investigación sobre otros responsables. No obstante, la imprecisión en la confesión, ya que la acusada varió sus declaraciones y negó determinados hechos, fue fundamental a la hora de sostener la decisión del Tribunal Supremo de negar dicha atenuante. Así, presentar en momento posterior, aunque tras un reconocimiento parcial de los hechos, un escrito en el que se "retrata de todo lo que hubiera dicho contra los demás acusados" configura motivo suficiente para la no apreciación de la atenuante de confesión (STS 3893/2020, de 30 de septiembre). De manera similar, en la STS 2318/2022, de 15 de junio, no se aprecia una atenuante analógica de reconocimiento tardío del hecho a un delito contra la salud pública porque ha habido un reconocimiento "tardío, parcial e inevitable de los hechos" —dado que la recurrente reconoció ser propietaria de la vivienda y responsable de la plantación, pero también se exculpó señalando que la sustancia la poseía para fumar y hacer infusiones—. También, en la STS 2623/2022, de 23 de junio, el Tribunal Supremo reflexiona que dicha atenuante —analógica de confesión tardía— es incompatible con derivar su responsabilidad a otras personas y mantener pretensiones fácticas a la hora de solicitar la no apreciación de una agravante[762].

La importancia del reconocimiento de los hechos es tal que en la STS 1601/2021, de 7 de abril, el Tribunal Supremo niega la apreciación de la atenuante analógica de confesión porque en su declaración el recurrente se habría limitado "a reconocer lo inevitable, pero minusvalorando su actuación, al negarle toda relevancia, pretendiendo ser ajeno a la organización, a la confección de los documentos falsos y el engaño llevado a cabo"[763]. De manera similar en el ATS 17237/2021, de 9 de diciembre, no se aprecia la atenuante de confesión porque solamente ha habido un reconocimiento de los hechos parcial que atendía a una estrategia exculpatoria.

Señalamos que la confesión, cuando realizada con testigos presenciales y en el momento de detención en la escena del crimen, aunque valorada para una atenuante de confesión, no podría justificar la rebaja de la pena porque resulta un reconocimiento de los hechos "de cierto modo inevitable por la contundencia de las evidencias" y, a esto añadimos, una confesión que no se realiza con arreglo al requisito temporal por cuanto el acusado ya sabía que existiría un procedimiento dirigido contra él (STS 2547/2021, de 10 de junio, en un delito de asesinato y tenencia ilícita de armas cortas)[764].

*(a.b) Incompatibilidad con negar la antijuricidad de la conducta o no reconocer la calificación jurídica*

Además, solicitar la apreciación de una atenuante analógica de confesión es incompatible con un reconocimiento de los hechos seguido del negar la antijuridicidad de la conducta, como a través de la alegación de que habría actuado engañada por otras personas

---

762 Igualmente, en la STS 3234/2022, de 19 de julio, dónde el recurrente confiesa al mismo tiempo en que intenta exculpar a su cónyuge.

763 En unos delitos de pertenencia a una organización destinada a la comisión de delitos graves, falsificación de documentos públicos, oficiales y mercantiles, estafa y blanqueo de capitales.

764 Lo mismo en la STS 2951/2021, de 14 de julio, en que ha habido una confesión después de personarse la Guardia Civil en el domicilio del acusado cuando ya existían "3 personas que daban conocimiento directo de lo acontecido". O en el ATS 10837/2021, de15 de julio, en que el acusado reconoció los hechos parcialmente ante el Juez de instrucción tras ser identificado en la diligencia policial de reconocimiento fotográfico.

(STS 2730/2021, de 7 de julio). De la misma manera, en la STS 1958/2022, de 17 de mayo, porque ha habido una confesión de los hechos parcial, sin llegar a los aspectos más sustanciales de la conducta y sosteniendo la ausencia de intención. Aunque, excepcionalmente, en el ATS 14174/2021, de 2 de noviembre, el Tribunal Supremo mantenga como simple la atenuante analógica de confesión respecto al delito de abuso sexual, aunque el recurrente haya realizado un reconocimiento no pleno en el que negaba la ilicitud de la conducta —la falta de consentimiento por parte de la víctima dada su limitación intelectual—.

*(a.c) El reconocimiento de los hechos en el ámbito administrativo*

Es relevante la STS 3894/2021, de 25 de octubre, en la medida en que destaca que el reconocimiento del hecho realizado en el ámbito administrativo, cuando carece de continuidad en sede judicial por que el acusado se acoge a su derecho de no declarar, carece de entidad para su contemplación como atenuante de confesión. Y, en este caso, tampoco cabría la vía por analógica dado que no hubo "aportación relevante a los fines de restaurar de alguna forma el orden jurídico perturbado por la comisión del delito".

*(a.d) Reconocimiento de los hechos y/o confesión junto con el mantenimiento de versiones defensivas*

Y, por otro lado, verificamos la posibilidad de que se compagine dicha confesión, junto con una "colaboración verídica", al mantenimiento de versiones defensivas. Desde esa óptica, la existencia de una confesión no veraz en la que se oculta la mecánica utilizada en el ámbito de un delito de apropiación indebida justifica la inaplicación de la atenuante de confesión en el ATS 2780/2019, de 21 de febrero. En este sentido, la STS 110/2019, de 23 de enero, sobre delitos de robo con violencia e intimidación con uso de arma, tentativa de homicidio, lesiones, hurto de vehículos y tenencia ilícita de armas, aunque acabe por no conceder la atenuante de confesión en la medida en que en la declaración se aportan elementos de prueba ya descubiertos, se señala que es posible la existencia de una colaboración verídica con "el mantenimiento de versiones defensivas en aspectos no sustanciales", siempre y cuando, y al contrario del caso concreto, haya una declaración lineal y persistente, sin vaivenes en la postura[765]. También, en la STS 3008/2019, de 8 de octubre, al negar una atenuante de colaboración tardía debido a la falta de una mínima colaboración, el Tribunal Supremo destaca que "la atenuante no resulte incompatible con el mantenimiento de versiones defensivas en aspectos que no sean sustanciales, que pueda resultar no acreditados, siempre que no quede desvirtuada su propia finalidad" dado que "eso no implica que, puesta sobre la mesa la veracidad de los hechos, no pueda el confesante poner también de relieve aquellos elementos de donde deducir cualquier género de comportamiento atenuatorio de su responsabilidad penal". Además, en la STS 1301/2021, de 8 de abril, el Tribunal Supremo destaca que es posible declarar en el acto del juicio, remitiéndose al contenido íntegro de un escrito de acusación suscrito junto con las acusaciones y, en una estrategia perfectamente válida, no contestar a las preguntas formuladas por el resto de las defensas.

Aun así, entre reconocer los hechos y mantener versiones defensivas en aspectos no sustanciales, no se permite, para la apreciación de la atenuante, la realización de actos procesales "tendentes a negar toda responsabilidad criminal" como puede ser una petición de sobreseimiento libre (así en el ATS 157000/2021, de 28 de octubre).

### *B) Elementos de una colaboración útil*

Se ha establecido que al apreciar la atenuante debido a la colaboración con la justicia es necesario que se dé una colaboración específica que sea útil, a saber, que aporte elementos a la investigación y a la persecución penal. A continuación, detallaremos a partir de la jurisprudencia del Tribunal Supremo los elementos más importantes que se relacionan con esta definición.

En un primer lugar, podemos definir de forma genérica la colaboración útil a partir de la necesidad general de una conducta de cooperación que permita la averiguación de datos relevantes para la investigación, unos que no hayan sido previamente objeto de diligencias

---

765 Esta sentencia también es ejemplo del uso de la atenuante de confesión, en su versión no analógica, aunque se debata la colaboración con la justicia y la confesión sin arreglo al requisito cronológico.

de investigación llevadas a cabo por las autoridades. Así, se considera que el sometimiento del encausado a la realización de una prueba de ADN, cuando después de unas diligencias policiales que habían averiguado otros indicios, no configura colaboración suficiente (STS 1571/2019, 24 de enero, sobre un delito intentado de abuso sexual). También, en la STS 2393/2019, de 4 de julio, se niega la concesión de la atenuante de confesión porque el acusado ya estaría "previamente identificado por la hermana de la víctima" en un delito de homicidio. Lo mismo pasa en el ATS 8527/2019, de 11 de julio, en el que se recurre por una atenuante analógica de confesión al haber indicado el lugar exacto donde se encontraba el vehículo con la droga, cuando el vehículo ya se encontraba en dependencias policiales —a este caso se suma el hecho de que el acusado ha seguido negando la participación en los hechos en el propio recurso—. O en la STS 2625/2019, de 23 de julio, sobre una atenuante analógica de confesión, porque solamente se dio esta, pero de forma tardía, sin colaboración, cuando ya existían pruebas de la autoría de los responsables. Además, confesar e indicar dónde se encuentra un arma una vez que la diligencia de entrada y registro se está realizando no constituye confesión transcendente con efectos de colaboración (ATS 6006/2020, de16 de julio).

En la STS 3033/2019, de 8 de octubre, se señala que el material probatorio aportado por la acusación era "suficientemente incriminatorio". Y, en la medida en que se admitió la autoría después de saber sobre el procedimiento, no podrían apreciar la atenuante analógica de confesión tardía en el ámbito de un delito contra la salud pública. Asimismo, en el ATS 7463/2020, de 23 de julio, aunque el Tribunal Supremo reconoce que el reconocimiento de los hechos aligeró la carga de las acusaciones y la del enjuiciamiento respecto a los medios de prueba, la existencia previa de una numerosa prueba demostrativa, junto con algunos problemas en su confesión, en la medida que no ha reconocido la eventual tipicidad de la conducta, hace con que no se le aplique la atenuante de confesión tardía. En el mismo sentido, la STS 2087/2021, de 20 de mayo, en la que se reconocen los hechos en el juicio, pero cuando los recurrentes ya tienen conocimiento de "las abrumadoras pruebas que existían en su contra". O, en el ATS 13546/2021, de 9 de septiembre, en que no se aplica una atenuante de confesión —aunque haga referencia a una confesión tardía con colaboración— en la medida en que la información dada por el acusado sobre dónde estaría la droga no aportó ningún beneficio a la investigación, dado que ya se habría identificado la ubicación de buena parte de la droga mencionada. De manera similar, en la STS 4792/2021, de 17 de diciembre, en la que el recurrente había reconocido parcialmente los hechos tras la investigación y ante la existencia de elementos de prueba en su contra (testimonio de la víctima, relato de vecinos y de los agentes que lo detuvieron y unas pruebas de ADN). O en el ATS 7370/2022, de 31 de marzo, en que la confesión y la colaboración fueron aportadas tras la existencia de una abundante prueba de cargo. De una manera similar, en el ATS 4077/2020, de 5 de marzo, en el ámbito de una atenuante de "colaboración con la justicia" en delitos de producción y distribución de material pornográfico con utilización de menores de edad, el Tribunal Supremo estima que la facilitación de la contraseña de todos los dispositivos que poseía es una colaboración "inútil e ineficaz" ante la abrumadora cantidad de pruebas testificales y periciales en su contra. Comparecer en el acto del juicio oral y realizar un mero reconocimiento de los hechos, tras el despliegue de toda la actividad investigadora, "desnaturaliza la esencia de la atenuante" solicitada de confesión tardía en el ATS 2406/2020, de 2 de marzo[766].

Otro ejemplo es una sentencia en que la parte recurrente es la acusadora. El Tribunal Supremo estima el recurso para determinar que la confesión tardía no podría ser considerada a la hora de justificar la atenuante analógica de confesión, apreciada anteriormente, en la medida en que la colaboración no fue "ni determinante, relevante, decisiva, ni eficaz", debido a la existencia de pruebas biológicas y del relato de la menor que ya otorgaban credibilidad y validez a la sentencia de condena respecto al delito de abuso sexual (STS 4279/2020, de 15 de septiembre). De manera similar, en la STS 3893/2020, de 30 de septiembre se señala que reconocer los hechos en un momento en que ya disponen de pruebas bastantes no es suficiente a la hora de valorar la atenuante de confesión por la vía de la analógica. Lo mismo en el ATS 3766/2022, de 24 de febrero, en que la confesión del recurrente en el juzgado fue después de la existencia de declaraciones de la víctima, testigos presenciales e incluso una grabación videográfica que señalaban a su culpabilidad.

---

766 Igualmente, en la STS 946/2020, de 11 de marzo.

Por otro lado, más que aportar elementos útiles a la investigación, una colaboración útil no soporta actos en su contra. De tal suerte que esconder pruebas o no comparecer voluntariamente a las dependencias policiales, además de faltar con la verdad en el relato de los hechos, hace con que se niegue una atenuante analógica de confesión en el ATS 3806/2020, de 23 de enero.

Así, en la STS 2335/2019, de 3 de julio, en un recurso solicitando la atenuante analógica de confesión con base en la falta de valoración de las testificales de los policías, que habían puesto de manifiesto la colaboración del condenado a la hora de encontrar el cuerpo, ante un delito de asesinato, el Tribunal Supremo señala que la falta de reconocimiento del asesinato —es decir, también es un problema relevante de la temática abordada en el apartado *A*, sobre la necesidad de la confesión— ha sido aliada a una colaboración "simplemente" para encontrar antes el cadáver.

También, la simple mención de la identidad de una persona, ya en una fase avanzada del proceso, y sin más datos —indicaciones sobre contacto previo, conversaciones mantenidas, etc.— no constituye una aportación eficaz capaz de justificar una atenuante de colaboración con la justicia en el ATS 12352/2020, de 3 de diciembre.

Destacamos el análisis único del Tribunal Supremo en el ATS 7487/2020, de 10 de septiembre, señalando que "semejante actitud de colaboración no es fácil que se produzca en la práctica. Es más, en los casos en que tal postura se ha constatado, se han saldado generalmente con la concesión de una atenuante muy cualificada. De ahí, que, por razones de política criminal, deba rellenarse el espacio existente entre tal postura y actitud, repetimos que excepcional en términos estadísticos, y la confesión de los hechos cuando la Policía Judicial detiene al sospechoso, aun con un principio de prueba en su contra, resultando entonces muy útil a la investigación la clarificación de los hechos, lo que contribuirá a su completo esclarecimiento. Utilidad que debe distinguirse de una relevante fuente de colaboración, que a menudo consistirá en la incriminación de otros partícipes, o en la aportación de pruebas decisivas con dichos fines, o en el descubrimiento de fuentes relevantes de investigación, lo que deber ser acreedor de una singular bonificación, siempre por razones de política criminal, entrando en juego la conceptuación como muy cualificada por razones de la intensidad de tal colaboración, cuyo módulo ha sido desde siempre el exigido por esta sala casacional para su estimación como tal. De ahí, que nuestra jurisprudencia haya integrado tal puesta en conocimiento del órgano instructor de datos que supongan cualquier género de colaboración, incluida naturalmente la propia confesión del acusado, con la construcción de la correspondiente atenuante analógica, actividad que supone también la admisión de los hechos por quien declara, aunque ya existan elementos indiciarios de sospecha que recaigan sobre aquél".

Es decir, y además de las distintes sentencias anteriores de 2019 y del mismo año de 2020 en que había la apreciación de dichas atenuantes, aunque en su modalidad simple, el Tribunal Supremo destaca en esta sentencia lo difícil que es tener una actitud de colaboración, en términos estadísticos, que permita la apreciación de este beneficio.

*(b.a) La colaboración a través del aporte de elementos electrónicos*

En la STS 2615/2019, de 24 de julio, aunque el condenado recurriera afirmando que había facilitado la información que tenía, incluyendo unas conversaciones de WhatsApp, el Tribunal Supremo afirmó, por un lado, la falta de datos en el relato histórico de la sentencia recurrida y, por otro lado, que su colaboración no fue útil ni relevante. Por tanto, en este caso, más que la falta de colaboración eficaz, el problema gira alrededor de los límites de un recurso de casación.

Al hilo de la aportación de pruebas electrónicas, la STS 3666/2022, de 5 de octubre, destaca la no apreciación de la atenuante analógica de confesión a pesar del reconocimiento de los hechos, porque facilitar el numero pin del teléfono móvil no supone colaboración en la medida en que no se prueba que no se podría acceder a la información del teléfono, mediante orden judicial, a través de alguna herramienta de *software* o *exploit*. Es decir, aun habiendo el reconocimiento de los hechos, el Tribunal Supremo determina que entregar un teléfono móvil con la clave pin no supone colaboración sin la prueba de que sería imposible el acceso a estas informaciones a partir del uso de herramientas de *software*.

En la STS 814/2020, de 5 de mayo, el Tribunal Supremo reflexiona sobre la inaplicabilidad de la atenuante en un delito de asesinato afirmando que, en un primer momento, no se cumpliría el requisito cronológico para la atenuante de confesión, y, en un segundo momento, su colaboración no pudo "alcanzar efectos decisivos", en la medida en que el contenido del teléfono que habría sido aportado no tenía ningún dato esencial para la investigación y contenía datos previamente borrados que han necesitado una labor de los investigadores para su recuperación. Destacamos aquí la falta de los dos requisitos necesarios para la atenuante, confesión y colaboración útil, y, de manera interesante, el Tribunal Supremo señala que deben de "relativizar el valor de la aportación del acusado a la investigación" en razón de la gravedad de los hechos por los que venía siendo investigado. Es decir, ahí también la gravedad del hecho figura como primera vez como elemento relevante para determinar la transcendencia de una colaboración.

*(b.b) Colaboración a través del consentimiento para diligencias de entrada y registro en domicilio*

Si bien en el ATS 7487/2020, de 10 de septiembre, se deniega la pretensión de que se le aplique la atenuante analógica de confesión porque nada se dice sobre una confesión, lo que haría con que esta sentencia también estuviera incluida en el ámbito del apartado A de este análisis, nos interesa la conclusión del Tribunal Supremo que facilitar la investigación al permitir la entrada y registro en su domicilio no configura colaboración en la medida en que sólo lo habría hecho cuando se vio sorprendido en virtud de una entrega controlada autorizada judicialmente. En este mismo sentido, en la STS 3215/2020, de 8 de octubre, se mantiene la no apreciación de una atenuante de confesión, aunque analógica, porque indicar donde se hallaban las sustancias una vez iniciado —y autorizado por orden judicial— un registro en su domicilio carecería de la virtualidad necesaria. También, en el ATS 1764/2022, de 20 de enero, dado que, ante la inminencia del registro domiciliario, un consentimiento para su realización nada supone.

En concreto, renunciar a unas posibles alegaciones de nulidad de intervenciones y registros tampoco configura colaboración suficiente por cuanto el estudio de los requisitos de legalidad es parte normal del trabajo de los magistrados. De tal manera que, no existiendo aportación de elementos transcendente a la investigación, no se aplica la atenuante analógica de confesión a los recurrentes en la STS 2841/2021, de 24 de junio.

*(b.c) La colaboración y la comparecencia ante las autoridades*

Por otro lado, el simple hecho de que el investigado se presente a las autoridades con "restos de sangre", refiriéndose al hecho de haber tenido problemas con su mujer, no es señal ni de confesión ni de colaboración intensa y útil (STS 232/2019, de 30 de enero, sobre un delito de asesinato). También, y de manera comprensible, la falta de comparecencia y el mantenerse en paradero desconocido después de que la Guardia Civil informara que le llamarían, motiva la inadmisión de una atenuante de confesión, solicitada con base en una supuesta confesión de lo sucedido y de la comparecencia inicial voluntaria ante la Guardia Civil en el ATS 4481/2019, de 4 de abril.

*(b.d) La colaboración con la obtención de fuentes de prueba que dependen de la voluntad del acusado*

También en el ámbito de un delito de asesinato, aunque juntamente con los delitos de maltrato habitual y quebrantamiento de medida cautelar, el Tribunal Supremo hace una evaluación importante. En este supuesto, a pesar de que existiera un cuadro abrumador de evidencias, el recurrente siguió mostrándose renuente por un período de un año en ceder su material biológico para la extracción de perfiles de ADN. Por tanto, el TS concluye que no hubo una especial actitud colaborativa que podría justificar la atenuante de confesión en su vía analógica. En este sentido, esta sentencia puede permitir la conclusión de que en el caso concreto la colaboración implica especial actitud de cooperación respecto a la obtención de fuentes de prueba que dependen de la voluntad del acusado —ADN, por ejemplo—, no solamente la existencia de materiales suficientemente incriminatorios.

*(b.e) La colaboración derivada de solicitudes de la autoridad*

La STS 3397/2019, de 14 de octubre, es relevante ya que señala que no cabe una atenuante analógica de confesión en la medida en que, por un lado, la entrega de materiales informáticos y claves durante el registro de la casa por los agentes no es equiparable a la confesión, de manera que no se configuraba el elemento central de la atenuante. Y, por otro lado, la colaboración no es útil en la medida en que seguía habiendo materiales —carpetas— ocultos.

Asimismo, aun existiendo un afán de colaborar y poniendo a disposición del Juzgado mensajes de correo electrónico y otros elementos, el Tribunal Supremo valora no aplicar la atenuante de colaboración con la justicia en un delito de abuso sexual porque: *(i)* la presentación de estos mensajes no fue voluntaria, sino que se dio a petición de quien realizaba el interrogatorio, *(ii)* que la intervención de los archivos y del teléfono podrían ser realizadas de oficio y, *(iii)* aunque a nuestro parecer más importante, el acusado no reconoció los hechos (ATS 8829/2022, de 12 de mayo).

*(b.f) La colaboración a través del aligeramiento de la tramitación del proceso*

En concreto, en la STS 1341/2020, de 22 de mayo, nos encontramos con la conclusión de que el hecho de que un reconocimiento de los hechos en juicio reduzca apreciablemente las secciones del juicio no autoriza la apreciación de una atenuante analógica de confesión en la medida en que no aporta utilidad en orden a la prueba de los hechos. Es decir, la colaboración tendría que estar vinculada a la prueba. En el mismo sentido, en la STS 1731/2021, de 23 de abril, el Tribunal Supremo destaca que no obstaculizar la tramitación del proceso no puede dar lugar a la atenuación en la medida en que "se trata de una circunstancia no prevista en la ley como circunstancia modificativa de la responsabilidad criminal"[767].

*(b.g) Algunas excepciones a lo anteriormente afirmado*

De manera positiva, en la STS 8/2021, de 18 de enero, el Tribunal Supremo valora la concesión en instancia de la atenuante de colaboración para todos los delitos —seis delitos de abuso sexual, pornografía infantil, posesión de material pornográfico—, dado que se ha aportado un "plus a los que es la simple confesión", realizada sin el requisito temporal. El Tribunal Supremo señala que se ha colaborado al reconocer la posesión del material pornográfico y al permitir la práctica de la diligencia de entrada y registro. Es decir, el Tribunal Supremo, si bien niega el recurso destacando no caber la atenuante de confesión[768], reflexiona de manera distinta de las demás sentencias en las que la colaboración derivada del acto de permitir/facilitar la entrada y registro, diligencia para la cual se suele tener el debido orden judicial, no configura colaboración suficiente para la atenuante[769].

---

767 Y en el caso ha habido una confesión interesada, parcial y dirigida a buscar la exculpación que tampoco supuso un acto de colaboración relevante.

768 Se solicita la apreciación de la atenuante genérica de confesión, además de la atenuante de colaboración anteriormente apreciada en instancia.

769 Además de las anteriormente analizadas, en el ATS 2918/2021, de 28 de enero, el Tribunal Supremo destaca no poder apreciar la atenuante de confesión por una alegada "entrega voluntaria del arma a los agentes de la Guardia Civil" que no es

Además, esta sentencia configura una excepción en la medida en que, a través de un acto de colaboración que tiene efectos útiles exclusivamente para algunos de los delitos —pornografía infantil y posesión de material pornográfico—, se aplican beneficios a todos los delitos, incluyendo todos los delitos de abuso sexual, sin exceptuar los delitos en los que hubo una confesión parcial.

Asimismo, desde una perspectiva totalmente contraria a lo explicado anteriormente, tenemos la STS 4287/2019, de 19 de diciembre, en un delito de revelación de secretos y cohecho. Se solicita la valoración como muy cualificada de una atenuante de confesión, apreciada como simple en instancia, aunque el propio Tribunal Supremo reflexiona que la confesión se produjo cuando "todo el material probatorio estaba a disposición del Tribunal y ante la evidencia de las pruebas de cargo". Es decir, un caso en que, aunque el Tribunal Supremo no se posiciona a favor del recurso en el sentido de apreciar la atenuante como muy cualificada, se mantiene una decisión contraria a la jurisprudencia anteriormente analizada, por cuanto se atenúa la pena por una atenuante de confesión, basada en la confesión extemporánea —una vez concluida la instrucción— y debido a unas declaraciones realizadas después de la existencia de prueba de cargo suficiente.

### *C) La calificación de la atenuante como muy cualificada y el aporte de la colaboración*

En este apartado analizaremos las resoluciones que aportan elementos para la apreciación de la atenuante analógica de confesión como muy cualificada. En su mayoría derivan de unos recursos de casación motivados en la incorrecta apreciación de esta atenuante, en instancia, como simple.

En la STS 8123/2020, de 29 de abril, el recurso requiere la apreciación de la atenuante como muy cualificada y el Tribunal Supremo menciona la sentencia de instancia, que ha apreciado la atenuante de

---

ni "espontanea ni especialmente esclarecedora, sino que tuvo lugar durante el registro llevado a cabo en el domicilio del recurrente, por lo que era previsible que el arma iba a ser hallada de todas formas por los agentes actuantes". Aunque, en verdad, en este caso no ha habido confesión, razón por la que no se podría apreciar la atenuante independientemente de dicha colaboración.

confesión porque la "confesión es relativamente colaboradora" en la medida en que, aunque ofrece datos no conocidos en la investigación, tenía "reservas, lagunas y tergiversaciones", habiéndose apartado de la verdad en algunos episodios importantes. Así, se mantiene la calificación original de la atenuante de confesión —otra vez más basada en la colaboración— porque el reconocimiento de los hechos no habría sido integral. Este caso, si bien podría estar incluido en el ámbito del apartado A sobre la necesidad de un completo y veraz reconocimiento de los hechos, tiene elementos que le aportan una transcendencia especial. Es decir, aquí ha habido una colaboración útil debido a la aportación de los datos. Pero, a diferencia de lo que hemos señalado en el apartado A en muchas de las sentencias, se aprecia la atenuante de confesión en instancia, aunque la confesión no fuera completa. Así, el problema se centra en la imposibilidad de su apreciación como muy cualificada en razón de una cuestión central —veracidad de la confesión— que anteriormente hemos visto como justifica la no concesión de la atenuante.

Respecto a un delito contra la salud pública, el Tribunal Supremo señala que la contribución para el descubrimiento de la cantidad de droga —incluso con la declaración de los agentes sobre cómo habría sido difícil su hallazgo sin la colaboración—, no justifica la apreciación de la atenuante analógica de confesión, apreciada en instancia, como muy cualificada porque la colaboración "no se extendió a otros aspectos de la actividad delictiva referida al tráfico de drogas que venía realizando el mismo, sino que su colaboración fue parcial y referida a la existencia y al lugar donde se hallaba una cantidad de droga en concreto" (ATS 4048/2020, de 28 de mayo). De manera similar, en la STS 3990/2022, de 27 de octubre, el Tribunal Supremo destaca que debe de ser mantenida como simple la atenuante de confesión —aunque en referencia a una confesión tardía— porque la declaración no incluyó datos relevantes sobre otros acusados, refiriéndose a la participación de otras personas sin ofrecer detalles de la participación de los demás[770]. La STS 2588/2022, de 22 de junio, retrata la

---

770 En esta misma sentencia se determina que no se puede aplicar el tipo privilegiado del art. 376 CP porque no hay evidencias del abandono de las actividades delictivas ni de la intervención por medio del aporte de pruebas, sino solamente a través de una declaración desarrollada en plenario.

imposibilidad de apreciar una atenuante analógica de colaboración como muy cualificada —apreciada anteriormente como simple— a un delito contra la salud pública. En este caso, el Tribunal Supremo destaca que la colaboración de la recurrente al aportar datos significativos para esclarecer los hechos y permitir la incautación de una considerable suma de dinero que no podría ser descubierta de otra forma es suficiente para su apreciación como simple. No obstante, para la máxima cualificación sería necesaria una colaboración más amplia "al esclarecimiento de los hechos y averiguación de las personas que en ellos intervinieron", puesto que podría haber aportado información sobre las demás personas responsables, permitiendo su identificación y evitando la impunidad y el "riesgo de reiteración de comportamientos similares". En este sentido, podríamos señalar como un elemento capaz de generar la apreciación de la atenuante en su máxima calificación la colaboración en la identificación o captura de otros responsables.

En la STS 1906/2021, de 5 de mayo, el Tribunal Supremo mantiene la atenuante analógica de confesión tardía como simple, en un delito de blanqueo de capitales, porque su confesión no fue el único elemento de prueba "tomado en consideración para el pronunciamiento de condena", sino que hubo conversaciones telefónicas, la incautación del dinero procedente del tráfico de drogas y un conjunto de presunciones. De manera similar, en el ATS 11354/2022, de 23 de junio, el Tribunal Supremo mantiene la atenuante analógica de confesión como simple en un delito de abuso sexual porque la confesión no facilitó la investigación de forma sustancial, "dado que los hechos también podrían haberse acreditado por otros medios probatorios", como la declaración de la víctima y una prueba de ADN. Es decir, habiendo otros elementos probatorios realizados por la propia Administración de Justicia, en el caso de la apreciación en instancia de la atenuante analógica de colaboración como simple, no se le aprecia como muy cualificada por los tribunales superiores.

De manera contradictoria a lo anteriormente analizado en el ítem A, sobre una necesidad de reconocimiento completo de los hechos, el ATS 13839/2021, de 30 de septiembre, se pone de acuerdo con la decisión del Tribunal Superior de Justicia para que una atenuante analógica de confesión, anteriormente apreciada como muy cualificada, fuera apreciada como simple. Señalan que la razón de esta rebaja en la calificación se debe a la producción de un "reconocimiento parcial de los hechos por parte de los acusados, lo que, incluso provocó la necesidad de practicar aquella prueba conducente a la constatación de coautoría". Esta decisión, por lo tanto, se diferencia en la medida en que un reconocimiento parcial de los hechos suele conducir a la no apreciación de la atenuante, aunque en su calificación como simple. En la STS 736/2019, de 5 de marzo, en el marco de un recurso para el reconocimiento de la atenuante analógica de confesión, anteriormente apreciada en instancia como muy cualificada, se señala que un mero reconocimiento de los hechos de forma "tardía, parcial e inevitable", junto con constantes negaciones del hecho a lo largo del procedimiento hace con que el "fundamento atenuatorio en ese caso no actúa con especial intensidad". De esta manera, el Tribunal Supremo desestima el recurso y mantiene la apreciación inicial de la atenuante como simple en razón de esta confesión tardía y parcial, junto con una actuación en el procedimiento en la que el recurrente negaba los hechos. Destacamos que, en este caso, a pesar de la imprecisión en el reconocimiento de los hechos que motiva la respuesta del Tribunal Supremo, se considera probada la colaboración del recurrente, que, en el ámbito de unos delitos de estafa agravada, falsedad en documentos mercantiles, blanqueo de capitales y pertenencia a un grupo criminal, había favorecido el resultado condenatorio del presente procedimiento en una causa extremadamente compleja, no sólo por el elevado número de perjudicados sino también por la ingente cantidad de documentación obrante en las actuaciones que ha facilitado de manera extraordinaria la labor del Tribunal. Igualmente estima que, con la aportación del certificado original de solvencia emitido, así como los correos electrónicos cruzados con Barclays Bank S.A., se ha facilitado la condena como responsable civil subsidiaria de CaixaBank S.A., asegurando de esta manera el cobro de la responsabilidad civil por parte de los perjudicados. También resalta el esfuerzo realizado por el colaborador al haber consignado 300.000 euros a favor de los perjudicados.

De forma similar, en la STS 4900/2021, de 21 de diciembre, el Tribunal Supremo mantiene la atenuante analógica de confesión como simple en un delito de malversación en la medida en que no hubo una confesión detallada que permitiera iludir la investigación, sino que la instrucción ya había sido compleja y revelaba datos que el propio recurrente habría ocultado en un primer momento, de manera que su confesión se habría producido cuando ya era "inevitable el descubrimiento de los hechos". En la STS 146/2022, de 18 de enero, el motivo del recurso es la indebida aplicación de una atenuante analógica de colaboración con la justicia en un delito de asesinato como simple. El recurrente argumenta que su cooperación ha sido tan esencial porque ha corroborado el contenido de una conversación grabada y con mala calidad de sonido, además de otros temas como la localización del arma del crimen y otras "pruebas dudosas". El Tribunal Supremo destaca que dicho comportamiento no merece la máxima calificación de la atenuante ya que la detención, tanto del recurrente como de la coacusada, "fue fruto exclusivo de la laboriosidad en la investigación policial y judicial", una que ha durado varios meses y conllevó la práctica de oficio de muchas diligencias. Estas sentencias nos permiten concluir que, a pesar de haber una preferencia general por un reconocimiento de los hechos total y espontaneo junto a una colaboración verdaderamente útil para la investigación, es verdad que la concesión de la atenuante analógica de confesión como simple es posible y más viable cuando apreciada desde las primeras instancias. Asimismo, esta realidad corresponde con el contexto procesal del propio Tribunal Supremo, que está alejado de la inmediación existente en instancia a la hora de tomar la declaración del colaborador y analizar los elementos aportados por él.

De manera positiva, en la STS 1935/2020, de 14 de mayo, el Tribunal Supremo evalúa que ha sido posible el reconocimiento de una atenuante de confesión tardía como muy cualificada en instancia porque hubo un reconocimiento de los hechos bastante completo, en que se desarrolló una amplia actividad procesal "a la que por supuesto no estaban obligados". También, en la STS 1080/2020, de 18 de mayo, el Tribunal Supremo evalúa la colaboración como "de tal calibre que de modo notorio relevante (ha) influido en el esclarecimiento de los hechos". Además, la STS 511/2022, de 10 de febrero, es interesante en la medida en que, en el ámbito de dos delitos de detención ilegal y tenencia ilícita de armas, el Tribunal Supremo desestima la casación interpuesta por la acusación destacando que la colaboración del condenado fue merecedora de la atenuante analógica de confesión como muy cualificada. El Tribunal Supremo señala que fue la confesión del condenado que permitió que los tres cadáveres fuesen hallados, dado que antes de ser detenido había confesado su participación en el secuestro y había facilitado la localización de los cuerpos de las víctimas, creyendo que seguían con vida.

### *D) Significado de una mínima colaboración y valoración a la hora de aplicar las penas*

En el ámbito del Tribunal Supremo se señala que, independientemente de la existencia de colaboración con la justicia, cuando ésta es "mínima", no puede ser considerada a la hora de conceder una atenuante analógica de confesión, pero sí durante la fase de aplicación de las penas.

La STS 1007/2019, de 26 de marzo, explica bien esta situación al señalar que, inexistiendo atenuantes, la colaboración procesal —junto con la actitud hacia la víctima y hacia la reparación del daño—, como elemento postdelictual que afecta a la punibilidad, debe de ser valorado como circunstancia personal en los términos del art. 66. 6.ª CP.

Asimismo, la STS 82/2019, de 16 de enero, señala que se impone la pena de 24 años de prisión al delito de asesinato cuando la pena debería ser de 25 años. También, en el ATS 2911/2019, de 26 de febrero, se destaca la colaboración del acusado que manifestó que llevaba un cuchillo, facilitó los datos del teléfono y prestó consentimiento para la prueba de ADN y, aun así, el Tribunal Supremo califica su colaboración como no relevante para la atenuante, sólo para la concreción de la pena de prisión en 24 años, no en 25.

En la STS 4109/2019, de 14 de marzo, en el ámbito de un delito de falsedad en documento mercantil y apropiación indebida, no se aplica la atenuante analógica de confesión, porque el reconocimiento de los hechos no habría facilitado la investigación y ya había sido tenido en cuenta a efectos de la individualización de la pena. La STS 1071/2019, de 2 de abril, señala que la colaboración no es suficiente para justificar una atenuante, pero sí para modificar la punibilidad. También, en el ATS 3181/2022, de 10 de febrero, el Tribunal Supremo destaca que, en la ausencia de confesión, pero con la concurrencia de una "cierta colaboración", ya se habría correctamente valorado esta cooperación para la imposición de la pena por la Audiencia Provincial. La STS 3191/2020, de 14 de octubre (caso Gürtel), también aparece como ejemplo para este supuesto porque el Tribunal Supremo determina la necesidad de efectuar una nueva individualización penológica para una de las recurrentes porque, si bien ha negado su participación y el carácter ilícito penal del hecho, ha entregado un disco duro, actuación que debe de ser llevada en cuenta como un factor de individualización penológico.

En la STS 4496/2022, de 13 de diciembre, el consentimiento para el registro en la vivienda no justifica la atenuante analógica de confesión ya que fueron intervenidas sustancias no valoradas por el Tribunal. Se señala que dicho consentimiento no tiene transcendencia en la medida en que, descubierto el hecho delictivo, ya se iría llevar a cabo dicha diligencia y porque el recurrente había negado la realización de los hechos acusados, lo que hace con que su consentimiento para el registro fuera tenido en cuenta para la graduación de la pena.

En la STS 3789/2019, de 25 de noviembre, sobre estafa procesal, se requiere la aplicación de la atenuante analógica de confesión puesto que habría supuestamente confesado los hechos desde las primeras declaraciones ante la Guardia Civil, hecho que, estrictamente, hace con que sea una confesión después de conocer que el procedimiento se dirigía contra él. Sin embargo, el Tribunal Supremo señala que no cabe la apreciación de la atenuante debido a la poca relevancia de la aportación, puesto que ya existía un informe exhaustivo sobre los hechos realizado por unos detectives contratados por la seguradora. Admitiendo, no obstante, que el Tribunal de origen había aplicado la pena mínima, compensando la actitud procesal en esta sustancial admisión de los hechos. Así, este caso representa bien la intranscendencia de la colaboración, por factores externos, que no puede configurar una atenuante, aunque sí la aplicación de una pena mínima.

*(d.a) Cuando la atenuación carece de transcendencia penológica*

Por otro lado, tenemos casos en los que, aunque pudiera ser reconocida una atenuante analógica de confesión, la misma no produciría efectos porque se limita a permitir la determinación de la pena inferior en grado. Esta problemática nos hace cuestionar la actual forma de concesión de beneficios a los colaboradores. Esto se debe a que, siempre y cuando, debido a otros motivos, ya tengan la pena aplicada en su límite punitivo mínimo, no podrían verse beneficiados por su colaboración, por más útil que fuera.

En la STS 346/2019, de 1 de febrero, el Tribunal Supremo destaca que en el ámbito de un delito de agresión sexual en que ha habido una confesión plena y completa que facilitó de forma relevante el pronunciamiento de condena, faltan elementos de colaboración que justifiquen la aplicación de la atenuante analógica de confesión porque carece de transcendencia penológica en la medida en que la pena aplicada era la mínima. Es decir, es uno de los casos en que los límites de los beneficios actualmente existentes para el colaborador hacen con que él se quede sin un premio en razón de la colaboración, aunque útil, ya que la pena aplicada era la mínima posible.

También, en el ATS 10806/200, de 27 de febrero, aunque el Tribunal Supremo señale que el reconocimiento de los hechos incompleto y elusivo, así como el haber huido para impedir la intervención de la sustancia significarían la no apreciación de la atenuante de confesión y colaboración con la justicia, debido a la pena impuesta ya corresponder al límite mínimo punitivo, la apreciación de la atenuante carecería de todo efecto práctico.

En el ATS 5045/2021, de 15 de abril, aunque el Tribunal Supremo destaque que no cabe la atenuante de confesión porque no se cumplía el requisito cronológico y la colaboración se dio cuando los acusados ya estaban interceptados y detenidos cuando navegaban a bordo de la embarcación con las sustancias, señala que la apreciación de la atenuante no tendría efectos prácticos porque el Tribunal de instancia ya había acordado imponer la pena prevista para el delito —contra la salud pública— en su grado mínimo.

Lo mismo pasa en el marco del ATS 14092/2022, de 29 de septiembre, en que no se aplica una atenuante analógica de confesión ya que el reconocimiento de los hechos se dio tras la rotundidad de las pruebas practicadas y sin el reconocimiento de la calificación jurídica, pero sí se considera dicho reconocimiento a la hora de individualizar las penas impuestas. Y, de hecho, la atenuación no produciría efectos porque, como reflexiona el Tribunal Supremo, la pena ya había sido determinada en la mitad inferior de la franja punitiva.

Sucede algo similar en el ATS 16018/2021, de 11 de noviembre, en que el Tribunal Supremo destaca que, aunque existieran los requisitos para la atenuante —lo que no ocurre dado que sus manifestaciones solamente alcanzaron aspectos evidentes—, carecería de efectos atenuatorios "de la pena pues sólo tendría alguna eficacia en caso de que se apreciara como atenuante muy cualificada lo que, en modo alguno, puede sostenerse en el presente caso".

Desde otra perspectiva, en la STS 3150/2021, de 20 de julio, sobre los delitos de asesinato, agresión sexual y profanación, el Tribunal Supremo reflexiona que no cabe apreciar la atenuante de confesión como muy cualificada, y mantiene la atenuante simple de colaboración apreciada en instancia porque, aunque destaquen haber sido una "concesión benévola", no tiene relevancia respecto a la pena correspondiente al delito de asesinato, puesto que se le aplica una pena de prisión permanente revisable[771]. Es decir, también desde esta otra perspectiva, y en el marco de la imposición de las penas más graves como la de prisión permanente revisable, en la que una rebaja en grado no pudiera producir efectos, tampoco habría premio por la colaboración con la justicia.

*(d.b) Efectos de la atenuante analógica de colaboración en la pena de multa*

Aunque de manera exclusiva, porque abordado solamente en una sentencia, observamos el hecho de que la atenuante analógica de confesión no debe de significar solamente la rebaja en la pena de prisión, sino también en la pena de multa. Esto lo inferimos a través de la STS 3191/2020, de 14 de octubre (caso Gürtel). En esta sentencia, el Tribunal Supremo destaca expresamente que la atenuante analógica de colaboración también debe de producir efectos en la pena de multa, que deberá de ser impuesta en su mínima extensión.

*(d.c) El efecto de la atenuante analógica de confesión a todos los delitos*

La atenuante analógica de confesión se aplica para todos los delitos[772], al contrario de lo que pasaría con los tipos privilegiados que buscan beneficiar a los colaboradores en el marco de delitos específicos.

---

771 Este caso también es interesante en la medida en que, aunque el Tribunal Supremo mantenga la atenuante debido a su irrelevancia para la pena, señala que no cabría dicha atenuación ya que los hechos reconocidos por el acusado no corresponden a la verdad y que su declaración no aportó nada a la descubierta de la verdad.

772 Lo hemos investigado desde una perspectiva dogmática en el capítulo anterior.

En este sentido, la STS 2013/2020, de 19 de junio, sobre los delitos de cohecho, detención ilegal y falsedad en documento oficial, refleja la solicitud de efectividad de la atenuante analógica de confesión, apreciada para el delito de cohecho, también para el delito de detención ilegal. En este caso tenemos una posición favorable del Tribunal Supremo. Se fundamenta en el hecho de que el reconocimiento de los hechos del recurrente también ha ayudado a contextualizar, explicar y conexionar el resto del material probatorio respecto del delito de detención ilegal.

Por otro lado, y de manera más restrictiva, en la STS 3418/2020, de 12 de octubre, se determina que un reconocimiento parcial e incompleto de los hechos en dos —violación y agresión sexual— de los tres hechos delictivos cometidos hace con que no sea posible la extensión de la atenuante analógica de confesión apreciada para uno de los delitos —lesiones—.

Por tanto y en la medida en que tenemos conclusiones tan dispares del Tribunal Supremo, será la realidad del caso concreto la que permitirá extender la atenuante de confesión —o analógica de confesión, en razón de la colaboración— a todos los delitos. A saber, se permite atenuar la pena en el ámbito de todos los delitos de una manera general, siempre y cuando no haya elementos que lo desaconsejen.

### *E) Versus la atenuante de confesión: el uso predominante de la atenuante de confesión en el ámbito de una colaboración con la justicia*

Lo hemos ido indicando a lo largo de los apartados anteriores. No obstante, destacamos como se utiliza el término "atenuante de confesión" aunque en realidad se trate de la colaboración de los acusados. Traemos a colación, al final de este apartado, algunas de las sentencias que de hecho tratan la atenuante de confesión refiriéndose a una confesión con arreglo al requisito temporal y sin debatir cualquier tipo de colaboración. Sin embargo, la realidad es que, en la mayoría de las sentencias en las que se debatía dicha atenuante de confesión, se trataba de su versión analógica, a través del análisis de una colaboración con el proceso.

En este sentido, la STS 110/2019, de 23 de enero[773], analiza una confesión extemporánea junto con la colaboración ante una atenuante de confesión. También, el ATS 4358/2019, de 28 de marzo[774], debate la atenuante de confesión, aunque el análisis del Tribunal Supremo parte de la falta de colaboración relevante y de unas declaraciones realizadas en sede de plenario.

En el ATS 4481/2019, de 4 de abril[775], se inadmite una atenuante de confesión, aunque motivada en una supuesta comparecencia voluntaria en el centro de salud para enterarse por la salud de la víctima de un delito de lesiones y en la confesión a la guardia civil al haber comparecido voluntariamente, porque no se ha facilitado la investigación al no estar disponible en un momento posterior.

En la STS 2393/2019, de 04 de julio, se solicita la atenuante de confesión, fundamentada en un reconocimiento de los hechos tardío y en la aportación realizada a la investigación[776]. Además, en el ATS 8515/2019, de 22 de julio[777], se solicita la atenuante de confesión, basada en el hecho de haberse presentado en el "cuartelillo de la Guardia Civil portando varios objetos sustraídos".

También en el ATS 9979/2019, de 12 de septiembre, tenemos una situación similar en la que el condenado motiva su recurso en la falta de apreciación de una atenuante de confesión, la que reclama como muy cualificada. Sin embargo, el Tribunal Supremo la desestima afirmando que sólo ha habido colaboración una vez que los agentes de Policía habían acudido a su domicilio, que su reconocimiento de los hechos fue parcial y señalando que el Tribunal de instancia ya había valorado de manera integral su colaboración, concluyendo por el no encaje en la atenuante en su forma analógica[778]. Es decir, una vez más, existe una cierta confusión entre ambas atenuantes, que se mezclan

---

773 Analizada previamente en el apartado A.

774 Analizada en este mismo apartado A.

775 Analizado en el apartado B.c.

776 Caso analizado en el apartado E.

777 Analizado en el apartado A.

778 También, la STS 4138/2019, de 12 de diciembre, analizada en el apartado A.a; las SSTS 4287/2019, de 19 de diciembre, 1080/2020 de 18 de mayo, y 8123/2020, de 29 de abril, analizadas en al apartado C; el ATS 2918/2021, de 28 de enero, analizado en el apartado B.g.; y el ATS 5045/2021, de 15 de abril, analizado en el apartado D.a.

en la medida en que la confesión sigue siendo el núcleo central de la interpretación analógica y, a su vez, el reconocimiento de los hechos puede ser interpretado como colaboración *per se*.

Desde una perspectiva bastante distinta, en la STS 646/2020, de 27 de febrero, se requiere la apreciación de la atenuante de confesión como muy cualificada en un delito contra la salud pública a partir de la alegación de que habría reconocido los hechos "mucho antes del juicio oral". Sin embargo, el Tribunal Supremo concluye por su no apreciación en la medida en que el recurrente no habría aportado datos relevantes relacionados a su implicación o a la de otros. Esta sentencia nos hace cuestionar los límites de valoración respecto a la atenuante de confesión, considerando que el Tribunal Supremo hace un análisis de colaboración a la hora de no conceder la atenuante de confesión. En realidad, aquí creemos ser necesario un análisis sobre el momento en que dicho reconocimiento de los hechos fue concretado. Esto se debe a que faltan datos en la sentencia. De manera que no tenemos cómo saber si, por un lado y como en casos anteriores, se está suponiendo la falta del requisito temporal —reconocimiento antes del juicio oral, pero tras conocer el procedimiento— y, por lo tanto, haciendo el análisis de colaboración como posibilidad a la hora de reconocer la atenuante por su vía analógica. O si, por otro lado, el Tribunal Supremo considera necesaria una determinada colaboración para la valoración de la atenuante básica de confesión como muy cualificada.

Así, podemos entender que la confesión o el reconocimiento de los hechos, en la medida en que se constituye como una declaración, puede llegar a ser comprendido como una colaboración y justificar una atenuante analógica de colaboración "si el testimonio del que pretende beneficiarse, exteriorizado después de que el proceso se siga contra él y eventualmente contra otros, es determinante, relevante, decisivo y eficaz, para el esclarecimiento de los hechos y la realización de la justicia", de acuerdo con lo señalado en la STS 1155/2020, de 20 de mayo, en la medida en que no aplica la atenuante.

Por otro lado, sí nos encontramos con algunas sentencias en las que la atenuante de confesión es bien planteada y debatida. En este sentido, en la STS 272/2020, de 6 de febrero, el recurso está motivado en el hecho de que habría reconocido los hechos tanto en sede de instrucción como en previa policial, pero el Tribunal Supremo señala que, como ha negado los hechos durante el juicio oral, postulando la no valoración de la primera declaración inculpatoria, la misma no puede justificar una atenuante de confesión. La STS 457/2021, de 11 de febrero, en que el Tribunal Supremo declara que, aunque haya habido una manifestación espontánea del acusado, no hubo una declaración formal sobre lo acontecido o un reconocimiento de los hechos, tanto que los agentes de la Guardia Civil habrían interpretado su expresión como una pregunta, no un reconocimiento de los hechos. Para terminar, el ATS 17237/2021, de 9 de diciembre[779].

*(e.a) La atenuante analógica de confesión junto con la atenuante de confesión u otras atenuantes*

Desde otra perspectiva, nos deparamos con la STS 4318/2020, de 21 de diciembre, en la que el recurso viene motivado en la no apreciación de la atenuante de confesión como tal, aunque le hubiesen aplicado la atenuante analógica a la de confesión porque habría sido su confesión la responsable de iniciar el procedimiento. Esta sentencia es importante por dos razones. En primer lugar, porque el Tribunal Supremo justifica la no apreciación de la atenuante de confesión no debido al incumplimiento del requisito cronológico, sino porque la confesión "no fue veraz" —en la medida en que estaba acompañada de engaños orientados a disminuir su culpabilidad— ni espontánea, ya que el recurrente habría confesado "ante lo que se sabe irremediable" dado que unos inversores ya venían exigiéndole explicaciones. Así, por primera vez nos encontramos con un caso en que, aunque con arreglo al requisito temporal, una confesión no veraz ni totalmente espontánea es evaluada a la hora de apreciar una atenuante analógica de confesión. Esto se debe a que la colaboración fue relevante y el reconocimiento fue realizado para gran parte de los hechos. En segundo lugar, se determina que las distintas naturalezas de las atenuantes (de confesión o analógica de confesión) carecen de repercusión en la determinación de la pena, razón por la que el motivo de recurso es intranscendente.

También desde esta perspectiva dual, en la que se debate la apreciación de ambas atenuantes, el Tribunal Supremo destaca la imposibilidad de apreciar la atenuante de confesión a un caso en que esta y la colaboración útil fueron concretadas cuando el procedimiento

---

779 Debatido en el ámbito del apartado A.a.

judicial ya se había dirigido contra él. Además, el Tribunal Supremo señala que no cabe la aplicación de una circunstancia atenuante y su analógica al mismo tiempo. A ello, debe añadirse que su eventual estimación supondría una contradicción, pues no se puede afirmar que se aplica la circunstancia atenuante analógica de confesión por faltar el elemento cronológico y, asimismo, reconocer la aplicación de la circunstancia atenuante de confesión que requiere, precisamente, la concurrencia de ese elemento (ATS 13840/2021, de 30 de septiembre).

En el ATS 5509/2022, de 3 de marzo, nos encontramos con una situación similar, pero relacionada a la atenuante de confesión junto con una atenuante de reparación del daño. El recurrente solicita la aplicación de la atenuante de confesión porque habría confesado antes de saber que el procedimiento se dirigía contra él. Sin embargo, el Tribunal Supremo no sólo destaca que su confesión fue realizada después del momento exigido legalmente, sino que la atenuante de confesión no podría ser apreciada ya que los presupuestos fácticos que apoyan su pretensión coinciden con los que anteriormente habían justificado la apreciación de una atenuante de reparación del daño como muy cualificada.

*(e.b) La atenuante analógica de confesión y otras formas de colaboración*

Es relevante, además, reflexionar que un colaborador no se puede beneficiar dos veces debido al mismo acto de colaboración. Y, aunque no hayamos encontrado más que una sentencia que nos permita llegar a esta conclusión, destacamos el ATS 14174/2021, de 2 de noviembre, en que el Tribunal Supremo concluye que no puede apreciar una atenuante analógica de confesión respecto al delito de detención ilegal en la medida en que ya habría sido apreciada la conducta privilegiada del art. 163.2 CP —dar libertad a la víctima antes de que hubiesen transcurridos tres días—.

### *F) La incompatibilidad de la atenuante por colaboración y recursos fundados en la vulneración del derecho a la presunción de inocencia y a un proceso con todas las garantías*

En muchas de las sentencias hemos advertido la constante negativa del Tribunal Supremo en relación con recursos motivados en supuestas vulneraciones del derecho a la presunción de inocencia y/o a un proceso con todas las garantías, cuando formulados en el ámbito de un proceso con la valoración de declaraciones de coacusados —o del propio recurrente— que hayan generado la aplicación de atenuantes analógicas de confesión.

En un primer momento, cuando los recursos son presentados por los propios colaboradores, hay una respuesta más directa por parte del Tribunal Supremo. Así, en la STS 1003/2019, de 1 de abril, el Tribunal Supremo señala que, habiendo sido apreciada la atenuante de reconocimiento tardío, la persona que se ha beneficiado sustancialmente de una reducción de la pena no puede, al haber admitido los hechos acusados por el Ministerio Fiscal, jugar "roles diferentes (...) a la hora de intentar obtener un doble beneficio de las alegaciones de uno y otro en orden al resultado final del juicio" —también se destaca la existencia de otras corroboraciones serias, como las declaraciones de unos funcionarios policiales—. Asimismo, en la STS 2586/2019, de 17 de julio[780], tenemos un recurso fundamentado en la violación de la presunción de inocencia, desestimado por el Tribunal Supremo en la medida en que la recurrente había colaborado con este fin[781]. De manera similar, en la STS 166/2020, de 23 de enero, el Tribunal Supremo discurre que "resulta paradójico que quien sigue enarbolando la presunción de inocencia en casación reclame al mismo tiempo una atenuante de confesión, aunque sea por vía analógica". Además, negar admitir la responsabilidad como estrategia procesal resulta incompatible con cualquier pretensión relacionada con una atenuante de confesión tardía en la STS 2586/2020, de 22 de julio.

En un segundo momento, cuando los recursos son presentados por otros coacusados diferentes del colaborador, la cuestión es planteada a partir de la perspectiva de corroboración de la prueba. Esta problemática será abordada en el siguiente apartado.

---

780 Que será mejor analizada en el ámbito del apartado I.

781 Así, hay que resaltar que el Tribunal sí que ha reconocido penalmente la colaboración en la investigación de la recurrente, por cuanto le ha apreciado la atenuante de confesión, ya que señala en la sentencia que "Zaira, desde la fase de instrucción (folios 2826 a 2835 y 3106 a 3110) ha venido admitiendo su colaboración consciente en la fraudulenta actividad de envíos de dinero y la intervención que en ella tenían otros acusados, por lo que sí debe aplicarse en su caso la circunstancia atenuante solicitada, como analógica".

### *G) La virtualidad probatoria de las declaraciones y su corroboración ante otros coacusados*

En la STS 410/2019, de 12 de febrero, se destaca que la colaboración de unos coacusados, simplemente por el hecho de que hayan obtenido un beneficio —aunque en virtud de un acuerdo de conformidad—, no significa que las declaraciones carecen de virtualidad probatoria, sino que debe probarse una falta de credibilidad, por un lado, o, por otro lado, la insuficiencia de la motivación de la prueba llevada a cabo por el Tribunal.

Así, en la STS 1507/2019, de 9 de mayo, se analiza la jurisprudencia del Tribunal Constitucional y del Tribunal Europeo de Derechos Humanos (TEDH), destacándose el criterio de corroboración de la STC 233/2002, de 9 de diciembre, referente a que se reitera el criterio de que la exigencia de corroboración se concreta en dos ideas: "1.- Que la corroboración no ha de ser plena, ya que ello exigiría entrar a valorar la prueba, posibilidad que está vedada tanto al Tribunal Constitucional como a esta propia Sala Casacional, sino mínima; y 2.- Que no cabe establecer qué ha de entenderse por corroboración en términos generales, más allá de la idea obvia de que la veracidad objetiva de la declaración del coacusado ha de estar avalada por algún hecho, dato o circunstancia externa, debiendo dejar al análisis caso por caso la determinación de sí dicha mínima corroboración se ha producido o no".

También, y de manera más específica en el ámbito de testimonios obtenidos mediante la promesa de reducción de pena, la STS 3326/2019, de 29 de octubre, analiza que "el hecho de que se deriven beneficios de la delación ha de ser sopesado, pero no lleva ineludiblemente a negar valor probatorio a la declaración del coacusado. El Tribunal Constitucional ha afirmado que el testimonio obtenido mediante promesa de reducción de pena no comporta una desnaturalización que suponga en sí misma la lesión de derecho fundamental alguno. Igualmente ha expresado que la búsqueda de un trato de favor no excluye el valor de la declaración del coacusado, aunque en esos casos exista una mayor obligación de graduar la credibilidad (por todas STS 279/2000, de 3 de marzo)".

La STS 259/2020, de 28 de enero, es relevante en la medida en que llama la atención para otro problema además de la corroboración —la que exige que declaraciones de coacusados sean avaladas por algún "hecho, dato o circunstancia externa"—, relacionado con la imposibilidad de corroborar la declaración de un coacusado con la declaración de otro coacusado, habiendo la necesidad de un examen probatorio "reforzado" en la motivación de la sentencia. Esto porque, según discurre el Tribunal Supremo, "la preocupación gira alrededor de la posición que ocupa el coacusado en el proceso, que no comparece como testigo, obligado como tal a decir la verdad y conminado con la pena correspondiente al delito de falso testimonio, sino como acusado y por ello asistido a de los derechos a no declarar en su contra y a no reconocerse como culpable, por lo cual no está obligado legalmente a declarar, pudiendo callar total o parcialmente. Precisamente en atención a esas reticencias se ha afirmado que la declaración incriminatoria del coacusado carece de consistencia plena como prueba de cargo cuando, siendo única, no resulta mínimamente corroborada. Es la existencia de alguna corroboración lo que permite proceder a la valoración de esa declaración como prueba de cargo".

Esta sentencia es importante porque reafirma la posición del colaborador en el proceso, aunque sin especificar qué posición ocuparía en la medida en que es un colaborador "premiado".

La STS 2987/2020, de 23 de septiembre, nos ofrece más detalles y señala, por ejemplo, que la declaración de un testigo no es invalida, aunque haya cambiado de estatus, puesto que, en principio, y como testigo, estaba obligado a decir la verdad. En este caso, se destaca que el cambio de estatus ocurrió cuando la declaración se produjo a presencia de Letrado. Y, en la medida en que cuenta hechos que pueden ser constitutivos de delito puede merecer la concesión del rango de "testigo protegido". En esta sentencia, además, el Tribunal Supremo advierte con mayores pormenores la cautela en torno a la valoración de las declaraciones realizadas por acusados: "cuando sea prueba única podía concretarse en las siguientes reglas: a) La declaración incriminatoria de un coacusado es prueba legítima desde la perspectiva constitucional. b) La declaración incriminatoria de un coacusado es prueba insuficiente, como prueba única, y no constituye por sí sola actividad probatoria de cargo bastante para enervar la presunción de inocencia. c) La aptitud como prueba de cargo suficiente de la declaración de un coacusado se adquiere a partir de que su contenido quede mínimamente corroborado. d) Se considera corroboración mínima la existencia de hechos, datos o circunstancias externos que avalen de manera genérica la veracidad de la declaración y la intervención en el hecho concernido. e) La valoración de la existencia de corroboración del hecho concreto ha de realizarse caso por caso. f) La declaración de un coacusado no se corrobora suficientemente con la de otro coacusado. 7.- La corroboración. (.) Surge así, como cuestión esencial, cuándo debe considerarse mínimamente corroborado el contenido de la declaración del coacusado que incrimina, en orden a enervar el derecho a la presunción de inocencia de un acusado y respecto de una acusación concreta. Y si la jurisprudencia de esta Sala refleja que para ello deben aportarse hechos, datos o circunstancias externos que avalen de manera genérica la veracidad de la declaración y la intervención en el hecho concernido, una visión respetuosa con el núcleo esencial del derecho constitucional afectado, no pasa por que la demostración de veracidad se proyecte sobre cualquier extremo del relato sometido a análisis, sino sobre un punto de la declaración que esté específica y directamente relacionado con los hechos punibles. Dicho de otro modo, por más que la corroboración objetiva no alcance la plenitud de la tesis acusatoria, esto es, de los elementos objetivos y subjetivos del tipo penal que pretende aplicarse, así como de la participación que pudiera tener en ellos el acusado, pues en tal coyuntura nos encontraríamos con la adecuada y perfecta aportación de un cuadro probatorio que sostenga la declaración de responsabilidad, sí que es preciso que se justifique fría e impersonalmente que la veracidad de las afirmaciones del coacusado se cernía sobre el pasaje específico de atribución de responsabilidad, lo que exige la acreditación de alguno de los extremos esenciales relativos a la puesta en peligro del bien jurídico y a la participación".

En este sentido, la STS 3893/2020, de 30 de septiembre, es interesante porque destaca que las declaraciones de carácter incriminatorio ante otros coacusados son corroboradas por una abundante prueba documental y, en cuanto a la fiabilidad, viene avalada por la misma prueba documental y la coincidencia entre las distintas manifestaciones[782].

---

782 De la misma manera, la STS 3319/2022, de 15 de septiembre. De manera menos relevante, pero corroborando este posicionamiento, la STS 3847/2019, de 19 de

Desde otra perspectiva, la STS 3326/2019, de 29 de octubre, destaca que "la persona que ha sido juzgada por unos hechos y con posterioridad acude al juicio de otro acusado para declarar sobre esos mismos hechos, declara en el plenario como testigo, y, por tanto, su testimonio debe ser valorado en términos racionales para determinar su credibilidad". Acentúan y analizan la ausencia de "ánimo de venganza del recurrente" en la medida en que ya había sido condenado. No obstante, aunque este caso señale que el colaborador ya condenado prestará declaración en calidad de testigo, destaca que su "testimonio" era válido porque anteriormente había sido suficientemente corroborado por la investigación policial realizada.

### *H) El principio de proporcionalidad ante varios colaboradores y la personalidad de la atenuante analógica de confesión*

LA STS 1358/2019, de 2 de abril, es paradigmática al estimar un recurso motivado en la vulneración del principio de igualdad y proporcionalidad. Fueron reconocidas las atenuantes de confesión tardía y reparación parcial del daño a varios coacusados. Por un lado, fue impuesta la pena de tres años y seis meses de prisión a unos condenados por unos delitos más graves —estafa, fabricación y uso de tarjetas de crédito falsas—. Por otro lado, al recurrente, condenado solamente por un delito de falsificación de tarjetas con las mismas circunstancias atenuantes, le habría sido impuesta la pena de tres años y tres meses de prisión. Por tanto, el Tribunal Supremo estima la vulneración del principio de proporcionalidad y procede a recalcular las penas.

Asimismo, se aprecian alegaciones de tratos desiguales —basadas en la vulneración del principio de igualdad del art. 14 CE— entre unos coacusados que han reconocido los hechos y colaborado y, por ello, han tenido reconocidas las atenuantes analógicas de confesión, y otro que no ha confesado. El Tribunal Supremo afirma, acertadamente, que el haber colaborado y recibido un beneficio en la forma de la atenuante no supone un "trato discriminatorio a quienes no lo han hecho", puesto que "la situación procesal de unos y otros acusados

---

noviembre, señala que las declaraciones de un coacusado habían sido debidamente valoradas junto al resto del material probatorio en el acto del juicio oral.

es distinta y no ha habido discriminación en el trato punitivo porque para apreciar la vulneración del principio de igualdad se precisa que la situación de hecho sea semejante, lo que aquí no acontece" (STS 918/2020, de 12 de marzo).

Es decir, habiendo colaboradores con beneficios distintos, apreciada o no la atenuante analógica de confesión, la cuestión es determinar si ha habido una acción distinta por parte de estos supuestos colaboradores. Esto se debe a que, habiendo una situación procesal diferente, tampoco habrá trato discriminatorio en la valoración de la pena. Esto lo analizamos en el siguiente subapartado.

Además, la personalidad de la atenuante analógica de confesión es examinada en el marco de los siguientes casos. En el ATS 13525/2021, de 7 de octubre, el Tribunal Supremo valora ampliamente que la atenuante analógica de confesión apreciada a un coacusado debe de ser mantenida como simple porque, aunque haya entregado la droga voluntariamente y facilitado la localización del otro acusado, los propios agentes policiales ya se encontraban *in situ* y lo detuvieran en el ámbito de unas investigaciones ya desarrolladas. Además de esto, el Tribunal Supremo destaca, respecto a un recurso de un coacusado que se adhiere a la casación del primero —que solicita la apreciación de la atenuante como muy cualificada—, el hecho de que es "una circunstancia atenuante eminentemente personal, que sólo puede ser aplicada a quien realiza útiles y eficaces actos de colaboración con la Justicia".

En este sentido, en la STS 4068/2021, de 27 de octubre, el Tribunal Supremo mantiene la diferenciación entre dos coacusados de la atenuante analógica de confesión que, a uno había sido apreciada como muy cualificada y al otro como simple. Destaca que esta diferenciación es plenamente posible dado que el que tuvo la apreciación como muy cualificada habría confesado ampliamente de manera a dejar acreditada su participación en el "envío desde Brasil", aportando un "testimonio útil además en el descubrimiento de la verdad en lo relativo a la participación del resto de los hoy acusados". Por otro lado, el segundo coacusado —al que le fue apreciada la atenuante como simple— habría confesado de forma tardía sin la misma "idéntica y especial intensidad".

### *I) Posibles pactos y acuerdos con la Fiscalía*

Durante esta investigación jurisprudencial nos deparamos con más sentencias que corroboraron lo inicialmente contemplado en la sentencia referida en sede de introducción sobre la primera fase del caso Gürtel. A saber, con menciones a unos supuestos pactos o acuerdos entre el Ministerio Fiscal y los colaboradores.

En este sentido, en la STS 2586/2019, de 17 de julio, sobre los delitos de blanqueo de capitales, contra la salud pública y tenencia ilícita de armas, se motiva el recurso cuarto por "" inaplicación de la atenuante de los arts. 21.7.a y 21.4.a CP, puesto que mis representados reconocieron los hechos ante el Ministerio Fiscal acordándose una pena de 1 año de prisión en un acuerdo que se llegó con él con ella (Sra Fiscal) antes de empezar el juicio para manifestando la misma, el día que se elevaron las conclusiones a definitivas que no lo hizo puesto que, los señores Miguel y su esposa Sra. Virtudes, no inculparon al resto de acusados, por lo que claramente se vulneró el principio de pacto entre las partes".

Se entiende que ha habido un acuerdo entre los investigados y la Fiscalía para que estos colaborasen incriminando a otros coacusados en cambio de una pena de un año de prisión, justificada por la aplicación de una atenuante analógica de confesión. El Tribunal Supremo hace un examen separado para todos los condenados, determinando que para uno se desestima el recurso dado que no existen datos para "modificar la penalidad impuesta que se considera ajustada a derecho por el tipo penal y la colaboración" —pena de 4 años y cuatro meses de prisión, con multa y otras circunstancias, por un delito de blanqueo de capitales—. No obstante, para otro recurrente, el Tribunal Supremo determina que la rebaja solicitada por una atenuante de confesión analógica no se aplica en su caso "dada la gravedad de la conducta desplegada por el recurrente", la que analiza con detalles. Lo que aquí queremos señalar, sin embargo, es la existencia de un pacto entre partes, realizado de manera extraprocesal entre el Ministerio Fiscal y los condenados, a sabiendas de la justicia, y sin regulación ninguna, que acaba no siendo respetado en la medida en que, de acuerdo con la Fiscalía, no ha habido la inculpación prometida en el pacto. Asimismo, debido a la falta de registro y control de dicho acuerdo, es difícil realizar un control posterior, que fuera capaz de garantizar el principio de igualdad o proporcionalidad.

También, en la STS 3998/2022, de 8 de noviembre, el Tribunal Supremo reflexiona que, en razón de la aplicación por el Tribunal de instancia de la atenuante analógica de confesión, la que "fue reclamada por el Fiscal y, por tanto, no podía ser rechazada" hace con que desconcierte la alegación de vulneración del derecho a la presunción de inocencia. No obstante, el Tribunal Supremo concluye que dicha atenuante fue apreciada porque no podía ser rechazada, dado que no hubo reconocimiento de la culpabilidad, sino sólo de unos hechos objetivos externos, de manera que la paradoja entre la apreciación de la atenuante y el recurso sobre la vulneración del derecho a la presunción de inocencia puede ser explicada. Es verdad que nos faltan datos para afirmarlo con seguridad, pero podemos inferir la realización de algún pacto con el Ministerio Fiscal que involucró dicho reconocimiento de los hechos a cambio de la atenuante reclamada y, por otro lado, la posición del Tribunal Supremo respecto a la imposibilidad de apreciar vulneración a la presunción de inocencia cuando ha habido apreciación de una atenuante de confesión, aunque analógica.

### *J) Las conformidades parciales a las que son aplicadas atenuantes analógicas de confesión*

Otro elemento que hemos analizado a lo largo de los cuatro años, en varias sentencias del Tribunal Supremo, es el mantenimiento de atenuantes analógicas de confesión, o similares, como solicitadas por el Ministerio Fiscal, en razón de conformidades previas que, debido a la existencia de coacusados que no han querido conformarse, no podían concluir en una sentencia de conformidad.

Así, la STS 410/2019, de 12 de febrero, en el ámbito de un delito contra la salud pública y de pertenencia a grupo criminal, señala la aplicabilidad de una atenuante de confesión a los acusados, de acuerdo con la petición del Ministerio Fiscal debido a una conformidad previa. Se destaca que, aunque hayan obtenido de esta conformidad un beneficio, las declaraciones que habían realizado carecen de virtualidad probatoria, es decir, no constituirían una colaboración útil en los términos necesarios para dicha atenuante.

También, en la STS 1601/2021, de 7 de abril, aunque en referencia a un recurso motivado en la indebida no apreciación de la atenuante analógica de confesión, el Tribunal Supremo menciona, refiriéndose a la sentencia recurrida, que hubo acuerdos de conformidad con otros acusados. Entendemos que no han dado lugar a sentencias de conformidad debido a la ilegalidad de la conformidad parcial, y que, en razón de esos acuerdos, el Tribunal aplicó a los que se habían conformado atenuantes muy cualificadas analógicas de reconocimiento de los hechos porque "estaba obligado a hacerlo aplicando y no superando las penas interesadas". Además, el propio Tribunal señala el hecho de que estes acuerdos y la consecuencia penal no suponen una vulneración del derecho de igualdad. Es decir, no sólo advertimos la apreciación de una atenuante analógica de confesión en razón de una conformidad "frustrada", porque parcial, sino también la existencia de un acuerdo con la Fiscalía, que había vinculado el Tribunal a aplicar dicha atenuante sin superar "las penas interesadas".

De manera similar[783], en la STS 1301/2021, de 8 de abril, el Tribunal Supremo destaca que para el coacusado que había firmado un escrito de acusación junto con las acusaciones, el que "no puede considerarse como una conformidad estricta, inviable en cuanto el resto de los acusados no reconoció hecho delictivo alguno", pueda ser fijado por la fiscalía un quantum de pena proporcional a su actuación procesal. En este sentido, y para este coacusado, se le aplica una atenuante analógica de confesión, como premio a su conformidad negociada anteriormente realizada. Es verdad, sin embargo, que en este caso la sentencia analizada también deja transparecer que hubo declaraciones de unos coacusados —posiblemente del que se había conformado— que fueran valoradas juntamente con otras pruebas. De tal manera que, estas declaraciones, si consideradas útiles y unidas a un reconocimiento de los hechos, podrían generar la aplicación de esta atenuante analógica de confesión independientemente de la conformidad. Para terminar, esta sentencia nos parece relevante porque

---

783 También, aunque sin más detalles en la medida en que se refiere a la sentencia de instancia, la STS 2841/2021, de 24 de junio, destaca la concurrencia de la atenuante analógica de confesión a varios coacusados "por conformidad con el escrito de acusación del Ministerio Fiscal como autor de un delito de blanqueo de capitales".

el Tribunal Supremo hace una evaluación general de esta práctica, señalando que, "como reconoce la mejor doctrina, en estos casos la filosofía de la conformidad suele centrarse en que al acusado le puede suponer ser más ventajoso reconocer los hechos y conseguir una rebaja de la pena, si así se pactara con el Fiscal que la exposición a una pena mayor si se desarrolla el juicio en condiciones normales. Por ello, generalmente, las conformidades van aparejadas a una cierta rebaja de la penalidad por las acusaciones que determina la coralaria conformidad del acusado (...). En este caso, la modificación de conclusiones del Ministerio Fiscal para con el condenado Justino no ha causado al recurrente en ningún momento indefensión".

En la STS 4500/2022, de 13 de diciembre, tenemos una situación única en el ámbito de unos delitos de malversación, prevaricación administrativa y falsedad en documento mercantil. El Tribunal Supremo aprecia el recurso de casación de uno de los condenados motivado en la no apreciación de una "atenuante de confesión tardía" cuando a los otros coacusados en idénticas circunstancias sí se les había reconocido. El Tribunal Supremo señala que a estos coacusados se les habría apreciado una atenuante analógica de confesión tardía de los hechos porque habrían: prestado su conformidad con el Fiscal, la acusación particular y popular o sólo a alguna de estas partes, algunos habían acogido al derecho a no declarar en el juicio y solamente habían ratificado el acuerdo de conformidad con su reconocimiento de los hechos. Por otro lado, el Tribunal Supremo destaca que el recurrente también había firmado un acuerdo de conformidad, hasta antes que los demás coacusados, de manera que constatan "una clara vulneración del principio de igualdad que consagra el art. 14" de la Constitución y le aprecian la misma atenuante de reconocimiento tardío de los hechos.

De manera menos clara, la STS 2296/2022, de 8 de junio, retrata una casación solicitando la aplicación de una atenuante de confesión en el ámbito de delitos contra la salud pública y de pertenencia a grupo criminal porque dicha atenuante había sido aplicada a los otros dos coacusados. El Tribunal Supremo, al negar esta atenuante, señala que el recurrente no confesó, sino que solamente reconoció parcialmente los hechos en un proceso dónde ya habían sido hallados restos de ADN suyos. Por tanto, destaca que para los otros coacusados fue posible la apreciación de la atenuante analógica muy cualificada de reconocimiento de los hechos porque habían reconocido "integralmente, de forma tardía, los hechos de los que eran objeto de acusación, así como con las penas que se interesaba por el Ministerio Público". En este sentido, y sin la existencia de más datos, nos preguntamos si estamos ante otro caso en el que ha habido conformidad —reconocimiento de los hechos y aceptación de la pena solicitada, como retratado— y que, debido a la imposibilidad de las conformidades parciales, se les aprecia un premio —muy cualificado, que implica la máxima atenuación— por este comportamiento a través de la atenuante analógica de confesión —aquí denominada "de reconocimiento de los hechos"— aunque no haya colaboración *per se*, como podría ser la aportación de elementos probatorios.

### *K) La colaboración en el ámbito de una persona jurídica y la comunicación de los actos de colaboración*

Entre todas las sentencias analizadas, tenemos una del año de 2020 que nos permite llegar a las conclusiones de este apartado. Es la STS 3201/2020, de 8 de octubre, sobre la aplicación de una atenuante de confesión y de colaboración con la justicia a unos delitos contra la Hacienda Pública, en la que el Tribunal Supremo evalúa un caso en que habían sido reconocidas en instancia las atenuantes simples de confesión y la cualificada de colaboración con la investigación a una persona jurídica (la entidad Rayo...).

El Tribunal Supremo destaca, en un primer momento, la no aplicación de la atenuante de confesión al recurrente porque no habría reconocido su participación en los hechos delictivos. Por otro lado, destaca que tampoco le podrían apreciar la atenuante por colaboración una vez que dicha colaboración fue prestada por la persona jurídica a través de un representante cuyo poder había sido otorgado por el nuevo propietario de la sociedad. De esta manera, no puede haber comunicación de la atenuante de colaboración, apreciada a la persona jurídica, a un recurrente relacionado con el Consejo de Administración anterior, que no ha efectivamente actuado bajo las nuevas órdenes relacionadas a la colaboración con la administración fiscal.

Por lo tanto, señalamos la incomunicación de los actos de colaboración, cuando practicados por una persona jurídica, entre las personas físicas realmente responsables de dicha colaboración —en el caso, los nuevos propietarios— y los anteriormente responsables de la administración y gerencia de la sociedad.

Además, subrayamos la convivencia de dos atenuantes, una debido a la confesión con arreglo al requisito temporal —antes de conocer que el procedimiento judicial se dirige contra ella— y otra debido a la colaboración en la investigación del hecho con la aportación de pruebas nuevas y decisivas. Si bien en el ámbito de las personas físicas ambas atenuantes no podrían convivir, en la medida en que la atenuante por la colaboración depende del cumplimiento de la confesión como elemento básico de la atenuante original, en la colaboración prestada por una persona jurídica las dos atenuantes vienen independientemente reguladas en el art. 31 quater del Código Penal, posibilitando una mayor atenuación de la pena.

### L) *La conclusión del propio Tribunal Supremo respecto a la atenuante analógica de confesión (STS 4619/2022, de 23 de noviembre)*

En la STS 4619/2022, de 23 de noviembre, una de las últimas sentencias analizadas, el Tribunal Supremo hace un resumen de la jurisprudencia en torno a la atenuante de confesión y su versión analógica, la que traemos en seguida junto con una evaluación a partir de los elementos abordados a lo largo del apartado 3.2.1: "En efecto en relación a la atenuante de confesión del art. 21.4 CP la jurisprudencia de esta Sala, manifestada entre otras en SSTS 216/2011 de 14 de abril, 6/2010 de 27 de enero, 1238/2009 de 11 de diciembre, 25/2008 de 29 de enero, 544/2007 de 21 de junio, 1071/2006 de 9 de diciembre, ha puesto de relieve que la razón, la atenuante no estriba en el factor subjetivo de pesar y contrición, sino en: 1. Dato objetivo: El dato objetivo de la realización de actos de colaboración a la investigación del delito. 2. Elemento cronológico. Se destaca como elemento integrante de la atenuante, el cronológico, consistente en que el reconocimiento de los hechos se verifique antes de que el inculpado conozca que es investigado procesal o judicialmente por los mismos. 3. Procedimiento y su inicio. En el concepto de procedimiento judicial se incluye la actuación policial (SSTS 21 de marzo de 1997 y 22 de junio de 2001), que no basta con que se haya abierto, como se decía en la regulación anterior, para impedir el efecto atenuatorio a la confesión, sino que la misma tendrá la virtualidad si aún no se había dirigido el procedimiento contra el culpable, lo que ha de entenderse en el sentido de que su identidad aún no se conociera. La razón de ser del requisito es que la confesión prestada, cuando ya la Autoridad conoce el delito y la intervención en el mismo del inculpado, carece de valor auxiliar a la investigación. 4. La veracidad de lo confesado. Otro requisito de la atenuante es el de la veracidad sustancial de las manifestaciones del confesante, sólo puede verse favorecido con la atenuante la declaración sincera, ajustada a la realidad, sin desfiguraciones o falacias que perturben la investigación, rechazándose la atenuante cuando se ofrece una versión distinta de la luego comprobada y reflejada en el "factum", introduciendo elementos distorsionantes de lo realmente acaecido (SSTS 22 de enero de 1997, 31 de enero de 2001). Tal exigencia de veracidad en nada contradice los derechos constitucionales "a no declarar contra sí mismo" y "a no confesarse culpable" puesto que ligar un efecto beneficioso o la confesión voluntariamente prestada, no es privar del derecho fundamental a no confesar si no se quiere (STC 75/87 de 25 de mayo).

Sobre el concepto de la "veracidad" se recoge que en el caso de la confesión: "Esta debe reunir los caracteres de ser veraz, clara y completa. Se impone una actuación veraz del responsable, una declaración sincera ajustada a la realidad, acerca de su participación en el delito. Sin desfiguraciones o falacias que perturben la investigación, rechazándose la aplicación de la atenuante cuando se ofrece una versión distinta de la luego comprobada y reflejada en el factum, introduciendo elementos distorsionantes de lo realmente acaecido. Se desautoriza la confesión falsa, tendenciosa o equívoca".

Así: 1. La STS núm. 198/2004, de 18 febrero desestimó la aplicación de la atenuante porque la confesión era una admisión parcial y no relevante de los hechos;2. La STS núm. 411/2003, de 17 marzo rechazó la atenuación porque la confesión no resultó veraz ni facilitó la totalidad de los datos necesarios para esclarecer los hechos; 3. La STS núm. 1479/2003, de 11 noviembre, no aplicó la atenuante porque los hechos resultan seriamente distorsionados en la versión que se ofrece de los mismos por el acusado; y 4. La STS núm. 612/2003 de 5 de mayo, rechazó la aplicación de la atenuante de confesión por haberse omitido datos esenciales en la declaración prestada ante la policía, resultando sesgada e incompleta la confesión (...)".

Sobre las conclusiones del Tribunal Supremo sobre la atenuante de confesión en su modalidad simple, nada tenemos que añadir, porque es completamente de acuerdo con lo analizado no solamente en el ámbito del tercero capítulo, sino con la mayoría de las sentencias[784] dado que, con pocas excepciones, la confesión y el reconocimiento de los hechos que motiva la interpretación analógica de esta atenuante también debe de ser veraz y completa, incluyendo el reconocimiento de la calificación jurídica y excluyendo actos de exculpación.

El Tribunal Supremo sigue su evaluación sobre los casos de colaboración con la justicia: "En los casos en que nos encontramos ante un supuesto de colaboración y auxilio con la Administración de Justicia, es necesario valorar las circunstancias y contenido de las confesiones y su incidencia sobre el desarrollo de la investigación procesal en marcha.

Con respecto a la cualificación viene determinada y se estima por:

a. La espontaneidad y claridad de las manifestaciones

b. Por el hecho de haber facilitado datos que, de otra forma, no se hubieran conocido o hubiera sido difícil conocer por las autoridades encargadas del caso.

c. Por otro lado, la declaración tiene que ser plena y sin matices que enturbien las operaciones de investigación, facilitando todos los detalles necesarios para esclarecer los hechos (STS núm. 1116/2000, de 24 de junio).

d. En este mismo sentido, concurrirá esa intensidad a la que se ha hecho referencia, superior a la que sería exigible para la aplicación de la atenuante simple en estudio, cuando se fundamente en las circunstancias personales del acusado y razones de justicia, tal es el caso de la STS núm. 394/2002, de 8 de marzo en que se aplicó esta circunstancia como muy cualificada teniendo en cuenta, además de la colaboración mostrada, la edad del acusado (apenas 20 años), la admisión de su culpabilidad y el deseo de resocialización que se desprendía de su actitud colaboracionista. hechos, rebasó de modo notable lo que por sí sólo ya habría bastado para operar como atenuante simple, ya sí la STS núm. 1069/2003, de 22 de julio consideró como factor que justificó la estimación de la circunstancia como muy cualificada que

---

[784] Como comprobado en el apartado A.

el cadáver fue hallado al confesar el acusado e indicar el lugar donde se encontraba.

f. Las SSTS núm. 1234/2003, de 1 de octubre; núm. 66/2002, de 29 de enero; núm. 216/2001, de 19 febrero, ynúm. 65/2001, de 29 de enero, que apreciaron esa especial intensidad en la colaboración del acusado con la justicia porque no sólo reconoció a las autoridades su infracción, sino que les proporcionó datos y colaboró en forma activa en las operaciones judiciales montadas para la localización y detención de otros partícipes en el delito, y que posibilitaron la condena de los responsables de la organización delictiva.

Supuestos de desestimación:

a. La no apreciación de esa relevancia o intensidad en la colaboración con la administración de justicia, y así las SSTS núm. 454/2004, de 6 de abril; núm. 466/2004, de 7 de abril; núm. 780/2003, de 29 de mayo; núm. 295/2001, de 2 de marzo, y núm. 116/2000, de 24 de junio, rechazaron su aplicación por considerar que la colaboración no fue total y espontánea, no teniendo relevancia ni fuerza intensiva.

b. Las SSTS núm. 202/2004, de 20 de febrero, y la núm. 167/2004, de 13 de febrero, entendieron que la aportación del acusado en su declaración no alcanzó ese grado de eficacia y contenido positivo requerido para la especial consideración como atenuante muy cualificada.

c. La STS núm. 1756/2003, de 2 de enero de 2004, no la apreció como muy cualificada por el fácil descubrimiento y esclarecimiento posterior de los hechos.

d. La STS núm. 780/2003, de 29 de mayo, no apreció la atenuante como muy cualificada porque aun confesando el crimen, no lo hizo con los detalles que rodearon su ejecución, hasta el punto de tener que recurrir el Tribunal a otros elementos probatorios y complementarios y a las pertinentes inferencias para acreditar la concurrencia de la alevosía.

e. También se ha desestimado su fuerza atenuatoria cualificada cuando tras la confesión de haber matado a un compatriota, luego quedó contradicha por un intento de atribuir a persona desconocida la acusación del hecho en la STS 647/2000, de 17 de abril".

Estas conclusiones del Tribunal Supremo, aunque basadas en sentencias menos actuales que las analizadas en el ámbito de nuestra investigación, con detalles que sólo se aplican a cada uno de los casos concretos, nos permiten confirmar algunas de nuestras conclusiones. Una de ellas, relacionada con la inseguridad jurídica en la evaluación de la colaboración, ya sea a partir de la apreciación de la espontaneidad o claridad de las manifestaciones o la intensidad de la colaboración. Por otro lado, verificamos de manera cierta el hecho de que la colaboración debe de ser plena y proporcionar datos, informaciones y/o pruebas que no hayan sido ya descubiertas a través de las operaciones de investigación.

### 3.2.2. Los tipos privilegiados

Aunque hayamos analizado las pocas sentencias en que el debate gira en torno a algún tipo privilegiado de colaboración, traemos a este apartado de análisis cualitativo las conclusiones más importantes respecto a estos escasos casos concretos.

La STS 4375/2019, de 4 de abril, en el ámbito de una colaboración con la justicia fundamentada en los arts. 368.2 y 376 CP, en un delito contra la salud pública, destaca su inaplicación ya que falta la acreditación del abandono voluntario de la actividad y de la colaboración activa, aunque el recurso se base en una supuesta colaboración de los acusados con la policía a la hora de desarticular otros grupos delictivos. En el marco de este mismo tipo privilegiado del art. 376 CP, en la STS 1654/2019, de 22 de mayo, el Tribunal Supremo fundamenta su no aplicación porque "los agentes de la guardia civil y los mossos descuadra se manifiestan que el acusado no colabora para impedir la producción del delito".

En el ATS 762/2019, de 20 de junio, el Tribunal Supremo señala que es posible la concesión de atenuantes a la colaboración de la coacusada por los delitos contra la salud pública porque, con relación a ella, los agentes declararon la ayuda a la investigación, cuando el recurrente no prueba el abandono de la actividad ilícita ni la colaboración eficaz, habiendo sido detenido en contra de su voluntad y en la medida en que ya había sido identificado por parte de los agentes de policía —aunque el recurso se basa en haber aportado elementos esenciales para su propia detención—. Esta sentencia es relevante en la medida en que analiza los términos generales de este tipo privilegiado, señalando que "el precepto fija también unos requisitos de carácter parcialmente acumulativo, ante cuya concurrencia gozará el Tribunal de potestad para poder rebajar la pena en uno o dos grados, sin merma alguna de la exigencia motivacional. Se establece así la posibilidad de reducir la pena a aquellos sujetos que, habiendo abandonado voluntariamente las actividades delictivas, asimismo colaboren activamente con las autoridades o sus agentes. Las finalidades que pueden pretenderse con esa actitud colaboradora sí pueden ser alternativas, describiéndose en el precepto sustantivo como impedir la producción del delito, obtener pruebas decisivas para la identificación o captura de otros responsables, o bien impedir la actuación o desarrollo de las organizaciones o asociaciones a las que haya pertenecido o con las que haya colaborado. No es necesario, en este caso, que se conjuguen todas: bastará una sola de ellas. La confesión de los hechos debe redundar, por lo tanto, en una colaboración eficaz con alguna de las finalidades expuestas, no pudiendo operar el tipo privilegiado en otro caso, sino a lo sumo la atenuante de confesión a la que con carácter general se refiere el art. 21.4.a CP, de darse sus presupuestos".

Sobre el mismo tipo privilegiado, del art. 376 CP, en el ATS 12480/2021, de 23 de septiembre, el Tribunal Supremo destaca que, a pesar de la declaración del recurrente que indicaba el lugar de una persona fugada, no se puede apreciar la rebaja de pena poque la justicia ya constaba su identificación, de manera que la colaboración del recurrente no fue útil en la medida en que también la ubicación de esta persona ya había sido comunicada por la Interpol con independencia de lo que el acusado dijera. Además, porque tampoco cumplía con el requisito de abandonar voluntariamente la actividad ilícita.

En el ámbito de la malversación, tenemos la STS 3704/2019, de 21 de noviembre, en que se solicita la rebaja del art. 434 CP. En este caso, el Tribunal Supremo señala que unreconocimiento parcial de los hechos, junto con la mera imputación del delito a otras personas sin más pruebas que la propia declaración son insuficientes a los fines pretendidos. Esto se debe a que, de acuerdo con el tipo penal, la colaboración como conducta alternativa a la reparación efectiva e integra del perjuicio causado, debe de ser para el esclarecimiento de los hechos. Destacamos que, en este caso, hubiera un reconocimiento completo de los hechos, podría ser aplicable la atenuante analógica de confesión según lo observado a partir de las demás sentencias, puesto que en muchas de ellas la declaración fue aceptada como colaboración o, incluso, el mero reconocimiento de los hechos en el ámbito de conformidades.

Respecto al tipo privilegiado previsto en el delito de grupos y organizaciones criminosas (art. 570 *quater* CP), tenemos la STS 2017/2020, de 17 de febrero, en que se requiere la aplicación de la atenuante por el tipo privilegiado, aunque en instancia le fuera apreciada una atenuante "de colaboración como muy cualificada". El Tribunal Supremo reconoce la validad de la colaboración. Sin embargo, señala que, debido a la ausencia del abandono voluntario, dado que la colaboración ocurrió tras su detención y que permaneció en la actividad delictiva aún después de iniciar su colaboración con la policía, no se le puede aplicar el beneficio del tipo privilegiado.

### 3.3. *Las preguntas que se quedan fuera del ámbito de esta investigación*

Son varias las preguntas que se quedan fuera del ámbito de investigación de jurisprudencia, a pesar de que deriven del análisis efectuado anteriormente en los primeros capítulos.

Por ejemplo, en relación con la celebración de los acuerdos y de la negociación en el ámbito de la conformidad negociada, deberíamos cuestionar qué y cómo se negocian, qué factores son considerados, cómo efectivamente es realizado el control judicial al decidir sobre la conformidad con el nuevo escrito de calificación y, eventualmente, si se evalúan otros elementos de "colaboración" además de la confesión o el reconocimiento de los hechos en las hipótesis debidas.

Por otro lado, respecto a las colaboraciones penales, tanto en el ámbito de la lectura analógica de la atenuante de confesión del art. 21.4 CP como a través de las colaboraciones específicas de los tipos penales graves de naturaleza política-económica —o, al menos, de los tipos en que el legislador español previó dicha necesidad—, podríamos incluir preguntas sobre los elementos específicos de la colaboración realizada, cómo fue propuesta o señalada esta colaboración, en los casos que existen, cómo fue el acuerdo extraprocesal o incluso procesal con el Ministerio Fiscal o con otra autoridad destacando la concesión de beneficios a los que colaborasen, entre otras. No obstante, y debido al análisis centrado en la jurisprudencia del Tribunal

Supremo, estos cuestionamientos no han podido ser identificados en la investigación realizada.

Asimismo, la propia limitación del Tribunal Supremo, en lo que concierne a un análisis de casación, condiciona la investigación. Un ejemplo es la STS 3847/2019, de 19 de noviembre. En este caso, ya que la cuestión no fue alegada previamente y no se encaja en las excepciones que permitirían su juicio en sede de casación —infracción de precepto penal sustantivo que beneficia al investigado o infracción constitucional que pueda ocasionar indefensión—, no hay un análisis del motivo de recurso relacionado con la indebida inaplicación de la atenuante de arrepentimiento o colaboración. En la STS 530/2020, de 17 de febrero, también nos encontramos con una explicación en este sentido. Se señala que, ante la solicitud de apreciación de una atenuante de confesión y analógica de confesión *ex novo*, no pueden "introducirse *per saltum* cuestiones diferentes, hurtándolas del necesario debate contradictorio en la instancia y de una respuesta que, a su vez, podría haber sido objeto de impugnación por las otras partes". En la STS 2839/2021, de 30 de junio, el Tribunal Supremo concluye que reiterar lo ya expuesto en un recurso previo de apelación hace con que él no pueda apartarse de las conclusiones obtenidas por el Tribunal de apelación. Asimismo, en el ATS 5416/2022, de 10 de marzo, el Tribunal Supremo afirma haber una colaboración por parte del recurrente, pero señala que su escasa entidad no justifica la apreciación de la atenuante analógica de confesión, ni como simples. En este caso, debido a la ausencia de datos, no podemos saber si la cuestión ya había sido debatida en instancia, existiendo alguna otra razón para su no apreciación —como la falta de reconocimiento de los hechos— o si, aun habiendo colaboración y el cumplimiento de los requisitos, no se le ha apreciado dicha atenuante como en los demás casos que hemos analizado a lo largo de este capítulo.

Además, en la STS 1494/2022, de 7 de abril, el Tribunal Supremo destaca que el hecho de la casación estar reivindicando error de Derecho por la vía del art. 849.1 LECrim hace con que no puedan corregir las premisas fácticas que han llevado en la instancia a descartar la aplicación de la atenuante analógica de confesión. Esto se debe a que en el *factum* hay silencio relacionado a aspectos importantes sobre la actuación del recurrente con la que está basada su recurso —haber colaborado con el registro, indicado donde está la droga, informar sobre la diferencia en la droga existente, etc.—. Asimismo, en el ATS 7471/2022, de 21 de abril, los argumentos sobre la colaboración tampoco constan en el *factum* de la resolución recurrida, razón por la que el Tribunal Supremo no puede estimar el recurso a través de casación.

En este sentido, se haría necesaria, y por un lado, la ampliación de la investigación jurisprudencial a los tribunales penales con competencia para juzgar la mayoría de estos casos como primera instancia, lo que conllevaría al análisis de las sentencias de otros tribunales.

Por otro lado, resultaría esencial conducir una investigación de campo más exhaustiva que una jurisprudencial, que fuera capaz de identificar la posible realización de estos acuerdos y negociaciones, aunque los mismos sean realizados de forma *encubierta*. Para ello, destacamos la importancia de la aplicación de una investigación de naturaleza empírica a través de entrevistas a las autoridades policiales, judiciales y miembros del Ministerio Fiscal.

Sin embargo, destacamos las dificultades en torno a este tipo de investigación, relacionada con las proprias características de los tribunales penales y órganos jurisdiccionales relacionados, muy cerrados y escépticos respecto a la conducción de estudios científicos, la burocracia en torno al acceso a estos tribunales, independientemente del principio de publicidad vigente, y al difícil cumplimiento de los requerimientos éticos a la hora de poner en marcha cualquier investigación[785].

Para terminar, debemos señalar como omisión en el desarrollo de esta investigación la identificación de los ponentes responsables de las sentencias analizadas. Inicialmente se optó por no identificarlos con el objetivo de estudiar la posición del Tribunal Supremo como una entidad. No obstante, y posiblemente, la existencia de determinados ponentes en ciertas sentencias —en especial las que han constituido excepción a determinada conclusión— podría llegar a explicar las anomalías encontradas.

---

785 Sobre la dificultad en torno a la investigación jurisprudencial en España, *cfr.* Fernández-Molina *et. al.*, 2021, p. 172.

### *3.4. Posibles cifras negras de la colaboración con la justicia premiada*

En realidad, además de las preguntas que se quedan fuera de la investigación debido a los propios límites de la jurisprudencia seleccionada, nos parece interesante mencionar nuestra hipótesis en relación con unas posibles cifras negras de la colaboración premiada.

A lo largo de los años investigados (2019-2022) observamos que hay una prevalencia, por lo menos en el plano de las Sentencias y de los Autos leídos, de una colaboración que adviene de declaraciones en el ámbito del propio reconocimiento de los hechos y de la confesión.

Asimismo, no hemos podido observar, en ninguno de los años seleccionados, casos de delitos de terrorismo en que se debate la colaboración premiada a partir de las atenuantes o del tipo privilegiado especialmente previsto, relacionado con unos delitos graves de naturaleza transnacional y que, en el sistema nacional, tiene prevista una rebaja de la pena específica para los que colaboren de forma útil y cumpliendo todos los requisitos.

De esta manera, posiblemente pueden existir unas cifras negras de colaboración en delitos de terrorismo —y posiblemente con muchos de los casos aquí analizados que se ciñen a referir a la colaboración como declaración—, en la medida en que los Jueces y Tribunales, juntamente con los Fiscales responsables, prefieran conceder premios penales a los colaboradores en estos delitos sin nunca referirse a una "colaboración", quizás solamente mencionando un reconocimiento de los hechos o una atenuante genérica de confesión del art. 21.4 CP. Esto podría resultar del hecho que, en la medida en que plasmen su colaboración en documentos públicos, accesibles o incluso durante el juicio oral, estos colaboradores, posiblemente delatores que auxilien en la labor de identificar o capturar otros responsables, o incluso impedir la realización de la actividad delictiva, puedan estar ante una situación de peligro a su vida personal, por amenazas físicas o no, proveniente de los demás miembros de estas asociaciones, grupos u organizaciones terroristas[786].

---

[786] Debo agradecer esta idea respecto a estas posibles cifras negras en el ámbito del delito de terrorismo al Profesor Doctor Juan Carlos Ortiz Pradillo, por su po-

Estas hipótesis cobran relevancia en la medida en que demuestran la urgente necesidad de regular un sistema propio de protección a los colaboradores con la justicia. Nos referiremos a ello durante el siguiente capítulo.

## 4. RESULTADOS DE LA INVESTIGACIÓN JURISPRUDENCIAL: RESPUESTAS PARA LAS PREGUNTAS INICIALMENTE FORMULADAS

En sede de conclusiones parciales, y sin la pretensión de resumir lo anteriormente debatido exhaustivamente durante los análisis cuantitativo y cualitativo, nos proponemos a responder las preguntas de investigación formuladas inicialmente[787].

*(A) Considerando la atenuación de la pena como el "premio" base más recurrente para cualquiera de las modalidades de colaboración premiada, sea a través de la lectura —analógica— del art. 21.4 CP o por medio de la aplicación de las modalidades específicas de colaboración en razón del hecho delictivo, ¿cuál la más comúnmente aplicada en la jurisprudencia?*

A lo largo de los cuatro años, esto es, entre 2019 y 2022, la atenuante más comúnmente referida es la analógica de confesión. En este sentido, también observamos la utilización de otras nomenclaturas para la misma atenuante, p. ej., atenuante de colaboración, atenuante analógica de colaboración, atenuante de confesión tardía, atenuante analógica de confesión tardía, etc.

*(B) ¿Cuál es el papel y la importancia dada a la confesión y/o reconocimiento de los hechos como elemento de la colaboración?*

La confesión y/o el reconocimiento de los hechos es elemento esencial que debe de existir para la apreciación de la versión analógica de la atenuante de confesión. Por tanto, la mayor parte de las sentencias analizadas señalan que una colaboración, a pesar de que sea útil para

---

nencia en el día 11 de mayo de 2023 en el ámbito del I Congreso Internacional de Derecho Probatorio organizado por la Red Iberoamericana de Jóvenes Investigadores en Derecho Probatorio *Probaticius*.

787 *Cfr.* Apartado 2.1.

la persecución penal, siempre y cuando no implique confesión, no podrá justificar la apreciación de la atenuante analógica de confesión. No obstante, nos encontramos con algunas sentencias que son excepciones a esta regla general y que, a pesar de la existencia de reconocimiento de los hechos parcial, acaban por reconocer la atenuante debido a la colaboración con la justicia.

*(C) ¿Para qué tipos de delitos se solicita más la aplicación de un premio en razón de la colaboración con la justicia? ¿Estos se ciñen al escenario de delitos graves de naturaleza político-económico delimitados en el Capítulo I y/o a los delitos en los que se prevén modalidades especiales de colaboración, tal y como hemos estudiado a lo largo del Capítulo II?*

La apreciación de dichas atenuantes en razón de una supuesta colaboración es más comúnmente solicitada en delitos contra la salud pública —un elemento común a lo largo de los cuatro años de investigación—, seguidos de delitos de asesinato, falsedad en documentos —oficial y/o mercantiles—, pertenencia a organización criminal, lesiones, cohecho, blanqueo de capitales, abuso sexual, etc.

En definitiva, la apreciación o debate en torno a la concesión de beneficios penales a los colaboradores no se ciñe a los delitos inicialmente delimitados en el primer capítulo, es decir, aquellos con una naturaleza político-económica relacionados con instrumentos internacionales como la Convención Internacional contra la Corrupción o la Convención Internacional contra la Delincuencia Organizada Transnacional. Asimismo, verificamos como se aplican, a lo largo de estos años, a unos delitos de asesinato, homicidio y abusos sexuales, por ejemplo.

*(D) ¿Cuál el objetivo de la colaboración y qué tiene que alcanzar para que sea considerada merecedora de un premio? En este sentido, ¿hay definición específica en torno a la efectividad/eficacia de la colaboración?*

A lo largo de todas las resoluciones podemos observar algunos elementos en común en torno a la colaboración, pero la realidad es que el análisis de utilidad al proceso es uno intrínsicamente casuístico en el sentido de que depende del caso concreto y de la apreciación realizada por el Juez o Tribunal de instancia que ha podido juzgar el proceso con arreglo al principio de inmediación, más que del Tribunal Supremo.

Más allá de ello, señalamos algunas de sus características —aunque en realidad no son estáticas, den la medida en que podemos siempre encontrar casos en los que la "misma" acción no ha sido considerada una colaboración útil—:

*(a)* La colaboración, ya sea a través de una declaración o de la aportación de pruebas, debe de ser realizada antes del despliegue de la actividad investigadora por parte de las autoridades. Por consiguiente, colaborar cuando ya existe suficiente prueba de cargo no va a ser considerado útil para la persecución penal.

*(b)* La colaboración a través de la aportación de pruebas electrónicas, como móviles, podrá ser evaluada como útil en la medida en que las autoridades, a través de diligencias de investigación y con el uso de softwares, no pudiera llegar al mismo soporte electrónico sin dicha colaboración. Además, entregar determinados materiales electrónicos con elementos, carpetas, entre otros, borrados o eliminados con la intención de esconder determinados hechos hace con que la colaboración ni sea útil, ni cumpla con el elemento de un completo reconocimiento de los hechos.

*(c)* Colaborar simplemente a través del consentimiento para la realización de diligencias de entrada y registro, las que pueden ser efectuadas a partir de una determinación judicial, o colaborar en el ámbito de una diligencia, ya ordenada y en realización, señalando dónde pueden encontrar determinados elementos del delito —como la sustancia ilegal en un delito contra la salud pública—, de acuerdo con la mayoría de las sentencias, no significa colaboración útil.

*(d)* El simple hecho de comparecer ante las autoridades voluntariamente, pero sin una real confesión o reconocimiento de los hechos, especialmente cuando el sujeto permanece en paradero desconocido a lo largo del procedimiento, no constituye colaboración útil.

*(e)* Una colaboración verdaderamente útil para la investigación puede ser a través de la obtención de fuentes de prueba que dependen de la voluntad del acusado, como las relacionadas con el ADN.

*(f)* La colaboración útil tiene que ser espontanea en la medida en que no deriva de una solicitud expresa de las autoridades responsables.

*(g)* Una colaboración a través de una declaración que aligere el proceso, disminuyendo el tiempo necesario para las sesiones del juicio

oral, no puede ser considerada útil simplemente por este hecho: debe de venir acompañada de elementos de prueba.

Por lo tanto, aunque solamente en el ámbito de las sentencias analizadas y con las limitaciones propias derivadas del ámbito de análisis del propio Tribunal Supremo, se ha podido puntuar más los elementos negativos de una colaboración. Es decir, qué *no* puede tener una colaboración para que sea considerada "útil".

*(E) ¿Hay menciones sobre el papel del Ministerio Fiscal, de la Policía u otras autoridades en relación con la colaboración?*

Se menciona expresamente el Ministerio Fiscal de dos maneras. En primer lugar, en dos sentencias respecto a unos acuerdos realizados extraprocesalmente entre los colaboradores y el Ministerio Fiscal. En estos casos, el Tribunal Supremo destaca que los mismos deben ser seguidos al determinar las penas interesadas. En segundo lugar, tenemos la participación del Ministerio Fiscal en el ámbito de conformidades que, debido a su parcialidad y a la no conformidad de alguno o algunos de los coacusados, han sido posteriormente valoradas como colaboración útil al proceso a través de la apreciación de atenuantes analógicas a la de confesión.

*(F) ¿Cuál es el efecto de la colaboración aportada en el ámbito del proceso? Se utiliza como prueba, medio de prueba, ¿informaciones, declaraciones, etc.?*

No tenemos información específica en las resoluciones analizadas que nos permita contestar a esta pregunta de manera completa. Sin embargo, es verdad que la mayor parte de las colaboraciones haocurrido a través de la propia declaración del acusado, con pocos casos en los que tenemos mención expresa a la aportación de pruebas como teléfonos móviles, claves pin, etc.

Por otro lado, la colaboración genera efectos en la medida en que viene corroborada por otras pruebas encontradas en el proceso y por otras declaraciones de coacusados, siempre y cuando siga los requisitos tratados en el apartado 3.2.1., G.

*(G) ¿Cómo se trata el colaborador en el proceso? ¿Hay mención sobre la necesidad de su protección o tratamiento bajo alguna figura específica?*

Tenemos una única sentencia en la que la posición del colaborador en el proceso es superficialmente debatida (STS 2987/2020, de 23 de septiembre). Ahí tenemos dos conclusiones importantes. Primero, el colaborador que figura inicialmente como testigo en un proceso tendrá estas declaraciones iniciales valoradas como si testigo fuera, dado que en este momento estaba obligado a decir la verdad. Y, segundo, aunque su estatus cambie a investigado o encausado, también le podrá ser apreciada la figura de "testigo-protegido".

*(H) ¿Qué premios son concedidos? ¿Para condenados por qué delitos?*

En la mayor parte de los casos se aplica como premio la rebaja en un grado de la pena debido a la apreciación de una atenuante simple. Sin embargo, hay casos en los que se rebajan dos grados. Asimismo, señalamos que en muchos de los casos la atenuante carece de efectos atenuatorios. Esto se debe a que la pena ya habría sido delimitada en su límite mínimo, por lo que el premio exclusivamente penal a través de una atenuante no le generaría efectos. Para terminar, destacamos que no es sólo la pena la que debe de ser calculada en razón de una atenuante analógica de confesión, sino también la pena de multa, como destaca la STS 3191/2020, de 14 de octubre.

En relación con los delitos, nos referimos al análisis cuantitativo[788], en el que observamos una aplicación general de los premios por la colaboración en delitos de cohecho, contra la salud pública, prevaricación, fraude contra la Administración, asesinato, agresión o abuso sexuales, homicidio, corrupción de menores, entre otros.

A partir de estas conclusiones y de todo lo analizado cuantitativa y cualitativamente a lo largo de este Capítulo, nos proponemos a pasar al último Capítulo de este trabajo en el que evaluaremos un modelo de colaboración premiada para el sistema español.

---

788 *Cfr.* Apartado 3.1.5.

*Capítulo IV*

# LA COLABORACIÓN PREMIADA DEL INVESTIGADO O ENCAUSADO Y EL SISTEMA PENAL ESPAÑOL

## 1. INTRODUCCIÓN

Llegando a la etapa final investigadora de este trabajo, podemos afirmar que hemos pasado del *modelo de deber ser* del sistema penal español, basado en una visión mayoritariamente superada de un sistema acusatorio-inquisitivo mixto, en el que predomina el concepto de su formación como un modelo anclado en el Estado democrático y de Derecho social constitucional, cuya aplicación depende directamente de un coyunto de principios fundamentales estructurantes, partiendo del principio de legalidad y llegando a los principios del proceso, los derechos propios de un proceso penal con todas las garantías, etc. En realidad, el trabajo realizado nos ha permitido inferir el *modelo del ser,* respecto a la creciente aplicación de un principio de oportunidad que deja de estar exclusivamente relacionado con unas medidas de terminación anticipada del proceso en el ámbito de los delitos más leves y pasa a justificar modelos de colaboración, negociación o colaboración que permitan una mayor y más eficiente persecución penal respecto a una delincuencia grave, relacionada con una naturaleza política-económica y normalmente señalada en el ámbito de la corrupción o de la delincuencia organizada.

A partir de esta perspectiva, nos propusimos analizar la legislación española vigente en lo que concierne a la aplicación del principio de oportunidad, plasmada tanto en el ámbito del Derecho penal como en el Derecho procesal penal, que abarca desde unas manifestaciones de conformidad o terminación anticipada del proceso a partir del reconocimiento de los hechos o de la confesión de los investigados y/o encausados, hasta los institutos más directamente relacionados con lo que nosotros denominamos "colaboración premiada", ya sea a partir de la interpretación analógica de la atenuante de confesión del art. 21.4 CP o de los tipos privilegiados previstos a lo largo del Código Penal.

Por consiguiente, y de acuerdo con lo observado en el ámbito de las sentencias de la Audiencia Nacional y del Tribunal Supremo en el caso Gürtel, así como lo referenciado en alguna parte de la doctrina sobre el uso generalizado de la atenuante analógica de confesión, las conformidades encubiertas y la importancia de la labor jurisprudencial[789] en el sentido de una aplicación práctica de esta "colaboración premiada", nos propusimos analizar la más reciente jurisprudencia del Tribunal Supremo relativa a la aplicación de beneficios —a través de atenuantes según la propia previsión legislativa— a los colaboradores con la justicia[790].

Hemos observado la constante aplicación o debate respecto a la concesión de atenuantes a los que colaboran con la justicia, ampliada a delitos que escapan del ámbito propuesto a lo largo del primer capítulo o de los tipos privilegiados actualmente regulados. Asimismo, destacamos que existen algunos casos que corroboran lo analizado en las sentencias Gürtel, sobre la realización de acuerdos extraprocesales entre el Ministerio Fiscal y los colaboradores, plasmados en las penas solicitadas por la acusación pública que son posteriormente confirmadas por los Jueces y Tribunales competentes.

El mundo del *law in action*, de esta manera, rompe con la legalidad y pone a prueba muchas de las ideas relacionadas a la formación y estructura del sistema penal español, como puede ser el propio principio de legalidad. En este ámbito, Gómez Colomer nos informa que "en vez de luchar para conseguir de una vez en el plano dogmático y en el práctico, un proceso penal realmente constitucionalizado, vamos más

---

789 En este sentido, Álvarez García destaca que la actividad jurisprudencial ejerce un importante papel por medio de su labor interpretativa "ya que actualmente lo que sucede es que hay toda una serie de poderes que, con diversas argumentaciones, quieren compartir, sin legitimidad democrática alguna y sin respaldo en el ordenamiento, con el legislador la potestad de dictar normas penales, por ello acuden a construcciones analógicas (creadoras de Derecho), y pervierten todas las reglas habidas y por haber sobre interpretación normativa, en un intento cada vez más claro, de compartir el poder de dictar normas jurídicas, de establecer reglas de conducta". Asimismo, esta actividad muchas veces es celebrada por gran parte de la sociedad, desilusionada con la corrupción y la falta de labor de los legisladores (Álvarez García, 2009, p. 234).

790 Debemos recordar que una de las primeras formas de la colaboración se manifiesta a través del reconocimiento de los hechos y/o de la confesión.

hacia lo pragmático, a apagar fuegos concretos que necesitan ayuda urgente"[791/792].

En sintonía con esta reflexión, Rodríguez-García aporta su perspectiva sobre la justicia restaurativa, que contempla "la posibilidad de llegar a acuerdos con las partes acusadas" e implica la necesidad de definir con precisión alguna variables pertientes al tema. En este sentido, el autor concluye que es imperativo tener presente que, más allá de la "eventual concurrencia de voluntades en pro de las soluciones anticipadas y dialogadas de la controversia judicializada, los órganos jurisdiccionales deben de aplicar el Derecho y no hacer ´justicia`"[793].

Por consiguiente, Rodríguez-García propone los siguientes criterios a la hora de plantear la denominada justicia colaborativa:

*(a)* ¿Cuál la finalidad de la colaboración? ¿Evitar el proceso, incidir en la ejecución de la pena o simplificar la investigación y la obtención de fuentes de prueba?

*(b)* ¿Debe de incluir el reconocimiento de los hechos, la aceptación de la pena, la reparación efectiva de la víctima o la aportación de elementos probatorios?

*(c)* ¿Cuál la naturaleza del instituto (procesal o penal)?

*(d)* ¿Cómo delimitar "el grado de excepcionalidad de los hechos merecedores de esta especial forma de aproximación a la solución del conflicto (...) graves, transfronterizos, económicamente relevantes o socialmente transcendentes"?

*(e)* "¿Es posible adelantarse al proceso penal y lidiar con este tipo de criminalidad en el dominio civil o administrativo?"

*(f)* ¿Las presunciones de inocencia y derechos y garantías son igualmente aplicables a las personas jurídicas?

*(g)* ¿Cómo pensar los incentivos que motivan el acuerdo "sólo premios o premios y razonabilidad (...) una estructura simple de premios, o bien una combinación —generalmente material— entre premios y

---

791 Gómez Colomer, 2021, p. 120.

792 Asimismo, Armenta Deu destaca cómo "la negociación ya se viene consolidando en el proceso penal en este mecanismo de privatización del proceso" (Armenta Deu, 2017, p. 27).

793 Rodríguez-García, 2021, p. 424.

efectos castigo (...) y su razonabilidad (como su proporcionalidad, o incluso igualdad con las consecuencias sufridas por otras personas sometidas a proceso)"?[794]

A estas preguntas, sumamos todas las conclusiones a las que hemos llegado a lo largo de los capítulos anteriores y, en seguida, proponemos un sistema de colaboración premiada que pueda englobar todo lo anterior. A saber, un sistema que tenga una compatibilidad intrínseca con el sistema penal español —su base, estructura y principios—, que permita compaginar y superar los modelos actuales que son legalmente previstos con respecto a lo que, en realidad, se observa en la jurisprudencia establecida por el Tribunal Supremo. Por tanto, nuestro objetivo es responder —en definitiva, y en la medida de lo posible— las preguntas propuestas por Rodríguez-García a la par de solventar la disparidad existente entre el mundo del *law in books* y el del *law in action* anteriormente destacado.

Iniciaremos este capítulo con una reflexión preliminar en torno a la nomenclatura seleccionada —"colaboración premiada"—. Asimismo, realizaremos un análisis de dos propuestas que, a nuestro parecer, son de vital importancia. De esta manera, terminaremos con nuestras propias consideraciones y conclusiones respecto a lo que podría ser este instituto. Señalamos, no obstante, que muchas de las reflexiones sobre esta colaboración premiada involucran amplios y necesarios debates sobre otros temas del Derecho penal y del Derecho procesal penal que, en la medida en que no se relacionan directamente con este trabajo, dejamos en abierto como nuevas y futuras líneas de investigación, necesarias a la hora de concretar la adaptación del modelo de colaboración premiada propuesto con las demás ramas del Derecho.

En realidad, la problemática de este capítulo radica en acercar las medidas de colaboración al principio de legalidad, incluso si implica un reconocimiento —legal— del principio de oportunidad. El objetivo de este capítulo, por lo tanto, es buscar una —o algunas— soluciones posibles para esta colaboración premiada que aporten un posible

---

794 Rodríguez-García, 2021, pp. 424-425. Además, el autor nos alienta a "seguir con sumo detenimiento los aspectos específicos de cada herramienta o instituto; pero, a su vez, a atender al movimiento de fondo que lo anima y que debiera llamar a la reflexión, al menos en la Academia".

compromiso normativo[795]. De esta manera, y como destacaba Ferrajoli, lo que averiguamos es la verdadera "primacía de la Constitución como sistema de límites y de vínculos para la mayoría (...)". Estos vínculos, además de sustanciales, garantizan el disfrute de los derechos fundamentales, desde los derechos de libertad hasta los derechos sociales. Asimismo, su estipulación se ha incorporado en la misma estructura del principio de legalidad propio del actual Estado constitucional de Derecho y ha constituido una racionalidad sustancial que se ha sumado a la racionalidad formal propia del antiguo positivismo jurídico y del paradigma rossiniano de la democracia política[796].

Además, debemos de esclarecer algunas cuestiones en torno a la nomenclatura "colaboración premiada".

El problema de la nomenclatura[797] se centra en el cerne de la dogmática jurídica. Y, si bien desde nuestra perspectiva la realidad prevalece sobre la teoría, en el caso que nos ocupa, dentro del ámbito de una práctica que ya está tomando forma en el sistema español, consideramos que será crucial alcanzar un consenso en torno a la nomenclatura de este instituto. Especialmente, es relevante que su denominación refleje de manera clara y legal su contribución al sistema penal.

---

795 Núñez Jiménez, respecto a la declaración del acusado llega a una conclusión muy parecida: "Por otro lado, no puede obviarse que hay otra solución posible. Cabe la posibilidad de la regulación por parte del poder legislativo, improbable, pero deseada y efectiva si se hace bien. La doctrina lleva años señalando que es hora de reemplazar la parcheada LECrim por un código procesal penal que se adapte verdaderamente al presente. Sería tan simple como dar una solución normativa, verdadera fuente del derecho, y no sólo jurisprudencial, al valor de la declaración del coacusado y al estatus de la figura independientemente de cuándo y dónde tenga lugar. Solución que podría aportar mucha más seguridad jurídica y evitaría o contendría las soluciones fraudulentas. La combinación de responsabilidad por parte de los profesionales en Justicia y la regulación normativa por parte del legislador considero es la vía idónea para restablecer las garantías y derechos que se están deteriorando, priorizando condenas a Justicia" (2017, p. 10).

796 Ferrajoli, 1995, p. 11.

797 Sobre el poder simbólico de los nombres en el Derecho, nos referimos a Bourdieu: "É na medida e só na medida em que os actos simbólicos de nomeação propõe princípios de visão e de divisão objetivamente ajustados às diversões preexistentes de que são produto, que tais actos têm toda a sua eficácia de enunciação criadora que, ao consagrar aquilo que enuncia, o coloca num grau de existência superior, plenamente realizado, que é o da instituição instituída" (Bourdieu, 2011, p. 238).

A lo largo de este trabajo, hemos examinado las diversas formas de referirse a la colaboración con la justicia penal, especialmente aquella que puede ser objeto de un beneficio.

Inicialmente, abordamos la figura del arrepentido, el que estaría vinculado directamente a la colaboración. Y, desde el principio, justificamos nuestra elección de no usar ese término al trabajar la colaboración o la propia confesión y/o el reconocimiento de los hechos. Esto se debe a que —como ya mencionamos anteriormente —, la noción de que un colaborador o alguien que simplemente reconozca sus acciones debe ser necesariamente un arrepentido ha quedado superada. En otras palabras, los motivos personales por los cuales alguien confiesa o colabora con la justicia no son más relevantes en el ámbito de un proceso penal cuyo objetivo es fomentar una actitud colaborativa en línea con una política-criminal que busca facilitar la persecución, mejorar la eficiencia del proceso, reducir los tiempos de procedimientos, entre otros aspectos.

También hemos hablado de la colaboración eficaz[798]. Y, aunque este término es coherente con la propia eficacia asociada a la colaboración necesaria al apreciar alguna atenuante —especialmente en el ámbito de las analizadas atenuantes analógicas de confesión y de colaboración—, creemos que el término "colaboración eficaz" no es precisamente adecuado. Esto se debe a que no es concluyente respecto a los resultados esperables de dicha colaboración eficaz. Es este sentido, aunque "colaboración eficaz" podría ayudar a definir la finalidad de la colaboración, lo haría de manera poco específica, careciendo de una definición precisa y afectando los incentivos para este comportamiento, es decir, el premio.

Por otro lado, también nos referimos a la terminología actualmente utilizada por la jurisprudencia del Tribunal Supremo al referirse a esta colaboración. Ya sea a través de diversas formas de debatir la atenuante analógica de confesión —atenuante de colaboración, atenuante analógica de colaboración, atenuante de confesión tardía, atenuante analógica de confesión tardía, atenuante de reconocimiento de los hechos, etc.— o mediante los tipos privilegiados, especialmente en delitos contra la salud pública.

Con respecto a esta terminología, cabe realizar dos reflexiones. En primer lugar, los tipos privilegiados no generan mucho debate, ya que no

---

[798] De manera primordial en el trabajo de Ortiz Pradillo (2018).

sólo se limitan a delitos muy específicos que no llegan a abarcar todas las conductas relacionadas con la corrupción —delincuencia grave con naturaleza político-económica—, sino que tampoco tienen trascendencia en la jurisprudencia nacional. Estas razones justifican no utilizarlos al tratar la colaboración con la justicia, al menos según nuestra propuesta a lo largo de este capítulo. En segundo lugar, estudiar la colaboración premiada a través de una atenuante, —como se ha hecho en algún momento con la atenuante de dilaciones indebidas—, es decir, elevar la atenuante analógica de confesión a una atenuante propia de colaboración, no sería suficiente para resolver todos los problemas discutidos a lo largo del trabajo, relacionados con la falta de seguridad jurídica en el uso del instituto, la poca motivación que pueden tener posibles colaboradores y la falta de regulación desde una perspectiva procesal.

Por consiguiente, apostamos por la nomenclatura "colaboración premiada", la que, regulada de manera no sólo penal, sino también procesal, puede brindar mayor seguridad y mayor conformidad con el sistema penal vigente, en torno al principio de legalidad, con ajustes respecto a los premios posibles, la colaboración necesaria (eficaz), etc.

## 2. PROPUESTAS Y MODELOS DE COLABORACIÓN PREMIADA

Antes de proponer lo que nos parece un modelo adecuado de colaboración premiada, que lleve en consideración los fundamentos y principios del sistema penal, la actual legislación en torno a la colaboración del investigado o encausado con la justicia —premiada o no— y la concreta jurisprudencia en torno al instituto, traemos a colación dos propuestas y modelos relacionados con estas problemáticas.

### 2.1. *Una propuesta de colaboración premiada en el ámbito de la conformidad negociada: el modelo de Gimeno Sendra*

En el ámbito de una discusión en torno a la *simplificación de la justicia penal y civil*[799], Gimeno Sendra nos ha brindado una pro-

[799] Gimeno Sendra, 2020.

puesta relacionada con la simplificación del proceso penal para un nuevo supuesto de conformidad que incluye la colaboración activa en delitos de organización criminal, la que fue incluida, aunque parcialmente, en el Anteproyecto de LECrim de 2020.

En la propuesta de Gimeno Sendra, en el ámbito de las medidas a corto plazo, que no implicarían grandes cambios procesales, "sin desembolso presupuestario alguno" y con "una gran economía procesal", se encuentra la reforma de la conformidad de manera intrínsicamente asociada a la "potenciación del principio de oportunidad". En este sentido, también está relacionada con la visión del principio de oportunidad como la capacidad del Ministerio Fiscal de dejar de ejercitar la acción penal, solicitar un sobreseimiento o una conformidad, sin significar arbitrariedad u oposición al principio de legalidad[800].

Además, su propuesta se concreta en torno a la colaboración y tiene como objetivo obtener "una pura economía procesal" y ofrecer "tratamiento de los arrepentidos". En este ámbito, Gimeno Sendra inicialmente contempla los delitos de terrorismo, pero pasa a incluirla como elemento de lucha contra las organizaciones criminales. Desde esta perspectiva, la propuesta engloba un nuevo motivo de la conformidad, que permita un tratamiento procesal de lo que él se refiere como terrorista, expandiéndole para el "desmantelamiento de organizaciones criminales" —terroristas o no—[801].

---

800 "De lo dicho se desprende que, contrariamente a una opinión bastante generalizada, dicho principio no permite la consagración de la arbitrariedad, ni se opone al de legalidad, sino que viene a complementarlo en la medida en que son razones de política criminal y de interés público los que autorizan al legislador a permitir las rebajas en la pena, siempre y cuando se cumpla el presupuesto fáctico de su norma penal habilitante" (Gimeno Sendra, 2020, p. 39).

801 Destaca como ejemplo de aplicación del principio de oportunidad "como un principio material que se aplica en las sentencias definitivas" la legislación antiterrorista a partir de un tratamiento exclusivamente material (sustantivo) de los arrepentidos: "De este modo desde la L. O. antiterrorista 11/1980 a la última L. O. antiterrorista 9/1984, copió el modelo de la Ley antiterrorista italiana de 1980 que, en relación con los «*pentiti*» o arrepentidos, se inclinó por la solución de las excusas absolutorias, con olvido del modelo procesal instaurado por la «*Antiterrorismusgesetz*» de 1978 que introdujo el parágrafo 153.e de la StPO alemana, conforme al cual el M. F. puede solicitar ya dentro de la instrucción el sobreseimiento del proceso en relación con un terrorista arrepentido que confiese

El autor sugiere que la confesión de un arrepentido, junto con la disposición para delatar a los demás miembros de la organización criminal, a partir de una declaración de urgencia —tras el traslado inmediato por la Policía o el Ministerio Fiscal al Juzgado de Guardia—, permita la suscrición de una conformidad negociada. Así, se evitarían los actuales problemas de incentivar dicha delación a partir de excusas absolutorias —y a ellas, añadimos las atenuantes—, las que exigen su plasmación en sentencia y pueden permitir que los arrepentidos se retraten de su confesión/declaración a lo largo del procedimiento.

Este fue parcialmente el modelo adoptado en la propuesta de anteproyecto de Ley de Enjuiciamiento Criminal de 2020, la que en el art. 179, regula el "archivo por colaboración activa contra una organización criminal". Sin cambiar los limites penológicos de la actual conformidad en los procedimientos ordinario y abreviado, es decir, manteniendo la hipótesis para los delitos cometidos en el seno de una organización criminal castigados con penas de hasta seis años de prisión o de penas de otra naturaleza cualquiera sea su extensión, permite la disposición del archivo del procedimiento por el Ministerio Fiscal —que, en el ámbito de este anteproyecto también sería el director de la investigación bajo la figura del Juez de Garantías como responsable de los derechos fundamentales— siempre y cuando concurriesen dos circunstancias alternativas: *(i)* que el investigado abandonase voluntariamente las actividades delictivas, se presentase a las autoridades confesando los hechos y colaborase activamente con ellas para impedir la producción del delito; o *(ii)* que el investigado coadyuvara eficazmente a la obtención de pruebas decisivas para la identificación o captura de otras personas responsables o para impedir la actuación o el desarrollo de las organizaciones criminales a las que haya pertenecido o con las que haya colaborado.

Concurriendo uno de estos dos supuestos y habiendo sido decretado el archivo, el investigado también debería de satisfacer las responsabilidades civiles que directamente le alcanzasen o acreditar la imposibilidad de su cumplimiento[802]. Además, el archivo estaría siem-

su participación en el delito y contribuya, con su delación, al desmantelamiento de la organización terrorista"(Gimeno Sendra, 2020, pp. 42-43).

802 Art. 179.2 ALECrim 2020.

pre condicionado a que el investigado no frustrara con su conducta la efectividad de la colaboración o reanudase la actividad delictiva. Asimismo, pasados cinco años desde la fecha del archivo sin que el investigado reiniciara la actividad delictiva o hubiese vuelto a colaborar con la organización, podría interesar a la autoridad judicial el sobreseimiento del procedimiento archivado, con pleno efecto de cosa juzgada[803].

Respecto a lo analizado, debemos realizar algunas observaciones. Por un lado, señalamos que se ha evolucionado de una propuesta inicial de confesión con delación de Gimeno Sendra a lo plasmado en el ALECrim 2020, que incluye unos supuestos bastantes —si no en todo— similares a los tipos privilegiados de grupos y organizaciones criminales o de delitos de terrorismo, los que, como ya sabemos y comprobamos con la investigación jurisprudencial, carecen de transcendencia en la medida en que tienen unos requisitos muy estrictos. A saber, sigue exigiéndose la confesión con el abandono voluntario de las actividades y la colaboración para impedir la producción del delito o la colaboración especifica a partir de pruebas decisivas para la identificación o captura de otros responsables —por lo tanto, más que una simple delación— o la colaboración para impedir el desarrollo de las organizaciones involucradas.

Por otro lado, identificamos que el beneficio pensado, si bien estaría regulado en el marco del proceso penal, con consecuencias procesales en la medida en que el archivo puede ser transformado en un sobreseimiento, no llegaría a alcanzar consecuencias realmente "efectivas" a la luz del proceso penal. Esto se debe a que dependerá de un análisis constante sobre la actitud posterior del investigado, que no podrá "frustrar su propia colaboración" ni reanudar la actividad delictiva.

En conclusión, esta propuesta, si bien viene planteada en el ámbito de una conformidad reestructurada y, por lo tanto, sería más factible[804] —una sólo conformidad en dos modalidades, en el Juzgado de Guardia y al inicio de la instrucción y con la posibilidad de nego-

---

803 Art. 179.3 y 4 ALECrim 2020.

804 Sobre la propuesta de conformidad unificada del ALECrim 2020 *cfr.* Rodríguez-García, 2022, pp. 29 y ss.

ciación en todo tipo de procesos[805]—, no logra solucionar todos los problemas enfrentados por el actual contexto penal y procesal penal de la colaboración, ni puede solventar los conflictos derivados de la actual decisión de la jurisprudencia de aplicar las atenuantes para los colaboradores con la justicia a través de la interpretación analógica en el ámbito del art. 21.4 y 7 CP.

## 2.2. *La distinción entre colaboración cualificada y amplia*

Como segunda propuesta —o, mejor dicho, *modelo*—, aludimos a la distinción realizada por Machado de Souza y Rodríguez-García[806] entre "colaboración amplia" y "colaboración premiada", la que, si bien no pretende tener efectos prácticos en el ámbito del proceso penal español, nos sirve a la hora de plantear nuestra propia propuesta de colaboración premiada.

Los autores trabajan inicialmente el concepto de la colaboración amplia, la que involucra cualquier tipo de colaboración que permita el término anticipado y más rápido del proceso penal. Como a través de las *guilty pleas* estadounidenses, en que la simple asunción de la culpa implica la renuncia al derecho al juicio y la imposición de una sentencia de condena y pena de manera anticipada, aunque también pueda abarcar la colaboración realizada a partir de acuerdos en los que se negocian los derechos y deberes de las partes en el modelo similar al *plea bargaining*.

Por otro lado, definen la colaboración cualificada, en la que sólo a partir del "cumplimiento de determinados elementos podrá recibir ventajas por la colaboración". Este modelo es normalmente adoptado en los sistemas en que una simple confesión no puede significar la renuncia al proceso y la determinación de la culpa debe de plasmarse en el seno de una sentencia motivada[807]. En estos casos el objetivo no es evitar el proceso, sino auxiliar la persecución penal a partir de la colaboración con informaciones relevantes.

---

[805] Gimeno Sendra, 2020, p. 44.

[806] Machado de Souza, Rodríguez-García, 2022, p. 33.

[807] Este es el caso del sistema español, exceptuando las pocas modalidades para el proceso en los delitos leves, por aceptación de decreto y la conformidad.

Por ello, los autores señalan que la colaboración cualificada tiene como principal distinción, respecto a la colaboración amplia, la exigencia de una herramienta bilateral en la cual hay ventajas y desventajas negociadas por ambas partes con algún tipo de interés en la colaboración"[808]. De ahí la necesidad de un acuerdo escrito con garantías. Además, comparan ambos sistemas en el sentido de que si el modelo de colaboración amplia puede ser más ventajoso —en la medida en que "una mayor cantidad de casos estará sujeta a la colaboración"—, la colaboración cualificada puede asegurar[809] que sólo pueda ser sujeto al modelo de colaboración la persona que tenga potencial de "generar información y pruebas sobre los delitos cometidos y sobre los participantes de la organización criminal". Es decir, la colaboración cualificada puede generar más beneficios en el ámbito de delitos organizados en los que la clave de la colaboración estará en delatar otros responsables y contribuir para el desmantelamiento de la organización.

En el ámbito español observamos como ambos modelos conviven entre el Derecho penal y el Derecho procesal penal, aunque con intersecciones nada claras. Por un lado, las conformidades parecen ajustarse al modelo de la colaboración amplia, en el sentido de que el objetivo es el término anticipado del proceso penal con el cumplimiento de pena a partir del reconocimiento de los hechos[810]. No obstante, también es verdad que aun en el seno de las conformidades negociadas, que permiten un acuerdo sobre el escrito de acusación, no tenemos una real colaboración con la justicia, aparte del hecho de que se reconocen los hechos y se permite dar mayor agilidad al procedimiento.

Por otro lado, el modelo plasmado en los tipos privilegiados —más que en la atenuante analógica de confesión, que no deja de ser objeto de una construcción jurisprudencial— estaría más cerca de la

---

808 Machado de Souza, Rodríguez-García, 2022, p. 35.

809 Como hace el modelo brasileño en el ámbito de la Ley n.º 12.850/2013, en el ámbito de las organizaciones criminales respecto a la colaboración premiada, un medio de obtención de prueba que se configura como un negocio jurídico procesal plasmado en un acuerdo (art. 3.º-A y siguientes).

810 Esto, claro, de manera amplia, porque como estudiado a lo largo del Capítulo II, cada conformidad tiene sus particularidades.

colaboración cualificada. Esto se debe a que la concesión de determinados beneficios a los colaboradores, que deben de cumplir con algunos requisitos, sólo puede ser plasmada tras un debido proceso legal en una sentencia motivada. No obstante, así como con las conformidades respecto al modelo de colaboración amplia, aquí tampoco tenemos un encaje perfecto. No sólo no se aplican exclusivamente en el ámbito de la delincuencia organizada, de acuerdo con lo legalmente plasmado en el Código Penal, sino que también, en razón de la propia jurisprudencia analizada, son objeto de supuestos acuerdos extraprocesales con la Fiscalía, la que, en razón de su propia posición en el sistema penal español y de los poderes que detiene, interesa a los Jueces y Tribunales penas preacordadas con algunos colaboradores, las que son aplicadas al final del proceso en sentencia motivada, no debido a la libre interpretación y labor de los Jueces y Tribunales competentes, sino debido a su supuesto deber de seguir los acuerdos realizados con la Fiscalía y las penas interesadas.

Por consiguiente, y a nuestro parecer, la diferenciación entre los modelos de colaboración amplia y cualificada es útil. Y, aunque no pueda ser trasladada directamente al sistema penal español, nos parece que debe de ser aplicada a la hora de plantear un modelo de colaboración premiada como pretendemos realizar en los siguientes apartados.

## 3. UN MODELO PROCESAL DE COLABORACIÓN PREMIADA

Llevando en consideración todos los elementos anteriormente planteados y debatidos, llegamos al núcleo de este capítulo en el que intentaremos plasmar un modelo de colaboración premiada que debe de ser compatible con el sistema penal vigente, su estructura constitucional, principios y fundamentos[811], así como con lo legalmente

[811] Rodríguez-García destaca la "convivencia tensa" entre los mecanismos de justicia penal negociada y del principio de oportunidad con las garantías procesales constitucionales, como pueden ser el derecho de acceso a un Tribunal, de ser juzgado por un Tribunal independiente e imparcial, el derecho de prueba y a un juicio con todas las garantías. Esto porque, en ese escenario de justicia negociada

existente en los órdenes penal y procesal y con la aplicación real dada por la jurisprudencia.

A nuestro parecer, uno de los principales elementos de este modelo es su perspectiva dual como instituto penal y procesal, que permite conferir mayor seguridad jurídica respecto al principio de legalidad y a los principios fundamentales del Derecho penal y del Derecho procesal penal español, sin que, por otro lado, se le prive de eficiencia. En este sentido, a lo largo de este apartado intentaremos abordar todas las preguntas y problemas tratados anteriormente, así como las propuestas analizadas en el ámbito de la Introducción.

Comenzaremos nuestro análisis sobre quién es el colaborador y para qué delitos se pretende obtner una colaboración en el sistema penal español. Además, teniendo claros dos elementos, el sujeto de la colaboración y los delitos que se incluyen en el ámbito de aplicación material, pasaremos a analizar el objeto de la colaboración como elemento directamente relacionado con la "eficacia" pretendida, los beneficios que pueden ser concedidos, la protección de los colaboradores, el problema respecto a los coacusados y delatados, la colaboración y los distintos momentos del proceso —y los distintos procesos—. Para terminar, nos centraremos en el aspecto de la negociación: por qué negociar, con quién negociar, la publicidad de los acuerdos, su extensión a otros procedimientos y sistemas judiciales y su necesaria vinculación a una homologación judicial.

### *3.1. Identificación del colaborador*

Determinar quién puede actuar como colaborador puede parecer sencillo en esta etapa de la investigación, pero esta suposición no es del todo precisa. En realidad, identificar quién, dentro del sistema penal, busca o requiere una colaboración depende directamente de comprender en qué fases del proceso penal se autoriza dicha colaboración.

---

y principio de oportunidad, "los jueces y magistrados van a tener un rol formal, encorsetado y automatizado, muy alejado de un control a fondo de los hechos, de las declaraciones de culpabilidad que sobre los mismos efectúan los investigados y de las consecuencias jurídicas —personales y patrimoniales— derivadas de ello" (2020b, p. 409).

Y, desde nuestra perspectiva, si bien hay una mayor probabilidad de que el colaborador sea el investigado, durante una fase inicial de instrucción o incluso previamente a ella, o aún durante el juicio oral como acusado, pero antes de que se dicte una sentencia motivada que plasme los beneficios que le pueden ser concedidos debido a su colaboración[812], la realidad es que el colaborador también puede ser una persona ya condenada, tras el correspondiente debido proceso legal, que, ya sea por motivos internos o debido un real arrepentimiento —o no— desee colaborar con la justicia en el ámbito del delito por el que fue condenado, identificando otros responsables u otros elementos del hecho delictivo, y que, en fase de cumplimiento de pena, también desee tener reconocido algún beneficio que premie su colaboración[813].

De esta manera, entendemos que el colaborador, de manera general y sin entrar en apartados que definiremos en seguida (tipos delictivos, beneficios, etc.), puede ser cualquier persona sujeta a un proceso penal, se encuente o no en fases embrionarias —diligencias previas, instrucción, etc., según el tipo de procedimiento aplicable—, en el ámbito de un juicio oral o en el momento de cumplimiento de una pena. Por consiguiente, será colaborador cualquier persona que, teniendo el objetivo de cooperar con la justicia penal, pueda recibir algún beneficio en el ámbito del proceso penal al que está sujeto siempre y cuando la colaboración sea eficaz. Por lo tanto, excluimos del ámbito de esta colaboración los delatores que constituyen verdaderos *whistleblowers*[814] y no sean objeto de investigación o enjuiciamiento por los mismos delitos —o delitos conexos— que tengan el objetivo de denunciar. Y, por otro lado, ampliamos las definiciones de colaborador referenciadas en los mecanismos internacionales y europeos que, de manera general, limitaban el colaborador al participante en una organización o asociación criminal.

---

812 Mínimamente en el actual modelo estudiado durante los Capítulos II y III.

813 El objetivo es, como propone Barona Vilar respecto a la mediación penal, que se establezca "una suerte de flexibilidad que ofrezca adaptabilidad según las personas y según los hechos" (2023d, p. 9).

814 En el ámbito de la Ley 2/2023, de 20 de febrero, reguladora de la protección de las personas que informen sobre infracciones normativas y de lucha contra la corrupción. *Cfr.* Fernández Ajenjo, 2020, pp. 40 y ss.; Fernández Ajenjo, 2023, pp. 276 y ss.; García-Moreno, 2020, pp. 64-65.

Por otro lado, es necesario definir cómo estudiar y legislar respecto a este colaborador. Esto se debe a que el colaborador será, en primer lugar, sujeto de un proceso penal —investigado, encausado, condenado o reo—, en segundo lugar, fuente de prueba —o medio de prueba personal, en una definición técnica jurídicamente— en la medida en que aporta determinado elemento útil al proceso y a la persecución penal y, en tercer lugar, objeto de medidas de protección.

### 3.2. *Definición del ámbito del delito*

Hemos definido que la colaboración premiada está directamente relacionada con una demanda de la comunidad internacional para facilitar la persecución penal de unos delitos graves, de naturaleza política-económica, cuyas características hacen con que sea necesario recurrir a estas medidas de colaboración con el objetivo de que no haya impunidad —además de la propia evolución de la "macdonalización" y de la importación de ideas provenientes del sistema estadounidense—. Desde esta perspectiva, la complejidad de estos delitos, en la medida en que son perpetrados muchas veces por estructuras organizadas en un espacio temporal y geográfico amplio, la dificultad en torno a su investigación y los problemas para la aportación de pruebas, así como la propia manera como los procedimientos penales son desarrollados, es decir, en macrocausas en las que los medios de comunicación ejercen una influencia directa[815], hacen con que estos delitos sean el principal objeto de medidas que estimulen la colaboración de investigados y encausados con las autoridades.

De esta manera, el primer rango de delitos que interesan a la colaboración premiada son los de grupos y organizaciones criminales, en los que las características anteriormente descritas figuran con especial intensidad. Asimismo, la idea de colaboración cobra relevancia a partir de la delación de otros responsables en el ámbito de una estructura criminal organizada. Sin embargo, los delitos de organiza-

---

815 Reflexionando sobre la complejidad de su estructura, que "muchas veces parecen como verdaderas corporaciones criminales", además del riesgo de "cooptación de las autoridades tanto responsables de los mecanismos de investigación como de las autoridades políticas" *cfr.* Machado de Souza, Rodríguez-García, 2022, p. 22.

ción criminal no se manifiestan aisladamente y, normalmente, vienen acompañados de delitos de corrupción —en los que podríamos incluir las condutas directamente relacionadas, como cohecho activo, pasivo y hasta la corrupción entre particulares[816]—, pero también de delitos de malversación y conductas relacionadas como el blanqueo de capitales y, más recientemente añadido al Código Penal español, el *enriquecimiento ilícito*[817].

Por consiguiente, y a nuestro parecer, es necesario superar la previsión legal expresa de institutos de colaboración premiada para los tipos privilegiado[818/819]. Por tanto, este mecanismo debe ser, en este primer "rango" de delitos, aplicado a los hechos realizados o no en el ámbito de estructuras organizadas —grupos y organizaciones criminales, terroristas o no—, pero relacionados con estos delitos de naturaleza político-económica y muchas veces consumado con un carácter transnacional: corrupción, blanqueo de capitales, malversación de caudales públicos, tráfico de influencias, obstrucción de la justicia, falsificación de documentos, enriquecimiento ilícito, entre otros[820].

Esta sería la primera idea respecto al ámbito material de la colaboración premiada. Es decir, vincularla a la delincuencia organizada, pero sin excluirla de los hechos delictivos relacionados.

No obstante, la realidad jurisprudencial analizada en el Capítulo III nos exige considerar la aplicabilidad de medidas de colaboración

---

816 Como reflexionamos en el ámbito del Capítulo III.

817 Plasmado en el art. 438 *bis* CP, añadido a través del art. 1.19 de la Ley Orgánica 14/2022, de 22 de diciembre, mencionada anteriormente en la medida en que también fue responsable de los cambios en la colaboración premiada prevista como tipo privilegiado en el delito de malversación y los delitos de alteración de precios en concursos y subastas públicas. Sobre el enriquecimiento ilícito *cfr.* Raga Vives, 2023, pp. 193 y ss.; Olaizola Nogales, 2023, pp. 179 y ss.; Villegas García, 2023, pp. 1 y ss.; Miró Estradé, 2023, pp. 1 y ss.; Rodríguez-García, Orsi, 2015, pp. 201 y ss.

818 Estudiados en el Capítulo II.

819 Hasta porque, además de su inaplicabilidad, no se entiende la preferencia del legislador en cuanto a determinados delitos, al mismo tiempo en que hay una exclusión referente a otros delitos conexos y tan importantes como el blanqueo de capitales.

820 Siguiendo también, las líneas propuestas en el ámbito de la Convención de las Naciones Unidas contra la Corrupción de 2003, conforme fue analizado en el apartado 3.2.3 del Capítulo I.

premiada, aunque en relación exclusiva con la atenuante de la pena, a otros delitos no inicialmente previstos en nuestras hipótesis iniciales. Así, hemos observado como se atenúan las penas a condenados por delitos de asesinato, abuso sexual, detención ilegal, lesiones y otros. Esta no es otra que una consecuencia directa de la apertura proporcionada por la aplicación de una atenuante de confesión genérica, aunque en su interpretación analógica.

Asimismo, en la medida en que consideramos que una de las propuestas más factibles es la inclusión de la actual atenuante analógica de colaboración como otra hipótesis de atenuante al art. 21 CP —así como ocurrió en su tiempo con la atenuante de dilaciones indebidas— sumado al hecho de que hemos observado como se aplican penas más leves, a partir de la misma atenuante, a los que han aceptado conformidades que no han podido resultar en sentencias de conformidad debido a la ausencia de consenso entre todos los coacusados, nos parece viable la aplicación de este modelo de colaboración premiada también a estos delitos que escapan de la idea de delitos graves de naturaleza político-económica[821].

No obstante, estos delitos, aunque también son graves, asumen características distintas en el sentido de que normalmente tendrán una víctima concreta, la realización de hechos a través de violencia, la inclusión específica de violencia de género, entre otros elementos. Por lo tanto, vislumbramos dos posibilidades. En primer lugar, que sean tratados especialmente en el ámbito de cada caso concreto, como viene ocurriendo a través de la atenuante analógica de confesión en la jurisprudencia del Tribunal Supremo. En segundo lugar, que sean

---

821 Aunque en el ámbito de la mediación penal de adultos, Barona Vilar confirma la viabilidad de nuestra propuesta relacionada con el hecho de no fijar un catálogo determinado y cerrado de delitos (2023d, p. 9). Desde otra perspectiva, Vázquez-Portomeñe Seijas (2022, p. 116), respecto a delitos de peligro abstracto o contra bienes jurídico supraindividuales, como los de naturaleza político económica, expresa sus reservas "sobre el traslado de los esquemas y principios de la mediación a un ámbito en que no existe una víctima concreta e individualizada con la que desarrollar el diálogo reparador (...) creo que en estos casos pierden sentido todos los argumentos de corte victimológico con que se ha venido defendiendo la necesidad de recurrir a la mediación para dar voz a las víctimas, precipitándose el riesgo de hacer de ella un mero instrumento de descarga de la carga de trabajo de los juzgados y tribunales".

regulados a través de una óptica que permita el análisis en detalle de la aplicabilidad de la colaboración premiada de acuerdo con sus características; incluyéndose, para algunos delitos, la regulación a partir de la debatida mediación penal de adultos y la óptica de la justicia restaurativa[822].

En este sentido, aunque no excluyamos la aplicación de medidas de colaboración premiada para esta clase de delitos, señalamos que ni todas las reflexiones que realizaremos en este apartado son directamente trasladables a ellos, especialmente cuando pensamos en la recuperación de activos, la delación de otros responsables y el propio beneficio derivado de la colaboración, incluso porque tendríamos el problema relacionado a la compatibilidad con la pena de prisión permanente[823/824].

Por tanto, si bien no descartamos su aplicación a todos los delitos[825], debemos de señalar que la óptica mayoritaria a partir de la que intentaremos establecer unos parámetros para la colaboración premiada es la de los delitos graves, de naturaleza político-económica, de delincuencia organizada, corrupción y otros delitos conexos: blanqueo de capitales, falsedad en documentos mercantiles y/u oficiales, corrupción privada, enriquecimiento ilícito, fraude de prestaciones, estafa, tráfico de influencias, tráfico de drogas y otros delitos contra la salud pública —especialmente en la medida en que son perpetrados en el ámbito de grupos u organizaciones—, apropiación indebida, uso de tarjetas falsas, etc.

---

822 *Cfr.* Serrano Hoyo, Rodríguez-García, 2022.

823 Como analizado en una de las sentencias del Capítulo III, *cfr.* STS 3150/2021, de 20 de julio.

824 Otra cuestión que nos preocupa, debido a la inclusión de este tipo de delito, se relaciona con las recientes discusiones sobre la mediación penal, asociada a delitos que “se producen en el ámbito vecinal o familiar, en el que la importancia de la reconstrucción de la relación preexistente a la infracción se vuelve especialmente acuciante” (Cerina, 2022, p. 44).

825 En sentido contrario, Gómez Colomer, en el ámbito de la conformidad, propone que “la opción más segura sería fijar expresamente el catálogo de delitos que son negociables y la posibilidad del Tribunal de desautorizarla si va claramente em contra de la justicia o de alguna parte”, aunque va de encuentro con nuestro raciocinio en la medida en que concluye que “las normas que protegen a la víctima deberían adquirir una importancia capital” (2022b, p. 315).

### *3.3. Propuesta para un modelo de colaboración premiada dual ante la confesión y el reconocimiento de los hechos*

Si bien es verdad que en el ámbito del proceso penal el reconocimiento de los hechos y la confesión no figuran como requisitos indisociables de la mayoría de las conformidades, en el marco del Derecho penal la situación es distinta. Esto se debe, por un lado, al uso de la atenuante analógica de confesión como mecanismo para aplicar un beneficio a los que colaboran con la justicia, en cuyo caso la confesión figura como elemento esencial derivado de la atenuante original. Y, por otro lado, a la regulación de los tipos privilegiados, en cuyo caso ni siempre se exige un reconocimiento de los hechos o la confesión, como podemos observar en el delito de organizaciones y grupos criminales, en el delito de malversación, en los delitos contra la salud pública o en los delitos contra la Hacienda Pública y la Seguridad Social[826].

No obstante, en la medida en que damos mayor atención a la práctica judicial y a la jurisprudencia aplicada por el Tribunal Supremo, aunque limitada al periodo de tiempo que fue objeto de investigación[827], observamos que hay una preferencia por la aplicación de la analogía de la atenuante de confesión, cuya utilización requiere la confesión como elemento esencial de la atenuante original de la que se deriva su interpretación analógica. Este hecho lo hemos podido confirmar, aunque con algunas excepciones, a través de la jurisprudencia del Tribunal Supremo analizada anteriormente.

Asimismo, atendiendo a la propuesta realizada por Gimeno Sendra y plasmada en el Anteproyecto de LECrim de 2020, respecto a la inclusión de la colaboración en delitos de organización criminal (art. 179 ALECrim 2020), podemos observar otra vez una disparidad. La propuesta inicial de Gimeno Sendra versaba sobre la confesión del acusado, junto con la delación de otros responsables —colaboración— en

---

826 Todos han sido debidamente estudiados a lo largo del capítulo II. Señalamos que no se requiere reconocimiento de los hechos o confesión en el ámbito de los Delitos contra la Hacienda Pública o la Seguridad Social siempre y cuando se refiera a la colaboración de otros participes en el delito que no sean el obligado tributario.

827 Los años de 2019-2022, *cfr.* Capítulo III.

el ámbito de una conformidad negociada. Por otro lado, la idea plasmada en el Anteproyecto de LECrim de 2020, aunque regulada junto a la conformidad, crea dos posibilidades para la colaboración, a partir de un copia *y pega* de los actuales modelos de tipos privilegiados. En primer lugar, una modalidad que requiere la confesión de los hechos, junto con el abandono voluntario de las actividades delictivas y la colaboración activa para impedir la producción del delito. En segundo lugar, una que no depende de la confesión, sino exclusivamente de la colaboración eficaz en la obtención de pruebas decisivas para la identificación o captura de otros responsables o para impedir la actuación o desarrollo de las organizaciones criminales involucradas.

Por consiguiente, en el actual panorama nos encontramos ante una encrucijada respecto a si la confesión y/o el reconocimiento de los hechos son elementos indisociables de la colaboración con la justicia.

Desde una perspectiva puramente dogmática y teórica, la colaboración sin el reconocimiento de los propios hechos delictivos en el que este colaborador ha estado involucrado no parece cobrar sentido y podría, de manera muy negativa, estimular delaciones con fines puramente exculpatorios.

Desde una visión pragmática, especialmente ante la jurisprudencia que fue analizada anteriormente, observamos como la obligación de que haya una confesión genera problemas respecto a la posibilidad de compaginarla con el mantenimiento de versiones defensivas en aspectos no sustanciales y las elevadas posibilidades de que el encausado cambie la versión inicialmente dada e intente retratarse de su confesión a lo largo de un proceso penal. Además, basta con mirar hacia la experiencia de la trama valenciana en la Operación Gürtel para reflexionar que confesar tampoco significa *estabilidad* y *tranquilidad*. Esto se debe a que una condena por corrupción difícilmente sostendría una carrera política, de tal manera que en el caso Camps él prefirió demitir para no declararse culpable a pesar de la presión de su propio partido direccionada a un reconocimiento de los hechos[828/829].

---

828 *Cfr.* Castillo Prats, 2013, p. 488.

829 Desde el punto de vista de las personas jurídicas, además, Søreide, Vagle estudian como, en EE.UU., acuerdos con corporaciones raramente dependen o son realizados con la confesión del ente ficticio (2022, p. 263).

Por consiguiente, aunque en este tema sea más fácil vislumbrar las sombras que las luces, proponemos un posible modelo de colaboración premiada con la justicia adecuado al sistema penal español en el que la confesión y/o el reconocimiento de los hechos sean abordados de la siguiente manera:

*(a)* En el ámbito de una conformidad negociada, especialmente si llega a ser posible la regulación de una única conformidad negociada como propuesta en el ALECrim de 2020, el reconocimiento de los hechos[830] y la aceptación de la calificación jurídica y de la pena acordada con el Ministerio Fiscal —¿cómo director de la investigación?—, serían elementos fundamentales para dar lugar a una sentencia de conformidad que, sumada a una colaboración con la justicia, podría resultar en la aplicación de determinados beneficios[831], conforme estudiaremos en seguida.

*(b)* Para un colaborador que pretenda mantener su versión defensiva y no tenga como objetivo confesar, la colaboración deberá de ser prestada en el ámbito de su propio proceso penal, en cuyo caso estará sujeto al debido proceso penal, al contradictorio y a la libre valoración de la prueba que dará lugar a una sentencia —condenatoria o no— debidamente motivada por el Juez o el Tribunal competente.

Pensando exclusivamente en el sistema penal español, sus principios fundamentales y estructura, en realidad, la segunda opción sería la única forma de colaboración posible. Una que, independientemente de cualquier tipo de reconocimiento de los hechos, requiriera el desarrollo del debido proceso legal, con la producción de pruebas[832], el

---

830 En este sentido, enlazando el reconocimiento de los hechos con la conformidad como una *non-trial resolution*, nos acercaríamos a lo observado por la OCDE en el informe "Resolving foreign bribery cases with non trial resolutions" en el sentido de que la admisión de los hechos parece ser el denominador común —87% de los sistemas estudiados— en los distintos sistemas tanto para las personas físicas como para las jurídicas, especialmente porque el principal objetivo es justamente obtener resoluciones con investigaciones y procedimientos acortados (OCDE, 2019, p. 21).

831 Como podría ser a través de la solicitud de la pena inferior en grado por el Ministerio Fiscal como ha sido propuesto en el art. 170.5 del ALECrim 2020.

832 Gómez Colomer concluye que "nuestra ley adversarial futura tendrá necesariamente que (...) afirmando con contundencia que a lo único que debe estar vinculado el tribunal y el sistema adversarial en su búsqueda de la verdad es a

contradictorio y la inmediación del Juez o del Tribunal competente, quien sería responsable de emitir una sentencia motivada condenando o absolviendo el encausado, a pesar de su colaboración con la justicia y sin la desvirtualización del principio de presunción de inocencia[833]. En concreto, este último principio puede verse afectado siempre y cuando el investigado o encausado se encuentre *obligado* a confesar los hechos en razón de la "pendencia de un proceso penal de conclusión incierta y por la situación ventajosa"[834] que le podrá conferir la realización de un acuerdo de colaboración. Asimismo, este modelo de colaboración sería compatible con el modelo amplio de principio de oportunidad, en el que el objetivo de la colaboración no es simplemente el término anticipado del proceso penal, sino su efectividad en relación con la justicia penal[835].

No obstante, la realidad es otra. La aceptación del principio de oportunidad, de los métodos de solución anticipada del proceso penal y, más importante, de las conformidades —no sólo como reguladas procesalmente, sino como vienen siendo aplicadas[836]—, hace con que tampoco podamos dejar de vislumbrar la posibilidad de una colaboración que implique, simultáneamente, la renuncia del encausado al desarrollo regular del proceso penal respecto a él[837]. Especialmente

los hechos probados y nada más que a los hechos probados, pues de lo contrario el órgano decisor será la acusación y eso es evidentemente inconstitucional" (2022b, p. 305)

833 Declarado en el art. 24.2 CE. *Cfr.* Gimeno Sendra, 2015, p. 137; Montero Aroca, 1998, pp. 406-407; Gómez Colomer, 2023d, p. 293; Díaz Martínez, 2020b, p. 287; Armenta Deu, 2007, pp. 56-57.

834 Reflexión de Vázquez-Portomeñe Seijas (2022, p. 73) respecto a la mediación penal de adultos que se aplica directamente al supuesto de la conformidad y de la colaboración con la justicia que dependan del reconocimiento de los hechos. Destacamos que, aun así, Vázquez-Portomeñe no excluye la autonomía de decisión del autor debido a esta presión existente hacia un reconocimiento de los hechos.

835 Asimismo, "la introducción del principio de oportunidad que aquí se propone se refiere, precisamente, a su empleo como herramienta de investigación (incentivo procesal consistente tanto en la retirada como en la suspensión de la acusación) para facilitar la eficacia en la lucha contra la delincuencia más grave" (Ortiz Pradillo, 2018, p. 316).

836 *Cfr.* Capítulo II sobre conformidades encubiertas.

837 En este sentido, Vázquez-Portomeñe Seijas (2022, p. 71) afirma que, en España, en relación con la presunción de inocencia "prima la tesis de su renunciabilidad,

cuando entrevemos las actuales propuestas de ampliación de la conformidad, ya sea para que simplemente no se aplique el límite penológico a la conformidad de los procedimientos ordinario y abreviado[838], ya sea para ampliar la conformidad negociada a todos los procedimientos, como propuesto en el ámbito del ALECrim de 2020.

Por tanto, entendemos que para la creación de un prototipo legal que sea posteriormente trasladado a la jurisprudencia con el mínimo recurso a modelos "encubiertos", en el ámbito de la colaboración debemos de permitir ambas posibilidades a un posible colaborador. En primer lugar, que su colaboración se encuentre anclada a una conformidad, con el reconocimiento de los hechos y de la calificación jurídica que resulte en una sentencia que abrevie el proceso y permita el cumplimiento de una pena acordada. En segundo lugar, que su colaboración sea realizada en el curso del proceso penal regular, sin que haya necesariamente un reconocimiento de los hechos y/o de la calificación jurídica, dejándole al Juez o al Tribunal competente —y respetando el principio de un proceso con todas las garantías— la responsabilidad de proferir sentencia motivada en la libre valoración de las pruebas[839].

La compaginación de estos dos modelos no se encuentra libre de problemas, especialmente cuando pensamos en el actual límite penológico de la conformidad a penas de prisión inferiores a los 6 años. Por tanto, y sin dejar de destacar los problemas que la supresión de este límite penológico también suponen al sistema penal[840], un funcionamiento ideal estaría relacionado con un modelo procesal basado en el ALECrim 2020, en que hay una conformidad negociada para cualquier pena, con el único requisito de que cuando la pena aceptada sea

---

que se considera inmanente a un sistema penal que reconoce la facultad del acusado de emitir espontánea y voluntariamente declaraciones autoinculpatorias, con plena eficacia probatoria, y de disponer sobre el ejercicio del derecho de defensa en el juicio oral".

838 *Cfr.* Oliveira Teixeira dos Santos, 2022.

839 De esta manera, no se perdería la búsqueda de la verdad con el respeto a las garantías fundamentales en el ámbito de un sistema penal constitucional. Se podría, como destacado por Del Moral García, garantizar que "el proceso penal ha de seguir siendo un proceso de adquisición de conocimiento. Las garantías de libertad son garantías de verdad" (2008, p. 10).

840 *Cfr.* Oliveira Teixeira dos Santos, 2022.

superior a cinco años de prisión el Juez debe de oír a todas las partes sobre la existencia de "indicios racionales de criminalidad adicionales al reconocimiento de los hechos"[841].

Asimismo, cuando pensamos en colaboraciones concretadas en la delación de otros responsables, que se desarrollan en el ámbito de procesos con más de un coacusado, el acusado que opte por colaborar en el ámbito de una conformidad no debería poder obtener una conformidad parcial. No obstante, exclusivamente desde el punto de vista de la colaboración[842], prestada inicialmente en el ámbito de una conformidad, no habría más problemas siempre y cuando la colaboración prestada, junto con el reconocimiento de los hechos, resultara útil de acuerdo con los objetivos que intentaremos definir en seguida.

Además, en el ámbito de la colaboración prestada en una conformidad, señalamos el problema de la participación de la víctima, la que, de acuerdo con la actual LECrim, puede participar en las negociaciones —en la conformidad del procedimiento abreviado, entendemos— con la representación de su abogado solamente cuando se hubiese personado en el proceso como acusación particular, en cuyo caso podrá proponer su propia calificación y, en el procedimiento abreviado, expresar su opinión sobre la suspensión o sustitución de la pena impuesta. De esta manera, también es necesario replantear el modelo de participación de las víctimas en la conformidad, asegurando que la reparación de la víctima, como uno de los objetivos claves de la propia colaboración, sea cumplida.

En definitiva, el modelo propuesto sigue las directrices de diferenciación entre la colaboración amplia y la colaboración cualificada, propuesta por Machado de Souza y Rodríguez-García[843].

Por consiguiente, proponemos una colaboración amplia, para cualquier delito, a partir de la confesión y del reconocimiento de los hechos, de la calificación jurídica y de una pena —en el ámbito de

---

841 Art. 172,3 del Anteproyecto de LECrim de 2020. *Cfr.* Rodríguez-García, 2022, pp. 9 y ss. Por otro lado, no dejamos de aludir a toda la problemática en relación con la fórmula adoptada por el ALECrim 2020 respecto a los "indicios racionales de criminalidad".

842 *Cfr.* Vieitez López, 2022, pp. 82 y ss.; Lozano Eiroa, 2012, pp. 347 y ss.

843 Machado de Souza, Rodríguez-García, 2022, p. 33. *Cfr.* Apartado 2.2., Capítulo IV.

la conformidad— que implica la renuncia al juicio y el termino anticipado del proceso. Por otro lado, proponemos una colaboración cualificada, en que el cumplimiento de determinados requisitos —los objetivos de la colaboración que analizaremos en seguida— podrá, al final del proceso, permitir la concesión de determinados beneficios[844].

## 3.4. *El propósito de la colaboración con la justicia*

Definidos quiénes son los colaboradores y en el ámbito de qué delitos colaboran, es fundamental contestar a la pregunta sobre cuál es el propósito de la colaboración. Esta cuestión tiene una relación directa con la eficacia pretendida por la colaboración y podrá ser utilizada a la hora de establecer unos criterios para que la colaboración con la justicia sea considerada eficaz y, por consiguiente, merecedora de unos beneficios.

En definitiva, delimitar los objetivos de la colaboración significa garantizar una estructura adecuada y compatible con el sistema penal. No sólo en relación con una vinculación más estricta al principio de legalidad, sino específicamente como garantía de un proceso penal con todas las garantías, en el que se respeta el principio de igualdad de unos coacusados con relación a otros, en el ámbito de un mismo proceso penal o de varios procesos con supuestos similares. Es decir, el hecho de concretar qué hará con que una colaboración sea eficaz y cuáles los requisitos para que sea merecedora de un premio/beneficio servirá como garantía para evitar el tratamiento desigual de casos iguales basado en interpretaciones casuísticas.

### 3.4.1. La colaboración como prueba en el proceso penal

Uno de los principales problemas al intentar definir qué es una colaboración eficaz para el proceso, especialmente cuando observamos la jurisprudencia analizada y vemos una gran diferencia entre lo que puede ser considerado útil o no —dependiendo del delito involucrado o de la acción realizada por el colaborador —, es la falta

---

844 Decimos al final del proceso, pero este elemento podrá cambiar en el ámbito de la reflexión sobre la negociación en torno a la colaboración premiada.

de consenso sobre qué es la colaboración y cómo debe y puede ser prestada. En definitiva, uno de los mayores dilemas es cómo la colaboración se erige en el ámbito de la prueba en el proceso penal. Desde nuestra perspectiva, sólo a partir de la respuesta a esta pregunta será posible resolver los problemas de la colaboración relacionados con su eficacia, la protección necesaria de los colaboradores y, en última instancia, la protección de los derechos de los eventuales delatados. Por consiguiente, es necesario establecer algunos parámetros sobre el tipo de la colaboración prestada como una verdadera prueba en el proceso penal.

Cuando planteamos el concepto de colaboración —regulado en el Código Penal en el ámbito de los tipos privilegiados y definido en la jurisprudencia del Tribunal Supremo—, usualmente nos encontramos con la afirmación de que la colaboración aporta pruebas al proceso penal, respecto a los hechos practicados por el propio colaborador, las asociaciones, grupos u organizaciones con las que colabore o haya colaborado o por otros responsables del mismo hecho delictivo o de delitos conexos. En concreto, confirma esta observación el hecho de que la colaboración aportada deba ser corroborada con otras pruebas a la hora de que el Juez o Tribunal fundamente su actividad decisoria a través de una sentencia motivada[845/846].

No obstante —y planteando el problema desde la propuesta de colaboración dual realizada anteriormente, a saber, colaboración con o sin reconocimiento de los hechos—, debemos aclarar que la colaboración no actuará como prueba respecto al propio acusado que la aporta siempre y cuando él opte por una conformidad y, siendo posible su realización tras el debido control judicial, se dicte una sentencia de conformidad que produzca efectos, acortando el proceso penal en relación con este colaborador. En este supuesto, la colaboración seguirá siendo estimada como prueba de dos maneras. En primer lugar, para que sea valorada como útil y pueda resultar en la concesión de los beneficios al colaborador. En segundo lugar, siempre y cuando

---

845 Sobre el concepto de la prueba como "actividad esencial del proceso sobre la que se fundamenta la actividad decisoria del Juez penal a través de la sentencia, dentro del debate contradictorio que exige el proceso penal" *Cfr.* Martínez García, 2017, p. 28.

846 *Cfr.* Fairén Guillén, 1998, p. 441.

sea realmente útil para la persecución penal, actúe sobre esfera procesal penal de otros responsables. En este caso, el momento procesal en el que se produce la colaboración será determinante a la hora de plantear los derechos de los delatados, dado que "la exigencia del principio de contradicción no es la misma en la fase sumarial que en el juicio oral"[847].

Habiendo realizado esta aclaración, analizaremos algunos problemas de la colaboración como prueba, a saber, como fuente de prueba[848] y, en la medida que es incorporada al proceso penal, como medio de prueba[849].

Asimismo, abordaremos la colaboración en la medida en que permite la declaración del acusado, su posible caracterización como prueba testifical, la colaboración a través de pruebas periciales específicamente en el ámbito de las personas jurídicas y la colaboración a través de pruebas documentales y electrónicas.

Para terminar, estudiaremos las posibles intersecciones con la prueba ilícita. En concreto, respecto a los actuales problemas de la prueba producida por particulares y cuándo es producida en el ámbito de una persona jurídica que colabora a través de un programa de cumplimiento.

De antemano, no obstante, resaltamos que las problemáticas que debatiremos a lo largo de este apartado son, cada una de ellas, merecedoras de investigaciones propias. En realidad, el problema de la prueba en el proceso penal, la carencia de regulación y su dependencia de las decisiones jurisprudenciales generan dificultades específicas en cuanto a la colaboración misma[850]. Por tanto, nos centraremos en abordarlas desde la perspectiva de la colaboración premiada, tal co-

---

847 Martínez García, 2017, p. 40.

848 Como fuente de prueba entendemos "los elementos ajenos al proceso (...) objetos o personas que aportan conocimientos sobre los hechos afirmados por las partes; tienen transcendencia en el proceso, por tanto, y pueden ser material de referencia a tener en cuenta por el Juez en la decisión final" (Martínez García, 2017, p. 40).

849 Como medios de prueba entendemos "los instrumentos procesales a través de los que se lleva o incorpora al proceso una fuente de prueba" (Martínez García, 2017, p. 42).

850 Desde una perspectiva más filosófica, sobre el propio problema del estándar de la prueba *Cfr.* Ferrer Beltrán, 2021.

mo la hemos definido previamente, sin pretensiones de agotar el tema, pero dejando abiertas las puertas para otras líneas de investigación.

### *A) La colaboración a través de la declaración del investigado o encausado*

A lo largo de la jurisprudencia analizada en el capítulo III, hemos aclarado que la mayor parte de las referencias a la colaboración (útil o no al proceso) es realizada respecto a colaboradores que la ejecutan en el ámbito de sus declaraciones. En gran parte, esto se debe a que la jurisprudencia trata mayoritariamente de la colaboración premiada a través de la atenuante analógica de confesión. Por tanto, la colaboración viene acompañada de un reconocimiento de los hechos y/o una confesión que, la mayor parte de las veces, se manifestará a través de la declaración del investigado[851].

En realidad, destacamos la ausencia de previsión legal sobre la declaración del acusado como un verdadero medio de prueba, además de medio de defensa en la Ley de Enjuiciamiento Criminal. Y, si bien no dejamos de señalar a este elemento como una posible línea de investigación *moto propio*, incorporando la necesaria investigación doctrinaria respecto a la divergencia existente, la propia investigación jurisprudencial conducida, así como la jurisprudencia más antigua del Tribunal Supremo y del Tribunal Constitucional, confirma la utilización práctica de la declaración del acusado como medio de prueba, así como la realización del interrogatorio del acusado por el Juez o el Tribunal competentes, aunque a partir de la regulación planteada exclusivamente para los testigos (art. 708.2 LECrim)[852].

De esta manera, y a efectos prácticos, debemos evaluar la declaración del acusado ante dos momentos procesales. En un primer lugar, la declaración puede ser realizada desde la instrucción, en cuyo caso

---

851 Destacamos el problema, debatido anteriormente, de las posibles cifras negras de casos prácticos que señalan la colaboración a partir del simple reconocimiento de los hechos de los acusados en sus declaraciones, con el objetivo de minimizar los posibles peligros que le puedan suponer la colaboración con la justicia en relación con otros responsables y/o la estructura de delincuencia organizada en la que se encontraba.

852 *Cfr.* STC 229/2003, de 18 de diciembre.

no sólo será medio de defensa[853] desarrollada en el proceso penal como uno de los primeros actos de investigación[854], sino también instrumento para que ponga en conocimiento del Juez, del Ministerio Fiscal y de las demás partes acusadoras su versión sobre los hechos delictivos. Desde este momento se permite que el investigado confiese y reconozca los hechos constitutivos de la pretensión punitiva. En este caso, remitiríamos a la conformidad del art. 779.1 LECrim y, en el caso de una reforma similar[855] a la propuesta en el ALECrim 2020, a una conformidad también negociada, planteándola en el ámbito de la anteriormente definida "colaboración amplia".

En segundo lugar, podrá ser realizada durante el juicio oral. En este supuesto, la declaración del colaborador sería prestada como acusado y, si bien siempre podría negarse a prestar declaración (art. 24.2CE) o declarar y responder a las preguntas que entendiese conveniente, especialmente respecto a sus propios hechos, entendemos que la colaboración podrá manifestarse en la medida en que se refiera a la participación y responsabilidad de otras personas, físicas o jurídicas, en el ámbito de los hechos acusados o conexos, sea o no en una estructura de grupo u organización criminosa.

En ambos contextos, el principal[856] problema de la colaboración prestada a través de una declaración es el de la corroboración. Esto porque, como acusada, la persona que declara no está obligada a decir la verdad ni se puede proceder contra ella por falsedad[857]. Abordaremos esta problemática en seguida.

No obstante, una vez hayamos eliminado el problema sobre la admisibilidad de esta declaración[858], entendemos que puede ser prestada

853 *Cfr.* art. 396 LECrim, juntamente con el art. 389.II LECrim, respecto a la permisión de defensa del investigado y de la prohibición de que se le realicen preguntas capciosas o sugestivas.

854 Calaza López, 2021, p. 251.

855 *Cfr.* Gómez Colomer, 2021, pp. 119 y ss.

856 Si no queremos debatir la colaboración, pero los efectos de esta declaración respecto a una conformidad o a un reconocimiento de los hechos, son otros los problemas que deben de ser tratados.

857 Moreno Catena, 2008, p. 387.

858 No sólo a través de la reciente jurisprudencia analizada en el capítulo III, sino también, desde el final del siglo pasado *cfr.* "Así nuestro Tribunal Supremo admite, con carácter general, la declaración incriminatoria de los coacusados como

respecto a *(i)* coacusados en el mismo procedimiento y en el mismo delito y *(ii)* a otros responsables en un procedimiento distinto, por un delito diferente, aunque relacionado o conexo.

La primera situación es la más regular. Y respecto a ella —declaración para un coacusado por los mismos delitos en el mismo proceso—, sólo debemos destacar que se descarta la posibilidad de emitir una conformidad siempre y cuando no hubiese la misma conformidad para todos los coacusados[859].

En relación con la segunda situación —declaración sobre otros responsables en otro procedimiento—, así como en los casos en que los coacusados sean juzgados separadamente —por enfermedad o incomparecencia de alguno de los procesados citados personalmente, según el art. 746 LECrim; o si alguno ha sido declarado en rebeldía, de acuerdo con el art. 793.1 LECrim—, el problema se centra en si el colaborador, durante el juicio oral de su coacusado delatado, fue declarado condenado o fue absuelto.

Sea como fuera, se entiende que deberá comparecer a declarar otra vez en el acto del juicio oral del coacusado con el objetivo de hacer efectivo el principio de contradicción. Por un lado, en la medida en que comparezca como absuelto, su declaración podrá ser tomada como una prueba testifical[860]. Asimismo, en este supuesto, su declaración tampoco podrá será valorada como colaboración útil, en la medida en que el colaborador absuelto no necesitará disfrutar sus "premios" en el ámbito de su propio proceso. Por otro lado, siempre y cuando comparezca al juicio oral del delatado con su propio proceso penal en trámite o terminado, tras una sentencia condenatoria,

---

prueba de cargo idónea para formar el convencimiento judicial, en virtud de la cual el coacusado o coacusado por un delito implica en el mismo delito a título de autores, cómplices o encubridores. La declaración incriminatoria verificada por un coacusado constituye (...) medio hábil o apto para destruir la presunción de inocencia y constitutivo, por tanto, de aquella mínima actividad probatoria de cargo suficiente para formar la convicción del juzgador. El fundamento de dicha admisibilidad se halla, según la jurisprudencia, en la ausencia en nuestra Ley procesal penal de una prohibición probatoria que determine la inutilizabilidad de las declaraciones de los coacusados" (Miranda Estrampes, 1997, p. 206).

859 Los supuestos cambian cuando planteamos la colaboración de la persona jurídica.

860 Desde la misma perspectiva *cfr.* Miranda Estrampes, 1997, p. 206. A lo que añadimos la excepción relacionada con las personas jurídicas.

destacamos que su declaración debe de seguir siendo tomada como la de un acusado[861]. Por ello, su declaración deberá ser presencial y con la presencia de Letrado. Esto se debe a que seguirá sin la obligación de decir la verdad y no podrá tener su declaración valorada como si fuera un testigo. Por tanto, velar por que esta declaración sea sometida al contradictorio es esencial[862].

Asimismo, cuando tenemos la declaración de un colaborador respecto a otro responsable de otro delito en otro proceso, y este mismo colaborador suscribe una sentencia de conformidad, también deberíamos exigir su comparecencia en el ámbito del juicio oral del delatado, como requisito fundamental para la transcendencia de su declaración como colaboración. En este sentido, destacamos que el acuerdo —firmado y homologado— en torno a la colaboración sería necesario en la medida en que constituiría una garantía de que este sujeto, con el que ya tenemos un proceso terminado debido a una conformidad y que su colaboración ya ha sido evaluada como útil, vuelva a comparecer ante la justicia para declarar una segunda vez.

(a.a) La declaración sobre el coacusado: el problema de la corroboración

Como hemos mencionado anteriormente, uno de los principales problemas en torno a la declaración de un colaborador es la necesidad

---

861 En sentido contrario, la STS 3326/2019, de 29 de octubre, anteriormente analizada en el Capítulo III. Además, Gimeno Sendra destaca que “la doctrina del coinvestigado no alcanza a la del coinvestigado condenado que declara como testigo en un ulterior proceso contra un coacusado, ya que su situación de condenado le impide de obtener una ventaja o desventaja y, por tanto, es espontánea, prestando su declaración en calidad de testigo (lo que le permite incurrir en un delito de falso testimonio)” (2021, p. 53). Desde nuestra perspectiva, aunque como investigado, el colaborador no debe de ser tratado como testigo, especialmente porque no será desinteresado en la medida en que puede obtener algún premio en razón de su declaración.

862 En otro sentido, la STS 3326/2019, de 29 de octubre, analizada en el capítulo III, aunque se base en una verdadera corroboración de la declaración, decide que es perfectamente válido que el colaborador anteriormente condenado comparezca en la calidad de testigo a declarar contra otro coacusado. Desde esta jurisprudencia, podemos inferir que esta es la posición del Tribunal Supremo, como resultado de la ausencia de otra figura procesal a la que recurrir. Esta conclusión se debe a que, aunque señalen que ha comparecido como testigo, realizan una evaluación de su credibilidad y corroboración.

de corroboración. Surge, como no, del hecho de que su declaración como un investigado, acusado o condenado no puede ser confundida con una prueba testifical en la medida en que no tiene la obligación de decir la verdad, no podrá ser sujeto de un delito por falso testimonio y, por defecto, no es un sujeto "tercero ajeno a los hechos del proceso"[863].

En definitiva, y por no repetirnos, nos referimos al Capítulo III[864], en el que analizamos cómo retrata el Tribunal Supremo la virtualidad probatoria de las declaraciones de un coacusado, tanto a partir de la prueba de la falta de credibilidad cuanto respecto a la posible insuficiencia de la motivación de la prueba llevada a cabo por el Tribunal y, para terminar, los criterios de un "examen probatorio reforzado" en el caso de que se corrobore declaraciones de coacusados con otras declaraciones de coacusados.

En realidad, y concluyendo respecto a la posición del Tribunal Supremo, entendemos que, aunque haya un examen positivo sobre la fiabilidad de la declaración del coacusado —en la medida en que su declaración sea tomada respetando el principio contradictorio y con la presencia de un Letrado que garantice el estatus de medio de defensa de la propia declaración—, es necesario comprobar la existencia de otros elementos probatorios, documentales y periciales, que permitan la debida corroboración de esta declaración siempre y cuando sea utilizada para motivar la condenación de otros responsables.

En definitiva, esta también es la posición del Tribunal Europeo de Derechos Humanos que, hace más de veinte anos, en el caso Lucà c. Italia, de 27 de mayo de 2001, destacó que "si la convicción del Tribunal sentenciador está basada únicamente o de forma decisiva en declaraciones que han sido prestadas por persona a quien el acusado no ha tenido oportunidad interrogar o hacer interrogar, bien durante la investigación o bien durante el juicio oral, los derechos de defensa quedan restringidos hasta tal punto que resulta incompatible con las garantías previstas en el art. 6 CEDH". Este fue un caso en el que una persona había declarado en calidad de testigo y, cuando más tarde fue acusado en un procedimiento conexo y llamado a declarar, guardó

---

863 Miranda Estrampes, 1997, p. 209.

864 *Cfr.* Capítulo III, G.

silencio. Por tanto, no fue posible obtener contradicción de sus declaraciones iniciales.

Diez años más tarde, el Tribunal Europeo de Derechos Humanos refuerza su argumentación al señalar que el careo entre ambos acusados no es suficiente para la garantía de amplia defensa cuando la prueba de cargo es la declaración de un coacusado que no compareció al juicio oral y cuya declaración fue tomada sin la presencia del delatado o de su Letrado[865].

Asimismo, también deben ser analizados otros elementos de la declaración en relación con la corroboración, a saber, los requisitos para que las declaraciones sumariales que no puedan ser repetidas en el juicio oral sean validas como pruebas[866], los presupuestos para que se pueda leer la declaración de un coacusado en juicio oral y que ésta llegue a formar parte del acervo probatorio de cargo, etc.[867].

Además, para su evaluación como colaboración útil al proceso, destacamos que no tiene por qué conducir a una persecución penal y a una sentencia condenatoria de otras personas. Por tanto, el mero hecho de que la declaración permita identificar, capturar otros responsables o descubrir elementos sobre una asociación, grupo u organización criminal, puede ser suficiente para que la declaración produzca efectos al propio colaborador, como una colaboración útil. Desde nuestra perspectiva, esta es una de las conclusiones más importantes de este trabajo. Esto se debe a que permite la conceptualización de la colaboración premiada como "colaboración con la justicia" y no con la persecución penal. Es decir, el objetivo de la colaboración, en un sistema penal basado en una *ultima ratio* del Derecho penal, en el *indubio pro reo*, en la búsqueda por la verdad y, en concreto, en la protección de los derechos y garantías, no puede ser la obtención de condenas. Por tanto, su objetivo debe ser coadyuvar eficazmente para el desarrollo de un proceso penal *justo*.

Finalmente, sin perder de vista la relevancia de la problemática como una línea de investigación independiente, no buscamos valorar

---

865 STEDH de 14 de enero de 2010, caso Melniko v. Rusia.

866 Sobre los requisitos materiales, subjetivos, objetivos y formales, *cfr.* López Barja de Quiroga, 2023, p. 1167.

867 *Cfr.* López Barja de Quiroga, 2023, pp. 1167 y ss.

la transcendencia de la declaración de un coacusado debido al hecho de que lo hace con el objetivo de obtener un premio, a saber, por cuestiones morales en torno al interés que tendrá al delatar otros responsables[868]. En este sentido, nos referimos a su admisibilidad por el Tribunal Supremo y a las obras de Rodríguez[869] y de Ortiz Pradillo[870].

(a.b) La declaración del investigado y la prueba testifical

Como hemos analizado, hay dos situaciones en las que la declaración de un colaborador puede ser tomada como prueba testifical[871]. En primer lugar, el que comparezca inicialmente como testigo en un proceso, cumpla con su obligación de decir la verdad, colabore de forma útil al proceso y, con el paso del tiempo, tenga su situación procesal cambiada a investigado o encausado. En segundo lugar, el colaborador que, habiendo colaborado anteriormente como investigado o encausado, tenga una sentencia absolutoria y se vea obligado a comparecer otra vez a declarar, esta vez como testigo.

Añadimos a esas dos situaciones límites el supuesto del tercero denunciante que, aunque en principio figure como un sujeto no directamente involucrado en los hechos delictivos que viene a denunciar, pasa a ser investigado o encausado en el ámbito de los mismos hechos o hechos correlacionados. Para esta situación, creemos que la declaración deberá de ser tomada como la declaración de un investigado no testigo, de tal manera que requiera los mismos requisitos de corroboración analizados anteriormente. Además, destacamos que sería importante la realización de una segunda declaración de este sujeto, esta vez como investigado o encausado en el ámbito del proceso penal, especialmente cuando opta por reconocer lo hechos y tomar el camino, cuando posible, de la conformidad.

---

868 En realidad, creemos que la mayor preocupación es relacionada a la fiabilidad cuando "la manifestación incriminatoria responde a un móvil de odio personal, revancha o cualquier otro de los mencionados antes o a una fiabilidad auto exculpatoria" (Miranda Estrampes, 1997, p. 213).

869 Rodríguez, 2018.

870 Ortiz Pradillo, 2018, pp. 45 y ss.

871 Volvemos a señalar que el colaborador no puede ser tomado como un testigo, porque el testigo es el que tiene el deber de colaborar y decir la verdad. Esto también tiene correspondencia en ordenamientos jurídicos hermanos como Brasil (art. 203 CP) y Portugal. *Cfr.* Gómez Canotillho, Brandão, 2016, p. 22.

Por consiguiente, lo que no se puede es mantener la confusión entre declaración del investigado y prueba testifical, ni siquiera con el objetivo de utilizarse de los mecanismos existentes de protección del testigo para el investigado que declara. El investigado que declara, colaborando con la justicia penal, aportando elementos probatorios con su declaración o con otros tipos de pruebas, haya o no reconocido los hechos, debe de ser tratado como tal[872]. Esto es fundamental en la medida en que garantiza el control judicial realizado sobre esta declaración a partir de las dos perspectivas existentes: la del propio investigado y la de los posibles delatados: *(i)* la primera de ellas, con el objetivo de garantizar una declaración verdaderamente libre y espontanea, exenta de coacciones, especialmente cuando realizada en el ámbito de una colaboración premiada, en la que el acusado sabe que le podrá corresponder determinado beneficio; y *(ii)* la segunda, relacionada con la necesaria corroboración de la declaración del investigado con otros elementos probatorios a la hora de justificar la persecución penal de un delatado.

(a.c) La declaración del investigado y la prueba pericial

En definitiva, y con el objetivo de no dejarlo sin tratamiento, aunque claramente constituye una línea de investigación por sí sola, mencionamos la posibilidad de que se aplique la prueba del testigo-perito incluida en la Ley de Enjuiciamiento Civil en los artículos 370 y 380 al ámbito procesal penal de la colaboración[873].

En realidad, para el colaborador que sea persona física no nos parece muy probable que su declaración llegue a ser planteada en el ámbito de una pericial. Hasta porque, como hemos reflexionado anteriormente, tampoco debería ser interpretada como una prueba testimonial. Por otro lado, en el ámbito del colaborador persona-jurídica, especialmen-

---

872 De forma similar, podemos observar como el sistema del ALECrim de 2020 propone que las declaraciones testificales que se realicen en juicio oral respecto a personas jurídicas, por personas físicas que hayan sido condenadas mediante sentencia de conformidad, deben de ser realizadas de acuerdo con la regla establecida para la declaración de coacusados en el art. 693.3 ALECrim 2020, según la redacción del art. 167 del Anteproyecto.

873 Sobre la aplicabilidad de esta figural al ámbito penal, por ejemplo, nos referimos a las conclusiones de que se "podría llegar a decirse que en estos casos la pericial de inteligencia se puede asemejar a la prueba del testigo-perito (…)" (López Barja de Quiroga, 2023, p. 1579).

te cuando tenga la pretensión de demostrar colaboración a través de un programa de cumplimiento, con la declaración de un *Compliance Officer*, podemos plantear que la declaración de esta persona jurídica, si bien no directa en la medida en que no proviene de uno de sus representantes o directivos, podrá ser ejecutada a partir de la figura de un perito o desde la óptica del "testigo-perito". Esta posibilidad, si bien no ha sido todavía explorada por la doctrina o la jurisprudencia, puede influir en la libre valoración de la prueba por el Juez o Tribunal competente, especialmente porque esta figura presentaría desafíos específicos como el hecho de que se declararía, posiblemente, con doble condición de testigo, directo o de referencia, y perito como tal[874].

### *B) La colaboración a través de pruebas documentales*

La colaboración también podrá ser prestada a través de la prueba documental. En este caso, entendemos que debe tener una doble vertiente positiva. Por un lado, para el propio colaborador, que, presentando pruebas que puedan ser sometidas a los principios de oralidad, concentración, inmediación y publicidad en el juicio oral, además de que sean declarados documentos validos como tal, debe de tener una mayor consideración por la Administración de Justicia como un colaborador "eficaz". Por otro lado, para los eventuales coacusados, dado que esta prueba documental, normalmente presentada junto con la declaratoria, podrá ser elemento de corroboración importante.

Además, especialmente en el ámbito de grupos organizados cuyo objetivo es la perpetración de delitos de corrupción, blanqueo de capitales, etc., la colaboración a través de pruebas documentales es esencial en la medida en que gran parte de la impunidad se encuentra justamente en la confección y mantenimiento de documentos como sigilosos, aunque no debiesen ser[875]. Por tanto, colaborar a través de la aportación de este tipo de datos puede significar la diferencia en un proceso penal.

---

874 Sobre las problemáticas de la prueba de testigo-perito en la pericial de inteligencia, *cfr.* López Barja de Quiroga, 2023, p. 1579.

875 En este sentido, los contratos confidenciales firmados por dirigentes públicos en la trama Gürtel, aunque no existiese ninguna cláusula de confidencialidad, sobre negocios multimillonarios entre una empresa pública y una entidad privada (Castillo Prats, 2013, p. 309). Respecto a ello, es necesario desarrollarlo normativamente des-

Asimismo, en el ámbito de las personas jurídicas otro problema debe de ser llevado en consideración al valorar su colaboración a través de pruebas, sean ellas documentales o electrónicas. A saber, el hecho de que mucho de lo que la persona jurídica debe aportar para comprobar su colaboración con la justicia y, así, obtener algunos de los beneficios posibles, puede contener datos sensibles o, directamente, ser información protegida. Más allá de ello, respecto a la comprobación del programa de cumplimiento a través del mapa de riesgos de la persona jurídica[876], exigir que este sea puesto completamente a disposición en un proceso penal puede significar que los premios derivados de la colaboración no compensarán para esta empresa. Es decir, para una persona jurídica, compartir de forma completa el mapa de riesgos que internamente haya realizado puede significar peores resultados financieros que lidiar con la responsabilidad penal de forma completa, sin que se le apliquen beneficios derivados de la colaboración. Desde esta perspectiva, una posible solución es la exigencia de que se realice una prueba pericial que permita la evaluación del mapa de riesgos por un perito, que elaboraría un informe correspondiente señalando todos los elementos necesarios en términos de la colaboración —relacionado al mapa de riesgos de la persona jurídica— sin que, simultáneamente, se incluyan los datos que puedan contener informaciones privilegiadas o datos sensibles.

### *C) La colaboración a través de la prueba electrónica*

A pesar de que hayamos tenido muchos avances este último año en el ámbito de las nuevas tecnologías, de la inteligencia artificial generativa, etc., la realidad es que todavía permanecen, en el proceso penal, muchas de las cuestiones relacionadas al uso de la prueba electrónica. Por tanto, aunque a lo largo de los últimos años, la doctrina y la jurisprudencia han llegado a algunas importantes conclusiones sobre la prueba electrónica, permanecen muchos interrogantes.

---

de el punto de vista administrativo que permita una mayor prevención: que asegure la publicidad de los contratos y medios sencillos para que los demás dirigentes políticos puedan acceder a ellos y, de esta manera, ejercer un cierto control.

876 *Cfr.* Capítulo II, 3.3.9.

No obstante, y a pesar de que no tenemos como objetivo investigar el tema con profundidad, nos referimos a algunas de las conclusiones a las que ya hemos llegado. Por ejemplo, uno de sus mayores problemas está relacionado con su fácil manipulación[877] o destrucción. Por tanto, es indispensable la realización de una prueba pericial informática[878]. Asimismo, ya tenemos evidencias de que, posiblemente, será necesario acceder a los soportes originales de almacenamiento de la información —el móvil en una prueba derivada de un pantallazo de Whatsapp, por ejemplo, o de un ordenador físico, pen-drive, etc.— para la realización de dicha pericial informática.

En este sentido, la colaboración a través de la prueba electrónica, si bien debe de ser insertada en las actuales discusiones sobre la propia prueba electrónica, también debe de ser tratada con especial atención como una colaboración "eficaz" en la medida que la colaboración puede plasmarse no solamente a través de la prueba en sí misma, sino, por ejemplo, a través de la preservación y garantía de la cadena de custodia que garantice una pericial.

Además, la colaboración puede ser especialmente eficaz en la medida en que, una vez que el propio involucrado aporta pruebas electrónicas, posiblemente estaríamos evitando utilizar las posibilidades de vigilancia secreta actualmente reguladas en los arts. 855 *bis* a 588 *octies* LECrim, intervenciones que "sin duda limitan o restringen derechos fundamentales como la intimidad personal, el secreto de las comunicaciones, la protección de datos personales o la autodeterminación informativa"[879].

### *D) La colaboración como prueba y la prueba ilícita*

Por un lado, la colaboración como prueba soluciona problemas como la ausencia de autorización para la interceptación de comuni-

---

877 *Cfr.* Delgado Martín, 2015, pp. 5 y ss.; Castillejo Manzanares, 2010, pp. 12 y ss.; López Picó, 2019, pp. 1 y ss.;

878 *Cfr.* STS 300/2015, de 19 de mayo. El Tribunal Supremo destaca, en el ámbito de una prueba derivada de conversaciones de Whatsapp, que la prueba pericial es indispensable para identificar el verdadero origen de la comunicación, de la identidad de los interlocutores y de la integridad de su contenido.

879 Bujosa Vadell, Bustamante Rúa, Toro Garzón, 2021, p. 1359.

caciones o del acceso a medios informáticos por parte de los agentes de la policía del teléfono móvil u otros elementos informáticos, en la medida en que va a ser el propio colaborador que concede este acceso, cediendo una parte de su derecho constitucional al secreto de comunicaciones sin la necesidad de que haya una previa autorización judicial. Por otro lado, conlleva problemas respecto a la licitud de estas pruebas en relación con los posibles coacusados o delatados, sean ellos personas físicas o jurídicas[880].

En realidad, el problema de la prueba ilícita es objeto de mucha investigación en la doctrina procesal[881] y constantemente desarrollado en la jurisprudencia[882]. En definitiva, para la colaboración premiada, la problemática se centra en la admisión de los elementos de colaboración distintos de la propia declaración del colaborador —pruebas electrónicas y documentales— como elementos probatorios en referencia a terceros delatados. A saber, es el problema en torno a la licitud de la prueba producida por particulares[883/884].

Y, si bien no tenemos la pretensión de analizar la prueba ilícita en el proceso penal español[885], tampoco podemos dejar de señalar la relevancia de la sentencia Falciani para el actual debate o el hecho de que en el ámbito de la colaboración de personas jurídicas esta cuestión presentará contornos especiales. Esto se debe a que, en concreto, uno de los casos con más transcendencia penalmente es el de la prueba obtenida por la empresa en el lugar de trabajo respecto a la conducta de sus empleados o, por lo contrario, del trabajador que

---

880 En definitiva, el art. 11 LOPJ determina que las pruebas obtenidas directa o indirectamente violando los derechos fundamentales no podrán surtir efectos.

881 *Cfr.* Miranda Estrampes, 2018, pp. 230 y ss.; Miranda Estrampes, 2010, p. 145; Gómez Colomer, 2008b, pp. 293 y ss.; Gómez Colomer, 2008; Sánchez Melgar, 2022, p. 254; De Almeida Mendonça, Rodríguez García, 2019, pp. 23 y ss.

882 Sobre la evolución del debate en la jurisprudencia *cfr.* Varona Jiménez, 2023, pp. 344 y ss.

883 De Almeida Mendonça y Rodríguez-García estudian desde la óptica de la corrupción cómo un debido proceso legal puede influir positivamente para la validez de las pruebas (2019, pp. 139-149).

884 De manera específica sobre las prohibiciones probatorias en torno a la persona jurídica, respecto a las investigaciones internas, por ejemplo, *cfr.* Planchadell Gargallo, 2019, pp. 1154-163.

885 *Cfr.*, además, Carrillo del Teso, 2022; Calderón Arias, 2021; Gómez Amigo, 2021; Mosquera Blanco, 2018.

obtiene dicha prueba para dejar constancia de actos abusivos o de acoso[886/887].

Las distintas implicaciones de la teoría de la conexión de antijuridicidad, la admisibilidad de la prueba obtenida por particulares según su intención de llevar a cabo una actividad probatoria —según la sentencia Falciani— o el efecto disuasorio debatido en relación con el agente del Estado e incorporado al particular, llevan cada uno de ellos a distintas consecuencias para la prueba obtenida por este particular que, a la vez, es un colaborador eficaz y premiado con la justicia. Por consiguiente, será más probable que un miembro de un grupo u organización criminal, o hasta un directivo de una persona jurídica, recopile evidencias con el objetivo de usar como pruebas en el proceso penal con la intención de obtener un premio por su colaboración. Por tanto, destacamos que será una futura regulación la que podrá poner fin a este debate, aunque actualmente tampoco haya consenso entre los diversos proyectos de reforma global de la Ley de Enjuiciamiento Criminal[888].

### *E) La admisión de la prueba derivada de la colaboración y la producción de efectos en beneficio del colaborador*

La gran preocupación en torno a la colaboración es cómo la prueba aportada a través de ella generará efectos y será evaluada como

---

886 *Cfr.* Carrillo del Teso, 2022.

887 Gómez Colomer, p. ej., y para el ámbito de la responsabilidad penal de la persona jurídica, no tiene dudas sobre la aplicabilidad de la doctrina sobre la prueba prohibida de manera que "intervenciones ilegítimas de los teléfonos y otros medios de comunicación de la empresa, o registros sin orden judicial de la sede (...) aunque no se consideren domicilio (...) deben ser radicalmente nulos y como actos de investigación o como pruebas deben ser llevados fuera del proceso". Asimismo, aclara que el representante legal de la persona jurídica contestará a las preguntas y no podrá formular ninguna a las demás partes, ya que el art. 786 bis LECrim regula que el representante no puede actuar como tal si es convocado como testigo o tiene cualquier otra intervención en la práctica de la prueba en la medida en que ocupa el lugar del encausado (2019, p. 50).

888 En el BCPP 2013 se prohibía la prueba obtenida por el particular que hubiese actuado con ánimo de obtener pruebas, entre otras circunstancias. Por otro lado, el ALECrim 2020 se ha centrado en dar "fuerza de ley a la teoría de la conexión de antijuridicidad" (Carrillo del Teso, 2022).

suficientemente útil a la hora de aplicar los premios existentes al colaborador.

A nuestro parecer, esto se encuentra estrechamente vinculado a una posible admisión regulada de acuerdos entre los colaboradores y el Ministerio Fiscal —preferentemente como director de la investigación, pero aun así como responsable de la acusación pública— y las eventuales acusaciones particulares, en cuyo caso los términos del acuerdo[889] regirían la propia valoración de la eficacia de la prueba, aunque siempre con el debido control judicial.

No obstante, pensando en una estructura regular del proceso penal, debemos destacar algunos detalles. En primer lugar, no se reconoce constitucionalmente un derecho absoluto a las partes de que "se admiten y practiquen todos los medios de prueba propuestos sino sólo aquéllos que, propuestos en tiempo y forma, sean lícitos y pertinentes"[890] (art. 24.2 CE). Por consiguiente, los órganos jurisdiccionales competentes deberán evaluar si la prueba propuesta por el colaborador cumple con la forma, el momento procesal oportuno y consiste en algunos de los medios autorizados legislativamente, así como si es pertinente y necesaria. Y, eventualmente, si es compatible con la teoría aceptada en torno a la licitud de la prueba.

Asimismo, el análisis sobre la admisión de esta prueba debe de ser conciliado con la evaluación respecto a la capacidad del propio acusado para comprender el desarrollo del proceso, siempre y cuando no haya habido una declaración de imposición de medidas de seguridad sin juicio previo a los que eran imputables en el momento del hecho o algún supuesto de inimputabilidad desde la comisión de los hechos. Por tanto, en el supuesto de un acusado que era imputable en el momento del hecho y, no siendo totalmente capaz, todavía puede defenderse por sí mismo y por asistencia letrada durante el juicio oral, sería necesario analizar su posible compaginación con las medidas de colaboración con la justicia. Además, en el proceso de menores, entendemos que el mismo debate debe de ser abierto, con el objetivo de saber si se puede admitir una colaboración, de la misma manera que

---

889 Como analizaremos en el apartado sobre la negociación de la colaboración premiada.

890 Fernández Fustes, 2017, p. 326.

se permite el reconocimiento de los hechos a través de la conformidad[891]. En definitiva, en estas situaciones, el control judicial sobre la colaboración premiada debe de ser redoblado con una mirada atenta que asegure la plena efectividad de sus derechos de defensa, incluyendo no solamente el derecho a la defensa técnica, sino el derecho a la tutela judicial efectiva integrada por el derecho de defensa *latu sensu*.

Por otro lado, debe ser dada especial atención al momento de proposición de la colaboración, especialmente cuando nos encontramos en el mismo proceso que los posibles delatados. Esto se debe a que, habiendo conformidad por parte del colaborador, estaríamos hablando de un uso posterior de los elementos de colaboración aportados. Y, por otro lado, cuando la colaboración delata otros responsables o hechos autónomos, remitiríamos al uso de la colaboración a través de la propuesta de la prueba de acuerdo con el art. 656 LECrim o, en el ámbito del procedimiento abreviado, los arts. 757 LECrim y siguientes. En este supuesto, entendemos que, habiendo una negociación y un acuerdo prepocesal, estos elementos deberán aun así ser sometidos al protocolo normal del proceso, siendo propuestos en escrito de calificación de pruebas y sometidos al contradictorio con inmediación[892].

Frente a lo expuesto, y a nuestro parecer, esto no afecta la colaboración ni impide que sea considerada eficaz y, por lo tanto, merecedora de unos determinados premios. El objetivo de la colaboración tiene que ser coadyuvar con la justicia, no con la acusación. Es decir, el objetivo final de la colaboración, en términos generales o relacionado con la colaboración como prueba, no debe de ser la obtención de más sentencias condenatorias, sino la colaboración con la justicia para distintos objetivos que necesitan elementos probatorios.

En este sentido, creemos que podemos partir y crecer desde la propia experiencia de la colaboración eficaz prevista a lo largo de los tipos privilegiados del Código Penal. Por tanto, señalamos que la aportación de elementos que permitan la identificación o la captura

---

891 *Cfr.* Capítulo III.

892 Destacamos el problema de que, debido a la posibilidad de haber pruebas volátiles derivadas de la colaboración, como pueden ser la prueba electrónica —un teléfono móvil, por ejemplo—, sean solicitadas medidas que aseguren la conservación de los datos o informaciones concretas de contenidos almacenados, por ejemplo, en sistemas informativos (art. 588 *octies* LECrim).

de otros responsables y/o que ayuden a esclarecer las responsabilidades penales —no necesariamente significando, por consiguiente, la obtención de una condena— o los hechos delictivos deben de ser considerados suficientemente eficaces en razón de los objetivos de política criminal.

Para terminar, nos preguntamos sobre cómo podría afectar al colaborador la exclusión de material anteriormente aportado e inicialmente considerado eficaz para su colaboración, ya sea porque afecta a derechos fundamentales de terceros —derecho a la intimidad, por ejemplo, garantizado en el art. 18.1 CE—, ya sea porque se encuentra en el ámbito de la prueba ilícita o hasta prohibida. Para estas situaciones límites, sin embargo, es fundamental que la colaboración no se base exclusivamente en los elementos probatorios que pueden derivar de ella, sino también de los demás objetivos que analizaremos: como la recuperación de los activos, la reparación de la víctima o, inclusive, uno de los objetivos incluidos en la actual redacción de algunos de los tipos privilegiados: "impedir la actuación o el desarrollo" de las actividades de un grupo, organización u otros elementos organizados o terroristas, incluyendo el evitar la perpetración de un delito que se tratara de cometer.

### *F) El momento procesal para la producción probatoria, especialmente la declaración del colaborador*

En el ámbito de la declaración y de la prueba aportada por el colaborador durante la instrucción, tenemos dos supuestos que deben ser considerados que se adecuan a la línea de las colaboraciones inicialmente propuestas. En primer lugar, habiendo sentencia de conformidad respecto al colaborador, este deberá de comparecer en el eventual juicio oral realizado en relación con los supuestos delatados[893] como un colaborador —nunca como testigo—. En segundo lugar, habiendo

---

[893] En este supuesto, no podemos dejar de cuestionar sobre la compatibilidad de esta conformidad, inicialmente realizada y concretada en una sentencia debido a la ausencia de otros coacusados, con la existencia de un posterior proceso penal relacionado con un delatado que puede estar siendo procesado por el mismo delito, por un delito conexo o un supuesto que debería de haber sido enjuiciado junto con el colaborador.

la realización del juicio oral, el colaborador nuevamente deberá de prestar sus declaraciones y la prueba deberá de ser aportada con respeto a la contradicción e inmediación exigidas.

Sea como fuere —así como en los supuestos en que el acusado opta por colaborar solamente durante el juicio oral, en razón del art. 701 LECrim—, entendemos que será el Tribunal que tendrá la última palabra sobre el orden en el que se han de practicar las pruebas propuestas por la parte. Y, habiendo colaboradores y delatados —u otros coacusados—, entendemos que siempre se deberá garantizar el último momento procesal de declaración y producción probatoria a los posibles delatados, respecto a los colaboradores. En este sentido, se buscaría la máxime garantía de los derechos de defensa de los delatados en relación con los colaboradores. Por otro lado, es también verdad que especialmente en contextos de organizaciones criminosas, el hecho de declarar en plenario y, declarar primero, puede constituir un grave peligro para el colaborador. No obstante, y a nuestro parecer, esta problemática debe ser abordada desde la perspectiva de la protección del colaborador.

### 3.4.2. Reparación de la víctima

La protección de la víctima como una de las finalidades del proceso penal, así como la búsqueda por su reparación amplia, viene siendo objeto de las reformas legislativas tanto en el ámbito nacional como europeo en las últimas décadas[894/895/896]. Asimismo, esta protección se expande a los *medios alternativos de solución del conflicto*, a partir de estrategias como la mediación penal de adultos[897].

---

894 En 2015, Gimeno Sendra se refería a que "junto al intento del legislador de procurar una mayor rapidez en la justicia penal, también se ha observado en esta última década otra política legislativa complementaria tendente a estimular la pronta reparación de la víctima, en primer lugar, por parte del autor del delito y, en su caso, a través de indemnizaciones con cargo a los Presupuestos del Estado" (Gimeno Sendra, 2015, p. 75).

895 Por ejemplo, a través de la propuesta de justicia restaurativa en el ALECrim 2020. *Cfr.* Roig Torres, 2022, pp. 4 y ss.

896 *Cfr.* Planchadell Gargallo, 2023, p. 113.

897 Sobre la mediación penal y la reparación de la víctima, *cfr.* Planchadell Gargallo, 2022, pp. 114 y ss.; Guzmán Fluja, 2014, pp. 22 y ss.; Farto Piay, 2021b, pp. 2 y ss.; Farto Piay, 2022, pp. 6 y ss.; Tierno Barrios, 2022, pp. 1 y ss.

En el ámbito de la colaboración premiada, no podría ser distinto. La protección de la víctima y la búsqueda por una reparación integra también deben ser prioridades en el objetivo de dicha colaboración, así como elementos capaces de justificar la categorización de una colaboración como "eficaz" y, por consiguiente, merecedora de los beneficios existentes.

Para ello, señalamos la importancia de que se conceda —y se garantice— la participación de la víctima en el proceso de colaboración, especialmente cuando sea ejecutado a partir de acuerdos y estrategias de negociación.

Para la colaboración prestada en el ámbito de la conformidad, destacamos el problema de la participación de la víctima. Esto se debe a que, de acuerdo con la actual LECrim, sólo puede participar en las negociaciones —en la conformidad del procedimiento abreviado, entendemos— con la representación de su abogado cuando hubiese personado en el proceso como acusación particular, en cuyo caso podrá proponer su propia calificación y, en el procedimiento abreviado, expresar su opinión sobre la suspensión o sustitución[898] de la pena impuesta. Por tanto, la participación de las víctimas no personadas estaría exclusivamente limitada a la posibilidad de que fuesen notificadas por escrito sobre la sentencia de conformidad (art. 789.4 LECrim)[899] —aunque por la Instrucción 2/2009 de la Fiscalía General del Estado el Fiscal debe de oír previamente a la víctima y, siempre que posible, informarla del resultado de la conformidad, aunque no esté personada en la causa[900/901]—. Asimismo, la situación de la víctima en el ámbito de los juicios rápidos es todavía más complicada. Esto se debe a que, debido a la rapidez del proceso, la conformidad

---

898 En la medida en que ha sido suprimido el supuesto de sustitución de la pena privativa de libertad del art. 88 CP, actualmente sólo es posible debatir su sustitución en los casos referidos en el art. 89 CP, relacionadas con ciudadanos extranjeros.

899 *Cfr.* Aguilera Morales, 2017.

900 Instrucción 2/2009, de 22 de junio, sobre aplicación del protocolo de conformidad suscrito por la Fiscalía General del Estado y el Consejo General de la Abogacía Española.

901 Mateos Rodríguez-Arias destaca que, en realidad, son pocos los casos en los que las víctimas son llamadas por los Fiscales antes que se tome una decisión sobre la conformidad (2019, p. 193).

puede ser prestada antes que la víctima tenga la capacidad para constituirse parte[902/903].

Desde esta perspectiva, la doctrina procesal destaca la problemática respecto a la no concreción de las garantías de la víctima, ya sea en relación con su participación o con la reparación del daño generado por el hecho delictivo[904/905]. Si bien estas conclusiones se relacionan al ámbito de la conformidad —hasta porque actualmente no existe un procedimiento eminentemente procesal en torno a la colaboración de los investigados—, las extendemos a nuestro objeto de investigación, señalando la necesidad de su verificación siempre que sea posible.

Por tanto, y como una eventual solución a este problema[906], destacamos la propuesta de Gaddi sobre una conformidad restaurativa. A par-

---

902 González-Cuéllar Serrano, 2003, p. 1834.

903 Gómez Colomer, respecto a la conformidad en el caso de delito de género, destacaba que "en el fondo, estar de acuerdo la víctima con la conformidad manifestada por su ofensor, por tanto, habiendo de por medio un acto de violencia de género, sería dar carta de asentamiento a un acuerdo viciado con dicha conformidad, no expresaría una voluntad libre, y por tanto sería nulo" (2012, p. 38).

904 Aguilera Morales destaca que, a pesar de la falta de datos jurisprudenciales, "algunos datos estadísticos sí permiten entrever al insignificante papel que la víctima, no personada en las actuaciones, juega en el marco de las conformidades" (2019, p. 296).

905 Respecto a la realidad española, se observa que, a diferencia de los acusados y del sistema de justicia, las víctimas no se beneficiarían en modo alguno de la conformidad, ni tan siquiera en términos de reparación. Según Aguilera Morales, aunque parte de la doctrina sostenga que una de las finalidades de la conformidad es la reparación del daño, ello tan sólo encuentra cumplimiento en los muy poco frecuentes casos en los que la víctima está presente en las negociaciones. Pese al deber de información que la Instrucción 2/2009 le ha impuesto, queda en las manos del Fiscal valorar si informar a la víctima es necesario y oportuno, basándose en criterios como la relevancia de los intereses en juego o la especial vulnerabilidad de la víctima. En la práctica, son muy pocos los casos en los que el Fiscal consulta la víctima y, cuando lo hace, es solamente porque la víctima puede ofrecerle informaciones útiles para llevar a cabo las negociaciones (Gaddi, 2020, p. 1018).

906 Desde otra perspectiva, partiendo de la premisa de que es una "firme partidaria de acabar con las negociaciones o, cuando menos, con el modo y momento en que estas suelen llevarse a cabo", Aguilera Morales trae cuatro propuestas para ampliar la participación de la víctima en la conformidad. Incluye, así, la imposición de sanciones a las conformidades encubiertas, reconociendo la legitimidad de las víctimas para recurrir; incluir de forma reglada supuestos de efectiva reparación de la víctima y adelantar el momento de las negociaciones

tir de esta idea, la víctima se "convertiría en un participante necesario, en consonancia con los principios establecidos por la Directiva Europea 2012/29/UE, de 25 de octubre y ratificados en el estatuto de la víctima" y donde "el foco de la conformidad se desplazaría desde los objetivos individuales del Ministerio Fiscal y de la defensa hacia el objetivo de lograr soluciones compartidas, esto es, construidas a partir de las necesidades de todos los implicados"[907/908]. Asimismo, Gaddi destaca que la participación de la víctima también supondría beneficios para las negociaciones en torno a la conformidad en la medida en que "los intentos estratégicos de las partes encontrarían un freno en la introducción de un tercero cuya tarea es, como vimos, la de equilibrar las asimetrías. El uso de amenazar y/o la prevalencia de asentimientos basados en el temor a consecuencias peores pasarían de ser la regla a ser la excepción".

Son muchas las posibilidades en torno a esta propuesta[909]. En definitiva, y a nuestro parecer, significaría dar más medios y mayor participación a la víctima. No obstante, tampoco podemos obviar la importancia de que haya cautela respecto a la extrema participación de la víctima. Esto se debe a que no debemos incurrir en medidas de *victimización secundaria*, especialmente si consideramos la posibilidad de realización de conformidades y estrategias de colaboración premiada relacionadas con delitos con violencia —como asesinato, homicidio y abusos sexuales[910]—.

Asimismo, y desde nuestra perspectiva, la utopía sigue predominando en relación con estos encuentros restaurativos junto a la conformi-

---

entre acusación y defensa antes de la celebración del juicio oral; la obligación de informar directamente a las víctimas de la conformidad alcanzada; y notificar a todas las víctimas de la decisión de suspender o sustituir la pena impuesta (2019, pp. 305-306).

907 Gaddi, 2020, p. 1027.

908 Propuesta de Gaddi, que también es destacada por Guardiola Lago (2020, p. 548).

909 De una manera similar, Saad-Diniz debate sobre la posibilidad de una justicia restaurativa en el ámbito del *compliance* criminal, a través del reconocimiento del hecho de que las actuales personas jurídicas están íntimamente relacionadas con el ambiente social y, de esta manera, replantear el uso de instrumentos de *compliance* para "dar voz a las víctimas" y de esta forma aplicar justicia restaurativa en el ámbito del *compliance* (Saad-Diniz, 2018, pp. 79-80).

910 Conforme hemos observado a lo largo de la investigación jurisprudencial del capítulo III.

dad —especialmente en el contexto de la colaboración premiada que nos concierne—. Esta afirmación se fundamenta principalmente en la actual situación específica de casi nula participación de la víctima en el proceso, y, de manera más concreta, debido a que en muchos de los delitos de naturaleza político-económica —como cohecho, malversación, blanqueo de capitales, entre otros—, en los cuales la Administración de Justicia muestra mayor interés en incentivar la colaboración, resulta extremadamente complicado definir una víctima o un grupo de víctimas. En algunos casos, denominados directamente delitos sin víctima, esta tarea se vuelve prácticamente imposible[911].

Así pues, en relación con la víctima, planteamos varios puntos fundamentales. Comenzando por la necesidad de fomentar su participación en la colaboración premiada, especialmente cuando se concreta a través de la negociación, con el fin de otorgarle voz y posibilitar una reparación[912] completa del daño ocasionado[913]. En todo caso, es importante recordar que la inclusión de la víctima en este procedimiento no implica priorizar sus intereses sobre los de los colaboradores, ni mucho menos reducir los derechos y garantías debidos a los investigados y encausados[914].

---

911 Desde otra perspectiva, Guardiola Lago destaca que, si bien mecanismos restaurativos como la mediación penal no podrían ser aplicados a la mayor parte de los delitos de cuello blanco, otros procesos restaurativos como el *conferencing* podrían ser adaptados "a las especificidades de este tipo de delincuencia (…) sin necesidad de incluir a víctimas directas, puedan implicar a diversos actores sociales junto al ofensor o la persona jurídica que ha ocasionado el delito" (2020, p. 566).

912 Sobre las precisiones en torno al término "reparación", que puede incluir desde la imposición de la pena que proceda legalmente, la reparación del daño, la indemnización de perjuicios materiales y morales y la reparación simbólica *cfr.* Aguilera Morales, 2019, p. 301.

913 Para este efecto, volvemos a la propuesta de Gaddi que discurre sobre la realización de "reuniones restaurativas supervisadas y dirigidas por un facilitador, en las que participen no solamente el Fiscal y los abogados, sino también el acusado y la víctima personalmente" en los acuerdos de conformidad, con publicidad, transparencia y control judicial, además de la debida discusión sobre las asimetrías entre la fiscalía y el acusado, las garantías en el caso de que de la reunión emerjan otros elementos acusatorios, hasta qué punto la participación del acusado en esta reunión supone admisión de culpabilidad cuando no haya acuerdo, etc. (Gaddi, 2020, pp. 1030 y ss.).

914 Barona Vilar afirma, sobre la victimología, que "en ese movimiento pro-víctima no se debe luchar por la superposición de sujetos y derechos, sino por la integra-

Por otro lado, la búsqueda por la reparación de la víctima, siempre que sea posible delimitar quién o quiénes son las víctimas del delito, se presenta como un elemento necesario en la colaboración con la justicia. En este sentido, no es suficiente con delatar a otros responsables. Es esencial buscar la reparación de la víctima como objetivo primordial de la colaboración premiada[915].

Además, en los casos de delitos sin víctimas, también conocidos como delitos en el marco del Derecho penal del riesgo, o en los delitos que, habiendo lesión, se produce un daño contra un bien colectivo y, por tanto, contra victimas difusas[916], destacamos la importancia de que la reparación de la víctima se concrete a través de la reparación de activos. En este supuesto, esto debe realizarse de manera efectiva mediante una correcta aplicación de los activos recuperados, en función del delito cometido[917].

Finalmente, señalamos que la colaboración prestada fuera de la conformidad, es decir, vinculada al desarrollo regular del proceso penal, tampoco está excluida de esta relación directa con los intereses y la reparación de la víctima. En este caso, al igual que con la colaboración realizada junto a una conformidad, consideramos vital que su objetivo también sea conceder una reparación debida a la víctima.

Es cierto también que, independientemente del escenario, la reparación de la víctima actualmente merece un reconocimiento a través de la atenuante de reparación, en conjunción con las atenuantes analógica de confesión y de reparación[918]. No obstante, en estos casos, entendemos que la realización de acuerdos en torno a la reparación y la colaboración serviría como garantía de la correcta apreciación de dicha conducta, previniendo incluso que un mismo acto conlleve a dos beneficios distintos.

---

ción de la víctima con los ya existentes, en cuanto no se trata de reducir derechos a los delincuentes para entregarlos a las víctimas" (2011, p. 97).

915 También, en el ALECrim 2020, se incluye la debida reparación de la víctima como factor de control por el Juez de la Conformidad (art. 172.1. ALECrim 2020). *Cfr.* López Yagües, 2021, p. 281.

916 Como podrían ser los delitos del orden socioeconómico, pero también los delitos contra el medioambiente, el patrimonio histórico, etc. (Araújo Rebouças, 2019, p. 20).

917 Así que, en general, se apliquen en beneficio de la sociedad dañada.

918 Como hemos observado en el análisis jurisprudencial del Capítulo III.

### 3.4.3. Recuperación de activos

La recuperación de activos[919] como instrumento penal contra toda delincuencia con ánimo de lucro, particularmente en el contexto de macrocausas de corrupción y delincuencia organizada, de carácter mayormente transnacional, constituye sólo una de las facetas de esta materia. La segunda, según Carrillo del Teso, implica "la neutralización de las ganancias del delito (...) como modo de finalizar la acción de la justicia y hacer que los bienes, que una vez estuvieron a disposición de los delincuentes y de su entorno, puedan cumplir una finalidad social"[920].

En realidad, este es un largo proceso, que depende de una investigación patrimonial identificada como una de las fases más complejas y requiere el "rastreo de los activos y la recopilación de pruebas". Esto es seguido por la "inmovilización o congelación de los fondos" para evitar la pérdida y la desaparición de los bienes, y culmina en un procedimiento que permite el traslado de la titularidad de los fondos a un Estado y la ejecución de los bienes, junto con la eventual correcta aplicación de estos activos[921].

La dificultad a lo largo de todas las fases suscita un interés particular de la doctrina[922], de la legislación nacional y europea y, incluso, de las Naciones Unidas, que incluye el "fortalecimiento de la recuperación y devolución de los activos robados" como parte de la meta

---

919 Sobre el uso del término "recuperación de activos", debemos mencionar las conclusiones de Carrillo del Teso sobre la incapacidad que tiene esta expresión para lidiar con toda la realidad, especialmente cuando los bienes expropiados no son de "propiedad" de determinado país donde se está realizando el procedimiento de decomiso, sino originalmente de otro Estado (Carrillo del Teso, 2018, p. 32).

920 Carrillo del Teso, 2018, p. 20.

921 No tenemos el objetivo de abordar todas las posibles implicaciones de esta materia en la colaboración premiada, así como las implicaciones de los distintos órganos involucrados en este proceso en España y Europa, como la Oficina de Recuperación y Gestión de Activos (ORGA), regulada en el Real Decreto 948/2015, de 23 de octubre. *Cfr.* Vallés Causada, 2020, pp. 1904 y ss.; Jaén Vallejo, Perrino Pérez, 2021, pp. 157 y ss.

922 En efecto, la dificultad en torno a la recuperación de activos, especialmente debido al hecho de que es cada vez más frecuente la práctica de transferencia del patrimonio ilícito a terceros, ha generado la regulación del decomiso de bienes de terceros. *Cfr.* Pillado González, 2023, pp. 385 ss.

16.4 del Objetivo de Desarrollo Sostenible 16 sobre *Paz, justicia e instituciones sólidas*, junto con la lucha contra todas las formas de delincuencia organizada[923].

Además, nos referimos a las conclusiones del Informe *Left out of the Bargain*[924], destacando que, aunque se imponen importantes sanciones monetarias en casos de soborno transnacional, la mayoría de los activos no se recuperan efectivamente por los Estados donde supuestamente se ha sobornado a funcionarios y agentes. Esto se debe a la falta de participación en las negociaciones y a la incapacidad de recuperar estos activos en los Estados afectados por la corrupción.

Por consiguiente, el cuarto objetivo de la colaboración premiada debe ser la recuperación de los activos, lo que implica colaborar en todas las fases necesarias para su "recuperación". Esto implica no solo la colaboración en la fase de investigación, dada la información privilegiada que los acusados tienen sobre las posibles implicaciones financieras de los delitos cometidos, sino también la colaboración en la fase de congelación e inmovilización, especialmente mediante el mantenimiento adecuado de los bienes físicos para evitar la pérdida de valor y, al final del proceso, permitir su correcta ejecución y aplicación.

De esta manera, la inclusión de esta recuperación de activos en la colaboración se ajusta adecuadamente a la Convención de Palermo, que, entre otras acciones que los Estados partes deben de alentar a las personas que participen o hayan participado de grupos organizados se encuentra el "prestar ayuda efectiva y concreta a las autoridades competentes que pueda contribuir a privar a los grupos delictivos organizados de sus recursos o del producto del delito" (art. 26.2). Asimismo, se ajusta a la Convención de Mérida contra la corrupción, en la que, de forma similar, se determina que los Estados deben de adoptar medidas para alentar a los colaboradores que "presten ayuda efectiva y concreta que pueda contribuir a privar los delincuentes del producto del delito, así como a recuperar ese producto" (art. 37).

De hecho, estimular la colaboración a través de la recuperación de activos también abre diversas líneas de investigación, tantas como

---

923 Naciones Unidas, Objetivos de Desarrollo Sostenible.

924 UNODC, World Bank, 2014, p. 2.

los actuales y futuros mecanismos existentes para el decomiso en España[925].

Por otro lado, basándonos también en el informe *Left Out Of The Bargain*, siempre y cuando esta colaboración incluya la recuperación de los activos, especialmente mediante negociaciones, pueden surgir desafíos muy específicos. Esto se debe a que las negociaciones realizadas en fases pre-procesales pueden impedir que otros Estados obtengan informaciones sobre ellas hasta su finalización. En este sentido, en el ámbito de esta colaboración, el constante flujo de información entre las autoridades involucradas de los diferentes Estados, especialmente en casos de delitos de naturaleza transnacional, es fundamental[926].

### 3.4.4. Impedir la actuación o el desarrollo de los grupos u organizaciones y evitar la perpetración de un delito que se tratara de cometer

Para terminar, el ultimo objetivo de la colaboración tiene que ser, siempre y cuando sea posible, especialmente cuando los delitos investigados sean perpetrados en el marco de grupos u organizaciones criminales —terroristas o no—, el hecho de impedir la actuación o el desarrollo de ellos y evitar la perpetración de un delito que se tratara de cometer.

Este objetivo también se encuentra actualmente entre los requisitos para las atenuantes de los tipos privilegiados en los delitos de organizaciones y grupos criminales y de terrorismo[927]. Por tanto, a pesar de su escasa transcendencia, especialmente en la medida en que depende del abandono voluntario de las actividades delictivas —elemento que difícilmente será compaginado con una colaboración profunda—, y, en los delitos de terrorismo, depende de la confesión voluntaria de los hechos a las autoridades, entendemos que debe de constar como uno de los posibles objetivos de la colaboración premiada.

---

925 Sobre las modalidades ampliada y autónoma, *cfr.* Farto Piay, 2021; Berdugo Gómez de la Torre, Rodríguez-García, 2020, pp. 699 y ss.; Jaén Vallejo, Perrino Pérez, 2021, pp. 121 y ss.; Álvarez Hernández, 2022, p. 50.

926 UNODC, World Bank, 2014, pp. 84 y ss.

927 *Cfr.* Capítulo II, 3.3.7 y 3.3.8.

### *3.5. Los beneficios de la colaboración*

Habiendo establecido los objetivos de la colaboración, debemos relacionarlos de forma proporcionada con los beneficios posibles, en el orden material y procesal penal, así como con el debido proceso en torno a su concesión.

#### 3.5.1. Beneficios o premios que pueden resultar de la colaboración eficaz

Ruggiero señala que la atenuación de la pena como incentivo a la colaboración procesal no resulta lo suficientemente atractiva para el universo empresarial: se requiere una recompensa más sustancial[928]. Aunque su análisis se centre en la persona jurídica, esta perspectiva se extiende igualmente a la colaboración premiada de los acusados personas físicas. Asimismo, no sólo es necesario hablar de una "recompensa mayor", sino también una que no se limite únicamente al ámbito penal[929].

Cuando analizamos la atenuante analógica de confesión hemos podido observar —a través de la investigación jurisprudencial— casos en los que ella carece de transcendencia penológica[930]. En estos supuestos, a pesar de que haya habido colaboración, se han producido dos escenarios. En el primer, la colaboración era mínima y, en la medida en que no justificaba una atenuante, sí era evaluada por el Juez o Tribunal al aplicar la pena. En el segundo, aunque haya habido una colaboración verdaderamente eficaz, así como el cumplimiento de los requisitos esenciales de la atenuante, debido al hecho de que se aplicaba la pena en el marco mínimo, la atenuante carecía de transcendencia penológica. Por tanto, no resultaba en efectos positivos para el colaborador.

Asimismo, en la medida en que consideramos ser necesario fomentar esta colaboración en el marco del proceso penal —especialmente cuando se realicen acuerdos o negociaciones preprocesales—, tam-

---

928 Ruggiero, 2018, p. 95.

929 En este sentido, Ortiz Pradillo destaca que "comienza a percibirse la importancia que tiene otorgar al delator un trato favorable, no ya del tipo sustantivo (…) sino también de índole procesal" (2018, p. 259).

930 *Cfr.* Capítulo III, 3.2.1.

bién pasa a ser fundamental regular otros premios y beneficios que sean capaces de solventar los actuales problemas de la atenuante. No obstante, no debemos obviar que cualquier premio o beneficio debe estar acorde con los fundamentos constitucionales y principiológicos del sistema.

En el ámbito de una colaboración prestada junto a una conformidad —que pueda resultar en una sentencia de conformidad— entendemos que el premio a esta colaboración debe ser pactado de antemano, aunque posteriormente sea sometido a un debido control judicial. En realidad, esto es lo que ya viene ocurriendo[931]. Se usa la atenuante analógica de confesión —o de confesión sin analogía— para recompensar a los que habían prestado su conformidad con la calificación y la pena solicitada, pero que no han podido beneficiarse de una sentencia de conformidad debido a otras razones. De esta manera, más cabida tiene que se permita la concesión de un premio —que, en el caso de la conformidad, puede relacionarse con la pena solicitada y acordada por las partes—, incluyendo la propia suspensión de la pena y, en determinados casos, la imposición de condiciones para su cumplimiento.

Por un lado, en el marco de la actual regulación de la conformidad, podemos tener como referente de beneficio la reducción de la pena solicitada en un tercio, aun cuando suponga la imposición de una pena inferior al límite mínimo previsto en el Código Penal (art. 801.2 LECrim, respecto a la conformidad del art. 779 LECrim).

Por otro lado, en el ámbito del Anteproyecto de LECrim de 2020, podemos observar otras alternativas relacionadas con las distintas formas de terminación del procedimiento por oportunidad[932]: *(i)* la posibilidad de acordar la suspensión de la ejecución de la pena privativa de libertad; *(ii)* la solicitud de imposición de pena inferior en grado a la prevista legalmente —lo que incurriría en los mismos efectos que la actual aplicación de la atenuante de confesión—[933]; *(iii)* la

931 Conforme observamos en alguna de la jurisprudencia del Capítulo III.

932 Recordando que en el Anteproyecto de LECrim de 2020 el Ministerio Fiscal "podrá abstenerse de ejercitar la acción penal por razones de oportunidad" siempre y cuando lo autorice la ley, a lo que remitimos a las posibilidades descritas en las líneas anteriores (art. 90 ALECrim 2020).

933 Art. 170 ALECrim 2020.

suspensión del procedimiento, aunque limitada para delitos con penas de prisión de hasta cinco años y vinculada al cumplimiento de las condiciones estipuladas en ley durante el periodo de dos años con la consecuencia del sobreseimiento[934]; *(iv)* el sobreseimiento de la causa cuando se encuentre en fase intermedia, condicionado a las mismas condiciones que la suspensión del procedimiento anterior[935]; y *(v)* el archivo del procedimiento para delitos con penas de hasta 6 años y cometidos en el seno de una organización criminal, condicionado a la satisfacción de las responsabilidades civiles siempre y cuando puedan ser cumplidas, a la no frustración de la colaboración prestada por la propia persona y al paso de cinco años sin el reinicio de la actividad delictiva abandonada y sin colaboración con la organización criminal.

Por consiguiente, y, en este primer momento, reflexionando respecto a la colaboración prestada junto a la conformidad, nos parece factible que se negocie en torno a la imposición de pena inferior en grado, su reducción en un tercio o, incluso, la suspensión de la ejecución de la pena privativa de libertad[936]. No obstante, todos estos beneficios deben constar en las negociaciones realizadas de forma escrita. Asimismo, deben ser sometidos al debido control judicial, siguiendo, por ejemplo —analizaremos con detalles los criterios del control judicial respecto a las negociaciones—, y en la medida de lo posible, el procedimiento de homologación planteado en el ALECrim de 2020 (art. 174.3 y ss. ALECrim 2020).

En el ámbito de la colaboración prestada sin reconocimiento de los hechos y con la realización del juicio oral, se abre un sinfín de posibilidades respecto a los premios. Señalamos, no obstante, que a nuestro parecer muchos de ellos también podrían ser aplicados en el marco de una conformidad. Y, por tanto, se sumarían a las posibilidades debatidas en líneas anteriores.

---

934 Sobreseimiento siempre que durante el plazo de la suspensión se cumplan las obligaciones y reglas de conductas establecidas y sin que la persona haya delinquido (art. 176 ALECrim 2020).

935 Art. 177 ALECrim 2020.

936 En el supuesto de la suspensión de la pena, además, *Cfr.* Rodríguez-García y Contreras Alfaro sobre cómo establecer la suspensión de la pena como “premio anexo a la rebaja de la medida del castigo” en los juicios rápidos puede acarrear algunas consecuencias no totalmente positivas relacionadas con la reparación de la víctima (2006, p. 93).

En primer lugar, y siguiendo la línea propuesta en el 2018 por Ortiz Pradillo, destacamos la posibilidad de que la colaboración permita el trato favorable en la adopción de medidas cautelares y diligencias de investigación[937]. De esta forma, desde la fase instructora se podría actuar de manera más favorable al colaborador al acordar y solicitar medidas cautelares, especialmente en la medida que la "colaboración supondrá una clara reducción de los posibles riesgos de fuga, ocultación, alteración o destrucción de las fuentes de prueba"[938].

En segundo lugar, también pueden ser aplicados los propios beneficios previstos en el ámbito de los tipos privilegiados y de la colaboración de la persona jurídica. Por consiguiente, incluiríamos como premios la eximente de responsabilidad —especialmente en el marco de una colaboración sobre el reintegro de cantidades, como analizamos en el ámbito de los delitos contra la Hacienda Pública y la Seguridad Social—, y la pena inferior en grado.

En tercer lugar, también puede constituir un premio la denegación de la extradición pasiva del sujeto, tal cual observado en la sentencia Falciani[939].

En cuarto lugar, en determinadas situaciones y siempre atendiendo al grado de colaboración, destacamos la propuesta de que se incluyan premios relacionados con la suspensión del enjuiciamiento, la suspensión de la pena de multa y la suspensión de la pena privativa de la libertad[940], con o sin la realización de acuerdos sobre el cumplimiento de determinadas medidas.

Esta propuesta se incluye en el ámbito del afán por buscar mecanismos que —además de acordes con los fundamentos del sistema penal— permitan obtener una solución al proceso diferente de

---

937 Destacamos lo señalado por el periodista Castillo Prats sobre el caso de los trajes en el 2009: "En plena campaña electoral, Rajoy se consoló como pudo: para él lo relevante era que no se habían decretado medidas cautelares contra Camps" (Castillo Prats, 2013, p. 198).

938 Ortiz Pradillo, 2018, p. 263.

939 Auto Audiencia Nacional n.º 19/2013, de 8 de mayo.

940 A estos beneficios, incluimos la posibilidad de que, como premio, se acorde y homologue el propio archivo del procedimiento, siguiendo también el planteamiento del Anteproyecto de LECrim de 2020 (art. 179 ALECrim 2020) y 2011 (art. 153 y siguientes ALECrim 2011) o, en el supuesto del Borrador de Código Procesal Penal de 2013, el sobreseimiento de la causa (art. 91 BCPP 2013).

la condena (suspensión condicionada al cumplimiento de medidas, archivo del procedimiento, sobreseimiento, etc.). Asimismo, deriva de las conclusiones presentadas por la OCDE en el informe "*Resolving foreign bribery cases*..."[941]. Esto se debe a que, en estas conclusiones, se destaca la idea de que cuando los métodos alternativos de solucionar el conflicto (*non-trial resolution*) resultan en condenas —y, más si resultan en penas privativas de libertad—, se reduce la probabilidad de que sean utilizados por personas físicas o jurídicas. En concreto, el informe destaca que estas conclusiones se aplican más a las personas físicas. A saber, y, por un lado, de las 29 *non-trial resolutions* con condena disponibles para las personas jurídicas, el 52% fueron usadas para solucionar casos de soborno internacional. Por otro lado, de los 23 sistemas disponibles para personas físicas, sólo 7 (un 33%) fueron utilizados. Así, se recurre más a los modelos sin condena a la hora de sancionar estos casos de soborno internacional, en la medida en que, de los 30 prototipos utilizados, 60% (18 de ellos) no imponían una condena. Por consiguiente, esta cuarta propuesta de premios también sería justificada desde esta perspectiva pragmática respecto a otros sistemas penales.

En quinto lugar, como propuesto también por Ortiz Pradillo[942], podría ser regulado, como premio, el uso del indulto como una figura dependiente de la solicitud del Ministerio Fiscal o del Juez, especialmente en los casos que la colaboración se lleva a cabo durante el cumplimiento de la pena.

Asimismo, se podría premiar al colaborador a través de la concesión de inmunidad judicial. Este premio, si bien desde nuestra perspectiva generaría más sombras que luces, debido a su compatibilidad con el sistema penal, resulta de las convenciones internacionales, como las de Palermo y Mérida de Naciones Unidas, en las que este beneficio es previsto a los supuestos de cooperación sustancial[943], ya sea en la investigación o el enjuiciamiento de los delitos[944].

---

941 OCDE, 2019, p. 21.

942 Ortiz Pradillo, 2018, p. 381.

943 Art. 26 de la Convención de las Naciones Unidas contra la delincuencia organizada transnacional. *Cfr.* el Capítulo I, 3.2.1., II.

944 Art. 37 de la Convención de las Naciones Unidas contra la Corrupción, *Cfr.* el Capítulo I, 3.2.1., II.

No obstante, y particularmente en referencia a los últimos premios, no estamos completamente seguros de su compatibilidad con los fundamentos del sistema penal español, —especialmente en lo que concierne al principio de oficialidad[945]—. Por tanto, seguimos las líneas de Calaza López y Muinelo Cobo[946] respecto a la posibilidad de que el Ministerio Fiscal deje de ejercitar la acción penal, aun cuando estén presentes los supuestos legales, para premiar un colaborador[947/948]. Es decir, aún con la existencia de las acciones populares y particulares, el Ministerio Fiscal no está legitimado a desistir de una acción penal por razones de oportunidad (arts. 105y 100 LECrim). No obstante, la vigencia del art. 124.1 CE hace con que también sean cometidos del Ministerio Fiscal promover los "derechos de los ciudadanos y del interés público tutelado por la ley". Por consiguiente, se propicia la introducción de medidas de oportunidad. Y, en el ámbito de nuestra investigación, podría llegar a permitir una interpretación "abierta" respecto al desistimiento de la acción penal o la no proposición de la acción penal en casos particulares en que la colaboración justificase el interés público tutelado por la ley. La problemática, por tanto, es saber si el Ministerio Fiscal puede dejar de instar el proceso penal debido a otras razones que no la ausencia del hecho, de la tipicidad o la imposibilidad de determinar la autoría.

---

945 Entendiendo el principio de oficialidad desde dos perspectivas. Por un lado, una más amplia, como la prohibición de que los sujetos actúen con discrecionalidad de acuerdo con sus propios derechos e intereses en el proceso, dejando de actuar en pro del interés público. Y, por otro lado, una más específica respecto al sistema penal, a partir de la cual la actividad jurisdiccional debe ser siempre puesta en marcha al haber noticia de un hecho aparentemente delictivo y el proceso penal debe ser finalizado a través de una sentencia. *Cfr.* Montero Aroca, 1998, p. 381; Gimeno Sendra, 2015, p. 85; Armenta Deu, 2007, p. 59. Respecto a cómo el principio de oficialidad actúa en las distintas fases del proceso *cfr.* Lara López, 2006, pp. 90 y ss.; Armenta Deu, 2007, p. 32.

946 También analizado en el Capítulo I. *Cfr.* Calaza López Muinelo Cobo, 2019, p. 10.

947 Empero, creemos que estas son cuestiones nucleares del sistema penal que merecen un profundo análisis también a partir de una perspectiva penal, respecto a los fines de la pena, etc.

948 Desde outra perspectiva, Ortiz Pradillo sugiere la suspensión del ejercicío de la acusación (2020, p. 876).

Asimismo, sea cual fuere el premio acordado, habiendo o no negociación, debe de estar previsto legalmente y ser sometido a un control judicial. En concreto, a través de la homologación de un acuerdo y, siempre que sea necesario, de su análisis en una sentencia debidamente motivada. Para ello, es fundamental llevar en consideración la debida seguridad jurídica y la inaplicación de "criterios desiguales" a "supuestos sustancialmente idénticos"[949].

### 3.5.2. Qué constituye colaboración eficaz para la concesión de un beneficio o premio

Cualquiera que sea el beneficio, acordado o no, debe de estar fundamentado en criterios de utilidad. A nuestro parecer, no podría haber otro criterio que justificara la aplicación del premio debido a la colaboración en la medida en que la doctrina es unánime en reconocer que el fundamento del Derecho penal premial de las eximentes de responsabilidad y atenuantes "(...) se encuentra en razones político-criminales basadas en el criterio de la utilidad, al considerarse más útil para la persecución y enjuiciamiento de determinadas conductas el hecho de rebajar o eximir de la pena a quien colabore en su investigación"[950].

Por consiguiente, y teniendo claro cuáles pueden ser los premios concedidos, además del hecho de que debe de haber un incentivo a esta colaboración, destacamos cuáles son los elementos que deben ser valorados y medidos a la hora de "premiar" la actitud positiva del colaborador.

En realidad, no distamos mucho de lo afirmado en las varias resoluciones, recomendaciones y convenciones estudiadas, ni de lo plasmado en los tipos privilegiados. No obstante, a nuestro parecer, no es necesario establecer unos parámetros muy concretos que no puedan ser adaptados a cada caso concreto, a la gravedad de los hechos delictivos, a la dificultad de la investigación, a la escala de los grupos y organizaciones, especialmente si llegan a tener carácter transnacional, entre otros elementos.

---

949 Sobre la no concesión de una total disposición de la acción al Ministerio Fiscal por razones de oportunidad *cfr.* Calaza López, Muinelo Cobo, 2019, p. 15.

950 Ortiz Pradillo, 2018, p. 239.

Por tanto, desde nuestra perspectiva, la utilidad de la colaboración con la justicia consiste en proporcionar información de calidad, la que no ha sido posible obtener a través de los medios tradicionales de investigación, que dependerían exclusivamente de la voluntariedad del colaborador —y siguiendo, por lo tanto, la propia jurisprudencia del Tribunal Supremo, a partir de declaraciones y/u otros medios de prueba—. De manera concomitante o exclusiva, la colaboración verdaderamente eficaz también debe comprender la reparación de la víctima, la recuperación de los activos, junto o no con el hecho de privar a los grupos u organizaciones delictivas de los recursos ilícitos o beneficios obtenidos de las actividades ilícitas y, siempre que sea posible, actos que impidan la actuación de los grupos u organizaciones criminosas y la perpetración de un delito que se pretendiera cometer.

Esta es una formula amplia que permite la adaptación a la casuística, permite que se negocie de acuerdo con el principio de legalidad y con el debido control judicial. Por tanto, el objetivo debe ser progresar en la actual situación de "anarquía" observada tanto en el escenario de los tratados y convenciones internacionales, como en los documentos europeos analizados anteriormente, y en las fórmulas de los tipos privilegiados, que limitan a uno u a otro delito, cometido o no en el seno de una organización o grupo criminal, distintas modalidades de colaboración, disponiendo para unos la obligación de delación de otros responsables, para otros la privación del grupo u organización de los recursos ilícitos o beneficios obtenidos, etc. Asimismo, la finalidad es excluir del rol de medidas para una "colaboración eficaz" elementos que ya son objeto de debate en la doctrina y tienen escasa aplicabilidad —en ninguna de las más de seiscientas sentencias analizadas— como el abandono voluntario de las actividades delictivas.

Asimismo, debemos intentar establecer cómo determinar el grado del beneficio. Desde nuestra perspectiva, la realización de negociaciones —no encubiertas y, por lo tanto, legales— es una de las maneras más sencillas de determinar el grado de los beneficios, permitiendo que el colaborador, sabiendo qué le será concedido, en qué grado, y con qué seguridad, pueda tener el estímulo necesario para realizar una colaboración lo más amplia y eficaz posible.

Por otro lado, y destacando la poca fiabilidad de los actuales criterios jurisprudenciales del Tribunal Supremo para la diferenciación entre un grado o dos grados de atenuación a los colaboradores, especialmente porque la mayor parte de los casos en que se mantiene la rebaja máxima se refiere a algún tipo de solicitud por parte del Ministerio Fiscal, destacamos dos posibilidades doctrinales sobre cómo graduar esa bonificación. La primera de ellas es la de Sánchez Melgar[951], que propone que la diferencia entre los grados de la atenuante analógica de confesión debe ser establecida "en función de los datos aportados". La segunda, de Ortiz Pradillo, sugiere diferenciar el grado de atenuación a partir del "momento en el que se produce dicha colaboración", de forma que, cuanto antes se dé una colaboración, mejor cualificado será el beneficio, llegando a señalar que "si la misma se produce en las postrimerías del enjuiciamiento, podría llegar a rechazarse cualquier tipo de rebaja penológica por considerar que la colaboración no obedece más que a una estratagema de lograr una rebaja penal sin que verdaderamente se esté colaborando con las autoridades"[952].

Desde nuestra perspectiva, ambas posiciones son válidas. No obstante, a nuestro parecer, una colaboración no será menos eficaz porque se efectúa en las postrimerías del enjuiciamiento. De hecho, puede haber una colaboración especialmente eficaz cuando un reo, condenado y cumpliendo condena, decide, por ejemplo, delatar a otros miembros de una organización criminal transnacional particularmente intricada, así como informar y permitir la recuperación de unos activos procedentes de los beneficios obtenidos por las actividades ilícitas de esta organización.

Por tanto, el trabajo de graduar las bonificaciones es uno de los más complicados y, tanto el momento —aunque menos—, como el grado de la colaboración, incluyendo la intención del colaborador de también participar en la completa reparación de la víctima, por ejemplo, deben ser considerados.

En resumen, evaluar el grado de utilidad de la colaboración debe ser labor de los tribunales, en la medida en que realizan el control sobre un acuerdo alcanzado entre las partes o dicten sentencia respecto a determinada persona que haya colaborado. En este sentido, el

---

951 Sánchez Melgar, 2022.

952 Ortiz Pradillo, 2018, p. 251.

análisis del caso concreto podrá evaluar cuándo, en qué grado y cómo se ha colaborado respecto a los distintos objetivos de la colaboración —como prueba, para la reparación de la víctima, la recuperación de activos, para impedir la actividad de una organización criminosa—.

### 3.6. *La protección de los colaboradores*

Hemos destacado anteriormente la necesidad de proteger a los colaboradores. En este ámbito, y a nuestro parecer, la primera acción que debe ser tomada es determinar su posición procesal.

Por tanto, en la medida en que el colaborador está siendo acusado en el ámbito de una investigación o proceso penal o ya haya sido condenado, es fundamental asegurar que no se le trate como un testigo. De esta manera, podremos establecer una posición de garantía, en especial respecto a su propio derecho de defensa, a no declarar contra sí mismo y a no declararse culpable[953].

La Fiscalía General Del Estado, en la Consulta 1/2000, de 14 de abril, destacó que la persona que hubiese sido juzgada anteriormente debe mantener el derecho a no declarar contra sí misma en un juicio posterior en el que testifica. De acuerdo con la FGE, esta conclusión se debe al "principio de no exigibilidad de otra conducta". En la medida en que "resultaría contradictorio que, a una persona, después de haber sido condenada, pueda exigirse bajo amenaza de incurrir en delito de falso testimonio, que se ajuste a la verdad al declarar en el juicio oral de otro partícipe del mismo delito"[954]. Por tanto, definir el estatus del colaborador e impedir que declare bajo la condición de testigo en juicios posteriores —siempre y cuando sea acusado o condenado—, además de esencial desde la perspectiva de asegurar el derecho de defensa, también deriva de esta óptica puramente pragmática y lógica que podemos observar en la Consulta de la FGE.

No obstante, no basta definir su estatus procesal como colaborador para protegerle. En este sentido, también debemos plantear este sistema de protección a partir de una perspectiva pragmática, con instrumentos y mecanismos procesales factibles que viabilicen su se-

953 *Cfr.* Notas al pie de página núm. 449 y 504.

954 *Cfr.* Núñez Jiménez, 2017, p. 8.

guridad. En concreto, siempre y cuando la colaboración se efectúe a través de la delación de otros responsables o respecto a un delito de organización o grupo criminales, habrá un riesgo añadido no sólo para el colaborador, sino también para su núcleo de relaciones familiares y cercanas.

En efecto, los instrumentos de la comunidad internacional y de la Unión Europea respecto a la inclusión del principio de oportunidad en los delitos graves y, en concreto, a través de la colaboración con la justicia —analizados en el Capítulo I—, destacan que es fundamental actuar desde dos perspectivas. En primer lugar, regular instrumentos para la protección de los colaboradores con la justicia. En segundo lugar, identificarlos como "colaboradores" de forma distintiva respecto a los testigos[955]. Por tanto, y a pesar de la ausencia, en la actualidad, de una norma a nivel europeo o internacional que regule la protección de esos *colaboradores* con la justicia[956], los mencionados instru-

---

955 Por ejemplo, en la Convención de las Naciones Unidas contra la Delincuencia Organizada, en la Recomendación n.º 25 del Memorando sobre Prevención y control de la delincuencia organizada-Estrategia de la Unión Europea para el comienzo del nuevo milenio de 3 de mayo de 2000, en la Resolución del Parlamento Europeo de 23 de octubre de 2013 sobre la delincuencia organizada, la corrupción y el blanqueo de capitales, etc. (apartado 3.2.3., I, Capítulo I).

956 La reciente Directiva (UE) del Parlamento Europeo y del Consejo, de 23 de octubre de 2019, relativa a la protección de las personas que informen sobre infracciones del derecho de la Unión, establece un marco de protección a los alertadores y denunciantes, que comuniquen una infracción o un delito que se encuentre en el ámbito material de protección de la Directiva (relacionados, mayoritariamente con los intereses financieros de la UE), a través de los canales internos o externos de información y a los que realicen una revelación pública. No obstante, no podemos considerar que la Directiva regule la protección de los *colaboradores con la justicia* como hemos definido en este trabajo, en la medida en que los alertadores de la Directiva 2019/1937, en su mayor parte, no son acusados, investigados o encausados por los mismos hechos o hechos conexos. Desde otra perspectiva, y destacando que este será —probablemente— objeto de investigación posterior de la autora, en la medida en que observamos la Ley 2/2023, de 20 de febrero, responsable de transponer la mencionada Directiva al ámbito nacional español, podemos averiguar que el alertador también puede ser considerado colaborador con la justicia —y, por tanto, recibir determinados premios— en razón del art. 40 Ley 2/2023. No obstante, estos premios, y su colaboración, no se aplicarán al ámbito penal, sino que se limitan a los informantes que hayan participado en la infracción *administrativa*.

mentos confirman nuestra hipótesis en relación con la manera cómo debemos proteger a este colectivo.

En el ámbito nacional, encontramos solamente[957] la Ley Orgánica 19/1994, de 23 de diciembre, de protección a testigos y peritos en causas criminales[958], en la que se recogen las medidas de protección. Se regulan, en concreto, unas medidas adoptables durante los debates del juicio oral y cuyo objetivo es evitar la confrontación visual, distinguiendo, asimismo, los testigos protegidos ocultos de los anónimos[959/960].

No obstante, el Tribunal Supremo[961] rechazó la posibilidad de aplicar al coacusado las medidas de protección de la LO 19/1994. El TS destaca la restricción —redactada expresamente en la propia

---

957 Destacamos que en el ALECrim de 2020, en la Disposición final cuarta, se estipula que "el Gobierno, en el plazo de un año a partir de la publicación de la presente Ley en el Boletín Oficial del Estado, elevará al Parlamento un proyecto de Ley de protección de testigos y colaboradores con la administración de justicia en causas criminales que se adapte a las exigencias de la presente ley y sustituya a la Ley Orgánica 19/1994, de 23 de septiembre, de protección de peritos y testigos en causas criminales".

958 Además, de forma similar y aún menos aplicable a nuestra situación, la Ley 4/2015, de 27 de abril, del estatuto de la víctima del delito. Y, más recientemente la Ley 2/2023, de 20 de febrero, reguladora de la protección de las personas que informen sobre infracciones normativas y de lucha contra la corrupción, que transpone la Directiva (UE) 2019/1937, de 23 de octubre relativa a la protección de las personas que informen sobre infracciones del Derecho de la Unión, llamada *Directiva Whistleblowing*. *Cfr.* Nota al pie de página núm. 956; Fernández Ajenjo, 2020, pp. 40 y ss; Fernández Ajenjo, 2023, pp. 276 y ss.; Jericó Ojer, 2023b, pp. 45 y ss.; Gutiérrez Pérez, 2022, pp. 54 y ss.; Bujosa Vadell, 2022b, pp. 15 y ss.; Olaizola Nogales, 2021, pp. 27 y ss.

959 Además: "el testigo anónimo no es admisible como tal, debiendo revelarse su identidad al menos para el juicio oral y deberá declarar en éste sin medidas que lo oculten total o parcialmente, dado que no tiene la condición de testigo protegido, porque todas estas medidas debilitan la validez, credibilidad y eficacia del testimonio que no podrá ser prueba de cargo, por supuesto, aunque pudiera ser confirmada por otros elementos". Dado que "mantener las medidas de protección en el juicio oral es posible, pero debe ser muy excepcional y debe razonarse y motivarse de manera especialmente reforzada". Y, sobre la diferencia entre los testigos anónimos (no se dan a conocer a las partes los datos personales) y los ocultos (que sí son identificados con nombres y apellidos) *cfr.* López Barja de Quiroga, 2023, pp. 1432-1433.

960 *Cfr.* Ortiz Pradillo, 2018, p. 198.

961 Ortiz Pradillo, 2018, p. 206; STS 1076/2006, de 27 de octubre.

Ley— de su ámbito de aplicación a los testigos y peritos. Actualmente, la doctrina debate la aplicabilidad de esta ley a los colaboradores[962]. En este contexto, Ortiz Pradillo reflexiona respecto a la necesidad de que se arbitren "medidas de protección a favor del colaborador eficaz con la justicia". Concluye que la regulación de estas medidas es medio esencial para incentivar la colaboración y la autoinculpación. Esto se debe a que su testimonio "se asemeja al de un testigo impropio" y porque está sometido "a los mismos miedos y peligros que puede temer el testigo a sufrir desde el entorno de los acusados, los que puede temer el arrepentido por haber decidido vender a sus compañeros a las autoridades a cambio de un trato favorable"[963].

Desde nuestra perspectiva —y sin obviar el problema de la "insuficiencia de recursos para la adopción de medidas protectoras"[964] —, no podemos sostener que el colaborador no debe ser confundido con un testigo en el ámbito de su declaración —como hemos defendido hasta ahora— y, al mismo tiempo, pugnar por la aplicación de las medidas de protección prevista en la LO 19/1994.

En concreto, la problemática respecto a cómo proteger a los colaboradores es única y distinta de la planteada para los testigos. No sólo debemos compaginar la protección de su identidad con los derechos de defensa de los coacusados, con la inmediación y el contradictorio, sino también es necesario llevar en consideración que podremos fácilmente exponer su identidad debido a la propia información y los documentos compartidos por el colaborador. Esto se debe a que los coacusados, en especial cuando son miembros de grupos u organizaciones criminosas, muy fácilmente identificarán al colaborador debido a los elementos materiales de colaboración aportados al proceso.

---

962 *Cfr.* Ortiz Pradillo, 2018, p. 206, valiéndose de los tratados internacionales y comunitarios sobre la aplicación de medidas de protección de testigos al "arrepentido o coacusado". Además, *cfr.* Sánchez García de Paz, 2003; Vega Dueñas, 2016, p. 121.

963 El autor también propone como recompensa fundamental, más que la rebaja de la pena, la inmunidad, de manera que una vez absuelto e inmune, declararía como testigo y le serían aplicables las medidas como tal (Ortiz Pradillo, 2018, p. 210).

964 Como señala Ortiz Pradillo sobre las medidas de cambio de identidad junto con el cambio de domicilio y facilitación de empleo (2018, p. 196).

Por tanto, a nuestro parecer —y siguiendo nada más que todas las recomendaciones, resoluciones y convenciones, estudiadas anteriormente, desde hace más de dos décadas—, es necesario regular un sistema de protección pensado *para* el colaborador. Esto podrá ser realizado a través de la Unión Europea[965], como viene siendo propuesto por el Consejo de la Unión a lo largo de los años, como también mediante la actuación del legislador nacional[966].

Para terminar, traemos a colación —con base en la Convención de Palermo— una serie de medidas en concreto necesarias para proteger a este colaborador con la justicia: procedimientos para que las declaraciones sean tomadas sin que se ponga en peligro la seguridad; mecanismos que autoricen la reubicación del colaborador, cuando necesario; su separación de la población general de la prisión; la utilización de un nombre distinto para los colaboradores que se encuentran presos; disposiciones especiales para su transporte; la libertad condicional; la reclusión en el hogar; y la posibilidad de celebrar acuerdos con otros Estados para facilitar la protección en clave de cooperación[967]. Asimismo, también debemos proteger a los colaboradores en relación

---

965 Y, entre las más recientes, la Propuesta de Directiva del Parlamento Europeo y del Consejo, sobre la lucha contra la corrupción, por la que se sustituyen la Decisión Marco 2003/568/JAI del Consejo y el Convenio relativo a la lucha contra los actos de corrupción en los que estén implicados funcionarios de las Comunidades Europeas o de los Estados miembros de la Unión Europea, y por la que se modifica la Directiva (UE) 2017/1371 del Parlamento Europeo y del Consejo, de 3 de mayo de 2023, la que dispone no solamente la protección de quienes denuncien las infracciones penales, sino también de quienes "aporten pruebas o cooperen de otro modo en la investigación, el procesamiento o el enjuiciamiento de tales infracciones reciban la protección, el apoyo y la asistencia necesarios a lo largo del proceso penal" (art. 22.2).

966 Que incluya, de manera específica, algunas de las posibilidades que hoy en día son aceptadas por el propio Tribunal Supremo, como la utilización de la videoconferencia respecto al acusado. Compaginándolas, siempre, con el propio derecho de defensa del coacusado colaborador que, al valerse de una videoconferencia, puede tener restringidos algunos derechos como el de comunicación directa con su abogado. Sobre las videoconferencias *Cfr.* Turner, 2021, p. 206; Bueno Benedí, 2021, pp. 1 y ss.; Aliste Santos, 2022, p. 107; Calaza López, 2022, p. 36; Ortiz Pradillo, 2018, pp. 212 y ss.

967 *Cfr.* Capítulo I, en especial el Manual de la UNODC de buenas prácticas para la protección de testigos en las actuaciones penales que guarden relación con la delincuencia organizada de 2008.

con la protección de sus derechos fundamentales de defensa, constitucionalmente determinados en el art. 24 CE. Por tanto, es fundamental garantizar la presencia de una defensa técnica durante todas las fases de la colaboración —especialmente en los casos en que el encausado ya se encuentre detenido y pueda estar más sujeto a presiones externas—, el derecho a ser informado de la acusación y el derecho a un proceso público sin dilaciones indebidas.

### 3.7. *Los delatados y/o coacusados ante el principio de igualdad del art. 14 CE*

Debido al principio de igualdad del art. 14 CE y al derecho a un proceso con todas las garantías del art. 24.2 CE, debemos garantizar la igualdad de armas entre acusación y defensa, de manera que "tanto el acusador como el investigado gozan de los mismos medios de ataque y de defensa e idénticas posibilidades y cargas de alegación, prueba e impugnación"[968].

Asimismo, y para una protección efectiva de estos derechos, también debe ser asegurada la igualdad entre los distintos investigados y coacusados. Por consiguiente, es necesario proteger la igualdad entre los distintos colaboradores con la justicia y los delatados y/o coacusados, aunque no estén en el ámbito del mismo proceso penal.

En concreto, esta problemática deriva de la práctica de premiar a los colaboradores. Esto se debe a que la justicia premial viabiliza la realización de una crítica antigua de la doctrina respecto a la posibilidad de "conculcación del derecho a no declarar y a no confesarse culpable". A saber, los no colaboradores podrían tener su situación agraviada en la medida en que no optasen por colaborar de forma similar[969].

En definitiva, esta conclusión actúa sobre diversos elementos de nuestra propuesta para una colaboración premiada regulada. En este

---

968 Gimeno Sendra, 2015, p. 118.

969 Ortiz Pradillo, 2018, p. 351. A nuestro parecer, esta crítica es esencial para justificar la creación de un reglamento que permita proteger a los colaboradores. No obstante, no es suficiente para impedir la justicia premial. Esto se debe a que es incompatible, a nuestro parecer, negar la colaboración premiada debido a esta práctica en la medida en que también puede ser extendida a otros instrumentos muy aceptados, como la propia conformidad.

sentido, ya ha sido analizado cómo deben ser ordenadas las declaraciones de coacusados en sede de juicio oral ante la existencia de colaboradores y delatados: para que se garantice la oportunidad de defensa y contradictorio a los últimos a partir de una estrategia de "última palabra"[970].

Por otro lado, en la medida en que la colaboración es llevada a cabo a través de negociaciones, la igualdad entre colaboradores y delatados y coacusados debe ser planteada a partir de una perspectiva propia. En primer lugar, regular las negociaciones es fundamental para garantizar la igualdad entre las partes. Esto se debe a que la regulación de la justicia negociada podrá permitir que todos actúen con los mismos derechos y garantías.

Asimismo, tutelar este derecho de igualdad debe suponer: *(i)* proteger la igualdad de oportunidades a distintos investigados o encausados en torno a los beneficios que puedan ser concedidos[971]; *(ii)* establecer los elementos que permitan la impugnación e intervención de delatados en relación con la colaboración realizada, y, en concreto, con los acuerdos llevados a cabo.

### *3.8. La colaboración premiada en los distintos procesos penales*

Otra problemática derivada de la práctica de la colaboración premiada es el hecho de que deberá ajustarse a los distintos procesos y procedimientos penales: ordinario, abreviado, ante el jurado y, quizás, en el proceso penal de menores.

A nuestro parecer, debemos excluir de este listado los juicios rápidos —sobre el que ya hemos abordado la conformidad premiada del art. 801 LECrim—, y el proceso por aceptación de decreto. Esto se

---

970 Sobre este derecho, previsto en el art. 739 LECrim, Gimeno Sendra señala que también es "reclamable, no sólo al término del juicio oral, sino también al finalizar la vista de apelación e incluso de la casación cuando el tribunal "*ad quem*" decida revocar una sentencia absolutoria o utilizar una tesis más gravosa" (2015, p. 297).

971 Impidiendo que determinadas personas, por sus circunstancias particulares, sean tratadas de manera menos beneficiosa en el ámbito de la colaboración con la justicia, como señalado sobre el modelo de "encarceramento desenfreado dos indivíduos estigmatizados como delinquentes (considerados ´inimigos sociais´)" (Lazzari, 2023, p. 224).

debe a que el objetivo político-criminal se relaciona, en el primer caso, con delitos flagrantes o de instrucción sencilla, y, en el segundo caso, con la poca transcendencia de unos delitos menos graves cuya pena se limite a la pena de multa o a una pena de prisión inferior un año que pueda ser sustituida por una pena de multa o privativa de derechos[972]. Por tanto, y en general, no debería haber la necesidad de incentivar la colaboración del investigado o encausado con la justicia.

Desde otra perspectiva, destacamos el problema en torno a la colaboración premiada prestada en el ámbito de la conformidad. Esto se debe a que, en la medida en que tenemos distintas conformidades, también habrá múltiples consecuencias. En este sentido, es necesario replantear cada modalidad de conformidad con la colaboración premiada para evitar que se impida la tramitación procesal respecto a los distintos plazos y momentos del proceso.

No obstante, y a nuestro parecer, esta compatibilización es prácticamente inviable. Esto se relaciona con las actuales —y quizás no tan actuales— críticas respecto a la existencia de tantas conformidades distintas, analizadas en el ámbito del Capítulo II. Desde nuestra perspectiva, adaptar tantos procesos y procedimientos a la colaboración premiada podría implicar más perjuicios que beneficios respecto al objetivo político-criminal de obtener eficiencia y eficacia.

Por tanto, plantear una única conformidad para el sistema penal[973], podría minimizar estos problemas y beneficiar el uso de la colaboración premiada en el ámbito de una única conformidad[974].

Sin embargo, esta solución no resolvería todos los problemas de la colaboración premiada en la medida en que llevemos a cabo el modelo propuesto en este capítulo. A saber, siempre y cuando la colaboración se realice sin el reconocimiento de los hechos o la confesión, el proceso penal deberá desarrollarse con normalidad. Por tanto, la

---

972 Sobre ambos procesos especiales *cfr.* Gimeno Sendra, 2015, pp. 1022 y ss.

973 Podemos analizarlo a través de los anteriores proyectos de reforma global de la norma procesal, ya sea el ALECrim 2020, el BCPP 2013, el ALECrim 2020 o el PLMEP. *Cfr.* Oliveira Teixeira dos Santos, 2023.

974 Como hemos advertido, no dejamos de destacar los problemas que conllevan esta conformidad generalizada del Anteproyecto de LECrim de 2020, especialmente relacionado con su aplicación a cualquier delito independientemente de la pena solicitada y aceptada.

colaboración deberá ser efectuada en el ámbito de cada uno de los procesos penales, incluyendo, por consiguiente, los procesos ante el jurado y el proceso penal de menores.

Esta realidad, no obstante, no es obstáculo para la colaboración premiada. Esto se debe a que, como hemos podido observar en la investigación jurisprudencial realizada, muchos de los casos en que el Tribunal Supremo analiza los supuestos para la concesión de la atenuante analógica de confesión derivan, en concreto, de las evaluaciones de un Jurado[975]. Por tanto, ya tenemos en la práctica la realización de colaboración en el ámbito de distintos procedimientos[976].

### *3.9. Colaboración y justicia negociada*

Según hemos expuesto hasta aquí, pareciera que no se puede escapar de los negocios y acuerdos en el proceso penal, mucho menos cuando se habla de la colaboración con la justicia por parte de investigados o encausados. Hemos analizado este tema respecto a las *conformidades encubiertas*, un elemento de la práctica jurídica señalado y debatido por la doctrina procesal. También lo hemos observado en el ámbito de la investigación jurisprudencial, donde el Tribunal Supremo hace algunas referencias directas a acuerdos realizados por el Ministerio Fiscal y el encausado, o indirectamente a través del mantenimiento de las penas y circunstancias atenuantes solicitadas por la fiscalía independientemente de su completa conformidad con los supuestos legales.

---

975 En definitiva, plantear la colaboración en el proceso ante el jurado es de las situaciones más problemáticas, cuando la realidad política demuestra que ante someterse "a la ruleta rusa de un jurado popular" parece más atractivo declararse culpable. En este sentido, Castillo Prats, en relación con la trama valenciana de Gürtel respecto a la valoración del exPresidente Camps de declararse culpable o no, advierte que "[s]i admitía todo, él mismo se pondría la etiqueta de delincuente. Pero si iba a juicio, empezaba otro calvario y su situación y la de su partido sería insostenible" (2013, p. 486).

976 No obstante, destacamos que limitar la colaboración premiada a los delitos inicialmente planteados para este tipo de oportunidad, los de criminalidad organizada y los delitos graves de naturaleza político-económica conexos, haría con que la competencia sobre eventuales colaboraciones recayera sobre la Audiencia Nacional, requiriéndose que los trámites fuesen, por lo tanto, sujetos a su jurisdicción. *Cfr.* Gimeno Sendra, 2015, p. 187.

Aunque no hayamos tenido la oportunidad de ampliar la investigación de la jurisprudencia a otros niveles distintos del Tribunal Supremo, destacamos las conclusiones de Núñez Jiménez sobre la Sentencia de la Audiencia Provincial de Baleares 68/2021, de 16 de julio. En esta sentencia, se reconoce una confesión para un coacusado que no había reconocido hechos propios, ya que habría declarado acerca de un delito del que no era exactamente parte, hetero-incriminando a su coimputada. De manera similar a los casos expuestos en el análisis cualitativo de nuestro trabajo, el Tribunal aceptó la calificación solicitada por el Ministerio Fiscal, en la que se solicitaba una pena al coacusado que *confesó* cercana a la mitad de la solicitada para la acusada. El autor concluye que "el Tribunal aceptó la calificación, permitiendo al Ministerio Público utilizar las circunstancias atenuantes de la responsabilidad penal conforme a sus intereses más que conforme a la legalidad"[977].

Por consiguiente, nuestra propuesta pasa por la necesidad de acercar estos acuerdos y la negociación, ya llevados a cabo, hacia la legalidad. Sólo de esta forma se podrá evitar lo que Campaner Muñoz[978] ha llamado la "cultura del mínimo esfuerzo", en la que la acusación podrá seguir haciendo uso de la atenuación de la pena interesada como estrategia para buscar incriminaciones. Y, así, librarse de la labor derivada de la carga de la prueba. Más allá de ello, solamente con la legalización de estos acuerdos y el debido control judicial sobre ellos será posible garantizar el respeto a los principios y fundamentos del sistema penal, la máxima igualdad entre las partes, el derecho de defensa, etc.

Asimismo, la negociación en el proceso no viene sin dificultades[979]. Por un lado, las discusiones en torno a su compaginación con los fines del Derecho penal y del proceso, y la privatización del Derecho penal, requieren, a nuestro parecer, un trabajo propio de investigación a partir de una perspectiva histórica y finalista del Derecho penal: ¿Cuáles eran sus finalidades pensando en el Estado de Derecho y cuáles son los actuales objetivos? ¿Qué realmente hace el Derecho penal si el objetivo es imponer otras penas alternativas y por qué no recurrir a

---

977 Núñez Jiménez, 2017, p. 10.

978 Campaner Muñoz, 2014, pp. 194 y ss.

979 Sobre las teorías de la negociación y los elementos esenciales de la negociación en el ámbito de la corrupción *cfr.* De Almeida Mendonça, Nagle, Rodríguez-García, 2018, pp. 23 y ss.

otros medios del Derecho menos "intrusivos"? Por otro lado, los problemas en torno a la negociación también tienen una índole práctica que puede ser muy bien observada a través de una perspectiva comparada. En este sentido, debemos estudiar los riegos relacionados con las coacciones en torno a una negociación —especialmente porque los acuerdos se dan entre personas que detienen distintos papeles en el proceso[980]—, la probabilidad de que una discrecionalidad se vuelva arbitrariedad, los retos en cuanto a la no penalización de los que no desean colaborar o, por deficiencias económico-sociales —falta de recursos financieros para acceder a una buena defensa técnica, discapacidades, falta de acceso al lenguaje y/o idioma, etc.— no pueden negociar, entre otros problemas.

No descartamos o negamos ninguna de esas y otras cuestiones relacionadas con los retos de la negociación en el sistema penal, y nos gustaría abordarlas de manera específica en trabajos futuros. Sin embargo, en el caso de la colaboración premiada, es verdad que la negociación aparece como un hecho con el que tenemos que lidiar. No sólo por las razones expresadas en las líneas iniciales de este apartado —es decir, porque ya se negocia a pesar de la ausencia de un marco legal—, sino porque la negociación —siempre y cuando esté regulada y sometida al control judicial— puede traer muchas ventajas a la colaboración con la justicia, especialmente la premiada.

Pensando en los objetivos y premios de la colaboración, la negociación permite estipular concretamente lo que se espera del colaborador —¿confesión?, ¿declaración heteroincriminatoria?, ¿aportar pruebas documentales y/o electrónicas?, ¿asegurar la cadena de custodia para futuras periciales?, ¿reparar a la víctima de una manera integral?, ¿recuperar los activos y garantizar que organizaciones criminales no dispongan de cantidades obtenidas ilícitamente?, ¿impedir la actuación de organizaciones?, etc.— y los resultados que se acuerdan conceder —la atenuación de la pena, la no realización de una diligencia de investigación que pueda estigmatizar a una persona jurídica, la no estipulación de medidas cautelares, la suspensión de una pena privativa

980 Y, como anteriormente hemos indicado, las comunes prácticas de los *prosecutors officers* en Estados Unidos de *overcharging, buffing* o *overrecommending* (Rodríguez-García, 1997b, p. 67; Soares de Albergaria, 2007, p. 68).

de libertad, el archivo del procedimiento, su sobreseimiento, o hasta el uso judicial de indulto—, incluyéndose, desde la fase de negociación, los requisitos esperados para la colaboración respecto al grado de los premios que podrán ser adjudicados[981/982].

Asimismo, habiendo planteado el problema del rol de la víctima en la colaboración con la justicia, la negociación también puede auxiliar en lo anteriormente debatido. Especialmente en la medida en que se estimule la presencia y participación, siempre que sea posible, de la víctima en la negociación. De esta manera, los intereses de la víctima relacionados con una reparación *integral* podrán ser, en la medida de lo posible, satisfechos por el acusado que será incentivado a colaborar[983].

Para terminar, basta con mirar a los grandes casos de corrupción españoles, en especial la trama Gürtel, para plantear una cuestión: ¿si hubiera existido una negociación garantista y legal que permitiese la colaboración de personas como Bárcenas o Camps, habrían confesado y aportado elementos útiles a la investigación y al proceso mucho antes? La realidad es que en estos casos ha habido una resistencia al reconocimiento de los hechos debido a una estrategia política. Por ello, Castillo Prats destacó que "mientras Bárcenas mantuvo silencio, la dirección del partido le mantuvo a sueldo, con coche oficial, secre-

---

981 También, y de manera específica para la persona jurídica, la posibilidad de terminar un proceso penal anticipadamente, con beneficios relacionados con las multas, puede significar la preservación de la empresa y de los intereses económicos que ella representa, así como la integridad del mercado afectado (Aires de Sousa, 2019, p. 31).

982 Planteando el problema desde la óptica de las personas jurídicas, Søreide y Vagle analizan económicamente la negociación en casos de soborno, con el objetivo de determinar cuándo la diferencia entre el premio posiblemente concedido y la pena que le sería probablemente aplicada al final del proceso hace con que llegar a un acuerdo valga la pena desde la óptica de las corporaciones de acuerdo con el sistema estadounidense (2022, pp. 263 y ss.)

983 Volvemos a recordar los problemas relacionados con ello: muchas veces no habrá una víctima definida, especialmente en el ámbito de los delitos graves de carácter transnacional relacionados con la corrupción, blanqueo de capitales, etc. Además, debe de haber una regulación exacta que permita la participación de la víctima de acuerdo con el momento procesal y su participación o no en el proceso penal compaginándola con los derechos de defensa y garantías del propio acusado, incluida su protección, y de los demás coacusados.

taria y despacho (...)"[984/985]. En el caso de Camps, la situación puede ser consecuencia de una realidad todavía más dura: la presión de su propio partido para que confesara[986], cuando la alternativa era someterse a un juicio que, además del riesgo de un juzgado popular, significaría una estigmatización todavía peor. Estos supuestos nos hacen cuestionar respecto a la real eficacia de la conformidad, sin un acuerdo debidamente regulado y la posibilidad de inclusión de medidas de colaboración con beneficios atractivos. Esto se debe a que la decisión sobre un reconocimiento de los hechos puede estar en manos de la organización, posiblemente criminal, en que se sitúa un investigado. Por tanto, permitir que se negocie en los límites del principio de legalidad, que garanticen la protección del colaborador y la adjudicación de unos premios determinados, puede ser la respuesta para que no nos quedemos en un "simple" reconocimiento de los hechos, sino que lleguemos a la aportación de otros elementos esenciales, como pueden ser pruebas documentales y/o electrónicas sobre otros responsables, actos que impidan la actuación de la organización, etc.

En este sentido, en los próximos apartados lidiaremos con algunas de las cuestiones más esenciales de esta negociación. El objetivo final es, por tanto, incentivar el establecimiento de un marco normativo, adecuado a la vigencia del principio de legalidad en el sistema penal español, que permita un uso más adecuado de este instrumento jurídico.

### 3.9.1. Actores implicados en la negociación: el rol de la defensa técnica y del Ministerio Fiscal

En definitiva, la primera pregunta que debe ser realizada respecto a la negociación es con quién el colaborador deberá negociar[987] y cuáles actores estarán implicados en el procedimiento.

---

984 Castillo Prats, 2013, p. 105.

985 De hecho, en los casos de corrupción política, confesar públicamente más que en el proceso y en el ámbito de algún acuerdo con la justicia, tiene otras implicaciones, puesto que afecta directamente a la relación con el público y la imagen de esta persona.

986 Así: "la dirección del Partido Popular les aseguró que Camps y Costa también admitirían su culpabilidad y que no tenían motivos por los que dudar" (Castillo Prats, 2013, p. 486).

987 Si nos planteamos qué tenemos que entender por negociar, podemos referirnos a la solución propuesta por Falcón: "Negociar es conciliar intereses, la definición

En primer lugar, —y como parte del ejercicio del derecho de defensa— debe participar un abogado como "parte procesal dialécticamente enfrentada a la acusación, cuya exclusiva misión constitucional consiste en hacer valer el derecho a la libertad del art. 17 CE"[988]. En concreto, la participación del abogado es esencial para garantizar que no se reconozcan los hechos en casos de inocencia flagrante, por ejemplo, en el ámbito de la conformidad. Y, en el marco de la negociación, la presencia del abogado es fundamental para garantizar la igualdad de armas, en la medida en que velará por los intereses y derechos del colaborador[989].

En segundo lugar, y respecto a con quién el colaborador negociará, se presentan numerosas dificultades. Por un lado, en el marco de la conformidad, parece claro que el Ministerio Fiscal, tanto como parte acusadora[990] como también autoridad imparcial defensora de la legalidad[991/992], debe de ser parte activa de las negociaciones —como lo es actualmente—. La participación del Ministerio Fiscal en las conformidades negociadas —especialmente cuando existen acusaciones particulares con intereses propios—, debe garantizar el cumplimiento de la legalidad "con plena objetividad e independencia (art. 7

más sintética de un proceso complejo que incluye problemas —dificultades o desvíos ante el deseo de alcanzar una meta—, conflictos —choques posibles, dados los intereses encontrados— y dilema —argumentaciones de proposiciones que conducen a diversas conclusiones y que alientan a las partes a actuar o a postergarla acción—" (Falcón, 2012, p. 95).

988 Gimeno Sendra, 2015, p. 287.

989 En realidad, la obligación de una efectiva defensa técnica es indiscutible. Por otro lado, también destacamos problemas relacionados con hecho de que los distintos coacusados puedan compartir defensa técnica o que la defensa técnica también deba actuar respecto a acuerdos realizados con otros acusados.

990 Gómez Colomer señala que "al ser parte acusadora, no puede ser imparcial, sino que debe ser parcial, promoviendo la acción de la justicia en defensa de la legalidad" (2018, p. 161).

991 Sobre el Ministerio Fiscal como órgano colaborador de la jurisdicción penal *cfr.* Gimeno Sendra, 2015, p. 232; Martínez García 2023, pp. 76 y ss.

992 Acordémonos también de la perspectiva histórica sobre el Ministerio Fiscal en el ámbito de Europa, que surge junto con la noción de legalidad del período iluminista como garantía al ejercicio de la acción penal ante la inactividad de los particulares y con el objetivo de delimitar las funciones de acusación y juzgamiento. *Cfr.* Nieva Fenoll, 2022, pp. 32 y ss.; Barona Vilar, 2017, p. 121; Gimeno Sendra, 2015, p. 124; Lopes Júnior, 2015, pp. 125 y ss.; Damaska, 1986, pp. 459 y ss.

EOMF)". Esto se debe a que el MF debe actuar tanto para instar la condena del culpable como la absolución del inocente, por lo que a él —y debido a la función objetiva de la defensa de las normas constitucionales protectoras de los derechos fundamentales (art. 9.2CE)— se le extiende la obligación de informar al investigado de todas las circunstancias, tanto adversas como favorables (art. 2 LECrim).

De esta manera, el hecho de que el Ministerio Fiscal opere en defensa del principio de legalidad —material y procesalmente— hace con que actúe, en ocasiones, como un auténtico *amicus curiae*[993] en el proceso penal.

Por otro lado, en el supuesto de acuerdos realizados fuera del ámbito de la conformidad negociada, ya sea porque no ha habido reconocimiento de los hechos, ya sea porque se lleva a cabo en un procedimiento distinto del abreviado —según la actual redacción de la LECrim, cuando menos—, y dependientes de la realización de un juicio oral, el Ministerio Fiscal también deberá participar de la negociación. En este caso, el MF actuará como un actor representante de la Administración de la Justicia cuyo objetivo es, en la defensa de la legalidad, garantizar el "respeto de los valores y principios fundamentales emanados de la Constitución y de la Ley"[994].

No obstante, son abundantes las interrogantes relacionadas con la posición institucional del Ministerio Fiscal, su marco de actuación antes los Tribunales, la relación entre la creación de las fiscalías especializadas y la dependencia del Fiscal General del Estado respecto al Poder Ejecutivo[995/996], etc.[997]. Por tanto, es necesario que, por un lado, se replantee la Fiscalía como un órgano cuya estructura e independen-

---

993 Gimeno Sendra, 2015, p. 233.

994 Contreras Alfaro, 2004, p. 609.

995 Desde otra perspectiva, Armenta Deu entiende "que la vinculación al Poder Ejecutivo garantiza la legitimación democrática de la institución y el control democrático y responsabilidad política sobre su actuación" (2023, p. 127).

996 Además, Gómez Colomer destaca que "en ningún caso se pretende afirmar que el Fiscal al no ser independiente, pueda ser arbitrario, injusto o autoritario (...). Su sujeción al principio de legalidad debe garantizar (...) que el trabajo de los Fiscales sea el que la sociedad espera: justo, objetivo, equilibrado y ajustado a la legalidad" (2018, p. 162).

997 *Cfr.* Moreno Catena, 2021b, pp. 105 y 106; Moreno Catena, 2021h, pp. 183 y ss.; Contreras Alfaro, 2004, pp. 610 y ss.

cia pueda de hecho velar por el respeto a las normas constitucionales y legales, sin que se transforme en un puro acusador cuyo objetivo es obtener condenas. Por tanto, podríamos impedir y/o prevenir la realización de "regateos" en las negociaciones[998]. Por otro lado, es necesario garantizar el debido control judicial sobre las negociaciones realizadas entre las partes.

A consecuencia de lo expuesto, lo que se debe evitar en cualquier circunstancia es la concesión de un "amplio margen de discrecionalidad" al Ministerio Fiscal, —como señala Armenta Deu sobre el archivo por colaboración activa contra una organización criminal, como propuesto en el art. 179 del Anteproyecto de LECrim de 2020[999]—. Por consiguiente, como hemos ido disertando y seguiremos en los próximos apartados, debe ser viabilizado el control judicial, la intervención de las víctimas, la correcta interpretación sobre la declaración del colaborador —nunca como testigo— y la debida publicidad y contradicción en el marco de la negociación[1000].

Asimismo, la preocupación relacionada con la tendencia hacia el traslado de la competencia a órganos administrativos[1001], a saber, la Policía, refuerza la idea de que conceder a la Fiscalía la responsabili-

---

[998] Así, "[e]n aras a una nueva realidad en la que el Ministerio Fiscal asumiera un papel directivo de la investigación del proceso penal, que debería ir acompañado de cambios en su estructura orgánica o de nuevos instrumentos para garantizar su mayor autonomía (...)" (Armenta Deu, 2023, p. 115). *Cfr.* sobre una reforma a partir de la que el Ministerio Fiscal tenga la dirección de la investigación: Gómez Colomer, 2018, pp. 178 y ss.

[999] Armenta Deu, 2020, p. 27.

[1000] Desde la perspectiva de la negociación, y a partir de un estudio conducido em EE.UU., Søreide, Vagle señalan que conceder mayor discrecionalidad al Ministerio Fiscal es la mejor opción a la hora de incentivar acuerdos con personas jurídicas en casos de soborno, dado que sólo de esta manera la Fiscalía podrá ofrecer opciones de acuerdos más adecuadas para la situación de cada corporación, sin estar tan limitada a las opciones estrictamente —o legalmente— vigentes (2022, p. 283).

[1001] *Cfr.* "En Europa, la transferencia de funciones al Ministerio Fiscal, en unión del incremento de la criminalidad, la debilidad institucional y los ataques de la prensa por la falta de respuesta suficientemente rápida, han provocado una reacción semejante, generando un incremento del poder policial, hasta casi ejercer el liderazgo en la política criminal. (...) en aras a la eficiencia y rapidez, caen en la fácil tentación de trasladar competencias a órganos administrativos so pretexto de no requerir intervención jurisdiccional" (Armenta Deu, 2023, p. 78).

dad sobre las negociaciones de colaboración —además de las que ya tiene respecto a la conformidad— requiere replantear su estructura. De esta forma, el MF podrá realizar su labor sin recurrir a autoridades administrativas[1002] y, así, será posible mantener la negociación bajo el control jurisdiccional de su homologación.

En concreto, en el marco de todas las reformas que intentaron incluir el principio de oportunidad en el sistema penal español, uno de los ejes centrales se fundamenta en conceder poder a la Fiscalía, como acusación, para tomar decisiones discrecionales[1003/1004]. A nuestro parecer, en el ámbito de la colaboración con la justicia, la problemática puede ser abordada desde esta misma perspectiva. Esto se debe a que la colaboración con la justicia deriva del principio de oportunidad y es consecuencia de la importación del modelo estadounidense[1005]. Asimismo, porque en el sistema nacional la colaboración debe ser regulada a partir de la consideración que el Ministerio Fiscal es el responsable de interesar las penas al órgano jurisdiccional. Por tanto, se permite que los Jueces y Tribunales mantengan las penas interesadas y, así, apliquen acuerdos extraprocesales, a pesar de que no se cumplan todos los requisitos necesarios, por ejemplo, para la apreciación de una atenuante analógica de confesión.

Además, la OCDE también destaca el rol dominante de la Fiscalía a lo largo de los distintos sistemas de solución del conflicto penal en comparación con otros órganos o agencias a la hora de concluir resoluciones con personas físicas y jurídicas[1006]. Este hecho también lo

---

1002 Destacamos la posición de Gómez Colomer en el sentido de que, si una nueva LECrim llega a determinar que la instrucción corresponde al Ministerio Fiscal, debe también modificar la dependencia política de la Fiscalía Española (2021, p. 131). También, desde el 2013 *cfr.* Gómez Colomer, 2013, pp. 256-264. *Cfr.* Gómez Colomer, 2022b, pp. 927-928. El autor especifica que "debe ser un órgano constitucional político, dependiente del Ministerio de Justicia, pero organizado con carácter autónomo" (2022b, p. 1046).

1003 Y así, con la superación de la vigencia del modelo inquisitivo durante la fase de instrucción.

1004 *Cfr.* Barona Vilar, 2023d, p. 10. La autora señala que "el modelo de juez de instrucción está agotado" y que "el juez de instrucción fue la respuesta de garantías que se ofreció frente a un modelo inquisitorial puro".

1005 En el proceso de Macdonalización estudiado en el Capítulo I.

1006 "[T]he prosecution plays a dominant role across resolution systems, as compared with other agencies or courts, in concluding resolutions with both legal and

podemos observar en los instrumentos internacionales, en los que la concesión de facultades propias de la «oportunidad» son concedidas a la acusación pública[1007].

Por consiguiente, parece ganar fuerza la idea de conceder mayores poderes al Ministerio Fiscal en el marco de las negociaciones de colaboración premiada.

No obstante, cuando reflexionamos sobre las fases iniciales de la investigación, en la medida en que se reconoce la "potestad investigadora autónoma" tanto al Juez de Instrucción como al Ministerio Público y a la Policía[1008], conceder mayores poderes exclusivamente a la Fiscalía no sería suficiente. Y, quizás, deberíamos replantear quiénes más podrían o deberían participar en la negociación. A nuestro parecer, a pesar de que la Policía Judicial sea muy probablemente el primer interviniente en una investigación penal, siempre dependerá de la decisión del Juez de Instrucción al adoptar medidas que restrinjan derechos fundamentales, en la medida en que actúa de conformidad con su naturaleza administrativa[1009]. Por tanto, y a nuestro parecer, no podría participar autónomamente en la negociación. Sin embargo, la Policía Judicial podría actuar junto con la Fiscalía y con la supervisión de la autoridad judicial en una negociación, especialmente cuando se lleve a cabo en el marco de una investigación muy inicial. Por tanto, en las resoluciones jurisdiccionales en las que hay reconocimiento de los hechos ante la Policía, pero después que se conociera la existencia de un procedimiento penal dirigido contra él, la Policía podría facilitar las negociaciones en torno a una colaboración eficaz.

---

natural persons (in 42 and 49 of the respective resolution systems). This pattern is slightly more accentuated for natural persons. This reflects the fact that the vast majority of resolutions are available in criminal proceedings, in particular for natural persons. Even when the prosecution's role is not exclusive, for instance in administrative and civil proceedings, it remains prominent in a large majority of cases" (OCDE, 2019, p. 66).

1007 *Cfr.* en el Capítulo I, p.ej., la Guía de las Naciones Unidas sobre la función de los fiscales.

1008 Así, el Ministerio Fiscal puede denunciar o iniciar una investigación preparatoria del proceso penal en el ámbito del procedimiento abreviado (art. 733 LECrim) y del art. 5 del Estatuto Orgánico del Ministerio Fiscal. *Cfr.* Alfonso Rodríguez, 2019, p. 175.

1009 Alfonso Rodríguez, 2019, p. 173.

Respecto a la participación de los órganos jurisdiccionales en las negociaciones, especialmente del Juez de Instrucción como director de la investigación, comprendemos que actualmente el debate sobre con quién negociar está estrictamente relacionado con la posible creación de un Juez de Garantías (así, en el Anteproyecto de LECrim de 2020) y, específicamente, con la propia realidad de la justicia española, en la que el Juez "no es un Juez que dirige, sino un juez que supervisa o controla, es decir, un Juez que se ha aproximado al Juez de garantías", ya sea por la mayor capacidad de investigación que detiene la policía, ya sea por la incapacidad de los órganos judiciales de dirigir todas las investigaciones necesarias —y, en especial, el colapso de la Audiencia Nacional, prevenido por el protagonismo de la policía y de determinados fiscales—[1010/1011].

Por otro lado, en el sistema nacional también debe de ser considerada la posibilidad de que el ejercicio de la acción penal corresponda a la víctima o al acusador popular. De esta forma, deben figurar en las negociaciones también en la medida en que, en la conformidad, el colaborador puede prestar su conformidad no sólo con el escrito de acusación presentado por la Fiscalía, sino también con el escrito que contenga la pena más grave[1012]. No obstante, en el ámbito de la colaboración con la justicia, las acusaciones populares o particulares claramente velarán por sus propios intereses, que no necesariamente coinciden con el interés político-criminal que, debido al vínculo que tiene con el Poder Ejecutivo y su configuración constitucional como defensor del interés público, parece recaer en el Ministerio Fiscal. Asimismo, el hecho de que las demás partes acusadoras no tienen la misma capacidad que la Fiscalía como acusador oficial, no estando en situación de igualdad, también debe de ser considerado para que, aun cuando tengan la intención y participen en la negociación —prin-

---

1010 *Cfr*. González López, Nieto Martín, 2016, p. 11.

1011 O, a partir de la transposición del Reglamento (UE) 2017/1939 del Consejo, de 12 de octubre, por el que se establece una cooperación reforzada para la creación de la Fiscalía Europea, que concede al Fiscal Europeo delegado la potestad de realizar acuerdos con los investigados que puedan resultar en el archivo del proceso o la realización de determinado procedimiento simplificado (artículos 35 y 40). *Cfr*. Vidal Fernández, 2022, pp. 234 y ss.; Gil García, 2020, pp. 243 y ss.

1012 Y, en el modelo del ALECrim 2020, podrá prestar conformidad con el escrito de acusación presentado por cualquiera de las partes.

cipalmente en el ámbito de una conformidad—, se vele también por esta igualdad de partes.

De esta forma, y a nuestro parecer, resolver la problemática respecto a con quién negociar depende de los siguientes elementos. En primer lugar, determinar la participación obligatoria de un abogado como defensa técnica[1013] —y su especial garantía en los casos en que el acceso a la justicia pueda estar en juego—. En segundo lugar, regular la participación del Ministerio Fiscal. Esto se debe a que, desde nuestra perspectiva y debido a la argumentación desarrollada anteriormente, la Fiscalía tendrá mayor capacidad para gestionar los acuerdos[1014], especialmente debido a su sumisión al mandato constitucional y legal[1015], debiendo de intervenir aun cuando existan acusaciones particulares y siempre, como hemos insistido en líneas anteriores, con el debido control judicial *ex post*.

### 3.9.2. El momento de la negociación: investigación, proceso penal y fase de ejecución. La negociación ante otros procesos o procedimientos

La OCDE, en el anteriormente citado informe "*Resolving foreign bribery cases with non-trial resolutions*", destaca que los métodos de

---

1013 Una real defensa técnica es necesaria también para evitar la disparidad de los poderes en juego en la negociación, específicamente resultados de la disposición de informaciones "que quedan ocultas para el abogado" por parte de la Fiscalía. *Cfr.* Gaddi, 2020, p. 1020.

1014 Además, es la Fiscalía el órgano que actualmente viene trabajando a la hora de regular las conformidades, como a partir de la potencialización del Protocolo de actuación para juicios de conformidad suscrito en 2009 por la Fiscalía General del Estado y el Colegio General de la Abogacía, que permite facilitar las conformidades previas al juicio oral. *Cfr.* Mateos Rodríguez-Arias, 2020, p. 282.

1015 Kerber de Aguiar señala que la concesión del poder al Ministerio Público —refiriéndose a los acuerdos de no persecución penal en el sistema brasileño—, para que puedan proponer estrategias racionales y efectivas contra la delincuencia, está de acuerdo con el sistema mayoritariamente acusatorio adoptado por el país, en el hay una nítida división entre los actores que acusan, defienden y juzgan (Kerber de Aguiar, 2022, p. 84). A nuestro parecer, además de la superación de estos modelos, principalmente en el sistema penal español, este elemento no puede —o no debería— ser llevado en consideración a la hora de proponer el Ministerio Fiscal como parte responsable de representar los intereses estatales —de la acusación, solamente— en la negociación.

solución del conflicto pueden ser alcanzados tanto antes como después de la imputación[1016]. En concreto, de todos los ordenamientos jurídicos analizados, la OCDE concluye que hay una multitud de posibilidades, ya sea antes o después de la imputación y que incluyen algunos que resultan de la existencia de distintas formas de solucionar el conflicto y otros cuyo empleo se extiende a las varias fases del proceso penal. Asimismo, este informa señala que la solución temprana del conflicto siempre será más positiva, en la medida en que significa el ahorro de los altos costes asociados a un proceso penal complejo[1017].

A nuestro parecer, si bien tanto obtener una colaboración antes como cerrar un proceso lo más rápido posible es ventajoso desde una perspectiva económica, fomentar la negociación —y, por ende, la colaboración— a lo largo de las distintas fases procesales también puede conllevar a unas ventajas específica.

Por un lado, para un investigado o encausado que se encuentra en fase de investigación o en el ámbito del juicio oral, acordar en torno a una colaboración puede suponer ventajas específicas respecto a los premios negociados. Por otro lado, para la Administración de Justicia, podrá significar obtener informaciones, datos, medios de pruebas, la recuperación de productos de los delitos antes desconocidos, la identificación de otros responsables o de la estructura de una organización criminal.

Esta idea es trasladable a una persona que, habiendo sido condenada, quiera colaborar con la justicia respecto a unos hechos delictivos conexos, cometidos o no en el seno del grupo u organización en el que participaba, lo que a cambio le puede generar beneficios en el cumplimiento de la pena.

También podemos plantear este problema desde otra perspectiva: si no se excluye la apreciación de la atenuante de los arts. 376 y 570

---

[1016] "(...) For legal persons, 15% of the resolution systems can be reached before charges are brought, 27% after charges are brought, and 37% either before or after charges are brought. For natural persons, the proportions are comparable. Fewer than a quarter (20%) of the resolution systems are only possible before indictment, while 22% are only available after indictment. Nearly half (47%) of these resolutions are available either before or after indictment" (OCDE, 2019, p. 66).

[1017] OCDE, 2019, p. 66.

*bis*.4 CP a momentos hasta antes de la sentencia y después de ella, en cuyo caso la atenuación "puede afectar a la progresión de grado y a la obtención de libertad condicional"[1018], tampoco nos parece inviable extender la colaboración con la justicia propuesta en este trabajo a todas las fases procesales. Esto sí, siempre debe ser realizada la debida adaptación a las reglas vigentes acorde con el momento procesal.

Otro problema postulado[1019] se refiere a la colaboración premiada prestada a través de manifestaciones —máxime, reconocimiento de los hechos— y aportaciones documentales llevadas a cabo en el curso de un expediente administrativo previo[1020]. Asimismo, esta problemática también se extiende a la posible valoración de la aportación documental y manifestaciones que hubiesen realizadas a través de una colaboración en el marco de un proceso penal anterior[1021]. No obstante, y habiendo trabajado sobre cómo se valora la corroboración de los elementos aportados por un colaborador respecto a un delatado, nos centraremos en su posible valoración como colaboración eficaz capaz de generar la concesión de beneficios penales al acusado.

Por un lado, en relación con el reconocimiento de los hechos, el acusado deberá reconocerlos otra vez, ya sea a través de la aceptación

---

1018 Zurita Gutiérrez, 2020, p. 400.

1019 También observado en una de las sentencias analizadas en el Capítulo IIII, la STS 3894/2021, de 25 de octubre.

1020 Asimismo, destacamos que la relación de la colaboración y de la negociación con otras áreas del sistema jurídico —administrativas o civiles— también puede ser investigada desde la perspectiva de la eficacia. En concreto, nos preguntamos en qué situaciones será mejor negociar en el ámbito civil o administrativo. Y, aunque el principio *ne bis in idem* afecta al sistema penal de tal modo que, por ejemplo, no podríamos aplicar soluciones como las de Brasil, en que se negocian acuerdos de lenidad en el plano administrativo y acuerdos de colaboración premiada en el marco del proceso penal (*cfr.* Rodríguez-García, Machado de Souza, 2019, pp. 295-380; Fridriczewski, 2020, pp. 87 y ss), debe ser realizada una evaluación en relación con la realización de estas negociaciones en el ámbito penal respecto a la posición del Derecho penal como *ultima ratio*. Desde otra perspectiva, también nos cuestionamos, en especial en el marco del derecho comparado, respecto al etiquetado incoherente o inconsistente sobre qué son sanciones o penas de naturaleza penales, civiles o administrativas, especialmente cuando lo que se utiliza como un elemento "criminal" puede ser etiquetado como administrativo o civil en otro sistema. *Cfr.* Fransen y Harding sobre el "cuasi-criminal enforcement" (2022, p. 3).

1021 *Cfr.* STC 18/2005, de 1 de febrero.

de un escrito de acusación firmado junto con la Fiscalía en el ámbito de una conformidad o durante el juicio oral. Esto se debe a que el reconocimiento en sede administrativa no puede ser suficiente respecto a las garantías propias del Derecho penal. Asimismo, en el marco de una colaboración prestada en proceso penal anterior, el reconocimiento de los hechos siempre deberá ser realizado una segunda vez en la medida en que no podremos estar en el marco de los mismos hechos delictivos.

Por otro lado, en relación con las aportaciones documentales, podrán tener el mismo valor "premial" que las realizadas anteriormente —ya sea en el ámbito administrativo o de un proceso penal anterior—. No obstante, esta valoración dependerá del valor probatorio que llegue a tener y, en general, de la capacidad de colaborar con la justicia esclareciendo los hechos, identificando o capturando otros responsables, etc.[1022].

No obstante, el principal aspecto de este debate es que las garantías del proceso penal siempre deben ser observadas. Por tanto, la colaboración prestada, especialmente cuando en el marco de una justicia negociada, debe de respetar los fundamentos y principios del sistema penal como, por ejemplo, con la garantía a una amplia defensa y el derecho a la asistencia de una defensa técnica.

### 3.9.3. La publicidad del acuerdo y la intervención de terceros (impugnación)

El debate en torno a la publicidad del acuerdo de negociación debe llevar en consideración las características propias de cada fase procesal.

Cuando se dicte una sentencia de absolución, no habrá mayores consecuencias procesales. En concreto, y como analizamos anteriormente, su posición procesal podrá ser la de un testigo, incluso en relación con declaraciones respecto a delatados. Por tanto, será fundamental mantener las medidas de protección que le hubiesen sido concedidas, a pesar del cambio de estatus.

---

1022 Esta problemática viene siendo debatida cada vez más en razón del deber de colaboración existente en expedientes administrativos y, en concreto, ante el fomento de las investigaciones internas en personas jurídicas en el marco de los programas de cumplimiento.

El segundo supuesto se refiere a la colaboración efectuada en el marco de una conformidad que implique la no realización del juicio oral. En este caso, la publicidad del acuerdo de colaboración será completa, con la excepción de que haya habido la declaración del secreto de sumario, en cuyo caso habrá que esperar la concreción de la sentencia de conformidad para que el mismo sea publicitado y, así, los eventuales delatados puedan intervenir en lo que les concierne. A nuestro parecer, esta excepción no sería capaz de provocar un obstáculo en relación con los derechos y garantías procesales. Esto se debe a que si la sentencia de conformidad sigue el procedimiento de la actual LECrim, que no permite la conformidad parcial, los delatados ya se encontrarían fuera del marco de este proceso penal. Por tanto, publicar el acuerdo tras la sentencia de conformidad no provocaría una situación de indefensión.

Asimismo, destacamos que, a pesar de la vigencia del principio de publicidad en el proceso penal[1023], la eficacia de la investigación también es protegida a través de la declaración del secreto de sumario para las partes personadas[1024/1025]. En estos supuestos, comprendemos que difícilmente se celebrarían acuerdos de colaboración con sospechosos, investigados o encausados por delitos conexos —en la medida en que afectaría a todas las partes personadas—. Asimismo, debido al

---

1023 En concreto, el principio de publicidad prevalece durante la fase del juicio oral y el secreto durante las investigaciones. De esta manera, siempre deberá ser absoluta la publicidad del juicio en fase de juicio oral, bajo pena de constituir nulidad absoluta (arts. 681.1 LECrim y art. 238 LOPJ). Por otro lado, aunque vigore el secreto en fase de investigación (Art. 301 LECrim), no será completo respecto a las partes personas y las diligencias, con excepción de que se declare el secreto de sumario (art. 302 LECrim y art. 234 LOPJ). *Cfr.* Fairén Guillén, 1998, p. 443; Armenta Deu, 2007, p. 48; Gimeno Sendra, 2015, p. 154; Diaz Martínez, 2020b, p. 281.

1024 Según el art. 302 LECrim, las partes siempre poden tomar conocimiento de las actuaciones e intervenir en todas las diligencias del procedimiento pero en caso de delito público, el Juez, a propuesta del Ministerio Fiscal, de cualquiera de las partes personadas o de oficio, puede declarar el secreto parcial o total para todas las partes personadas por un plazo máximo de un mes siempre y cuando sea necesario para evitar un riesgo grave para la vida, libertad o integridad física de otra persona; o prevenir una situación que pueda comprometer de forma grave el resultado de la investigación o del proceso.

1025 Vale resaltar que además de este secreto relativo, también vigora en las actuaciones sumariales el secreto absoluto respecto a la sociedad, de manera que no se permite la filtración de datos de la instrucción a terceros distintos de las autoridades y de las partes intervinientes en la instrucción (art. 301 LECrim).

límite temporal de su vigencia —y siempre y cuando se respeten los plazos legales—, la publicidad volvería a predominar[1026].

En concreto, promover la publicidad de la justicia negociada en el marco de una colaboración es fundamental para garantizar la igualdad. Esto se debe a que la publicidad de los acuerdos realizados podrá impedir o dificultar que se realicen acuerdos muy favorables con unos coacusados, sin que se garanticen los mismos derechos procesales a todos los casos o que se concedan premios más o menos favorables a unos u otros, a pesar de que se encuentren en situaciones similares. Asimismo, la publicidad en torno a los acuerdos permitirá que los coacusados ejerciten plenamente su derecho de defensa ante todos los elementos del acuerdo de colaboración: alegaciones, pruebas, etc.

En este sentido, la OCDE, en su informe "Resolving Foreign Bribery Cases with Non-Trial Resolutions", concluye que la publicación de resoluciones concluidas —en nuestro caso, el acuerdo de conformidad y/o colaboración— es ampliamente considerada como una práctica fundamental para lograr transparencia, rendición de cuentas y coherencia[1027].

Por tanto, asegurar la publicidad de la negociación y de la colaboración, así como la legalidad de sus términos, es esencial para que no se favorezca un sistema de negociaciones secretas que impida la realización de la justicia penal en su sentido más básico, en la medida en que se transforma en un campo de "cambio de favores"[1028].

Desde otra perspectiva, también es necesario reflexionar sobre la utilización da información respecto a colaboraciones y negociaciones

---

1026 Armenta Deu (2007, p. 48) concluye que el secreto de sumario como excepción al principio de publicidad no hace más que confirmarlo en la medida en que depende de resolución motivada que aluda de forma expresa a los motivos que justifican la exclusión de la publicidad (arts. 299.2 y 234.2 LOPJ).

1027 OCDE, 2019, p. 125

1028 Como destaca Susana Aires de Sousa en el ámbito de las personas jurídicas: "A eficiência do sistema imposta por uma negociação secreta, sem admissibilidade de culpa ou sem intervenção do juiz, reduzida no essencial ao pagamento de uma quantia e à delação de pessoas individuais, constitui abdicar da realização da justiça material. A longo prazo, o custo comunitário deste negócio revelar-se-á demasiado elevado, materializando-se num sentimento de desconfiança sobre o direito penal da empresa e sobre a responsabilidade criminal da empresa. A troca de favores terá um custo incomensurável: o descrédito do direito penal e o desmerecimento dos valores por si protegidos" (Aires de Sousa, 2019, p. 32).

sin responsabilidades, por parte de los medios de comunicación[1029]. Esto se debe a que, a pesar de que la publicidad del proceso penal es clave para mantener la trasparencia, la imparcialidad y la rectitud[1030], en ocasiones los medios de comunicaciones se convierten en auténticos *linchadores mediáticos* en la medida en que generan *juicios paralelos* que pueden afectar al principio fundamental de presunción de inocencia. Este problema, no obstante, es complejo por sí sólo[1031], como enfatiza Rodríguez Bahamonde: "El problema de los juicios paralelos no presenta fácil solución: el riesgo de que el libre ejercicio del derecho a la información acabe induciendo un pseudojuicio puede evitarse respetando escrupulosamente las normas éticas en la obtención, tratamiento y difusión equilibrada o ponderada de la información sobre un asunto pendiente de resolución judicial, no dando pábulo a valoraciones sobre la regularidad del proceso, sobre las diligencias y sobre las pruebas practicadas y sobre las personas implicadas en los hechos sometidos a investigación judicial o enjuiciamiento. Pero también es necesario abordar una labor pedagógica, para que la sociedad aprenda a discriminar entre informaciones contrastadas y veraces y publicaciones —en los medios tradicionales o en las redes— de comentarios, opiniones y manifestaciones que vulneran la presunción de inocencia porque se vierten mucho antes de que exista una sentencia condenatoria"[1032].

### 3.9.4. La extensión del acuerdo a otras jurisdicciones: la necesidad de cooperación

El fenómeno de la delincuencia transnacional, especialmente aquella de carácter organizado con dimensiones financieras y/o políticas,

---

1029 Asimismo, el Tribunal constitucional ha comprendido en el art. 14 PIDCP y en el art. 6 CEDH la posibilidad de que los medios de comunicación comuniquen al exterior los juicios. De esta manera, la publicidad de los juicios no se limita al círculo de personas que puede estar presente en el Tribunal. *Cfr.* SSTC 30/1982, de 28 de junio, 13/1985, de 31 de enero y 66/2001, de 16 de marzo.

1030 *Cfr.* Beccaria (2013, pp. 60 y ss.) respecto a la atrocidad de las acusaciones secretas.

1031 El caso brasileño ilustra esta situación en la medida en que se han publicado todos o casi todos los acuerdos de *colaboração premiada,* sin distinción de datos privados o la preocupación respecto a la protección de los delatores, delatados, testigos, etc.

1032 Rodríguez Bahamonde, 2022.

no es algo nuevo. En el primer capítulo, examinamos la inquietud existente desde el comienzo del siglo XXI respecto a cómo abordar la corrupción y la delincuencia organizada, destacando las dos importantes Convenciones de las Naciones Unidas, de Mérida y Palermo.

No obstante, el actual avance de tecnologías, algunas no tan recientes, como de *blockchain*, la inteligencia artificial, entre otras, agrega camadas adicionales de dificultad a los esfuerzos estatales para combatir esta forma de delincuencia organizada.

En el ámbito de la colaboración premiada, hemos resaltado en varias ocasiones la necesidad de regulación de instrumentos que posibiliten y favorezcan la colaboración de los acusados con la justicia penal, especialmente en delitos organizados, corrupción y terrorismo, tal como han señalado organizaciones internacionales y la Unión Europea.

En este contexto, sostenemos que el carácter transnacional de la criminalidad debería llevar a considerar más que simplemente la regulación de la colaboración premiada. Deberíamos explorar cómo los posibles acuerdos de colaboración pueden extenderse a otras jurisdicciones, permitiendo e incentivando un modelo concreto de cooperación internacional en torno a las negociaciones a las que nos referimos.

De esta manera, no sólo nos ocuparíamos de asegurar el cumplimiento del principio de publicidad y oralidad a nivel interno, sino también de cumplir con las obligaciones internacionales en relación con los casos que implican delincuencia transnacional.

En el ámbito de la Convención de las Naciones Unidas contra la Corrupción, por ejemplo, se permite la celebración de acuerdos o arreglos entre los Estados partes en relación con la concesión de beneficios a un colaborador por un Estado parte cuando dicho colaborador, entre otras circunstancias, se encuentre en su territorio y pueda brindar una cooperación sustancial a las autoridades del segundo Estado[1033].

En concreto, la UNODC destaca esta necesidad en el mencionado Informe "Left out of the bargain". Aunque este informe se centra en delitos de soborno internacional, una de sus principales conclusiones

1033 Art. 37.5 Convención de las Naciones Unidas contra la Corrupción. *Cfr.* Capítulo I.

es la falta de comunicación entre los Estados Parte de la Convención de las Naciones Unidas contra la Corrupción. Para abordar este problema, el informe señala algunas prácticas[1034]. A nuestro parecer, este planteamiento también puede aplicarse a los acuerdos de colaboración con el objetivo de garantizar un mejor cumplimiento de la cooperación internacional y, en última instancia, una mayor eficacia en la persecución penal de los delitos transnacionales. Por tanto, traemos a colación las principales ideas de la UNODC, respecto a la cooperación internacional, en relación con la justicia premial negociada:

*(a)* Incluir condiciones específicas en las que el colaborador se compromete, bajo la jurisdicción nacional, a cooperar con otros Estados proporcionando información e investigaciones relacionadas;

*(b)* Establecer una condición específica que permita a las autoridades nacionales realizar más investigaciones relacionadas con el mismo caso cuando reciban una solicitud de asistencia legal mutua[1035];

*(c)* Garantizar la publicidad de los términos de los acuerdos y de las declaraciones prestadas, para que otros Estados puedan determinar fácil y rápidamente cuál individuo está involucrado en el acuerdo y cómo esto afecta a sus investigaciones internas[1036];

*(d)* Notificar activamente a los Estados cuyos funcionarios y personas estén involucrados o puedan ser afectados por el caso que está bajo negociación, no dependiendo exclusivamente de la publicidad del acuerdo y del proceso[1037];

*(e)* Promover plataformas y *networks* que puedan proporcionar apoyo a múltiples jurisdicciones que deben trabajar conjuntamente en el mismo caso complejo[1038]; y

---

[1034] UNODC, World Bank, 2014, pp. 65 y 66.

[1035] *Cfr.* arts. 43 y 46 de la Convención de las Naciones Unidas contra la Corrupción.

[1036] Una cláusula especialmente relevante en el supuesto de haber dos o más investigaciones contra la misma persona en Estados distintos.

[1037] Por ejemplo, a través de declaraciones espontáneas oficiales para las autoridades extranjeras jurisdiccionales o legales, como señala la Convención de las Naciones Unidas contra la Corrupción (arts. 46.4 y 56).

[1038] A lo que aludimos a la actual experiencia europea de la Fiscalía Europea como un posible modelo de integración para la investigación y persecución.

*(f)* Estipular que el acuerdo firmado en una jurisdicción no afecta casos pendientes o futuros en otras jurisdicciones[1039].

Además de los efectos que la búsqueda por una cooperación debe tener en el acuerdo de colaboración, nos hacemos eco de tres buenas prácticas señaladas por la OCDE en resoluciones coordinadas, que también pueden —y deben— aplicarse al ámbito de la colaboración premiada: *(i)* Cooperación temprana para compartir información con la mayor brevedad posible, propiciando una mejor comprensión de los hechos y de su naturaleza transnacional; *(ii)* Determinación sobre la posibilidad de una resolución "multi-jurisdiccional", considerando un método eficiente para compartir información y determinar la jurisdicción más adecuada para perseguir criminalmente determinada conducta; *(iii)* Priorización de lo *justo* al considerar las sanciones impuestas por otras jurisdicciones al determinar las penas y multas[1040/1041].

Asimismo, destacamos que la propuesta para una nueva Directiva sobre la lucha contra la corrupción, de 3 de mayo de 2023 inicialmente limitada a las infracciones relacionadas con la corrupción —y definidas entre los artículos 7 y 14, en el ámbito de la Unión Europea—, debe tenerse en cuenta en el ámbito de la Unión Europea para mejorar la cooperación entre los Estados Miembros respecto a la colaboración premiada. Esto se debe a que el artículo 24 del texto establece que las autoridades de los Estados miembros, Europol, Eurojust, la Fiscalía Europea, la Oficina Europea de Lucha contra el Fraude y la Comisión "colaborarán entre sí" y "prestarán asistencia técnica y operativa, de conformidad con sus respectivos mandatos, para facilitar la coordi-

1039 Otros elementos son incluidos en las conclusiones del informe de la OCDE, como la necesidad de que en el acuerdo se demande que el acusado admita y firme una declaración de los hechos realizados respecto a los actos de corrupción, aunque el caso haya sido resuelto en relación con otro delito. Desde nuestra perspectiva, y siguiendo la línea anteriormente trabajada, este y otros requisitos no van a aumentar la eficacia del acuerdo, sino que pueden llegar a tener el efecto contrario en relación con el sistema de garantías y derechos procesales.

1040 OCDE, 2019, p. 40.

1041 Sobre este elemento, aunque nos parece relevante en razón del nivel de globalización y, en el caso europeo, de armonización, aun así, nos parece utópico en su concreción. Hasta porque, aun pensando en el más reciente caso de cooperación europeo —la Fiscalía Europea—, sigue existiendo la aplicación de los sistemas penales nacionales, con sus procedimientos, penas y multas

nación de las investigaciones y actuaciones de procesamiento de las autoridades competentes".

Desde la misma perspectiva, la recién aprobada Directiva (UE) 2023/977, de 22 de mayo, relativa al intercambio de información entre los servicios de seguridad y de aduanas de los Estados miembros, establece un marco para un "principio de disponibilidad", según el cual los Estados miembros deben proporcionar la información disponible a los demás Estados miembros en una situación equiparable a la normativa interna. Aunque la información compartida no puede utilizarse como prueba en procesos judiciales sin el consentimiento expreso del Estado miembro que comparte la información (art. 1.4), y solo puede solicitarse cuando "existan motivos para creer que la información está disponible y que es necesaria y proporcionada", esta Directiva puede representar un avance significativo en la propuesta realizada en este apartado en la medida en que promueve el cumplimiento del principio de disponibilidad de información en el ámbito de la Unión Europea[1042].

### 3.9.5. La vinculación al acuerdo y la homologación judicial

Revisaremos ahora el último aspecto de la negociación, previamente mencionado en este y los últimos capítulos: la necesidad de que el acuerdo establezca un vínculo entre las partes. En armonía con el sistema penal y sus principios fundamentales, en especial el derecho a un juez legal y a una sentencia fundamentada, es esencial obtener una homologación judicial para conferir validez jurídica al proceso.

La homologación judicial no sólo es necesaria para alinear este instituto con los principios configuradores del sistema penal, sino también desde un punto de vista pragmático. Garantiza un control sobre la voluntariedad del acuerdo, la existencia de una defensa técnica efectiva, la ausencia de coacciones manifiestas o implícitas, la inclusión de términos que permitan la reparación de la víctima y, especialmente cuando el acuerdo implica una confesión, permite una

---

1042 *Cfr.* Böse, 2007; Brodowski, 2023, p. 11.

evaluación más allá del reconocimiento de los hechos[1043], así como la adecuación de la calificación jurídica, las penas y los beneficios acordados a la legalidad[1044].

Adicionalmente, hacemos referencia al modelo propuesto en 2006 por el borrador de la Cámara en Alemania, para la regulación de la justicia negociada[1045]. Este modelo, posteriormente incorporado al Código Procesal Penal alemán[1046], podría —en determinada medida y con atención a las particularidades de casa sistema— inspirar a España. Define que las negociaciones no deben de iniciar de oficio por el Tribunal, sino conjuntamente por la acusación y la defensa, aunque el Tribunal puede rechazar o aceptar los "regateos" *(bargain)* y realizar una oferta de sentencia. Asimismo, a pesar de que el Tribunal sigue sujeto al acuerdo, puede imponer una pena más severa por una serie de razones, considerando factores desconocidos o no considerados inicialmente. Si el Tribunal decide cambiar los términos acordados, el

---

1043 P. ej., a través de la estrategia del art. 172 ALECrim de 2020, en que se incluye la consideración de "indicios racionales de criminalidad adicionales al reconocimiento de los hechos"

1044 Lo que se debe evitar a toda costa es que inocentes sean condenados o cumplan alguna condena. En este sentido, Lascuraín y Gascón investigan porqué se conforman los inocentes, desde para evitar una condena más grave, los costes del proceso a evitar los costes a terceros (2018, pp. 13 y ss.). Desde otra perspectiva, Díaz Torrejón defiende la conformidad como instrumento necesario para evitar el colapso del sistema de Justicia y que tanto los controles de la conformidad como la posición del Ministerio Fiscal hacen con que los culpables no se conforman porque, pudiendo hacerlo, "confían en el sistema y en su eventual absolución y porque ninguna consecuencia negativa para ellos tiene el no prestar la conformidad" (2021, p. 169).

1045 En Alemania, como señala Weigend, se ha pasado de las primeras fases de secreto y negación a un cierto reconocimiento en la práctica de los tribunales inferiores —conformidades encubiertas, acuerdos extraprocesales señalados en el Capítulo III en la jurisprudencia del Tribunal Supremo—, al debate público y académico hasta, por último, la aceptación y parcial regulación por los tribunales de apelación. Proceso hasta ahí similar al propio de Estados Unidos, pero que, en Alemania, de forma similar a España, tiene la particularidad de que "the advent of negotiated justice has led to a Second Code of criminal procedure, a set of norms quite independent of and in some respects contrary to the tenets of the official Code of Criminal Procedure" (Weigend, 2008, pp. 57 y ss.).

1046 Fue posteriormente incorporada con algunos cambios más restrictivos, en el sentido de que actualmente el Juez o el Tribunal participará de la propuesta junto con el Ministerio Fiscal y la defensa técnica. *Cfr.* §257(c) StPO.

acusado puede retirarse sin que sus declaraciones sean admisibles en el juicio[1047]. Por tanto, este modelo es similar a la solución existente en el modelo de las conformidades, en la medida en que, cuando el órgano jurisdiccional entiende que la calificación formulada o la pena solicitada son incorrectas, debe de requerir a la parte acusadora que presentó el escrito de acusación más grave que se manifieste si ratifica o no y, habiendo modificación del escrito, el acusado debe prestar otra vez su conformidad (art. 787 LECrim).

Desde otra perspectiva, es crucial que la homologación judicial se ajuste a las distintas fases en que se alcanzó la negociación. Bajo la vigente LECrim, se refiere al Juez de instrucción en la fase de investigación e intermedia antes de la apertura del juicio oral; al Juez o Tribunal competente durante el juicio oral; y al Juez funcionalmente competente en fase de ejecución de la pena. En el propuesto Anteproyecto de LECrim 2020, a pesar de la "voluntad confesada de que el Juez no intervenga en la fase investigadora —donde sí lo hará el juez de garantías en el ámbito de sus competencias— y, en la fase intermedia —competencia de un nuevo Juez, el de la audiencia preliminar—"[1048], recaerá a cada uno de estos jueces, vinculados a la defensa de los derechos fundamentales, la homologación del acuerdo mediante un análisis de su conformidad con el marco legal y constitucional correspondiente.

A continuación, detallamos cada uno de estos elementos que deben ser especialmente considerados por el órgano jurisdiccional al homologar el acuerdo para la colaboración premiada.

### *A) La libertad en acordar: una negociación libre de coacción, con el consentimiento libremente prestado y la debida información del colaborador*

Como primer elemento, debe de haber un análisis por el Juez o el Tribunal respecto a la libertad en el acuerdo. En esta "libertad" se debe garantizar la ausencia de coacción, lo que significa pugnar por la igualdad de todas las partes a partir de la presencia de una

---

[1047] Heinrich, Reinlicher, 2022.
[1048] Armenta Deu, 2023, p. 83.

defensa técnica eficaz en todos los momentos de la transacción. Asimismo, expresa la necesidad de que se evalúe el nivel de información del colaborador respecto a los términos del acuerdo, qué supondrá su colaboración —¿estará acordando colaborar también con otras autoridades extranjeras?—, los beneficios que le podrán ser adjudicados —especialmente en colaboraciones posiblemente realizadas fuera del ámbito de las conformidades, en cuyo caso los beneficios penales sólo podrán ser concedidos al final del juicio oral por sentencia del Juez o Tribunal—, etc.

En este contexto, debe ser tomada especial consideración a la posición del colaborador. Así, si es una persona física, deberá ser evaluado: su nivel de información previa, la capacidad de contratar una defensa técnica de calidad o la existencia de acceso gratuito a ella o la presencia de discapacidades o situaciones que le puedan generar especial vulnerabilidad. En el caso de personas jurídicas, debe ser dada especial atención a las pequeñas y medianas empresas, pymes, etc., en la medida en que pueden no disponer de los recursos financieros para la adecuación completa de su estructura empresarial a un eficaz programa de cumplimiento y, asimismo, muy probablemente tampoco tendrán la total capacidad de negociar en torno a una colaboración premiada como haría una persona jurídica con mayor envergadura.

### *B) La reparación de la víctima*

Principalmente en los acuerdos de colaboración vinculados a una conformidad y que, por tanto, generarán una solución anticipada del proceso, debe haber una evaluación judicial sobre la correcta reparación de la víctima.

Esto se debe a que, en estos supuestos, es esencial que la víctima o perjudicado, aun cuando no se encuentren personados en la causa, tengan el espacio para comunicar lo que sea pertinente. En este sentido, una de las posibles soluciones es la dispuesta en el propuesto art. 785 PLMEP, en que se determina que el Ministerio Fiscal oirá previamente —en la nueva comparecencia preliminar previsto para el procedimiento abreviado— a la víctima o perjudicado, aunque no estén personados en la causa, siempre que hubiera sido posible y se estime necesario para ponderar correctamente los efectos y el alcance de tal conformidad, y en todo caso cuando la gravedad o transcendencia del hecho o la intensidad o la cuantía sean especialmente significativos, así como en todos los supuestos en que víctimas o perjudicados se encuentren en situación de especial vulnerabilidad. Por tanto, esta idea, si bien no será capaz de lidiar con todos los problemas derivados de la escasa participación de la víctima en el ámbito de la conformidad —en concreto, porque no establece una obligación, sino un deber condicionado a que sea posible y se estime necesario— es un punto de partida para que se evalúe cómo la víctima y/o el perjudicado han sido incluidos en la negociación llevada a cabo respecto a la reparación debida.

Asimismo, este elemento también debe ser analizado en el ámbito de acuerdos que no supongan la conformidad del colaborador. Se permitiría la participación de la víctima desde momentos muy tempranos del proceso y, en los casos cuya colaboración esté mayoritariamente fundada en la reparación de la víctima, su participación sería esencial para entender la transcendencia del acuerdo y, en este sentido, la adecuación de los beneficios acordados.

### C) *Examen sobre los hechos, la calificación jurídica y la pena en supuestos de conformidad*

En el ámbito de los acuerdos de colaboración que impliquen conformidad, —aunque este punto también consideramos que debe ser extendido a la conformidad en general—, es necesario que, además del conocido examen sobre la adecuación de la calificación formulada y aceptada, así como de la pena y los beneficios acordados, se realice un control que dificulte la realización de reconocimientos de los hechos falsos. El objetivo, por un lado, es frenar la realización de conformidades fundamentadas en coacciones expresas o tácitas. Por otro lado, este examen adicional es fundamental para proteger los principios fundamentales del sistema penal relacionados, principalmente, con el *in dubio pro reo*[1049/1050].

---

1049 En efecto, y como hemos venido puntuando, la “transcendencia del control” va más allá que asegurar la libre manifestación de la voluntad, sino que llega al control sobre el “proceso mediante el cual se ha llegado al acuerdo” (Armenta Deu, 2023, p. 121).

1050 Gómez Colomer destaca la posibilidad de realización de acuerdos en detrimento de los juicios orales, pero concluye que no es la solución correcta “mientras el

En concreto, el problema del reconocimiento de los hechos —¿o confesión?[1051]— realizado en el ámbito de esta conformidad negociada se relaciona con la abreviación del proceso penal. A saber, a partir del reconocimiento de los hechos, junto a la colaboración, se dictará sentencia de conformidad en la que se *podrá* determinar tanto el cumplimiento de una pena, como la imposición de una condena. Por tanto, la importancia de este análisis sobre el reconocimiento de los hechos se debe a que la confesión no debe ser el "único fundamento condenatorio"[1052], ni, a nuestro parecer, la única razón para imponer una pena que, aunque no sea elevada, seguirá teniendo una naturaleza penal y, por lo tanto, estigmatizante[1053].

Asimismo, este análisis no debe ceñirse al reconocimiento de los hechos. Esto se debe a que, incluso en el marco de la actual regulación, suele darse junto con los controles judiciales sobre la calificación

---

principio de legalidad penal se interprete como se debe interpretar". El autor señala que las alternativas a la persecución penal, las negociaciones sobre la declaración de culpabilidad y la justicia transaccional podrían llevar a la "pérdida de valores de los fines del proceso penal que no sean alcanzar una condena sin juicio siempre que se pueda, la renuncia a la aplicación de principios del proceso que parecían logros democráticos de primera línea (...) vuelta de la confesión como única prueba penal y además determinante, y, finalmente, la privatización sin máscaras de nuestra Justicia Penal" (2021, p. 139). Desde nuestra perspectiva, nos parece posible compatibilizar negociación-colaboración premiada con los principios fundamentales del sistema penal, los fines del proceso penal y los derechos constitucionales del art. 24 CE.

1051 *Cfr.* Nota al pie de página núm. 693. Asimismo, Romero Coloma informa que "el nombre confesión no alude estrictamente a la prueba personal, sino al resultado de dicha prueba, al que se obtiene cuando una de las partes reconoce los hechos que le son perjudiciales" (2009, p. 85).

1052 Armenta Deu, 2023, p. 91.

1053 Asimismo, lo planteamos desde la perspectiva de prevención respecto a uno de los mayores problemas enfrentados por EE.UU. debido a la aplicación de las *pleas bargainings*, en la medida en que sujetos condenados y que han cumplido largas penas de prisión recurren años después con pruebas de descargo, a pesar de que anteriormente hubiesen reconocido los hechos delictivos en el marco de una *guilty plea*. En concreto, esto se debe a que, además de los problemas de garantía y de los derechos del encausado, por razones exclusivas de eficiencia no habrá un proceso penal verdaderamente eficaz si, meses o, más realísticamente, años más tarde, se vuelve a discutir el mismo proceso penal debido a nuevos elementos probatorios que indiquen una confesión realizada con coacción o amenaza o que comprueben la inocencia de este sujeto.

jurídica y la pena aceptadas. Por tanto, puede incluir medidas como: *(i)* la prevista en la conformidad prestada durante el juicio oral del procedimiento abreviado, en que no podrá contener calificación más grave: *(ii)* controlar que la calificación es correcta y que la pena es procedente según dicha calificación (art. 787.2 LECrim; art. 108.2 BCPP 2013; art. 172.2 ALECrim 2020); *(iii)* verificar si calificación y la pena son suficientes para salvaguardar la debida reparación del ofendido y del perjudicado (art. 172.1 ALECrim 2020).

En este ámbito, y a nuestro parecer, el control judicial también debe ser realizado respecto a la calificación jurídica y a la pena[1054] aceptadas. En concreto, lo más importante es que la calificación jurídica sea correcta y la pena se adecue a la calificación en el sentido de que nunca podrá ser superior a ella. Por otro lado, si bien el análisis sobre la calificación y la pena puede llegar a corresponder con la debida reparación del ofendido o perjudicado, desde nuestra perspectiva no es el elemento más significativo. Esto se debe a que el objetivo de reparar ampliamente a la víctima o al perjudicado debe ser analizado por sí sólo y no debido a su conexión con la sentencia impuesta al ofensor[1055].

No obstante, lo más importante es realizar el control respecto al reconocimiento de los hechos en la medida en que también influenciará directamente en la calificación jurídica y la pena. Hasta el momento, son varias las propuestas relacionadas con esta problemática:

*(i)* La actual regulación de la Jurisdicción Militar (art. 395 LO2/1989, de 13 de abril) propone que el Juez dicte la sentencia que proceda cuando el hecho carezca de tipicidad. Por tanto, en el marco

---

1054 Asimismo, en el ámbito del procedimiento abreviado, con la vigencia del art. 789.3 LECrim, el Juez ya se encuentra limitado y no puede “imponer pena más grave que la solicitada por las acusaciones, ni condenar por delito distinto cuando éste conlleve una diversidad de bien jurídico protegido o mutación sustancial del hecho enjuiciado”. Sólo cuando se actúe conforme al art. 787.3 y 4 LECrim y se resuelva mutar sustancialmente el hecho enjuiciado o el bien jurídico protegido. Armenta Deu analiza como el Tribunal Supremo, aunque en decisiones no vinculantes (Acuerdo no Jurisdiccional de la Sala Segunda del Tribunal Supremo, de 20 de diciembre de 2006), considera que el Tribunal sentenciador no puede imponer pena más grave que las específicamente solicitadas por las acusaciones, em cualquier tipo de procedimiento (2023, p. 80).

1055 *Cfr.* Rodríguez-García, Oliveira Teixeira dos Santos, 2024, pp. 870-871.

de este reconocimiento de los hechos se requiere el control respecto a la existencia de tipicidad de la conducta.

*(ii)* En el marco del Tribunal del Jurado se regula un análisis similar. En este supuesto el Juez o Tribunal no podrá dictar sentencia de conformidad cuando tenga motivos bastantes para creer que el hecho no ha sido perpetrado, que no lo fue por el acusado o que no constituye delito (art. 50 LOTJ).

*(iii)* El BCPP 2013 también proponía un control muy semejante a los anteriores. Exigía que el Juez o Tribunal dictase sentencia absolutoria o impusiera pena inferior cuando el hecho no fuera constitutivo de delito o cuando la pena que correspondiera imponer fuera inferior (art. 108. 3° BCPP 2013). Asimismo, establecía un sistema de control superior en la medida en que el Tribunal también debía acordar la continuación del juicio cuando: la conformidad fuera contraria al interés de la justicia, "no constara la existencia del cuerpo del delito cuándo, de haberse este cometido, no pueda menos de existir aquél" o cuando "algunas de las partes no conformes alegare razones en contra de la conformidad por no corresponderse los hechos con la realidad de lo acontecido" (art. 108. 4° BCPP 2013). Todos los primeros mecanismos de control nos parecen vitales. A saber, y relacionándolos con los mecanismos existentes en el marco del Tribunal del Jurado, es de lo más importante y factible que se controle la existencia del hecho, que haya sido cometido por el acusado, que constituya delito y que exista cuerpo del delito. Por otro lado, si bien el control respecto a las alegaciones de las partes no conformes parece resultar de la regulación del BCPP 2013, en que se permitían las conformidades parciales, también puede extenderse a la conformidad realizada en el marco de una colaboración con la justicia. En este sentido, siempre y cuando otra parte alegue razones por que los hechos reconocidos no corresponden a la realidad, a nuestro parecer también debería ser acordada la continuación del juicio.

*(iv)* El ALECrim 2020 propone que el Juez debe verificar la existencia de unos "indicios racionales de criminalidad distintos al reconocimiento de los hechos" en el ámbito de las conformidades realizadas con penas de prisión superiores a cinco años[1056]. Este modelo,

---

[1056] Este límite penológico podría llegar a tener más transcendencia en la medida en que se suprima el actual límite de 06 años para la conformidad realizada en el

si bien puede ser positivo en términos de eficiencia procesal —en la medida en que se aplica exclusivamente a estos supuestos de pena de prisión más elevada— y porque podría garantizar un mayor cumplimiento del principio *in dubio pro reo*, es extremadamente indefinido. Por tanto, el hecho de que concretar qué constituye "indicio racional de criminalidad" dependerá de una labor de la literatura y de la jurisprudencia —¿qué elementos probatorios deberán existir para confirmar esos indicios?, ¿cómo serán valorados como prueba en la medida que no ha habido juicio oral, contradicción e inmediación?, etc.— disminuirá, en la misma medida, la eficiencia pretendida.

Desde una perspectiva más general, Armenta Deu propone que, en aras de confirmar la confesión, debe ser presentado "algún otro medio probatorio o al menos permitir un cierto control judicial si la acusación parece resultar infundada desde el punto de vista indiciario"[1057].

Por otro lado, Romero Coloma destaca que, con el objetivo de confirmar los requisitos de existencia, validez y eficacia de la confesión, basta con que "el confesante obre con voluntad de declarar y con conocimiento de causa, sabiendo qué es lo que declara, aunque no tenga consciencia de que le es perjudicial, ni persiga, con la confesión, un fin específico, como el de autoincriminarse"[1058].

Asimismo, Doig Díaz señala que "además de la existencia de elementos que la corrobore, para considerar la confesión un verdadero acto de prueba, tendrá que tratarse de una declaración sincera y espontánea, detallada y minuciosa sobre los hechos objeto de la imputación, no fragmentada, plenamente voluntaria, libre de coacciones y amenazas (...) dependerá también de que el investigado se encuentre en pleno uso de sus facultades psíquicas, que se encuentre asistido de un letrado y se presta ante el Juez de Instrucción o el órgano de enjuiciamiento"[1059].

---

marco del procedimiento abreviado. Esta supresión podría resultar de la aplicación de uno de los modelos previstos en los proyectos de reforma integral de la legislación criminal (ALECrim 2020, BCPP 2013) o del PLMEP. *Cfr.* Rodríguez-García, 2022; Luaces Gutiérrez, 2021; Magro Servet, 2021; Armenta Deu, 2020.

1057 Armenta Deu, 2023, p. 91.

1058 Romero Coloma, 2009, p. 96.

1059 Doig Díaz, 2022, pp. 165-166.

Desde una óptica similar, el art. 406 LECrim, si bien se limita al ámbito de la instrucción[1060], exige "practicar todas las diligencias necesarias a fin de adquirir el convencimiento de la verdad de la confesión y de la existencia de delito"[1061].

En resumen, es necesario que el Juez o Tribunal realice un control judicial respecto al reconocimiento de los hechos con el objetivo de evaluar unos requisitos mínimos que garanticen: la asistencia del Abogado, la espontaneidad en la confesión (entendida como la ausencia de coacciones, la capacidad de la persona, etc.), la aplicación del principio *indubio pro reo* y la búsqueda por la verdad material en el proceso penal.

### *D) Los efectos del acuerdo ante el Juez o Tribunal*

Una vez homologado el acuerdo, y en el ámbito de esta homologación, también debe de haber la debida estipulación sobre los efectos que generará ante el Juez o Tribunal competente.

No obstante, la limitación que viene sufriendo la "figura y la función del Juez en el proceso penal"[1062] también merece destaque en la medida en que gran parte de la seguridad jurídica que se puede

---

1060 Sin embargo, aun durante el enjuiciamiento la confesión puede representar medio probatorio, aunque debe ser tratada como prueba "intrínsicamente sospechosa". *Cfr.* STS 726/2011, de 6 de julio.

1061 En el ordenamiento jurídico germano, p. ej., la garantía respecto a la confesión del investigado ante la policía se efectúa con la obligación de que se les informe a los sospechosos, antes del interrogatorio, de su derecho de no hablar con la policía y de consultar una defensa técnica a cualquier momento (§163.a StPO) y que un abogado le puede ser asignado a cualquier momento, aunque sólo cuando se debaten delitos graves según las reglas del Código Procesal Penal alemán. Sin embargo, a partir del momento en que el acusado renuncia a su derecho a permanecer en silencio y opta por hablar con la policía, la norma alemana no impide a los policiales de usar técnicas de interrogación como promesas, amenazas y artimañas siempre y cuando fundadas en posibilidades legales. En este sentido, prometer una pena más leve para obtener una confesión es considerado legal, dado que su pena podrá ser realmente mitigada. Además, la sección 163.a,2 StPO determina que debe de ser respetada la capacidad de entendimiento y comprensión del acusado, de manera que este pueda hacer una decisión informada y racional durante el interrogatorio y respecto a su decisión de confesar o no (Ransiek, 2020, p. 159).

1062 Armenta Deu, 2023, p. 81.

conceder a la negociación de una colaboración premiada reside en la decisión judicial de homologar dicho acuerdo o no, ajustándolo a la legalidad.

En este sentido, Armenta Deu concluye que "aunque los preceptos de nuestra norma fundamental no impongan el control judicial de la acusación no significa que este no resulte vivamente conveniente", siendo "el instrumento más adecuado para proteger con la debida eficacia derechos fundamentales del justiciable"[1063].

A saber, la vinculación del acuerdo ante el propio Juez y Tribunal, así como respecto al Ministerio Fiscal, es un elemento básico de un Estado de Derecho. Esto se debe a que expresa la garantía de la seguridad jurídica y la previsibilidad, así como el propio principio de reserva de jurisdicción.

Por ende, el Juez debe consentir con los beneficios propuestos en el acuerdo, los cuales generarán todos los efectos acordados siempre y cuando el colaborador preste la cooperación acordada *eficazmente* —ya sea a través de la declaración, los elementos de prueba, la reparación de la víctima, la recuperación de activos, etc.—. En el ámbito de una colaboración prestada con conformidad, esto significa que el análisis *ex post* mantendrá o revocará los premios acordados y aplicados junto con la sentencia de conformidad. Asimismo, la colaboración realizada sin el reconocimiento de los hechos implica que, por un lado, en el marco de beneficios penales, a saber, que dependen de una sentencia condenatoria, el examen respecto a la eficacia de la colaboración se realice al final del proceso penal. Por otro lado, para beneficios que puedan y deban ser aplicados antes del fin de los procedimientos, será necesario estipular unas condiciones para su revocación en caso de incumplimiento de la colaboración estipulada en el acuerdo.

## 4. OBSERVACIONES FINALES

El propósito de esta investigación va más allá de las propuestas previamente debatidas. Está directamente relacionado con lo construido inicialmente, en la medida en que busca resignificar el sistema

---

[1063] Armenta Deu, 2023, p. 84.

penal como parte de un Estado de Derecho, tanto formal como material. Se afirma el principio de legalidad como mecanismo para limitar la arbitrariedad, ya sea policial, judicial o de los más poderosos. Se protege el principio de seguridad jurídica y la publicidad de las normas, respetando así el principio de legalidad garantizado en el art. 9.3 CE. Además, la construcción de este modelo de colaboración requiere la observancia necesaria de la proporcionalidad. Se garantiza un equilibrio adecuado entre la "eficacia" y la "garantía", especialmente en un tema tan complejo como el interés político-criminal relacionado con la persecución de delitos graves de naturaleza político-económica.

Conforme a lo señalado, se comprende que la implementación del principio de oportunidad, en relación con la colaboración premiada de investigados o encausados, se ajusta no sólo al principio de legalidad sino también a la idea de un sistema penal estructurado en una Constitución social y democrática.

En efecto, teniendo en cuenta la influencia de la Unión Europea en la formación del Derecho penal interno, así como las diversas resoluciones que señalan hacia la colaboración premiada, no podemos dejar de mencionar a la Unión como punto de partida para la armonización de estas medidas. Una solución europea podría abordar de manera más efectiva las problemáticas de cooperación, especialmente porque a partir de una solución europea esas podrían ser mejor afrontadas. No obstante, es importante tener en cuenta que existe un ámbito de *mínimos* derivados de las directivas, especialmente en el ámbito procesal, en el que dependemos de los fundamentos estructurales de cada sistema. Por tanto, una regulación a nivel europeo que *resuelva todos los problemas* parece utópica.

Es importante destacar que la regulación de un instituto como la colaboración premiada sigue siendo una manifestación amplia del principio de oportunidad. Implica la aplicación de penas más leves, medidas alternativas o procedimientos que se apartan del debido proceso legal. Aunque estuviera regulada, la oportunidad sigue siendo en ocasiones complementaria y en otras opuesta a la legalidad, pero nunca sujeta a una sumisión completa al principio de legalidad.

Inclusive no podemos dejar de concluir que en este modelo de colaboración se omite un elemento esencial: la importancia de la prevención, especialmente en el ámbito de los delitos graves, de naturaleza político-económica, relacionados a la delincuencia organizada y la corrupción. La prevención, además, ejerce especial importancia en el ámbito de las personas jurídicas. De manera que las medidas de *compliance* como prevención a la delincuencia grave, por su mayor eficiencia que cualquier manera de lidiar con el conflicto penal *ex post*, puede llegar a justificar la no incoación de la acción penal.

En cuanto a la negociación, se han delineado algunas de las características más importantes que deben seguirse y plasmarse en normas, muchas de las cuales se reflejan en el informe mencionado "Left out of the Bargain". Es relevante mencionar la necesidad de debatir la aplicabilidad de estas condiciones a las personas jurídicas, especialmente en lo que respecta a las negociaciones. De hecho, según lo que hemos estudiado, la negociación y la posibilidad de llegar a medidas que resuelvan el caso sin un juicio oral son aún más importantes para las personas jurídicas, ya que podrían sufrir una estigmatización especial que, en el ámbito comercial, podría afectar no sólo a sus accionistas, sino también a todas las partes interesadas: empleados, consumidores, proveedores, comunidad local o regional, etc.

Y, respondiendo a las preguntas inicialmente planteadas durante la introducción a este capítulo, destacamos los siguientes apuntes:

*(a)* La finalidad de la colaboración, para la Administración de la Justicia, puede ser, por un lado, evitar el proceso —y sus costes— siempre y cuando se articule por medio de una conformidad; y, por otro lado, obtener fuentes de prueba, un auxilio en la investigación, cooperación en el desmantelamiento de organizaciones criminosas, en la reparación integral de la víctima, etc.

*(b)* No necesariamente la colaboración debe estar acompañada del reconocimiento de los hechos y la aceptación de la pena, pero sí se recomienda que la colaboración incluya más que elementos de "delación" respecto a otros responsables, como la reparación de la víctima, la ayuda con la investigación de una manera amplia, la recuperación de los activos, etc.

*(c)* Debe tener una naturaleza procesal, principalmente si es planteado en el ámbito de una negociación. Su regulación debe garantizar no sólo la vinculación al principio de legalidad sino también al de igualdad de armas, la publicidad y todos los demás que conforman el actual sistema penal español.

*(d)* Respecto a la pregunta sobre cómo delimitar cuáles hechos merecen esta *especial forma de aproximación a la solución del conflicto*, destacamos la limitación, por un lado, a los hechos de naturaleza político-económica, relacionados con la corrupción, delincuencia organizada y todas las formas de delincuencia relacionadas. Pero, pensando en la aplicación jurisprudencial amplia de la propia atenuante analógica de confesión, sin excluir la posibilidad de su adecuación, con la debida ponderación entre los beneficios derivados de la colaboración y los ya existentes en el sistema penal —como la atenuante por reparación del daño— a otros tipos de delincuencia en que la cooperación sea esencial y pueda ser generada a través de un acuerdo.

*(e)* Sin entrar en el núcleo de la respuesta a la cuestión sobre si es posible lidiar con esta criminalidad en el ámbito administrativo o civil, es verdad que, aun planteando el problema del *ne bis in idem*, vislumbramos esta hipótesis como una forma de no sólo adelantarse al proceso penal, sino evitarlo siempre que sea posible y, de esta manera, garantizar la aplicación del principio de subsidiaridad. Asimismo, también es verdad que en el ámbito de la delincuencia más grave (corrupción, blanqueo de capitales, delincuencia organizada y transnacional) aún prevalece la opción penal en el sentido de que es la única capaz de, a través de su sistema de derechos y garantías, llegar a una respuesta de retribución, prevención y, más importante, aunque utópica, resocialización.

*(f)* A las personas jurídicas también se les debe aplicar las presunciones de inocencia y los derechos y garantías también en el ámbito de su colaboración con la justicia, aunque no de la misma manera que a las personas físicas, dado sus diferencias esenciales[1064]. No obstante,

---

1064 *Cfr.* Brodowsi (2014, p. 221), destacando que, aunque las personas jurídicas deben de tener garantías en el proceso penal, en principio tendrán un nivel de proteccion más pequeño que el de las personas físicas "as the 'hard core of criminal law' in unaffected, imprisionment is not at stake and human dignity is onl affected when the veil behind a legal person is lifted". *Cfr.* Neira Pena, en la medida en que destaca que "and above all, it should not be forgotten that corporations and individuals have an entirely different nature, among other things because corporations lack human dignity (...) full equality between natural and legal persons is not appropriate because it overly hinders research in a field in which it is inherently difficult to investigate" (Neira Pena, 2014, p. 209).

este elemento debe de ser especialmente investigado en líneas de trabajo futuras[1065].

*(g)* Finalmente, y en relación con los premios, al final deducimos que deben ser tanto penales como procesales y aplicables, en la medida de la colaboración aportada, siempre con atención —y ahí nos referimos a la importancia de lo trabajado en torno a la negociación— a la proporcionalidad e igualdad entre coacusados y delatados en posiciones similares.

---

1065 Sobre el derecho de defensa como garantía para la persona jurídica *cfr.* Moreno Catena, 2019, pp. 1012 y ss. Además, sobre la presunción de inocencia para la persona jurídica, Pillado González destaca que "corresponderá a la acusación la prueba de la inexistencia, inadecuación o inejecución del programa de cumplimiento" (2019, p. 1111).

# REFLEXIONES FINALES

El Derecho procesal penal —y, por supuesto, el Derecho penal— deben ser abordados en clave de *sistema*. Este enfoque *sistemático* es la que nos permite tener un abordaje completo sobre el tema de la colaboración de investigados y encausados con la justicia. Desde esta perspectiva, también podemos comprender cómo el sistema penal se integra en un modelo más amplio de persecución de delitos. En este contexto, llegamos a la conclusión de que los modelos acusatorios, inquisitivos y adversariales resultan insuficientes para resolver los problemas vinculados a la aplicación del principio de oportunidad y, en particular, a la colaboración con la justicia.

Es imperativo avanzar hacia una interpretación del sistema penal que permita su compatibilidad no con un modelo en particular, sino con la Constitución Española, los derechos fundamentales establecidos en el artículo 24 de la CE, y los principios que configuran el sistema penal.

El principio de oportunidad continúa siendo objeto de diversas definiciones, algunas más restrictivas que otras. Desde un enfoque más restrictivo, se puede concebir el principio de oportunidad como la manifestación de la discrecionalidad ejercida por el Ministerio Fiscal en el ejercicio de la acción penal. Por otro lado, en perspectivas más amplias, el principio de oportunidad abarca la aplicación de diversas medidas, instituciones o mecanismos que permiten la resolución alternativa de procesos penales, a través de la agilización del procedimiento, el consenso, la negociación entre las partes, entre otros. Tras el análisis realizado, respaldamos las perspectivas más amplias, que permiten entender la colaboración de investigados y encausados con la justicia como un mecanismo intrínseco al principio de oportunidad.

El principio de oportunidad ha sido objeto de análisis y aplicación en sistemas penales de origen europeo continental, basados en el principio de legalidad, desde finales del siglo pasado. Sin embargo, se ha observado un proceso que, aunque no lineal, ha evolucionado desde su implementación en delitos leves y medianos hacia su generalización como un medio para mejorar la eficiencia en la persecución penal de delitos tanto *graves* como *complejos*, caracterizados por su naturaleza *político-económica*. En el primer estadio de este proceso, se argumentaba principalmente la crisis del Derecho penal en términos de su capacidad para abordar la totalidad de la criminalidad de manera uniforme, es decir, la dificultad de lograr una plena aplicación; así como el cambio de paradigma en relación con la función retributiva de la pena y el principio de igualdad.

Por su parte, la consolidación de la globalización, con la consolidación de una "nueva" forma de criminalidad, organizada y transnacional, produce un cambio paradigmático con respecto al principio de oportunidad, convirtiendo su aplicación en el ámbito de los delitos graves en una prioridad para los Estados occidentales modernos.

En este movimiento es esencial comprender como hay una macdonalización de la sociedad, a partir de la importación de modelos ofertados que, en su gran mayoría, provienen del sistema estadounidense de persecución de delitos —el sistema *adversarial*—. No obstante, llegamos a la conclusión de que no es adecuado referirse a esta importación como un simple trasplante legal, sino más bien como la incorporación de mecanismos que requieren una adaptación adecuada al nuevo sistema penal. En otras palabras, en relación con la adopción del principio de oportunidad proveniente del sistema estadounidense, debemos hablar de su importación a través de una traducción adecuada que permita su compatibilidad con el orden constitucional y los principios fundamentales que conforman el sistema penal que recibe dichos mecanismos.

A medida que el principio de oportunidad se convierte en un medio alternativo para abordar delitos graves y complejos, que a menudo tienen una dimensión política y económica, los organismos e instituciones internacionales y regionales desempeñan un papel fundamental al instar no solo a la adopción de un principio de oportunidad amplio por parte de los Estados, sino también a la implementación de mecanismos que fomenten la colaboración de los investigados y encausados con la justicia penal.

En el ámbito internacional, destacan las Naciones Unidas, el Consejo de Europa, la Oficina contra la Droga y el Delito, y la Organización para la Cooperación y el Desarrollo Económico. A nivel regional, cabe mencionar la Unión Europea. En cada uno de estos organismos se promueve la colaboración de los investigados y encausados con la justicia penal, determinando qué delitos abarca, de qué manera se lleva a cabo, y qué elementos deben ser cuidadosamente incorporados en las legislaciones nacionales, incluida la protección de dichos colaboradores

Habiendo delineado la colaboración con la justicia como un componente del principio de oportunidad, hemos examinado su implicación legal en el sistema penal español, tanto desde un punto de vista procesal como en lo que respecta a las consecuencias penales conforme al Código Penal.

La conformidad emerge como el elemento central *procesal* al abordar el principio de oportunidad, desde la perspectiva del consenso que requiere, la negociación que permite en algunas de sus manifestaciones y, como colaboración con la justicia, en la medida en que permite acortar el proceso penal y, en algunos casos, obtener un reconocimiento de los hechos por parte del investigado.

En el ámbito de las conformidades, se llega a la conclusión de que el actual sistema adolece de ineficiencias debido a una previsión caótica entre los distintos procedimientos, ya sea el ordinario, el abreviado o los procesos especiales, como los relacionados con menores, el Tribunal del Jurado o la jurisdicción militar.

Asimismo, la carencia de uniformidad en cuanto a la exigencia de reconocimiento de los hechos en el ámbito de la conformidad genera problemas *sistémicos,* ya que no se garantiza el principio de presunción de inocencia. Se aplican penas privativas de libertad —que actualmente pueden llegar a los seis años de prisión— sin que haya un reconocimiento de los hechos debidamente comprobado, en algunas de las modalidades de conformidad. Aplicadas también en algunas modalidades a investigados que no confiesan, sino sólo muestran conformidad con el cumplimiento de la pena. Esta problemática se agravaría con relación a los proyectos de modificación general de la Ley de Enjuiciamiento Criminal —el Anteproyecto de LECrim 2020, por ejemplo— o de alteración de la actual LECrim —a partir del Proyecto de Ley de Medidas de Eficiencia Procesal del Servicio Público de Justicia—, que eliminan el requisito penológico de la conformidad.

Es imperativo replantear la conformidad para definir de manera clara en qué circunstancias se requiere o no un reconocimiento de los hechos para que el control judicial realizado se adecue a cada una de las situaciones. Habiendo reconocimiento de los hechos, un mínimo control judicial sobre su veracidad debe ser realizado. Por otro lado, la no existencia de reconocimiento de los hechos debe conllevar al examen judicial sobre indicios de criminalidad que permitan una mayor compatibilidad entre la conformidad y el principio de presunción de inocencia, especialmente cuando implique el cumplimiento de penas de prisión superiores a determinado límite —por ejemplo, cinco años, en el caso que se considere el límite relacionado a delitos *graves*, o seis años, si se adecua al actual límite penológico de la conformidad—.

La insuficiencia en la regulación procesal de la conformidad también conduce a su aplicación *encubierta*. Se destacan prácticas relacionadas con la imposición de condenadas por delitos diferentes y penas distintas en casos similares, lo que distorsiona el objetivo pretendido por la prohibición de la realización de conformidades parciales —a excepción de las personas jurídicas—. Además, se mencionan desviaciones menos evidentes, como la solicitud de penas elevadas en el escrito de acusación con el objetivo de llegar a acuerdos con penas más leves o, debido a la no conformidad de un coacusado, la imposición de penas distintas a pesar de existir situaciones personales similares.

Dentro del marco del Código Penal, hemos examinado la manifestación de la colaboración premiada desde dos perspectivas diferentes. Por un lado, la interpretación analógica de la atenuante de confesión (art. 21.4 CP), que permite reducir la pena para aquellos que, habiendo confesado tras conocer el proceso judicial en su contra, optan por colaborar activa y eficientemente con la justicia. Por otro lado, las manifestaciones aplicables a determinados delitos que, a cambio de comportamientos específicos y muy definidos de colaboración, posibilitan la reducción de la pena, la aplicación de la suspensión de la pena o, como máxima recompensa, la eximente de responsabilidad postdelictiva —los llamados tipos privilegiados—.

Cada una de estas manifestaciones ha sido objeto de un análisis detallado, del que se han extraído diversas conclusiones. En primer lugar, se ha observado que la aplicación de los “tipos privilegiados” resulta difícil de concretar en la práctica judicial debido a los requisitos solicitados —de difícil concreción— para la obtención de cada uno de los premios previstos. Además, su previsión en el ámbito penal material, es decir, en el Código Penal, impide la realización de acuerdos con los colaboradores. En consecuencia, el colaborador se ve en la necesidad de actuar de forma altruista, sin tener garantías acerca de los premios que podría recibir por su colaboración, y carece de un sistema procesal que le brinde protección en virtud de sus acciones. Por último, se ha constatado que los tipos privilegiados se aplican de manera dispar a diferentes tipos delictivos, sin seguir una lógica formal coherente. Por ejemplo, se premia la colaboración en delitos de cohecho y malversación, pero no en delitos de corrupción privada o blanqueo de capitales.

Las personas jurídicas han sido analizadas desde ambas perspectivas, tanto procesal como penal. En realidad, se presentan diversas oportunidades en relación con su colaboración con la justicia y la aplicación del principio de oportunidad. Esto puede llevarse a cabo mediante la conformidad, en cuyo caso, debido a la naturaleza de la pena que se le impondría, lo más beneficioso podría ser optar por la conformidad en los juicios rápidos, donde se podría obtener una conformidad premiada. Además, tienen la posibilidad de colaborar con la justicia de manera específica a través de la implementación de un programa de cumplimiento eficaz, ya sea previo o posterior a la comisión del delito, mediante la confesión realizada por un representante especialmente designado y asistido por su abogado, o a través de la cooperación en la investigación aportando pruebas nuevas y determinantes. Dependiendo del grado de colaboración efectuado, podrían beneficiarse con la exención de la responsabilidad o la atenuación de la pena.

La limitada aplicabilidad de los tipos privilegiados junto con la amplitud de la atenuante analógica de confesión, así como su dependencia exclusiva de la interpretación de los Tribunales españoles, motiva la realización de una investigación jurisprudencial acerca de la jurisprudencia reciente del Tribunal Supremo, sobre la colaboración premiada.

Se llega a la conclusión de que la atenuante analógica de confesión tiene una incidencia predominante como medida de colaboración premiada en comparación con los tipos privilegiados. Además, se observa como la colaboración premiada también se promueve en hechos delictivos que escapan a los previamente analizados —de naturaleza político-económica, graves y muchas veces transfronterizos—. De esta manera, muchas veces se atenúa la pena debido a la colaboración en delitos de homicidio, asesinato, abusos sexuales, lesiones, etc., de manera constante a lo largo de los cuatro años analizados (2019-2022).

Falta un criterio claro a la hora de definir qué constituye una colaboración útil y en qué medida puede garantizar una reducción significativa de la pena—en dos grados—. Además, si bien es cierto que la mayoría de las colaboraciones observadas surgieron de las declaraciones de los investigados y encausados, muchas de ellas también se derivaron de la aportación de pruebas o de la asistencia en medidas de investigación, como registros domiciliarios o pruebas de ADN.

Se han identificado ejemplos concretos que ponen de manifiesto la existencia de una suerte de justicia negociada en el ámbito de la colaboración premiada, la cual opera de manera encubierta y al margen de la legalidad procesal vigente. En este contexto, se han constatado situaciones de conformidades parciales que, porque no pueden resultar en una sentencia de conformidad, desencadenan la aplicación de la atenuante analógica de confesión, debido a la "colaboración" del encausado que se ha mostrado conforme anteriormente. Asimismo, se realizan pactos con la Fiscalía a la hora de colaborar, en la medida que será el Ministerio Fiscal el sujeto encargado de solicitar determinada pena y la aplicación de una atenuante. Estos acuerdos, aunque mencionados por el Tribunal, son respetados sin que medie un control judicial sobre los hechos que llevaron a conceder la atenuante. Por último, se ha observado que cuando la Fiscalía juega un papel activo en la colaboración, se tiende a aplicar con mayor frecuencia la reducción de pena en dos grados, incluso en casos donde los actos de colaboración son similares a otros en los que se concluye que solo justifican una atenuación de un grado.

La investigación jurisprudencial realizada también revela la insuficiencia de la reducción de pena como recompensa a la colaboración con la justicia, especialmente cuando se aplica mayoritariamente a través de la atenuante analógica de confesión —en otras palabras, porque prácticamente no se aplican los tipos privilegiados que podrían tener otros beneficios como la eximente de responsabilidad—. En realidad, en muchos de los casos se evidencia una colaboración *útil* con la justicia, pero dado que la pena ya ese aplica en su límite mínimo, la atenuante no produciría efectos.

Partimos del modelo de conformidad negociada propuesto por Gimeno Sendra para el Anteproyecto de LECrim de 2020 y de la distinción entre los modelos de colaboración cualificada y amplia para llegar a una propuesta propia de colaboración premiada.

En este sentido, hemos llegado a la conclusión de que el reconocimiento de los hechos o la confesión no deben ser elementos esenciales para premiar la colaboración de investigados y encausados con la justicia, alejándonos así del modelo necesario para la aplicación de la atenuante analógica de confesión.

Dentro del sistema penal español, pueden coexistir dos modelos de colaboración premiada. El primero requeriría la confesión o el reconocimiento de los hechos como condición para la aceptación del cumplimiento de una pena y, por lo tanto, permitiría la finalización anticipada del proceso mediante un acuerdo de conformidad negociada. El segundo modelo, en cambio, implicaría que la colaboración con la justicia, aunque no suponga la confesión o el reconocimiento de los hechos, requiera el desarrollo del debido proceso penal, de manera que el colaborador solo cumpla una condena después de una sentencia condenatoria debidamente fundamentada.

Para comprender plenamente el segundo modelo es necesario concebir la colaboración como una actitud amplia de cooperación con el proceso, que va más allá de acciones como la delación de otros implicados en el delito.

La colaboración de investigados y encausados con la justicia también puede aplicarse a aquellos que han sido condenados o están cumpliendo una condena en calidad de reos, siempre y cuando su colaboración resulte útil. En estos casos, sin embargo, los incentivos otorgados se plantean desde la perspectiva del cumplimiento de la pena.

Además, a partir de la realidad constatada en la investigación jurisprudencial, comprendemos que la colaboración premiada puede aplicarse sin importar la naturaleza del delito. No obstante, consideramos que deben establecerse límites específicos en el caso de delitos contra la persona y con violencia, especialmente cuando involucran a víctimas vulnerables. Por lo tanto, nos centramos en proponer este modelo de colaboración desde la perspectiva de los delitos graves de naturaleza política y económica, es decir, aquellos delitos para los cuales están previstos los tipos privilegiados de colaboración, incluyendo delitos como el blanqueo de capitales, corrupción privada, falsificación de tarjetas, obstrucción de la justicia, entre otros.

La colaboración debe ser analizada desde su perspectiva como un instrumento útil para la justicia. En este sentido, puede tener uno o varios de los siguientes propósitos: como prueba, mediante la declaración del colaborador o la presentación de elementos probatorios; como reparación a la víctima; como recuperación de activos; o como medio para evitar la actuación de grupos u organizaciones criminales y prevenir la comisión de un delito planeado.

A partir de su evaluación como útil por parte del Juez o Tribunal, considerando las circunstancias específicas, la colaboración puede dar lugar a diversos premios o beneficios para el colaborador que no se limitan al ámbito penal. De esta manera, estos premios pueden incluir desde la suspensión de la ejecución de la pena, su atenuación, la suspensión de la causa con la imposición de determinadas medidas o el archivo del procedimiento —aunque en estos dos últimos casos, siempre dentro de un límite penal que evita su concesión en delitos graves—, tratos favorables con relación a la imposición de medidas cautelares, la eximente de responsabilidad —cuando pensada para colaboraciones que importan la reparación del hecho delictivo y no impliquen desconfiguración de las finalidades del Derecho penal—, la denegación de la extradición pasiva, y, siempre y cuando motivado en sentencia debido al nivel de la colaboración, la inmunidad judicial.

La colaboración con la justicia implica definir al colaborador como una figura independiente que no se derive ni dependa de las figuras de testigo o informante. Desde esta perspectiva, es necesario proteger al colaborador, especialmente cuando se relaciona con grupos u organizaciones criminales que puedan representar un peligro físico o psicológico para él, su familia o su círculo cercano.

Además, desde el punto de vista de los demás coacusados y posibles delatados, la colaboración debe garantizar el respeto de los derechos y garantías constitucionales, en particular el derecho a la igualdad. Por lo tanto, cuando la colaboración se lleva a cabo de manera similar por diferentes coacusados, estos deben recibir premios similares. En el caso de que haya negociaciones en torno a la colaboración, los acuerdos deben ofrecer y mantener igualdad de condiciones.

La colaboración con la justicia implica, en muchas situaciones, un proceso de justicia negociada. Esta fue una de las principales conclusiones de nuestro trabajo, basada en la revisión bibliográfica y jurisprudencial. En este contexto, la justicia negociada relacionada con la colaboración de investigados y encausados, al igual que la conformidad negociada, debe ser abordada desde una perspectiva procesal. Proponemos un modelo de negociación que sea coherente con el sistema penal español, que respete los principios constitucionales y, al mismo tiempo, se ajuste a los principios fundamentales del Derecho penal y del Derecho procesal penal.

La negociación debe involucrar necesariamente la defensa técnica del colaborador y, desde una perspectiva pragmática, al Ministerio Fiscal y a las víctimas que estén personadas en el caso. En lo que respecta a la Fiscalía, mucho dependerá de su cambio de estatus a director de la investigación y su posición de dependencia del Poder Ejecutivo. Por otro lado, la negociación puede llevarse a cabo en diferentes momentos procesales, desde la fase de investigación hasta la fase de ejecución de la pena, siguiendo el modelo previamente mencionado en el cual el reo también puede colaborar eficazmente con la justicia.

No obstante, el acuerdo debe hacerse público en la medida en que la fase del procedimiento también conlleve publicidad, siempre y cuando garantice la adecuada protección del colaborador. En este supuesto, los documentos sensibles de las personas jurídicas deben protegerse con el objetivo de salvaguardar los intereses de todas las partes involucradas. Esto implica que el acuerdo de colaboración también debe ser compatible con otros procesos, por ejemplo, si una delación afecta a un encausado en otro proceso penal, y con otras áreas del Derecho para asegurar el respeto al principio *ne bis in idem*. Es esencial que, cuando haya negociación en torno a la colaboración con la justicia, el acuerdo esté disponible para otras jurisdicciones siempre que sea necesario para la cooperación

Para concluir, la negociación debe estar sujeta al debido control judicial, a través de su homologación en una sentencia motivada. Este control debe considerar, entre los elementos de una colaboración útil, que haya libertad para acordar y que no exista coacción en la prestación del consentimiento; que se haya asegurado la debida reparación, posiblemente integral, de la víctima; que existan indicios racionales de criminalidad y que haya coherencia en la calificación formulada, especialmente cuando la colaboración se realice en el marco de una conformidad que incluya, además de los premios, una sentencia de conformidad con la ejecución de la pena.

Cerramos esta investigación destacando la importancia de abordar este tema en clave de *sistema.* No se debe permitir la realización de acuerdos al margen de la legalidad, pero tampoco se debe incentivar su legalización a través de legislaciones de emergencia. Su enfoque debe ser exhaustivo y planificado dentro de esta perspectiva sistemática para lograr una verdadera *eficacia.*

# BIBLIOGRAFÍA


Agudo Zamora, M. (2013). *La protección multinivel del estado social*. Valencia: Tirant lo Blanch.

Aguilera Morales, M. (1998). *El principio de consenso: la conformidad en el proceso penal españo*l. Madrid: Lex Nova.

– (2017). Víctima y conformidad: Al encuentro de dos rectas paralelas llamadas a coincidir. En: De Hoyos Sancho, M. *La víctima del delito y las últimas reformas procesales penales*. Pamplona: Aranzadi, 99-119.

– (2019). Conformidad y reparación. En: Soleto Muñoz, H, Carrascosa Miguel, A. *Justicia restaurativa: una justicia para las víctimas*. Valencia: Tirant lo Blanch, 291-306.

– (2021). La deriva del "principio" del consenso. En: Bujosa Vadell, L. M. *Derecho procesal: retos y transformaciones*. Barcelona: Atelier, 193-210.

Aires de Souza, S. (2019). A colaboração processual dos entes coletivos: legalidade, oportunidade ou "troca de favores"? *Revista do Ministério Público*, 158, 9-36.

Alcayde Blanes, C. (2019). Aspectos constitucionales del principio de oportunidad en el proceso penal. En: Calaza López, S., Muinelo Cobo, J. *Principio de oportunidad y transformación del proceso penal*. Madrid: Wolters Kluwer, 1-8.

Aliste Santos, T. (2018). Poder judicial, justicia penal y medios de comunicación en un contexto comunicativo de posverdad. En: Rodríguez-García, N., Carrizo González-Castell, A., Leturia Infante, F.J. *Justicia penal pública y medios de comunicación*. Valencia: Tirant lo Blanch, 41-100.

– (2022). Hacia un Sistema de justicia digitalizado: problemas y desafíos. In: Llorentes Sánchez-Arjona, M.; Calaza López, S. *Digitalización de la justicia: prevención, investigación y enjuiciamiento*. Madrid: Aranzadi, 93-110.

Andrade Fernandes, F. (2001). *O processo penal como instrumento de política criminal*. Coimbra: Almedina.

– (2018). Corrupción y medios de comunicación. En: Rodríguez-García, N., Carrizo González-Castell, A., Leturia Infante, F.J. *Justicia penal pública y medios de comunicación*. Valencia: Tirant lo Blanch, 575-630.

Alfonso Rodríguez, A. (2019). Investigación penal del ministerio público y derecho de defensa. *Revista de Derecho UNED*, 25, 171-213.

Allué Fuentes, A. (2019). Manifestaciones del principio de oportunidad en el ordenamiento penal español. En: Calaza López, S., Muinelo Cobo, J. *Principio de oportunidad y transformación del proceso penal*. Madrid: Wolters Kluwer, 1-9.

Alonso Fernández, J. A. (1999). *Las atenuantes de confesión de la infracción y reparación o disminución del daño: interpretación jurisprudencia y doctrinal de las circunstancias del artículo 21.4 y 21.5 del Código Penal*. Madrid: Bosch.

Alonso Moreda, N. (2012). Eurojust, a la vanguardia de la cooperación judicial en materia penal en la Unión Europea. *Revista de Derecho Comunitario Europeo,* 16 (41), 119-157.

Alonso Pérez, M. T. (2011). El aprendizaje del derecho a través de la jurisprudencia. Propuesta de metodología aplicable a distintas disciplinas jurídicas. *Docencia y Derecho: Revista para la Docencia Jurídica Universitaria*, 3.

Alvarado Velloso, A. (2006). *La prueba judicial (reflexiones críticas sobre la confirmación procesal)*. Valencia: Tirant lo Blanch.

Álvarez García, F. J. (2009). *Sobre el principio de legalidad*. Valencia: Tirant lo Blanch.

Álvarez Hernández, M. (2022). ¿El fin justifica los medios? La eficacia como objetivo de la regulación en materia de decomiso y su aplicación. En: Nevado-Batalla Moreno, P. T. (dir.). *Estudios multidisciplinares sobre ciencias jurídicas y gobernanza global: una mirada a ambos lados del atlántico*. A Coruña: Colex, 37-54.

Antonio Terragni, M. (2013). Excusa absolutoria: cuándo y por qué no castigar. *Revista de derecho penal y criminologia,* 3, 41-48.

Antunes, M. J. (2016). *Direito Processual Penal*. Coimbra: Almedina.

Anzola, A., Oliveira Teixeira dos Santos, M. (2022). The Regulation of Money Laundering and Corporate Criminal Responsibility in Spain: compliance as a key for Virtual Asset Service Providers. *Revista Brasileira de Direito Processual Penal*, 8 (3), 1335-1370.

Araújo Rebouças, S. B. (2019). Victimización y desvictimización en el Derecho penal de riesgo: un planteamiento victimológico en el ámbito de los "delitos sin víctima". *Revista di Criminologia, Victmologia e Sicurezza*, XIII (2), 19-31.

Armenta Deu, T. (1991). *Criminalidad de bagatela y principio de oportunidad: Alemania y España*. Barcelona: PPU.

- (2007). *Lecciones de Derecho Procesal Penal*. Madrid: Marcial Pons.
- (2016). *Lecciones de Derecho Procesal Penal*. Madrid: Marcial Pons.
- (2017). Derivas de la justicia: una reflexión abierta. *El cronista del Estado Social y Democrático de Derecho,* 66-67, 18-31.
- (2020). Formas especiales de terminación del procedimiento penal. Terminación por razones de oportunidad en el anteproyecto de Ley de Enjuiciamiento Criminal de 2020. *Revista de la Asociación de Profesores de Derecho Procesal de las Universidades Españolas*, 4, 8-35.
- (2021). *Derivas de la justicia: tutela de los derechos y solución de controversias en tiempos de cambios*. Madrid: Marcial Pons.
- (2023). *Jueces, fiscales y víctimas en un proceso en transformación*. Madrid: Marcial Pons.

Asencio Mellado, J. M. (dir.) (2019). *Derecho procesal penal*. Valencia: Tirant lo Blanch.

Assis Toledo, F. (1994). *Princípios Básicos de Direito Penal*. 5. ed. São Paulo: Saraiva.

Asúa Batarrita, A. (2008). *Atenuantes de reparación y de confesión: equívocos de la orientación utilitarista*. Valencia: Tirant lo Blanch.

Barona Vilar, S. (2011). *Mediación Penal. Fundamento, Fines y Régimen Jurídico.* Valencia: Tirant lo Blanch.
- (2017). *Proceso penal desde la historia. Desde su origen hasta la sociedad global del miedo.* Valencia: Tirant lo Blanch.
- (2021). El consentimiento en el proceso penal: ¿un oxímoron? *Revista Boliviana de Derecho,* 31, 208-235.
- (2022). Mutación de la justicia en el siglo XXI. Elementos para una mirada poliédrica de la tutela de la ciudadanía. En: Barona Vilar, S. *Justicia poliédrica en periodo de mudanza. Nuevos conceptos, nuevos sujetos, nuevos instrumentos y nueva intensidad.* Valencia: Tirant lo Blanch, 31-62.
- (2023). Las partes acusadas y los responsables civiles. En: Gómez Colomer, J.L., Barona Vilar, S. *Proceso penal: Derecho procesal III.* Valencia: Tirant lo Blanch, 91-112.
- (2023b). Justicia penal negociada. En: Gómez Colomer, J.L., Barona Vilar, S. *Proceso penal: Derecho procesal III.* Valencia: Tirant lo Blanch, 279-298.
- (2023c). Especialidades procedimentales. En: Gómez Colomer, J.L., Barona Vilar, S. *Proceso penal: Derecho procesal III.* Valencia: Tirant lo Blanch, 628-674.
- (2023d). Entrevista a Silvia Barona Vilar, Catedrática de Derecho Procesal. Entrevistada por Sonia Calaza López. Editorial la Ley: *Actualidad Civil,* 9, 1-14.

Bauman, Z. (2000). *Modernidad líquida.* (trad.: Mirta Rosenberg). Buenos Aires: Polity Press.

Beccaria, C. (2013). *Dos delitos e das penas.* São Paulo: Pilares.

Benito Sánchez, D. (2020). *Evidencia empírica y populismo punitivo. El diseño de la política criminal.* Barcelona: José Baría Bosch Editor.

Berdugo Gomes de la Torre, I. *et.al.* (2013). *Lecciones y materiales para el estudio del derecho penal: introducción al derecho penal.* Madrid: Iustel.
- , Rodríguez-García, N. (coords.) *(2020). Decomiso y recuperación de activos crime doesn't pay.* Valencia: Tirant lo Blanch.

Bernabéu Vergara, J. M. (2019). El principio de oportunidad y responsabilidad penal del menor. En: Calaza López, S., Muinelo Cobo, J. (dir.). *Principio de oportunidad y transformación del proceso penal.* Wolters Kluwer, 1-9.

Berzosa Ríos, M. J. (2019). Los delitos leves en el Código penal tras la reforma operada por la LO1/2015 y su relación con el principio de oportunidad. En: Calaza López, S., Muinelo Cobo, J. (dirs.). *Principio de oportunidad y transformación del proceso penal.* Wolters Kluwer, 1-7.

Blanca Carrasco, M. (2009). *Mediación y sistemas alternativos de resolución de conflictos. Una visión jurídica.* Madrid: Reus.

Blanco Cordero, I., Sánchez García de Paz, I. (2000). Principales instrumentos internacionales (de naciones unidas y la unión europea) relativos al crimen organizado: la definición de la participación en una organización criminal y los problemas de aplicación de la ley penal en el espacio. *Revista Penal,* 6, 3-14.

Bonacorsi de Palma, J., Feferbaum, M., Marcel Pinheiro, V. (2019). Meu trabalho precisa de jurisprudência? Como posso utilizá-la? En: Mafei Rabelo,

R., Feferbaum, M. (coord.). *Metodologia da pesquisa em direito: técnicas e abordagens para elaboração de monografias, dissertações e teses*. São Paulo: Saraiva, 99-128.

Böse, M. (2007). *Der grundsatz der Verfügbarkeit von Informationen in der strafrechtlichen Zusammenarbeit der Europäischen Union*. Bonn: V&R Unipress.

Bottoms, A. (1995). The philosophy and politics of punishment and sentencing. En: Clarkson, C., Morgan, R. *The politics of sentencing reform*. Oxford: Clarendon Press.

Bourdieu, P. (2011). *O poder simbólico*. Traducción: Fernando Tomás. Rio de Janeiro: Bertrand Brasil.

Brito Souza, A. (2015). Programas de compliance e a atribuição de responsabilidade individual nos crimes empresariais. *Revista Portuguesa de Ciências Criminais*, 1 (4), 117-146.

Brodowski, D. (2014). Minimum Procedural Rights for Corporations in Corporate Criminal Procedure. En: Brodowski, D., Espinoza de los Monteros de la Parra, M., Tiedemann, K.; Vogel, J. (edit.). *Regulating Criminal Corporate Liability*. Heidelberg: Springer, 211-226.

- (2016). El mecanismo único de supervisión del Banco Central Europeo sobre las instituciones de crédito. Una transformación de la responsabilidad criminal corporativa. En: Saad-Diniz, E., Sabadini, P., Brodowski, D., Espinoza de los Monteros de la Parra, M. *Regulación del abuso en el ámbito corporativo. El rol del Derecho penal en la crisis financiera*. Resistencia: ConTexto, 235-252.
- (2018). The role of corporations in criminal justice – An introduction. En: Brodowski, D., Espinoza, M., Saad-Diniz, E. The role of corporations in criminal justice: 5th AIDP Symposium for Young Penalists. *Revue Internationale de Droit Penal*, 89 (1), 11-20.
- (2023). Die Digitaliserung der strafjustiziellen Zusammenarbeit in der EU. *Zeitschrift für die gesamte Strafrechtswissenschaft* (ZStW), 135 (3), 659-678.

Bueno Benedí, M. (2021). Las actuaciones judiciales penales a través de medios telemáticos y su incidencia en los derechos del proceso. *Revista electrónica de estudios penales y de la seguridad*, n.º extra 7, 1-21.

Bujosa Vadell, L. (2022). *Proceso penal y derechos fundamentales*. México: Magister.

Bujosa Vadell, L.M. (2022b). Los delatores en la Unión Europea comentarios a la directiva (UE) 2019/1937. En: Robles Sevilla, W.A. *Delatores y colaboradores eficaces en el siglo XXI: desafíos contemporáneos del whistleblower y el colaborador eficaz*. Perú: Ideas Solución, 15-38.

- Bustamante Rúa, M. M., Toro Garzón, L. O. (2021). La prueba digital producto de la vigilancia secreta: obtención, admisibilidad y valoración en el proceso penal en España y Colombia. *Revista Brasileira de Direito Processual Penal*, 7 (2), 1347-1384.

Caeiro, P. (2000). Legalidade e oportunidade: a perseguição penal entre o mito da “justiça absoluta” e o fetiche da “gestão eficiente” do sistema. *Revista do Ministério Público*, 84, 31-47.

- (2012). A jurisdição penal da União Europeia como meta-jurisdição: em especial, a competência para legislar sobre as bases de jurisdição nacionais. En: Correia, F. (org.), Machado, J. (org.) *et al. Estudos em homenagem ao Prof. Doutor José Joaquim Gomes Canotilho*. Coimbra: Coimbra Editora, 193-194.

Calamandrei, P. (2006). *Proceso y democracia*. Lima: Ara Editores.
- (2016). *Sin legalidad no hay libertad*. Madrid: Trotta.
- (2020). Justicia y libertad en la Constitución. *Eunomia. Revista en Cultura de la Legalidad*, 19, 403-421.

Calaza López, S. (2021). La instrucción. En: Gimeno Sendra, V., Díaz Martínez, M., Calaza López, S. *Derecho Procesal Penal*. Valencia: Tirant lo Blanch, 201-350.
- (2022). Transición digital de la justicia. En: Llorentes Sánchez-Arjona, M.; Calaza López, S. (dir.). *Digitalización de la justicia: prevención, investigación y enjuiciamiento*. Madrid: Aranzadi, 27-56.
- , Muinelo Cobo, J. (2019). Principios transformadores del proceso judicial: Oportunidad y proporcionalidad. Doctrina y Jurisprudencia ante el principio de oportunidad. Transferencia del conocimiento científico a la sociedad civil. En: Calaza López, S., De la Fuente, F. *Principio de oportunidad y transformación del proceso penal*. Madrid: Wolters Kluwer, 1-19.
- , Muinelo Cobo, J. (2019b). *Principio de oportunidad y transformación del proceso penal*. Madrid: Wolters Kluwer.

Calderón Arias, E. (2021). La prueba ilícita: una cuestión de concepto. *Revista Derecho & Sociedad*, 57, 1-23.

Campaner Muñoz, J. V. (2014). La cultura del mínimo esfuerzo probatorio: reflexiones sobre la heteroincriminación y las garantías constitucionales del proceso penal. En: Calvinho, G., Muriel Brunetti, A., *et al. Derecho procesal garantiste y constitucional: proceso, garantía y libertad*. Medellín: Corporación Universitaria Remington, 193-212.

Campbell, A. M. (2021). *Money Laudering, terrorist financing, and tax evasión*. Cham: Pallgrave Macmillan.

Carnelutti, F. (2017). *Arte del Diritto*. Torino: Giappichelli Editore.
- (2021). Cómo nace el Derecho. *Ius inkarri*, 3, 379-400.

Caro Herrero, G. (2020). La conformidad penal y su aplicación en nuestro sistema: funcionamiento y problemática derivada. *Revista General de Derecho Procesal*, 50, 1-30.

Carrillo del Teso, A. E. (2018). *Decomiso y recuperación de activos en el sistema penal español*. Valencia: Tirant lo Blanch.
- (2022). La prueba ilícita aportada por particulares ¿admisión o exclusión? Fundamentos y soluciones jurisprudenciales. *La Ley Penal: Revista de Derecho Penal, Procesal y Penitenciario*, 159.

Castillejo Manzanares, R. (2010). La prueba en el proceso penal. El documento electrónico. *Revista de Derecho Penal*, 29, 11-43.
- (2021). El principio de oportunidad en el Anteproyecto de Ley de Enjuiciamiento Criminal: acusación popular y justicia restaurativa, En: Calaza López, S., Muinelo Cobo, J. C. *El impacto de la oportunidad sobre los principios procesales clásicos: estudios y diálogos*. Madrid: Iustel, 89-130.

Castillo Prats, S. (2013). *Tierra de Saqueo: la trama valenciana de Gürtel.* Barcelona: Cuadrilátero Libros.

Castro Moreno, A., Otero González, P. (2006). La atenuante analógica tras las reformas del Código Penal por LO 11/2003 y LO 15/2003. *La Ley Penal: revista de derecho penal, procesal y penitenciario,* 27, 22-51.

Cerina, G. D. (2022). Mediación y justicia restaurativa en el derecho penal de adultos. En: Serrano Hoyos, G., Rodríguez-García, N. (dirs.). *Justicia Restaurativa y medios adecuados de solución de conflictos.* Madrid: Dykinson, 31-52.

Chistie, N. (1977). Conflicts as Property. *The British Journal of Criminology*, 17, 1-15.

Cigüela Sola, J. (2015). *La culpabilidad colectiva en el derecho penal: crítica y propuesta de una responsabilidad estructural de la empresa.* Madrid: Marcial Pons.

Clemente, I., Álvarez, M. (2011) ¿Sirve de algo un programa de *compliance* penal? ¿Y qué forma le doy? Responsabilidad penal de la persona jurídica en la LO 5/2010: incertidumbres y llamado por la seguridad jurídica. *Actualidad Jurídica Uría Menéndez*, 28, 26-46.

Cobo del Rosal. (2000). *Comentarios al Código Penal, tomo II, artículos 19 a 23.* Madrid: Edersa.

Contreras Alfaro, L. H. (2004). *Los delitos económicos relacionados con la corrupción: los principios de consenso y oportunidad en sede procesal penal, y la sustitución del interés público en la persecución de la criminalidad de corrupción.* Chile: Editorial la aurora.

Cortés Domínguez, V. (2021). Lección 6. Los órganos jurisdiccionales. Los órganos judiciales y el Tribunal Constitucional. En: Moreno Catena, V., Cortés Domínguez, V. *Introducción al Derecho Procesal.* 10ª edición. Valencia: Tirant lo Blanch, 89-118.

- (2021b). Lección 29. La suspensión del juicio oral y su terminación anormal. En: Moreno Catena, V.; Cortés Domínguez, V. *Derecho Procesal Penal.* Valencia: Tirant lo Blanch, 511-518.

Cruz Santos, C. (2001). *O crime de colarinho branco.* Coimbra: Coimbra Editora.

- (2005). Decisão Penal Negociada. *Revista Julgar*. Coimbra Editora, 25, 145-160.
- (2014). *A justiça Restaurativa. Um modelo de Reacção ao Crime diferente da Justiça Penal. Porquê, Para Quê e Como?* Coimbra: Coimbra Editora.

Cuerda Arnau, M. (1995). *Atenuación y remisión de la pena en los delitos de terrorismo.* Madrid: Centro de publicaciones del ministerio de justicia.

- (2004). El premio por el abandono de la organización y la colaboración con las autoridades como estrategia de lucha contra el terrorismo en momentos de crisis interna. *Estudios* penales y criminológicos, 25, 3-68.

Cueto Santa Eugenia, E. (2021). El principio de oportunidad como garante del interés superior del menor en la justicia civil. En: Bujosa Vadell, L. M. *Derecho procesal: retos y transformaciones.* Barcelona: Atelier, 691-708.

Cuevas Oltra, C. M. (2023). *Personas jurídicas: delitos, garantías y compliance.* Barcelona: J.B. Bosch Editor.

Damaska, M. (1986). *The faces of justice and the state authority. A comparative approach to the legal process.* New Haven: Yale University Press.

– (2018). Negotiated justice in international criminal courts. En: Thanan, S. *World Plea Bargaining: Consensual Procedures and the Avoidance of the Full Criminal Trial.* Durhan: Carolina Academic Press.

Damián Moreno, J. (2023). Legalidad procesal y principio de efectividad a la luz de la doctrina del TJUE. *Justicia. Revista de Derecho Procesal,* 1, 43-73.

De Almeida Mendonça, A., Nagle, L, Rodríguez-García, N. (2018). *Negociación en casos de corrupción: fundamentos teóricos y prácticos.* Valençia: Tirant lo Blanch.

– , Rodríguez-García, N. (2019). *El principio de validez de la prueba en casos de corrupción.* Valencia: Tirant lo Blanch.

De Diego Díez, L.A. (1992). *Transacción penal: la conformidad negociada en el procedimiento abreviado.* Cuadernos de Derecho Judicial del CGPJ.

– (1997). *La conformidad del acusado.* Valencia: Tirant lo Blanch.

De la Cuesta Arzamendi, J. L. (2019). Penas para las personas jurídicas en el Código Penal español. En: Gómez Colomer, J. L. *Tratado sobre compliance penal: responsabilidad penal de las personas jurídicas y modelos de organización y gestión.* Valencia: Tirant lo Blanch, 67-100.

Delgado Martín, J. (2015) La prueba de WhatsApp. *Diario La Ley,* 8605, 1-9.

Del Moral García, A. (2008). La conformidad en el proceso penal: reflexiones al hilo de su regulación en el ordenamiento español. *Revista Auctoritas Prudentium,* 1, 1-22.

– (2015). Otra vez sobre la conformidad y conformidades en el proceso penal. En: Herrero-Tejedor Algar, F. *Liber Amicorum.* Madrid: Ed. Constitución y Leyes.

– (2022). Prólogo. En: Machado de Souza, R.; Rodríguez-García, N. *Justicia negociada y personas jurídicas: la modernización de los sistemas penales en clave norteamericana.* Valencia: Tirant lo Blanch, 11-16.

– (2021). Responsabilidad penal de personas jurídicas y presunción de inocencia. En: Rodríguez-García, N.; Rodríguez-López, F. (dirs.) *Compliance y responsabilidad de las personas jurídicas.* Valencia: Tirant lo Blanch, 31-70.

Del Rosal Blasco, B. (2009). ¿Hacia el Derecho Penal de la postmodernidad? *Revista Electrónica de Ciencia Penal y Criminología,* 11 (8), 1-64.

Devoto, E. (2008). La reforma y la oportunidad de un modelo de consenso. *Revista de Derecho Penal y Procesal Penal,* 6, 927-937.

Díaz y García Conlledo, M. (2023). Reflexiones sobre el núcleo de la responsabilidad penal de las personas jurídicas en el derecho penal español y algunos cables sueltos. *Revista de Responsabilidad Penal de las Personas Jurídicas y Compliance,* 2, 1-34.

Díaz Martínez, M. (2020). Lección 9. Los Juzgados y los Tribunales. En: Gimeno Sendra, V.; Díaz Martínez, M.; Calaza López, S. *Introducción al derecho procesal.* Valencia: Tirant lo Blanch, 131-160.

- (2020b). Lección 19. Los Derechos fundamentales del artículo 24.2 de la Constitución. En: Gimeno Sendra, V.; Díaz Martínez, M.; Calaza López, S. *Introducción al derecho procesal*. Valencia: Tirant lo Blanch, 275-292.
- (2021). Lección 30. Los procesos especiales I: el proceso penal de menores. En: Gimeno Sendra, V., Díaz Martínez, M., Calaza López, S. *Derecho Procesal Penal*. Valencia: Tirant lo Blanch, 577-592.

Díaz Rodríguez, B. (2019). El principio de oportunidad respecto de los delitos cometidos por menores. En: Calaza López, S., Muinelo Cobo, J. (dirs.). *Principio de oportunidad y transformación del proceso penal*. Madrid: Wolters Kluwer.

Díaz Torrejón, P. (2021). ¿Por qué no se conforman los culpables? En: Calaza López, S., Muinelo Cobo, J.C. *El impacto de la oportunidad sobre los principios procesales*. Madrid: Iustel, 167-176.

Díez Repollés, J. L. (2020). *Derecho Penal Español*. Valencia: Tirant lo Blanch.

Doig Díaz, Y. (2022). Eficiencia procesal a costa de la búsqueda de la verdad. Consideraciones críticas. En: Asencio Mellado, J.M., Fernández López, M. *Proceso y daños. Perspectivas de la justicia en la sociedad del riesgo*. Valencia: Tirant lo Blanch, 154-189.

Dopico Gómez-Aller, J. (2023) Comentario al Artículo 305. En: Cuerda Arnau, M. L. (dir.). *Comentarios al Código Penal. Tomo II*. Valencia: Tirant lo Blanch, 1974-1989.

- (2023b). Comentario al Artículo 308. En: Cuerda Arnau, M.L. (dir.). *Comentarios al Código Penal. Tomo II*. Valencia: Tirant lo Blanch, 2016-2027.

Echarri Casi, F. (2023). Derecho a la no autoincriminación de las personas jurídicas: ¿ficción o realidad? *Revista de Responsabilidad Penal de las Personas Jurídicas y Compliance*, 2, 1-34.

Esparza Leibar, I. (2023). Procesos penales especiales regulados fuera de la LECrim y procesos civiles derivados del hecho punible. En: Gómez Colomer, J.L., Barona Vilar, S. *Proceso penal: Derecho procesal III*. Valencia: Tirant lo Blanch, 653-677.

Etxeberría Guridi, J. F. (2021). Los recursos. En: Gómez Colomer, J. L., Barona Vilar, S. *Proceso Penal: Derecho Procesal III*. Valencia: Tirant lo Blanch, 535-558.

- (2023). Los recursos (II). En: Gómez Colomer, J.L., Barona Vilar, S. *Proceso penal: Derecho procesal III*. Valencia: Tirant lo Blanch, 517-540.

Fabbrini Mirabete, J. (2002). *Manual de Direito Penal*. São Paulo: Atlas.

Fairén Guillén, V. (1992). *Teoría General del Derecho Procesal*. México: Universidad Nacional Autónoma de México.

- (1992b). *Problemas actuales de Derecho procesal: la defensa, la unificación, la complejidad*. México: Universidad Nacional Autónoma de México.
- (1998). Examen crítico de los principios rectores del proceso penal. En: Instituto de Investigaciones Jurídicas, Instituto Mexicano de Derecho Procesal. *XV Congreso Mexicano de Derecho Procesal*. México: Universidad Nacional Autónoma de México, 413-462.

Falcón, E. M. (2012). *Sistemas alternativos de resolver conflictos jurídicos: negociación, mediación, conciliación*. Santa Fé: Rubinzal Culzoni Editores.

Faraldo Cabana, P. (2012). *Asociaciones ilícitas y organizaciones criminales en el Código penal español*. Valencia: Tirant lo Blanch.

– (2019). Los *compliance programs* y la atenuación de la responsabilidad penal. En: Gómez Colomer, J.L. *Tratado sobre compliance penal: responsabilidad penal de las personas jurídicas y modelos de organización y gestión*. Valencia: Tirant lo Blanch, 157-180.

– (2023). Comentario al Artículo 21.4. En: Cuerda Arnau, M. L. (dir.). *Comentarios al Código Penal. Tomo I*. Valencia: Tirant lo Blanch, 291-294.

– (2023b). Comentario al Artículo 21.7. En: Cuerda Arnau, M. L. (dir.). *Comentarios al Código Penal. Tomo I*. Valencia: Tirant lo Blanch, 304-308.

Faria Costa, J. (1985). Diversão (desjudicialização) e mediação: que rumos? *Boletim da Faculdade de Direito da Universidade de Coimbra*, XLI.

– (1999). *Comentário conimbricense do Código Penal: Tomo II*. Coimbra: Coimbra Editora.

– (2005). *Linhas de Direito Penal e de Filosofia*. Coimbra: Coimbra Editora.

Farto Piay, T. (2021). *El proceso de decomiso autónomo*. Valencia: Tirant lo Blanch.

– (2021). El procedimiento de justicia restaurativa en el Anteproyecto de la Ley de Enjuiciamiento Criminal de 2020. *La Ley Penal: Revista de Derecho Penal, Procesal y Penitenciario*, 151, 1-14.

– (2022). Perspectivas de futuro de la justicia restaurativa a la vista del anteproyecto de Ley de Enjuiciamiento Criminal. En: Serrano Hoyo, G., Rodríguez-García, N. (coords.). *Justicia restaurativa y medios adecuados de solución de conflictos*. Madrid: Dykinson, 6-88.

Feijoo Sánchez, B. (2023). La función de la responsabilidad penal de las personas jurídicas en el derecho penal español. *Revista de Responsabilidad penal de las personas jurídicas y compliance*, 1, 1-121.

Fernández Ajenjo, J.A. (2020) Status axioloxico da Directiva de protección do denunciante. *Revista Administración y ciudadanía*, 15 (1), 39-62.

– (2023). Los retos de la protección de las personas informantes en España tras la aprobación de la Ley 2/2023: un derecho en vías de consolidación. *Revista Española de la Transparencia*, 17 (n.º extraordinario), 271-298.

Fernández Fustes, M. D. (2017). Procedimiento probatorio. En: González Cano, M. I., Romero Pradas, M. I. (dirs.). *La prueba. Tomo II. La prueba en el proceso penal*. Valencia: Tirant lo Blanch, 317-364.

Fernández Salgado, M. (2019). Sobreseimiento y principio de oportunidad. En: Calaza López, S., Muinelo Cobo, J. (dirs.). *Principio de oportunidad y transformación del proceso penal*. Madrid: Wolters Kluwer.

Fernández-Molina, E. *et al.* (2021). La investigación criminológica en tribunales. *In Dret*, 3.

Fernández Teruelo, J. (2019). El control de la responsabilidad penal de la persona jurídica a través de los modelos de cumplimiento: las condiciones legales establecidas en el art. 31 bis 2 y ss. CP. En: Gómez Colomer, J. L. *Tratado sobre compliance penal: responsabilidad penal de las personas jurídicas y modelos de organización y gestión*. Valencia: Tirant lo Blanch, 181-210.

Ferrajoli, L. (2000). *El garantismo y la filosofía del derecho*. Bogotá: Universidad Externado de Colombia.

– (1995). *Derecho y razón – teoría del garantismo penal*. Trad. Gómez-Jara Díez. Madrid: Trotta.

Ferré Olivé, J. (2022). *Compliance* anticorrupción. *Revista Penal*, 50.

Ferreira Calado, A. M. (2009). *Legalidade e oportunidade na investigação criminal*. Coimbra: Coimbra Editora.

Ferreiro Baaamonde, X.J. (2020). Tema 32. En: Pérez-Cruz Martin, A. *Derecho Procesal Penal*. Valencia: Tirant lo Blanch, 763-794.

Ferrer Beltrán, J. (2021). *Prueba sin convicción. Estándares de prueba y debido proceso*. Madrid: Marcial Pons.

Figueiredo Dias, J. (1974). *Direito Processual Penal*. Coimbra: Coimbra Editora.

– (1983). Para uma reforma global do processo penal português. Da sua necessidade e de algumas orientações fundamentais. En: Correia, E. *et. al. Para uma nova justiça penal*. Coimbra: Almedina.

– (1987). *O novo Código de Processo Penal*. Lisboa: Centro para o acesso ao Direito.

– (1988). O sistema sancionatório português no contexto dos modelos da política criminal. *Separata do Número Especial do Boletim da Faculdade de Direito de Coimbra*.

– (2004). *Direito Processual Penal*. Coimbra: Coimbra Editora.

– (2007). *Direito Penal. Parte Geral*. Tomo I. Coimbra: Coimbra Editora.

– (2011). *Acordos sobre a sentença em processo penal: o "fim" do Estado de direito ou um novo "princípio"*? Porto: Conselho Distrital do Porto da Ordem dos Advogados.

– (2012). *Algumas reflexões sobre o Direito penal na "sociedade de risco"*. Lisboa: Universidade Lusíada Editora.

Figueras Coll, C. (1996). La excusa absolutoria en los delitos contra la hacienda pública. *La Ley: revista jurídica española de doctrina, jurisprudencia y bibliografía*, 6, 1475-1476.

Foucault, M. (2005). *A verdade e as formas jurídicas*. Rio de Janeiro: Editora Nau.

Fraga Mandián, J. (2018). *Las diversas manifestaciones de la conformidad en el Derecho procesal penal español*. Madrid: Sepín.

Franssen, V, Harding, C. (2022). Introduction: Criminal versus Quasi-criminal Enforcement – setting the scene. En: Franssen, V., Harding, C. *Criminal and Quasi-Criminal Enforcement Mechanisms in Europe*. London: Hart, 1-10.

Fridriczewski, V. (2019). Actuación interinstitucional, combate a la corrupción y recuperación de activos en Brasil: algunas luces. En: Rodríguez-García, N., Carrizo González-Castell, A., Rodríguez-López, F. (eds.): *Corrupción;* compliance, *represión y recuperación de activos*. Valencia: Tirant lo Blanch.

– (2020). Acuerdos de lenidad en Brasil: una herramienta eficaz para la recuperación de activos de la corrupción. En: Rodríguez-García, N., Rodrí-

guez López, F. *Compliance y justicia colaborativa en la prevención de la corrupción*. Valencia: Tirant lo Blanch, 87-110.
- , Rodríguez-García, N. (2023). *En busca de estrategias 360 anticorrupción*. Valencia: Tirant lo Blanch.

Fuentes Osorio, J. L. (2023). *Sistema de determinación de las penas impuestas a las personas jurídicas*. Barcelona: J. B. Bosch Editor.

Gaddi, D. (2020). Materiales para una conformidad restaurativa. *Estudios Penales y Criminológicos*, XL, 991-1041.

Galán Muñoz, A. (2023). Visiones del sistema español de responsabilidad penal de las personas jurídicas: un diagnóstico 13 años después. *Revista penal de las personas jurídicas y compliance*, 2, 1-48.

García Arán, M. (2009). El derecho penal simbólico (a propósito del nuevo delito de dopaje en el deporte y en su tratamiento mediático. En: García Arán, M., Botella Corral, J. (dirs.). *Malas noticias, medios de comunicación, política criminal y garantías penales en España*. Valencia: Tirant lo Blanch.
- , Peres-Neto, L. (2009). Discursos mediáticos y reformas penales de 2003. En: García Arán, M., Botella Corral, J. (dirs.). *Malas noticias, medios de comunicación, política criminal y garantías penales en España*. Valencia: Tirant lo Blanch.

García Durán, S., Hernández Oliveros, J.C. (2021). La conformidad en el proceso penal. ¿Un mal necesario? *Diario la Ley*, 9935, 1-14.

García Magna, D. (2019). El recurso excesivo al Derecho penal en España. Realidad y alternativas. *Política Criminal*, 14 (27), 98-121.

García-Moreno, B. (2020). *Del Whistleblower al alertador. La regulación europea de los canales de denuncia*. Valencia: Tirant lo Blanch.

García Rivas, N. (2022). Una regulación alternativa de los delitos de rebelión y sedición: la propuesta del GEPC. En: Carbonell Mateu, J. C., Martínez Garay, L. (dirs.). *Derecho penal y orden constitucional: límites de los derechos políticos y reformas pendientes*. Valencia: Tirant lo Blanch, 183-210.

Garland, D. (2005). *La cultura del control: crimen y orden social en la sociedad contemporánea* (trad. Máximo Sozzo). Barcelona: Gedisa.

Garro Carrera, E., Asúa Batarrita, A. (2008). *Atenuantes de reparación y de confesión: equívocos de la orientación utilitarista*. Valencia: Tirant lo Blanch.

Gascón Inchausti, F. (2012). *Proceso penal y persona jurídica*. Madrid: Marcial Pons.

Gil García, F.S. (2020). La terminación anticipada de la causa en el Reglamento de la Fiscalía Europea y su incidencia en el proceso penal español. *Revista de Estudios Europeos*, 75, 242-260.

Gimeno Sendra, V. (1988). Los procedimientos penales simplificados (principio de oportunidad y proceso penal monitorio). *Poder Judicial*, núm. Extra 2, 31-52.
- (2004). *Derecho Procesal Penal*. Madrid: Colex
- (2015). *Derecho Procesal Penal*. Navarra: Thomson Reuters.
- (2019). Entrevista concedida a Sonia Calaza López. En: Calaza López, S., Muinelo Cobo, J. *Principio de oportunidad y transformación del proceso penal*. Madrid: Wolters Kluwer.

– (2020). *La simplificación de la justicia penal y civil. Derecho Penal y Procesal Penal.* Madrid: Boletín Oficial del Estado.
– (2020b). Lección 7. El Derecho al juez legal. En: Gimeno Sendra, V.; Díaz Martínez, M.; Calaza López, S. *Introducción al derecho procesal.* Valencia: Tirant lo Blanch, 107-116.
– (2021). Primera Parte: fuentes, función, Constitución y proceso penal (Lecciones 1-3). En: Gimeno Sendra, V., Díaz Martínez, M., Calaza López, S. *Derecho Procesal Penal.* Valencia: Tirant lo Blanch, 15-60.
– (2021b). Lecciones 31-33. En: Gimeno Sendra, V., Díaz Martínez, M., Calaza López, S. *Derecho Procesal Penal.* Valencia: Tirant lo Blanch, 593-635.
– , Díaz Martínez, M., Calaza López, S. (2020). *Introducción al Derecho procesal.* Valencia: Tirant lo Blanch.
– , Díaz Martínez, M., Calaza López, S. (2021). *Derecho Procesal Penal.* Valencia: Tirant lo Blanch.

Gisbert Pomata, M. (2021). La conformidad en los procesos penales y los cambios que plantea el Anteproyecto de Ley de Enjuiciamiento Criminal. En: Calaza López, S., Muinelo Cobo, J.C. *El impacto de la oportunidad sobre los principios procesales clásicos: estudios y diálogos*. Madrid: Iustel, 189-234.

Goana Vives, B. (2017). *Responsabilidad penal y atenuantes en la persona jurídica.* Madrid: Marcial Pons.

Godinho Vaz Patto, P. M. (2011). *Os fins da pena e algumas questões judiciárias. Albufeira: Conselho da Magistratura.* Disponible en: http://www.tre.mj.pt/docs/ESTUDOS%20-%20MAT%20CRIMINAL/OS%20FINS%20DAS%20PENAS_PRATICA%20JUDICIARIA.pdf [consulta 30 abril de 2018].

Gómez Amigo, L. (2021). Tratamiento procesal de la prueba ilícita en el proceso penal: del régimen actual al anteproyecto de Ley de Enjuiciamiento Criminal de 2020. *Revista de la Asociación de Profesores de Derecho Procesal de las Universidades Españolas*, 4, 201-232.

Gómez Canotilho, J. J., Brandão, N. (2016). Colaboração premiada e auxílio judiciário em matéria penal: a ordem pública como obstáculo à cooperação com a operação Lava Jato. *Revista de Legislação e Jurisprudência*, 146 (4000), 16-37.

Gómez Colomer, J.L. (2003). *Juicio Penal con Jurado en la España Democrática.* Miami: Centro para la administración de justicia.
– (2008). *Prueba y proceso penal. Análisis especial de la prueba prohibida en el sistema español y en el Derecho comparado*. Valencia: Tirant lo Blanch.
– (2008b). La evolución de las teorías sobre la prueba prohibida aplicadas en el proceso penal español: Del expansionismo sin límites al más puro reduccionismo. Una meditación sobre su desarrollo futuro inmediato. En: Gómez Colomer, J.L. *Prueba y proceso penal. Análisis especial de la prueba prohibida en el sistema español y en el Derecho comparado*. Valencia: Tirant lo Blanch, 107-147.

- (2012). La conformidad, institución clave y tradicional de la justicia negociada en España. *Revue Internationale de Droit Pénal,* 1(83), 15-41.
- (2013). *El proceso penal constitucionalizado.* Colombia: Ibáñez.
- (2017). El proceso penal español a comienzos del siglo XXI. *InDret,* 1, 1-58.
- (2018) La Fiscalía española: ¿debe ser una institución independiente? *Teoría y Realidad Constitucional,* 41, 157-184.
- (2019). Introducción, La responsabilidad penal de las personas jurídicas y el control de su actividad: estructura jurídica general en el Derecho Procesal español y cultura de cumplimiento. En: Gómez Colomer, J. L. *Tratado sobre compliance penal. Responsabilidad penal de las personas jurídicas y modelos de organización y gestión.* Valencia: Tirant lo Blanch.
- (2021). Bases de lo que debería ser una totalmente nueva ley de enjuiciamiento criminal en España. En: Acale Sánchez, M., Miranda Rodrigues, A., Nieto Martín, A. *Reformas penales en la península ibérica: a 'jangada de pedra'?* Madrid: Agencia Estatal Boletín Oficial del Estado, 119-142.
- (2022). La posición constitucional de la persona jurídica acusada en el proceso penal español. En: Ontiveros Alonso, M. *La responsabilidad penal de las personas jurídicas.* Ciudad de México: Tirant lo Blanch, 207-234.
- (2022b). *Derecho Procesal Penal. Estudios y comentarios.* Lima: Instituto Pacífico.
- (2023). Historia, sistemas y política criminal. En: Gómez Colomer, J.L., Barona Vilar, S. *Proceso penal: Derecho procesal III.* Valencia: Tirant lo Blanch, 34-54.
- (2023b). El juicio oral: conformidad y desvinculación En: Gómez Colomer, J.L., Barona Vilar, S. *Proceso penal: Derecho procesal III.* Valencia: Tirant lo Blanch, 389-412.
- (2023c). La competencia penal. En: Gómez Colomer, J.L., Barona Vilar, S. *Proceso penal: Derecho procesal III.* Valencia: Tirant lo Blanch, 55-72.
- (2023d) Los principios del proceso penal. En: Gómez Colomer; J. L., Barona Vilar, S. *Introducción al Derecho Procesal.* Valencia: Tirant lo Blanch, 279-296.

Gómez Colomer; J. L., Barona Vilar, S. (2023). *Proceso Penal. Derecho Procesal III.* Valencia: Tirant lo Blanch.

- (2023b). *Introducción al Derecho Procesal.* Valencia: Tirant lo Blanch.

Gómez-Jara Díez, C. (2016). La atenuación de la responsabilidad penal de las personas jurídicas. En: Bajo Fernández, M., Feijoo Sánchez, B., Gómez-Jara Díez, C. *Tratado de responsabilidad penal de las personas jurídicas.* Cizur Menor: Aranzadi, 221-249.

- (2019). Cultura de cumplimiento de la legalidad y su plasmación en los estándares nacionales e internacionales de Compliance. En: Gómez Colomer, J. L. *Tratado sobre compliance penal. Responsabilidad penal de las personas jurídicas y modelos de organización y gestión.* Valencia: Tirant lo Blanch, 299-317.

– (2023). El modelo constructivista de (auto) responsabilidad de las personas jurídicas: tres contribuciones de la teoría a la práctica. *Revista de Responsabilidad Penal de las Personas Jurídicas y Compliance*, 1, 1-50.

Gómez Pavajeau, C. A. (2007). *La oportunidad como principio complementario del proceso penal*. Colombia: Ediciones Nueva Jurídica.

González Cano, M. (2018). La Fiscalía Europea. Especial consideración sobre su actuación con arreglo al principio de oportunidad. En: Arangüena Fanego, C, De Hoyos Sánchez, M. *Garantías procesales de investigados y acusados: situación en el ámbito de la Unión Europea*. Valencia: Tirant lo Blanch, 551-574.

González-Cuellar Serrano, N. (2003). La conformidad en el proceso abreviado y en el llamado "juicio rápido". *La Ley. Revista jurídica española de doctrina, jurisprudencia y bibliografía*, 5, 1825-1835.

González Cussac, J. L. (2023). Condiciones y requisitos para la eficacia eximente o atenuante de los programas de prevención de delitos. En: Gómez Colomer, J. L. *Tratado sobre compliance penal. Responsabilidad penal de las personas jurídicas y modelos de organización y gestión*. Valencia: Tirant lo Blanch, 317-346.

González de León Berini, A. (2020). La hegemonía de los fines de la pena en la concreción del castigo: situación actual, análisis crítico y alternativas de futuro. *Política Criminal*, 15 (30), 583-613.

González Guarda, C. (2021). La eficiencia en el sistema penal español: con especial referencia al modelo de conformidades. *Revista Brasileira de Direito Processual Penal*, 7(3), 2061-2102.

González López, J. J., Nieto Martín, A. (2016). La investigación de los delitos económicos en España: intentando poner orden en el camarote de los hermanos Marx. *Diario La Ley*, 8768, 1-21.

Gordillo Pérez, L.I. (2015). Integración política. En: López Castillo, A. *Instituciones y Derecho de la Unión Europea*. Valencia: Tirant lo Blanch, 162-199.

Granado Pachón, S. J. (2019). La oportunidad frente al interés superior del menor. En: Calaza López, S., Muinelo Cobo, J. (dirs.). *Principio de oportunidad y transformación del proceso penal*. Madrid: Wolters Kluwer, 1-11.

Grupo de Estudios de Política Criminal. (2022). *Una propuesta alternativa de regulación de los delitos contra las instituciones del Estado*. Valencia: Tirant lo Blanch.

Guardiola Lago, M.J. (2020). ¿Es posible la justicia restaurativa en la delincuencia de cuello blanco? *Estudios Penales y Criminológicos*, 529-591.

Guariglia, F. O. (1990). Facultades discrecionales del ministerio público e investigación preparatoria: el principio de oportunidad. *Doctrina Penal: teoría y práctica en las ciencias penales*, 13, 181-192.

Gutiérrez Azanza, D.A. (2023). Comentario al Artículo 66. En: Cuerda Arnau, M.L. (dir.). *Comentarios al Código Penal. Tomo I*. Valencia: Tirant lo Blanch, 550-560.

Gutiérrez Gutiérrez, I. Paradojas del Estado Constitucional: democracia e imperio del Derecho más allá del Estado. En: Villacampa Estiarte, C. *Sociedad global y Derecho Público*. Valencia: Tirant lo Blanch, 57-78.

Gutiérrez Pérez, E. (2022). Una breve aproximación al impacto de la directiva Whistleblowing en la protección de los alertadores en España. En: Robles Sevilla, W.A. *Delatores y colaboradores eficaces en el siglo XXI: desafíos contemporáneos del whistleblower y el colaborador eficaz*. Perú: Ideas Solución, 53-68.

Gúzman Dalbora, J. L. (2012). Del premio de la felonía en la historia jurídica y el derecho penal contemporáneo. *Revista de Derecho Penal y Criminología*, 7, 175-196.

Guzmán Fluja, V.C. (2014). Un nuevo modelo de enjuiciamiento criminal para el siglo XXI. Nota general y dos apuntes sobre el anteproyecto de Ley de enjuiciamiento criminal de 2022. En: Guzmán Fluja, V., Flores Prada, I. *Justicia penal y derecho de defensa: un estudio hispano-italiano sobre proceso penal y garantías*. Valencia: Tirant lo Blanch, 19-81.

Halperin, J.L. (2011). Law in Books and Law in Action: The Problem of Legal Change. *Maine Law Review*, 64 (1), 46-76.

Hassemer, W. (1988). La persecución penal: legalidad y oportunidad. *Jueces para la Democracia*, 4, 8-11.

- (1999). *Persona, mundo y responsabilidad. Bases para una teoría de la imputación en Derecho penal*. Dias, M., Muñoz, F. (trad.). Valencia: Tirant lo Blanch.
- (1992). Rasgos y crisis del moderno derecho penal. *Anuario de Derecho penal y ciencias criminales*, 45, 235-250.

Heinrich, B., Reinlicher, T. (2022). Der Deal im Strafverfahren. *Neue Juristische Wochenschrift*, special issue 3, 1-10.

Herrero Perezagua, J. (2022). Menos procesos, menos proceso. En: Barona Vilar, S. *Justicia poliédrica en periodo de mudanza. Nuevos conceptos, nuevos sujetos, nuevos instrumentos y nueva intensidad*. Valencia: Tirant lo Blanch, 63-92.

Hulsman, L., Celis, J. B. (1993). *Penas perdidas: o sistema penal em questão*. Niterói: Luan Editora.

Jaén Vallejo, M, Perrino Pérez, A.L. (2021). *La recuperación de activos frente a la corrupción*. Madrid: Dykinson.

Jaria i Manzano, J. (2015). El marco constitucional del Estado de Derecho Penal. En: Quintero Olivares, G., Jaria i Manzano, J. *Derecho penal constitucional*. Valencia: Tirant lo Blanch, 135-190.

Jericó Ojer, L. (2023). La figura del arrepentido y la justicia penal negociada: a propósito de la incorporación de nuevas cláusulas premiales en el Código Penal (arts. 262.3 y 288 bis CP). *Revista Penal*, 52, 109-135.

- (2023b). Primeras aproximaciones a la Ley reguladora de la protección de la persona informante y de lucha contra la corrupción: sus principales implicaciones desde la perspectiva penal. *Revista electrónica de ciencia penal y criminología*, 25 (8), 1-55.

Jordán Díaz-Roncero, M. (2022). Justicia restaurativa vs. justicia negociada en el ámbito del Proceso penal: mediación frente a justicia negociada a través de la conformidad. Especial atención a la posibilidad de emplear la mediación penal en violencia de género como mecanismo de justicia restaurativa. En: Barona Vilar, S. *Meditaciones sobre mediación*. Valencia: Tirant lo Blanch, 530-549.

Kelsen, H. (1941). The pure Theory of Law and Analytical Jurisprudence. *Harvard LAw Review*, 55, 44-50.

– (1979). *Teoría general del Estado* (trad. Luis Legaz). México: Editora Nacional.

Kerber de Aguiar, D. (2022). *Corrupção ativa empresarial e acordo de não persecução penal: linhas sobre a atuação do Ministério Público*. Paraná: Escola Superior do MPPR.

Klerks, P. (2006). The network paradigm. En: Edwards, A., Gill, P. *Transnational Organised Crime*. London: Routledge, 97-113.

Lamadrid Luengas, M. (2018). *El principio de oportunidad: herramienta de política criminal*. Bogotá: Ediciones Jurídicas Andrés Morales.

Lamarca Pérez, C. (2008). Legislación penal antiterrorista: análisis crítico y propuestas. *Azpiçcueta*, 20, 199-214.

– (2009). Atenuación por abandono y colaboración. Requisitos (artículo 376.1 CP). Delimitación con la atenuante 4.ª del artículo 21 CP. En: Álvarez García, J. (dir.). *El delito de tráfico de drogas*. Valencia: Tirant lo Blanch, 280-290.

Landera Luri, M. (2018). *Excusas absolutorias basadas em conductas positivas postconsumativas: acciones contratípicas*. Valencia: Tirant lo Blanch.

Langer, M. (2004) From Legal Transplants to Legal Translations: The Globalization of Plea Bargaining and the Americanization Thesis in Criminal Procedure. *UCLA School of Law Public Law and Legal Theory Research Paper Series*, 5 (10), 1-64

– (2015). La larga sombra de las categorías acusatorio-inquisitivo. *Revista Brasileira de Direito Processual Penal*, 1 (1), 11-42.

– (2015b). In the beginning was Fortescue: on the intellectual origins of the adversarial and inquisitorial systems and common and civil law in comparative criminal procedure. *UCLA School of Law Research Paper*, 16 (3).

– (2015c). Strength, Weakness or Both? On the endurance of the adversarial-inquisitorial systems in comparative criminal procedure. *UCLA School of Law Research Paper*, 15 (49).

Lara López, A.M. (2006). Principio de oficialidad vs. principio de oportunidad en el proceso penal español. En: Robles Garzón, J.A., Ortells Ramos, M. *Problemas actuales del proceso iberoamericano*. Málaga: Centro de Ediciones de la Diputación de Malága, 89-100.

Larriba Hinojar, B., Navarro Valencia, J. C. (2023). Modelos de organización y gestión de cumplimiento normativo y de prevención de delitos: de la teoría a la práctica. En: Gómez Colomer, J. L. *Tratado sobre compliance penal. Responsabilidad penal de las personas jurídicas y modelos de organización y gestión*. Valencia: Tirant lo Blanch, 1657-1676.

Lascuraín Sánchez, J., Gascón Inchausti, F. (2018). ¿Por qué se conforman los inocentes? *InDret*: *Revista para el Análisis del Derecho,* 3, 1-28.

Lazzari, F. (2023). Perspectivas sobre a inquisitorialidade no processo penal brasileiro: heranças do tecnicismo-facista. *Revista de Direitos e Garantias Fundamentais*, 24 (1), 195-233.

Leo-Castela, J. I. (2021). Aspectos procesales de la persona jurídica en el contexto del *compliance* penal. En: Bujosa Vadell, L. M. *Derecho procesal: retos y transformaciones*. Barcelona: Atelier, 161-170.

Lippmann, W. (1997). Public Opinion. London: *Free Press*.

Locke, J. (1823). *Two treatises of Government*. Disponible en: *www.yorku.ca* [consulta 18 junio 2020].

Lopes Júnior, A. (2015). *Fundamentos del proceso penal*. Valencia: Tirant lo Blanch.

López Aguiar, J. F. (2004). La democracia mediática: la legislación parlamentaria y los medios de comunicación. En: Menéndez, A., Pau Pedro, A (dir.). *La proliferación legislativa: un desafío para el estado de derecho*. Madrid: Civitas.

López Barja de Quiroga, J. (2004). *Tratado de Derecho Procesal Penal*. Navarra: Thomson Aranzadi.

- (2020). El principio de oportunidad: cuestiones generales. En: Calaza López, S., Muinelo Cobo, J. *Postmodernidad y proceso europeo: la oportunidad como principio informador del proceso judicial*. Madrid: Dykinson, 63-72.
- (dir.) (2023). *Comentario a la Ley de Enjuiciamiento Criminal. 2 Tomos*. Valencia: Tirant lo Blanch.

López Castillo, A. (2015). El proceso de integración europea. De las comunidades a la Unión Europea. En: López Castillo, A. *Instituciones y Derecho de la Unión Europea*. Valencia: Tirant lo Blanch, 7-67.

López Garrido, D. (2022). Lección 15: La democracia. En: López Garrido, D. *Lecciones de Derecho constitucional de España y de la Unión Europea. Volumen I*. Valencia: Tirant lo Blanch, 457-470.

López Picó, R. (2019). La prueba electrónica en el proceso penal: el correo electrónico y el whatsapp. *La Ley Penal. Revista de Derecho penal, procesal y penitenciario*, 140.

López Yagües, V. (2021). A un paso de la eclosión de la oportunidad en el proceso penal. En: Calaza López, S., Muinelo Cobo, J.C. *El impacto de la oportunidad sobre los principios procesales clássicos: estudios y diálogos*. Madrid: Iustel, 259-288.

Luaces Gutiérrez, A. (2021). La conformidad en el Anteproyecto de Ley de Medidas de Eficiencia Procesal del Servicio Púlico de Justicia. En: Calaza López, S., Muinelo Cobo, J.C. *El impacto de la oportunidad sobre los principios procesales clássicos: estudios y diálogos*. Madrid: Iustel, 289-308.

Lukácsi, T. (2022). The EU Legislature´s balancing exercise between practical concerns and conceptual divisions. En: Franssen, V., Harding, C. *Criminal and Quasi-Criminal Enforcement Mechanisms in Europe*. London: Hart, 367-392.

Lozano Eiroa, M. (2012). Conformidad y pluralidad de acusados. *Revista de Derecho UNED*, 10, 347-365.

Machado de Souza, R., Rodríguez-García, N. (2022). *Justicia negociada, colaboración y personas jurídicas*. Valencia: Tirant lo Blanch.

Magro Servet, V. (2021). Ante la nueva conformidad penal en el texto de la Ley de medidas de eficiencia procesal. *Diario la Ley*, 9799.

Manjón-Cabeza Olmeda, A. (2014). *Las excusas absolutorias en Derecho Español: doctrina y jurisprudencia*. Valencia: Tirant lo Blanch.

Marques Silva. G. (2010). *Curso de Processo Penal I: noções gerais, elementos do processo penal*. Lisboa: Babel.

Martínez Alarcón, M.L. (2022) Lección 8: El Estado constitucional de Derecho. En: López Garrido, D. *Lecciones de Derecho constitucional de España y de la Unión Europea. Volumen I*. Valencia: Tirant lo Blanch, 233-266.

Martínez-Buján Pérez, C. (2023). La nueva causa de anulación de la pena de los arts. 262-3 y 288 bis del Código Penal. En: González Cussac, J.L. *Comentarios a la LO 14/2022, de reforma del Código Penal*. Valencia: Tirant lo Blanch, 61-84.

Martínez García, E. (2017). Concepto, fuentes y medios de prueba. En: González Cano, M. I., Romero Pradas, M. I. *La prueba. Tomo II. La prueba en el proceso penal*. Valencia: Tirant lo Blanch, 17-77.

– (2023). Las partes acusadoras. En: Gómez Colomer, J.L., Barona Vilar, S. *Proceso penal: Derecho procesal III*. Valencia: Tirant lo Blanch, 73-90.

Mateos Rodríguez-Arias, A. (2019). *Principio de oportunidad, justicia negociada y posición de las partes en el proceso penal*, 56, 161-198.

– (2020). Legalidad y oportunidad en la justicia penal: perspectivas de futuro. *Anuario de la Facultad de Derecho*. Universidad de Extremadura, 36, 275-293.

Miranda Estrampes, M. (1997). *La mínima actividad probatoria en el proceso penal*. Barcelona: Bosch Editor.

– (2010). La prueba ilícita: La regla de exclusión probatoria y sus excepciones. *Revista Catalana de Seguretat Pública*, 22, 144-146.

– (2018). *El concepto de prueba ilícita y su tratamiento en el proceso penal. Especial referencia a la exclusionary rule estadounidense*. México: Ubijus Editorial.

Miró Estradé, J. (2023). El nuevo delito de enriquecimiento ilícito como forma de desobediencia (art. 438 bis CP). *La Ley Penal: revista de derecho penal, procesal y penitenciario*, 161.

Mir Puig, S. (2016). *Derecho penal. Parte General*. 10.ª ed. Barcelona: Reppertor.

Miranda Rodrigues, A. (2003). Política criminal. Novos desafios, velhos rumos. En: Costa Andrade, M.(org.) *et al. Liber Discipulorum para Jorge de Figueiredo Dias*. Coimbra: Coimbra Editora, 207-234.

– (2008). *O Direito Penal Europeu Emergente*. Coimbra: Coimbra Editora.

Molina Fernández, F., Lascuraín Sánchez, J.A. (2021). Circunstancias que condicionan la punibilidad. En: Molina Fernández, F. *Memento práctico Pena*. Madrid: Francis Lefebvre, 4800-4924.

Montero Aroca, J., Gómez Colomer, J.L., Barona Vilar, S. (2019). *Derecho Jurisdiccional I*. Parte General. Valencia: Tirant lo Blanch.

Montero Aroca, J., Gómez Colomer, J.L, Barona Vilar, S., Esparza Leibar, I., Etxeberría Guridi. (2019). *Derecho jurisdiccional III: proceso penal.* 27ª edición. Valencia: Tirant lo Blanch.

Montero Aroca, J., Gómez Colomer, J.L. (2023). Ley de Enjuiciamiento Criminal: 32ª edición anotada y comentada. Valencia: Tirant lo Blanch

Montero Aroca, J. (1998). Los principios del proceso penal, un intento de exposición doctrinal basada en la razón. En: Instituto de Investigaciones Jurídicas, Instituto Mexicano de Derecho Procesal. *XV Congreso Mexicano de Derecho Procesal.* México: Universidad Nacional Autónoma de México, 375-412.

- (2015). El principio acusatorio entendido como eslogan político. *Revista Brasileira de Direito Processual Penal*, 1 (1), 66-87.
- (2016). *Principios del proceso penal. Una explicación basada en la razón* (edición argentina de la obra original publicada por Tirant lo Blanch en Valencia en 1997). Buenos Aires: Astrea.
- (2019). Lección Primera. Los conceptos iniciales. En: Montero Aroca, J. et al. *Derecho jurisdiccional III: proceso penal.* 27ª edición. Valencia: Tirant lo Blanch, 28-53.
- (2019b). Lección Decimotercera. Los principios generales del proceso. En: Montero Aroca, J., Gómez Colomer, J.L., Barona Vilar, S. *Derecho Jurisdiccional I. Parte General.* Valencia: Tirant lo Blanch, 244-259.

Morais da Rosa, A. (2013). Devido processo (penal) substancial: 25 anos depois da CR/88. *Revista Brasileira de Direito*, 9 (1), 25-53.

Moreno Catena, V. (2003). *Derecho Procesal Penal.* Valencia: Tirant lo Blanch.

- (2008) Los medios de prueba en el proceso penal. En: Moreno Catena, V., Cortés Domínguez, V. *Derecho Procesal Penal.* Valencia: Tirant lo Blanch, 385-406.
- (2010). Sobre el derecho de defensa: cuestiones generales. *Teoría y Derecho*, 8, 16-38.
- (2019). El derecho de defensa de las personas jurídicas. En: Gómez Colomer, J.L. *Tratado sobre compliance penal: responsabilidad penal de las personas jurídicas y modelos de organización y gestión.* Valencia: Tirant lo Blanch, 1009, 1038.
- (2021). Lección 1. El proceso penal. En: Moreno Catena, V., Cortés Domínguez, V. *Derecho Procesal Penal.* 10ª edición. Valencia: Tirant lo Blanch, 37-54.
- (2021b). Lección 5. Las partes procesales. Las partes acusadoras. En: Moreno Catena, V., Cortés Domínguez, V. *Derecho Procesal Penal.* 10ª edición. Valencia: Tirant lo Blanch, 101-120.
- (2021c). Lección 9. El Derecho de defensa. En: Moreno Catena, V., Cortés Domínguez, V. *Derecho Procesal Penal.* 10ª edición. Valencia: Tirant lo Blanch, 165-178.
- (2021d). Lección 15. Las declaraciones del investigado en la instrucción. En: Moreno Catena, V., Cortés Domínguez, V. *Derecho Procesal Penal.* 10ª edición. Valencia: Tirant lo Blanch, 245-256.

– (2021e). Lección 24. La fase inicial del juicio oral. Las cuestiones previas. En: Moreno Catena, V., Cortés Domínguez, V. *Derecho Procesal Penal.* 10ª edición. Valencia: Tirant lo Blanch, 419-436.
– (2021f). Lección 32. El juicio ordinario por delitos leves. En: Moreno Catena, V., Cortés Domínguez, V. *Derecho Procesal Penal.* 10ª edición. Valencia: Tirant lo Blanch, 539-552.
– (2021f). Lección 34. El enjuiciamiento rápido de delitos. En: Moreno Catena, V., Cortés Domínguez, V. *Derecho Procesal Penal.* 10ª edición. Valencia: Tirant lo Blanch, 569-584.
– (2021g). Lección 33 y 38. El proceso ante jurado y por aceptación de decreto de fiscal. En: Moreno Catena, V., Cortés Domínguez, V. *Derecho Procesal Penal.* 10ª edición. Valencia: Tirant lo Blanch, 533-568.
– (2021h). Lección 11. El Ministerio Fiscal. En: Moreno Catena, V., Cortés Domínguez, V. *Introducción al Derecho Procesal.* 10ª edición. Valencia: Tirant lo Blanch, 183-197.

Moreno Catena, V., Cortés Domínguez, V. (2015). *Derecho Procesal Penal.* Valencia: Tirant lo Blanch.
– (2021). *Derecho Procesal Penal.* 10ª edición. Valencia: Tirant lo Blanch.
– (2021b). *Introducción al Derecho Procesal.* 10ª edición. Valencia: Tirant lo Blanch.

Mosquera Blanco, A. J. (2018). La prueba ilícita tras la sentencia Falciani: Comentario a la STS 116/2017, de 23 de febrero. *InDret*, 3.

Muinelo Cobo, J. C. (2019). Efectos y consecuencias socio-jurídicas y filosóficas del principio de oportunidad. En: Calaza López, S.; Muinelo Cobo, J. *Principio de oportunidad y transformación del proceso penal.* Madrid: Wolters Kluwer, 1-15.

Muñoz Company, M. J. (2019) El Ministerio Fiscal y el principio de oportunidad. En: Calaza López, S., Muinelo Cobo, J. *Principio de oportunidad y transformación del proceso penal.* Madrid: Wolters Kluwer, 2019, 1-8.

Muñoz Conde, F. (1999). La búsqueda de la verdad en el proceso penal. *Revista de derecho y proceso penal.* 1, 63-98.
– (2019). *Derecho penal: parte especial.* Valencia: Tirant lo Blanch.
– (2022). *Derecho penal: parte especial.* Valencia: Tirant lo Blanch.
– ; García Arán, M. (2022). *Derecho Penal: parte general.* Valencia: Tirant lo Blanch.

Muñoz Romero, M. (2020). *Derecho Penal Europeo.* Valencia: Tirant lo Blanch.

Naucke, W. (2013). Der begriff der politishen Wirtschaftstraftat. *Revista de Derecho y Ciencias Penales*, Chile, 2 (4), 339-372.

Neira Pena, A. M. (2014). Corporate criminal liability: Tool or obstacle to prosecution? En: Brodowski, D., Espinoza de los Monteros de la Parra, M., Tiedemann, K., Vogel, J. (edit.). *Regulating Criminal Corporate Liability.* Heidelberg: Springer, 197-210.
– (2018). *La defensa penal de la persona jurídica: representante defensivo, rebeldía, conformidad y compliance como objeto de prueba.* Madrid: Aranzadi.

– (2018b). Persona jurídica investigada y juicios paralelos. En: Rodríguez-García, N, Carrizo González-Castell, A, Leturia Infante, F.J. *Justicia penal pública y medios de comunicación*. Valencia: Tirant lo Blanch, 279-304.

Nieto Martín, A. (2012). Problemas fundamentales del *compliance* y el Derecho penal. En: Montiel, J., Ortiz, I. (dir.). *Compliance y teoría del derecho penal*. Madrid: Marcial Pons, 21-46.

– (2023). La eficacia de los programas de cumplimiento: propuesta de herramientas para su valoración. *Revista de Responsabilidad Penal de las Personas Jurídicas y Compliance*, 1, 1-42.

Nieva Fenoll, J. (2012). *Fundamentos de Derecho Procesal Penal*. Madrid: Edisofer.

– (2021). Proceso penal y delitos de corrupción. *InDret*, 2 (13).

– (2022). *Derecho Procesal III-Proceso Penal*. Valencia: Tirant lo Blanch.

Nötzel, M., Klauk, D. (2021). Die Absprache im Ermittlugnsverfahren: Ein "kleiner Deal"? *Neue Zeitschrift für Strafrecht*, 677, 1-11.

Núñez Jiménez, M. (2017). *Análisis de la declaración del coacusado en el proceso penal como prueba intrínsicamente sospechosa*. Editorial jurídica Sepin.

Olaizola Nogales, I. (2021). La protección de los denunciantes: algunas carencias de la directiva (UE) 2019 (1937). En: López López, H., Olaizola Nogales, I., Sierra Hernáiz, E. *Análisis de la Directiva UE 2019-1937 Whistleblower desde las perspectivas penal, procesal, laboral y administrativo-financiera*. Madrid: Thomson Reuters Aranzadi, 27-51.

– (2023). Comentario al Artículo 426. En: Cuerda Arnau, M.L. (dir.). *Comentarios al Código Penal. Tomo II*. Valencia: Tirant lo Blanch, 2658-2662.

– (2023b). El delito de enriquecimiento ¿no justificado? ¿ilícito? *Revista penal*, 52, 179-200.

Oliveira Teixeira dos Santos, M. (2021). Reflexiones sobre la relación entre el compliance y la colaboración con la justicia: la "operación Lava Jato". En: Rodríguez-García, N., Rodríguez-López, F. (edits.). *Compliance y Responsabilidad de las Personas Jurídicas*. Valencia: Tirant lo Blanch, 769-786.

– (2022). El intento de agilizar el proceso penal: la conformidad en el proyecto de ley de medidas de eficiencia procesal del servicio público de justicia. En: Serrano Hoyo, G., Rodríguez-García, N. (dir.). *Justicia restaurativa y medios adecuados de solución de conflictos*. Madrid: Dykinson, 169-188.

– (2022b). La Persecución penal de delitos graves en España: oportunidad y colaboración en el proceso penal. En: Nevado-Batalla Moreno, P. T. (dir.). *Estudios multidisciplinares sobre ciencias jurídicas y gobernanza global: Una mirada a ambos lados del Atlántico*. A Coruña: Colex, 187-208.

– (2023). La regulación de la conformidad en el Proyecto de Ley de Medidas de Eficiencia Procesal del Servicio Público de Justicia: sobre la maximización del principio de oportunidad. *Revista General de Derecho Procesal*, 61, 1-38.

– (2023b). La Colaboración premiada: justicia premial encubierta. Comentario a la Sentencia del Tribunal Supremo 507/2020, de 14 de octubre, sobre el "caso Gurtel". *Indret: Revista para el Análisis del Derecho. Revista Crítica de Jurisprudencia Penal*, 4, 335-346.

– (en prensa). El Modelo Germano de *compliance* cuasi-penal: análisis en clave de eficacia. *Revista Penal.*

Ordoñez Pons, F. (2021). Efecto acelerador, efecto resocializador, efecto renuncia: las caras de la conformidad. *Justicia: Revista de Derecho Procesal*, 1, 315-385.

Ortiz Pradillo, J. C. (2018). *Los delatores en el proceso penal.* Madrid: Wolters Kluwer.

– (2020). Una propuesta de proceso penal eficiente: la suspensión de la acusación por "colaboración eficaz" del investigado. En: Jiménez Conde, F., Bellido Penadés, R. *Justicia. ¿garantías "versus" eficiencia?* Valencia: Tirant lo Blanch, 869-877.

Otero González, P. (2019) La progresiva ampliación del ámbito típico del delito de corrupción privada. *InDret*, 4, 1-41.

Paz Rubio, J. M. (2001). *Comentarios a la ley de enjuiciamiento criminal y ley del jurado.* Madrid: Colex.

Pedrero-Sanchéz, M. G. (2000). *História da Idade Média: textos e testemunhas.* São Paulo: UNESP.

Peixoto Marques, A. S. (2014). A colaboração Premiada: um Braço da Justiça Penal Negociada. *Revista Magister de Direito Penal e Processual Penal*, 60, 32-66.

Peña, D. (2001). *Fundamentos de estadística.* Madrid: Alianza.

Pérez-Cruz Martín, A. (2020). Temas 1, 24 y 29. En: Pérez-Cruz Martin, A. *Derecho Procesal Penal.* Valencia: Tirant lo Blanch, 19-38, 603-618, 681-698.

Pérez-Cruz Martin, A. (coord.) *et. al.* (2020). *Derecho Procesal Penal.* Valencia: Tirant lo Blanch.

Pillado González, E. (2019). Presunción de inocencia y *compliance.* En: Gómez Colomer, J.L. *Tratado sobre compliance penal: responsabilidad penal de las personas jurídicas y modelos de organización y gestión.* Valencia: Tirant lo Blanch, 1091-1120.

– (2023). Protección procesal del tercero afectado por el decomiso. *Revista de Estudios Europeos,* 1, 384-415.

Planchadell Gargallo, A. (2018). Las víctimas en los delitos de corrupción (panorama desde las perspectivas alemana y española). *Estudios penales y criminológicos,* XXXVI, 1-77.

– (2018b). Publicidad del proceso e intimidad de la víctima: una aproximación desde el estatuto de la víctima del delito. *Teoría y Derecho,* 24, 151-177.

– (2019). Prohibiciones probatorias en la investigación de delitos cometidos por personas jurídicas. En: Gómez Colomer, J.L. *Tratado sobre compliance penal: responsabilidad penal de las personas jurídicas y modelos de organización y gestión.* Valencia: Tirant lo Blanch, 1121-1164.

- (2022). La Víctima. En: Gómez-Colomer, J.L.; Barona Vilar, S. (coord.). *Proceso Penal: Derecho Procesal III*. Valencia: Tirant lo Blanch, 111-118.
- (2022b). Compliance y prueba. Otra vuelta de tuerca a los principios de prueba. En: Barona Vilar, S. *Justicia poliédrica en periodo de mudanza. Nuevos conceptos, nuevos sujetos, nuevos instrumentos y nueva intensidad*. Valencia: Tirant lo Blanch, 173-192.
- (2023). La Víctima. En: Gómez Colomer, J.L., Barona Vilar, S. *Proceso penal: Derecho procesal III*. Valencia: Tirant lo Blanch, 113-132.

Pouchain, P. (2022). Autoincriminación "forzada" en las investigaciones internas: prohibición probatoria según la imputación al Estado. *InDret*,4, 80-111.

Pound, R. (1910). Law in books and Law in action. *American Law Review*, 44, 12-37.

Pozuelo Pérez, L. (1998). Las atenuantes 21.4.ª y 21.5.ª del actual Código Penal. *Cuadernos de Política Criminal*, 65.

Prittwitz, C. (2021). *Derecho penal y riesgo. Investigaciones sobre la crisis del Derecho penal y la política criminal de la sociedad del riesgo*. Madrid: Marcial Pons.

Quintanar Díez, M. (1997). *La justicia penal y los denominados arrepentidos*. Madrid: Edersa.

Quintero Olivares, G. (2022). El alcance de la globalización y el Derecho Penal. En: Villacampa Estiarte, C. *Sociedad global y Derecho Público*. Valencia: Tirant lo Blanch, 211-226.

- , Jaria i Manzano, J., Pigrau Solé, A. (2015). Aspectos generales. En: Quintero Olivares, G.; Jaria i Manzano, J. *Derecho penal constitucional*. Valencia: Tirant lo Blanch, 22-83.
- , Jaria i Manzano, J. (2015). *Derecho penal constitucional*. Valencia: Tirant lo Blanch.
- , Jaria i Manzano, J. (2015b). La protección penal del orden constitucional. En: Quintero Olivares, G. (dir.). *Derecho penal constitucional*. Valencia: Tirant lo Blanch, 542-590.
- , González, A., Ramón Fallada, J. (2015). La construcción del bien jurídico protegido a partir de la Constitución. En: Quintero Olivares, G. (dir.). *Derecho penal constitucional*. Valencia: Tirant lo Blanch, 84-131.
- , Noguera, A. (2015). El Derecho penal y los principios rectores de la política social y económica. En: Quintero Olivares, G. (dir.). *Derecho penal constitucional*. Valencia: Tirant lo Blanch, 456-492.

Raga Vives, A. (2023). El nuevo delito de desobediencia por enriquecimiento injustificado de autoridades. En: González Cussac, J.L. *Comentarios a la LO 14/2022, de reforma del Código Penal*. Valencia: Tirant lo Blanch, 189-234.

Ransiek, A. (2020). Self-Incrimination Privilege and Interrogation. A German and Comparative Review. En: Eidam, L., Lindemann, M., Ransiek, A. (edit.). *Interrogation, confession and Truth: comparative studies in criminal procedure*. Baden-Baden: Nomos,151-182.

Reyes Alvarado, Y. (2009). Prohibiciones de prueba en los sistemas de tendencia inquisitiva y adversarial. En: Ambos, K., Malarino, E. (coord.). *Fundamentos de Derecho Probatorio en materia penal*. Valencia: Tirant lo Blanch, 193-238.

Ritzer, G. (1996). *La macdonalización de la sociedad: un análisis de la racionalización en la vida cotidiana*. Barcelona: Editora Ariel.

Rizá Soler, J. M., González Richard, M. R., Riaño Brun, I. (2016). *Derecho Procesal Penal*. Pamplona: Gobierno de Navarra.

Rodríguez Bahamonde, R. (2022). Presunción de inocencia, juicios previos y juicios paralelos. *Revista Internacional Consinter de Direito*, XIV, 335-348.

Rodríguez Ferrández, S. (2016). *La evaluación de las normas penales*. Madrid: Dykinson.

Rodríguez-García, N. (1997a). La justicia penal negociada: Experiencias de Derecho comparado. Salamanca: Ediciones Universidad Salamanca.

– (1997b). *El consenso en el proceso penal español*. Barcelona: J. M. Bosch Editor.

– (2015). La conformidad de las personas jurídicas en el proceso penal español. *La Ley Penal*, 113, 1-30.

– (2017). La conformidad en el proceso penal de las personas jurídicas. En Pérez-Cruz Martín, A. (dir.). *Proceso penal y responsabilidad penal de las personas jurídicas*. Pamplona: Aranzadi, 177-214.

– (2018). Recelo mediático a la pervivencia de la acción popular en el sistema penal español. En: Rodríguez-García, N, Carrizo González-Castell, A, Leturia Infante, F.J. *Justicia penal pública y medios de comunicación*. Valencia: Tirant lo Blanch, 203-278.

– (2020a). Temas 19 y 30. En: Pérez-Cruz Martin, A. *Derecho Procesal Penal*. Valencia: Tirant lo Blanch, 459-486, 699-716.

– (2020b). Hacia la maximización del principio de oportunidad en los procesos penales por hechos de corrupción. En Calaza López, S.; Muinelo Cobo, J.C. *Postmodernidad y proceso europeo: la oportunidad como principio informador del proceso judicial*. Madrid: Dykinson, 397-415.

– (2021a). Tendencia supranacional e internacional hacia una justicia penal colaborativa, en la búsqueda del equilibrio perfecto entre fines y límites. En: Bujosa Vadell, L. M. *Derecho procesal penal: retos y transformaciones*. Barcelona: Atelier, 417-428.

– (2021b) Espacios de consenso vs. espacios de conflicto en el enjuiciamiento penal de la corrupción. En: Pérez Flórez, C. (coord.). *Apuntes sobre el combate a la corrupción desde el ámbito penal*. Ciudad de México: Tirant lo Blanch, 95-118.

– (2022) La conformidad en el anteproyecto de ley de enjuiciamiento criminal de 2020: Reflexiones y materiales para su futura redefinición. *Revista de la asociación de profesores de Derecho procesal de las universidades españolas*, 5, 9-60.

– (2023). Las investigaciones internas como elemento esencial de los «criminal compliance programs»: haciendo de la necesidad virtud. *Revista Penal*, 52, 201-223.

– , Contreras Alfaro, L.H. (2006). Algunas reflexiones acerca de la utilización del principio de oportunidad como instrumento de política criminal en el diseño del Derecho Procesal Penal del siglo XXI. *Justicia: Revista de derecho procesal,* 34, 53-106.

- , Machado de Souza, R. (2019). Acuerdo de lenidad como mecanismo privilegiado para combatir y prevenir actos de corrupción en Brasil. En: Rodríguez-García, N., Carrizo González-Castell, A., Rodríguez-López, F. (edits.). *Corrupción: compliance, represión y recuperación de activos.* Valencia: Tirant lo Blanch.
- , Oliveira Teixeira dos Santos, M. (2024). La «conformidad negociada»: proyecciones de futuro ante un vacío regulatorio. En: Barona Vilar, S. (edit.). *MASC, to be or not to be? (Medios Adecuados de Solución de Conflictos en la Justicia).* Valencia: Tirant lo Blanch.
- , Orsi, O.G. (2015). El delito de enriquecimiento ilícito en América Latina: tendencias y perspectivas. *Cuadernos de política criminal,* 116, 201-260.

Rodríguez, V. G. (2018). *Delação premiada: Limites éticos ao Estado.* Rio de Janeiro: Forense.

Roig Torres, M. (2022). La justicia restaurativa en el Anteproyecto de Ley de Enjuiciamiento Criminal como manifestación del principio de oportunidad. *Revista eletrônica de ciencia penal y criminología,* 24 (9), 1-30.

Romero Coloma, A. M. (2009). *El interrogatorio del acusado y la prueba de confesión.* Madrid: Reus.

Rotsch, T., Klein, D. (2023). Criminal Compliance als verfassungsrechtliche Auslegungsarbei. *Zeitschrift für Internationale Strafrechtswissenschaft,* 2, 102-114.

Ruiz Robledo, A. (1997). El principio de legalidad penal en la historia constitucional española. *Revista de Derecho Político,* 42, 137-169.

Ruiz Vadillo, E. (1995). *Estudios de Derecho Procesal Penal.* Granada: Editorial Comares.

Roxin, C. (1989). La posicione dela vittima nel sistema penale. *L'Indice Penale,* XXIII.

- (2000). *Derecho Procesal Penal.* (trad. Gabriela E. Córdoba y Daniel R. Pastor). Buenos Aires: Editores del Puerto.
- (2009). *Pasado, presente y futuro del Derecho Procesal Penal* (trad. O. Julián Guerrero Peralta). Buenos Aires: Rubinzal-Culzoni Editores.
- (2013). O conceito de bem jurídico como padrão crítico da norma penal posto à prova. *Revista Portuguesa de Ciências Criminais,* 23 (1), 7-44.

Ruggiero, R. A. (2018). *Scelte Discrezionali del Pubblico Ministero e Ruolo Dei Modelli Organizzativi Nell'Azione Contro Gli Enti.* Torino: G. Giappichelli Editore.

Ruiz Rodríguez, M. A. (2019). El principio de oportunidad como complemento de la legalidad y a la necesidad. En: Calaza López, S., Muinelo Cobo, J. *Principio de oportunidad y transformación del proceso penal.* Madrid: Wolters Kluwer, 2019, 1-7.

Ruiz-Rico, G., Carazo, M. J. (2013) *El derecho a la tutela judicial efectiva: análisis jurisprudencial.* Valencia: Tirant lo Blanch.

Saad-Diniz, E. (2018). Transforming the role of corporations in criminal proceedings: ideas on compliance and corporate victimization. *Revue Internationale de Droit Penal*, 89 (1), 69-82.

Sánchez García de Paz, I. (2003). El coacusado que colabora con la justicia penal. *Revista Electrónica de Ciencias Penales*, 7.

Sánchez-Macías, J. I., Rodríguez-López, F. (2021). Estudio preliminar. En: Rodríguez-García, N. *Tratado angloiberoamericano sobre compliance penal.* Valencia: Tirant lo Blanch, 27-58.

Sánchez Melgar, J. (2022). Prueba prohibida y sanción por comportamientos ilícitos. En: Roca Martínez, J.M. *Procesos y prueba prohibida.* Madrid: Dykinson, 249-269.

Sanjurjo Ríos, E. I. (2021). La tendencia privatista del proceso penal. Una progresiva dosis de oportunidad procesal ¿para una justicia más eficaz? En: Bujosa Vadell, L. M. *Derecho procesal: retos y transformaciones.* Barcelona: Atelier, 247-260.

Santos Vara, J. (2003). Eurojust: la coordinación de la cooperación judicial penal en la Unión Europea. *Revista de Derecho Comunitario Europeo*, 7(14), 454-455.

Schüneman, B. (2002) ¿Crisis del procedimiento penal? En: Schüneman, B. *Temas actuales y permanentes del Derecho penal después del milenio*. Madrid: Tecnos, 288-302.

- (2002b) *Temas actuales y permanentes del derecho penal después del milenio*. Madrid: Tecnos.
- (2006). ¿Peligros para el Estado de Derecho a través de la europeización de la administración de justicia penal? En: Armenta Deu, T. (org.). *El derecho penal de la Unión Europea: tendencias actuales y perspectivas de futuro*. Madrid: Colex, 19-36.
- (2007). *Proyecto alternativo de persecución penal europea.* Madrid: Dykinson.

Serrano Gómez, A., Serrano Maíllo, A. (2021). Lección 23. Delitos contra la Hacienda Pública y la Seguridad Social. En: Serrano Gómez, A., Serrano Maíllo, A., Serrano Tárraga, M. D., Vázquez González, C. Curso de Derecho Penal. Parte Especial. Madrid: Dykinson, 483-516.

- (2021b). Lección 29. Delitos contra la salud pública (II). En: Serrano Gómez, A., Serrano Maíllo, A., Serrano Tárraga, M. D., Vázquez González, C. Curso de Derecho Penal. Parte Especial. Madrid: Dykinson, 639-658.
- (2021c). Lección 34. Delitos contra la Administración Pública. En: Serrano Gómez, A., Serrano Maíllo, A., Serrano Tárraga, M. D., Vázquez González, C. Curso de Derecho Penal. Parte Especial. Madrid: Dykinson, 723-750.

Serrano Hoyo, G., Rodríguez-García, N. (dirs.) (2022). *Justicia restaurativa y medios adecuados de solución de conflictos*. Madrid: Dykinson.

Silvia Castanho, M.L. (2023). Comentario al Artículo 376. En: Cuerda Arnau, M.L. (dir.). *Comentarios al Código Penal. Tomo II.* Valencia: Tirant lo Blanch, 2418-2420.

Silva, G. G. (2010). *Curso de Processo Penal I: Noções gerais, elementos do processo penal.* Lisboa: Babel.

Silva Sánchez, J. M. (2001). *La expansión del derecho penal: aspectos de la política criminal en las sociedades postindustriales.* Madrid: Civitas.

- (2010). Acuerdos: ¿proceso sin derecho? *InDret: Revista para el análisis del Derecho,* 4, 1-2.
- (2015). ¿Legalidad penal líquida? *InDret: Revista para el Análisis del Derecho,* 3, 1-3.
- (2023). Lo real y lo fictício en la responsabilidade penal de las personas jurídicas. *Revista de Responsabilidad penal de las personas jurídicas y compliance,* 1, 1-23.

Soares de Albergaria, P. (2007). *Plea Bargaining: aproximação à justiça negociada nos E.U.A.* Coimbra: Almedina.

Søreide, T., Vagle, K. (2022). Settlements in corporate bribery cases: an illusion of choice? *European Journal of Law and Economics,* 53, 261-27.

Sutherland, E. (1940). White-Collar Criminality. *American Sociological Review,* 5 (1), 1-12.

Taipa Carvalho, A. (2003). Prevenção, culpa e pena - Uma concepção preventivo-ética do Direito Penal. En: Costa Andrade, M. (org.) *et al. Liber Discipulorum para Jorge de Figueiredo Dias.* Coimbra: Coimbra Editora, 317-330.

Teixeira, C. A. (2006). *Princípio da oportunidade. Manifestações em sede processual penal e sua conformação jurídico-constitucional.* Coimbra: Editora Almedina.

Thomas Aires, M, Andrade Fernandes, F. (2017). A colaboração premiada como instrumento de política criminal: a tensão em relação às garantias fundamentais do réu colaborador. *Revista brasileira de direito processual penal,* 3(1), 253-284.

Tiedemann, K. (2010). *Manual de Derecho penal económico: parte general y especial.* Valencia: Tirant lo Blanch.

Tierno Barrios, S. (2022). El estado de la mediación penal en violencia de género en España: el debate de una prohibición. *Revista General de Derecho Procesal,* 56, 1-32.

Tomás y Valiente, F. (1979). La historiografía jurídica en la Europa continental. En: Fairén Guillén, V. *LXXV años de evolución jurídica en el mundo. Vol. II.* México: Universidad Nacional Autónoma de México, 7-42.

Tomé García, J.A. (1999). Artículo 50. Disolución del Jurado por conformidad de las partes. En: De La Oliva Santos, A. *Comentarios a la Ley del Jurado.* Madrid: Editorial Universitaria Ramón Areces, 493-499.

Tourinho Filho, F. C. (2007). *Processo Penal.* 29.ª ed. São Paulo: Saraiva.

Turner, J. (2021). Remote Criminal Justice. *Tex. Tech Law Review,* 53, 197-271.

Valle Muñiz, J. M., Fernández Palma, R. (2005). Artículo 376. En: Quintero Olivares, G. (dir). *Comentarios a la parte especial del Derecho penal.* Navarra: Cizur Menor.

Vallés Causada, L. (2020). La actividad de la Oficina de Recuperación y Gestión de Activos como fuente de prueba para el proceso penal. En: Asencio Mellado, J.M., Rosell Corbelle, A., Gimeno Sendra, V. *Derecho probatorio y otros estudios procesales*. Madrid: Castillo de Luna, 1903-1928.

Varona Gómez, D., Kemp, S., Benítez, O. (2022). La conformidad en España: predictores e impacto en la penalidad. *InDret*, 1, 307-336.

Varona Jiménez, A. (2023). El laberinto de la prueba ilícita. *Justicia. Revista de Derecho Procesal*, 1, 337-384.

Vázquez González, C. (2021). Manifestaciones del principio de oportunidad en el ámbito de la punibilidad. En: Calaza López, S., Muinelo Cobo, J.C. *El impacto de la oportunidad sobre los principios procesales clássicos: estudios y diálogos*. Madrid: Iustel, 445-474.

– (2021b). Lección 20. Delitos relativos al mercado y a los consumidores y corrupción en los negocios. En: Serrano Gómez, A., Serrano Maíllo, A., Serrano Tárraga, M. D., Vázquez González, C. Curso de Derecho Penal. Parte Especial. Madrid: Dyinson, 413-450.

Vásquez, J., Mojica, C. (2010). *Principio de oportunidad: reflexiones jurídico-políticas*. Medellín: Universidad de Medellín.

Vázquez-Portomeñe Seijas, F. (2017). Corrupción pública y globalización. Una mirada a la regulación del tráfico de influencias en los instrumentos internacionales anti-corrupción. *Dereito*, 26 (1), 1-25.

– (2018). Concusión y corrupción: su delimitación en el Derecho penal español. *Revista electrónica de ciencia penal y criminología*, 20, 1-17.

– (2020). Orientaciones para una reforma de los delitos de corrupción en España. En: Blanco Valdés, R, Vázquez-Portomeñe Seijas, F. *Nuevos instrumentos jurídicos en la lucha contra la corrupción pública: propuestas desde el Derecho penal y el Derecho constitucional*. Valencia: Tirant lo Blanch, 19-64.

– (2022). *La mediación-reparación en el Derecho penal de adultos*. Madrid: Dykinson.

– (2022). Lobbying, influencias y corrupción. El art. 12 del Convenio del Consejo de Europa contra la corrupción como modelo tipo para la criminalización del lobbying oculto. *Revista electrónica de ciencia penal y criminología*, 24, 1-21.

Vecina Cifuentes, J., Vicente Ballesteros, T. (2018). Las manifestaciones del principio de oportunidad en el proceso penal español. *Derecho y Sociedad*, 50, 307-323.

Vega Dueñas, L. (2016). *La protección de testigos en delitos de criminalidad organizada*. Barcelona: Bosch.

Velasco Núñez, E. (2020). *10 años de responsabilidad penal de la persona jurídica: análisis de su jurisprudencia*. Navarra: Aranzadi.

Velásquez Velásquez, F. (2018). *La justicia penal: legalidad y oportunidad*. Valencia: Tirant lo Blanch.

Viéitez López, A. (2019). El principio de oportunidad en los delitos leves. En: Calaza López, S., Muinelo Cobo, J. C. (dirs.). *Principio de oportunidad y transformación del proceso penal*. Wolters Kluwer, 1-7.

– (2022). La conformidad parcial a la luz de la STS 793/2021 de 2 de octubre. *Revista del Centro de Estudios Jurídicos y de Postgrado CEJUP*, 1, 81-89.

Vidal Fernández, B. (2022). El procedimiento especial para la actuación de la Fiscalía Europea del Anteproyecto de Ley de Enjuiciamiento Criminal de 2020. *Revista de la Asociacón de Profesores de Derecho Procesal de las Universidades Españolas*, 233-272.

Vílchez Gil, M. A. (2019). El principio de oportunidad. Principio de oportunidad política, justicia y social. En: Calaza López, S., Muinelo Cobo, J. C. *Principio de oportunidad y transformación del proceso penal*. Madrid: Wolters Kluwer, 1-8.

Villanueva Meza, J. A. (2005). *El principio de oportunidad en el sistema acusatorio*. Colombia: Leyer.

Villegas García, M. (2023). El nuevo delito de enriquecimiento ¿ilícito? Del artículo 438 bis del Código Penal. *Diario la Ley*, 10278.

– , Encinar del Pozo, M.A. (2021). Principio de oportundiad y responsabilidade penal de las personas jurídicas. En: Calaza López, S., Muinelo Cobo, J.C. *El impacto de la oportunidad sobre los principios procesales clássicos: estudios y diálogos*. Madrid: Iustel, 475-510.

Weigend, T. (2008). The decay of the Inquisitotial Ideal: Plea Bargaining Invades German Criminal Procedure. En: Jackson, J.; Langer, M. (ed). *Crime, Procedure and Evidence in a Comparative and International Context: Essays in Honour of Professor Mirjan Damaska*. Bloomsbury Publiching Pic, 39-64.

Weyland, K. (2011). Cambio institucional en América Latina. *America Latina Hoy, Revista de Ciencias Sociales*, 57, 117-143.

Zaffaroni, E. (1998). *En busca de las penas perdidas*. Buenos Aires: Ediar.

– (2016). Zaffaroni, E. (2016). El rol del derecho penal y la crisis financiera. En: Saad-Diniz, E, Sabadini, P., Brodowski, D., Espinoza de los Monteros de la Parra, M. *Regulación del abuso en el ámbito corporativo. El rol del Derecho penal en la crisis financiera*. Resistencia: ConTexto, 21-38.

Zaffaroni, E., Dias dos Santos, I. (2020). *La nueva critica criminológica. Criminologia em tempos de totalitarismo financeiro*. Valencia: Tirant lo Blanch.

Zambrano Pasquel, A. (2011). *Delincuencia organizada transnacional. Doctrina Penal Constitucional y practica penal*. Ecuador: Edilex.

Zárate Pérez, A. (2013) ¿Qué metodología utilizar para la elaboración de monografía de nivel de maestría? *Docencia y Derecho. Revista para la docencia jurídica universitaria*, 7, 1-19.

Zaragoza Aguado, J.A. (2023). Comentario al Artículo 570 quater. En: Cuerda Arnau, M.L. (dir.). *Comentarios al Código Penal. Tomo II*. Valencia: Tirant lo Blanch, 3240-3245.

– (2023b). Comentario al Artículo 579 bis. En: Cuerda Arnau, M.L. (dir.). *Comentarios al Código Penal. Tomo II*. Valencia: Tirant lo Blanch, 3319-3325.

Zurita Gutiérrez, A. (2020). *El delito de organización criminal: fundamentos y contenido de injusto*. Barcelona: Bosch.